"十三五"国家重点出版物出版规划项目

经济科学译丛

劳动关系

（第10版）

小威廉·H. 霍利（William H. Holley, Jr.）
肯尼思·M. 詹宁斯（Kenneth M. Jennings） 著
罗杰·S. 沃尔特斯（Roger S. Wolters）

程延园 侯锦慎 译

The Labor Relations Process

（Tenth Edition）

中国人民大学出版社
·北京·

《经济科学译丛》总序

中国是一个文明古国，有着几千年的辉煌历史。近百年来，中国由盛而衰，一度成为世界上最贫穷、落后的国家之一。1949 年中国共产党领导的革命，把中国从饥饿、贫困、被欺侮、被奴役的境地中解放出来。1978 年以来的改革开放，使中国真正走上了通向繁荣富强的道路。

中国改革开放的目标是建立一个有效的社会主义市场经济体制，加速发展经济，提高人民生活水平。但是，要完成这一历史使命绝非易事，我们不仅需要从自己的实践中总结教训，也要从别人的实践中获取经验，还要用理论来指导我们的改革。市场经济虽然对我们这个共和国来说是全新的，但市场经济的运行在发达国家已有几百年的历史，市场经济的理论亦在不断发展完善，并形成了一个现代经济学理论体系。虽然许多经济学名著出自西方学者之手，研究的是西方国家的经济问题，但他们归纳出来的许多经济学理论反映的是人类社会的普遍行为，这些理论是全人类的共同财富。要想迅速稳定地改革和发展我国的经济，我们必须学习和借鉴世界各国包括西方国家在内的先进经济学的理论与知识。

本着这一目的，我们组织翻译了这套经济学教科书系列。这套译丛的特点是：第一，全面系统。除了经济学、宏观经济学、微观经济学等基本原理之外，这套译丛还包括了产业组织理论、国际经济学、发展经济学、货币金融学、财政学、劳动经济学、计量经济学等重要领域。第二，简明通俗。与经济学的经典名著不同，这套丛书都是国外大学通用的经济学教科书，大部分都已发行了几版或十几版。作者尽可能地用简明通俗的语言来阐述深奥的经济学原理，并附有案例与习题，对于初学者来说，更容易理解与掌握。

经济学是一门社会科学，许多基本原理的应用受各种不同的社会、政治或经济体制的影响，许多经济学理论是建立在一定的假设条件上的，假设条件不同，结论也就不一定成立。因此，正确理解和掌握经济分析的方法而不是生搬硬套某些不同条件下产生的结论，才是我们学习当代经济学的正确方法。

本套译丛于 1995 年春由中国人民大学出版社发起筹备并成立了由许多经济学专家学者组织的编辑委员会。中国留美经济学会的许多学者参与了原著的推荐工作。中国人民大学出版社向所有原著的出版社购买了翻译版权。北京大学、中国人民大学、复旦大学以及中国社会科学院的许多专家教授参与了翻译工作。前任策划编辑梁晶女士为本套译丛的出版作出了重要贡献，在此表示衷心的感谢。在中国经济体制转轨的历史时期，我们把这套译丛献给读者，希望为中国经济的深入改革与发展作出贡献。

《经济科学译丛》编辑委员会

作者介绍

小威廉·H. 霍利在奥本大学已经执教32年，所教授课程包括劳动关系、集体谈判和仲裁等。以仲裁协调员的身份从业30多年，在大部分行业中都留下了他的足迹，譬如航空、邮政和职业体育。霍利博士从密西西比州立大学获得理学学士学位和工商管理学硕士学位，之后从亚拉巴马大学获得博士学位。他一直活跃在美国管理学会的分部南部管理学会，并担任过该学会的秘书长和主席，三次入选《管理学杂志》（*Journal of Management*）编辑委员会。他和肯尼思·M. 詹宁斯合著《人力资源管理》（*Personnel/Human Resource Management*），还和罗杰·S. 沃尔特斯合著《劳动关系：实验案例研究的一种方法》（*Labor Relations: An Experiential and Case Approach*）。他的研究成果发表在多种期刊上，譬如《美国管理学会学报》（*Academy of Management Journal*）、《劳动法杂志》（*Labor Law Journal*）和《人事心理学》（*Personnel Psychology*）。他还是美国国家仲裁员学会会员，并担任过该组织的财务主管、董事、副会长和会长。

肯尼思·M. 詹宁斯是北佛罗里达大学劳资关系学 Richard de Raismes 荣誉教授，教授本科生和研究生劳动关系与人力资源管理课程。他先后从诺克斯学院和伊利诺伊大学获得理学学士学位与硕士学位，之后又在美国联合碳化物公司供职四年，处理各种劳资关系问题。从伊利诺伊大学获得博士学位之后，他便执教于北佛罗里达大学，至今已有20多年。肯尼思深受学生尊敬，授课充满激情、富有魅力。他著作颇丰，写有数本专著，譬如《棒球和罢工：职业棒球行业的金钱博弈》（*Balls and Strikes: The Money Game in Professional Baseball*）和《〈纽约每日新闻〉的劳资关系》（*Labor Relations at the New York Daily News*），并在多种期刊（譬如《劳资关系评论》《工业管理》《人事期刊》《雇员关系法杂志》《运输杂志》）上发表文章。除此之外，他还是芝加哥小熊棒球队的铁杆球迷，爱好收藏爵士乐唱片和棒球卡。

罗杰·S. 沃尔特斯是奥本大学管理学院荣休教授。沃尔特斯博士从北佛罗里达大学获得工商管理学学士学位和文学硕士学位，之后从伊利诺伊大学劳资关系专业获得博士学位。沃尔特斯的主要研究兴趣包括劳动法、集体谈判、争端解决。他与霍利合著了《劳动关系：实验案例研究的一种方法》。他的研究成果发表在多种期刊上，譬如《劳动法杂志》《仲裁期刊》《雇员权责》《建筑工程与管理杂志》《劳资关系》。他还为私人组织和公共组织提供咨询服务，并在亚拉巴马州奥本市担任申诉程序听证官。

前　言

这本教科书是对 100 多年以来向 10 000 多名本科生和研究生的教学经验的浓缩。《劳动关系》第 10 版依然没有改变我们当初撰写本书的初衷：写就本书是为了让学生能够理解和掌握劳资关系中的核心要素。我们设法让学生研究和参与这一领域，即使课程结束，仍然让他们对此不失兴趣。我们在第 1 章中建立了一个劳动关系模型（见图表 1.1)，在随后的章节中，围绕现实环境和问题的学术资料、实践案例进行延伸与拓展，以期读者可以把理论和实践结合起来。

和前几版相同，《劳动关系》第 10 版依然是该领域市面上涉及面最广的教科书。

第 10 版的特点

本书的宗旨一直是提高学生的参与度，让他们能够把所学理论应用于实践。在这一方面，其他教科书是无法比拟的。本书旨在让学生理解概念和理论、把理论应用于实践的同时，培养学生对劳动关系这一领域的兴趣。虽然劳动关系这一课题仍然备受争议，但是让学生学习实践案例仍然意义非凡。通过书中的案例，学生可以看到劳动关系践行者在解决相关问题时所表现出的创造性和灵活性。这为学生提供了提高交流技能的机会，无论他们的专业是什么、未来从事何种职业，沟通技能都是他们希望获得的一种本领。

本书增添了实践应用的内容：特色鲜明的"劳动关系实践"专栏；大部分章节末尾都有美国国家劳动关系委员会、法庭或者仲裁案例；还有提高学生参与度的实践性栏目"课堂活动"。本书还提供了一个"网络搜索"专栏，以期提升学生的学习和应用能力，提高他们独立研究的兴趣。学生可应用电脑进行谈判练习，结合仲裁案例，进行角色扮演，从而大大提高劳资关系的真实度。当然，《劳动关系》第 10 版仍然保持了前面版本的许多特色：重点关注现实性、道德伦理、国际事务和现实应用：

● 开篇花絮。这是第 10 版新添的内容，每章以一个小故事或者背景介绍开头，慢慢把学生带入章节主题。此举可以激发学生的批判性思维，联系到学生的生活。

- 现实性。本书为学生提供了当下应用劳动关系理论的领域。譬如，在体育、医疗领域最近便出现了劳资双方之间的协商谈判，谈判主题涉及技术变革和医疗成本等，本书在这些方面都有论述。
- 道德伦理。涉及谈判行为、工会组织、工人授权和工会活动终止等方面的道德伦理问题将贯穿本书。
- 国际劳动。本书对第 14 章内容进行了更新，所叙述内容囊括加拿大、墨西哥、澳大利亚和欧盟等经济体的劳动关系变化，还介绍了《北美自由贸易协定》产生的影响。
- 现实应用。“劳动关系实践”专栏融入了最近发生的劳动关系事件，并更新了一些内容。

第 10 版的主要章节变化

每章都新增了最新的研究、案例、法律裁决和统计数据。本书还增加了劳动关系进程及其影响的一些内容。下面是一些主要变化：

- 第 1 章更新了工会会员数据、美国经济萧条的影响及其对劳资关系的影响。该章还鼓励学生到网上对一些主题进行研究，这也是对其他章节网上练习部分的有益补充。
- 第 2 章新增了法律方面的一些早期发展内容，涉及劳资关系、劳工骑士团（Knights of Labor）以及美国劳工联合会（American Federation of Labor）的起源和宗旨。
- 第 3 章呈现了最近美国国家劳动关系委员会的重要决定和影响劳动关系的法律裁决，如美国国家劳动关系委员会案件的法定人数构成，达成就业歧视索赔仲裁协议的执法，在航空业影响工会代表选举的程序变化。该章还包括美国国家劳动关系委员会不公平劳动实践程序的覆盖面，在美国《劳资关系法案》下统一保护活动的概念。
- 第 4 章更新了美国劳工联合会—产业工会联合会的领导、财务核心会员覆盖面的扩展和工作权利立法等方面的内容。
- 第 5 章涉及现代工会组织战略、工会间谍、授权卡以及中立协议等内容。该章还介绍了奥巴马总统任命的人员可能给美国国家劳动关系委员会带来的变化。
- 第 6 章探讨了集体谈判准备和集体谈判行为，包括对分配型谈判和利益（双赢）谈判方法的比较，以及合同批准程序。该章指出关于护士的劳资谈判出现了一个新的特征，并给出了相关案例。
- 第 7 章提供了关于工资和福利趋势的最新信息，指出工资激励计划的覆盖面正在扩大，如基于技术的工资、医疗成本控制和养老金计划。
- 第 8 章涉及技术变革、旨在促进更合作的劳资关系的努力以及安全和健康问题。
- 第 9 章探讨了作为使用经济压力来解决谈判纠纷的一种替代方法的调解和利益仲裁程序。该章涵盖罢工活动趋势，在停工期间影响雇主和雇员权利的法律判决，连带罢工、纠察和联合抵制等内容。

- 第 10 章对成功的工作场所事故调查、申诉调解的要素和工会公平代表的合法职责提供了重要的见解。
- 第 11 章为真实世界的劳资仲裁提供了一个洞见；给出了对雇佣仲裁的批判；比较了雇佣仲裁和劳动仲裁；探讨了作为雇佣条件的强制性雇佣仲裁存在的争议；解释了有关程序公平的指导原则；介绍了仲裁员的判决准则；揭示了与公共政策相关的仲裁判决的潜在冲突与妥协。
- 第 12 章分析了正当理由原则，并且探讨了仲裁员在应用法定诉讼程序原则时的考虑因素。该章还更新了温加滕权利的相关内容，如美国国家劳动关系委员会撤回了对非工会（无代表）雇员的温加滕权利。
- 第 13 章重点讲述了在全美国范围内公共部门谈判的重大变革，强调了公共部门争议解决、公共服务私有化和国土安全等议题。
- 第 14 章聚焦于全球化经济中跨国公司间的劳动关系问题。此外，该章描述了美国重要贸易伙伴的劳动关系体系特征，其中包括《北美自由贸易协定》成员国、欧盟、澳大利亚、日本和韩国等。该章还进一步介绍了这些经济体最近的劳动关系实践的重要发展。

目　录

第一部分

区分工会与管理方的权利和责任

第一部分将从历史和法律的角度对本书所要讨论的内容——劳动关系进程进行介绍，同时讨论了工会组织与管理方的区别，以及劳动关系战略问题。

第1章 工会—管理方关系概况

鲍勃坐在办公室里思考着未来，眼睛盯着窗外。他是其所在企业的人力资源主管，刚刚准备完如何向员工宣布企业已经被更大的竞争对手收购这件事情。鲍勃在其岗位上已经干了20多年，也深深为本企业和员工和谐的关系而自豪，想着由大公司掌管之后一切会不会发生什么变化。尽管他所在的部门没有加入工会，但是他知道，入主的大公司的组织结构中有工会。鲍勃从没想过怎样管理一个有工会的公司，他也没有思考过他所一直依靠的管理策略还会不会奏效、合法。如果他在管理过程中面对的不是员工单个个人，而是工会，劳动关系处理是不是会发生变化？入主大公司有工会部门和无工会部门之间的就业协议及条款是不是将会趋同？其他部门的工会组织会不会将鲍勃的部门纳入其中？鲍勃面对这么多问题却没有答案，急切需要扩展知识面，深入了解劳动关系知识。

◈思考题

1. 管理有工会组织和无工会组织有何不同？

2. 在一个大公司中，工会组织部门的管理会不会影响其他无工会部门的管理？如果你认为确实会产生影响，请举一个例子。

现在经济的全球化既为雇主和员工带来了机遇，也带来了挑战。由于极力追求资源使用效率，组织不可避免地面临雇主和员工利益关系平衡的难题。人力资源有效管理对组织保持竞争力至关重要。认可、尊重劳资双方的法律权益是企业建立良好劳动关系的关键一环，只有建立了良好的劳动关系，组织才能够适应不断变化的竞争环境。稳健的劳动关系建立在信任的基础之上，劳资双方的一言一行都不能脱离信任这个基础。

第1章将论述劳动关系知识的基本框架，首先介绍劳动关系进程中的三个阶段，之后进一步分析研究。与此同时，本章将介绍劳动关系进程的活动、关键要素、参与者和影响因素，这些内容还将在之后的章节进行详细论述。本章结尾部分讨论工会的现状以及在当下经济中劳工组织的相关性。

一、劳动关系进程的阶段

劳动关系进程（labor relations process）涉及管理层（代表公司所有方）和劳工组织（工会）。劳工组织（工会）由员工选举产生，代表工人利益进行谈判，共同决定和执行工作规则。如果没有工会，工作规则通常由雇主单方决定，员工个人能否与雇主讨价还价也是由雇主一方裁断。工作规则的制定和执行在私人组织与公共组织之间千差万别，这也反映出各个组织的特点。

劳动关系进程包括以下三个基本阶段：

（1）**承认工会与管理方代表的合法权利和责任。**员工有权组织和加入工会，也有权不组织和不加入工会（参见第 3 章和第 5 章）。劳动法规定高层管理者与工会的权利和责任，双方尊重相关法律，并且履行劳动协议（合约）条款。对工会而言，第一阶段可能是最重要的，因为如果法律没有认可工会的谈判代表权，第二和第三阶段也就无从谈起。

（2）**劳动协议的磋商，包括恰当的谈判战略、策略和打破僵局的技巧。**劳动协议由工会和管理层共同磋商决定，涉及双方的权利和责任，直接影响着工人工资、工作时间，以及其他工作条款（将在第 6 章、第 7 章和第 8 章进行讨论）。协商的结果对公司劳务成本、管理权和工人生活水平都有重要影响。大部分**利益纠纷**（interest disputes）（譬如劳动协议条款或者工作规则）将会在谈判的过程中解决。当谈判陷入僵局时，管理层和工会可能会采取以下策略化解僵局：罢工、关厂、调解和仲裁（见第 9 章）。虽然说第一阶段和第三阶段都极为重要，但是第二阶段却是媒体关注的焦点。

（3）**实施经磋商达成的劳动协议——劳动协议的解读和执行。**一旦劳动协议签订完成，劳务关系双方就要在协议有效期内执行。劳动协议的执行当然需要工会和管理层之间进行协调，如果出现**权利纠纷**（rights disputes）（譬如双方对劳动协议的解读或执行持不同意见，这将在第 10 章、第 11 章和第 12 章进一步讨论），则有必要走申诉仲裁程序。工会和管理层可能会在解决权利纠纷上花费大量时间与精力，这一阶段牵涉的人员往往比上两个阶段更多。

当然，并不是所有的劳动关系进程都会按部就班地经历三个阶段。事实上，在一些私人或者公共组织中，劳动关系进程在经历第二、第三阶段时，员工谈判代表确定的问题（第一阶段）可能还没有厘清。[1]※

劳动关系进程的阶段也受到质的差异的影响。例如在第一阶段，各组织中工会领导和高层管理者对相互的目标的尊重程度有所不同。在第二阶段，磋商时的智力水平、准备情况和达成协议的诚意是有所不同的。在第三阶段则可能会在经磋商达成的劳动协议的被理解程度以及双方善意地有效实施劳动协议的程度方面有所不同。有多少工会领导

※ 全书的注释及参考文献均已放到中国人民大学出版社网站上，请读者联系出版社免费下载。

和高层管理者在磋商劳动协议，就可能会有多少种不同的劳动关系。

二、劳动关系进程中的要素

图表 1.1 提供了劳动关系进程的框架。它所体现的要素可以适用于单个公司的一些部门或全部部门，乃至整个行业。该图提出了三个要素：(1) 工作规则的谈判和执行，这一要素是劳动关系的中心要素；(2) 主要参与者，包括工会、管理层、员工、中立第三方和政府机构（行政、立法和司法机构）；(3) 在工作规则谈判和执行过程中影响各方的限制性因素及其他因素。

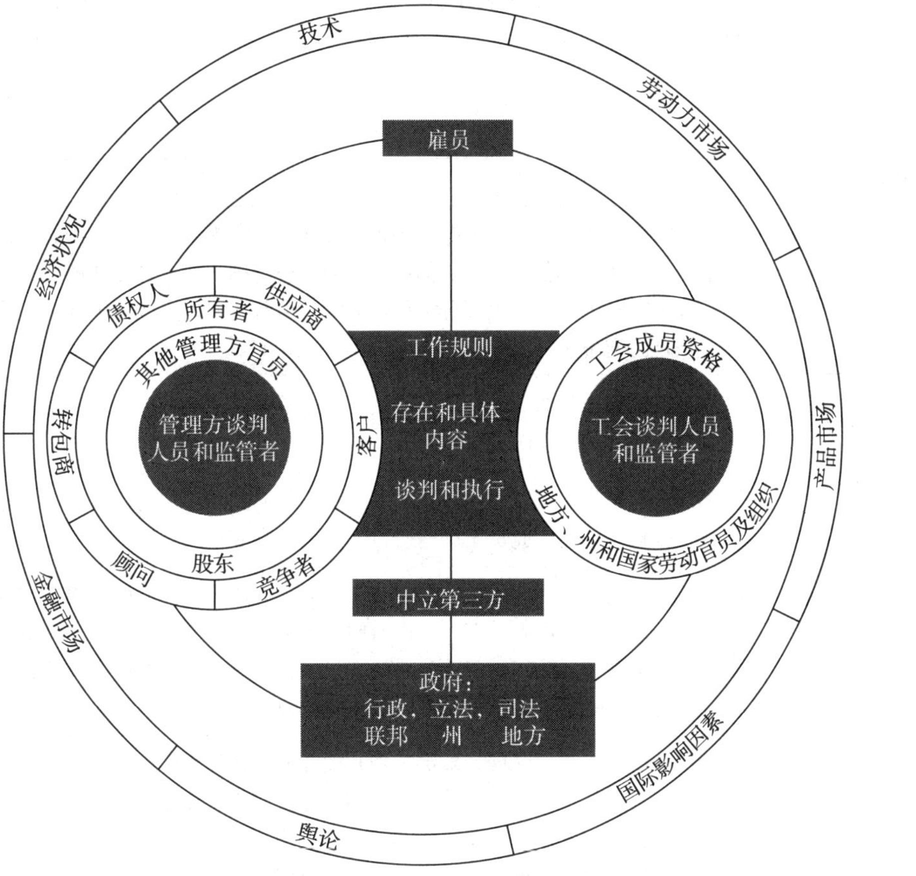

图表 1.1　劳动关系进程中的要素

劳动关系的焦点问题：工作规则

任何学科都需要有一个焦点问题，以使得研究、调查和评论能产生普遍适用的观点。“劳动”关系或“劳资”关系是一个非常广泛的话题，包括了众多学科门类。社会学家考察了雇员的异化，心理学家调查了雇员工作满意度的成因和工作激励的驱动因素，经济学家研究了工资的决定机制，政治学家评估了工会和管理层作为利益团体对政府政策与立法的影响。

约翰·邓洛普（John Dunlop）的著作《产业关系系统》（*Industrial Relations Systems*）为不同的学科研究劳动关系理论提供了一个重要的研究原则。邓洛普提出在劳动关系中需要注意的中心问题应该是高层管理者和工会领导所谈判的工作规则。工作规则有利于经营计划的实行，进而有利于战略目标的达成。工作规则决定着员工的生活水平和工作环境。现在，外部因素（例如经济状况、技术和国际影响因素）在决定由工会和管理层代表创建的工作规则内容与类型方面发挥着越来越重要的作用。

一项工作规则能否存在，以及若存在它的具体内容是什么，考察影响这些问题的要素是非常重要的。[2] **工作规则**（work rules）可以分为两类：（1）规定各种类型的报酬（工资、超时工作的报酬、休假、节日、班次津贴等）的规则；（2）规定雇员与雇主在工作方面的权利和义务的规则，例如在劳动协议期内禁止雇员罢工或雇主闭厂，履约标准，晋升资格和程序，职位说明和解雇程序。图表 1.2 提供了更多关于工作规则的例子。

图表 1.2　　工作规则举例

职业或行业类别	工作规则
政府工作	雇主需要为在如下雨、雨夹雪、冰雹或其他对健康或安全有害的恶劣天气条件下工作的雇员配备适当的防护衣着，如果被安排从事这种作业的雇员通常和以往都是在室内完成其大部分工作任务的。通常在户外完成其大部分工作的雇员应该自己配备防护衣着。
电工	电工通常有固定的工作地，如果因工作需要去其他地方出差，路上来回旅途时间也应该计为工作时。
医疗保健行业	如果部门主管指派工作任务，并要求员工掌握并使用两门语言，在从接受到完成工作任务期间，此员工的薪资待遇应该提高 3%。
通信行业	此行业公司推崇这样的文化：工会领导应该促进劳资关系的和谐，同时重视效率。如果有任何影响工资、工作时间和其他工作条件的变革，公司应当通知工会。无可非议，公司在必要的时候应推行这些变革。工会应当与公司一道致力于向客户提供优质服务，并尽心竭力降低成本。
职业棒球	球员和俱乐部一致认同，球员参加其他任何运动都可能损害或者致其丧失打棒球的能力和技能。因此，球员保证不参加任何职业摔跤或者拳击比赛。如果俱乐部不允许，球员保证不参加滑雪、赛车（包括摩托车）、蹦极、足球、橄榄球、篮球、冰上曲棍球以及其他任何可能伤及个人的运动。
电视广播	在播音 24 小时之前或者在节目时间定下来之后，讲话稿应当立即准备好。
制造业	如果工人在固定工作时间之外或者下班之后工作，工人加班 2 小时的工资是平常工资的 1.5 倍，但如果按照平常工作时间计算，计时将不得少于 4 小时。
墓葬业	在墓穴被挖到 5 英尺深之后，公司应当派出第二个人协助。

关于薪金的工作规则，例如通过谈判达成的工资水平，通常是员工和媒体关注的焦点，因为这更易于理解和比较。然而，工会和管理层或许对其他工作规则更为重视，例

如第二类工作规则，即工作的权利和义务。譬如，管理层可能更关心要求生产工人去做“小修小补”工作这一条款，这样就无须请薪金更高的维修人员来做这些事。管理层在保持控制重要的经营决策方面通常非常强硬，这些经营决策包括决定雇员数量和类型、设备和技术决定、公司经营的地理位置、营业时间等。大约 39%的工会劳务协议都对管理层要求员工加班的权限设置了限制。一些工会把每周工作标准时间改为不到 40 小时，而薪金和福利不变。[3] 假设企业工作量完成所需的雇员工时数不变，工作时间的减少意味着该企业必须增加岗位或者让现有员工加班。

由于内容或普遍或独特、用语或含糊或具体，工作规则不可能是一成不变的。工作规则是劳动关系双方共同协商的结果，双方也不可能按照各自的意志独立拟定工作规则，碰到折中的内容，工作规则用语通常非常宽泛，这实际上就为解读预留了空间，双方解读不一致会导致发生申诉纠纷、走申诉解决程序。此外，工作规则的用语和解读通常随着经营环境的变化而变化。当然，如果需要更多的灵活性，工作规则的用语和解读也将会发生变化。

例如，今天飞机乘务员的工作规则与下面列出的 20 世纪 30 年代的相比已经大不相同：

(1) 飞机起飞后，在客舱里拍打苍蝇；(2) 阻止乘客向窗外扔烟头；(3) 随身携带火车列车时间表，以防飞机出现故障。今天，乘务员更关心的是乘客会不会在头顶行李舱中存放过多的行李，这些行李可能会掉下来砸到乘客，以及乘客在飞行过程中打电话，这可能使恐怖分子间通信更方便，进而增加安全风险。[4]。

分析工作规则有助于解释劳动关系进程的复杂产出。从这个意义上讲，正规的劳动协议代表了双方商定的工作规则的汇编。然而，正如我们将在第 10 章讨论的，劳动关系活动不局限于商定的工作规则。劳动关系进程还包括日常解读、工作规则的应用，以及在这些决策上产生的任何纠纷的决议。

接触到 H1N1 流感病毒和艾滋病患者的医务人员更担心其工作条件，希望工作规则能够减少传染的概率。在协商工作规则时，医护人员工会就会千方百计地使工会会员减小不必要地暴露在这样的环境中的概率，并确保即使不幸被感染，也能得到照顾和治疗。[5]

公司管理层和工会也会就“禁止吸烟”的工作规则进行协商，在工作场所禁止吸烟一方面是为工人的健康着想，另一方面有助于减少医疗保险成本。在 1908 年，一位哥伦比亚大学教授坚持认为“吸烟的负面影响被极大地夸大了”，这一观念在接下来的 70 年里被人们广泛接受。[6] 现在，工会、管理人员和仲裁官员共同决定“禁烟”规则是否合情合理、员工违反规定是否应该受到惩罚、该怎样惩罚才合理。

大多数雇主都或多或少地接触到监督员工工作的电子监控。[7] 电脑监控软件、条形码扫描仪和压力感应板都可以被管理层用作监督的工具，通过这些工具，管理层可以计算员工在键盘上敲击的次数，还可以监听员工与客户之间的对话，查看电子邮件记录、电脑文件和互联网连接状况。雇主有评估员工工作表现、监督员工不端行为、保护商业机密和商业声誉等法律权益，而员工可以让其工会就电子监控时间、地点和方法等方面的工作规则与管理层进行协商。此外，使用这些信息奖励或惩罚员工的工作规则也需要双方拟定，确保员工的合法权益。

劳动关系进程中的主要参与者

透过组织结构，**管理层**（managers）代表着股东利益，当然也代表着自身的利益。管理层接受股东授权，制定公司决策，管理并经营公司。管理层包含公司各级管理人员，从一线监管人员、部门主管一直到公司最高管理人（譬如首席执行官）都属于管理层，他们分布在工厂、部门和公司之中。无论是有工会的还是无工会的，公司都偏好使用“人力资源经理”一词，而不是“劳资关系经理”。有的组织庞大，拥有各种内部机构，在不同的地点经营，它们通常统一使用一些工作规则（譬如管理权），但是其他一些工作规则也会具体问题具体分析，譬如工资水平的制定则根据当地具体情况而定，与其他地方分支机构的工资水平无关。

工厂一级的人力资源经理实施这些工作规则，但他们也必须与该厂的其他经理打交道（尤其是和生产经理与维护经理以及一线监管打交道），其他经理指导计时雇员每天的工作。

正如第10章将进一步讨论的那样，管理方的一线监管或部门主管通常听取并努力解决生产部门雇员的申诉。在一些情况下，当他们得知上级高层管理者推翻其决定时，他们还会感到吃惊。警觉的工会领袖会利用不同层级管理者之间的意见分歧来影响劳动关系活动和公司对工会的立场。

管理方顾问通常从外部雇来，提供专业服务和技能。管理方顾问在劳动关系进程中的活动各不相同，从在无工会公司（没有任何组建工会的活动）中人事事务的调整到在工会组建过程中管理层回应的制定和表达。但是，他们的有效性和伦理道德颇有争议。一项工会的评估发现，管理方顾问参加了75%的工会组建活动。[8] “威胁关厂的公司更可能雇用外部顾问，也更可能在工会组建过程中解雇工会积极分子、召开形式会议、进行一对一监督，以及建立员工参与委员会，并且单方面改变工资福利和/或工作环境，使用贿赂、特殊待遇和电子监控手段，放映反工会电影，以及恐吓员工说要到移民局举报他们。”[9] 研究的确显示，管理方顾问在工会选举中有一定作用，但是其作用比不上工会选举规模和劳动市场状况等的影响。[10]

有效管理劳动关系是保证公司竞争力不可分割的一部分。相比于劳动关系糟糕的组织，拥有和谐劳动关系的组织更有竞争优势，面对竞争压力可以更容易推行变革。

工会代表（union representatives）通常由工会工人选举产生，代表着工会会员的利益，是劳动关系进程中的第二个重要参与方。工会代表作为被选举出来的代表需要协调工会内部不同员工的利益诉求、达成统一意见，维护大多数成员的利益。管理层是股东任命的，而工会代表是选举产生的，不得不承受多数民主的政治压力，保证自己在未来的换届选举中能够连任。工会是一个民主组织，工会代表必须在协调内部意见不一方面游刃有余。每个工会都有着自己的历史、传统、特性和惯例，因而工会之间有着明显区别，在内部结构方面也可能大相径庭。尽管工会之间有时会持相同观点或者有着共同利益，但是它们每一个都非常看重自己的独立性和自决性，以保护自身利益。

员工（非管理层）也是劳动关系进程中非常重要的参与方，因为员工决定着是不是要组成工会（代表选举和工会成立的驱动因素将在第5章中讨论），决定着劳动协议能否执行，还决定着罢工活动是否开展（见第9章）。

员工之所以被单列为参与一方，是因为他们有**双向效忠**（dual loyalty）特征，既要对自己的雇主忠诚，又要对自己的工会组织忠诚。[11] 大多数员工都希望自己所在的公司或组织可以成功经营，同时希望代表自己利益的工会组织能够表达自己的诉求或者要求自己在薪资福利和工作环境方面被公正对待。譬如，消防员、警察和教师等公务人员可能会在其工作的性质与罢工的战略优势之间左右为难。汽车工人一般认为，其所在的汽车公司必须降低运营成本（包括劳工成本）才能保证竞争力。然而，他们也希望其工会可以保证他们能够公平地共享公司发展的成果。员工这样自相矛盾的利益在一定程度上决定着其工作规则的具体内容，因而员工被认为是劳动关系进程中的第三个重要参与方。

政府通过联邦、州和地方各层级的行政、立法和司法机构发挥作用，是劳动关系进程中的第四个重要参与方。由于劳动关系对经济有效运行的重要性越来越明显，政府在劳动关系处理过程中的角色也越来越突出（将在第 2 章和第 3 章中讨论）。从公共部门角度来看，政府是劳动关系进程中的管理方，代表着公众和纳税人的利益（见第 13 章）。

从私营部门来看，美国的联邦政府一般间接地影响工作规则协商的形成，更希望工会和管理层双方能够通过协商制定双方一致同意的工作规则，而其他一些工业化国家的政府可能会更加积极地参与具体工作规则（比如带薪休假时间）的协商（见第 14 章）。美国联邦政府"甩手不管"的行为基于下面这样一个观点：相比于政府官员，管理层和工会代表更了解他们各自的诉求及弱点，更容易达成双方都能接受的劳动协议。

虽然美国联邦政府不会参与具体工作规则条款的制定、法律条文、法庭裁决和行政机构，比如美国国家劳动关系委员会（National Labor Relations Board，NLRB），但是可以通过法律赋予的权利影响工作规则的制定和执行。譬如，对卡车和航空行业去监管化的法令条例导致工会会员减少、员工福利下降。[12]《就业年龄歧视法案》规定不可强制 60 岁退休，工会和管理层在这个问题上没有谈判的余地。虽然一些煤矿主认为女人在煤矿工作会带来厄运，不愿雇用女性员工，但是如果管理层和工会协商一致同意禁止女性员工在煤矿工作，他们就违反了《民权法案》中性别歧视的条款。

中立第三方（third-party neutrals）（比如调解员和仲裁员）也是劳动关系进程中的一个重要参与方。当劳资双方在劳动协议制定（利益纠纷）或执行（权利纠纷）的过程中出现意见不一致时，可以在中立第三方的协助下解决。**调解员**（mediators）（见第 9 章和第 13 章）通常来自美国联邦仲裁与调解局（Federal Mediation and Conciliation Service，FMCS）或者州或私人机构，他们帮助工会和管理层澄清、解决双方纠纷，促成双方自愿达成协议。调解员没有任何法律权力强制要求双方化解利益纠纷，而是为双方提供咨询，帮助双方权衡重要要求、评估达不成协议带来的成本或风险。

仲裁员（arbitrator）是管理层和工会雇来的中立第三方，拥有在解决纠纷问题上的最终法律裁判权。仲裁有时会被用来解决利益纠纷（见第 9 章），在大部分情况下被用来解决权利纠纷，也就是劳资双方在劳动协议解读和执行方面的纠纷（见第 11 章和第 12 章）。

三、美国劳动关系的三个基本假设

为了更好地理解美国劳动关系的体制和参与各方的行为，学生有必要记住影响参与各方思维和行为的三个基本假设。尽管在历史上参与各方对这三个基本假设的赞成程度不一，但是它们仍一直是参与各方达成一致意见的基础。

第一，美国支持、实行自由企业（资本家）经济制度，雇主（股东）和员工之间存在固有利益冲突。雇主和员工都寻求自身利益的最大化。雇主追求投资回报率最大化，而雇员希望提高自己的薪金福利、改善工作条件和工作保障。实质上，员工在谈判过程中希望提高的利益方面通常会导致成本增加，进而降低资本回报，如果不能在其他方面节省成本或者提高劳动生产率抵消增加的成本，就难免会影响雇主的投资回报率。这自然会导致资本主义制度下劳资双方各自追求法律权利的利益冲突。该冲突并不是什么坏事，只是组织或公司有效运营过程中存在的一个事实。双方追求各自利益的冲突也不应该被看作是合作的阻碍因素。雇主和员工有共同利益：保证所在组织或者公司的竞争力。为了实现组织或者公司的经营目标（效率、产品或服务质量等），雇主必须招聘足够数量的有工作激情的优秀员工。公司只有有了足够的利润才能够提供有竞争力的薪资福利和工作环境，才能招聘、留住优秀员工。最理想的情况就是员工在实现自身利益最优化的同时能够推动所在组织或公司的发展。

第二，在一个民主、自由的社会中，只要追求的利益和方法合法，员工有权独立追求自身的利益。员工应该有权决定什么符合自身的最大利益，并有权使用合法手段获取自身的最大利益。只有允许个人追求自己的合法权益，社会才能支撑必要的经济、社会和政治体制，国家才能繁荣。员工既可以单个人追求自身利益，也可以集体加入工会组织。

第三，通过独立的工会代表，集体谈判为员工提供了一个参与工作规则制定和执行的方式。政府不强制员工为了参与集体谈判而加入工会，如果大部分员工愿意成立工会，他们就可以成立工会。如果没有集体谈判，员工个人可以同雇主单独谈判，从历史上看，员工在采用这种方式同雇主谈判时处于劣势，因为雇主谈判的筹码更具优势，但是员工个人自由判断其谈判的满意度。许多没有加入工会的员工因为这样或那样的原因未与雇主谈判（个人或集体谈判），让雇主单方面（没有谈判）决定了他们的工作规则、制定劳动协议。在少数情况下，政府会强制规定一些工作规则（譬如最低工资水平、安全卫生标准）。

图表 1.3 列举了美国私营部门劳动关系体系的一些基本特点，本书将在之后的章节进一步探讨这些基本特点。

图表 1.3　　美国私营部门劳动关系体系的基本特点

- 劳资双方（工会和管理层）的活动和行为在劳动相关法律框架下进行：《劳资关系法案》《劳资关系报告与披露法案》《铁路劳工法案》《职业安全与卫生法案》《家庭和医疗休假法案》《雇员退休收入保障法案》《美国残疾人法案》《诺里斯-拉瓜迪亚法案》，以及其他反歧视法律。

- 高度分散谈判结构：一个雇主与多个地方员工（谈判团体）的工会分别签订多个不同的劳动协议。
- 多数决定原则和独立谈判代表权等主要法律原则：没有工会内部大部分人（大于50%）的支持，工会无权代表员工进行集体谈判；一旦代表权确定，工会是唯一能够与雇主就劳动协议内容进行谈判的组织。
- 允许使用经济压力手段（譬如罢工、停工封厂、组成纠察队和联合抵制）使劳资双方自愿达成解决利益纠纷的协议。
- 如果不能通过申诉程序解决，鼓励通过仲裁解决权利纠纷问题。
- 雇员组织工会、集体谈判一般会遭到雇主的强烈反对。

对参加者磋商和实施工作规则的限制或影响

劳动关系的参加者影响了工作规则的形成，反过来，他们在劳动关系活动中也受到外部变量或者限制的影响（参见图表1.1中的外圈）。这些限制/影响有时可以相互作用，并可能与某个特定的公司、当地社区或整个社会有关。对于这些限制/影响会怎样对工作规则的存在与否及其内容产生作用，下述讨论提供了一些说明。

经济状况：国家、行业和特定公司的经济指标

经济状况通常是指通货膨胀率、失业率和生产效率等生产指标的变化。20世纪80年代，美国通货膨胀率明显攀升，影响着工作规则的制定和谈判，工会坚持认为应该把随生活成本增加而提高薪资待遇的内容加入工作规则（见第7章）。20世纪90年代初，协商谈判的焦点是提高薪资福利和抑制医疗成本上升。近些年，随着经济增长缓慢、通货膨胀率较低，以及失业人数增多，工会和管理层之间谈判协商的重点转移到了工作保障上面。面对激烈竞争的压力，许多雇主通过谈判磋商降低了与薪资福利相关的劳动成本（譬如养老金和医疗），删除了没有效率的工作规则内容（譬如严格的工作岗位负责范围）。

其他两个经济指标利率和失业率也影响着工作规则的变化。利率上升会导致房地产以及工业企业建设步伐变慢。由于担心过快的经济增长会推高通货膨胀率，美联储投票决定从2004年6月到2006年6月连续17次加息。[13] 近些年，美联储把利息降到了历史最低水平，希望借此降低借贷资本成本、刺激经济发展。如果员工的工资待遇水平上涨幅度赶不上物价的涨幅（通货膨胀率），他们的购买力就会下降，从而影响他们的生活水平。如果通过加息的方式压低通货膨胀，员工的信贷成本（信用卡贷款、汽车/房贷利息）也会随之水涨船高。因而，在利率/通货膨胀率高涨的环境下，工会在协商谈判中会经历提高工资福利水平，同时以团体的方式提高消费信贷的折扣比率。相反，在利率/通货膨胀率走低的环境下，员工对工资水平是否上涨就没有那么敏感，工会的注意力会转移到工作保障问题上面。

失业率同样会影响工作保障方面的工作规则。本书第6章将讨论失业率如何影响工会和管理层讨价还价的筹码。如果失业率上升、进出口贸易状况不佳，以及与国民生产总值有关的其他经济指标、生产效率、生活成本、薪资待遇等下降，工会更可能在谈判中妥协让步，而产品销售增长强劲、经济发展速度快、低失业率都会增加工会谈判的筹码，毕竟，在这种情况下，公司不希望中断生产活动，在谈判中更可能妥协让步。

据美国国家经济研究局（National Bureau of Economic Research），在2007年12月美国经济危机刚开始时，美国的失业率是4.9%。[14] 到2009年10月，失业率提高到了10.2%，这是20世纪80年代初以来最高的失业率。2010年6月，失业率下降到了9.5%，这意味着1 460万人失业。[15] 还有120万**失业而不积极找工作的人**（discouraged workers）（认为市场中没有适合自己的工作，从而放弃了找工作）没有统计在失业率中。随着经济的复苏，失业率会下降，但是下降的过程是缓慢的，通常延续数年，因为如果公司不确认产品需求会较好回升，公司通常不愿增加就业岗位。[16]

劳动市场（labor market）的工人技能水平、薪资水平和供求状况也会影响工作规则。管理层经常担心所在地区没有足够的熟练工人。比如，在一个技能水平不能满足公司生产需要的环境中，公司管理层在协商谈判工作规则时会格外关注学徒制度和工人培训，希望设立试用期（例如60～120天）。如果工人试用不合格，公司就可以解雇工人，工人不能诉诸申诉程序反对公司决策。

员工成长和发展联合公司（Alliance for Employee Growth and Development，Inc.）是公司与工会共同促进员工技能进步的一个范例。该公司创建于1986年，由美国电话电报公司（AT&T）、美国通信工人工会（Communication Workers of America）和国际电气工人兄弟会（International Brotherhood of Electrical Workers）共同组建，目的是帮助失业工人。现在，这家公司的合伙企业还包括阿尔卡特朗讯（Alcatel-Lucent）、OFS光纤公司（OFS Optical Fiber）和亚美亚公司（Avaya）。[17] 员工成长和发展联合公司已经为超过173 000名工人提供培训，帮助这些工人掌握新技术、接受技能培训（科技、客户服务和团队合作等方面）和职业转换培训。全美汽车工人联合会/通用技术中心（United Auto Workers/General Motors Skills Centers）以及美国福特汽车公司和全美汽车工人联合会的联合培训计划也是工人协会及公司联合提供培训的很好的例子。在建筑行业中，工会在培训工人方面发挥着主要作用。由于建筑工人更换工作频繁，建筑公司不愿投资培训工人，不希望自己培训的工人最后去了竞争对手那儿工作。因而，工会通过学徒或者其他培训形式推动了整个国家建筑业的发展。事实上，建筑行业工会及其公司在培训方面的投资是无工会公司的50倍。[18]

无论是在外部劳动市场还是在企业内部，公司和工会都希望为技术熟练的工人提供有竞争力的工资待遇。技能水平越高、责任要求越大，工人的薪资水平就应该越高。在一些情况下，公司面临着来自无工会公司或外国公司劳务成本方面的竞争压力，工会可能会在薪资待遇或者其他方面作出改变，使本公司在市场中保持更强的竞争力。

产品/服务市场（product or service market）也影响着劳动关系进程。公司在市场中出售商品、购买原料或者零部件。当主要客户需求大幅提升或者即将按约定交单时，如果工人罢工，对公司打击就会很大。例如，夏季是酿酒行业的销售旺季，公司通常不会在夏季解聘工人、同他们终结劳务协议，因为酿酒企业不希望这时出现工人罢工的情况。刚刚进入夏季，学生开始放假，学校一般更愿意在这时解聘员工，它们当然不希望刚刚开学时解聘工人，进而导致罢工的情况。

产品上游市场，如制造企业的上游主要零部件市场，对工人就业保障产生影响。例如，全美汽车工人联合会非常担心，美国汽车企业的主要零部件进口来自外国企业，为外国企业创造了就业岗位，从而使汽车工人失去了这些岗位。[19]

另一个影响劳动关系的因素是**金融市场**（financial market）。公司（和工会）从金融市场借入资金，为投资策略提供资金支持。不同货币之间的汇率差别是公司经营考虑的一个因素，影响着所在国家工厂的盈利能力和营销决策。不同国家之间的货币汇率（见第 14 章）可以改变公司的投资策略，因为汇率影响着工资水平，进而影响劳务成本。比如，如果墨西哥比索兑美元汇率下滑 50%，和美国相比，墨西哥生产的成本将会大幅下降，跨国公司在此驱动下更希望在墨西哥建厂生产。如果欧元兑美元汇率强劲，德国等欧洲国家的生产成本相对就会升高，那么奔驰、宝马等汽车公司更愿意去美国建厂。

公司如果扩大规模、招聘更多工人就需要向金融市场融资，同时会要求在工资方面作出让步（见第 7 章）或者要求删除一些限制性条款以提高生产力（见第 8 章）。工会必须能够为工人的股票期权激励计划进行估值分析（见第 7 章），明白公司被竞争对手或私募基金收购、兼并带来的优势和劣势。

工会已经能够使用金融资源，在金融市场中非常积极。美国养老基金规模超过了 7 万亿美元，许多工会认为，这些基金的投资应该考虑美国工人的经济利益和工作保障。[20] 钢铁工人联合会（United Steelworkers）建立了一只地方性投资基金，即哈兰特劳动资本基金（Heartland Labor Capital Project），注入资金 1 亿美元。这只基金成立的宗旨是：(1) 投资于地方性企业，保障就业岗位；(2) 提高工会和工人的经济意识，为工人和工会提供培训，提升对经济发展的影响力；(3) 刺激地方经济发展；(4) 参与组织工会建设，以此鼓励地方企业发展；(5) 鼓励工会民主化、可持续发展，为所在企业提供资金支持；(6) 为投资者提供安全回报。[21] 美国劳工联合会—产业工会联合会（American Federation of Labor-Congress of Industrial Organizations）等工会组织也建立了类似的基金，为工会会员提供就业保障。

可能对工作规则产生最直接和持续影响的是特定工作场所的**技术**（technology）。技术有四层内涵：(1) 操作中所使用的设备；(2) 工作的进度和计划；(3) 工作环境的特点和需要完成的任务；(4) 信息交流。例如钢铁厂里的主要设备——高炉在工作时需要非常高的温度，这些高炉不能像家用烤炉那样简单地开或关，通常需要几天才能达到那样高的温度从而用于运营或者才能冷却下来进行修理。设备的这一特点影响了工厂的工作规则。其基本内容是钢铁厂必须每天运作 24 小时，每周 7 天——这促成了相关的工作规则，如对夜班、周末和节假日工作的工资补贴。医院、旅社和一些大型零售商场等全天营业组织也面临着相似的工作规则问题。

在某些时候，对设备的使用导致了某个职业类别的雇员减少或消失。这一状况发生在使用工业机器人来处理先前由雇员完成的工作任务时。这是汽车行业中出现的一个很普遍的情况，在那里，由机械臂进行焊接、喷漆、机器卸载和组装。工会面临的是其会员将由机器人来取代。于是为了改善其会员的工作保障，它们提高了相关的谈判要求以提高工作保障水平，譬如增加带薪休假时间、降低每周标准工作时间（例如从每周工作 40 小时降低到 35 小时或者 38 小时）、岗位转换、再培训权利，以及让失业工人填补空缺职位。

伴随着计算机和通信技术的进步，许多工作（比如会计、工程和医学拍片）都可以外包给其他公司，甚至外包给海外的公司。一些工人可以从中受益，而其他一些工人则因此丢掉了饭碗，因为这些失业工人的雇主为降低劳务成本把业务外包了出去。

技术变革提高了对工人更高水平的要求。大部分公司获得的科技都是相似的，基本上在一个技术水平的基础上进行竞争，而工人的技能水平和创新能力才决定了公司能否取得竞争优势。技术进步为能承担多重责任的熟练工人创造了更多机会，与此同时减少了对严格的体力劳动的需求。在过去的 20 年中，虽然公司的利润和生产效率提高了很多，但是工人的工资基本上还是没变。为保持中产阶级的生活水平，工人面临的压力越来越大。[22]

技术变革有时也会减少对技能水平的要求。超市使用电子扫描仪更换食物价格、记录消费者购买清单和产品库存数量，从而降低了工人数量、减少了技能水平方面的要求，同时降低了收银员的工资。

每天工作的进度和计划也影响着某些职业的工作规则。譬如，公交车公司追求收入最大化和效率最优化，其最忙时段集中在上下班高峰时间（上午 6:00～9:00；下午 3:00～7:00），在这些时段，公交车上挤满了乘客。然而，在制定工作时间表时仍碰到一些问题，因为许多公交车司机每天的工作时间表都是工作 3 小时、休息 3 小时、工作 1 小时、休息 2 小时、工作 4 小时。由于这样的工作性质，相关行业大部分劳动协议的条款都包括间隔（休息）次数、长度及可能产生的补贴。

计算机的应用有利于工会领导和高层管理者的日常劳动关系活动。工会领导可以用计算机来维持会员，记录会费缴纳情况，并对传达给全体会员的信息进行文字处理。工会领导和高层管理者也可以在合同谈判（对不同的提议进行成本计算、制定合同）和合同实施（记录和调查申诉与仲裁裁决）中使用计算机。[23] 工会领导可以用计算机来保存工会记录以便培训会员，以及与工会会员交流。[24] 电子邮件、互联网与网页的使用使雇员和工会会员了解到磋商的进展情况。另外，在工会组建运动中，工会和管理方都常常使用这些信息传播手段（见第 4 章，这一章将讨论工会如何使用计算机技术）。

美国劳工联合会—产业工会联合会引入了两个计算机信息网络，Labor-NET（只对会员开放）和 Labor-WEB（对公众开放）。这是该组织在互联网上的新“主页”，将有助于实务工作者和产业关系专业的学生掌握有关当前发展的信息。[25] 一名美国劳工联合会—产业工会联合会的官员表示劳工信息将会传达给更多的人，因为大多数美国人都有家用电脑，或在工作场所能使用电脑。许多需要查找近期的劳动关系话题来完成家庭作业的学生都可以找到较新的资料。下面的“劳动关系实践”专栏能帮助正在查找近期劳动关系话题的学生。

◇劳动关系实践

通过网络搜寻的劳动关系研究信息

查找关于集体谈判和劳动关系的信息的电子资源越来越多。查找杂志、报纸和其他定期刊物中的报道的最有效方法是通过使用在线研究数据库，这在大多数大学的图书馆里都能找到，有打印形式和电子形式。你可以根据想查找的时间段，需要的信息数量，在你的所在地可获得的资源情况，以及你愿意得到免费信息还是收费信息来选择你的资料来源。

计算机数据库有若干优点，例如传播，可以以多种形式打印，可以将术语和其他搜索条件（如日期、语种、出版物名称）组合起来以扩大或缩小搜索范围，可以发到邮箱或者下载文章，可以通过远程访问获取信息。但是，它们的代价也会较高，还需要花费时间才能使用熟练。需要注意的是，数据库所覆盖的范围可能会有交错。为了减少多余信息，降低不必要的成本，从你能免费搜索的数据库中获得尽可能多的刊物，然后在你搜索电子数据库时将那些刊物排除。

网上数据库的订阅单通过 LexisNexis、ProQuest（以前是 University Microfilms/UMI）、OCLC（FirstSearch）、Gale（Cengage Learning 的一部分，以前是 Thomson Learning）、EBSCO 和 H. W. Wilson 等销售公司销售。专门针对劳动关系案例和问题研究的数据库由美国国家事务出版公司（Bureau of National Affairs，BNA）和商业结算出版集团（Commerce Clearing House，CCH）提供。尽管一些数据库只能通过光盘获取，但这些数据库中大部分都可以通过互联网获取。

学生在大学图书馆都可以登录网上数据库，也可以在经授权的宿舍、家庭或者办公室上网登录。就在几年前，这些数据库中的许多内容只有通过学生或者教师的申请、图书管理员执行，通过付费才能获取。这些费用包括每分钟 1.6～2.2 美元的网络连接费以及 0.5～1.4 美元的内容付费。现在，学生事实上可以免费获取这些网上资源。

通用商业索引对寻找劳动关系资料极有帮助。H. W. Wilson 出版的 Business Periodicals 索引是书面索引，仍能在大多数图书馆找到，许多年来可能一直是小图书馆里唯一的商业索引。相对应的网上索引是 Wilson Business Abstracts，包括《华尔街日报》的索引和摘要、《纽约时报》的财经版，以及其他 600 多种出版物，内容可以追溯到 1952 年。Wilson Business Full Text 提供了可追溯至 1995 年的 350 多个出版物的全文。

其他一些商业期刊数据库还包括 ABI/INFORM Trade and Industry（ProQuest）、Business and Industry（Gale RDS）、Business and Management Practices（FirstSearch），以及 LexisNexis Academic 商业新闻版。《汽车新闻》（*Automotive News*）、《超市新闻》（*Supermarket News*）、《编辑与出版商》（*Editor & Publisher*）以及《现代医疗》（*Modern Healthcare*）等行业杂志分别提供对全美汽车工人联合会、食品和商业工人工会、美国报业公会与美国护士协会等工会与劳动关系更深层的内容。

ProQuest 的 ABI/INFORM Global 是最早的商业资料研究数据库之一，内容也覆盖商业杂志和行业期刊。ABI/INFORM 的内容包含 1971 年至今文章的摘要和全文。ProQuest 最近提供的 ABI/INFORM Archive 内容包括 1918—1986 年的文章全文。

EBSCO Business Source Premier 是另一个内容广泛的商业期刊数据库，涵盖 2 300 本学术杂志和商业期刊，包括《商业周刊》《福布斯》《财富》《美国银行家》等。EBSCO 还有《哈佛商业评论》的专有版权。

报纸是商业信息的很好来源，因为有对事件的详细分析，这在其他期刊文献上常常找不到。另外，因为它们每天出版，所以提供了劳资谈判或罢工的最新消息。对主要报纸文章的引用可以在印刷的索引上找到，同时，数量飞速增长的电子索引提供了全文以及全国性和地区性报纸的索引。网上报纸的主要出版商包括 Knight-Ridder、LexisNexis、ProQuest 和 Newsbank。许多主要的报纸有自己的网站，读者可以登录它们的网站，免费获取资料（如《华盛顿邮报》《今日美国》《底特律自由新闻报》《洛杉矶时报》）。获取《华尔街日报》文章的渠道有很多，学生可以从网上注册订阅，网上的文章比纸质版的内容更多。《华尔街日报》还专门为学生和教师提供了定制服务，可以在其网站 http://www.wsj.com 查阅。

LexisNexis Academic 和 Business Newsbank Plus 是地方性报纸内容的可靠来源。这些地方性出版物的报道视角通常与全国性报纸不同。

美国国家事务出版公司出版的《每日劳工邮报》(*Daily Labor Report*) 既有纸质版，也有电子版，对研究当前劳资关系话题极为有益。这家报纸报道内容广泛，包括国会悬而未决的提案、法庭案件的评论、谈判的来龙去脉、统计数据以及其他一些相关内容。美国国家事务出版公司还出版了另外一个刊物《劳动就业法律资料》，内容包括劳动就业案例和日常法律知识问答手册。本书每一章末的“网络搜索”专栏※对探讨相应各章的主题也大有裨益。

国际影响因素

员工和管理层都是全球经济的参与者，他们必须不间断地观察世界的发展情况和发展趋势，以此确定他们的利益是否可能受到影响、如何作出相应的决策。美国许多公司依赖国际市场进行销售或者生产。近些年持续的国际金融危机严重影响美国经济和美元汇率，同时影响着运营资本的成本和供求。[26] 美元汇率下降，美国生产的商品更加便宜，而进口商品变得昂贵。其他国家的经济衰退可能会降低对美国出口商品的需求，进而影响美国出口公司的就业状况。

伊拉克和阿富汗战争影响了成千上万美国人的生活，特别是后备役军人，他们中有许多人都是工会会员。国家要求公司保留他们的工作岗位，一些公司不愿意招聘和培训新员工，因为这些后备役军人一旦回国，就不得不解聘新招的工人。公司可能要求现有工人加班，或者暂时调换工作岗位（通过提拔或调动）、填补空缺。

工会一直担心《北美自由贸易协定》（更详尽的讨论见第 2 章和第 14 章）等自由贸易协定会对它们产生不利经济影响、威胁它们的工作保障。《北美自由贸易协定》由加拿大、美国和墨西哥三个国家共同签署。自此贸易协定签订以来，美国对墨西哥的贸易赤字虽然增加了，但是具体会对美国就业市场和工资水平产生什么样的影响还未可知。[27] 工会在谈到国际竞争时通常强调要“公平竞争”，而不是“自由竞争”。除了和国际工会组织开展合作外，美国工会还提倡其他国家出台提高工人工资、改善工作环境和提升安全卫生标准的政策。[28] 美国工会的这些行动不仅提高了其他国家工人的生活水平，而且降低了其他国家的劳务成本优势因而也提升了美国工人的工作保障水平。

国际贸易对劳动关系产生了极为重要的影响。实质上，进出口、贸易赤字、汇率、资本投资和就业岗位之间相互联系。比如，美国对中国的贸易赤字从 1985 年的 600 万美元增加到了 2009 年的 2 270 亿美元。[29] 中国使用贸易盈余资本购买美国政府国债，由此成为美国最大的债权国。[30] 一些经济学家认为，人民币汇率被低估了 25%～40%。[31] 凭借廉价劳动力，中国在同美国的贸易中处于优势。

塔吉特、百思买和沃尔玛等大型零售企业严重依赖从中国进口的廉价商品。这些廉价的进口商品使美国通货膨胀率保持在较低水平，也能够使美联储把利率保持在 40 年

※ 各章的“网络搜索”专栏内容已放到中国人民大学出版社网站上，请读者联系出版社免费下载。

来的最低水平。[32] 强势美元使得进口商品看起来很便宜，也促使美国经常账户赤字（主要由贸易赤字构成，也包括资本收益和资本转移）不断攀升。“不断攀升的巨额赤字已经使美国从世界最大的债权国变为世界最大的债务国，净负债约是国内生产总值的25%。”[33]

经济全球化的一个特点就是自由资本主义市场的扩张，全球经济中的公司都面临着很大的竞争压力。跨国公司已经实现全球化销售和生产，全球分配产业链，以使成本最低、效率最优。新兴工业化国家能够以低价进行竞争，因为这些国家的薪资福利较低，工作条件也比美国公司差。此外，由于计算机科技已经使得产品多样化和为客户量身定制成为可能，美国大规模生产的成本优势也逐渐被削弱。[34]

自成立之初，工会就活跃在世界舞台上。历史上长期以来，美国工会抵制货物进口。在19世纪和20世纪，工会一直是美国最有贸易保护主义色彩的一个组织。这一点儿也不令人奇怪，因为工会代表着工人的利益，它们认为，进口货物一直威胁着它们的就业。工会工人一般不会认为，即使因进口失去了工作，他们还能再找到一个称心的工作；他们也不同意从长期来看每个人都会从贸易中受益的看法。工会工人没能阻止《北美自由贸易协定》等自由贸易协议的通过，于是他们希望国会在贸易协议中要求其他贸易国能够实行与美国同样的环境保护和工人保障标准。另外，美国工会也一直支持国际劳工组织。国际劳工组织隶属于联合国，总部设在瑞士日内瓦，倡导“核心劳工标准”，提倡保护工人基本权益：结社自由、集体谈判、禁用童工、保障收入和工作环境安全等。[35] 工会还对世界贸易组织和国际货币基金组织等施压，把国际贸易和劳工标准挂钩。[36]

舆论

舆论（public opinion）也是影响劳动关系的一个因素。大众媒体（电视、广播、报纸、电影和音乐）既是舆论的制造者，又是舆论的传导渠道，对社会有重大影响。在媒体报道中，工会给人留下负面的印象。“媒体报道总把工会描述成贪婪、腐败的组织：总是急着去罢工，保护慵懒工人，阻碍公司提升国际竞争力，通常顽固守旧。在媒体的报道中似乎如果没有工会这些自夸浮躁的人，我们的社会将万事太平。”[37] 媒体是营利性的，至少有一名著名的工会领导表示这种定位造成了对劳动关系活动的报道的偏颇：

> 媒体倾向于将集体谈判报道成一场激烈的混战。新闻多数是报道充满激情的言辞或一场纠察线上的交锋，而少有关于真正引发谈判的错综复杂的动机和交易的报道。也很少有对记者如何报道集体谈判的培训。告诉他们的是去寻找“新闻”——拳脚相加的打架、退席、激烈的讨价还价——其结果是常常错过了“故事”，即解决方案……工会的每一项提议都是一个“要求”，管理方的每一项提议都是一个“出价”。[38]

对40年来《纽约时报》关于工会的报道的分析结果与前述引文是一致的，因为分析发现报纸对罢工行动越来越关注，并且夸大了罢工发生的频率。[39] 大众媒体通常把劳工问题报道为消费者问题，报道的重点放在了劳工事件对消费价格或可用商品与服务的影响上面，而忽视了劳工问题对工人的不利影响。[40]

公众对工会的赞成比例在经济衰退时期的2009年8月下降到了历史最低水平，即

48%，而一年之前这一比例是59%。[41] 党派不同对工会的支持比例也很悬殊，民主党人大部分都支持工会（66%），无党派人士的比例是44%，而共和党人支持的比例非常小，只有29%。大部分美国人（66%）认为工会对其成员有帮助，不到一半人（46%）认为工会对其所在公司有好处，只有一小部分人（39%）认为工会对美国经济有利。然而，接受问卷调查的1 010人中仍有53%的人希望看到工会在未来能有更大（或者与现在相比有相同）的影响力。

美国公众对组织机构的印象很差，大部分人只对15家组织中的3家（军队、警察和教会）表示满意。[42] 对工会信任的民众比例只占24%，但是仍大于国会（19%）和大型企业（18%）。在2009年的一项哈里斯民意调查（Harris Poll）中，接受调查的人表示，一部分人或组织对美国政府的影响太大了，譬如大公司（85%）、政治行动委员会（85%）、新闻媒体（75%）、娱乐与体育明星（70%），以及工会（54%）。[43]

舆论，如其他影响因素一样，可以对劳动关系进程中的一个或者多个阶段产生影响，也会影响商谈的工作规则的内容。卡特彼勒工人罢工持续时间长，且曝光率很高，伊利诺伊州皮奥里亚市市长对此表示担心，害怕其他公司不愿再在皮奥里亚市开设工厂或者扩大规模："我们一直很努力，希望为本市树立劳资关系和谐的形象。我们应该多去考虑怎么让公司拓展规模、开设新工厂。现在出现的罢工难免会损害我们的声誉。"[44] 在招揽公司投资或开设新工厂时，一些地方强调它们工会较少或者居民有反工会情绪。

工会官员也认识到了舆论产生的巨大影响力。美国教师联合会（American Federation of Teachers）前主席艾伯特·仙柯（Albert Shanker）在一篇专栏《我们站在哪一边》中说明了他为什么写这篇专栏。美国教师联合会开始罢工之后，仙柯写道：

> 我成了纽约的名人，但是人们只把我视为好斗的工会领袖：怂恿教师罢工，不愿妥协，甚至还蹲了监狱。1968年年末，我开始认识到，如果说认为我的舆论形象一点儿也不重要，我就大错特错了。公办学校需要公众的支持。如果公众认为教师由一个疯子领导，那么他们也不会长久地去支持公办学校……于是，我就决定拿出时间和精力，让公众了解：教师工会的主席是一位读书人，并且拥有使学校变得更好的思想和理想。[45]

工会官员通过以下三种方式提升舆论形象：观察舆论，并且对媒体负面报道作出回应；把工会正面信息传达给公众；与其他组织结成联盟。比如，美国劳工联合会—产业工会联合会对路易斯安那州新奥尔良市的彩虹促进联盟（Rainbow PUSH Coalition）表示支持，敦促政府尽快重建卡特里娜和丽塔飓风的受灾区。[46] 美国劳工联合会—产业工会联合会甚至设立了墨西哥湾沿岸复兴项目（Gulf Coast Revitalization Program），在7年里注资10亿美元，为受灾地区房屋建设和经济发展提供资金。蓝绿联盟（BlueGreen Alliance）也是工会与其他组织合作的一个典范。蓝绿联盟是美国工会（服务业雇员国际工会、美国钢铁工人联合会、美国通信工人工会和美国教师联合会等）与环保组织（譬如山峦协会）战略合作组成的一个组织。[47] 这个组织的目标就是提高"绿色经济"领域的就业岗位数量和质量。工会一直与地方教会、民权和环保组织合作，维护它们的共同利益，比如改善当地医疗条件、降低医疗费用、推进移民改革、保障就业公平公正。[48]

工会也变得精于利用媒体为自己造势，支持工会活动，配合工会与管理层的谈判。

一些活动，如 WakeUpWalMart. com 或 WalMartWatch. com，针对一家公司，而其他一些活动可能针对某一问题，例如医疗宣传促进网（Health Care Hustle Web）。这个项目由美国工作协会（Working America）支持，而美国工作协会是美国劳工联合会—产业工会联合会的附属机构，帮助没有加入工会的 150 万个工人组织集体谈判。[49]

工会有时还与公司进行合作，沃尔玛、美国电话电报公司、英特尔、服务业雇员国际工会和美国通信工人工会结成联盟，共同促进公共政策改革，以使医疗保障能够覆盖所有美国人。[50] 工会和建筑公司组成的公共工人联盟（Public Workers Alliance）为纽约长岛地区路桥修缮向联邦政府争取资金。此外，罗得岛还有一个地区和劳资双方共同参与的组织，目的是节省就业培训资金。[51]

四、工会工人

美国工会工人占劳动力（16 岁以上工人）总数的比例逐渐降低。2010 年，参与工会的工人达 1 470 万人，占劳动力总数（1.241 亿人）的 11.9%。[52] 而在 1945 年，这一比例大约是 36%。**工会覆盖率**（union density），即工会工人占某一群体劳动力总数（比如全国、州、行业、公司和地方）的比例，用于衡量工会的势力和影响力。据预计，工会每年新增加 100 万人，可以提高工会覆盖率 1 个百分点。[53] 图表 1.4 描述了 1975—2010 年以来工会数据的变化趋势。

图表 1.4　　工会工人发展趋势 1975—2010 年　　单位：千人

年份	总工人数量	工会工人数量	工会工人占比（%）	工会集体谈判代表工人占比（%）
1975	75 703.9	16 778	22.2	—
1980	87 479.5	20 095	23.0	25.7
1985	94 520.5	16 996	18.0	20.5
1990	103 904.0	16 740	16.1	18.3
1995	110 038.1	16 359	14.9	16.7
2000	120 785.6	16 258	13.5	14.9
2005	125 889.3	15 685	12.5	13.7
2010	124 073.0	14 715	11.9	13.1

资料来源：上表数据依据美国劳工统计局编写的《当期人口调查》(Current Population Survey)。U. S. Department of Labor, "Union Members in 2010," *News Release*, January 21, 2011, p. 5; Barry Hirsch and David Macpherson, "Union Membership, Coverage, Density, and Employment among All Wage and Salary Workers, 1973—2006," *Unionstats. com*, 2007, p. 1 at http://www. trinity. edu/bhirsch/unionstats/.

工会所代表的工人数量实际上比工会工人数量多，因为如果一个公司或者组织的大多数员工支持工会，那么这个工会就代表所在公司所有员工，拥有集体谈判的法律权利。从法律角度看，没有人可以强迫任何一个员工加入工会，但是如果其所在公司工会已经代表了大多数员工，这个员工即使没有加入工会，也同样适用工会集体谈判的劳务协议。2010 年，160 万个员工没有加入工会而使用集体谈判协议（劳工合约）[54]，其中一半以上是政府雇员。

2010年，1.03亿个私营部门员工中有710万（6.9%）加入工会，而工会集体谈判代表的员工数量占7.7%。[55] 公共部门工会工人数量（760万人）略大于私营部门，约占公共部门员工总人数36.2%。工会覆盖率从联邦政府到地方政府逐渐提高，联邦政府部门工会覆盖率为31.4%，州政府为34.6%，地方政府为45.9%。公共部门劳动关系问题和发展趋势将在第13章进一步讨论。

工会工人数量不断下降主要由于下面三个原因：劳动力结构性变化，企业管理改善，以及工作环境方面的法律和行政制度逐渐完善。研究发现，在上面三个原因中，劳动力结构性变化是最根本的原因。[56] 2008年和2009年经济危机致使失业人数增加，许多工会工人也丢掉了工作，特别是在制造业和建筑业中。[57]

就业岗位从传统的有工会的行业（例如制造业、铁路运输业和采矿业）向专业和服务业（例如医疗行业、法律行业、教育行业、食品行业、个人护理服务业、维修清理服务业和安全防护行业）转移。[58] 许多增长较快的就业岗位并不需要较高的教育水平或者技能水平。“阻止高工资制造业就业岗位的减少与组织不断增加的低工资服务业工人加入工会不是一码事，但是两者都面临着一个问题：需要一个工会进行谈判，并且解决员工关切的问题。”[59]

美国大多数企业都是中小企业，其中员工不到20人的企业占到88%，98%的企业员工都不到100人。[60] 工会工人一般集中在美国2%的企业（提供的就业却占总数的43%）之中。在中小企业中增加工会工人数量对工会而言费时费力。

◇劳动关系实践

工会现在还有那么重要吗

工会现在还与经济息息相关吗？这个问题仁者见仁，智者见智。服务业雇员国际工会前主席安德鲁·斯特恩（Andrew Stern）认为，今天比过往75年更需要工会。

> 我认为，工人希望有一个代表自己的声音。问题在于：在经济全球化的今天，工人从制造业向零售业转移，工会能否适应这样的变化？能否与雇主和谐共处？我们希望找到21世纪的新模式，或许像欧洲国家一样：工会更注重行业需要，而不是个人申诉。我们不把雇主视为敌人。我们希望我们的雇主能够取得成功，并参与其中，表达诉求，与雇主和管理层共享成果。[a]

美国劳工联合会—产业工会联合会也认为，现在工会与以往一样重要，工会在保障工人原有权益、保证工人分享未来成果方面仍扮演着极为重要的角色。

工人借助工会提高薪酬福利、表达诉求，工作条件越加改善，社区就越加和谐团结。工会改善了所有美国工人的生活：促进禁用童工法律通过、建立8小时工作制、保障工人医疗安全，以及促使建立社保制度、失业保险和最低工资制度。今天工会仍然站在战斗一线，改善着美国工人的生活。[b]

针对加拿大工人的一项调查显示，工会突出的贡献包括以下三个方面：薪酬福利、工作保障和医疗安全。[c] 虽然认为工人要有渠道表达诉求，但越来越多的加拿大人希望通过工人协会的方式，而不是传统的加拿大工会模式。

雇主，特别是没有工会的雇主，持相反意见，认为工会现在已经没用了。“工会以前为工人提供保护（譬如工人无故被解聘、工作环境威胁人身安全）的功能已经被政府取代，工人也支持这样做。”[d] 原来认为比较重要的养老金和安全医疗保障现在被认为是“遗留成本”，这些较高的遗留成本使航空、汽车制造等行业的公司失去了竞争力，同时威胁工人的工作保障。[e]

最终最重要的还要看工人是如何看待第一段中提到的问题。对于为什么工人加入工会，我们将在本书第 5 章进一步探讨。

a. Kris Maher，“Are Unions Relevant?” *Wall Street Journal*，January 22，2007，p. R-5.

b. AFL-CIO，“A Quick Study of How Unions Help Workers Win a Voice on the Job，” Unions 101（accessed August 13，2010），p. 1 at http：//www. aflcio. org/joinaunion/union101. cfm.

c. Uyen Vu，“Employees Want a Collective Voice，but Not Necessarily a Union，Survey Says，” *Canadian HR Reporter*，16（20），2003，pp. 3，11.

d. Robert J. Grossman，“Do Unions Pay?” *HR Magazine*，50（5），May 2005，p. 49.

e. Michael Barone，“Big Labor，RIP，” *Wall Street Journal*，July 28，2005，p. A-10.

人口结构的变化趋势影响着劳动力群体的规模和构成，同时影响着工会工人的变化趋势。55 岁以上老年工人的占比预计将会增加，而 16～24 岁和 25～54 岁的就业群体将会减少。[61] 从 2008 年到 2018 年这 10 年期间，男性工人的比例预计将从 53.5%下降到 53.1%，而女性比例将从 46.5%上升到 46.9%。到 2018 年，非洲裔、亚洲裔和西班牙裔的工人将会增加，预计分别达到劳动力总数的 12.1%、5.6%和 17.6%。工会不仅需要保证不流失现有工会会员，而且需要吸引新的工人加入，以增加未来的工会覆盖率。

2010 年，劳动力总数的 19.6%是兼职工人，人数达 2 440 万。[62] 同年，工会代表的工人数量在全职工人中的占比是 14.6%，而兼职工人只有 7.2%。[63] 研究发现，兼职就业岗位的增加对工会覆盖率的降低产生了很重要的影响。当每周工作时间增加到 20 小时之上时，兼职工作岗位增加对工会覆盖率的负面影响将会降低。[64]

工会工人减少的另一个原因是：企业或者组织越来越多地在没有工会的情况下经营。甚至有些企业更愿意在工会少或者影响小的地方建厂（例如美国南部和西南部地区）。更关心员工利益和关切的企业也越来越多。另外，管理层也实行阻止工会进入的人事管理策略，例如积极的反工会宣传（见第 5 章）。

一些工会官员表示，雇主常常钻法律的空子以无记名投票的方式阻止员工加入或者组织工会。例如拖延投票时间，质疑投票结果，长时间上诉，在《劳资关系法》下工会得到法律认可之后拖延时间不与工会就劳务协议进行谈判（见第 3 章）。一位分析者认为这同如下政治过程比较相似：假设根据法律决策由投票决定，但是选民无法接触到一个派别（指工会），而另一个派别（指管理层）每天却有 8 小时，管理层强迫选民（只有听的份）听宣传演讲，而工会一方却被隔离在外。[65]

美国保护工人权益法律的不断完善也是工会工人数量减少的一个重要原因，美国通过的相关法律主要有：《美国残疾人法案》、《平等就业机会法案》（Equal Employment Opportunity Act）、《职业安全与卫生法案》、《雇员退休收入保障法案》，以及《莉莉·莱德贝特公平薪酬法案》等。现在有了这些法案之后，管理层认为工会就没有必要了。实际上，现在的工会也确实把更多的精力放在服务现有成员上面，而不是去招揽新成员。

对工会是应该利用更多的时间和资源组织新成员加入还是提升现有成员服务（譬如合约协商、薪资福利和工作环境问题研究、处理申诉，以及监控政治性问题）这个问题，人们的看法莫衷一是。每个工会在决定组织新成员加入之前都必须考量是否符合工会的利益，况且这也需要使用工会稀缺的资金。新上任的服务业雇员国际工会主席玛丽·凯·亨利（Mary Kay Henry）已经把招徕新员工加入工会作为首要目标，每年投资 2.5 亿美元组织新员工加入工会。[66] 由于工会是政治性组织，工会代表也由现有成员选举产生，工会代表提升现有成员服务的动力自然大于组织新员工加入。[67]

由于工会工人的占比下降，许多工会还是增加了组织新员工加入的活动。工会现在不仅努力提升服务水平，还改善与管理层之间的合作。[68] 如果社会中没有了工会，将会出现什么后果呢？人们从这个问题中可以看出工会的重要性。没有了代表工人利益的工会与管理层相抗衡，过去百年取得的进步还能否持续？这些进步会不会受到侵蚀或者得不到执行？工会在美国历史中一直扮演着重要的角色，是平衡工人与管理层之间权利和责任的重要力量。

本章小结

尽管劳动关系进程对每个组织的特定的劳资活动、态度和关系而言是独特的（在第4章将有更多的讨论），但劳动关系进程都包括了以下三个阶段：承认工会与管理方代表的合法权利和责任，劳动协议的磋商，实施经磋商达成的劳动协议。

劳动关系进程的焦点是共同磋商和实施的工作规则，主要是关于报酬以及雇员与雇主在工作方面的权利和责任。这些规则可能在是特定的职业类别所特有的还是整个行业普遍的、是含糊的还是具体的这些方面各有不同。它们也会随时间而变化，反映出劳动关系是动态的这一性质。

工会领导和高层管理者代表了劳动关系进程中的两个参与方类别。但是，这两个都不是意见统一的群体，因为不同的组织以及组织内部会产生不同的观点。雇员是最重要的参与方类别，因为他们对工会和管理方都忠诚，他们决定了一个工会是否能在一个组织中获得代表权，以及是否举行罢工并成功地结束罢工。其他参与方包括中立第三方（调解员和仲裁员）和政府（以行政决定、立法行为和司法判决的方式）。

这些参与方在制定规则的过程中受到了若干变量的影响，例如技术（操作中所使用的设备，工作的进度和计划，工作环境的特点和需要完成的任务，信息交流）；劳动力市场和产品市场；国际影响因素，如贸易协定或武装冲突；舆论；金融市场以及经济状况。

工会现在的地位可以从统计学角度和普遍性立场来评论。美国工会工人的比例逐渐下滑，但是这个趋势及其解释的因素（工作岗位转移，企业组织实践，以及经济、法律与政治环境）都不能否认工会仍将发挥极为重要的作用。

关键术语

劳动关系进程	利益纠纷	权利纠纷	工作规则
管理层	工会代表	员工	双向效忠
政府	中立第三方	调解员	仲裁员
经济	失业而不积极找工作的工人	劳动市场	产品/服务市场
金融市场	技术	国际影响因素	舆论
工会覆盖率	自由雇佣		

讨论题

1. 图表 1.1 体现了劳动关系进程的焦点问题以及影响该进程的许多变量。选择一个学科，比如政治学、经济学或社会学，指出该学科可能为劳动关系进程增加新的见解的三个具体方式。

2. 思考一下你所从事的工作，讨论影响工作规则的一些外部变量（见图表 1.1 的外圆）。

3. 本章概述了美国劳动关系进程的三个基本假设。你同意这些假设吗？站在雇主或者雇员的角度，你的回答有什么不同？

4. 讨论工会在今天的工作环境中是否仍旧有用这个问题。还可以通过其他什么渠道来保证员工传达“自己的声音”？

5. 一个人可以既赞成工会又赞成雇主吗？赞成工会就一定与雇主背道而驰吗？一个人可以反对工会而又从法律上支持工人的权益吗？

案例 1.1　补偿非法解雇的工人以及恢复他们原职

在工会代表选举活动之后，雇主非法解雇了 20 名雇员，而这 20 名雇员参加选举活动的行为是合法的。雇主与国家劳动关系委员会签署了自愿和解协议。根据协议，雇主将对非法解雇工人进行补偿，并且恢复他们原职。但是，雇主拒绝执行这个协议，因为其发现了证明许多涉事雇员为非法移民的证据。雇主认为，如果恢复了这些雇员的岗位，就违反了联邦法律（1986 年《移民改革和控制法案》），也违反了州立移民法律（《亚利桑那州合法工人法案》）。这两部法律都禁止公司雇用非法移民。

国家劳动关系委员会法律总顾问向法庭请求：强制雇主执行自愿和解协议。雇主原来雇用了这些工人，并承认在工会组织选举的过程中非法解雇了这些工人。此外，雇主自愿与国家劳动关系委员会达成协议，当时并没有提出这些工人是非法移民的问题。为了让雇主为其违法行为作出补偿，雇主必须恢复非法解雇的员工的岗位，并赔偿他们的经济损失，法庭应该强制雇主执行。

◆思考题

1. 从公共政策而言，是否应该要求雇主恢复其非法解雇的工人的岗位（即使这些工人是非法移民）？给出你的解释。

2. 在这个案例中，法庭能否强制雇主执行自愿和解协议，同时又不违反移民法律？给出你的解释。

案例 1.2 因检举而遭解雇

珍妮特·布鲁姆（Janet Broom）和达拉·米勒（Darla Miller）分别是俄克拉何马州诺曼地区（Norman）一家居家护理院中的执业药物助理和厨师。他们怀疑另一名员工从药物室偷取药物供住院客户使用。布鲁姆和米勒根据他们的观察举报那名员工伪造药物记录表，蒙骗上司。

这家居家护理院的员工手册明确写明了员工检举另一名员工应该遵守的程序，要求举报者应首先向被举报者的直接上司进行检举。由于被举报者的直接上司萨拉·达顿（Sarah Dutton）是被举报者的密友，布鲁姆和米勒决定向另一位经理举报。这位经理是居家护理院的医药顾问。

了解到这桩事件之后，萨拉·达顿立刻以两人违反检举程序为由把他们解雇了。布鲁姆和米勒不是工会会员，不能通过工会解决，只好向地方法院起诉雇主非法解雇他们。他们认为，他们的行为是公司内部举报行为，应该受到美国俄克拉何马州公共政策的庇佑，免于被解雇。

雇主认为，这两人的解雇适用于普通法**自由雇佣**（employment-at-will）原则，雇主可以以任何理由解雇工人。雇主的行为得到了地方法院裁决的支持：雇主的解雇行为根据自由雇佣原则合法合规。

于是，布鲁姆和米勒又向联邦高级法院上诉，希望推翻地方法院的判决。

根据 *Groce v. Foster*，880 P. 2d902（Okla. 1994）判例，美国俄克拉何马州最高法院规定以下五类公共政策豁免于自由雇佣原则：（1）拒绝参与违法犯罪活动；（2）执行重要公共服务（譬如履行陪审员义务）；（3）维护员工合法权益或利益；（4）受雇主违法行为影响；（5）从事公共政策鼓励的行为或者拒绝从事公共政策禁止的行为。伴随条件是解雇表现为雇主恶意报复。

布鲁姆和米勒认为，他们的行为适用于第五类解释：他们举报同事偷窃行为，是公共政策所鼓励的行为。

俄克拉何马州最高法院规定，公共政策豁免的确认和执行必须在州立宪法、规制法，以及法庭裁决先例中清楚写明。因而，布鲁姆和米勒引用三部法律支持他们的行为。

第一部法律是《养老院护理法案》（Nursing Home Care Act）。这部法律是关于药物贮藏、保管、监管、配出，以及在必要时做毁灭处理的保障和程序法律。雇主认为，这部法律明确只适用于执业的养老院，而工人所在的单位是居家护理院，因而不在这部法律的规制范围内。俄克拉何马州针对老年人护理的执照分为以下几类：养老院、协助式照护中心和居家护理院。

第二部法律是《居家护理法案》(Residential Care Act)。雇主承认此案件适用于这部法律。布鲁姆和米勒注意到这部法律授权俄克拉何马州卫生部“拟定、执行规章制度……以践行这部法律；这些规章制度包括但不限于温度、照明和卫生等，还包括保护护理院内居民的健康、安全和福利等的物质条件。”雇主认为，布鲁姆和米勒在地方法院审理的过程中并没有提出这个问题，所以在上诉中也难以作为充分的理由。在初审中没有明确表达或者提出的问题或观点在申诉审理中也不能作为法律依据，这是一个一以贯之的法律原则。雇主还认为，布鲁姆和米勒提到的内容太过宽泛，不明确，难以作为支持公共政策豁免的理由。

第三部法律是《危险物品统一管制法案》(Uniform Controlled Dangerous Substances Act)。尽管这部法律认定偷窃管制物品是违法犯罪行为，但是布鲁姆和米勒难以具体地指出这部法律如何适用于他们被解雇的案件。雇主认为，布鲁姆和米勒仍旧无法明确地点明适用公共政策豁免条款，无法证明他们不按检举程序被解雇的不当性。

思考题

1. 联邦上诉法院应该驳回布鲁姆和米勒上诉的请求、继续执行地方法院的裁决吗？给出相应解释。

2. 如果布鲁姆和米勒两人是工会谈判集体的成员，这个案件的处理将会有什么不同吗？

课堂活动

1.1 工作规则

说明：这个活动既可以是集体性的，也可由单人为之；既可以以口头形式开展，也可以以书面报告的形式开展。选取新近（一年内）发生的故事或者新闻报道，试着解释故事中的信息如何影响一个工作规则的谈判或执行。一个正规的新闻报道应该包含工作规则谈判或执行的制约和影响因素（譬如经济状况、劳动力市场状况、产品市场情况、技术、金融市场和国际影响因素）。

1.2 工会会员发展趋势

说明：这个活动既可以是集体性的，也可由单人为之；既可以以口头形式开展，也可以以书面报告的形式开展。选取新近（一年内）发生的故事或者新闻报道，试着解释故事中的信息如何对工会会员发展趋势产生正面或负面影响。你的解释应该清楚表明故事中的信息为什么、如何影响工会会员的发展趋势。

1.3 字词分类

说明：把全班学生分为三到五个组。下面有 25 个字词或短语，各组学生把这 25 个字词或短语分到**工会**（U）、**管理层**（M）、**工会 & 管理层**（U&M）和**不属两者**（既不属于工会之类，也不属于管理层之类）之类中。各组之间相互比较分组的不同，并说明背后的逻辑，还可以列举更多与**管理层**和**工会**联系的字词或短语。

1. 有权力的。
2. 受过良好教育的。
3. 民主的。
4. 以营利为目的的。
5. 高效的。
6. 公平的。
7. 暴力。
8. 值得信任的。
9. 工作保障。
10. 竞争的。
11. 政治的。
12. 权威。
13. 合理的。
14. 工人停工。
15. 专业的。
16. 员工福利。
17. 道德伦理的。
18. 创新的。
19. 灵活的。
20. 改善质量。
21. 风险承担者。
22. 必要的。
23. 工作安全和医疗保障。
24. 工作规则。
25. 以促进增长为目的的。

第 2 章

劳资关系的演变

鲍勃叔叔从前曾向我解释到底什么人才是“劳动工人”。这通常是他发牢骚的一部分，他经常数落现在的工人，尤其是年轻人，不理解也不懂得感激经历了多少血泪他们才享受到现在的工作条件（譬如 8 小时工作制、带薪休假制度、危险工作安全保障）。以鲍勃叔叔之见，美国工人权利在过往 100 年中的每一次进步都是他们联合起来战斗、为美国梦奋斗的成果：有时向雇主施加较大压力以促成更大更快的改进，有时还向政客施加压力以促成必要的变革，有时也向其他社会组织（宗教、民间，以及慈善组织）施压。强大的工会运动有利于保证雇主在获取经济利润的同时，也能让普通工人分得一份成果，这样才使美国形成了一个庞大的中产阶级群体。我质疑，鲍勃叔叔对工人大加赞扬的观点并不那么合理，工人的贡献可能还比不上雇主或其他组织对自由企业制度和经济增长所带来的进步。但是，我承认，我对这段劳动关系历史知之甚少，对人物、事件、环境因素和组织机构之间如何相互作用造就了今天的劳资关系也不得而知。

◆思考题

1. 一些人认为，现在美国的“中产阶级”群体正逐渐萎缩。你是否赞成？为什么？

2. 以你之见，加入工会工人数量的减少在多大程度上影响着个人的生活水平？保持现在的生活水平更难还是更易？

3. 美国劳动关系历史应该成为公立/私立学校学生学习的一个科目吗？就像自由企业制度和企业家领袖（如约翰·洛克菲勒、安德鲁·卡内基和比尔·盖茨）一样成为一门必修课？

我们所理解的美国劳工运动，在 100 多年的时间内一直在逐步调整以适应变化中的社会和经济事件、雇主的态度和行动，以及雇员的喜好。历史的视角能使我们更好地理解当前的工会行为，并帮助我们预测大多数工会对突发的、巨大的变化会有怎样的反应。

但是现在的研究并没能获取使用历史视角的最佳方式。[1] 因为这必须考虑来自许多学科（社会学、经济学、政治学等）的观点，并且对许多观点加以评价。我们讨论的焦点是通过两个相互关联的历史维度来探讨为工会会员做了什么，没做什么：(1) 劳工组织和管理方组织之间的关系；(2) 劳工组织的组织特点。

第二个维度对劳动关系的学生和实务工作者而言是很重要的，因为目前的美国劳工联合会—产业工会联合会在历史上受到四个主要劳工组织的影响：劳工骑士团、世界产业工人组织（Industrial Workers of the World）、美国劳工联合会和产业工会联合会（Congress of Industrial Organizations）。

任何一个劳工组织的优势均取决于四个标准：

- 其组织结构和财务稳健性。
- 在已经建立的政治和经济体系中，尤其是工资体系中发挥作用的能力。
- 更广阔的社会环境（诸如立法、传媒和舆论）支持或者破坏劳工组织的特点。
- 工会领袖甄别并实现会员的目标和利益的能力。

读者可以采用这些标准来评估为什么某些劳工组织在过去是失败的，并且预测目前的工会对管理方提出严峻挑战的可能性。上述历史维度被划分为三个时间段：1869 年至第一次世界大战，第一次世界大战至第二次世界大战，第二次世界大战至今。

一、1869 年至第一次世界大战

我们现在所理解的工会，在 1800 年前尚不存在。那时有小的行会以及雇主和手工业者的联合会（joint association），它们竭力推行职业标准和限制外来的竞争。[2] 这些行会所强调的关注点往往使雇员和雇主一样受益。至 1820 年时，只有极少数的分散的罢工，通常是由工资问题引起的，因为只有两个行业，即制鞋业和印刷业，有类似集体谈判的做法。那时在美国也没有普遍的劳工哲学或者劳工运动，因为工会还局限于美国东海岸的大城市。[3]

在 19 世纪 50 年代和 60 年代，美国工业体系的发展（产业革命）、交通状况的改善、产品流动的增加等这些因素将公司（以及潜在的联合起来的雇员）的组织扩展到了当地社会之外。例如，雇主可以在巴尔的摩以较低的工资生产鞋子，然后用船运到波士顿，在那里可以以较高的价格出售。劳动者需要防止利用工资进行竞争；于是，他们需要一个全国性的组织。美国内战（1861—1865 年）促进了大规模生产技术的发展和改进，使大量的半技术雇员和非技术雇员在同一个工厂工作——这种状况吸引了有组织的劳工。

劳资关系早期发展情况（1806—1931 年）

《美国宪法》（U. S. Constitution）第一条第八款规定，美国国会拥有制定和通过州际与国际商务法律的权利。劳动关系活动直接影响州际商务活动，因而自 19 世纪末开始许多通用法规围绕着劳动关系制定，覆盖其方方面面。《美国宪法第一修正案》明确保护公民集会、结社和言论自由，这事实上为工人组织和加入工会提供了法律解释，也为工会抗议示威活动提供了法律依据（向潜在工会会员和支持者传递信息）。《美国宪法第五修正案》规定保护正当程序，而《美国宪法第十四修正案》规定公民享有平等被保护权，并且禁止州立法律剥夺公民的宪法权利。这些宪法的法律条文为塑造劳动法基本框架发挥了重要作用。

19 世纪末几乎没有专门针对劳动关系的法律，因而在美国历史早期主要使用**普通法**（common law）解决劳动关系问题。如果发生法律纠纷，只有在没有相关宪法和一般法的情况下，才适用普通法。在此情况下，法庭法官研究出法律原则或程序以解决法律纠纷。之后，这些法律原则和程序慢慢沿袭，逐渐成为普通法。美国早期的普通法是在英国普通法的基础上结合本地传统和习俗建立起来的。

现在仍然经常使用的**自由雇佣原则**（employment-at-will doctrine）就是一个典型的普通法。根据自由雇佣原则，劳资双方可以在任何时候以任何理由解除双方无限期的劳务关系。自由雇佣原则起源于英国主仆关系方面的普通法。依照此原则，无论雇主做法是否得当、理由是否充分，雇主都可以解雇员工。当然，如果加入了工会，通过集体谈判确定了劳务协议，员工将不再适用于自由雇佣原则，而按照双方的劳务协议保护工作权利。因而，对许多雇主而言，他们的员工是否加入工会、参加集体谈判，直接影响着他们能否解雇一名员工、他们的解雇能否顺利通过申诉程序。随着时间的推移，法律和判例禁止雇主以某些不当理由（譬如加入工会，或者因为种族、性别或宗教）解雇员工，自由雇佣原则不断得以修正。在美国许多州，自由雇佣原则保留了管理层解雇员工的基本权利。我们将在第 12 章详细探讨这一原则。

美国早期的工会生存下来都比较困难。在那时，自由资本主义刚刚萌生，整个法律体系主要用于保护雇主财产权利，以此推动整个国家经济的发展，无视工人的正当权益。雇主财产权在法律中占有很大篇幅，包括有形财产权（譬如对工厂、机械和员工的控制权）和无形财产权（譬如从事正当商业、赚取利润的权利）。从 19 世纪初一直到 20 世纪 30 年代，由于劳动关系法律的缺失，法庭法官在处理这方面的诉讼时有很大的管控权。

按照英国普通法，两个或两个以上员工以提高工资或者改善工作条件为目的向雇主联合施压的行为是非法的。美国 1806 年发生了一桩著名的劳工诉讼案件，被称为“鞋匠案件”：费城的一个鞋匠团体的成员被判有罪，构成共谋犯罪，每人被处罚金 8 美元。这些鞋匠联合起来提高工资，拒绝与非成员鞋匠共同工作，并且如果达不到其要求的工资水平，他们也拒绝工作。12 个陪审员（全是商人）因这些工人串通提高工资且伤害非成员利益判处他们有罪。[4] 起诉人在法庭上这样说道：“我们认为，没有人有权联合起来、串通共谋管理全城的工人，被告人之所以被控诉，不是因为他们个人提高工资的要求，而是串通起来干预别人的工资。我们知道，这样的串通会影响到社会中的每一个人，伤害了公共利益，也有违公众良知。”[5]

对组织工会的员工适用普通法**共谋犯罪原则**（criminal conspiracy doctrine）激起了民众公愤。不单单工人，一些雇主也表示不满，他们害怕此举会引起工人不满从而致使工厂停工。马萨诸塞州最高法院在联邦诉亨特判例（*Commonwealth v. Hunt*，1842）

中无疑顾及了这方面的因素，推翻了对熟练鞋匠工人协会（Journeymen Bootmakers' Society）7名成员（他们拒绝在每双鞋低于2美元的情况下与非成员一起工作）共谋犯罪的判决。[6] 法院并没有否认共谋犯罪原则，而是采用最终目的/方法检验的方式根据个案判决工人团体最终目的（目标）是否合法、方法（策略）是否合法。最高法院认为，虽然对特定类型的工人来说削弱了当前已建立的工资，但是工人维护自身利益、追求期望工资的目的是合法的，工人拒绝为雇用非成员、薪资水平低的雇主工作这样的方法也是合法的。当然，为了维持正常经营活动，雇主也可以自由解雇不愿工作的工人。

民事共谋原则

联邦诉亨特案的法律判决事实上终止了共谋犯罪原则的使用。但是，法院仍然使用**民事共谋原则**（civil conspiracy doctrine）。根据民事共谋原则，尽管追求自身合法权益，工人团体的联合行动仍然可能会危害到其他第三方（例如消费者和其他员工）的利益。[7] 在 *Vegelahn v. Guntner*（Mass. S. Ct. 1896）诉讼案中，法院向为提高工资、缩短劳动时间抗议示威的工会发了禁令。[8] 尽管同意工会表达的诉求是合法的，但法院认为，工会抗议示威夹杂着暴力威胁行为，对其他愿意继续工作的工人和愿意与雇主有生意往来的客户构成恐吓，尽管其目标合法，但方法是违法的。只有目标和策略全部合法，工会的行动才会被允许。

1880年左右，许多州放松了陪审员制度（譬如财产要求），允许更多的工人行使陪审义务。因而，陪审员越来越不愿意判处工人有罪。雇主于是寻找更有效地限制工人一致行动的方法，向法院申请劳工禁令。[9] 法院的**劳工禁令**（labor injunction）限制或禁止劳务纠纷中工人的一些行动。对雇主而言，劳工禁令的优势在于：不举行正式的陪审员听证会，法官就可发布初级的劳工禁令，而依据仅是雇主的证词和提供的一些证据。等到举行听证会，工会质疑雇主证据证明劳工禁令不必要，往往要花费几个星期，甚至数月的时间。到时候，雇主可能已经与工会达成了有利于自身的协议，而劳工禁令使工会在此期间也束手无策，无法采取行动向雇主施加经济压力。

法院看重劳务协议的惯例在一定程度上怂恿了雇主强迫员工签署**黄狗契约**（yellow-dog contract），这样的劳务协议禁止员工加入或者帮助组织工会。[10] 雇主通常在员工签订黄狗契约之后才会聘用这个员工，因而参与工会的活动都可能使工人遭到解雇。此外，如果外部工会的组织者为提高工资或改善工作条件拉拢工人参加罢工等联合活动，将会被法院禁止，因为法院认为这样的行为妨害了工人和雇主双方劳务协议的正常履行。工会组织者若违反法院禁令，将会被判处蔑视法院禁令或者罚款，甚至监禁。

工会和反垄断法

19世纪末，工会面临的另一个挑战来自反垄断法开始适用于工会组织和集体谈判活动。1890年，国会通过了**《谢尔曼反垄断法》**（Sherman Antitrust Act），目的是制止大公司从事反竞争行为（譬如恶性降价竞争、不让竞争对手获取必要原料），阻止大公司不正当地挤兑小企业。[11]《谢尔曼反垄断法》并没有直接点名是否适用于工会、工会是否涉及非法合并妨碍正常商业活动。国会在审议这部法律时更多地针对大企业行为，而没有针对工会组织。

1908 年，美国最高法院的一个里程碑式的判例即洛伊诉劳勒判例（*Loewe v. Lawlor*）[就是著名的**"丹伯里制帽工会案"**（Danbury Hatters Case）]改变了《谢尔曼反垄断法》不适用于工会的状况。[12] 北美制帽工人联合会（United Hatters of North America，UHU）已经在制帽行业 82 家企业中的 70 家建立了工会，希望进一步在洛伊公司组建工会，而洛伊公司位于康涅狄格州丹伯里，正是余下没有工会的公司之一。为了获得洛伊公司员工的集体谈判代表权，北美制帽工人联合会在美国劳工联合会的帮助下在全国展开联合抵制活动，呼吁零售商、批发商和消费者不要购买、销售与穿戴洛伊公司生产的帽子。全国性抵制活动取得了成功，但是激怒了洛伊公司。洛伊公司向法院提起诉讼，状告北美制帽工人联合会妨碍了洛伊公司正常的商务活动。最高法院认为，工会的这一行为适用《谢尔曼反垄断法》，工会的联合抵制活动也妨碍了洛伊公司的正常商务活动。法院判决北美制帽工人联合会赔偿洛伊公司三倍损失金额（共 25.2 万美元）。如果北美制帽工人联合会没有足够资金缴纳罚款，工会工人将承担偿付罚金的责任。

洛伊诉劳勒判例对劳动关系产生的重要影响表现在以下几个方面：第一，该判决基本上禁止了工会的联合抵制活动，工会曾经把这种方法视为向雇主施加压力、达成有利协议的有效策略。此外，工会的一些领导人开始担心相似的判决会不会同样适用于其他策略（如抗议示威、罢工和发传单）。第二，法院判决工人为工会行为"买单"对工会组织活动打击很大，员工参加工会组织活动不仅要冒着被解雇的危险，还有可能要承担工会违法活动造成的损失。

但是这个判例产生了积极影响：美国劳工联合会主席塞缪尔·龚帕斯（Samuel Gompers）和其他一些工会领导人清楚地认识到必须增加政治影响力，向国会和其他联邦政府机构施压。为了解决《谢尔曼反垄断法》带来的问题，龚帕斯激进地展开了一系列活动，最后使**《克莱顿反垄断法》**（Clayton Antitrust Act）在 1914 年得以通过。《克莱顿反垄断法》对《谢尔曼反垄断法》进行了修正，其部分条款如下：

> 人的劳动不是商品或商业物品。反垄断法的任何条款都不能解释为禁止工会的存在和活动……工会也不能解读为……非法组织或者共谋妨碍正常商务活动。
>
> 在任何情况下……劳务纠纷案件……都不能实行劳工禁令，除非破坏了雇主的财产权……
>
> 没有任何禁令……可以禁止任何人或者组织……暂停工作……以和平的方式推荐、宣传和说服他人暂停工作……和平地说服他人工作或者拒绝工作……以正当合法的策略和目的和平集会。[13]

当龚帕斯读到这些条文时，他赞扬《克莱顿反垄断法》是美国劳工界的"大宪章"，因为这部法律可以使工会免于《谢尔曼反垄断法》的困扰。然而，龚帕斯的兴奋没有持续很长时间。20 世纪 20 年代美国最高法院一连串的法案无疑证明，《克莱顿反垄断法》根本不是美国劳工界的"大宪章"。[14] 最高法院并不认为通过这部法律是为了推翻先前适用《谢尔曼反垄断法》的判决，而只认为国会通过这部宪法只是为了保证工会只要目标和策略合法就不会被取缔。事实上，《克莱顿反垄断法》对工会的负面作用远大于其正面作用。根据《克莱顿反垄断法》，雇主可以直接向法院申请劳工禁令，而不必经过听证会审核（《谢尔曼反垄断法》是要求听证会审核的）。

一些州开始着手解决这些劳动法的缺陷，通过州立法律给予员工集体谈判权，或者对劳工禁令作出一些限制。譬如，1921 年，美国最高法院宣布亚利桑那州通过的一项法律违反《美国宪法第五修正案》和《美国宪法第十四修正案》。[15] 亚利桑那州希望否决法官发布劳工禁令的权利，阻止雇主通过劳工禁令限制工人和平抗议活动。美国最高法院多数法官认为，亚利桑那州的法律违反宪法，违反抗议示威需正当程序的规则，也违反了雇主在劳务纠纷中受劳工禁令保护正常经营的权利。但是，也有一些人不同意美国最高法院的观点，他们认为，如果有必要保护工人参加集体劳务谈判的合法权利，亚利桑那等州有权自主决定对雇主财产权作出一些法律上的限制（譬如限制雇主禁令性救助）。

20 世纪 20 年代对工会而言异常艰难。尽管经济蓬勃发展，但是工会却不得不忙于应付以下挑战：雇主可以轻易获得劳工禁令；法院强烈保护雇主的财产权；保护工人组织、参加集体谈判的法令缺失；雇主普遍采用反工会策略（譬如“打手队”、黄狗契约、解雇或者列黑名单）。尽管这一时期的 1926 年通过了《铁路劳工法案》（见第 3 章），该法案赋予铁路工人集体谈判的权利，但大多数工会在这一时期主要是重新整合、自我评估、维持现状，而无心扩大。

全国性工会组织的出现

从 1869 年到第一次世界大战期间，美国出现了三个全国性的劳工组织：劳工骑士团、美国劳工联合会和世界产业工人组织。本书将对这三个工会组织的宗旨和目标、组织结构、战略和策略等进行阐述。本书还将阐述劳工骑士团消亡和世界产业工人组织衰落的原因，这些和前面所阐述的劳工组织优势标准的内容相呼应。本书还将详述这一发展时期三个主要的劳工事件：要求 8 小时工作制的工人运动（包括 1886 年的秣市骚乱）、1892 年的霍姆斯特德罢工，以及 1894 年的普尔曼罢工。“劳动关系实践”专栏列述了美国劳工史上的一些主要事件。

◇劳动关系实践

美国劳工史上的主要事件

时间	事件
18 世纪末	东部沿海大城市（例如纽约、费城）出现地方性手工业工人工会组织。
1842 年	马萨诸塞州最高法院在联邦诉亨特判例中开创了劳工法先河：工人有权在方法（策略）和最终目的（目标）合法的情况下创建工会组织。
1850 年	美国经济开始从农业向制造业（工业）转变，全国统一市场形成，大型公司使用新技术、借助发达的交通运输（铁路和公路）进行规模化生产。
1869 年	劳工骑士团成立。

续前表

时间	事件
19 世纪 80 年代	管理层法律策略从使用共谋犯罪原则和民事共谋原则向使用劳工禁令转变，用以限制或者禁止工人的联合行动。
1886 年	8 小时工作制工人运动风起云涌；伊利诺伊州芝加哥市发生了秣市骚乱；美国劳工联合会成立，塞缪尔·龚帕斯任主席。
1892 年	钢铁锡工人联合会参与的霍姆斯特德工人罢工运动在卡内基钢铁工厂发生。
1894 年	尤金·德布兹领导美国铁路工会罢工，反对普尔曼公司，发生流血冲突，引致美国军队介入。
1898 年	美国国会通过《艾德曼法案》(Erdman Act) 促使铁路行业在解决劳务纠纷时使用调解和自愿性仲裁的方式，1908 年美国最高法院宣判该法案违反宪法。
1905 年	世界产业工人组织成立。
1908 年	美国最高法院宣判，北美制帽工人联合会组织的全国性一致抵制活动违反《谢尔曼反垄断法》。
1911 年	纽约三角地制衣厂火灾导致 146 名制衣工人死亡，公众开始普遍关注一些产业工人危险的工作环境。
1913 年	国会创建美国劳工部 (U. S. Department of Labor)，劳工部部长进入总统内阁。
1926 年	《铁路劳工法案》生效，赋予私营铁路公司工人组建工会、进行集体谈判的权利。
1932 年	《诺里斯-拉瓜迪亚法案》生效，用以限制劳工禁令的发布、使“黄狗”契约失去法律效力。
1933 年	美国劳工部部长弗朗西斯·珀金斯 (Frances Perkins) 成为第一位进入总统内阁的女性成员。
1935 年	《国家劳动关系法案》生效，赋予私营企业员工组建工会、进行集体谈判的权利。美国劳工联合会旗下一些工会组建产业组织委员会，提倡规模化生产行业（比如汽车、橡胶和钢铁行业）的员工组建工会。
1936 年	修正《铁路劳工法案》，把适用范围扩至航空行业。
1938 年	产业组织委员会被重组成“美国产业工会联合会”，选举约翰·L. 刘易斯 (John L. Lewis) 为第一任主席。《公平劳动标准法案》(Fair Labor Standards Act) 生效，规定：每小时工资不得低于 25 美分；每周工作时间超过 40 小时的工时工资是正常工资的 1.5 倍。
1947 年	尽管杜鲁门总统否决，《劳资关系（塔夫脱-哈特利）法案》[Labor Management Relations (Taft-Hartley) Act] 仍得以通过。此法案再次强调对工人集体谈判权利的保护，但是增加了对工人不参加集体谈判的自由权利的保护，对工会活动加以限制。
1952 年	美国劳工联合会和美国产业工会联合会的主席在同一个月份逝世，新任主席乔治·米尼 (George Meany) 和沃尔特·鲁瑟 (Walter Reuther) 走马上任。

续前表

时间	事件
1955 年	美国劳工联合会和美国产业工会联合会合二为一，组成美国劳工联合会—产业工会联合会，选举乔治·米尼为主席、沃尔特·鲁瑟为副主席。
1959 年	《劳资关系报告与披露法案》生效，用以监管工会内部事务，以及工会与工会会员的关系。
1962 年	肯尼迪总统发布第 10988 号总统令，准许联邦政府公务人员组建工会、参加集体谈判，提倡各州实施相同法律，赋予州及地方政府组建工会、参加集体谈判的权利。
1963 年	《同酬法案》(Equal Pay Act) 生效，禁止不同性别工人不同工同酬。
1964 年	《民权法案》实施，禁止雇佣、学徒实习、薪酬、劳务协议和工会组织等方面的种族、肤色、宗教、性别和民族歧视。
1968 年	公务人员（例如警察、消防员、教师和环卫工人）抗议运动导致组织、集体谈判和罢工活动愈演愈烈。马丁·路德·金在领导田纳西州孟菲斯环卫工人罢工时被杀身亡。《就业年龄歧视法案》规定雇主以年龄原因在就业方面歧视 40 岁以上工人违法。
1970 年	《职业安全与卫生法案》实施，旨在为美国工人阶层提供安全和卫生的工作环境。
1974 年	《雇员退休收入保障法案》实施，保障私营企业工人福利计划（例如养老金）的财产权。
1975 年	美国开始从工业经济向服务业经济转变。
1978 年	《文职人员改革法案》(Civil Service Reform Act) 实施，把原来准许公务人员组建工会、参加集体谈判的总统令以法律的形式确立下来。
1980 年	经济全球化加速。为了保持竞争力，美国企业被迫进行变革。劳资双方谈判妥协的现象非常普遍，管理层要求工会降低成本，以提高工作保障条件作为补偿。灵活的工作规则重在改善生产效率和产品质量。一些劳资谈判开始注重双方的合作，以提高企业竞争力，这样既对管理层有益，也对员工有利。
1981 年	职业航空交通管制人员组织 (Professional Air Traffic Controllers Organization) 的工人为提高谈判筹码涉嫌非法罢工，被里根政府解雇。这一事件被公众认为雇主开始在处理劳动关系时转向“强硬策略”。工会开始被迫“转攻为守”，努力保障现有法律权益和工作条件，放弃扩张或进一步改善工作条件。
1988 年	《工人调整和再培训通知法案》(Worker Adjustment and Retraining Notification Act)（于 1989 年 2 月生效）要求员工超过 100 人的雇主必须提前 60 天通知关厂或者重大裁员事宜，但是只有员工或者工会代表向法院起诉，法律才会强制实施。
1990 年	《美国残疾人法案》实施，保障残疾人免受雇佣、解雇或其他就业歧视。《民权法案》(1991) 实施，修订了《民权法案》第 7 章，准许在诉讼中对实施歧视行为的一方作出惩罚性处罚，鼓励使用其他方式解决歧视问题。
1992 年	《北美自由贸易协定》签订（于 1994 年 1 月 1 日生效），用以保护美国、加拿大和墨西哥之间的贸易。

续前表

时间	事件
1993 年	《家庭和医疗休假法案》颁布，准许 50 人以上企业员工在生育、领养或者抚养孩子，以及配偶、父母及本人重病期间无薪休假 12 周。
2001 年	美国发生"9·11"恐怖袭击事件。工会和企业一道致力于重建，并向受害者提供帮助。恐怖袭击事件使旅游相关行业遭受重创，致使这些行业纷纷裁员或重新拟定劳务协议。
2005 年	变则胜劳工联合会（Change to Win labor federation）成立，致力于组织未加入工会的工人。
2008 年	美国木匠工匠工会（Carpenters and Joiners Union of America）退出变则胜劳工联合会。
2009 年	伊丽莎白·舒勒（Elizabeth Shuler）成为美国劳工联合会—产业工会联合会的第一位女性财务主管，财务主管是这一组织最高的三个职位之一。此时的主席是理查德·特拉姆卡（Richard Trumka），副主席是阿琳·霍尔特·贝克（Arlene Holt Baker）。 服装纺织和酒店餐馆雇员工会（UNITE HERE）在 2005 年从美国劳工联合会—产业工会联合会退出之后又重新加入这一组织。2005 年，服装纺织和酒店餐馆雇员工会曾退出并加入变则胜劳工联合会。 《莉莉·莱德贝特公平薪酬法案》颁布实施，界定了薪酬歧视案件提请诉讼的时间限制，但是雇主承担损失赔偿的年限不超过两年。这推翻了 2007 年美国最高法院的一个判决，该判决严格限制薪酬歧视案件中员工提请诉讼的能力。
2010 年	北美劳工国际工会在 2005 年从美国劳工联合会—产业工会联合会退出之后又重新加入这一组织。2005 年，北美劳工国际工会曾退出并加入变则胜劳工联合会。

劳工骑士团

劳工骑士团的目标和组织

劳工骑士团（Knights of Labor，KOL）是尤赖亚·S. 斯蒂芬斯（Uriah S. Stephens）于 1869 年建立的一个秘密社团，直到 1882 年都是非公开的，这样其成员就不会因参加了劳工组织而遭到雇主的解雇。在此讨论劳工骑士团有两个主要原因。第一，它不是一个区域性的工会，而是一个全国范围的工会，其规模在美国历史上比以前任何一个工会组织都大。在 19 世纪 80 年代早期，它发展平稳。在 1885 年，它的会员人数超过了 10 万。在 1885—1886 年，该组织的人数急剧增加，达到了 70 万。第二，劳工骑士团比以前任何一个劳工组织都更有力量、威信和名声。[16] 然而，作为一个有效的组织，它逐渐衰落了，这和它的目标和战略都有关系。所以，在设立和实现目标方面，劳工骑士团对美国劳工联合会以及当代的其他劳工组织而言，是一个重要的反面教训。

劳工骑士团强烈反对始于美国内战期间的产业组织和运作方法。这一观点导致它建立了两个主要的目标：

（1）改变现存劳动—管理方关系，从而可以避免批量生产的去个性化和专业方面的问题。

（2）为员工和社会争取道德上的提升。

劳工骑士团的目标可以通过其 1879—1883 年的领导和主要发言人**特伦斯·鲍德利**（Terence Powderly）的观点来说明。鲍德利认为，批量生产降低了员工的个人自豪感和成就感。[17] 在 1850 年之前的农业经济时代，雇佣关系一般发生在小的手工作坊之中，工人凭借精湛的手艺掌控着一个产品的方方面面，以能为客人提供高质量定做产品而自豪。然而，工业经济（1850—1975）区别很大，其利用大规模生产技术和专业化生产，每个工人的工作可能只是生产的一个环节。与农业经济相比，工业经济要求的技能水平不高，要求的工作时间也较短，所以工业经济的就业岗位更容易被替代，劳动成本也较低。鲍德利通过鞋匠的例子来分析这种情况："30 年前被称为鞋匠的人是做鞋的人；今天号称鞋匠的人只做鞋的一部分。曾经自成一个行业，而如今是行业的组合。我们曾经有鞋匠，现在我们的制鞋业中有的是敲打工、缝鞋工、制底工、抛光工、打磨工、开槽工、弯折工、切割工、整形工、修边工等多种工人，他们都认为自己就是鞋匠。"[18]

在鲍德利看来，在这些专门的类别中工作的雇员不能从他们局部的工作任务中找到意义或满足。鲍德利还认为银行家和黄金的所有者是产业社会的恶势力，他们造成了对雇员的高额税负，并造成垄断，进一步使个体雇员失去个人自我成就感。[19]

劳工骑士团相信改变现存的产业体系和社会体系将帮助它们实现其第二个目标，即提高其成员的道德水平和尊严。鲍德利主张其成员把关注点放在比工作的物质条件更"高"的层次上，因为这些有形的效果只是通向"更高层次的事业，具有更崇高的性质……人类更高贵和神圣的本质，向善的高尚能力"的台阶。[20] 劳工骑士团的领导一直担心其成员把太多的注意力放在改善工作条件方面，从而忽视了道德的提升这一目标——使每个人成为自己的主人。[21]

劳工骑士团的道德主义色彩贯穿于它们的会员政策、组织结构和战略策略中。因为道德的提升会影响社会的所有成员，劳工骑士团采用**大统一工会**（One Big Union）方法，鼓励各种职业的人加入其组织，除了职业赌徒、股票经纪人、律师、银行家和靠生产或出售烈性酒获得全部或部分生活来源的人。[22] 劳工骑士团也鼓励雇主加入，理由是雇主和雇员同样受到金融家与律师愚弄，一旦教育雇主认识到这个事实，他们将会和雇员携手共同改善社会。

于是，劳工骑士团最基本的单位——地方大会（local assembly）可能由来自多个行业的雇主和雇员组成。劳工骑士团在 1886 年有 1 100 个地方大会；这些组织的目的是对会员进行劳工骑士团的原则思想的教育。但是，劳工骑士团的权力是集权式的，由以鲍德利为首的总理事会（General Executive Board）控制。[23] 正如你稍后将在本节中读到的那样，劳工骑士团和美国劳工联合会在结构上有天壤之别。

实现劳工骑士团目标的战略

劳工骑士团至少采用了四种战略来实现它的目标。第一，政治行动被认为是重要的，尤其是因为劳工骑士团认为以前的立法使社会走入歧途。劳工骑士团相信政治家受到自身利益的驱使，所以需要认真地对之实行监督。然而，劳工骑士团相信能通过当前的政党来运作。劳工骑士团积极游说希望从立法方面限制外国劳动力移民。雇主通常希望放松移民政策，以便增加劳动力供给，从而降低成本；而劳工骑士团通过游说希望增加公共教育资金投入，以此使更多人获得更好的教育。

第二个战略是鼓励建立生产商和消费者的合作社。劳工骑士团不像社会主义者，并不希望合作社为国家所有。相反，它希望当时的雇员从工资中节省出足够的钱，买下这个经营组织或建立新的合作社。因为那样工厂将为雇员所有，那么劳资之间的冲突将消失。[24] 合作社也将使雇员成为他们自己的主人；他们将能够参与决策，包括决定利润的公平分配。

劳工骑士团的领导相信合作社会最直接地影响已经确立的工资—利润体系；然而他们很少努力来建立合作社，或对19世纪80年代中期在地方或区域建立起来的近100个合作社加以资助。这些合作社大多都失败了，原因在于“低效的管理、股东之间的争吵、资金不足和以高利率筹借资金的不谨慎行为”。[25]

在积极避免以罢工的方式来达到目的的同时，劳工骑士团采取了第三种策略。事实上，劳工骑士团的领导层经常极力阻止罢工，并且在有些情况下，挫伤罢工者的士气。[26] 一些领袖认为罢工是最后一招，认为它会使会员偏离道德的提升这个主要目标，并损害雇主和雇员的共同利益。总理事会对地方大会获取罢工的资金支持设立了一套复杂的程序。[27] 鲍德利相信没有雇员会参加一场将导致其他雇员失业的罢工；所以需要一套程序来保证每一个有可能受到罢工影响的雇员都能对罢工决定发表意见。[28] 但获取罢工资金时的繁杂程序造成了劳工骑士团领袖和会员之间的极大分歧。[29] 举行罢工的地方大会被置于财政自负盈亏的尴尬境地，或者资金批准得太晚而无济于事。

相对于罢工，劳工骑士团的领导层更喜欢第四种策略，即就现存产业体系的罪恶以及劳工骑士团改善社会的目标对会员和市民进行教育。通常领袖在非公开的会议中与地方大会的会员见面，告诉他们本组织的目标和目的。强调教育而非职工抗议行动（罢工和抵制），这在下一节中还将进一步讨论。

劳工骑士团失败和消亡的原因

尽管有巨大的发展，但劳工骑士团还是突然消亡了。它获得发展的一个原因是1885年地方大会对抗杰伊·古尔德（Jay Gould）的铁路的成功罢工，劳工骑士团在其中向公众展现了一个积极行动的、纪律严明的团体可以和最有权势的金融家较量并获胜。但这场罢工的效果可能是有限的，因为劳工骑士团或新闻媒体都没有宣传这个事件。劳工骑士团发展的另一个原因是它支持8小时工作日，这是对全国劳动者而言的重要事情。[30] 但是，正如在下一节中所述，劳工骑士团为8小时工作日作出的保证是相当弱的。

劳工骑士团定位中存在几个错误假设。事后的认识说明劳工骑士团错误地设想了技术进步能够被阻止并可能倒退，而且劳工骑士团过高地估计了雇主和雇员分享共同利益的程度。尽管他们有一定的共同立场，但各方是受到自身利益驱使的，在以利润为导向的经济体系中，雇主支付给雇员最低成本以最大化其自身利益。雇主关注的是提高生产的效率和利润，而雇员关注的是工作保障和工作条件的改善。

该组织的第三个错误假设是所有类别的雇员都会有相同的利益。劳工骑士团努力将非技术工人组织起来，相对于其所处的时代而言这是超前的——这个目标最终在 20 世纪 30 年代后期由美国产业工会联合会中的工会实现。但是，雇员的利益并不相同，尤其是当他们的技能和工种不同时，或者当他们的产业和职业不同时。“大统一工会”的途径（吸收几乎任何代表某种利益的人加入劳工骑士团）随着许多移民工人的加入而变得更加复杂，他们在种族、语言和宗教信仰上的差异为有效交流与在目标和策略方面达成共识带来了阻碍。[31]

缺少立法对雇员加入工会和参加集体谈判的权利的保护，这一点阻碍了劳工骑士团的成功。简而言之，劳工骑士团以及 1935 年之前的其他劳工组织，都没有充足的法律力量站在它们这边。

劳工骑士团的领导层（尤其是鲍德利）不能与会员的目标取得一致。劳工骑士团坚持对美国的劳动者采用中产阶级计划，而拒绝以产业的、工人阶级的方式来考虑。几乎所有的地方大会的会议都要求会员在干完一天的工作后衣着整齐地来参加理论讲演。更喜欢深思熟虑，而不是即刻的、直觉的反应，这可能在鲍德利对 8 小时工作日运动的看法中有最好的体现。

8 小时工作日运动和秣市骚乱

在 19 世纪末许多雇员期盼的最重要的改革之一是将普遍的 10 小时工作日减至 8 小时。塞缪尔·龚帕斯是劳工骑士团的成员，也是其他劳工组织［行业组织和工会联盟（Federation of Organized Trades and Labor Unions）、雪茄工人工会（Cigar Makers' Union）］的领导，他向鲍德利施加压力，要鲍德利支持 1886 年 5 月 1 日为 8 小时工作日而举行的全国总罢工。鲍德利接受 8 小时工作日的想法，因为这会让雇员有更多的业余时间来参加理论学习。但是，鲍德利不加入龚帕斯的行列，因为鲍德利不相信工作日的长短是主要的问题：“在不减弱机械设备的力量的情况下谈减少劳动时间，这是浪费精力。”[32]

8 小时工作日的支持者相信，如果 8 小时工作日得以实施，它将带来更多的人就业，从而减轻失业问题。在 1886 年 5 月 3 日，在芝加哥就此事而举行罢工的一些工人与警察发生了冲突，至少有 4 名罢工者死亡。进行抵抗的一位领袖印发了激动人心的传单，鼓动“报复”和“工人们武装起来”。传单还表示次日将在芝加哥的秣市广场举行群众集会。这些都为一个事件［后来被称为**秣市骚乱**（Haymarket Riot）］做了铺垫，它实质上消除了劳工骑士团的运动的有效性。

在 1886 年 5 月 4 日，约 3 000 人参加了计划的集会，开始时是平和的。监控集会的警察被上级警官召回了警局，但是，副巡官邦菲尔德（Bonfield）（事后伊利诺伊州州长指控他，认为他应对事故负责）命令警察回到集会地点。在一场演说中，一枚炸弹扔进了警察队伍中，导致了 7 人死亡，60 人受伤。接下来发生的事尚不明朗。《芝加哥论坛报》（*Chicago Tribune*）报道说：“在警察开始采取行动前，无政府主义者和暴民射出了枪林弹雨。”[33] 但该文中的另一则报道说在炸弹爆炸后，警察马上就向人群开枪了。不论事件发生的前后经过怎样，可以肯定的是警察确实向人群开了枪，杀死数人，伤了 200 人。

被指控对该事件负责的 8 个人被逮捕，其中 4 人被吊死，1 人在监狱中自杀，3 人在服了一部分刑期后被伊利诺伊州州长赦免。对他们的审理至多是走个过场：比如，随意挑选的陪审团中包括一名爆炸遇难者的亲属。[34] 审理从来就没能确定是谁扔的炸弹；但是，在审理前《芝加哥论坛报》就判定被告是有罪的。更确切地说，该报纸强调“暴民”由“两个粗胡子的外国人”[35] 带领，他们是“恐怖煽动分子”。[36]

在紧接着的报道或在此后关于 8 小时工作日举行的一系列不成功的罢工中（涉及了约 340 000 名雇员），都没有直接提到劳工骑士团。但是，这些罢工部分地造成了该组织的消亡，这至少有两个自相矛盾的原因。舆论中有相当一部分认为劳工骑士团参与了这些罢工，而劳工骑士团的许多成员批评其领导在秣市骚乱中和事后参与不够。[37] 事实上，鲍德利强烈阻止就 8 小时工作日而举行的罢工，反而认为会员应该就该题目写些论文。因此秣市骚乱强烈地反映了劳工骑士团和新组建的美国劳工联合会之间的差异，后者在龚帕斯的领导下成为兴旺和长久的工会组织。

美国劳工联合会的产生和目标

美国劳工联合会（简称劳联，American Federation of Labor，AFL）成立于 1886 年，在它的一些隶属的全国性工会（最值得一提的是雪茄工人工会）被赶出劳工骑士团之后。[38] 正如前面所述，劳联的主要创建者**塞缪尔·龚帕斯**（Samuel Gompers）是劳工骑士团的成员，但后来对其领导层的长远社会改革的宗旨不抱幻想了。龚帕斯也对劳工骑士团涉及雪茄工人的活动感到不满——特别是当雪茄工人袭击公司时，劳工骑士团对会员进行搜捕，并派出了破坏罢工者。

在 1886 年 12 月，龚帕斯与劳工骑士团领导会晤并讨论这些问题，但是会谈并没有消除这种矛盾。实际上，当劳工骑士团的代表传看一本表明“总理事会从来无缘目睹龚帕斯先生清醒的样子”，对龚帕斯进行人身攻击的小册子时，龚帕斯被激怒了。[39] 另外，回想起来，劳工骑士团的领袖在招募技术工人，而这些技术工人已是现有同业工会（如雪茄工人工会）的成员方面也犯了大错，这导致工会产生了危机。如果劳工骑士团能更多地关注低技能的雇员，对他们所处的行业有一个清醒的认识，那么它会发展得更好（并且与它的目标一致）。[40]

和劳工骑士团不同，劳联不是以大统一工会的形式建立起来的（这一点将在第 4 章中作更充分的说明）。它代表了一个联盟或组织，许多全国性的工会都可以加入进来，同时又能保持自己独立的工会地位。同业工会，例如雪茄工人工会，在劳联的初期占有优势。劳联通过其服务，尤其是组建活动、宗旨和战略来影响其隶属的工会。

撇开龚帕斯来谈论劳联是不可能的，因为“在早期，劳联主要由龚帕斯本人支撑，同时只有召开年度大会时才发挥作用”。[41] 除了 1895 年外，从 1886 年劳联建立直至 1924 年龚帕斯去世，龚帕斯都是劳联的主席。因此，对劳联的目标、战略和组织的讨论大部分都由龚帕斯主持，这种状况直接影响了有组织的劳工的观点；自龚帕斯以来，在定位、战略和组织方面几乎没有发生变化。

龚帕斯极少强调工会会员理论的提高，并且蔑视其他工会领袖装腔作势地告诉工会会员应该如何去做。[42] 他批评劳工骑士团代表了“一个大杂烩，缺少能够达成共同一致的基础，除了较少的几个行业联合外”。[43] 龚帕斯相信工会的目标和组织结构应该直接地、自然而然地来自会员的需要，而不是高层领袖的政治宣告，高层领袖按照自己认为的工会本该有的样子来构建工会，而不是按照工会现有的样子。

龚帕斯尤其蔑视那些试图通过革命的方式来改变现存社会体系的工会领袖。[44] 尽管他本人在年轻时是社会主义者，随着成长，他渐渐轻视这种理论，表示从经济角度看，它是不稳固的，从社会角度看，它是错误的，并且不可能在产业背景中适用。[45] 他还相信工会会员应该在产业社会中努力争取合理的待遇，而不是反抗产业社会。[46]

因此，劳联的主要（如果不算是唯一）目标是通过现存的资本主义制度改善会员的物质条件。批评劳联的人抨击这个目标，说它代表的是纯粹的、简单的工联主义。龚帕斯接纳了这种恶意的攻击；实际上，他似乎将他的大部分注意力放在保证劳联对集体谈判的“纯粹和简单的”方式而成功地将它与其他劳工组织区分开来。

纯粹和简单的工联主义（pure and simple unionism）有两项主要目标。首要的目标是该组织成员的经济状况的改善。龚帕斯相信工会的“真实性”或实质应该以其经济上的成就来衡量：

> 经济状况的改善——今天，明天，在家里和在单位，是工会赖以建立的根基。经济力量是可能发展成其他领域的力量的基础。它是有组织的社会的根基。控制经济力量的任何人或事都将指引并塑造该群体或国家的发展方向。[47]

因此，劳联所说的“雇员的尊严”等于获得的经济收益。这一观点与劳工骑士团的说法不同，后者认为雇员的尊严是通过平等地参与有意义的工作和其他社会事务而获得的。[48]

龚帕斯也强调纯粹和简单工联主义的第二个目标——改善资本主义制度，这也能使雇员和雇主都受益。只有资本主义继续繁荣，工人才能获得更多。没有资本主义，不论是雇员还是雇主，都得不到收益。劳联因而相信劳方和管理方有某些类似的利益。但是，龚帕斯不同意鲍德利的这种状况会带来在所有问题上雇主—雇员的完全一致的观点。龚帕斯认识到在收益的分配上会发生重大的意见分歧，而雇员很可能不得不对雇主施加压力，以获得他们的公平份额。

劳联的战略和策略

以上的这一认识使劳联依靠其三个主要策略之一——罢工。与劳工骑士团不同，龚帕斯相信罢工是集体谈判的一种可行的替代方式：“职工必须说服他的雇主他有权获得工资增长……为什么挣工资的人要为了低于基本生活需要的工资而工作呢？如果他不能罢工，他就只能这样做了。人们希望不论雇主愿意给多少工资，工人都继续工作，以避免给公众带来不便。”[49]

劳联的第二个策略（尤其是在其总部迁至华盛顿地区后）是涉足政治舞台。龚帕斯是一个积极的说客，他试着将劳联会员的选票变为对劳工的政治友人的“奖励”和对劳工的政治敌人的“惩罚”。然而，龚帕斯领导期间的政治努力既不强烈，也没有扩展到整个劳联。[50] 劳联的政治努力意在影响现有的两党体制，而不是要建立第三个党派。龚帕斯认为建立第三个党派会占用太多用于基本的集体谈判的时间。他还认为任何新的政党都会落入社会主义者的控制中。[51]

劳联的第三个策略是保障有组织的劳工和集体谈判地位的提高。龚帕斯对国家公民基金会（National Civic Foundation）倾注了大量的精力，该基金会是为了通过集体谈判来促进产业和平而于1899年成立的。这个组织由著名的劳工、管理方和政治官员组成，试着将舆论引向集体谈判积极的方面。但是，至少有一名产业关系观察家对这个策略的成功性表示质疑，他认为“其言胜过其行”。[52]

劳联的组织

劳联的组织结构建立在两项原则上：**排他管辖**（exclusive union jurisdiction）和**分权**（decentralized authority）。劳联避开了“大统一工会”的概念——劳工骑士团证明了它是无效的——并坚持排他管辖的原则。该原则基于下述由两部分组成的论点：（1）每个行业都有独特的工作条件和工作利益，而（2）将不同行业的成员集合到一个组织中会彼此损害那些利益并造成不必要的分歧。劳联相信一个工会代表一个特定的行业，例如由不同的工会来代表木匠、油漆匠和雪茄工人。由于劳联只吸收熟练技术工人，许多技能不熟练的工人也就没有资格加入附属劳联的工会。

龚帕斯还强烈地相信劳联是一个通过会员共同的个人利益而集合起来的自愿组织。与鲍德利相信实现劳工骑士团的目标必须集权的想法不同，龚帕斯将劳联中央视为一根“沙绳”，完全取决于其会员接受与否。因此，真正的权利握在各全国工会及其隶属的地方工会手中。正如第 4 章将进一步谈到的那样，这些原则一直影响着当代的工会组织。

龚帕斯是一个极其活跃的工会组织者；他自称曾帮助组建了 28 家工会，它们代表着不同的行业，例如油漆匠、造纸工人、消防员和邮局职员。[53] 龚帕斯在这方面的大多数努力都因为他将自己看成是“他们中的一员”——他为自己有能力以自己的方式来与他们交往而感到自豪。

尽管龚帕斯付出了这样的努力，劳联早期的发展并不令人瞩目。其初始时的 150 000 名会员在 6 年后只增加到 250 000 名。初期发展缓慢是因为产业的反击（在关于第一次世界大战至第二次世界大战的章节中讨论）、政府和法院对集体谈判活动的普遍的压抑态度，以及 1893 年经济萧条带来的困难。但龚帕斯能够将这些会员数量的少量增长视为对劳联的“稳定和持久”力量的一种贡献。[54]

从建立时起至第一次世界大战，劳联直接或间接参与了三个著名的事件：霍姆斯特德事件、普尔曼罢工与世界产业工人组织的建立和衰亡。

霍姆斯特德事件

卡内基钢铁厂（Carnegie Steel Works）坐落在宾夕法尼亚州的霍姆斯特德，讽刺性地成为工运史上最暴力的事件之一的发生地点。工厂的创建者安德鲁·卡内基（Andrew Carnegie）是著名的慈善家，他处处表现出能接受有组织的劳工的行为。在一篇写于霍姆斯特德事件之前的文章中，他说到罢工或闭厂是件“荒谬的事情”，因为它只代表了对力量的测试，而不能决定什么是“公平和公正”。[55] 卡内基还相信劳资问题会发生在那些有领取薪金的管理者的工厂中，而不是所有者自己运营的大公司里，因为前者与工人的意愿没有长久的利害关系。

1892 年 7 月 6 日发生的**霍姆斯特德事件**（Homestead Incident）证明了卡内基的说法是有预见性的。尽管许多人都将该事件算作一场罢工，有一位劳动史学家提出会员从未就是否罢工进行过投票，而且是雇主禁止雇员工作（这和雇主闭厂更一致）。[56] 在工厂和钢铁锡工人联合会（Amalgamated Association of Iron, Steel, and Tin Workers）（隶属于劳联）的谈判中，一个高 15 英尺的硬板围栏，顶部有电线刺出，被围放在楼房的四周。在谈判期间，安德鲁·卡内基正在苏格兰度假，就将职责授予了一个名叫亨利·克莱·弗里克（Henry Clay Frick）的高层管理者。工会将钢铁厂四周的建筑物称为"弗里克堡垒"。会员也都认识到在进行劳资谈判时，弗里克也在和平克顿（Pinkerton）侦探事务所接洽。弗里克想派私家侦探到工厂里，以保护公司的财产，并充当罢工破坏者。

在1892年6月30日，公司给出了最后的条件，这意味着工资的大大降低，并禁止4 000名雇员进厂，以胁迫他们接受条件。[57] 于是工人开始对工厂进行24小时的监视。一家报纸报道说"抗议示威人员布满了河流、道路和铁路，非常严密，任何外人，如果不为罢工者所认识，就不能进入该城镇"[58]。在7月5日的早上，300名私家侦探聚集在俄亥俄州的阿什塔比拉（Ashtabula），接着搭乘火车到达俄亥俄州的扬斯敦（Youngstown）。然后他们乘驳船沿莫农格希拉（Monongahela）河而上。在7月6日，有消息传到该城说私家侦探将从水路进入工厂。凌晨2点，有6 000人站在河的两岸，而且雇员准备了两架小型火炮，河两岸一边一架，用来对付私家侦探。[59]

私家侦探试图在早上5点从公司所在的河岸登陆，双方开战，有3个私家侦探死亡。双方互相射击，一直持续了12个小时，又有7个市民死亡，50人受伤。私家侦探向市民投降，他们在获得保护之前还遭受了残忍的攻击。市民从私家侦探手里拿过了武器，这一状况导致8 700名国民警卫队的国民军被派来保卫该城镇。私家侦探或破坏罢工者都几乎没有进一步的举动了。[60] 这个事件完全结束是在约5个月之后（1892年11月20日），当时联合会撤销了对重返工作的禁令。

霍姆斯特德被称为是钢铁业工会的滑铁卢。霍姆斯特德事件之后，全国总工会的会员人数从1892年的24 000人跌至1894年的8 000人。在地方一级，原来的霍姆斯特德雇员中只有800人恢复了工作。当工会被逐出工厂后，卡内基工厂的利润大幅增长，这个消息必然鼓励了其他雇主采取反工会策略。[61]

尽管霍姆斯特德事件最终是管理方取得了胜利，但劳联和有组织的劳工确实在一定程度上从中受益。首先，龚帕斯向现有的和潜在的工会会员表示了他对霍姆斯特德的情况的非常真实的关注。[62] 由劳联提供的用于帮助支付雇员法律费用的基金也体现了劳联有意向其隶属工会提供实质性的帮助。[63] 最后，比起秣市骚乱，霍姆斯特德的情况得到了新闻界的同情。新闻界指责卡内基是这一事件的直接引发者。例如，《芝加哥论坛报》强烈谴责公司雇用私家侦探，并表示卡内基公司，以及任何一家大的产业组织"负有对社会的责任和义务，它不能忘记这一点，尤其是要做力所能及的一切、尽一切可能地作出让步来维持国民和产业的和平"[64]。

普尔曼罢工

19世纪末20世纪初，在铁路行业，罢工是常有的事情，例如1877年的大动乱（Great Upheaval of 1877）是因一些独立的铁路雇员联合会抗议资方削减工资而引发的。那是一次艰苦的、激烈的对抗，导致100多名雇员死亡，几百人受重伤。[65]

然而1894年的**普尔曼罢工**（Pullman Strike）则是具有重要意义的，因为有工运活动家的参与［尤金·德布兹（Eugene Debs）和乔治·普尔曼（George Pullman）］，以及一个和劳联争夺潜在会员的组织［美国铁路工会（American Railway Union，ARU）］

的加入。它也被认为是在美国的唯一的革命性罢工；它从一个产业的全国性罢工，发展到几乎将其他所有的产业卷入其中。[66]

由于受1893年经济萧条的影响，普尔曼公司从其5 800名雇员中裁减了3 000人，并削减了工人工资的25%～40%。这两个举动都很受关注，因为它们发生在乔治·普尔曼公司所在的城镇。这个城镇代表了普尔曼豪华列车公司（Pullman Palace Car Company）的所有者的一种社会性的、家长式统治的模式。公司拥有该城镇的所有房屋、建筑和相关服务；不允许雇员拥有自己房屋的所有权。[67] 普尔曼在降低工资时，没有相应地降低房租和其他服务的收费标准；于是，工资的削减使一些雇员在1893—1894年的冬季每两周只有1～6美元的净收入。

这种状况引起了雇员的极大反对，他们当中有许多人是1893年建立的美国铁路工会的会员。美国铁路工会完全独立于劳联；实际上，它与隶属劳联的铁路工会相互争夺会员。美国铁路工会接收任何白人雇员，不管他具体的职业类别，这样铁路雇员就可以以一个统一阵线的形式出现在铁路公司面前。[68] 这吸引了许多雇员，因为雇主以前经常通过在工资谈判中以一家来对付另一家，以便在不同的同业工会之间制造分歧。

美国铁路工会的地方工会能够全权召集罢工。普尔曼罢工发生在1894年5月11日。美国铁路工会领袖德布兹认为罢工工人罢工应代表着对问题的理性主张，而不仅是物质上的改善："普尔曼的家长式统治与奴隶主对奴隶的形式是一样的。你的罢工是为了避免奴隶制和退化。"[69]

一开始罢工的工人遵照德布兹的要求不损坏铁路财产，后来美国铁路工会采取了另一个战略，即不运行任何包括普尔曼卧车车厢的火车——通常的做法是使这些车厢与火车分离，并移到侧线上。如果任何雇员因这种做法而遭解雇，那么所有的乘务员都将停工，使火车不能运行。这个策略在27个州中被采用，目的是使铁路运输者对普尔曼施加压力，让他同意美国铁路工会的谈判立场。

但是，铁路业的雇主联合起来支持普尔曼，并通过雇用破坏罢工者来对抗工会的策略。他们还决定在几乎每一列火车上都装上联邦邮件（以获得联邦政府的支持），而且在1894年7月2日颁布了一项劳工禁令（之后由最高法院确认），禁止任何雇员耽误邮件的运送。雇员不能再采取使火车不能运行的罢工策略了。总统克利夫兰（Cleveland）派遣了约16 000人的部队来执行这项禁令，或者运送邮件、开动火车，或者保护破坏罢工者，以使食品和其他易变质的物品能被运送到全国各地。

接着罢工采取了一种特别极端的做法：雇员1894年7月7日在芝加哥焚烧了至少700节火车车厢。有趣的是，管理方为此事也遭到了批评，至少是因为他们没能采取最低限度的安全措施，例如派出守卫或锁住车厢。最多的批评是认为某些高层管理者引发了这个事件，目的是从政府方面获得更多的支持。人们提出这种可能，是因为所有被焚烧的列车车厢都是陈旧的（没有较新的、昂贵得多的普尔曼卧车车厢），而且几乎没有车厢是装载了任何货物的。[70]

这一举动引起的负面舆论和联邦部队的进一步行动迫使德布兹寻求龚帕斯的合作。德布兹希望龚帕斯召集全国的罢工来支持他的最后条件，即仅要求管理方恢复罢工雇员的工作。龚帕斯拒绝支持德布兹，表示他无权召集全国的总罢工。龚帕斯还认为德布兹提议的这个解决方案将实际上向公众承认美国铁路工会未能为其会员争取到物质上的利益。龚帕斯怠于支持德布兹，在较大程度上是因为他将德布兹看作是“不规范运动和失败的事业的领导人”。[71] 但是，龚帕斯的不作为可能也是由于他意图消除一个劳联的潜在对手，并增强他在商业界的声誉。

德布兹最终因不遵守法院的劳工禁令在佐治亚州亚特兰大被判有罪，并被判刑；而美国铁路工会，曾在1年内增加到150 000名会员，很快就消亡了。其他的劳工组织确实从这次罢工中吸取了重要的教训：如果与坚持的、还算不上是特别顽固的雇主（普尔曼）、联邦政府（部队、禁令、立法）和负面的舆论（由夸张的、戏剧化的报纸文章引起）的意愿相悖，那么要改变现存的雇佣条件和条款是困难的。

世界产业工人组织

世界产业工人组织（Industrial Workers of the World，IWW）于1905年6月27日成立，是劳联之外的另一个劳工组织。世界产业工人组织最初的组织者**威廉·“大比尔”·海伍德**（William “Big Bill” Haywood）在宣布有209名代表参加的大会开会时发表了以下演讲，从而设立了组织目标：

> 工友们……我们在这里联合起本国的工人共同参与工人阶级运动，这项运动的目的是将工人阶级从资本主义的奴役下解放出来……本组织的目标应当是使工人阶级拥有经济力量、生活的手段、控制生产和分配的机制而不必考虑资本家。[72]

世界产业工人组织在美国劳工史中的地位非凡，它最大的特点是基于政治意识形态来组织工人。这个工会组织的最初目标是借助任何可以借助的手段推翻现有资本主义制度，因它们相信雇主和雇员没有共同利益可言。世界产业工人组织激进的政治理念使其与倡导纯粹和简单的工联主义的劳联截然不同，劳联宣扬资本主义的种种优点。尽管劳工骑士团也认为现有的薪资和政治制度需要变革，但其相信，劳资双方拥有共同利益，而变革的方式是和平的，且不可能一蹴而就。然而，世界产业工人组织对宣扬使用任何手段毁灭资本主义的观念没有丝毫保留。

世界产业工人组织也想消除任何支持资本主义的社会因素或团体。这个观点使世界产业工人组织处于和劳联（没有提及社会上其他已有的重要工会）直接对立的位置。世界产业工人组织视劳联为“资产阶级的延伸”，因为它主张的是“纯粹和简单的工联主义”，而这依赖于资本主义。[73] 海伍德相信在普尔曼罢工中，龚帕斯没有支持德布兹，是对美国铁路工会的出卖，并且将龚帕斯视为一个自大的、权力欲强的领导。[74] 所以，世界产业工人组织看起来有两个主要敌人，即资本主义和劳联，它没有认识到计时工作的雇员作为区别于社会其他成员的一个有阶级觉悟的团体所进行的工人阶级运动。

分析一下世界产业工人组织，我们不难发现，目标设定起来容易，但实现起来就没那么简单了。世界产业工人组织从来就不是一个有效的组织；事实上，其领袖从未想清楚它应该采用哪种组织结构。[75] 该组织的绝大多数领导同意海伍德的目标，即组织“每一个靠其脑力或体力谋生的人”。[76] 这跟劳工骑士团的大统一工会类似。但是，就怎样将一个庞大的工会组建成一个有效的组织产生了重大的分歧。一些会员认为该组织应该慢慢开展工作，比如渗透到已经确立领先地位的劳联，并逐渐说服其会员相信世界产业工人组织的事业是最好的。另一些人认为暂时接受与资本家的集体谈判只能使雇员成为“报酬高些的奴隶”，并且会减缓推翻资本主义制度的速度。[77] 除了组织方面的不同，世界产业工人组织的消亡至少有四个原因，这些原因可以成为当代劳工组织的反面教训。

（1）**缺少长久的会员和经济基础。**世界产业工人组织的多数会员是流动人员——失业的或者经常换工作的个人，尤其是在农业、矿业和采伐业。这造成了不稳定的经济基础。世界产业工人组织的许多领导认为会费不应该是强制的；相反，会费应该是出于自愿的——“内心的信服”。例如，在1907年，总共31 000名会员中只有10 000人交了些会费。缺少收入造成了罢工基金的枯竭，到1909年该组织已负债累累。

（2）**世界产业工人组织未能迎合会员的利益。**世界产业工人组织没有充分考虑其会员的短期物质利益。它的主要关注重点在长期的政治和哲学目标，并且着重于宣传，将此作为实现这些目标的方式，这些都未能显示出能够获得成功的前景。[78] 通常的工联主义者，不论是在世界产业工人组织内部还是外部，都没有强烈的愿望去帮助失败者。大多数员工都忙着应付自身的生存问题。[79]

（3）**世界产业工人组织与蓄意破坏、暴力相关联。**世界产业工人组织与蓄意破坏、暴力之间的关系是模棱两可的。在1914年，世界产业工人组织成为在组织大会上正式认同蓄意破坏的唯一的劳工组织。但是，地方、州或联邦机构一直都没有合法证据证明该组织有煽动暴力的行为。1917年的一场罢工关闭了太平洋西北的采伐营地和锯木厂，但没有关于世界产业工人组织的任何蓄意破坏的暴力行为记录。[80] 世界产业工人组织主张蓄意破坏不等同于对设备的破坏。例如，雇员可以通过“恶意地遵从”（遵照工作规则的每一个字，从而造成减速）、告诉顾客该公司的产品质量低劣来对公司“蓄意破坏”。然而，至少在世界产业工人组织的出版物《产业工人》（*Industrial Worker*）中有一篇文章指出粗金刚砂粉末和磨碎的玻璃能怎样对机器造成损坏。证据表明世界产业工人组织的领导层指责任何种类的身体暴力。[81] 但是也有一些事件的报道说在一些事件中世界产业工人组织的会员和领导发誓要“一命还一命”或“以牙还牙”。[82] 至少，世界产业工人组织看起来并没有积极地避免和暴力有关的事情。

（4）**对新闻媒体和政府官员的疏远。**报纸将世界产业工人组织的会员称为“向麦田放火、把钉子钉入锯木厂成捆的原木里、使火车出轨、破坏生产机器和杀死警察的亡命之徒”，这使该组织抹上了暴力色彩。[83] 这种反面形象部分是由该组织领导的内讧造成的，他们在媒体面前骂来骂去。该组织也参与了一些“自由论战”——在当地社区的街头演说。这一战略，之后被许多抗议团体包括学生组织所采用，但是考虑到参与的人并不能全部受到法律制裁，市政官员在面临这种情况时，往往看着这种“非法的”示威继续。[84] 在许多这种演说中，世界产业工人组织会喊出反社会的口号，如“没有上帝”。[85]

新闻界整体上并不热衷于工会，对世界产业工人组织抱着一种特别的厌恶态度。一篇反对该组织的文章写道：“他们最好死去吧，因为他们在人类经济活动中毫无用处；他们是创造的废料，应该被冲进那里的下水道，淹没在里面，像其他排泄物一样腐烂。”[86]

世界产业工人组织也疏远政府。它没有积极地利用现存的政治体系，因为它的许多暂时的会员达不到选民登记的要求。当它拒绝支持参与第一次世界大战，反而表示这场战争代表着一个资本主义的阴谋（允许资本家从战争物资中获利，而工人阶级则在武装冲突中充当士兵）时，招来了联邦政府的仇恨。政府对世界产业工人组织的反战态度的反应是以煽动叛乱为由逮捕了100多名领导，对他们大部分处以监禁5～20年的徒刑。实质上，世界产业工人组织在1918年就不存在了，尽管该组织今天还留有少量会员。

在第一次世界大战开始时，劳联面临着一些挑战。它是第一个经受住了严重的经济萧条、敌对的新闻界、懈怠或敌对的雇主，以及三个竞争的劳工组织（劳工骑士团、美国铁路工会和世界产业工人组织）的全国性劳工组织。但是，劳联有来自内部的压力，这种压力至少有三个来源：(1) 社会主义者与其他相关政治团体鼓动独立的政治行动和组织非技术产业员工；(2) 会员中的绥靖主义者希望劳联保持中立，或采取反战的立场；(3) 由于专业化加强和技术变革（例如，管道工人不再负责楼房的供水和供热系统的全部安装），隶属工会之间产生了管辖范围问题。[87] 可能劳联最踌躇的事情是可以组织的劳动力队伍中最大部分是低技能的产业员工，他们基本上在有组织的劳工行列之外。[88]

二、第一次世界大战至第二次世界大战

第一次世界大战至第二次世界大战期间出现了一些重要的趋势：

(1) 工会，尤其是劳联，未能在20世纪20年代获得会员数量的较大增长。

(2) 雇主进一步发展限制工会扩张的策略。

(3) 工会对组织低技能的产业员工更加关注，这导致了劳联和产业工会联合会之间的激烈竞争。

第一次世界大战后工会的组建问题和前景

劳联克服了其最初对参加第一次世界大战的勉强态度，并在美国直接卷入战争时最终宣布合作。政府认识到在战争期间有必要保持生产不受干扰，就采取了努力满足劳工需求的策略。政府与劳联的协议规定：在所有政府协议中执行工会要求的标准；任命劳工代表到所有的政府机构，包括战时劳动委员会（War Labor Board）任职；龚帕斯被任命为国防会议（National Council of Defense）的顾问委员（Advisory Commission）。简而言之，有组织的劳工提升到比以前更显著的地位。相应地，劳联的会员人数在这个时期有了较大规模的增长（从1917年的2 370 000人增加到1919年的3 260 000人）。立法方面的利益也实现了；劳联的一个长远目标，即严格限制移民这种强大的竞争性的劳动力来源实现了。

◇劳动关系实践

美国劳工运动的“昨天”和“今天”

“最重要的是，工会一直致力于改善其所代表的群体的生活水平，改善他们的工作

条件，保障他们获得应有的尊重。工会相信，工人应该同工同酬。这部分薪资中应包含一部分企业利润，因而工会的目标也是可以让工人从这块蛋糕上切更大一块儿，而不是'市场力量'所指示的……这些利润只能通过优秀的管理获取，劳资双方都贡献了自己的力量。自很早很早以前，工会一直在致力于改善工人的生活水平和工作条件、创建工厂民主制度，以及能够使工人参与管理决策……我们相信，对抗和冲突解决不了问题，唯有合作，共同解决现在和未来的问题才是可行的。"

资料来源：AFL-CIO Committee on the Evolution of Work，*The Changing Situation of Workers and Their Unions*（Washington，D. C.：AFL-CIO，1985），pp. 5 - 7.

"20 世纪 30 年代，民主运动是工会组织的驱动因素。与从事大规模生产的工人交谈，他们会告诉您，他们最想要的是尊严。他们希望摆脱监工的骚扰，这些监工可以随意地赶走一个工人，让自己喜欢的工人干稳定的比较好的工作，有更多的机会升迁。他们希望自己选出来的工会可以对抗企业主的强权、与企业主平等谈判。与美国以前和后来的民主运动相同，这些工人相信，工作中的人权应高于雇主的财产权。"

资料来源：*Rank and File*，ed. by Alice and Staughton Lynd（Boston：Beacon Press，1973），p. 1.

"……现代的工会主要是应现代工业主义而生的……

据一些成本—产出理论，现代工业注意的核心是企业理性决策原则。如果使用这一原则，在工人看来可能威胁到他们的工作保障、满意度和平等感，劳资双方的紧张关系不可避免。"

资料来源：Jack Barbash，*American Unions*：*Structure*，*Government*，*and Politics*（New York：Random House，1967），p. 3.

"现在的工会领导更像一个企业管理人员，常常提着公文包，夸耀着本科或者专业学位。"

资料来源：Arthur R. Schwartz and Michele M. Hoyman，"The Changing Guard：The New American Labor Leader，" *The ANNALS*，473（May 1984），p. 65.

"历史的问题在于这些历史都是大学教授编写的，上面都是关于伟人的故事。实际上历史是一个个小人物的故事，他们为自己及其子孙争取更好的生活。"

资料来源：Bill Talcott，organizer，as quoted in Studs Terkel，*Working*（New York：Avon Books，1974），p. 468.

"无论喜欢与否，这些挑战都根本无法摆脱。应对这些挑战要求采用高瞻远瞩的新策略，我们必须团结一心、发展出新策略。"

资料来源：Ron Gettelfinger，President of the United Auto Workers as quoted in Dina ElBoghadady，"UAW Chief Warns Workers of Tough Changes Ahead，" *Washington Post*，June 13，2006，D1.

在第一次世界大战后生活成本的急剧提高，加上劳工新确立的地位，导致了前所未有的罢工数量。例如，在 1919 年发生的西雅图总罢工（Seattle General Strike)，与演员、纽约滨水区雇员、煤矿工人的其他罢工一起进行。范围最广的罢工发生在 1919 年，在钢铁业，在 70 个主要城市有约 367 000 名雇员离开工作岗位。

这场罢工实质上造成了对钢铁业内有组织劳工运动的发展的阻碍。阻碍可能来自多方面的因素。有一些与在霍姆斯特德事件和普尔曼罢工中找到的原因十分相似，而另一些则反映了工会在20世纪20年代和30年代早期所面对的典型状况。对1919年钢铁业罢工结局来说，最关键、最重要的是工会内部的困难：由24个工会来共同开展罢工运动而不是一个产业工会组织，临时拼凑成的领导团队导致了对问题的看法不一致，以及少得可怜的财政基础。美国钢铁公司（U. S. Steel）通过雇用破坏罢工者，并与其他公司和社会机构，如新闻界和宗教团体保持紧密关系，也成功地经受住了罢工。所以，罢工被终止而没有达成劳动协议，有组织的劳工要对钢铁业的劳资关系运行进行干预又经过15年漫长的等待。[89]

尽管钢铁业并不能反映所有工业对集体谈判的态度，但在像美国钢铁公司一样确信工会的干预会有损利益的公司中，许多其他的工会也一样无力组织工人开展劳工运动。例如，1919年的另一场罢工几乎使煤矿业陷于瘫痪，那时没有矿工返回工作，直到威尔逊总统劝说他们接受短期的工资增长，并将其他所有问题提交给新设立的烟煤委员会（Bituminous Coal Commission）才结束这次罢工。在1920年，该委员会作出提高20%～30%工资的决定，但这是在之后几年内煤矿雇员最后的一次胜利。

除了地位的提高和更加好战外，在20世纪20年代，有组织的劳工运动还有一些问题；对美国绝大多数人而言的“黄金20年代”，对劳工而言则是一个凄凉的年代——表现在计时雇员的实际收入方面和工会的会员人数方面。[90] 在1920—1924年，工会会员总数从5 110 000人下降到3 600 000人；劳联的会员人数从4 078 000人下降到2 866 000人。到1930年，工会会员总数下降到3 400 000人，而劳联的会员人数下降到2 700 000人。[91] 这种人数的下降至少是由两个主要因素引起的：（1）雇主积极的反对行动；（2）有组织的劳工组织未能消除潜在的工会会员的反工会情绪。[92]

雇主的反对行动

考虑到在战争期间劳工的地位的提高，雇主积极地参与促使工会会员人数减少的行动，从20世纪20年代开始，一直持续到整个20世纪30年代。这些策略采取的形式为：（1）强烈地反对工会；（2）建立能被接受的取代工会的组织。

雇主积极地通过**自由雇佣制运动**（open-shop movement）来反对工会，这将在第14章进一步讨论。这场运动所宣称的目的是保障雇员能自由决定他们是否选择加入工会。这场运动的理念体现在它的别名**美国计划**（American Plan）中——雇主认为雇员应该遵循传统的“严格的个人主义”这一美国价值观，而不是工会的外来的、颠覆的和败坏的原则。许多雇主将自由雇佣制等同于没有由雇员控制的独立工会。

雇主采取措施来防止雇员加入或组建工会。例如，一些雇主会雇用**产业间谍**（industrial spy）来确定哪些雇员有赞成加入工会的倾向。[93] 接着，这些雇员将被解雇，并可能被**列入黑名单**（blacklist），这意味着会把他们的名字给其他的雇主，而其他雇主会拒绝雇用这些雇员。雇主对参与工会组建运动的雇员的暴力举动也是这个时期反对工会运动的一种常见的策略。[94]

20世纪30年代，雇主反工会的策略越来越纯熟，制作了美国计划和自由雇佣制的精华版，被称为**莫霍克谷方案**（Mohawk Valley Formula）。这个方案详细列举了具体的各个步骤，用以战胜工会组织活动和罢工活动。莫霍克谷方案包含下列步骤：（1）组建社区市民委员会以支持雇主解决劳务纠纷；（2）把工会领导人贴上“外来煽动者”的标签；（3）煽动暴力或者对暴力的恐惧；（4）政府宣布进入“紧急状态”；（5）组织复工活动，鼓励工人回到工作岗位；（6）让工人在武警的保护下回到工厂。[95]

雇主也通过提供工联主义以外的另一个模式来反对工会发展。在20世纪20年代盛行雇主的**家长作风**（paternalism），它保证雇主具有最高的权威，知道什么是对雇员最好的事情。家长式管理的做法包括了免费的午餐、棒球场、休假、养老金和雇员咨询。[96] 雇主认为接受这些福利的雇员会对雇主感恩，并认识到工会是没有必要的。

雇员代表计划（employee representation plan，ERP），也被称为**公司工会**（company union），代表了另一种工会的替代模式。雇员代表计划包括了多达150万名雇员，并且表面上看与工会相似，也有选出的雇员代表与高层管理者协商工作条件。雇员代表计划在两个主要方面与独立的工会组织不同。第一，工会比雇员代表计划拥有更大的自主权。雇主对雇员代表计划的决定拥有强大的影响力，提供雇员代表计划运作的资金、场所、时间，并可以否决劳资委员会作出的任何决定。通常，雇主控制了雇员代表计划领导人讨论的主题类型，雇员代表计划不能参与为说服雇主修正收入决策而进行的罢工或联合抵制类施加经济压力的策略。第二，雇员代表计划通常只限于一个工作场所，该计划中的雇员不能施加压力要求制定能够消除来自其他场所的不公平竞争的工作规则，也不能推动地方、州或联邦的立法。[97] 雇员代表计划的确为员工提供了更多与管理层交流的机会。更重要的是，参加这类雇主创建的组织，雇员无须担忧因此被解雇。

劳工未能战胜反工会的情绪

在20世纪20年代工会组织在组建方面缺少成绩也必须归因于潜在工会会员的反工会情绪以及有组织的劳工的活动和态度。这一问题有一部分是由于当时有普遍相对较好的经济状况："在面临雇主的反对时，工作没有保障可能阻碍了一些雇员加入工会，但他们中的许多人显然认为工会不再是不可或缺的，不再像他们以前所坚信的那样了。当装工资的信封自动地变得越来越鼓，而且随着我们迅速地战胜贫穷走上取得最后胜利的道路，更加富足的生活看来是有保证的时，还有什么利益或其他什么能鼓动集体谈判呢？"[98]

在雇主和媒体的宣扬下，工会的公众形象不尽如人意：很多工会异常腐败。勒索已成为一些地方工会—雇主关系的特点。例如，有一次一个工会领导与三个主要的雇主签订了一份简短的协议，保证3年内工会不要求提高工资，并要求所有的雇员参加该工会，否则将被雇主解雇。没有一个雇员曾经邀请过这家工会，他们在合同期内也没有见到过任何一个工会领导。这种**甜心合同**（sweetheart contract）通常都会给工会领导回扣，意思是雇主会从节省的工资中拿出一部分来给工会领导。[99]

有些工会还被指控为政治激进分子提供庇护。许多著名的工会领导偶尔会接受那些愿意投入时间和精力来组织雇员的任何团体的帮助，并相信一旦地方工会成立，他们就能够控制这些地方工会。但是，在有些情况下，他们高估了自己的控制能力。钢铁工人联合会的一名前主席回忆起一些政治激进分子通过采用**V形技巧**（V technique）（把工会领导安排在第二排或第三排的中间座位上）以便在地方工会会议上占据主导。接着会发生下述情况："后面隔了几排，他的两名助理坐着，之间相隔了约十个位置，直到会堂最后一排都是按这种方式安排。当主要发言人开始辩论时，他说的话在他身后呈V形被传开，显示出了广泛传播的假象。他们会等到其他工会会员累了、烦了、回家了，再试着在会议上通过他们自己的建议。"[100]

于是，劳工，特别是劳联，在20世纪20年代将很多注意力放在改变其负面的公众形象方面。[101] 这些努力转移了对积极组建努力的注意，尤其是从龚帕斯对组建活动大大降低了以前亲自参与的热情时开始。在1924年，龚帕斯去世了，他的继任者威廉·格林（William Green）没有开展任何组建活动，因为他要在不利的环境下维持劳联现存的组织。[102] 这种状况最终导致了**美国产业工会联合会**（简称产联，Congress of Industrial Organizations，CIO）的形成。

产联的兴起和产业工联主义

在劳联内部，对组织半技术型员工的问题产生了重大的分歧。第一次世界大战期间和之后所发生的巨大的技术变革减少了对高技能员工的需求。于是，劳动力队伍中半技术型生产工人的比例增长。例如，在1926年，福特汽车公司85%的计时员工只需经过少于两周的培训。[103] 由于技能型员工在工业中已经不再是主要力量，所以劳联如果想增加会员数量就需要组织生产型员工。

劳联的许多工会不想接收生产型员工。一些劳联的领导人认为生产型员工比技能型员工低等，拥有的谈判力量弱，而另一些领导人认为接纳生产型员工会使劳联的组织产生混乱。威廉·格林自己并不认为产业员工与劳联的排他管辖组织原则相容。

一些劳联工会领导人认为针对每个公司或产业的产品，都需要分别有工会。这样，如果通用电气公司有50种不同的产品，就需要有50个不同的劳联工会（每一个都对其会员的利益具有排他的管辖）才能进行有效的集体谈判。换言之，通用电气公司及其工会至少会就50个集体谈判协议进行磋商。一家劳联工会的主席敦促其会员消灭"产业工联主义这个可怕的恶魔，它会毁了这个国际工会，并削弱劳工运动的整个结构"。[104]

在1935年，在劳联的矿工联合会（United Mine Workers Union）的主席约翰·刘易斯的指引下，这个问题被激化了。在劳联1935年的大会上，通过三次分别的投票，劳联拒绝接受产业工联主义的概念。[105] 在1935年11月9日，产业组织委员会（Committee for Industrial Organizations）成立了。它所宣称的目的是"教育和顾问性质的"；实际上，它有意要推动将无组织的工人组织起来，尤其是那些在大规模生产行业的半技术型工人。[106]

在1936年1月，劳联的领导人惊讶地发现产业组织委员会已经在一些劳联的工会中成立了。他们原本以为通过1935年的大会，产业工联主义的问题已经被从此消除。产业组织委员会不仅讨论产业工联主义的概念，而且要求立即向一些产业，如橡胶工人和汽车工人，授予准许成立产业工会的特许状。该委员会进一步坚持需要在钢铁业中立即开始组建运动。

劳联，在面临着其历史上最严峻的挑战时，命令该委员会解散或退出。领导人的个性加剧了这个问题的严重性。约翰·刘易斯是一个言行都很强硬的人，他在其工会活动中寻求并获得了权力和名望。[107] 刘易斯设法激起劳联领导人面对，与此同时煽动矿工联合会会员进入"战争狂式的"反对劳联状态。[108] 刘易斯认为，未来劳工运动的成功依赖于组织更多大规模生产行业的工人参加工会。1938年，由于理念的分歧，拥有总人数近100万的7个工会退出美国劳工联合会。这7个工会后来与大规模生产行业的一些新建工会共同组成了美国产业工会联合会，选举**约翰·刘易斯**（John Lewis）（时任矿工联合会主席）为第一任主席。[109]

产联的发展恰逢工会会员人数的一次重要增长。至1937年11月，产联的隶属工会已经组织起了钢铁业中75%的工人，汽车业中70%的工人，橡胶业中65%的工人，以及海运业、纺织业中约1/3的工人。[110] 劳联在20世纪30年代末期和40年代也经历了会员人数的急剧增长。劳联将大规模生产中的技术职员吸纳进地方工会，并在不同的职业工会选定了全国总会。在20世纪30年代末期劳联的稳定增长也得益于雇主更愿意与较保守的组织打交道，而不愿冒风险与新成立的、无法预言的、政治上更激进的产联打交道。[111]

为什么在20世纪30年代和40年代工会会员人数发生了巨大的增长？至少有五个因素看起来能解释这个时期工会的发展：产联强有力的领导层、产联现实的目标、产联有效地采用静坐罢工的方式、1935年《国家劳动关系法案》[又称《瓦格纳法案》(Wagner Act)]的通过和雇员态度的转变。

强有力的领导层

有魄力的、工作卓有成效的产联领袖［其中主要有约翰·刘易斯、西德尼·希尔曼(Sidney Hillman)和戴维·杜宾斯基(David Dubinsky)］为工人运动注入了新的活力，而之前这种运动只沉浸在自己的胜利里。产联的大多数工会领袖都有着丰富的组建工会的经验，并以自己能和会员保持联系而自豪。[112] 但是，工会领袖的成就也不能被夸大，因为组建活动涉及许多人的不懈努力，他们录入、打印传单，与潜在的会员联系，并执行能保证工会选举胜利的日常事务。实际上，关于约翰·刘易斯的一本传记指出他喜欢“只出现在胜利的终场”[113]，体现了他在许多组建工会的琐事上并不参与。在钢铁业、采矿业、汽车业和其他行业许多组建工会的努力主要针对第二代移民。产联领导层中约30%有“新移民”背景。一位历史学家指出，“产联的成功建立在多种族工人的流动和他们加入工会的意愿上。”[114]

现实的目标

产联与劳工骑士团和世界产业工人组织的“大统一工会”只在表面上相似。产联相信即使将有不同技术级别的雇员组织在一起，依照产业划分来组建工会（如汽车、钢铁业）也仍然会考虑到雇员的共同利益。更重要的是，产联与劳工骑士团及世界产业工人组织在目标上有巨大的差别——以短期成绩取代长期改革——这与劳联的“纯粹和简单的工联主义”的途径类似，包括维持已经建立起来的资本主义制度，这在刘易斯的讲话中有所体现：“我认为大多数人已经逐渐认识到没有工人和管理方的真正合作，我们就不能取得产业上的进步，而这只能通过劳工和管理方在力量与谈判力上的平等来实现。劳工诚心诚意地希望提供帮助。期待着有一种产业程序能提高生产效率并降低对消费者的售价。”[115]

有效地采用静坐罢工的方式

产联也采取了能提高雇主对其工会的认可度的一种最成功的策略——**静坐罢工**(sit-down strike)，这样雇员仍然待在工厂里，而不是到厂外去抗议示威。这个策略非常成功，因为雇主怠于将雇员从工厂拉出去，担心在推搡中可能会损坏机器设备。

这个策略最初是由世界产业工人组织1906年在通用电气的厂房里采用的，但这种罢工形式中最广为人知的是1936年12月发生在通用汽车公司位于密歇根州弗林特的工厂。一下子，26 000名通用汽车公司的雇员都成了工会会员；而在1936年年初，只有

122 名工会会员，其中多数还是管理方的间谍。[116] 有一个地方基层组织在秘密地组建，其宗旨是为了在弗林特建立工会。这次静坐罢工是在当地组织筹划的；刘易斯和产联愿意先将钢铁业的雇员组织起来，然后在汽车业开始重大的组建活动的尝试。尽管这样，一旦罢工开始了，产联还是提供了积极的支持。

在弗林特举行的静坐罢工持续了 44 天，并获得了当地社会的广泛支持，还使得通用汽车公司挽回前几年亏损状况的努力功亏一篑。[117] 这次罢工的结果是雇主承认了工会，这个事实也被许多其他行业的雇员注意到了。从 1936 年 9 月至 1937 年 6 月，橡胶、玻璃和纺织行业约 50 万名雇员采用了这个办法。尽管静坐罢工是有效的，但它在历史上存在的时间短，因为公众逐渐对这种策略表示不满，美国最高法院后来判决，这些罢工侵犯了雇主的财产权。[118]

《国家劳动关系法案》的通过

工会会员人数增加的另一个原因（可能也是最重要的原因）就是 1935 年**《国家劳动关系法案》**（National Labor Relations Act，NLRA）的通过（在第 3 章中将有更多的阐述）。联邦政府通过这部法律表明，集体谈判是符合国家利益的公共政策。这部法律赋予私营企业员工组织或者加入工会、进行集体谈判的法律权利，同时赋予他们相互帮助和保护、采取一致行动的法律权利。雇主以前常用的反工会策略（例如列入黑名单、派人监视、因工会活动解雇员工，以及公司负责组建工会）违法。联邦政府新建了一个部门——国家劳动关系委员会，主要负责监管工会代表选举、审核雇主不当劳工决策，保障员工加入独立工会以及进行集体谈判的合法权利。

雇员态度的转变

许多雇员先前对有组织的劳工的消极态度发生了巨大的转变。他们经历了 20 世纪 30 年代的经济大萧条，认识到光靠努力工作和对雇主忠诚是不能获得就业保障的。这些雇员现在将工会视作一个旨在促进就业保障并提供其他物质利益的机制。

到第二次世界大战爆发前，有组织的劳工已经扭转了 20 世纪 20 年代时会员人数下降的局面，在 1940 年，会员人数已上升到了将近 900 万人。但是，劳联和产联直接的对抗仍然很激烈，有时劳联和产联的领袖会为了争夺工厂工人的代表权而发生武力冲突。詹姆斯·霍法（James Hoffa），国际卡车司机兄弟会（International Brotherhood of Teamsters）（后来成为劳联的工会）的前会长，忆及 1941 年产联和他的工会之间激烈的组建运动时说："经过这个运动，所有的会员佩戴两个别针，当我们在场的时候就戴上卡车司机的徽章，当产联的人员出现的时候就换上产联的徽章。他们在拭目以待哪个工会将赢得斗争的胜利。你真的不能责怪他们。他们胆战心惊，因为他们不想被血淋淋地夹在中间。"[119] 产联与劳联的对抗几乎在所有的行业里都存在，并且扩展到了地方一级，在那里通常一个雇主会面对劳联和产联都代表同一群雇员的情况。[120] 即使是怀着最为良好的意愿的雇主也无法在这样的情况下建立起有效的劳资关系。

三、第二次世界大战至今

劳联起初不希望美国参与到第二次世界大战中；然而，这种态度在珍珠港被轰炸以后发生了转变。对国家对外防御的关注促成了工会和管理方的合作。例如，工会和管理方的领导都参加了战时生产委员会（War Production Board）的各分委员会。这个委员会关注了雇员的建议，使他们在第二次世界大战期间节省了 3 100 万个工时以及 4 400 万美元。[121]

合作的精神并没有在所有领域得到体现，尤其是从战争期间所发生的罢工的角度来看。在 1943 年 2 月，有组织的劳工向罗斯福总统抱怨说战争期间生活成本的增加远远超过了根据 1942 年的小钢铁公式（Little Steel Formula）政府所允许的工资的增长额度。[122] 在 1943 年，矿工联合会举行了一系列罢工，以争取每天 2 美元的工资增长。这些举动使得罗斯福总统不得不接管了那些矿场，不过最终达成了一个相互妥协的工资方案。

公众以气愤和恐慌的态度来看待这些罢工，认为它们违反了有组织的劳工在 1941 年发表的不罢工誓言。随着罢工的继续，以及在 1942 年以后的战争期间，罢工逐年增加，公众的反对情绪也在增长。在这场战争的 4 年间，由罢工而导致的雇员工作天数的损失相当于每名工人每年不到 1 天。[123] 但是，参加罢工这个行动本身被有些人看作是不爱国的表现。

在战争即将结束的时候，劳工在集体谈判中的关注点转移到了完全就业和进一步的工资增长，以维持国家的购买力，从而为工业化生产的商品创造一个广阔的市场。劳工还记得第一次世界大战后的重建时期，所以担心雇主会制定一些旨在限制工会发展和工资增长的政策。

工会用罢工的方式来消除它们战后的顾虑。“在美国历史上没有哪个时期，其劳资冲突的范围和激烈程度能比得上对日作战胜利日，即 1945 年 8 月 14 日之后的这一年。”[124] 在这一年的时间里，发生了超过 4 600 次罢工，有 500 万名雇员卷入其中，造成了近 1.2 亿个工作日被荒废，影响了几乎每个主要行业。这些罢工基本上是非暴力的，实质上代表的是对力量和耐力的考验。雇主认识到，许多战士归国增加了劳动力的供给，因而也无须为员工提高工资。总的来说，劳工和管理方都希望能自主地在谈判桌上解决他们的分歧，而不要政府的干预以及在第二次世界大战期间所存在的工资限制。

第二次世界大战以后有组织的劳工的发展

第二次世界大战以后，工会组织的发展主要呈现以下四个方面的特征：（1）更加关注新的集体谈判议题；（2）工会组织争取的对象是白领、服务业和公共部门员工；（3）1955 年，劳联和产联合二为一；（4）2005 年，变则胜劳工联合会成立。

新的集体谈判议题

自第二次世界大战以来，尤其是在朝鲜战争以后，和平时期归来，有越来越多的努力来扩展劳动协议的条款，把集体谈判关系的所有方面都包括进来。在 20 世纪 50 年代晚期和 60 年代初期，工作的相对缺少和对价格稳定的需要一起缓解了国际支付的赤字。工会将集体谈判的精力引向在面临可能的技术进步时会员的工作保障，以及补贴通货膨胀的工资。在此时期，有组织的劳工对技术变革的反应（将在第 8 章更详细地讨论）带来了显著的后果，包括阿莫公司（Armour and Company）与屠宰加工厂工人和切肉工工会之间达成的《自动装置基金协议》（Automation Fund Agreement，1959），太平洋海岸的码头工作的《机械化与现代化协议》(Mechanization and Modernization Agreement，1960)，以及在凯泽钢铁公司（Kaiser Steel）和钢铁工人联合会之间谈判的《长远分享计划》(Long-Range Sharing Plan，1962)。

雇员福利是第二个新的谈判领域。在第二次世界大战之前，劳动力成本绝大多数都是按照实际工作的时间支付的标准工时工资。[125] 后来的集体谈判（以及无工会企业的人事政策）促使劳务成本（员工福利，包括养老金和保险等）的比例大幅上升，现在占有工会公司薪酬开支的约 38%、无工会公司薪酬开支的 28%。[126] 工资和福利问题将在第 7 章进一步阐述。

第二次世界大战之后多年期劳动协议的发展趋势给工会领袖带来了压力，因为上升的通货膨胀削弱了工资的购买力，所以他们需要确保工资的增长能够应付可能的通货膨胀。在 1948 年，通用汽车公司和全美汽车工人联合会谈判了一个长期的协议，其中包括生活成本条款，以在合同期内根据通货膨胀的变化来调整工资。这一合同条款也被扩展到其他劳资谈判中。在 1952 年，约 300 万名雇员（约占有劳动协议的雇员总数的 20%）在他们的合同中有生活成本条款。[127] 20 世纪 70 年代中期以来，来自外国企业和无工会企业的竞争加剧，再加上 2007 年 12 月爆发了经济危机，一些行业（例如航空、汽车、钢铁和橡胶工业）出现了**让步谈判**（concession bargaining）的现象，管理层希望使修改的工作规则更加灵活，降低劳务成本（工资、养老金和医疗福利）。对工作规则修改的内容包括工作时间变换、休息休假时间减少、合并工作岗位，以使管理层更加灵活地分配工作任务。一些企业（例如联合航空公司和德尔福汽车公司）宣布破产，以破产程序向工会施压，让工会在集体谈判中作出更大让步，使管理层顺利重组、降低劳务成本。工资的让步体现了第二次世界大战之后有组织的劳工最重要的发展。大型企业联合会（Conference Board）的奥德丽·弗里德曼（Audrey Freedman）指出："工资，即使是在工会谈判的压力下，也仍然更受到产业的经济状况、公司的水平，甚至产品水平的影响……"[128] 工资灵活性的例子包括：

- 双重工资方案，先达成劳动协议而被雇用的工人的工资待遇低于其同行。
- 一次性支付，通常与公司的经营状况直接挂钩。一次性支付不一定每年都有，也与员工的工资无关，因而避免了依据工资水平而定员工福利（比如带薪休假时间）的情况。

组织更多妇女、少数族裔、年轻人和专业人士加入工会

第二次世界大战后的第二个重大发展便是不同类别的人加入工会，更具体地说，包括公务人员（即政府雇员，详见第 13 章）、私营服务业企业工人、专业人士（详见第 5 章）。妇女、少数族裔和年轻人（18～30 岁）工人数量越来越多，逐渐成为现在和未来工会的主要组成人群。

劳联和产联合二为一

也许战后有组织的劳工最巨大的发展就是劳联和产联的合并。在第二次世界大战之后，它们之间强烈的敌对并没有结束。然而，在 20 世纪 50 年代期间的三个影响因素导致了它们最终于 1955 年合并。[129] 第一个是劳联和产联主席的更换。在刘易斯于 1940 年卸任后，钢铁工人联合会的菲利普·默里（Phillip Murray）成为产联的主席，继续

与劳联及其主席威廉·格林言辞不和。然而在 1952 年 11 月，默里和格林都去世了。他们的继任人（产联的沃尔特·鲁瑟和劳联的乔治·米尼）虽然对对方并没有特别的好感，但不像格林和默里那样，他们以前并没有公开反对对方。因此，可以合并而不使任何一位主席丢脸。

第二个促成**美国劳工联合会—产业工会联合会**（AFL-CIO）的影响因素是认识到了工会内讧的无效。劳联和产联，这两个劳工组织调查了雇员代表权选举中劳联试图组织属于产联的雇员，以及产联试图组织属于劳联的雇员的那些选举。在两年间（1951—1952 年），有 1 245 次这样的选举，涉及约 366 740 个雇员，而只有 62 000 个雇员改变了其工会归属。这一数据多报了受影响的人数，因为它没有考虑到选举本身就具有分流的性质。当一个产联的工会将一个由劳联代表的、有 1 000 个雇员的工厂归到其名下时，劳联也可以将一个有 1 000 个雇员的由产联代表的工厂归到它名下——而净变化人数为 0。事实上，1951—1952 年激烈的争夺只为劳联带来了会员人数净增 8 000 人，或者说只是所有被牵涉的雇员总数的 2%。[130] 劳联和产联最终都认识到了如果将用于互相争夺的精力放到将非工会的雇员组织起来上，有组织的劳工就能获益。有鉴于此，在 1954 年许多劳联和产联的工会签署了互不争夺的协议。这两个主要的联合会不再将精力集中在互相争夺活动中所强调的互相之间的差异，现在它们可以着眼于那些通过合并可能更容易实现的相似的目标上。

一个相似的目标就是两个组织都想犒赏它们的政治盟友，并惩罚它们的政治敌人。[131] 在许多情况下，单个组织在实现这一目标上往往失败。例如，劳联和产联不能击败塔夫脱（Taft）议员（《塔夫脱-哈特利法案》的一位起草者，被认为是一个反劳工的人），也未能在选举中帮助阿德莱·史蒂文森（Adlai Stevenson）（有组织的劳工的支持者）击败德怀特·D. 艾森豪威尔（Dwight D. Eisenhower）。两个组织都相信合并可以增强它们在政治舞台上的作用。

1955 年 12 月 12 日美国劳工联合会和美国产业工会联合会的合并涉及了 15 550 000 个会员，使合并后的新组织成为世界上最大的工会组织。乔治·米尼成为美国劳工联合会—产业工会联合会的主席，这源于劳联作为工会组织的悠久历史。沃尔特·鲁瑟，产联前主席，成为美国劳工联合会—产业工会联合会的副主席。乔治·米尼相信这次合并会使更多的雇员参加劳工组织，并使劳工在美国的两党制中有更大的政治影响力。[132]

合并使工会之间的争夺继续减少。这也使地方工会在国家工会中的影响力降低，因为它们不能再威胁说要加入对手的国家工会去。[133] 然而，正如下一节将详细讨论的那样，美国劳工联合会—产业工会联合会并没有带来工会会员人数的巨大增长或政治影响力的巨大增强。它确实降低了以前有组织的劳工内部的分化，却不能得出结论说这次合并是对发展和变化的一个重大促进。

变则胜劳工联合会成立

与 20 世纪 30 年代末期几个工会从美国劳工联合会退出组成美国产业工会联合会一样，**变则胜劳工联合会**（Change to Win federation）是由从美国劳工联合会—产业工会联合会退出的几个工会组成的（详见第 4 章）。由于未能在美国劳工联合会—产业工会联合会中促成改革、把更多的资源投入增加会员的工作中，代表约 640 万名工人的 7 个工会（大多属于服务行业）从美国劳工联合会—产业工会联合会中退出，形成独立的工会联合组织，以把重点放在组织更多工人加入工会上面。[134] 与美国劳工联合会—产业工会联合会相比，变则胜劳工联合会并不是一个非常正式的组织，宗旨和理念基本与美国劳工联合会—产业工会联合会相同。变则胜劳工联合会中的工会提倡把每年运营的50%经费都投入工会组织活动中，而美国劳工联合会—产业工会联合会的目标只是30%。变则胜劳工联合会也计划在政党（主要是民主党派）合作方面花费更少的时间和精力，而以更多的资源组织工会的草根政治活动。

自2005年成立以来，变则胜劳工联合会并没有改变工会工人比例下滑的趋势。但是，也有人认为，如果没有变则胜劳工联合会过去5年的努力，这一趋势将可能下滑得更加严重。工会在政治舞台上取得了了不起的成就，在民主党国会选举以及奥巴马总统竞选中都发挥了极为重要的作用。近年来出现了工会再次联合的趋势，一些附属于变则胜劳工联合会的工会（例如服装纺织和酒店餐馆雇员工会和北美劳工国际工会）开始重新加入美国劳工联合会—产业工会联合会。[135] 变则胜劳工联合会的几个主要领导人已经退休［服务业雇员国际工会原主席安德鲁・斯特恩（Andrew Stern）］，或者打算退休［服务业雇员国际工会财务主管、变则胜劳工联合会主席安娜・伯格（Anna Burger）］。[136]

自第二次世界大战以来有组织的劳工未改变的方面

将第二次世界大战末时的有组织的劳工与现在的情况相比，它们的相似点多于不同点[137]：

- 工会排他性代表权，工会代表由员工多数人选举产生，代表员工的利益。
- 集体谈判协议严格区分协商和执行两个阶段。一旦达成协议，不罢工、不关厂与申诉程序条款确保双方通过仲裁解决劳务协议解释和执行的纠纷，而不能采取变相罢工的方式。
- 政府倾向于采取“撒手不管”或者不干预的政策，因为谈判最终结果取决于谈判双方，而不是政府。

第二次世界大战至今劳动关系呈现的另外一些重要共同点包括：工会通过政治进程增加工人利益；工会之间以及工会会员之间难以在关键问题上达成一致；强调经济利益、工作保障。

工会和政治

龚帕斯犒劳朋友、惩罚敌人的政治箴言在今天仍传达着工会的政治理念。支持工会的政客和政党也将得到工会的帮助，反之亦然。在历史上，民主党及其候选人更支持工会的关切，因而也得到了工会的支持。

工会之间以及工会会员之间难以达成一致

无论在政治问题上还是在谈判问题上，工会之间的意见一直分歧不断。尽管有许多工会拥有相似的组织结构和宗旨，但是各个工会都有着自己的历史和独有的特点，这些可能决定着它们各自的看法。美国劳工联合会—产业工会联合会或者变则胜劳工联合会内部不同工会之间以及工会不同成员之间意见都一致的情况很少见，这也是可以理解的。意见不一致的问题在大型工会组织中十分常见，特别是那些成员拥有很大自主权的工会。工会联合组织也会遇到内部工会因不满而退出的问题。美国劳工联合会也认识到，一些全国性工会即使退出也运营得非常好。比如，美国卡车司机工会和全美汽车工人联合会从美国劳工联合会—产业工会联合会退出，丝毫没有影响它们人数增加、影响力与日俱增与集体谈判的能力（这两个工会后来又重新加入美国劳工联合会—产业工会联合会，美国卡车司机工会曾在 2005 年从美国劳工联合会—产业工会联合会退出，加入变则胜劳工联合会）。

地方工会会员之间意见不合的问题也时有发生，特别是当年轻人加入工会之后。大多数工会都有一段奋斗、牺牲的历史，它们的领导人曾历经艰难险阻才让其雇主承认其工会的地位。但是，年轻人可能并不了解这段历史，甚至不心存感激，更可能这样质问他

追求短期经济利益和工作保障而不是长远改革目标

劳工骑士团和世界产业工人组织的没落带给工会组织以深刻警示：目标必须不能脱离工人的实际需求，改变现有社会制度的目标是不可取的。自第二次世界大战以来，科学技术飞速发展，经济也蒸蒸日上，工会领导人认为，这些才是他们需要关切的问题，而不是社会改革。甚至当工会在经济危机期间谈判时，让步的也是短期的经济行为：譬如降低工资来换取工作保障。

本章小结

为了能够理解现代的劳动关系或者对未来的发展作出准确预测，我们必须学习劳动关系演变的历史、主要工会组织以及重大事件等方面的知识。现代工会组织是历史发展的产物。我们可以通过以下标准评判工会的有效性：评估工会组织的组织结构和财务稳健性；适应现有社会和经济制度的能力；社会环境中支持性或破坏性特点，譬如大众媒体描述的公众形象或者劳工法律的存否；工会领袖甄别并实现会员的目标和利益的能力。

在 1869 年之前，尽管随着技术的发展，工人对工作和市场环境越来越不满意，但是工会组织的影响力依旧非常小。工会活动主要分为以下三个时期：1869 年至第一次世界大战、第一次世界大战至第二次世界大战，以及第二次世界大战至今。从 1869 年到第一次世界大战期间出现了三个主要的劳工组织：劳工骑士团、龚帕斯领导的美国劳工联合会，以及世界产业工人组织。这些组织的目标、战略和组织特点都各不相同，由于自身目标、战略和组织特点的缺陷，劳工骑士团和世界产业工人组织先后没落、消亡。秣市骚乱、霍姆斯特德事件以及普尔曼罢工等重大事件重创了劳工组织，而劳联主席龚帕斯仍然成功为工人谋取了一些福利。

在第一次世界大战结束之后，工会组织增长有限，原因主要在于：雇主使用各种策略阻止工会组建活动。对于是否组织大规模生产行业的半熟练技术工人加入工会，美国劳工联合会内部出现分歧，导致竞争对手美国产业工会联合会成立，美国产业工会联合会的主要目标就是组织产业工人。20 世纪 30 年代末和 40 年代，美国通过了数部保护

工人加入工会、进行集体谈判权利的法律，美国产业工会联合会在这一时期迅速发展壮大。

第二次世界大战以来工会发展呈现以下四个主要特点：更加关注新的集体谈判议题；组织更多妇女、少数族裔、年轻人和专业人士加入工会；美国劳工联合会和美国产业工会联合会合二为一；由于吸引、招募会员的策略出现分歧，一个新的工会组织变则胜劳工联合会成立。对于变则胜劳工联合会是否能够扭转工会工人比例下降的趋势，现在下定论还为时过早。然而，近年来，工会的确在政治舞台上的力量越来越强。与现在的情况相比，第二次世界大战末期的工会组织呈现越来越多的相似性，而差异则越来越小。尽管代表的工人的比例相对较小，但是工会在美国的经济和政治影响力不可小觑。自第二次世界大战以来工会的主要目标仍然是工人短期的经济利益和工作保障权益。

关键术语

《美国宪法》	普通法	自由雇佣原则
共谋犯罪原则	联邦诉亨特判例	民事共谋原则
劳工禁令	黄狗契约	《谢尔曼反垄断法》
洛伊诉劳勒判例	丹伯里制帽工会案	《克莱顿反垄断法》
劳工骑士团	特伦斯·鲍德利	大统一工会
秣市骚乱	美国劳工联合会	塞缪尔·龚帕斯
纯粹和简单的工联主义	排他管辖	分权
霍姆斯特德事件	普尔曼罢工	世界产业工人组织
威廉·“大比尔”·海伍德	自由雇佣制	美国计划
产业间谍	列入黑名单	莫霍克谷方案
家长作风	雇员代表计划	公司工会
甜心合同	V形技巧	美国产业工会联合会
约翰·刘易斯	《国家劳动关系法案》	美国劳工联合会—产业工会联合会
静坐罢工	让步谈判	变则胜劳工联合会

讨论题

1. 讨论劳工骑士团和世界产业工人组织的异同点。

2. 选择一个现存全国性工会，使用本章中提到的用于评判劳工组织的优势的四个标准，评估该全国性工会的实力。再使用这四个标准说说为什么美国劳工联合会生存了下来而世界产业工人组织却衰败了。

3. 简单说明一下秣市骚乱、霍姆斯特德事件和普尔曼罢工，怎样帮助以及挫伤了美国劳工联合会。

4. 讨论1935年《国家劳动关系法案》颁布之前雇主所使用的一些反工会策略。这些策略中还有合法的吗？如果有，是哪一个策略？

5. 谈论美国劳工联合会和美国产业工会联合会的主要异同点。

6. 以你之见，美国劳工联合会—产业工会联合会和变则胜劳工联合会两个不同的工会联合组织是增强了还是削弱了工会集体谈判的能力？

7. 一些专家预计，未来工会组织将变得越来越大并且数量越来越少。讨论“大统一工会”的优劣。

第3章

法律影响

赋予工人组建或加入工会、（就工资、工作时间或其他雇佣条件）进行集体谈判的自由法律权利是工业民主社会一个伟大的尝试。如第2章所述，上述情况是历史发展长时间的结果。由于法律是利益各方妥协、权衡的政治产物，在法律解读和执行时参与各方不免会产生分歧，劳动关系法的解读和执行影响着雇主、雇员、工会以及公众的权利。为了使法律条文真正发挥作用，有效的执法必不可少。

苏珊在其办公桌旁思考着。她是公司的人力资源经理，很少有时间思考长远的大问题，因为她总是在忙着处理公司的法律事务，使公司在正常的轨道上运营。就在上周，一位女雇员（作为一位盛装打扮的说书人，她在这里工作了2.5年）以歧视为由将其所在的酒店告上了法庭，苏珊正是这家酒店的人事经理。[1] 这名员工信仰伊斯兰教，因而她要求上司准许她在工作期间戴头巾。她的上司在与上级管理层沟通之后告诉她，她可以戴头巾，但头巾必须是公司定制的，在定制完成之前，她不能戴头巾。然而。两个月之后，她的上司再也没有向她提过此事，她就擅自戴上了自己的头巾。看到这种状况，她的上司就告诉她，她必须摘下自己的头巾，换到后台工作，否则收拾东西走人。她的工会支持她状告这家公司，并表示：如果她愿意，工会将以歧视为由提起申诉。

作为这家酒店的人力资源经理，苏珊确信公司的反歧视制度非常完善。她认为，对员工着装的方方面面都作出要求是为了维护酒店自身的形象，对保护良好的客户关系也非常重要。以苏珊之见，酒店的要求（转到后台工作，穿戴酒店设计的头巾）十分合理。但是，她比较担心的是，距离当初员工提出问题已经有两个月的时间，并且她的上司也曾暗示，如果头巾符合酒店服饰要求且酒店没有提供特别设计的头巾，这名女员工可以穿戴自己的头巾。如果两个月拖延的时间过长，这名员工拒绝转向后台工作，公司必须恢复其原有职位并赔偿欠付工资吗？即使公司成功地使联邦法院驳回诉讼，这名员工可以走申诉程序，让公司赔偿欠付工资吗？仲裁员的意见会不会与法庭一致？围绕此诉讼的舆论将会对公司的形象以及劳务协议的谈判产生什么影响？

◈思考题

1. 如果两个月拖延的时间不合理，这名员工继续拒绝转向后台工作，公司必须恢复其原有职位并赔偿欠付工资吗？

2. 以你之见，即使公司成功地使联邦法院驳回诉讼，这名员工还可以走申诉程序，让公司赔偿欠付工资吗？

3. 围绕此诉讼的舆论将会对公司的形象以及劳务协议的谈判产生什么影响？

4. 以你之见，拟定、通过保护工人权利和工作环境方面的法律是政府的法定义务吗？解释你的理由。

劳动关系法是界定劳资双方权利和义务的准绳。本章将介绍监管劳动关系进程各个阶段（组建工会、协商合约和执行）的基础法律。今天，掌握劳务关系法律的内容至关重要，理解法律与劳务关系发展的相互关联同样非常重要。务实的人应该认识到，拥有一项法律权利并不意味着这项法律权益一定符合当事人的最优利益。

第 2 章介绍了工会的发展历史，本章将主要介绍法律知识，由于工会的发展与法律的通过密不可分，按理就紧跟第 2 章。本章主要介绍现在仍适用于大多数私营企业的法律：《诺里斯-拉瓜迪亚法案》、《国家劳动关系法案》（又称《瓦格纳法案》）、《塔夫脱-哈特利法案》和《劳资关系报告与披露法案》（又称《兰德勒姆-格里芬法案》）。由于这些法案适用范围极广，适用于大多数行业和企业，所以本章将用大量篇幅介绍这些法案的内容。《铁路劳工法案》专门针对铁路运输业和航空业，本章也将对这一法案进行阐述。本章最后还将简要介绍其他一些劳务关系法律。

一、劳动关系法的起源

在美国，劳动关系法源自法律、司法判决与解释、宪法，以及由行政管理当局（比如国家劳动关系委员会、美国劳工部，以及职业安全和健康署）颁布的行政决定。国会已经颁布了许多涉及劳资双方、公共福祉以及州际商业的劳动关系法。这一章将详细讨论三部主要的法律——《诺里斯-拉瓜迪亚法案》、《国家劳动关系法案》及其修正案，以及《铁路劳工法案》。根据**法律优先原则**（preemption doctrine），当联邦法律与州立法律、地方法律同管一项事务或者发生冲突时，联邦法律高于州立法律和地方法律。[2]劳动关系影响整个国家的经济，联邦政府制定相关法律带来的统一性和稳定性使国家受益。法律优先原则强调了劳动关系的重要性。与此同时，州立法律和地方城市的条例可以补充联邦法律的一些空白，比如州和地方公务人员的集体谈判权利。

司法机构，以及它在联邦、州和地方级别的相应的法院体系，行使这样的职责：判断一部法律的合宪性以及是否符合法定标准，评价行政机构作出的解释的准确性，以及颁布限制或要求特定行为的禁令。另外，各级法院必须根据“公正”这一通用的指导原则来对没有被法律覆盖的事项进行判断和作出判决。这些成了先例并为后来的法律判决提供指导的判决构成了判例法。随着时间的推移，判例法得到发展。

行政当局包括负责管理相关法律的行政机构。这些政府机构制定政策和规定，以指导对这些法律的管理。它们在法令或法律的框架内作出合法的、有约束力的决定，虽然这些决定可以被上诉到联邦法院。只要这些决定是在管理机构的权限范围之内，并且是对该机构被授予的权限的正确解释，那么这些决定就具有与法律同等的效力。一些被提及的更重要的行政机构包括：

- **国家劳动关系委员会**（National Labor Relations Board）：管理被《塔夫脱-哈特利法案》和**《劳资关系报告与披露法案》（又称《兰德勒姆-格里芬法案》）**（Labor Management Reporting and Disclosure Act/Landrum-Griffin Act）修正的《国家劳动关系法案》（又称《瓦格纳法案》），处理工会代表权选举，以及裁定不当劳动行为申诉。
- **联邦仲裁与调解局**（Federal Mediation and Conciliation Service）：为参与集体谈判的双方提供调解，帮助挑选处理申诉的仲裁员；提供促进劳资双方和谐共处的培训项目。
- **美国劳工部**（U. S. Department of Labor）：从事许多与就业相关的服务，例如研究和数据收集职责；管理联邦工资和安全法律；在平等就业机会要求的框架下执行联邦合同规定。另外，它的部长充当总统的内阁成员，负责与就业相关的事项。
- **国家调解委员会**（National Mediation Board）：在《铁路劳工法案》的框架下处理工会代表权事项，为谈判中的劳资双方提供调解服务，帮助解决关于合同解释的争议；而且，如果争议涉及紧急情况，那么提出仲裁建议并且将该争议作为一个“紧急情况”向总统作出书面证明。
- **国家铁路调整委员会**（National Railroad Adjustment Board）：听证和尝试解决铁路行业中因申诉、对劳动合同的解释或应用而导致的劳动争议。
- **州和地方行政机构**（state and local administrative agencies）：它们负责执行和管理与劳动关系相关的法律和条例。

二、《诺里斯-拉瓜迪亚法案》

1929年，美国股市崩盘，经济陷入萧条，迫使人们重新审视国家经济是不是应该被放任自由。随着失业率的攀升、个人储蓄锐减，国会面临的政治压力也与日俱增，因而国会不得不在调控经济方面发挥更加积极的作用，其中包括为工人权利提供更多保障。1932年，国会通过**《诺里斯-拉瓜迪亚法案》**（Norris-La Guardia Act，也被称为《联邦反禁令法案》），以实现以下三个公共政策目标。[3] 第一，准许工人在保护其法律权益方面拥有更大的发言权，此方案限制联邦法院通过发布劳工禁令干涉劳务纠纷的权力。原来雇主通常竭尽全力制止的工人活动（比如和平抗议示威或宣传，鼓励工人加入工会，在出现劳务纠纷时工会向工人提供帮助）现在得到了法律的保护。仅基于雇主陈述、防止工人非法活动的临时限制法令（temporary restraining order）的持续有效时间不超过5天。在此期间，法院将按法律要求举行听证会，当事双方各自陈述观点、举证，之后再决定是否在5天期满后将临时限制法令转换成临时劳工禁令。要求发布劳工禁令的雇主必须证明出现了下面几类情况：(1) 将要或者已经出现非法行为；(2) 由于非法行为，雇主财产已经或者将要受到严重损坏；(3) 与发布劳工禁令相比，不发布劳工禁令将造成更大的损失；(4) 雇主缺乏法律补救手段；(5) 警察不能或者不愿意保护雇主财产；(6) 在诉讼之前，雇主已经尽到所有法律义务、诚心实意地通过谈判解决劳务纠纷（比如提出调解请求、自愿仲裁）。任何劳工禁令都要具体点明禁止哪些行为，消除过去滥用"全面禁令"的行为，"全面禁令"原来过于宽泛、言语模糊。[4]

根据《诺里斯-拉瓜迪亚法案》的规定，法院不能强制执行黄狗契约（见第2章），黄狗契约不具有法律效力，因而也不能作为劳工禁令发布的理由。[5] 但是，许多雇主仍旧以参加工会活动为由解雇、歧视工人。

《诺里斯-拉瓜迪亚法案》通过的第二个公共政策目标是促使法院在处理劳务纠纷案件时不偏不倚、采取中立立场。这部法律鼓励法院平衡雇主和雇员的权利。对法院来说，平衡双方权利并不是一件易事，因为在当下的经济制度中劳资双方的利益冲突不可避免。依据《诺里斯-拉瓜迪亚法案》，一些工人活动不能作为发布劳工禁令的依据；同时依据《克莱顿反垄断法》，它们也不能作为违反垄断法的依据。[6] 国会通过的《诺里斯-拉瓜迪亚法案》实质上推翻了最高法院20世纪20年代对反垄断法的解释和应用，再次把工人一致抵制的经济制裁活动定位合法。

《诺里斯-拉瓜迪亚法案》通过的第三个公共政策目标是传达国会对工人通过集体谈判保护自身利益的支持。通过集体谈判，劳资双方可以自由表达诉求，提供证据支持制定合乎环境和资源尺度的工作规则。当然，谈判的过程中双方可能会出现冲突，但前提是：在大多数情况下，双方应把谈判视为和平解决纠纷、保护自身利益的行为。

虽然《诺里斯-拉瓜迪亚法案》显示出美国劳工公共政策已经发生转变，但是这部法律没有提出建立执行这部法律的独立的行政机构。这意味着，工会只能通过法院的诉讼才能得以执行，而法院在历史上一直不重视劳工的诉求和利益。《诺里斯-拉瓜迪亚法案》的另一个缺陷是没有指名雇主的哪些行为应该被禁止。3年之后通过的另一部法律弥补了这些缺陷。

三、1935年《国家劳动关系法案》

1932年，富兰克林·罗斯福在工会的大力支持下当选为美国总统，同时新组建的国会也倾向于把劳动立法视为结束经济萧条的一种手段。基于单单依赖市场力量并不能使公共利益置于个人私利之上，罗斯福承诺开出一个"新药方"，政府需要更加积极地干涉经济。对于如何解决经济衰退问题、政府在调控经济中是否以及如何发挥作用，美国出现了空前的历史性辩论。

罗斯福上任伊始就促成国会通过《国家产业恢复法案》(National Industrial Recovery Act)，以此来稳定经济。根据这部法律，行业可以成立协会，拟定公平竞争章程，以使营销、定价和金融等统一标准化。[7] 章程一旦得到国家恢复局（National Recovery Administration）的认可，参与公司便可悬挂"蓝鹰"标志，表明遵守了章程并得到了认可，消费者可以从这家公司购买商品或服务。《国家产业恢复法案》第 7 条规定行业章程必须保护员工自己组建工会而雇主不得干涉的权利。国家劳动委员会（National Labor Board）随后成立，帮助解决纠纷，并制止企业违反《国家产业恢复法案》第 7 条。

由于《国家产业恢复法案》并不强制雇主与工会谈判、国家劳动委员会不严格执法，国家劳动委员会在保护工人权利方面并没有发挥很大作用。1934 年，国会两院联合决议，要求建立国家劳动关系委员会，调查企业违反《国家产业恢复法案》第 7 条的行为，以及组织选举决定员工是否想独立于工会。[8] 新委员会同国家劳动委员会一样按照总统令建立，且执行与实施起来也比较困难。1935 年，最高法院判定《国家产业恢复法案》违宪，因为一个公平竞争章程监管了州内商务活动，超出了国会只监管州际商务活动的权力。[9]

一个月之后，参议员罗伯特·瓦格纳（Robert Wagner），国家劳动关系委员会主席、劳动法事务积极分子，促使国会通过了另一部法律《国家劳动关系法案》。[10] 《国家劳动关系法案》建立了新的劳动公共政策：通过鼓励集体谈判、禁止雇主干涉工会活动来保证商务活动自由流动、劳动力活动和平与稳定，以及保护公共利益。国家劳动关系委员会有权调查、决断不当劳务行为，并且有权保证工会代表权选举（其他条款将在之后内容阐述）。

国会认为，如果不对工人的权利提供法律保护，而雇主的经济力量远远超过工人的力量，不可避免地将引发工人骚乱，进而对经济增长和公共利益造成极大损害。“《国家劳动关系法案》的拟定建立在产业关系模型之上：劳资双方，工人和管理层这两个阶层利益不同，实质上存在冲突。”[11]

《国家劳动关系法案》第 7 条所保护的工人权利包括创建与加入工会的权利、集体谈判的权利，以及互相帮助、共同保护采取一致行动的权利（见图表 3.1）。根据《国家劳动关系法案》，雇主过去采用的反工会策略，比如因工会活动解雇或者不雇用工人、遣派公司间谍、列黑名单、雇员代表计划（公司工会）以及黄狗契约，属于不当人事行为。

图表 3.1　　雇员的权利

第 7 条　雇员有权自我组织，有权组建、加入或参与工会活动，有权通过他们选举的代表进行集体谈判，有权为集体谈判或者其他形式的相互帮助和保护而进行一致行动，也有权不参与任一或全部这些行为，除非这些权利受到要求工会会员资格作为雇用前提的契约的影响［合乎第 8 条（a）（3）款的准许］。

资料来源：Labor-Management Relations Act，1947，as amended.

许多雇主认为，《国家劳动关系法案》将会如《国家产业恢复法案》一样被最高法院判定违宪。[12] 然而，事与愿违，1937 年，最高法院宣布《国家劳动关系法案》不违反宪法，承认劳动关系对州际商务活动的重要影响，因此赞同国会拥有监管劳动关系的权力。[13] 由于最高法院赞同《国家劳动关系法案》、美国经济复苏，工会在这一时期经历了大发展，到 1941 年工会会员几乎增加了两倍，达到 840 万人。[14]

在《国家劳动关系法案》通过后的 10 年里，工会的活动使许多人认为，劳动关系公共政策太过偏袒工会及其集体谈判的权利。令公众非常担忧的事件接连发生：美国劳工联合会和美国产业工会联合会为代表权竞争而进行罢工，工会为谈判问题而罢工或者采取其他一致行动，工会有时不诚心与雇主谈判，向工人施压要求其必须成为工会会员，与雇主签署**只雇用特定工会会员保障条款**（closed shop union security clause）（雇主同意只雇用某一特定工会的成员）。

由于雇主对《国家劳动关系法案》的激烈批评、公众对工会不当行为的严重担忧，国会于 1947 年对《国家劳动关系法案》进行了修正，实施《劳资关系法案》（又称《塔夫脱-哈特利法案》）。[15]《劳资关系法案》对《国家劳动关系法案》的内容基本上没有改动，但是增加了一些内容用以解决已经出现的缺陷，更加注重保护雇员个人与雇主的合法权利。劳工组织非常不满，称《劳资关系法案》为“奴役劳工法案”，很快通过反对宣传活动使杜鲁门总统否决了《劳资关系法案》，但是国会又很轻易地推翻了总统的否决。

《劳资关系法案》的重要变化

为了更加强调国会公平平衡劳资双方关系的意图，**《国家劳动关系法案》**（National Labor Relations Act）被更名为**《劳资关系法案》**（Labor Management Relations Act）。如同《国家劳动关系法案》明确禁止雇主的一些反工会行为一样，《劳资关系法案》增添了明确禁止工会一些行为的内容。根据《劳资关系法案》第 7 条，工会的一些歧视雇员个人的行为将被视为违法。这部分新增法律内容实质上保护了工人个人不参加工会一致活动的自由权利（除非这一权利受到工会保障条款的限制）。

国会认为，工会会员资格不能成为一名员工被雇用的先决条件，因而只雇用特定工会会员保障条款违法。然而，国会也认为，有必要保留一定的工会保障，只有这样才能充分保障工会工人在保护和增加自身利益时拥有很强的发言权。根据《劳资关系法案》，工会和管理层可以通过谈判或者要求员工在受雇后 30 天内加入工会（**限期加入工会保障条款**，union shop union security clause），或者缴纳与工会入会费和会费金额相同的费用（**工会代理公司保障条款**，agency shop union security clause）。国会还作出了政治妥协，准许各州和地方通过更加严格限制工会条款的法律条例（被称为**《工作权利法案》**，right-to-work law）。工会保障问题将在第 4 章进一步阐述。

《劳资关系法案》回应了雇主对《国家劳动关系法案》严重限制其在工会组织活动期间毫无保留地说出工会代表问题的权利的批评。最高法院后来判决，《国家劳动关系法案》违宪，违反了《美国宪法第一修正案》，禁止了雇主自由言论的合法权利。[16] 国会基本上把最高法院判决内容写进了《劳资关系法案》第 8 条（c）款，用以保护各方自由表达对劳务关系问题的意见或观点的权利（只要这些表达语言不包含威胁报复或者利益承诺内容）。

为了促使工会和雇主遵守其达成的契约，《劳资关系法案》第 301 条准许各方以对方违反合约为由向法院提起诉讼。在这之前，如果雇主认为工会违约，雇主不得不对每个工会会员各自全部提起诉讼，这对雇主而言费时费力、成本昂贵。尽管允许雇主对工会进行起诉，但《劳资关系法案》并不允许对工会会员个人进行赔偿诉讼要求。

自 1959 年以来，《劳资关系法案》的适用范围不断拓展，1970 年覆盖美国邮政（见第 13 章），1974 年覆盖私营营利或非营利医疗卫生组织。

四、《劳资关系报告与披露法案》

20 世纪 50 年代末，参议员约翰·麦克莱伦（John McClellan）领导的一个参议院特殊委员会积极地跟踪着一些工会领导腐败、滥用权力的行为，特别是美国卡车司机工会领导人戴夫·贝克（Dave Beck）和詹姆斯·霍法（James Hoffa）。[17] 由于工会腐败和权力滥用事件的披露，国会于 1959 年通过《劳资关系报告与披露法案》。[18]《劳资关系报告与披露法案》的主要目的是确保工会工人个人在工会中的权利、保证工会民主运营并且担负财务责任。与《劳资关系法案》不同，《劳资关系报告与披露法案》只覆盖工会工人个人，而《劳资关系法案》既适用于工会工人，又适用于非工会工人。

比如，《劳资关系报告与披露法案》要求所有地方工会以不记名方式选举，至少三年举行一次选举，而全国性工会至少五年举行一次选举。工会会费、入会费和其他费用的增减都需要工会会员的赞成，工会章程和条例只有经过投票得到大多数成员认可才能生效和具有法律约束力。根据《劳资关系报告与披露法案》，工会每年还需要向美国劳工部报告其资产和负债、工会官员的工资，以及工会运营规则。工会在美国社会中是遭受监管最严的组织。

《劳资关系报告与披露法案》第 7 条也包含一些对《劳资关系法案》修正的内容。最为重要的是，《劳资关系报告与披露法案》对《劳资关系法案》第 303 条进行了补充，赋予受到非法次级罢工、一致抵制或抗议示威活动波及而遭受损害的中立雇主状告工会并且索赔的权利。

五、国家劳动关系委员会

当《劳资关系法案》给予员工的权利受到侵犯时，员工自身并不能判决和实施，而缺乏有效的执行机制就成为很大的法律缺陷。由于历史上法院保护员工权利不力的表现，国会迈出一大步，创建独立联邦行政机构，国家劳动关系委员会，来执行劳工关系法，使其成为《国家劳动关系法案》的解读和执行机构。为了使《国家劳动关系法案》符合宪法，国会提出，对不当劳动关系行为裁决不服的当事方可以向法院提起诉讼、核查。国会指示法院在解读法律时一定要考虑到国会通过这部法律的意图。

国家劳动关系委员会总部设在华盛顿，处于由 5 名委员组成的**委员会**（the Board）的领导之下。[19] 每个委员由总统提名，并且必须得到参议院的许可，任期 5 年。每个委员任期到期日期错开，以保证不会出现没有一名委员的状况。尽管如此，由于提名推迟或者得不到参议院的许可，仍然出现了数名委员空缺的时期。

由于政治任命，委员会成员通常反映了总统关于劳动关系的基本理念。委员提名的过程通常伴随着雇主、工会以及其他利益群体（比如国家劳动权利委员会）的大力游说，这些利益群体认识到了委员在解决劳务纠纷（尤其是在立法问题上，利益可能冲突）时的重要性，都希望自己支持的人士被提名通过。“劳资关系法的解读……在一定程度上取决于委员会如何构成。”[20] 一项研究发现，只有 20%的委员会裁决有明显偏袒的倾向。[21] 从“劳动关系实践”专栏里一些新近的裁决，我们可以看出总统任命委员和法院的重要性。

近年来，两党在委员任命方面的斗争已经成为委员会正常运转的绊脚石。委员会各成员法律解释的观点不断变化，以致相关人士都不知道今天合法的行为未来是不是还会合法。[22] 在委员会委员不足 5 人的时候，一些案件的审理则可能被推迟，许多法律问题比如委员会对《劳资关系法案》的解读也得不到解决。自 1988 年以来，25%以上的委员提名都没有得到参议院的通过。[23]

从 2008 年 1 月到 2010 年 3 月 27 日，国家劳动关系委员会只有 2 名委员。在此 27 个月里，这 2 名委员继续对劳动关系案件进行审理、判决，只要这 2 名委员对判决意见一致，判决一样有效（理论上 2 名委员构成了 3 名委员小组的多数法定人数）。在此 27 个月期间，这 2 名委员一共处理了近 600 起案件，其中一些案件的判决被上诉至联邦法院，被法院推翻。联邦法院对只有 2 名委员作出的判决是否合法莫衷一是。[24] 在 *New Process Steel, L. P. v. NLRB*（2010）一案（投票以 5：4 比例通过）中，最高法院判决：根据《劳资关系法案》，国家劳动关系委员会必须至少有 3 名委员，这样委员会判决才具有法律效力。[25] 在此之前，实际上，已有 96 个判决被上诉至联邦法院。国家劳动关系委员会要求，所有这些案件将由 3 名委员组成的小组进行重新审查。

国家劳动关系委员会主要有以下两个职能：第一，根据《劳资关系法案》，监管雇主和工会的不当劳动行为，并对这些不当劳动行为进行调查、提起诉讼和判决赔偿等；第二，处理雇员代表权选举案件，判断大多数雇员是不是愿意由某一个独立工会代表他们进行集体谈判。国家劳动关系委员会建立并执行认证程序，以决定大多数合格雇员是否希望由特别工会组织代表他们的集体谈判权。2009 财年，国家劳动关系委员会一共处理了 25 853 起案件，其中 88.7%涉及不当劳动行为，这一比例比上一年增加 2 个百分点。[26] 实际上，在国家劳动关系委员会处理的案件中，大约 2/3 涉及不当劳动行为，即委员会的第一项职能；1/3 涉及代表权选举，即委员会的第二项职能。国家劳动关系委员会对这两类案件有最终行政裁判权。但是，如果当事方对国家劳动关系委员会的裁决不满，还可以上诉至联邦法院。

国家劳动关系委员会授权总法律顾问和律师职员对不当劳动行为进行调查和起诉。总顾问由总统提名，并需参议院通过，任期 4 年。与国家劳动关系委员会委员的任命一样，总顾问的任命和通过也会受到相关利益群体的干扰。

总顾问办公室的主要职责是：对案件进行初步调查，观察案件证据是否（显见）充分。如果证据不足，总顾问有权驳回起诉，该决定不存在上诉。由此可以看出，总顾问对委员会的决策有重大影响，因为通过不当劳动行为案件判决的发布，国家劳动关系委员会宣布一项新政策或修正已有政策。毕竟，只有在总顾问决定证据充足的前提下，委员会才有机会审理。

当委员会判决被上诉至联邦法院或者其判决需要法院执行时，总顾问有权代表国家劳动关系委员会进行应诉和处理。总顾问实际上还充当委员的法律顾问，在《劳资关系法案》如何解读和执行或者以前的委员会决策和程序如何通过联邦法院审核等方面帮助委员。总顾问职责的执行需要依赖国家劳动关系委员会华盛顿总部以及各个地方分部律师的配合。

对雇员、雇主和工会而言，他们接触最多的是国家劳动关系委员会的地方分部。国家劳动关系委员会在全美国拥有51个地方、地方次级和居民区办公室。[27] 每个地方办公室都有一个主管，下辖地方次级办公室和居民区办公室。地方主管及职员帮助总顾问对案件进行调查取证，在国家劳动关系委员会的授权下执行所有代表选举程序。大多数劳动不当行为的值得称赞的案件在地方上就解决了，在过去10年结案率占91.5%～99.5%。2009财年，国家劳动关系委员会地方分部共进行了124 389起调查，国家劳动关系委员会网站（http://www.nlrb.gov）访问量达240万人次。

《劳资关系法案》适用范围

为了宣扬《劳资关系法案》的公共政策目标，国会希望此法案的适用范围覆盖尽可能多的雇员和雇主。根据《美国宪法》，只要企业运营对州际商务有潜在重大影响，国会就可以监管这些私营企业。若雇主适用了这个法案，其雇员也必在这个法案的覆盖（保护）范围之内，除非有明确法令把某一类雇员排除在外（比如农业工人）。**国家劳动关系委员会司法管辖权**（NLRB jurisdiction）是指此委员会将《劳资关系法案》适用于哪些雇员和雇主。

◇劳动关系实践

美国最高法院和国家劳动关系委员会精选判例

提起报复性诉讼的法律责任

投票以5∶4比例通过，美国最高法院判决：如果雇主能证明其提起诉讼的理由合理，国家劳动关系委员会不可强制提起诉讼失败的雇主承担法律责任。详见：*BE&K Construction Company v. NLRB*，122 S. Ct. 2390（2002）。

欠付工资补偿

投票以5∶4比例通过，美国最高法院判决：根据《移民改革和控制法案》，国家劳动关系委员会不得要求不当劳动行为雇主补偿违法移民的欠付工资。但是，国家劳动关系委员会可以采取其他补偿措施，譬如发布停止和终止命令，要求雇主张贴不法行为公告，告知雇员他们的基本权利受到《劳资关系法案》保护。详见：*Hoffman Plastic Compounds，Inc. v. NLRB*，122 S. Ct. 1275（2002）。

监管人员界定

如果雇主称某雇员是监管人员因而不适用《劳资关系法案》，那么雇主有责任提供相关证据证明。《劳资关系法案》界定监管人员的条件包括：(1) 执行12项监管职能之中的一项或多项（例如招聘、业绩评估）；(2) 独立判断（而不只是执行管理层的决策和其他既定决策）；(3) 维护雇主利益（而不是职业本身所需）。监管人员的界定可根据具体案例具体裁决。详见：*Oakwood Healthcare，Inc. and United Auto Workers of America*，348 NLRB 686（2006）；*Beverly Enterprises-Minnesota，Inc. d/b/a Golden Crest Healthcare Center and United Steelworkers of America*，348 NLRB 727（2006）；

Croft Metals, Inc. and International Brotherhood of Boilermakers, Iron Ship Builders, Blacksmiths, Forgers and Helpers, 348 NLRB 717（2006）; and *NLRB v. Kentucky River Community Care, Inc.* 121 S. Ct. 1861 (2001)。

工会认可

最高法院一致赞同国家劳动关系委员会的裁决：雇主可以以工会失去多数工人支持为由不与之进行集体谈判，即使原来同这一工会签署过谈判协议。详见：*Auciello Iron Works, Inc. v. NLRB*，116 S. Ct. 1754 (1996)。

《劳资关系法案》对"雇员"的定义

尽管"抓活鸡的工人"在养鸡场开展工作，但是实则与鸡肉加工厂签约、受其雇用，按照工厂指令逮鸡，因而他们是鸡肉加工厂的"雇员"，不可作为"农业工人"被排除在《劳资关系法案》的司法管辖权之外。详见：*Holly Farms Corp. v. NLRB*，116 S. Ct. 1396 (1996)。

工会组织人

美国最高法院一致赞同国家劳动关系委员会的判决：工会组织人在申请工作或者被雇用之后都是受《劳资关系法案》保护的"工人"，他们个人在参加《劳资关系法案》第7条保护的工人活动（譬如试图创建工会）时，雇主不得以此对他们进行处罚或解雇。详见：*NLRB v. Town & Country*，116 S. Ct. 450 (1995)。

禁止一部分工人进入工厂

美国第七巡回上诉法庭推翻了国家劳动关系委员会的判决，该判决准许雇主禁止一部分工人进入厂区，这部分工人参与了6月28日的罢工，但已经于8月31日停止罢工并要求恢复工作职位。此时，劳资双方还没有达成一致协议，雇主希望通过禁止部分罢工工人入厂的决策向工会施压，以让工会同意雇主提议的一些条款。最高法院认为：案件中没有证据证明雇主有对一部分工人关停的合法理由，根据《劳资关系法案》，雇主的这种行为属不当劳动行为，因为这种行为对合法保护自身利益的工人带有歧视性质。详见：*Local 15, International Brotherhood of Electrical Workers v. NLRB*，429 F. 3d 651 (7th Cir. 2005)。

欠付工会会费

如果受制于工会保障条款，雇员在收到通知或者有机会偿付会费的情况下仍然没有缴纳工会会费，将被解雇。如果拒绝解雇这名工人，雇主就从事了不当劳动行为，违反了《劳资关系法案》。详见：*St. John's Health Systems v. NLRB*，436 F. 3d 843 (8th Cir. 2006)。

继任雇主谈判

委员会推翻了1999年的政策，重新确立了之前当雇主变更时的委员会政策：当雇主变更时，现有工会的认可也将受到质疑，准许工人合法地提出废除现有工会的申诉，也允许雇主申请重新选举来推翻现有工会有多数工人支持的地位。但是，变更雇主仍需要与现有工会进行集体谈判，一直到确定现有工会确实没有获得多数工人支持。详见：*MV Transportation*，337 NLRB 770 (2002)。

租借雇员纳入集体谈判问题

委员会以3∶2投票判决：如果没有用户雇主和供给雇主的允许，租借员工不能和一般员工一样纳入集体谈判团体。租借员工更难以加入其真正从事工作的企业工会。详见：*Oakwood Care Center*，343 NLRB 659 (2004)。

雇主单方面不认可工会地位

根据最高法院建立的法律准则 [*Allentown Mack Sales & Service v. NLRB*，522 U. S. 359 (1998)]，委员会判决：只要雇主证明了现有工会失去了多数工人的支持，雇主就有权单方面不认可现有工会的集体谈判代表权。如果雇主有充分理由质疑现有工会代表大多数工人的权利的合法性，雇员将在委员会的监督下投票选举，以决定现有工会的合法性。委员会更可能通过不记名投票的方式让工人表达自己支持或反对的观点。详见：*Levitz Furniture Company of the Pacific，Inc.*，333 NLRB 717 (2001)。

谈判责任

如果雇主被判定不诚心谈判而从事不当劳动行为，委员会命令雇主诚心谈判，这样的谈判的时间长度必须“合情合理”(不少于 6 个月，又不多于 1 年)，除非工会的合法性受到了质疑。诚心谈判的确切时长根据具体案件及具体裁决从以下几个方面考虑：谈判是协商新合约还是修正现有条款；谈判问题和程序的复杂程度；谈判开始之后已经消耗了多少时间或者举行了多少次会谈；谈判进度如何，双方距离达成一致赞成的合约还有多远；双方是否解决了谈判僵持的问题。详见：*Lee Lumber and Building Material Corp.*，334 NLRB 399 (2001)。

雇主怂恿工人出现在支持企业的工会选举活动中

雇主怂恿或者鼓励工人出现在工会竞选视频中只有满足以下四个条件才是合法的：(1) 必须以一般公告的形式鼓励工人出现在竞选视频中，比如披露视频录制的目的，确保雇员参与活动是自愿的；对不参加的雇员，不得采取任何报复行为，对自愿参加的雇员，也不得给予特殊奖赏或福利。(2) 雇员参加的行为不是迫于监管人员在场的压力而作出的决策。(3) 雇主鼓励行为不涉及任何违法活动。(4) 雇主鼓励的同时不得出现使用不当劳动行为而形成的高压氛围。详见：*Allegheny Ludlum Corporation*，333 NLRB 734 (2001)。

教务助理或者研究助理的司法管辖权问题

以 3∶2 的投票，委员会推翻了 2000 年的一个判决，该判决把私立大学的教务助理和研究助理纳入劳动法的司法管辖权之内。委员会认为：教务助理和研究助理并不满足“雇员”的定义，因而没有《劳资关系法案》受保护的工人基本权利。比较 *Brown University*，342 NLRB 483 (2004) 和 *New York University*，332 NLRB 1205 (2000) 两个案例。

实习医生和住院医生的司法管辖权问题

委员会改变原有决策，判定：尽管还是学生，但是私立医院实习医生和住院医师仍属于《劳资关系法案》定义的“雇员”。因而，他们有权利组建、参加工会，以及参与工会集体行为。详见：*Boston Medical Center Corp.*，330 NLRB 152 (1999)。(注：如果委员会按照这个逻辑考量前述 *Brown University* 案例，那么 *Boston Medical Center Corp.* 案例的判决有可能在未来会被更改。)

未加入工会工人是否拥有温加滕权利

国家劳动关系委员会一直对受保护集体行为的法律解释争议不断。委员会以 3 人赞成2人反对重新恢复了以前的一个判决，否决非工会工人拥有下面这项权利：如果雇员在接受管理层问话调查时有理由相信自己可能会遭到惩罚或解雇，他可以要求一位同事陪同。当工会工人践行这项权利时，这样的行为就可以被视为受保护的集体行为，但是非工会工人则不然。所谓的“温加滕权利”（Weingarten rights）还准许工会工人在接受管理层问话调查之前知晓调查的一般性质，并且工会工人有权在调查问话之前与工会代表沟通。比较 *IBM Corporation*，341 NLRB 1288（2004）和 *Epilepsy Foundation of Northeast Ohio*，331 NLRB676（2000）执行部分，*Epilepsy Foundation of Northeast Ohio v. NLRB*，268 F. 3d 1095（D. C. Cir. 2002）。还可参阅：*NLRB v. Weingarten*，420 U. S. 251（1975）。

就业歧视申诉仲裁的强制执行

要求谈判成员递交就业歧视申诉的集体谈判协议仲裁条款必须强制执行。谈判成员不可向法院提交就业歧视申诉。合约中的仲裁程序是谈判成员专门提起就业歧视诉讼的解决方案。详见：*14 Penn Plaza，LLC v. Pyett*，129 S. Ct. 1456（2009）。

委员会决策最低成员数量要求

《劳资关系法案》第3条（b）项要求委员会在决策时必须至少有3位委员参与。详见：*New Process Steel，L. P. v. National Labor Relations Board*，130 S. Ct. 2635（2010）。

雇主自愿认可工会不可阻止代表权选举

委员会以3人赞成2人反对推翻了以前的一个先例，判决：在45天的通知期内，雇主对一个工会提请工人独有代表权的认可并不能阻止其他工会的提请以及其他相关各方的不认可。委员会1966年的一个判决允许雇主在认可之后有一个“合理的延迟选举的时期”，以让双方集中精力就第一份合约进行准备。新判决实际上削弱了雇主基于雇员的大多数签名认可工会的可信度。详见：*Dana Corporation*，351 NLRB 434（2007）。

如果国家劳动关系委员会认为有些案件对州际商务没有影响或者影响很小，其可以拒绝对这些案件实施司法管辖权。例如，各州监管严格的行业，如房地产、赛狗或者赛马行业。各州对委员会拒绝实施司法管辖权的任何行业均拥有司法管辖权。[28]

从1935年到1950年，国家劳动关系委员会主要通过各地方分部主管的判断决定雇主是否对州际商务有重要影响，对具体案件具体分析。为了保证一致性和客观性，委员会制定了一套货币标准（指南），衡量不同行业的雇主是否在委员会的司法管辖权之内（见图表3.2）。1959年，按照《劳资关系报告与披露法案》，此标准不经过国会批准将不得更改。

图表3.2　　国家劳动关系委员会司法管辖权判定标准

- **非零售企业：** 通过其他企业直接或间接销售给其他州的消费者（被称为“流出”），营业额每年至少50 000美元；直接或通过其他企业间接从其他州的供应商处购买商品（被称为“流入”），营业额每年至少50 000美元。
- **零售企业：** 企业总营业额每年至少达到500 000美元。
- **商业地产企业：** 每年总收入100 000美元，其中至少25 000美元来自满足符合标准的非零售企业（不包括间接流出和间接流入的标准）。

- **公共事业企业**：每年总营业额至少达到 250 000 美元，或者直接或间接流出和流入额达到 50 000 美元。
- **报社**：每年总营业额至少达到 200 000 美元。
- **广播、电报、电视和电话企业**：每年总营业额至少达到 100 000 美元。
- **私营医疗保健企业**（比如医院、健康维护组织、诊所和疗养院）：医院每年总营业额至少达到 250 000 美元；疗养院、家庭护士协会及相关机构每年营业额至少达到 100 000 美元；其他私营医疗保健机构每年营业额至少达到 250 000 美元。
- **旅馆、汽车旅馆和住宅公寓开发企业**：每年营业额至少达到 500 000 美元。
- **州际交通运输、物流商务企业**（例如州际运输的客车和卡车）：客货运企业每年营业额至少达到 50 000 美元，或者为符合标准的非零售企业（不包括直接流出和直接流入的标准）提供的服务每年至少达到 50 000 美元。（注：航空和铁路行业适用的法律是《铁路劳工法案》，而不是《劳资关系法案》，因而不在国家劳动关系委员会的司法管辖权之内。）
- **公交企业**：每年营业额至少达到 250 000 美元。
- **出租车企业**：每年营业额至少达到 500 000 美元。
- **企业协会**：企业成员总营业额决定这些企业是否适用。
- **私立大学**：每年总收入至少达到 100 万美元（不包括捐赠人指定不可用于大学日常营运的捐赠）。
- **适用于任何有重要影响的国防企业。**
- **美国邮政**：《邮政重组法案》1970 年实施之后纳入其司法管辖权之内。
- **交响乐团**：每年营业收入（不包括捐赠人指定不可用于日常营运的捐赠）至少达到 100 万美元。
- **不符合其他标准的社会服务组织**：每年收入至少达到 250 000 美元。

资料来源：*Office of the General Counsel*，*NLRB*，*A Guide to Basic Law and Procedures under the National Labor Relations Act*（Washington，D. C.：U. S. Government Printing Office，1997），pp. 33 - 35 at http://www. nlrb. gov/shared_files/brochures/basicguide. pdf.

这一套货币标准衡量的指标是过去 12 个月（案件申诉之前的 12 个月或者过去一财年）雇主经营的总金额（总收入）和商品购买金额（流入）或商品销售金额（流出）。依上述指标满足某一标准就可以纳入委员会的司法管辖权，适用《劳资关系法案》。

同时，国会明确将一些人排除在委员会司法管辖权之外，按照相关法律，被排除在外的范围具体如下：

- 农业工人，主要从事产品在销售之前阶段的农活。[29] 一些州（亚利桑那州、加利福尼亚州、夏威夷州、爱达荷州、堪萨斯州、马萨诸塞州和威斯康星州等）拟定了专门的相关法律。
- 《铁路劳工法案》适用的雇员（铁路和航空行业）。
- 被家庭雇用来管理家务的个人（比如厨师、保姆、司机、管家、花匠和私人秘书）。
- 被父母或者配偶雇用的个人也被排除在外。按照具体案例具体分析。如果有足够证据证明个人与雇主的利益关系非常一致，这些个人也可能被排除在外。
- 公务人员（联邦、州和地方政府）。公务人员的劳动关系将在第 13 章进一步讨论。这里有一个例外，就是美国邮政工人。为了结束邮政工人的非法罢工行为，国会通过了 1970 年**《邮政重组法案》**（Postal Reorganization Act），将邮政工人纳入《劳资关系法案》的适用范围，极大地增加了工人谈判涉及问题的数量和类别。与其他私营部门的工人不同，邮政工人没有罢工的法律权利，但是在集体谈判的过程中可以提请仲裁来解决利益纠纷问题，最终仲裁决议具有法律效力。利益纠纷仲裁将在第 9 章进一步探讨。

- 独立承包商被认为是自我雇佣，因而被认定是雇主，而不是雇员。只是称呼某个人是独立承包商并不能说这个人就一定是承包商。一般而言，独立承包商提供一项服务，收取固定费用，完成指定项目。其承担一定风险，他的收益也取决于完成工作的成本能否低于其收入。独立承包商完全控制着工作完成的方式，通常自我培训、自带工具及工作所需其他材料。
- 监管人员（supervisors）起初并没有被排除在 1935 年《国家劳动关系法案》的适用范围之外，而在 1947 年的修正案中，国会又把监管人员移出法案的适用范围。《劳资关系法案》第 2 条（11）款把监管人员定义为“任何被授予管理权的个人从事或任命执行雇用、职位调换、停职、解雇、召回、宣传、惩罚、免职、申诉调解、分配任务或奖励等职能，且需要独立判断例行这些公事”。[30] 监管人员的判断证据如下：（1）执行以上至少一项或多项职能；（2）维护雇主利益（而不是职业本身所需）；（3）需独立判断（而不只是执行管理层的决策和其他既定决策）。自此，法案排除的适用范围包括参与管理决策和程序制定或执行的任何管理人员，只要这些管理人员在执行其职能时涉及独立判断。[31]

然而，一些专业雇员（例如护士、教师或工程师）在完成其本职工作时需要独立判断，但是他们并不被排除在《劳资关系法案》的适用范围之外。在前述“劳动关系实践”专栏的 *Oakwood Healthcare Inc.*（NLRB 2006）案件中，国家劳动关系委员会判决，12 名护士主管满足监管人员的定义，而其他 169 名护士是雇员，不符合监管人员的定义，但是雇主却把他们当成管理人员，不让他们参与集体谈判。[32]

雇员受保护的集体行为

集体行为是指两名及以上或者代表他们表达诉求或申诉的雇员的一致行为，通常涉及以下工作相关条件：工作程序、职员级别、薪金福利、安全条件、工作时长、工作纪律，以及影响工时、工资与就业条件的其他工作相关事项。《劳资关系法案》并不保护单个人（只涉及某一单个员工）的诉求或申诉。

共同活动合法的前提条件是：工人一致行动的目的合法（《劳资关系法案》第 7 条所描述的），所采取的方法也要合法。譬如，工人参与一致行动的策略不能涉及暴力、蓄意破坏，也不能对雇主造成极大的损失或破坏。国家劳动关系委员会必须根据案例情况判定是不是共同活动，活动的目的和策略是不是合法。

在雇员参与**受保护的集体行为**（concerted and protected activity），表达诉求之前，雇员不需要提供给管理层任何解决诉求的机会。[33] 雇员也不需要接受雇主提供的任何解决方案，即使雇主认为这些解决方案合情合理。虽然没有加入工会的工人有权参加集体谈判和共同活动，但是他们没有要求雇主必须参加集体谈判、解决争议的权利。除非一个独立的工会被认可拥有工人的代表权，否则，他们的要求没有强制力。工会认可内容将在第 5 章进一步讨论，而诚心谈判义务则在第 6 章进一步探讨。

但是，也有例外。根据**英特莫勒原则**（Interboro doctrine），个别劳工的行为，当其目的在于强化既有的团体契约时，应被认定为集体行为。[34] 个别工人的行为，只要是为了执行集体协议的条款，就被认定是集体行为。即使个别工人从来没有与其他工人讨论过（如安全问题，拒绝支付或提升），在表达诉求的时候也没有其他工人在场，但只要其诉求涉及现有集体谈判合约的条款，其行为就被认定是集体行为。

但是，工人受保护的集体行为并不是没有限制的。譬如，工人的罢工权利就有限制条件，依照罢工者的目的、行为和时间而定。如果罢工的目的是为了达成只能雇用工会工人的条款，那么这样的目的是非法的，整个罢工行为也就是非法的。如果罢工违反了合约中无罢工的条款，罢工的时间不恰当，这样的罢工也是非法的。此外，罢工工人无权对雇主威胁或者暴力相向。静坐罢工与拒绝离开工厂的罢工都是非法的。如果罢工者阻挡其他人进出工厂，或者威胁没有参与罢工的工人，这样的罢工也超越了法律的界限。罢工问题将在本书第 9 章进一步讨论。

国家劳动关系委员会的不当劳动行为法律程序

雇员、雇主或者工会在有嫌疑的不当劳动行为发生之后半年内向国家劳动关系委员会办公室提起申诉，不当劳动行为程序（见图表 3.3）也在此时开启。提起申诉的一方被称为**申诉方**（Charging Party），而被控告的一方被称为**应诉方**（Respondent）。2009 财年，雇主是应诉方的案件占 72%，大多由工会代表员工提起申诉。[35] 拒绝诚心谈判是最常见的申诉理由，占总数的 53%，紧随其后的是非法解雇工人或者歧视工人，占比为 39%。在控告工会的 6 386 件申诉案件中，最常见的两个理由是：非法限制或强迫工人（占 79%）；非法次级抵制和司法管辖权纠纷（只占 6%）。

总顾问办公室在国家劳动关系委员会各地办公室职员的协助下对提起的申诉进行调查，以决定是否有充足证据证明的确发生了不当劳动行为。调查主要包括采访证人、核查文件，以及其他一些必要的步骤。在委员会最终裁决之前，申诉方可以在任何阶段撤去申诉，双方也可以自愿达成和解协议。如果调查没有发现充分证据，总顾问将会驳回申诉，并不得上诉。在罢工或者其他非法抵制案件中，国家劳动关系委员会在进行调查时必须向地方法院要求发布临时限制禁令。在其他案件中，如果最终裁决需要等待一段时间，国家劳动关系委员会也可以要求法院发布禁令，以限制申诉方可能遭遇的损失金额。但是，委员会很少使用这一权限。

如果总顾问办公室的调查确定**证据充分**（merit），总顾问办公室将会力促双方自愿和解。如果双方没有自愿达成和解，将展开正式不当劳动行为诉讼，举行听证会，之后发布**行政法判决**（Administrative Law Judge）。

2009 财年一共有 22 943 起不当劳动行为申诉案件，其中 36.6%被认为证据充分，在 100 天的中位时间，有 1 166 起正式诉讼案件。[36] 其中近 90%是针对雇主的。2009 财年，在结案的 22 547 起案件中，35%在发布行政法判决之前就已经结案，34%在成为正式诉讼之前自愿退出诉讼，28%因证据不足被驳回。过去 10 年每年证据充分但自愿达成和解案件的比率在 91.5%～99.5%。自 1980 年以来被认为证据充分的案件占到 32%～40%。[37]

行政法判决基于听证会上各方的证据：总顾问（代表申诉方）有责任以调查的证

据，证明应诉方触犯了不当劳动行为方面的法律，而应诉方（通常是雇主）也要摆出证据，证明其没有从事违法行为。基于听证会的事实证据，行政法判决以书面形式传送给委员会，内容包括裁定事实、对案件处理补偿方案的建议。

委员会对所有不当劳动行为案件的处理都有最终裁判权。行政法判决书面报告被传达给涉事各方，包括委员会。委员会很少听到不当劳动行为双方的口头辩论或者证词，因而行政法判决报告（关于重要问题，如证人的可信性和举止）就显得格外重要。

不当劳动行为案件主要分为两类：一般案件和特殊案件。**一般不当劳动行为案件**（routine ULP case）并不涉及劳动法的新问题，可以依凭现有相关政策和法律标准进行裁判。这些案件的裁决一般由委员会的一个3人小组实施，80%～90%的案件都属于这一类案件。一些人士认为，一般案件的比例之高恰恰证明了委员会现有补偿权力之小，无法制止不当劳动违法行为，也难以保护工人的基本权利。[38]

特殊不当劳动行为案件（lead ULP case）涉及：出现新的法律问题；委员会实施新的相关政策；委员会极大改变原有政策。由于这些案件将成为以后遵循的先例，案件的审理需要委员会5个委员悉数参加。委员会采取行政法判决建议的案件占比近85%，但是其有权不采用或者改变行政法判决的建议。

不当劳动行为补偿

根据《劳资关系法案》第10条（c）款，委员会有判定不当劳动行为案件中受害方补偿的权限。[39] 最低的补救就是：委员会发布**停止和终止命令**（cease-and-desist order），命令应诉方立刻停止其不当劳动行为。委员会通常会要求应诉方在雇员看得见的地方**张贴书面公告**（post written notices），告知雇员不当劳动行为相关事宜，应诉方承诺将不再从事不当劳动行为、保护雇员合法权益。委员会最近又增加了一项要求：要求不当劳动行为纠正公告还必须通过网络发布（比如电子邮件或者短信通知），申诉方通常使用这些渠道向雇员传递信息。[40] 张贴的公告必须持续一段时间，从6个星期到6个月不等。补偿方案还包括**肯定性行动**（affirmative action），以此全方位地补偿受害人。根据各类不当劳动行为，肯定性行动补偿包括：恢复原职，补发工资，晋升，恢复应有福利待遇，从个人档案中删除相关违法记录，命令应诉方诚心谈判，命令重开非法关闭的工厂，恢复工人工作岗位；废除工会代表权，工会偿还截留或超收的会费和罚金。

无论有多少起独立或者故意的不当劳动行为案件发生，在任何情况下，委员会都无权对应诉方判决惩罚性赔偿。在委员会未最终裁决之前，被非法解雇的工人有义务积极寻求恢复等同职位，以减轻应诉方补发工资的责任。委员会有权命令应诉方诚心谈判，却没有权力要求工会或雇主改变劳务协议的内容。委员会可以裁决雇主的决策和行为违法，却不能强制其纠正，也不能强制要求其改变决策和行为。

不当劳动行为涉事各方均可就不当劳动行为裁决进行上诉，如图表3.3所示。委员会的裁决主要依赖应诉方自觉执行，但委员会也可以向法院提请强制执行。不当劳动行为案件裁决可以向哥伦比亚巡回上诉法院（District of Columbia Circuit Court of Appeals）上诉，因为国家劳动关系委员会总部在其司法管辖权之内；也可以向案件发生地上诉法院上诉；还可以向上诉方或企业总部所在地上诉法院上诉。如果认识到各个上诉法院之间立场不同，上诉方就可**择地行诉**（forum shopping），可以选择对自己最有利的一个法院上诉。

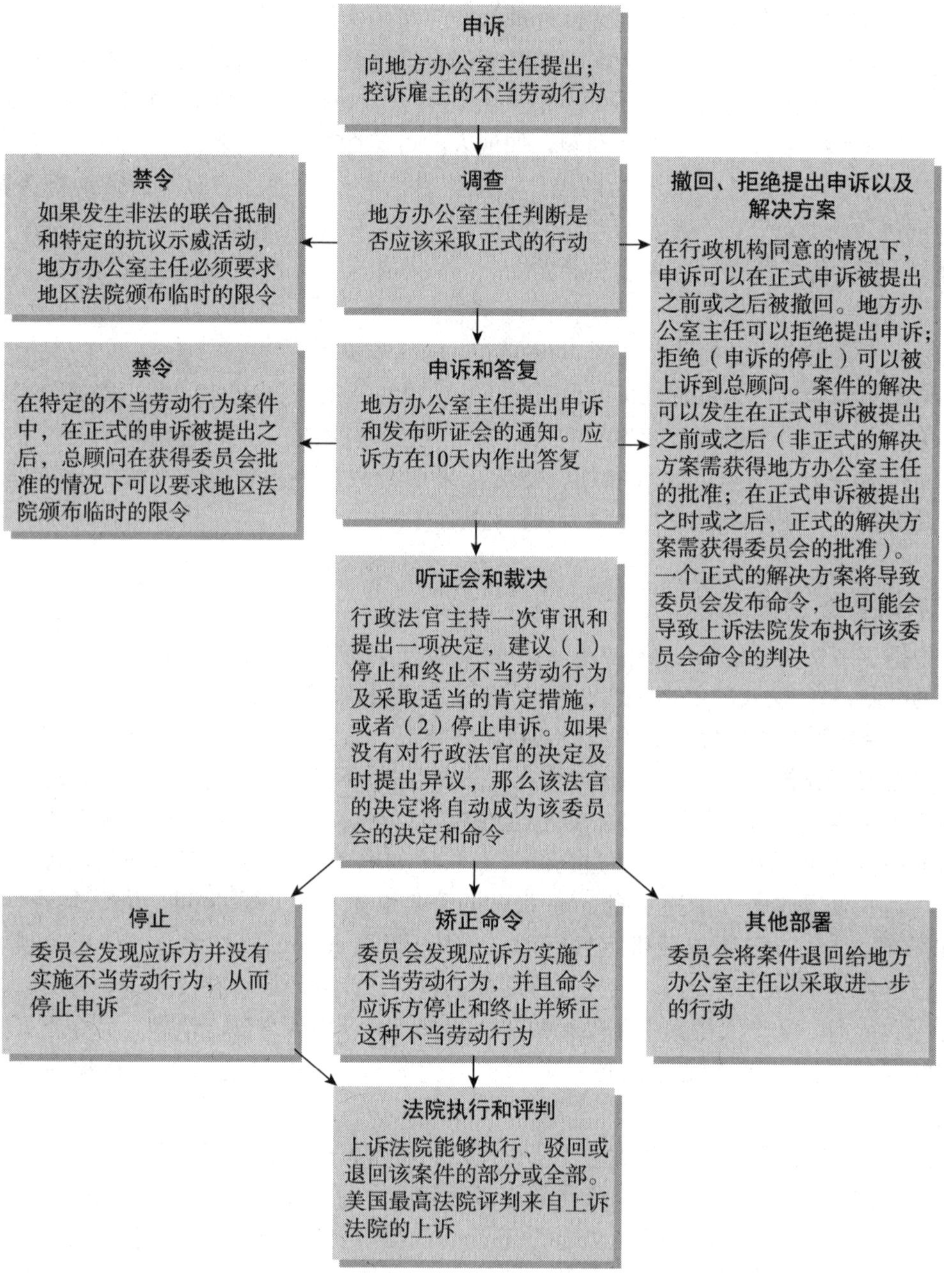

图表 3.3　不当劳动实践程序

资料来源：National Labor Relations Board.

上诉法院审核委员会裁决之后，可以原封不动地执行其裁决，也可以作出一些改正，还可以驳回重新裁决或者干脆推翻。不当劳动行为裁决中每年近 50%（所有申诉案件中近 1%）将向上诉法院上诉，国家劳动关系委员会从而成为上诉最活跃的行政机构。

联邦法院在下列条件下必须强制执行委员会的裁决：（1）裁决充分体现法律拟定的意图；（2）裁决证据充分（事实和推理）。[41] 缺乏证据通常是上诉法院拒绝执行委员会部分或全部裁决的理由。上诉法院在这种案件的判决中通常要考虑国会拟定劳动法的意图，并评估行政法判决内容的可靠性。总的来说，委员会的裁决在上诉时的表现比较成功。2009 财年，美国上诉法院判决 61 起不当劳动行为案件，其中 79%完全维持了委员会裁决，10%部分执行，而驳回重新审理和拒绝执行的分别占 7%和 4%。[42]

如果对上诉法院的判决仍旧不满，当事方还可以向美国最高法院**申请复审令**（petition for certiorari）。如果美国最高法院的九个大法官中有四个同意复审，案件就会重新审理。实质上，在牵涉到新的法律问题或者上诉法院之间的法律解释冲突时，案件更可能会被重审。同意审核这样的案件，美国最高法院借以解决法律问题、创建下级法院或行政机构（比如国家劳动关系委员会）可以遵循的先例。在要求复审的案件中，美国最高法院愿意复审的比例不到 1%。

评估《劳资关系法案》和国家劳动关系委员会

《劳资关系法案》及对此法案的执行在学术界颇受争议。研究此法案的权威詹姆斯·格罗斯（James Gross）曾经说道："国家现有劳动政策保护和偏袒的是有权势的一方，而牺牲的是无权无势的一方。因而，从道义上讲，国家现有劳动政策是失败的。"[43] 贾尼丝·贝拉斯（Janice Bellace）曾经表示，在大多数劳动事务评论员看来，现有劳动法的执行事实上抑制了工会主义。

"现行劳动法容忍长期延迟工会选举以及对工会的认可。劳工支持人士指出，即使一个企业存在工会，劳动法也允许雇主从罢工的第一天起就威胁或实际上换掉那些罢工工人。劳工支持人士对此极为不满，特别是当劳动合同终止时，合同没有规定维持原有劳动合同的条款，雇主顷刻之间就可以让工会妥协，工会经过数年斗争的成果灰飞烟灭。此外，劳工支持人士还嘲笑现有法令补偿之小，甚至都谈不上'补偿'二字。"[44]

管理方律师肯尼思·多林（Kenneth Dolin）承认，布什总统任期的委员会在裁决时偏袒雇主一方。他认为，这是回归主流，是对克林顿总统时期过度保护劳工政策的纠正。[45] 其他评论人士担心，政策解读变化太过频繁，将会使法院认为，裁决只是应经济和政治环境的变化而变化，并没有体现国会拟定这部法律的用意。[46]

现在劳动关系环境已经发生了翻天覆地的变化，但是《劳资关系法案》自 1959 年在国会通过以来基本没有变化。现在的劳动力群体非常多元化，大量妇女和少数族裔年轻人加入劳动力队伍，美国经济也从制造业转成服务业和信息科技产业，经济也基本上实现了全球化，产品、信息和金融资源很容易在国家之间自由流动，产品/服务市场扩大，雇主和雇员的竞争压力增加。国会和法院都十分重视保护工人个人合法权益、建立最低工作标准制度，从而削弱了工会代表工人集体谈判、表达工人诉求的必要性。[47]

国会之所以对劳动法没有变革，主要是因为："在过去的数十年中，工会和雇主在国会中的影响力很大，一方提出的修正案一般都会遭到另一方的强烈反对，不能获得通过。两方在国会中的影响力很大并不意味着得到了国会大多数议员的支持，但是一小部分议员组织得当，精力集中，就足以制止任何修正法案通过，也可能被总统否决。"[48]

工会支持人士想要对《劳资关系法案》作出一些改革。他们最希望此法案作出以下变革：在组织活动中，工会可以更容易与工人沟通交流；加大对不当劳动行为的处罚力度，尤其是那些针对支持工会的工人的不当劳动行为（比如取消可以以临时收入抵消因非法解雇而欠付工资的规定）。工会支持人士还希望禁止雇主解雇合法参与罢工的工人。他们反对削弱《劳资关系法案》第 8 条（a）（2）款关于不当劳动行为的内容，这部分内容禁止雇主假借促进劳务关系和谐、鼓励工人参与决策的名义主导或者干涉工会。[49]

然而，支持雇主一方利益的人士当然希望扩大雇主权利，以允许雇主建立工人团队，让他们处理一系列工作内容，比如工作流程、薪资待遇、生产效率、安全问题，以及其他工作规则。[50] 许多雇主急切扩大所谓的贝克权利（Beck right）的使用，即雇员有权选择成为只支付会费的工会会员，有不成为完全工会会员的自由。[51] 贝克权利的相关内容将在第 4 章进一步讨论。

国家劳动关系委员会也遭到了劳资双方的批评。其中一个问题就是委员会过去几年审案时间拖延得太长。行政法法官和委员会委员都对此负有责任。[52] 美国审计总署（General Accounting Office）对此发表了一篇名为《委员会总部急需提高办案效率》的报告。根据该报告内容，1984—1989 年，在 5 000 起被委员会总部处理的案件中只有 67%在一年内结案，有 10%的案件需要 3～7 年才会结案。与 1980 年的 1 875 起案件相比，874 起算得上非常少了，但是仍然出现了这样长时间的拖延。1984—1989 年，不当行为案件处理时间平均在 273～395 天，效率比 20 世纪 70 年代高出 2～3 倍。对于工会代表权选举案件，平均处理时间在 190～256 天，效率仍然高于 20 世纪 70 年代。美国审计总署认为拖延主要是因为下面几个原因：（1）没有防止案件拖延的标准和程序；（2）没有对主要案件及时作出裁决；（3）委员会成员的轮换和空缺（20 世纪 80 年代这一问题最为严重）。[53] 2009 财年年末，国家劳动关系委员会一共还有 12 049 起案件没有审结[54]，其中不当劳动行为案件占 93%。

在过去的 50 年中，为了纠正法案的缺陷、改善委员会办案程序，以及扩大司法管辖权范围，人们提出过很多劳动法改革的建议。[55] 这些建议包括：加大不当劳动行为补偿；降低工会选举结果确认时间；工会更易与工人交流沟通，防止企业对受制听众的反工会宣传（将在第 5 章进一步探讨）；更多应用行政法判决，减少委员会政策频繁变动；允许工人以自愿签名的方式授予工会代表权，并可以以此作为工会取得大多数工人认可的证据；通过自愿谈判、调解、仲裁或诉讼的方式使双方首轮谈判促成劳务协议。[56] 新代表权形式（欧洲劳资协议会让不参加工会的工人有机会参与影响他们工作的公司决策）也受到了人们的推崇。[57] 所有这些改革建议能否成为现实还让我们拭目以待，但是历史证明，改革之路异常困难，且非常缓慢。

六、与运输行业相关的劳动关系法（铁路和航空）

铁路和航空运输业的劳动关系被 1926 年**《铁路劳工法案》**（Railway Labor Act，RLA）覆盖。虽然《铁路劳工法案》在 1926 年被通过时仅是为了应用于铁路行业，但是它实际上是第一部综合的劳动关系法。1936 年，《铁路劳工法案》被修正，以将覆盖范围扩展到一个处于发展中的新行业——航空运输。铁路和航空运输业是美国私营部门工会会员占比最高的，分别约占 84%和 60%。[58] 与其他的劳动法相似，《铁路劳工法案》并不是一夜之间发展起来的；工会的长期尝试和努力活动使调整铁路行业劳动关系的法律被通过。[59] 该法案的主要目标是通过鼓励集体谈判来避免运输服务的中断。

根据《铁路劳工法案》，如果劳资双方不能解决它们之间在劳动合同谈判中存在的分歧［**《铁路劳工法案》主要争议**（major dispute under the RLA)］，那么该争议将受到国家调解委员会的强制调解。如果调解没有成功，那么劳资双方可以选择进行仲裁。如果某一方拒绝进行仲裁，则存在一个为期 30 天的维持现状期。在此期间，总统可以任命一个紧急委员会来调查争议并推荐解决方案。

自从《铁路劳工法案》被颁布，97%以上的由国家调解委员会调解的集体谈判争议在没有出现罢工或者其他形式的商业中断的情况下得到解决。在已经出现的由总统任命的紧急委员会中，大约 85%的紧急委员会的职责是处理铁路行业中的劳动争议。近些年，紧急委员会的使用已经出现了显著的下降。2009 财年，没有一个涉及铁路和航空运输业的紧急委员会。[60]

国家铁路调整委员会，由 17 位工会代表及 17 位管理方代表组成的一个劳资双方共同主持的团体，也得以建立，以帮助解决因解释或执行劳动合同的规定［**《铁路劳工法案》次要争议**（minor dispute under the RLA)］而引起的申诉。当国家铁路调整委员会无法就一个解决方案达成一致意见时，修正案规定该申诉应该由劳资双方共同挑选的一位仲裁员来解决。[61]

在过去的 5 年中，每年平均有 4 790 件仲裁案件和 43 件代表权案件得到裁决。[62] 国家调解委员会被授权进行代表权选举以及帮助解决新劳动合同谈判过程中出现的矛盾和冲突。根据《铁路劳工法案》，劳动协议永远不会到期，但是截至指定日期使拟议变动的谈判更易控制。2002 年，国家调解委员会开始使用新方法，电话电子投票（Telephone Electronic Voting，TEV)，进行代表权选举。给合乎条件的选民两个密码，让他们通过电话进行代表权选举，而不是邮寄纸质选票。国家调解委员会认为系统十分安全，这样做节省了大量时间和支出。

《劳资关系法案》与《铁路劳工法案》之间存在着一些差异：

（1）《铁路劳工法案》覆盖铁路和航空业，而《劳资关系法案》覆盖除少数例外之外的所有私营行业。

（2）根据《铁路劳工法案》，工会代表权要求获得通过邮寄的选票来进行投票的多数雇员的支持。该规则有要求大部分“赞成工会”选票以获得谈判权的效果，因为该规则将那些选择不投票的合乎条件的选民视为他们已经投了反对票。《劳资关系法案》规定工会代表权是基于那些投票的雇员的多数，而且通常是通过在工作场所举行的不记名投票选举来进行的。如果 50 位合乎条件的选民中的 44 位投了有效票，根据《铁路劳工法案》，工会对 50 位雇员的排他集体谈判代表权要得到认可就需要 26 张赞成票。根据《劳资关系法案》，针对 50 位雇员的排他集体谈判代表权要得到认可只需要 23 张赞成票。

2009 年 11 月，国家调解委员会宣布拟采用目前在《劳资关系法案》下使用的投票规则，并将该规则应用于《铁路劳工法案》。[63] 国家调解委员会收到了来自利益各方的超过 25 000 条关于拟议规则改革的评论。虽然一些铁路和航空业团体代表雇员反对改革，并指出他们将在法庭上质疑改革的合法性，但是大多数评论支持改革。国家调解委员会的大部分成员认为改革后的规则为雇员在工会代表问题上的偏好提供了更可靠的措施。随着美国社会的其他民主选举程序的使用，合乎条件的选民选择不投票被假定为关于选举结果没有偏好，但是他们仍然受限于那些通过投有效票表达其偏好的大多数选民。

(3) 在铁路和航空业，由工会根据《铁路劳工法案》组织起来的雇员的百分比要比其他行业高很多。

(4) 根据《铁路劳工法案》，在劳资双方已经实施完国家调解委员会要求的僵局解决程序之前工会不能举行罢工，而且雇主也不能停工；而根据《劳资关系法案》，如果纠纷涉及谈判的必选主题，目前劳动合同没有阻止行动，而且劳资双方已经遵循了所要求的通知，那么它们可以参与自助行为。

(5) 根据《铁路劳工法案》，对铁路行业中的次要争议（申诉）的仲裁是强制性的，而且政府将承担仲裁费用；而根据《劳资关系法案》，申诉仲裁程序是由劳资双方共同协商的，而且由劳资双方来支付仲裁费用（航空业的申诉仲裁类似于《劳资关系法案》框架下的仲裁）。[64]

对《铁路劳工法案》的评估

面对这样一些问题（如不断变化的货物运输市场、激烈的竞争、日益增多的并购活动、政府管制，以及公众对不间断的铁路和航空服务的兴趣），铁路和航空行业中的劳动关系是独一无二的。使情况进一步复杂的是：无数独立的铁路公司长期的财政不稳定；强大的、相互竞争的同业工会的存在；受传统约束的工作规则。这些因素以下列方式影响劳动关系：(1) 因为公众依赖铁路运输来获得许多至关重要的物资，所以投入了大量努力以避免发生罢工（国会的 5 次干预）。(2) 由于涉及大量同业工会，劳动关系程序需要花费大量时间，并且产生了许多能够引起争议的可能。自 1970 年以来，工会合并和联合使得铁路工会总数从 50 多个降为约 20 个。(3) 同业工会的受传统约束的工作规则不仅严格控制如何从事一个特定的工作岗位，而且严格控制哪一种技术将被分配给该工作岗位。这些工作规则延误了新技术的引进，并且放大了一个不断衰退的行业中的各种问题。[65] 对《铁路劳工法案》的任何评估都必须从适当的角度出发。在铁路和航空业，目前存在着 7 000 份以上的劳动合同，而且在任何给定的一年中，铁路行业中的大约 1 000 份劳动合同以及航空业中的大约 200 份劳动合同（绝大多数都是地方合同）都处于谈判过程之中。[66] 另外，对该法案的有效性的任何测量都必须参考该法案的目标——促进自由的集体谈判和保护公众不会遭受由于商业流通的中断而带来的损失。[67]

关于集体谈判，调解成为《铁路劳工法案》框架下最主要的干预方式；不过，自 1936 年以来，只有很少几件全国性的铁路工资案件是通过调解而被解决的。它最大的成功是在主要事项已经被解决之后解决次要的争议。这并不意味着调解是不重要的——次要争议如果得不到解决，在未来的谈判中便很容易发生大规模的罢工。

解除管制的立法

1978 年的《航空业解除管制法案》结束了对价格和航线的政府控制，而 1980 年的《机动运输法案》减少了州际商业委员会（Interstate Commerce Commission，ICC）对该行业的经济管制。1980 年的《斯塔格斯铁路法案》为铁路公司设定价格和服务水平提供了更多的灵活性。[68] 最初担心解除管制可能导致相对较少的大航空公司，因此在行业内减少竞争，事实证明，情况并不是这样。航空业的解除管制刺激了 128 家非工会公司的成立；到 1987 年，只有 37 家存活了下来。这些公司的成立立即引起了大航空公司的兼并浪潮，大航空公司与地区和短途航空公司之间的机票协议，以大机场为中心向小机场辐射的结构，以及频繁开展的以促进忠诚度为目的的飞行员计划。[69] 管制的解除还带来了由于价格竞争而产生的福利，90%的旅客在旅行时能够获得平均 4 折的折扣票价。在这段时期，事故率并没有上升，对小群体的服务水平也没有下降；不过，机场和飞机上变得更加拥挤了，起飞和到达出现了延误，出现了安全威胁，航空服务的总体质量出现了下降。[70] 虽然相比于大多数大航空公司，大的（1 级）铁路公司似乎正经历较快的恢复，但是由于经济复苏的步伐比较缓慢，铁路和航空业的收益率已经下降。

2001 年 9 月 11 日的恐怖袭击严重打击了航空业。不但航空公司暂停运营，或者在袭击后的几天里骤降航次，而且在随后的月份里，公众表现出更多地拒绝乘坐飞机，额外的安全成本给航空公司施加了巨大的成本。[71] 国会建立了航空运输稳定委员会（Air Transport Stabilization Board，ATSB），并提供了 100 亿美元的贷款计划来资助航空业经济复苏。大多数航空公司采用了各种成本削减策略以应对收入下降，其中包括大量裁员，推迟或者取消设备订单，减少飞行计划，与雇员协商经济上的让步。美国审计总署的一份报告指出，自 1978 年航空业解除管制以来，达成一份新协议的平均时间增加，罢工数量减少，但是非罢工工人活动（如病假）的频率增加。[72]

关于《铁路劳工法案》的有希望的发展

虽然存在许多问题，最近的一些事件和发展为某种程度的乐观主义提供了基础：

- 最近的劳资谈判的特征表现为劳资合作，这导致了更少的冲突和外部干预。
- 应急委员会程序已经获得了显著改善，在 20 世纪 60 年代盛行的仪式主义和条文主义已经减少。
- 鼓励发展的理念已经在某些长期存在的人员配置和工作规则中被确立，例如在柴油机火车上配置的消防员、全方位服务，以及跨部门合作。
- 新的领导对劳资双方都产生了一种积极影响，而且中立方和政府官员为集体谈判与争议解决程序提供了有效的帮助。

一些关键的事项仍然需要得到解决，包括间接纠察，谈判僵局，某些劳动合同中限制性的工作规则，跨工种的工资结构问题，关于工作人员规模的争议，以及应用破产法律迫使雇员在劳动成本上作出让步，其中包括放弃传统养老金福利计划。[73]

总的来说，《铁路劳工法案》似乎完成了铁路和航空业的促成合作劳动关系的主要目标，避免了重大的服务中断。与此同时，劳资双方可能建立了他们自己希望的劳动法改革列表，正如联合航空公司的劳动委员会所总结的：“……中断的可能性远远超过了立法完善可能提供的边际收益。”[74]

影响劳动关系的其他法案

其他一些法令和行政命令，在范围上更窄，直接或者间接地影响着劳动关系。接下来这一节仅仅着重讨论它们的主要规定；不过，实践者发现，详细、具体地了解这些法律和行政命令对进行绝大多数商业运作是至关重要的。（在这里我们将对相关的立法进行总结，但是它们在劳动关系实践和工会中的具体应用将在后面合适的几章中进行讨论。）

1974 年《雇员退休收入保障法案》

《雇员退休收入保障法案》（Employee Retirement Income Security Act）建立了私营企业养老金和医疗福利计划的最低保障标准（将在第 7 章详细讨论）。此标准包括计划参与、赋益权（vesting right）、收益累计和资金注入、计划管理者的信托责任，以及计划终结时确定收益计划（defined benefit plan）通过政府管理机构**退休金保付公司**（Pension Benefit Guaranty Corporation，PBGC）保证福利给付。美国现在大约有 4 400 万名雇员参与了 29 000 个确定收益计划。[75] 退休金保付公司每月给付受益人的退休金上限每年根据法律进行调整。这意味着如果雇主资金支持的计划终结了，其雇员作为确定收益计划的受益人（如航空公司的飞行员）的福利收入也将较少，并且他们的收入基本上由退休金保付公司每月给付的退休金上限决定。退休金保付公司现在负责为 4 000 个终结的确定收益计划的 744 000 名退休工人支付养老金。退休金保付公司的资金主要来源于雇主缴纳的保险金、投资收益和养老金计划剩余资产（终结之后由退休金保付公司接管）。

1990 年的《美国残疾人法案》

据估计，1990 年的**《美国残疾人法案》**（Americans with Disabilities Act）覆盖了 4 000 万个美国残疾人，于 1992 年 1 月正式生效。该法案被认为是美国残疾人的“权利法案”，适用于就业、公共设施、运输以及电信。其就业规定实际上覆盖了就业过程的每一个方面。该法案禁止在晋升、解雇、报酬、培训以及通常包括在集体谈判合同中的其他就业条款和条件等方面存在歧视行为。同时要求雇主为患有残疾的雇员作出合理的调整，除非这样做将给雇主带来很大的困难（将在第 8 章对这项内容进行更加完整的讨论）。

《破产法案》

1984 年颁布的**《破产法案》**（Bankruptcy Act）包括了公司为获得对劳动合同的修改而抵制集体谈判合同的行为标准。它要求公司向工会提供相关信息以及充满诚意地达成一个劳动合同，该劳动合同可能避免申报破产的必然性。在无法达成劳动合同的情况下，该法案详细规定了对终止或修改劳动合同规定的要求。（见第 6 章以了解更多细节。）

《工人调整和再培训通知法案》

受几个在没有发布通知的情况下的闭厂事件所刺激，**《工人调整和再培训通知法案》**（Worker Adjustment and Retraining Notification Act）在 1988 年被通过。该法案要求那些拥有100名或更多雇员的雇主提前60天通知因闭厂或大规模裁员影响到的那些雇员（每个星期工作时间少于20小时的那些雇员除外）。另外，也必须通知代表雇员的工会、选举产生的地方政府首脑以及州政府。该法案还允许劳资双方在他们的集体谈判合同中规定提前60天以上通知的条款。

被该法案覆盖的情况包括下列这些：

- 导致一家工厂在30天内就业损失达到50名或更多工人的“闭厂”。
- 在30天内裁减至少33%的劳动力（至少50名雇员）的“大规模裁员”。
- 在30天内涉及至少500名雇员的“大规模裁员”。

因雇主的违法行为而向受影响的雇员提供的赔偿包括欠薪和最多60天的各种福利待遇，以及向当地社区支付的费用（每天最多500美元）。但是，这一法律也饱受诟病，因为向联邦地方法院提起诉讼、启动强制执行的经济成本必须由受害一方承担，而不是由美国劳工部提起诉讼。

《工人调整和再培训通知法案》与《工作培训伙伴关系法案》联系紧密，后者向各州与地方政府提供用于培训和再培训的资金。在发生闭厂和大规模裁员的情况下，州“快速反应”团队将与劳资双方的代表共同努力，以向受到影响的工人提供再培训和再就业计划。

1970年《反诈骗和腐败组织法案》

《反诈骗和腐败组织法案》（Racketeer Influenced and Corrupt Organizations Act, RICO）是1970年《有组织犯罪控制法案》的一部分，禁止任何人通过投资的形式进行诈骗或通过诈骗行为控制任何参与州际商业的公司（公司或劳动工会）。该法案规定了最高25 000美元、20年监禁，以及没收所有相关财产的处罚。如果被发现有罪，罪犯可以被要求放弃其在组织内的全部利益以及禁止未来在该组织或相关组织内从事任何活动。另外，任何因被禁止行为而受到伤害的人都有权获得3倍损失的赔偿。

就业歧视法及总统令

1991年的**《民权法案》**（Civil Rights Act）禁止公司、劳动工会和就业机构基于种族、肤色、宗教、性别或国别而实施的任何形式的就业歧视。通过成立均等就业机会委员会，该法案提供了一种执行程序。该程序包括调查、进行调解的努力，以及代表申诉者提出的诉讼。

1967年的**《就业年龄歧视法案》**（Age Discrimination in Employment Act），以及1978年、1984年和1986年的修正案，禁止针对40岁以上的人的就业歧视，允许针对那些有权获得每年44 000美元或更多养老金的行政人员的强制退休，以及批准在被覆盖的案件审理中使用陪审团。

2009年的**《莉莉·莱德贝特公平薪酬法案》**（Lilly Ledbetter Fair Pay Act）是对1964年《民权法案》第7条的修正案，也适用于1967年《就业年龄歧视法案》和1990年《美国残疾人法案》司法管辖权之内的诉讼案件。[76] 这个法案由国会通过，主要是为了推翻美国最高法院的一个判决，该判决严格限制了薪酬歧视案件中受害员工提起诉讼的时间。根据这部法律，每一起薪酬歧视诉讼案件的提起时限都需要重新确定。

第11246号总统令（Executive Order 11246），以及**第11375号总统令**（Executive

Order 11375）对其的修正，禁止在联邦政府中实行就业歧视以及获得 50 000 美元或以上的联邦政府承包商和次承包商出现就业歧视现象。要求那些获得价值 50 000 美元或以上的合同并且雇用 50 名或更多雇员的联邦政府承包商和次承包商建立积极的行动计划。这些行动计划需有为提高少数民族雇员的百分比而设置的具体目标和程序。没有遵守的公司将失去它们部分或全部的承包合同。

1973 年的**《职业康复法案》**（Vocational Rehabilitation Act of 1973）（第 503 条）要求获得价值在 2 500 美元以上的联邦政府合同的公司采取积极行动雇用身体素质合格、智力存在缺陷的个体并在就业中给予他们适当照顾。另外，如果任何患有残疾的个体认为一位联邦政府承包商没有或拒绝遵守该法案，那么他（或者她）可以向美国劳工部提出一个申诉，而美国劳工部将调查该申诉并采取任何合法的行动。此外，第 504 条还将覆盖范围扩展到那些获得联邦财政援助的组织，并且由美国健康和人类服务部来执行。

其他相关的劳动关系法

1994 年的**《军警部门就业和再就业权利法案》**（Uniformed Services Employment and Reemployment Rights Act，USERRA）继承和拓宽了 1940 年《退休士兵再就业权利法案》，保护服过军役个人的就业权利。此外，《越战老兵调整救助法案》还要求政府合同超过 10 000 美元的企业优先录用越战时期的残疾士兵和其他老兵。

1935 年的**《社会保障法案》**（Social Security Act）及其修正案，为保护人们免遭由于失业、老年、残疾和死亡而导致的收入损失而建立了两种全国性的社会保障体系：（1）退休、遗属和残疾人保险，以及为 65 岁以上的老年人提供的健康保险；（2）失业保险，根据一个由联邦制定、由各州管理的计划进行运作，而该计划的运营成本由联邦政府支付。1938 年由美国劳工部负责执行的**《公平劳动标准法案》**（Fair Labor Standards Act）覆盖了许多就业问题，包括最低工资制度、加班时间工资要求、童工、移民工人，以及季节性农业工人的保护。

其他重要的劳动法还包括：各州州立工资法律、1970 年**《职业安全与卫生法案》**（Occupational Safety and Health Act）（将在第 8 章探讨）、1993 年**《家庭和医疗休假法案》**（Family and Medical Leave Act）（将在第 7 章探讨），以及其他关于公务人员劳动关系和公平就业机会保护的联邦政府、州政府和地方政府条例。

本章小结

这一章介绍了美国联邦劳动关系法的主要规定。必须了解这些法律所产生的影响，以充分体会和了解本书其他各章，因为在劳动关系领域中几乎所有的事项都直接或间接地受到劳动关系法的影响。一个人是否拥有一项权利与这个人执行这项权利是否符合自身最优利益是两码事。工会和管理层人士都应该考量决策的法律及其他实际成本、收益和风险因素。

虽然许多人根据由美国国会或州立法机构通过的法令来考虑法律，但是劳动关系和其他类型的法律不仅来自这些法令，而且来自美国宪法、司法判决以及政府机构的行政决定。类似的法律和决定由州与地方政府来颁布。

20 世纪 30 年代，美国经济大萧条，导致劳动法出现重大变革。《诺里斯-拉瓜迪亚法案》减少了许多对工人集体行为的限制，工人可以凭借这些集体行为向雇主施压，以达成对自己有利的劳务协议，改善就业条件。联邦法院在审理劳务纠纷案件时也采取了更加中立的态度，平衡雇主和雇员之间的权利。

为了控制雇主不当劳动行为，国会于 1935 年通过了《国家劳动关系法案》，此法案覆盖了大多数私营企业工人。根据这部法律，联邦政府创建了国家劳动关系委员会，保护工人组建工会、进行集体谈判和参与受保护集体行为的合法权利。国会又于 1947 年和 1959 年分别通过了《劳资关系法案》和《劳资关系报告与披露法案》，修正《国家劳动关系法案》。《劳资关系法案》增添了工会不当劳动行为的内容，并且对工会保障条款作出一些限制。《劳资关系报告与披露法案》增添了有关监管工会内部运营的内容，并且对次级罢工、抗议示威和一致抵制活动作出了一些限制。

铁路行业的工会活动开始于 1863 年，在国家立法领域扮演了重要角色。1926 年，国会通过了《铁路劳工法案》，目的在于：提供稳固、有效的劳务关系，保护商业活动免受重大损害。这部法律规定了解决劳务纠纷的法律程序，建立了国家调解委员会和国家铁路调整委员会。1936 年，航空业也被纳入这部法律的司法管辖权。

在自由企业制度中，劳资双方追求自身利益的合法权利，将不可避免地产生冲突和矛盾，但是美国的法律环境使劳务关系相对平衡稳定，促进了美国经济的发展。接受集体谈判的观念；广泛使用无罢工和不关厂的条款；劳务纠纷仲裁有最终法律强制效力；在重要问题方面，劳资双方更多合作；很少采用国家紧急纠纷程序，这些都保护了雇主和雇员的合法权益。

关键术语

法律优先原则　　国家劳动关系委员会
《劳资关系报告与披露法案》（又称《兰德勒姆-格里芬法案》）
联邦仲裁与调解局　　美国劳工部
国家调解委员会　　国家铁路调整委员会
《诺里斯-拉瓜迪亚法案》　　只雇用特定工会会员保障条款
《国家劳动关系法案》　　《劳资关系法案》
限期加入工会保障条款　　工会代理公司保障条款
《工作权利法案》　　委员会
国家劳动关系委员会司法管辖权　　《邮政重组法案》
受保护的集体行为　　英特莫勒原则
申诉方　　应诉方
证据充分　　行政法判决
一般不当劳动行为案件　　特殊不当劳动行为案件
停止和终止命令　　张贴书面公告

肯定性行动
申请复审令
《铁路劳工法案》主要争议
《雇员退休收入保障法案》
《美国残疾人法案》
《工人调整和再培训通知法案》
《民权法案》
《莉莉·莱德贝特公平薪酬法案》
第 11375 号总统令
《军警部门就业和再就业权利法案》
《公平劳动标准法案》
《家庭和医疗休假法案》
择地行诉
《铁路劳工法案》
《铁路劳工法案》次要争议
退休金保付公司
《破产法案》
《反诈骗和腐败组织法案》
《就业年龄歧视法案》
第 11246 号总统令
《职业康复法案》
《社会保障法案》
《职业安全与卫生法案》

讨论题

1. 如果本章讨论的劳动法被推翻、劳务关系组织被取缔，将会对雇员劳务协议内容产生什么样的影响？

2. 雇主如何使用黄狗契约和劳工禁令限制工会活动、阻碍工会扩大？

3. 国会通过 1932 年《诺里斯-拉瓜迪亚法案》、1935 年《国家劳动关系法案》和 1947 年《劳资关系法案》等劳动法的目的或用意各是什么？

4. 尽管《国家劳动关系法案》赋予工人某些权利，但是这些权利不是没有限制的。就此进行讨论。

5. 挑选国家劳动关系委员会委员的过程是不是太过政治化了？现在委员挑选过程是否导致法律解释变更频繁？如果是，对雇主和雇员将产生什么样的影响？

6. 为什么仍然存在一部单独的、只适用于铁路和航空业的劳动关系法？

7. 《劳资关系法案》的司法管辖权应该把农业工人纳入其中吗？

8. 国家劳动关系委员会现有司法管辖权标准（比如影响州际商务的财务门槛）是否应该考虑通胀因素（在现有司法管辖权标准下，通胀因素对裁员有影响）？

案例 3.1 温度之争

此案例的雇主是一家没有工会的小家具生产企业，拥有 15 名雇员，从事州际商业活动。本案例涉及的两名雇员操作带锯机，在机器车间工作。由于带锯机为了方便处理锯末靠近车间的升降门，带锯机操作员在天气寒冷时经常遭受低温和冷气流困扰，而不靠近升降门的其他雇员则感觉温度太高。为了解决这个问题，工厂经理定下了以下规则：“如果车间温度超过 68°，仍旧开着升降门；如果温度达到或者低于 68°，则关闭升降门。”

一天，德雷克（Drake）和基勒（Keeler）这两名带锯机操作员向车间监管人员抱怨温度太低，他们太冷了，希望关闭升降门。当这名监管人员问及其他大部分雇员时，他们则认为太热了，于是升降门没有关闭。然而，监管人员办公室的温度计显示温度已经达到 72°，这间办公室基本上位于车间中央。

这一天，德雷克穿着无袖衬衫和短裤，而基勒穿着蓝色牛仔裤、法兰绒短袖衬衫，除此之外外面还套了一件厚毛衣。当升降门开着时，他们两人都表示，天非常冷，风也大。但是，监管人员拒绝关上升降门，因为大多数雇员希望开着门。德雷克和基勒在午饭的时候讨论着他们的问题，两人于是决定下午不干了，以示抗议。

然而，等第二天一到工厂，监管人员就通知德雷克和基勒，他们已经被开除了，因为他们不经允许擅自离开工作岗位。随后，德雷克和基勒开始向国家劳动关系委员会提起申诉：解雇侵犯了他们按照《劳资关系法案》第 7 条参与受保护集体行为的权利。同时，他们还要求恢复工作岗位和待遇，并且支付欠付工资。

◈思考题

1. 由于德雷克和基勒满足《劳资关系法案》雇员的定义标准，他们的行为符合哪一项具体权利？

2. 雇主以什么理由为自己辩护、辩称自己正确行使了管理权力？

3. 雇主的解雇行为是否属于不当劳动行为？如果属于，补偿措施是什么？

案例 3.2　因违反保密协议而遭解雇

瑞迪普罗（ReadyPro）公司是一家临时就业中介机构，为天然气管道和光纤通信行业客户提供工人。贾尼丝·马丁内斯（Janice Martinez）受雇于瑞迪普罗公司，为孟加拉天然气管道（Bengali Gas Pipeline）公司（以下简称“孟加拉公司”）工作。马丁内斯和瑞迪普罗的就业协议要求双方签署保密协议：“雇员知晓，包括薪资在内的劳务协议都对外保密，否则将可能被解雇。”

马丁内斯从 7 月份开始到孟加拉公司工作，被派往圣安东尼奥市完成一个项目。不久，马丁内斯发现工资没有及时发付，这对她而言颇为尴尬，因为她必须预付住宿费，而住宿费包含在工资中。马丁内斯与瑞迪普罗公司的几名管理人员就此事沟通了几次，其中包括负责人事的副总裁、首席运营官戴维·布朗（David Brown）。如果拖延工资的问题得不到解决，马丁内斯表示她将会向孟加拉公司项目经理辞职。布朗承诺，他将会和孟加拉公司经理通电话，讨论更改生活费用给付时间事宜。数天之后，到了 10 月初，布朗告知马丁内斯，孟加拉公司不愿意更改生活费发放时间。

同时，马丁内斯和瑞迪普罗公司之间的关于个人电脑报销使用费用的工资纠纷也在发酵。在圣安东尼奥市项目开始时，马丁内斯便与项目经理约定，她每天使用自己个人电脑设备的报销费用是 15 美元。10 月 2 日，马丁内斯收到了瑞迪普罗公司的邮件，邮件中说电脑使用费用每天 12 美元。马丁内斯回复布朗，表示：自项目开始起，孟加拉公司同意支付每天电脑使用费 15 美元，质疑先前邮件为什么写的是每天 12 美元。布朗回复说，因为考虑到税务成本上升，所以降到了每天 12 美元。马丁内斯回复了布朗，并且把项目经理的原话复制在了邮件中。她也向孟加拉公司项目经理发送邮件，问是否可以让孟加拉公司支付 3 美元，以便她继续可以收到每天 15 美元的费用。如果不这样做，她表示，将不在工作中使用自己的电脑，孟加拉公司必须提供数码相机和电子邮件通信设备。“从今天起，如果问题不解决，我的电脑将不会用在工作之中。”

10 月 11 日，布朗和马丁内斯最后一次通话。布朗表示，尽管公司尽力协调，但仍不能令她满意。布朗还称，由于马丁内斯没有遵守保密协议，向其他第三方透露了就业协议中的内容，所以公司将不再聘用她。

马丁内斯向国家劳动关系委员会申诉：公司的保密协议非常宽泛，严重侵犯了她根据《劳资关系法案》第 7 条应有的权利。她还表示，解雇她的理由不合法，因而解雇行为也是不合法的，公司应该恢复她的工作岗位，并且支付欠付工资。

◈思考题

1. 如果在这个案件中你代表公司利益，你将如何辩护（事实和理由），称公司保密协议出于商业需要用在马丁内斯身上也合理？

2. 解释马丁内斯认为保密协议过于广泛，严重侵犯了她根据《劳资关系法案》第 7 条应有的权利的逻辑。

3. 如果你是国家劳动关系委员会的委员，你将如何判决？为什么？

案例 3.3 国家劳动关系委员会对私立特许学校的司法管辖权问题

本案例探讨的主要问题是：与政府机构签约、管理学校的私营营利性企业，在《劳资关系法案》第 2 条（2）款规定的范围内，作为密歇根州的从属政治单位，是不是应该被排除在国家劳动关系委员会的司法管辖权之外？《劳资关系法案》第 2 条（2）款规定其适用的雇主不包括“任何州政府下属机构或者其他政治组织”。

本案例的起因是密歇根州教育协会向国家劳动关系委员会申请沃特福德学院（Academy of Waterford）的代表权。沃特福德学院是根据《密歇根州院校条例》（Michigan Revised School Code）建立的特许学校。要决定是不是批准密歇根州教育协会的申请，首先必须决定雇主（特许学校专业管理公司）是否符合《劳资关系法案》关于雇主的界定。

沃特福德学院是蓝泉社区大学（Blue Springs Community College）根据《密歇根州院校条例》创建的特许学校。蓝泉社区大学现在对该学院仍有“监督管理权”，蓝泉社区大学对密歇根州教育部负责，确保沃特福德学院的运营管理符合相关法律法规的规定。蓝泉社区大学任命沃特福德学院的董事会对其监督，并向沃特福德学院拨付从州教育部获得的资金。沃特福德学院把州教育部下发资金的 3% 给予蓝泉社区大学。根据《密歇根州非营利公司法案》，沃特福德学院是非营利、免税的非股权组织。根据《密歇根州院校条例》，沃特福德学院被视为政府机构，其学院董事、官员和职员享有相关诉讼豁免权。沃特福德学院作为一家政府性机构，遵守密歇根州的《阳光法案》（Open Meetings Act）、《信息自由法案》（Freedom of Information Act）以及《公共就业关系法案》（Public Employment Relations Act）。此外，每年还要向蓝泉社区大学提交许多教育、财务和管理报告。

沃特福德学院董事会后来决定聘请特许学校专业管理公司（Charter Schools Professional Management Inc.）协助管理沃特福德学院。特许学校专业管理公司是一家私营营利性机构，受《密歇根州公司法案》管制，向公立特许学校提供管理服务，并不在密歇根州的《阳光法案》和《信息自由法案》的司法管辖权之内。特许学校专业管理公司由所有者派出的董事管理，财务记录不公开披露，也无须其他机构或组织对其进行财务审计。特许学校专业管理公司收取的管理费是州和联邦政府拨付给沃特福德学院的资金的12%。

特许学校专业管理公司（就是本案例中的雇主）负责沃特福德学院教职员工的招聘、培训和处罚，决定教职员工的工资和福利、业绩评估、录用和解聘。日常经营由学院院长和其他职员共同负责，而这些人也是特许学校专业管理公司招聘的。学院董事或者其他蓝泉社区大学人员无权过问该学院的人事事务。作为私营公司的雇员，沃特福德学院的教师没有资格加入密歇根州公立学校退休体制。特许学校专业管理公司还负责学院建筑的使用和修缮以及学院的商业管理，包括向州政府提交报告和向董事会提交运营预算。

国家劳动关系委员会已经制定了相关标准，以判定雇主是否应该在《劳资关系法案》第2条（2）款管理的范围之内。被排除在国家劳动关系委员会管辖之外的政治组织应该满足下列任意一项规定：（1）由政府直接创建，是政府的行政机构或者部门；（2）管理人员直接对政府官员负责，或者由公众选举决定。

◈思考题

1. 按照文中的上述规定，本案例的雇主（特许学校专业管理公司）是否符合《劳资关系法案》第2条（2）款对雇主的界定？国家劳动关系委员会对雇主是否有司法管辖权？解释一下你的逻辑。

2. 在讨论是否应该创建公立特许学校时，特许学校教职员工的集体谈判权与特许学校和现有公立学校之间的优缺点之争是否相关？解释一下你的逻辑。

案例3.4 监管人员的界定

一个工会希望代表太平洋海岸船坞入港指挥员公司（Pacific Coast Docking Pilots）（雇主）的5名船坞入港指挥员进行集体谈判，并且在代表权选举中5人全部赞成加入该工会。但是，雇主拒绝承认该工会的代表权，不与工会谈判。于是，工会向国家劳动关系委员会提起申诉，控诉雇主涉嫌不当劳动行为。国家劳动关系委员会最终判定工会胜诉，但是雇主不满意判决结果，向联邦法院提起上诉。

雇主认为，根据《劳资关系法案》的规定，船坞入港指挥员应该归类为“监管人员”，因而不是“雇员”。雇主认为雇员是“监管人员”，必须拿出证据证明。《劳资关系法案》第2条（11）款把监管人员定义为“任何被授予管理权的个人从事或任命执行雇用、职位调换、停职、解雇、召回、宣传、惩罚、免职、申诉调解、分配任务或奖励等职能，且需要独立判断例行这些公事”。

美国最高法院建立了三个标准来判定是否属于监管人员（*NLRB v. Health Care & Retirement Corp.*，511 U.S. 571［1994］）。监管人员的判断标准如下：第一，执行以上至少一项或多项职能；第二，需独立判断（而不只是执行管理层的决策和其他既定决策）；第三，“维护雇主利益”（而不是职业本身所需）。最容易满足的一个标准是第三个标准，一般而言，任何完成公司目标的行为都被视为“维护雇主利益”。关于监管人员认定的大多数案例都主要牵涉到余下两个标准的分析和争论。

雇主辩称，这5名船坞入港指挥员可以在船坞入港的过程中就其他员工的招聘、升职、分配任务和指挥其他员工提供建议。更具体地讲，这些建议基本上就是公司的决策。《美国海岸警卫队条例》规定，在入港指挥员培训学员成为正式指挥员之前，必须跟随拥有执照的指挥员学习。入港指挥员按要求规定对培训学员的表现进行评价，并就培训学员能否胜任工作提出建议。船坞入港指挥员无权对其他非培训学员员工进行处罚、申诉调停或者评价。招聘、升职的最终决策权仍旧掌握在公司总裁和副总裁的手中。

在进入港口时，大船要求拖船协助靠岸，进入装卸区域。船坞入港指挥员事先拿到多个大船入港或离港的时间表。雇主提供的信息还包括每艘大船现有的位置和方位。船坞入港指挥员综合考虑上述因素和其他一些因素（例如风速、水流速度，以及入港障碍）判定需要多少拖船。一旦大船船长进入港口，拖船就送船坞入港指挥员上大船。然后，船坞入港指挥员依据大船船长的指示和指示对接流程，承担大船的指挥工作。船坞入港指挥员直接与拖船船长沟通，确保大船安全、准确地进入指定区域停靠。船坞入港指挥员会告诉每个拖船船长怎样做才能完成目标，而拖船船长指挥自己的船员完成指令。每个拖船船长负责指挥自己的船员执行船坞入港指挥员的指令。国家劳动关系委员会原来已经判定拖船船长是监管人员。一旦停靠程序完成，船坞入港指挥员就把大船的控制权交给其船长，然后为下一艘大船的到来或者离开做准备。

雇主认为，船坞入港指挥员决定要多少拖船才能完成任务，这需要独立判断，符合第二个标准。雇主还认为，为顺利和安全地完成工作任务，船坞入港指挥员决定需要多少只拖船，下达指令给拖船船长，并且安排每一只拖船的航行线路。

然而，工会认为，船坞入港指挥员是《劳资关系法案》中规定的专业雇员，而不是监管人员。尽管可以就招聘提出建议，但是船坞入港指挥员并没有决定权。按照《美国海岸警卫队条例》的要求，船坞入港指挥员指导培训学员在上任之前了解港口状况，船坞入港指挥员的这个行为是工作的分内之事，是职业需要。除此之外，船坞入港指挥员无权惩罚其他员工、处理申诉，也无权评估其他员工的工作表现。

工会还认为，船坞入港指挥员给各个拖船船长（他们是监管人员）下达指令也是工作职责。船坞入港指挥员并无权利命令拖船船长要带多少船员，而使用多少拖船的指令也是根据船舶大小、海水和天气状况，这个决策在很大程度上并不需要个人独立判断。

◆思考题

船坞入港指挥员应该被归类为“监管人员”而不能拥有集体谈判权吗？对你的回答作出解释。

第 4 章 工会与管理方：劳动关系进程中的主要参与者

在过去的几年中，雇员数次尝试加入工会，但是，每次一到投票表决之时，公司都成功说服工人放弃加入工会。在我到公司工作这十年之中，我们工人基本上对劳务协议、公司决策和工资待遇等都没有一点儿话语权。经济每每遇到不景气之时，我们的工资下调，等到年景好的时候，再涨回来。两个月前，我们工人又一次投票决定是否加入工会，最后以多数票同意加入一个工会。现在，劳务协议、公司决策和工资待遇都由管理层和工会之间协商决定。

◈讨论题

1. 我是否应该被动地接受公司的工资福利、升迁/解雇决策、惩罚程序，以及其他就业条款而不加入工会？

2. 我是否应该积极加入工会、支付会费、参加工会会议、选举/竞选工会代表、参与集体谈判并真正拥有话语权？

如同第 1 章所述，劳动关系进程中的两个主要参与者是工会与管理方，工会是谈判单元中代表所有雇员利益的唯一谈判机构，而管理方则是公司业主或者股东利益的代表者。本章首先解释了企业和工会基于劳动关系目的而设定的目标、战略以及组织结构，因为企业和工会是按照不同方式组织起来以实现不同的目标，所以其基本目标、战略和组织结构有可能进行调整以适应各自的需求。其次，通过描述工会的特征、不同级别的工会、组织结构，以及一些工会出现的腐败与滥用权力问题，本章讨论了工会的管理及结构。最后，本章介绍了工会保障，工会保障对工会增强谈判实力、实现工人期望而言至关重要。

一、目标与战略：管理方与工会

企业的工会与管理方有时会有一些相同的目标，有时某些目标则又会互相冲突。它们各自的目标都发挥着指导作用，并作为组织战略、计划以及组织结构的基础。图表4.1提供了企业和工会的一些主要目标，这些目标在某些情况下是相似和一致的，而在其他情况下则又存在着潜在冲突。潜在冲突的这些目标可能会导致一种对抗性的劳资关系，而一致性目标又有可能产生劳资合作与劳资和平。如同下文将论述的那样，工会与管理方在绝大多数情况下能够不诉诸停工斗争而解决其分歧和矛盾（停工斗争损失的时间每年占全部工作日的0.000 2）。集体谈判过程本身就是由劳资双方设计、由美国国会批准的，它是劳资双方解决分歧的首选方式。

图表4.1　　企业与工会的目标

企业的目标	工会的目标
生存和保持竞争力。	在企业生存和保持竞争力的同时，维持工会的生存与安全。
发展和繁荣。	企业与工会都能够发展和繁荣。
从投资中获得有利的回报。	企业从投资中获得有利的回报，并向雇员支付“公平的”工资和福利。
有效地使用人力资源。	企业在合同规定和政策范围内有效地使用人力资源，并为工会会员提供工作安全和雇佣机会。
吸引、保持和激励员工。	企业在合同规定和政策范围内吸引、保持与激励雇员。
保护管理方制定决策和保持灵活性的权利。	通过谈判签订集体协议保护工会和雇员的权利。
从工会获得承诺，在集体协议期限内不得举行罢工。	从管理方获得承诺，在集体协议期限内不得闭厂。

劳资双方都想使企业能够长期生存并保持竞争力。工会赞同这个目标是符合逻辑的，因为如果企业不存在，雇员将会失去工作，而没有企业工会也将无法生存。与此相似，工会希望长期作为企业雇员的代表，并且将采取行动以保持这种代表权。但当某一家企业希望保持非工会状态或者希望工会丧失其代表权时，矛盾又会不可避免地出现。

企业也希望发展和繁荣——这是企业管理成功的一个标志。工会赞同并支持这一目标，因为它能够为雇员创造更多的工作机会与福利，增加工会会员的数量，从而使工会有更多的资金用于工会运动，加强工会的力量。同样，劳资双方都希望企业能够从投资中获得有利的回报。虽然劳资双方可能对“有利”的含意存在不同看法，但是双方都能够理解企业在财政方面的状况。然而，工会还要为雇员的努力、投入和贡献争取一个有利的或者公平的回报。这时，对于什么对投资者是有利的回报以及什么对雇员是公平的回报，劳资双方可能会产生不同意见。

企业的两个相互关联的目标是有效地使用人力资源，以及吸引、保持与激励雇员。只要企业能够遵守劳资双方谈判协商一致形成的集体谈判合同的规定，工会就能接受企业的这两个目标。例如，企业可能希望安排那些最有生产力的雇员加班以完成某个紧急订单；然而，集体合同可能规定加班任务的分配应基于轮换。工会的存在并不能够阻止企业将加班任务分配给那些最有生产力的雇员，但是，加班条款是一个可以谈判的主题，而且劳资双方必须尊重和切实履行双方达成的规定。

企业希望拥有自主决策权，保持决策的灵活性以更好地经营业务。工会的哲学则是，某些决策权由管理方独立行使会更好，比如产品的类型、价格、财政政策、客户关系、广告和营销决策、产品设计以及公司规划。同时另一些决策权，诸如工作转包、资历条款的使用、工作调动和晋升之类的事项，则可以由工会代表雇员通过谈判达成协议的方式确定，以便有效地保障雇员的利益和工作安全。[1]

企业希望获得工会的承诺，即在特定期限内不举行罢工或中断工作，以保证稳定的劳动力数量，并使企业能够对顾客作出产品承诺。这种工会承诺在集体合同中以一种"非罢工"条款的形式出现。与此同时，工会可能想从管理方获得的承诺则是，雇员有权使他们的申诉获得管理方的处理，并在必要时可以将申诉提交给一个中立的第三方（仲裁员）处理。

一旦工会和企业确定了各自的目标，它们就会制定合适的战略以实现这些目标。企业制定战略规划的历史要比工会长得多，而且企业战略计划通常更加具体和细致，而工会直到最近才开始考虑和制定各种形式的战略规划。

企业的战略规划

企业在劳动关系中的战略是由这样一些因素决定的：企业的管理哲学、管理方所持的道德规范、公司的经济状况、劳动力的构成、行业竞争、企业在生命周期中所处的阶段，以及管理方的能力等。管理方对自己的战略有多种选择。他可能会认为更应该保持非工会状态，并投入许多时间和精力来保证他们能够以较好的状态进行人力资源管理工作。有些雇主抵制工会以维持工会雇员与非工会雇员之间存在的巨大的工资差距（根据美国劳工统计局的数据，在 2010 年，工会会员的周平均收入是 901 美元，而非工会雇员是 701 美元）。处于高度竞争行业的企业可能会竭尽全力将工会拒之门外。其他一些行业的企业最终接受了这一哲学，即在劳资双方通过相互合作而不是彼此对抗获得更大的利益之后，可能会选择从过去强硬的谈判方法转变为寻求劳资合作。图表 4.2 显示了企业在劳动关系中的战略范围，从工会抑制到劳资合作。

图表 4.2　　企业在劳动关系中的战略

工会抑制	工会避免	工会替代	依照法律公事公办	协作和劳资合作
分离工会 非法行为 拒绝谈判 取消工会的代表权 申请破产 鼓励罢工	积极的人力资源管理 双管齐下	企业的家长作风 企业赞助的雇员组织 雇员参加和参与的形式	在工会运动中保持中立 直截了当的方式	收益分享 工会参与 雇员授权计划 雇员优先认股计划

非工会企业战略

有些权威人士认为劳动关系在 20 世纪 80 年代经历了深刻的变化，而这些变化是由劳资关系之外的因素引起的。这些因素包括来自海外的竞争、规则的解体，以及非工会企业的竞争。越来越多的企业发现它们的劳动关系战略是由经济选择和它们必须适应新的、竞争更加激烈的商业环境所驱使。因为自产业革命以来，工会抑制、工会避免以及工会替代战略已经以各种不同的形式存在，所以一家企业可能选择通过阻止或者替代工会的方式以试图维持它的非工会状态。另一家企业则可能选择非工会战略中的一种作为一种合法的应对措施，而这种选择已经逐渐转变为成本削减、创新、进入新的市场，以及设计富有弹性的劳动力战略。后一种方法注重人力资源和人力资源管理的成本与产出。[2]

企业使用的一种更加具有攻击性的方法，被称为工会抑制（union suppression）战略，其目的在于维持其非工会状态或者避免工会。人权观察组织对沃尔玛公司2004—2007年的劳务关系进行了调查，访问了41位以前在沃尔玛公司工作过的雇员、劳工法律专业律师以及工会组织人士，分析了沃尔玛公司涉嫌不当劳动行为的诉讼案例，并查阅了沃尔玛公司处理工作条件问题的出版物（对于人权观察组织的三点要求，沃尔玛公司没有作出回应）。人权观察组织表示："沃尔玛公司遏制工会活动的策略复杂多样，一旦策略不奏效，沃尔玛公司就会直接取消工会组织活动。"[3]

引发全国媒体关注的另一家企业是北卡罗来纳州威尔逊县史密斯菲尔德包装公司（Smithfield Packing Company）。食品与商业工人工会（United Food and Commercial Workers，UFCW）于1999年3月开始到这家工厂进行工会组织活动，1999年7月8日，工人参加代表权选举。在此期间，史密斯菲尔德包装公司一直反对组建工会。工会向国家劳动关系委员会提出申诉，表示：在工会组建的过程中，公司数次从事不当劳动行为。2001年1月23日，国家劳动关系委员会作出了有利于工会的判决。于是，史密斯菲尔德包装公司又向法院提出上诉。直到2006年8月31日，国家劳动关系委员会才最终执行了其判决。史密斯菲尔德包装公司的不当劳动行为详见图表4.3。[4]

图表 4.3　　北卡罗来纳州威尔逊县史密斯菲尔德包装公司的不当劳动行为

（1）威胁关停工厂：这家公司的总裁和工厂经理曾威胁工人与工会，将会关停工厂。
（2）摄像监控工人活动：组织监控视频装置，拍摄雇员和工会组织者传递工会信息的活动。
（3）审问雇员：监管人员审问雇员的工会活动。
（4）非法撤销福利：如果支持工会，工人的401（k）计划可能被撤销。
（5）威胁降低薪资：如果工人在授权卡上签字，公司就降低其工资。
（6）解雇：公司因工会活动而解雇工人。

资料来源：Decisions and Order of the National Labor Relations Board，347 NLRB No. 109，August 21，2006.

为了避免工会化，一些企业使用了其他一些极端且在某些情况下不合法的策略，诸如：

- 建立一个间谍网络（告密者）以分辨工会支持者。
- 拒绝雇用工会化企业的前雇员［但拒绝该申请者的理由却不是他先前的**工会从属关系**（affiliation）］。
- 树立一个解雇（包括记录）一些已知的工会鼓吹者的例子。
- 从各种面谈、会议以及诸如此类的场合中争取确定潜在雇员对工会的态度，如果他们支持工会，那么拒绝雇用他们（再次给出另外一个理由）。
- 进行心理测试以确定某位申请者将会对工会产生兴趣的可能性。
- 将公司的新工厂设立在工会会员比例较低的地方，并且扩张公司的非工会工厂。
- 使用一张标准的申请表以询问申请者以前是否属于工会会员，并将该申请表作为雇用之前调查的一部分。[5]

面对工会的组织运动，一些雇主故意采取了不当劳动行为，期望能够获得经济方面的回报。[6] 对雇主进行的一项研究形成了这样一个令人失望的结论：

> 过去，《国家劳动关系法案》遵循的制度已经不能充分遏制这种现象，即一些雇主已经发现为避免工会化而实施不当劳动行为是有利可图的。因为“劳动关系法是法律”，从而遵守它的那些雇主已面临导致工会化的更大可能性，并且在与那些侵犯劳动关系法的雇主的竞争中可能会处于劣势。这些不平等不能鼓励遵循劳动关系法，并提供了需要改革劳动法的证据。[7]

当违法行为能够给违法者带来经济回报时，道德方面的问题就被提高到劳动关系法的公平性以及它的应用上。有些选择工会避免（union avoidance）战略的企业采取一种强有力的姿态来反对工会的代表权，甚至在那些工会已经存在的企业也是如此。它们建立非工会企业，并试图保持这些企业的非工会状态。它们将其资本投资从那些工会化企业转移出去，并改进和扩展那些非工会化企业。在工会能够代表雇员的企业，它们通过降低雇员的工资和福利、修改传统的工作行为和鼓励雇员收回工会代表权等方式，并将这些方式使用到非法行为的边缘，从而试图降低劳动力成本。在这些情况下，劳动关系环境是高度对抗性的，而劳资合作将不会被认为是一种可行的选择。[8]

一些采取工会避免战略的企业实施了积极的人力资源管理或者采取双管齐下的措施。采取积极人力资源管理的企业管理者认识到使“雇员声音”最大化的重要性和必要性，而且，他们主张并切实贯彻人是企业最重要的资产这样的理念。这类组织一般都致力于实施雇员参与决策过程的努力，包括实行参与式管理、全面质量管理和全面质量控制计划的框架。[9] 在工会化组织中，工会有时候也致力于参与决策，这些内容将在第7章中讨论。

有些公司，例如国际商业机器公司（IBM）、得州仪器公司、大众超级市场公司和伊士曼化学公司，则从根本上采取这种战略，这种积极的人力资源管理策略包括如下一些要素：

- 没有级别和地位的象征，即在停车位、公司轿车方面一视同仁，不专门为公司经理提供乡村俱乐部成员资格。
- 精心考虑的环境——将公司设在高质量的学校和大学附近，并保持独特的小场所。
- 综合的公司力量——高利润、快速增长、高科技或具有统治地位的市场地位。
- 能够促进雇佣安全的计划，例如为避免在困难时期进行裁员而采取的工作分享计划或者全面降薪计划。

- 从公司内部晋升员工——职业发展规划、培训和教育计划。
- 有影响力的人力资源管理计划，如使人力资源经理直接向上层管理者报告。
- 有竞争力的薪酬和福利，尤其是拥有具备外部和内部公平性并与工会化企业的工资水平具有可比性的收入水平。
- 能够倾听员工声音的管理方——采用制度化方法，例如态度调查、公开政策以及申诉程序。
- 雇员股票期权激励计划，员工没有成本地获取以固定价格购买更多股票的机会。
- 经理的精心努力——注重长期结果，使用评定中心，并且从竞争力和雇员关系等方面进行评价。[10]

当一家公司拥有两家或者更多的子公司，其中一家属于工会化公司，另一家（或者一些）属于非工会化或者自由雇佣的公司时，双管齐下的战略就出现了。这些措施主要包括：(1) 一家股份制公司从财政上控制一家或多家子公司；(2) 工会化公司收购非工会化子公司而继续以非工会化的状态进行运营；(3) 非工会化公司收购工会化子公司而继续以工会化的状态进行运营。目前，劳资关系法要求采用自由雇佣原则，一家股份制公司的工会化子公司将被作为不同的实体进行单独的管理和运营。国家劳动关系委员会判定两家看起来分开的公司是否应该被当成一家公司来对待，通常考虑以下原则：两家公司运营的相互关联程度、劳动关系管理的集中程度、普遍的管理方式，以及共同所有权或财政控制。[11] 该委员会阐述说：

> 这些因素中的任何一个都不具备统治地位，但是委员会的意见已经强调了前三个因素，它们表明“公司运行的一体化”和劳动关系的集中式管理。委员会在一些案例中已经降低了标准，仅根据共同的所有权或财政控制的基础来裁定一体化。[12]

企业为维持非工会化状态可以采取的第三个战略是工会替代（union substitute）战略。一些企业通过提供工会替代品来寻求避免或者防范雇员加入工会。两家公司——诺思拉普·格鲁曼公司（Northrup-Grumman Corporation）（只有3%的员工加入了工会）和联邦快递公司（Federal Express）（在工会里，快递员是单独的一个类别）——明确表明它们采用非工会就业纠纷解决程序，主要是因为它们想避免雇用服务于工会的额外雇员。除了工会避免外，非工会公司由于战略原因，主要采用正规工作纠纷程序，如避免法律诉讼，确认工作问题，总结出关于这些问题的信息，诊断这些问题的潜在原因，针对这些问题给出具体的解决方案。事实上，约有4 500万名非工会公司雇员涉及个人劳动合同，约有80%的劳动合同规定了正规的纠纷解决程序（半数规定以仲裁作为最终解决方案）。相比之下，约有1 700万名雇员涉及集体谈判劳动合同下的申诉程序（大约半数规定以仲裁作为最终解决方案）。[13]

为了重建在小企业工作的感觉，获得雇员对公司的承认和肯定，阻止工会组织运动，以及提供反馈以提高激励和生产力，许多非工会公司已开始实施各种雇员参与计划。大部分公司拥有一种制度，向非工会雇员提供关于该公司的竞争环境或经济状况的信息。大部分公司都制订有雇员参与计划，例如质量圈和关于生产与工作质量的小组讨论，而且已提供了正式的抱怨和申诉制度。[14]

最常见的解决雇员抱怨和申诉的制度是公开政策，在这种政策下，雇员可以将他们的申诉提交给管理方代表。该政策的成功依赖于各个层级的经理在执行这项政策时的尽责程度，以及雇员是否害怕将申诉提交给直接上司以上的管理者会导致不希望出现的后果。

其他形式的非工会申诉程序包括不满申诉委员会，一直达到管理方顶层的申诉步骤，以及同行评审委员会。[15] 不满申诉委员会允许雇员将他们的申诉提交给一个委员会以获得最终的决定。该制度由三个管理方代表和两个雇员方代表组成，对申诉进行听证并决定申诉的结果。虽然这种制度有时被称为一个“双方平等的陪审团”，但是通常来说，管理方的代表权要大于雇员方的权利并在必要时能够以票数胜过委员会中的雇员代表。[16]

工会化企业战略

工会化企业的劳动关系职能在几个方面与非工会化企业的职能不一样。第一，工会化企业由双方当事人即工会和管理方参与进来，这与由管理方单独制定决策是不同的，许多决策例如工资、工作时间、晋升、裁员以及其他一些条款和雇佣条件，是由双方通过谈判共同制定的。第二，工会的存在使得体现雇员代表权的行为更加正式，因为雇员如果认为企业违反了谈判条款的规定，可以提出申诉。第三，已经谈判达成并且包含在集体谈判合同之中的、为雇员管理雇佣关系的那些规定和政策，从本质上来说变成了公司的政策，因为双方当事人都不得不遵守他们已经谈判达成的这些规定。[17]

工会化企业采取的一个战略是依照法律公事公办战略。企业承认工会是雇员的法定代表，并承诺如果雇员需要工会，企业愿意与该工会谈判。在这一战略下，企业并不试图使雇员撤销工会的代表权，也不采取公然的不当劳动行为，更不试图以参与性的雇员团体来代替工会。企业的管理者尊重和信任其工会对手，且期望工会同样尊重和信任管理者。为使这种关系持续发展，双方当事人都必须认识到尊重和信任才是双方未来发展的最基本条件。这些企业采取的方式是在合适的时机直接与工会就工资、工作时间及其他雇佣条件进行协商和谈判。当合同谈判完成之后，公司管理者按照自己对合同的理解进行管理。换句话说，他们是“照章办事”。虽然通用电气公司在 20 世纪 50 年代因对劳资谈判采取了“要么接受要么放弃”的方法而广为人知，但它今天的战略可以被视为一种公事公办的方式。以下几章将解释这种方法在劳动关系中的应用。此外，如上所述，企业和工会的战略在不同时期因经济状况、企业领导的改变、参与者个性等因素的变化也会发生改变。

在图表 4.2 中列举的第五种战略是协作和劳资合作。这种战略要求工会能够与管理方进行合作，而不是一种对抗关系。管理方和工会能积极共同工作，创造和谐的组织气氛，允许雇员在其职责范围内作为任务小组和问题解决小组的成员直接参与决策。在决策和集体谈判中工会代表其成员利益。[18]

超过 1 000 个集体谈判合约中包含工会和管理层协调合作的条款。其中一些条款规定，工会和管理层建立联合委员会，譬如安全委员会，以此来保护双方的利益，改善工作环境的安全状况。还有双方更深入合作的条款，包括在提高品质和生产力方面双方共同决定。甚至，工会和管理层同意在整个或者大部分生产决策方面建立伙伴关系。[19]

除此之外，数个公司和工会也可能联合起来，共同面对挑战。比如，2005 年，发电厂、用电大户、分包商和工会在美国东南部共同组建东南部人力资源三方合作联盟(Southeastern Manpower Tripartite Alliance),以应对人力资源需求的大幅增加(预计2005—2010年将增加50%)。[20]

工会能够对公司的战略规划和执行作出贡献。例如,作为一个雇员集体,工会能够提供各种投入,并将公司的计划和指导意见传达给工会所代表的雇员。工会领导能够帮助普通雇员更好地理解公司的商业计划,并能够赋予该计划可信度。虽然这些贡献很明显具有积极意义,但是工会参与战略规划将耗费更多的时间,因为工会领导不得不对会员解释公司的规划。另外,为保持竞争优势,高层管理者通常并不希望发出新的指令和已经计划好了的行动。因此,通常来说,工会在战略执行过程中比在战略制定过程中更有可能发挥作用。例如,如果一家公司因为外部竞争正面临着持续增加的亏损额,该公司可能在寻求降低成本的方法时设法谋求工会的帮助。可选择的办法包括对工作设计采取合作的方式,或者制定一种新的报酬制度,例如收入分享,以鼓励劳资合作。另一个可能性是引进新技术以提高生产力,这可能包括重新调整现存的工作岗位。[21]

为了使公司与工会能够形成一种更加合作的关系,管理者、工会以及雇员必须克服他们对变化的抵制。管理者必须形成一种更加公开、较少独裁的管理方式;工会必须废除其传统的“我们与他们较量”的方式并采用团队的概念;雇员必须具有更强烈的工作承诺,更加积极地参与有关如何完成工作以及如何正确地完成工作的决策。[22]

雇员授权在各种雇员参与和参加计划(包括质量圈、公司生活质量的努力、劳资参与小组,以及自治工作小组)中得到了反映。这些努力强调了诸如产品质量、工作小组的绩效、新技术、安全与卫生以及监管之类的事项。这样,工会领导和成员为公司的成功而承担了责任。工会能够证明它向工会会员灌输价值观和为公司所有股东创造财富的能力。[23]

这种关系保证了工会和管理方能够注重共同的目标,包括在不断变化的经济环境中组织的业务,以及面临的新问题,如采用新技术以保证竞争力和企业生存。企业是由多个风险持有者所拥有,并被设计用以保证生存和为所有参与者提供公平回报的组织,在一个日益复杂的环境里,管理方逐步接受了工会存在的风险性。一些企业和工会已经在朝着积极的方向前进。哈利·戴维森公司和它的两个工会共同管理位于堪萨斯市的工厂。

哈利·戴维森公司在堪萨斯生产工厂推行一个新理念“关系管理”,该工厂的这种管理模式高度重视向员工授权以及员工、工会和供应商的相互协调。这个工厂成功的秘密在于:维持钢铁工人和机械师之间非常强的伙伴关系。团队成员可以独立制定重大决策并对自己工作的成果负责,而不像传统运营一样接受严格监管。在工厂整个生产的过程中,每个团队的决策轮流接替。此外,工厂的管理人员还腾出空间,提供给钢铁工人和机械师的工会代表用以办公。

为了扮演好这种新的工会角色,管理方和工会领导必须开发不同的技能。工会领袖需具有商业决策技能,他们必须理解公司的业务和解决问题的程序。同时,他们还必须同工会会员保持联系以便更好地代表会员利益。管理方必须采取措施,逐步改变把工会和谈判合同视为一种约束的看法,承认更加合作的劳资关系。管理方还必须承认工会以及工会的领导能力,保障其成为谈判单元中雇员利益的合法、永久代表者的地位。这意味着，管理者要放弃试图使雇员撤销工会代表权或降低工会在企业中的重要性的努力，也意味着劳资双方在公司的每个级别都要建立一种相互信任的关系。[24]

在一家拥有多家工厂的公司，它可能会在不同的地方选择一种能够包括工会避免、工会替代或劳资合作的混合战略。例如，一家公司可以采取双管齐下的战略，在它的某一家非工会化工厂强烈地反对工会，同时在另一家工厂却大力推行劳资合作。这样的战略选择是由公司高层领导制定的，在任何一种战略被公司采纳之前，每种战略的优缺点都会被激烈地争论并且获得仔细的考虑。

高层管理者会非常精心地考虑市场压力、运营与财政因素，以及集体谈判关系。如果因进口数量剧增而导致市场压力非常强，那么管理者可能会倾向于在非工会化工厂实施工会避免战略。然而，如果非常高比例的工厂已经被工会化了，管理者可能会选择劳资合作的战略。研究者将继续考察哪些因素将导致何种战略。[25]

工会的战略规划

工会也像其他组织一样，要确定其运行目标，决定其组织战略和计划，制定各种政策和程序，并管理其资源，以实现目标和绩效的最大化。工会还将致力于制订长期规划，建立预算程序，吸引有能力的工作人员，与工会会员进行沟通以提供信息和获得可靠的反馈，以及为财政责任和风险制定控制程序。[26]

在美国，工会仅仅在最近一段时间才开始涉及战略规划。许多年以来，工会扮演的角色是在很少考虑长期意义的情况下对管理决策作出反应。今天，越来越多的工会发现将精力投入战略规划是非常重要的。有一些工会，例如美国通信工人工会、全美汽车工人联合会和钢铁工人联合会，已经认识到制订长期战略规划的需要并成立了战略规划委员会。为了生存，所有的工会都必须制订这样的规划。一种典型的工会战略规划包括：(1) 一个使命宣言；(2) 外部环境分析；(3) 对工会的力量和弱点的内部分析；(4) 长期目标和短期目标；(5) 战略的发展。对美国劳工联合会—产业工会联合会所属工会进行的一项调查发现：

(1) 典型的使命宣言是：为了集体谈判的目的而组织工人；为了工人阶层的利益而促进立法；传播能够影响工人的生活和福利的经济、社会与政治信息。举例来说，图表4.4列出了美国劳工联合会—产业工会联合会的使命宣言。

(2) 对外部环境的分析包括：对不断变化的公司劳动力（面向更多元化的工人）统计的考察，对目前与未来的政治和法律的关注点的评估，对劳动力形象的考虑，对雇主行为和行业发展趋势的分析。

(3) 内部分析包括：对工会内部职能的思考，如工会的管理，对不同意见讨论的公开程度，对向工会会员提供服务的工会专业人员的评估。

(4) 组织目标是为工会的短期行为和长期行为而设定的。短期目标可能包括通过集体谈判满足工会会员的需要、降低物质的滥用、提高养老金和增加工作安全度。最普遍的长期目标仅是保证工会的生存。

(5) 为了强调对工会持续生存和发展的长期关注，需进一步工作以塑造战略规划。[27]

图表 4.4　　美国劳工联合会—产业工会联合会的使命宣言

我们的宗旨和目标

美国劳工联合会—产业工会联合会的使命是改善美国工人家庭的生活，致力于实现企业经济利益和国家社会的公平公正。为了这个使命，我们将组织、变革工人运动。

我们将广泛地组织工人加入工会

我们将招徕、培训下一代工会组织者，集中必要的资源，制定和执行赢取工会活动的战略。我们将广泛地宣传，让人们更好地理解工会，让我们的工人会员、领导人士和未加入工会的工人积极参与组织活动。

我们将建立工人自己的政治影响力

我们将在各级政府中开展活动，为工人家庭的利益而奋斗。我们将组建进步联盟，倡导社会和经济公平公正。我们将通过劳工运动建立自己的政治力量，赋予工人以权力，能够强势地表达对公共问题的诉求。

我们将变革我们的工会，让工人在变化的经济环境中拥有话语权

我们将为身处全球经济的工人说话，无论他们处于哪个行业、哪个公司、哪种岗位。我们将变革工会的角色定位，不仅着眼于劳务合约的谈判，还致力于为工人争取各方面决策的话语权，比如投资决策、产品决策和组织决策。

我们将变革劳工运动，让工人在社区中拥有话语权

我们将代表劳动阶层，让他们传达诉求的声音传遍全国、传遍社区。我们将建立蓬勃活跃的社区劳工委员会，接触各个工人。我们将加强与同盟的纽带。我们将代表所有美国劳动人民以更加有效、创造性的方式表达出自己的诉求。

资料来源：AFL-CIO's Mission Statement. Used with permission. Copyright © 2011 AFL-CIO. www. aflcio. org.

有些工会如全美汽车工人联合会，已经建立了内部委员会来参与战略规划。全美汽车工人联合会在关于其未来的题为《在一个不断变化的世界里的强有力工会》的委员会报告中，从经济角度分析和关注了工会对美国工业基础的侵蚀以及公司迁徙和减少投资产生的相关问题。该报告主张更有效地使用媒体来表明工会对税收政策、公平、雇员骚动、不断变化的劳动力、性别和种族问题、工作技术和方法的飞速变化等事项的公开立场。

美国通信工人工会是一家成功实施战略规划的工会。在过去的 20 年间，电信产品去监管化，科学技术日新月异，美国通信工人工会的挑战迫在眉睫：工会覆盖率下降，贝尔公司裁员，技术和专业岗位越来越多地改编成了管理岗位（如不符合工会会员资格），无工会公司蓬勃发展。此时，美国通信工人工会面对的是复杂、不确定的组织结构，工人会员极易接受公司合约和家长式的劳动关系。这时，美国通信工人工会决心从单纯的电话工人工会变成“信息科技时代的工会”，将工作的重点放在信息服务整个行业。美国通信工人工会不再把自己单纯地定位为电话工人工会，扩展到印刷出版、广播、记者、电脑编程、航天航空、软件专家等。同时，美国通信工人工会还调整了谈判的内容，为工人在谈判中争取再培训机会、提高养老金和提前退休补偿。为了争取较好的医疗保险条款，该工会动员工人向雇主施压，主要的方式包括明信片传递活动、工作规则（遵守详细的工作规则和指示）宣传活动、穿戴统一服装或袖标、集会或者集体向州或地方政治人士写信。该工会通过公司妥协、加速选举以及授权卡签字等方式获得了 3 万多名新会员，还合并了 8 个相对较小的全国性工会，新添 22.7 万名成员。美国通信工人工会赞成通过使用政治影响力改变规制，来换取工人的福利保障和工作保障。因而，在过去的20年中，美国通信工人工会已经成功地从单纯的电话工人工会转变成为信息科技行业的工会，极大地提高了集体谈判、组织活动和政治等方面的影响力，成为美国最有效率、最成功的工会之一。[28] 图4.5列出了美国攀岩协会（Climbing Wall Association）2006—2011年的战略规划摘要。

图表4.5　　美国攀岩协会战略规划摘要：2006—2011年

会员发展

发展会员，使攀岩协会能够自给自足。设计一套会员福利。根据攀岩协会的使命和宗旨，积极辨别会员潜在群体，招募新成员。坚持不懈地保留现有会员。

身份认知/品牌塑造

这部分战略规划的目的是把攀岩协会打造成享有盛誉的知名组织。提高攀岩协会的认知度，提高攀岩协会与其他协会的区分度。把攀岩协会定义为风险管理、教育、保险和攀岩标准信息源，为攀岩行业和公众所知。确定、提高和给予会员与公众功能性福利，进而提高协会在攀岩行业处理各项事务、提高服务质量、塑造正面形象的能力。

制定标准

这部分战略规划的目的是使攀岩协会成为攀岩行业标准的领航者。攀岩协会将与其他标准设计组织一道，共建攀岩行业广泛使用、高度认可的标准；与美国国家标准学会（American National Standards Institute）等国家和国际性标准设计机构一道，倡导采用优秀标准，提高标准的可操作性。攀岩协会制定和执行攀岩项目建设工程标准以及攀岩组织运营与管理标准。

政府事务/公共政策

这部分战略规划的目的是在北美地区保护和扩大攀岩的娱乐性用途，想方设法影响政府行为、政策设计和立法，以期创造攀岩行业健康发展的政策环境。通过支配行业资源、保证可靠关系、使用有效宣传手段，攀岩协会将成为有效代表攀岩行业的组织，利用有效的事务处理程序，集中资源在州、国家等各级做好宣传工作。攀岩协会将利用州范围的宣传，为攀岩协会会员创造最好的成果。

出版物/通信/信息体系设计

行业信息的组织整合和分配传递对行业发展与成长至关重要。把攀岩协会打造成信息传递中枢，使攀岩协会成为“信息经纪人”。攀岩协会将会为会员和公众鉴别重要信息，以节约成本的有效方式传递这些信息。

项目规划

这部分战略规划的主要目的是为会员和公众确定与涉及重要项目，负责任地宣传攀岩设备的娱乐性用途。攀岩协会的项目将着眼于发展会员、改善和提升与攀岩相关的知识和信息。

攀岩协会大会及重要事件

这部分战略规划的目的是建设和提升富有创造性的、团结和谐的行业圈子，最好的方式莫过于人与人直接会面的形式。攀岩协会大会将会把会员聚集在一起，共同商讨行业共同关心的问题，增强信息共享，改善机会共享网络。大会同时为协会提供了处理行业事务的机会，也为会员提供了培训、教育和职业发展机会。

资料来源：Reprinted with permission by Climbing Wall Association，website：http://www.climbingwallindustry.org.

美国钢铁工人联合会，美国民航飞行员协会（Air Line Pilots Association，ALPA），美国教师联合会，服务业雇员国际工会以及美国面包、糖果和烟草工人联合会

(Bakery, Confectionery, and Tobacco Workers) 等工会组织也都有各自的战略规划。这些国际性工会推陈出新，应用了新的战略管理，比如战略发展规划、组织评价和规划，以及战略执行。工会通过研究调查、采访询问和目标小组等方式，制订活动参与计划，达成内部共识。工会这些行为的最终结果便是：组织使命、宗旨和重要事项的执行，任务、资金和预算的分配，地方和国际性工会会费的分配，工作表现评估的标准。[29]

由于工会工人占总劳动力人数的比例一直下降，工会会费也在下降，各级工会现在都实施了振兴计划。服务业雇员国际工会和美国木工联合兄弟会（United Brotherhood of Carpenters）制订了任务主导的战略规划，提出限定时间的目标，并且由工会领导层积极推动。服务业雇员国际工会将资金预算的 50%用于招募新会员、与地方性小工会合并（地方性小工会被认为太小，不能独立地进行有效率的组织议程）、撤裁一些人员冗杂的地方工会中拒绝变革的领导人。美国木工联合兄弟会裁掉了一半工作人员，精简部门，将一部分工作外包出去，总部的一大部分都被租出去了，撤掉了许多小的地方部门，并将其资源控制移交区部门。由于这些降低成本的举措，该工会才有能力将一半工会资源用于工会组织活动。尽管其他大多数全国性和国际性工会的会员还在减少，但是这两个工会的会员人数在过去 20 年间却在增加。[30] 变则胜劳工联合会也采取了类似的战略规划，如图表 4.6 所示。

图表 4.6　　2006 年变则胜劳工联合会战略规划条款

重点着眼于工会组建活动，重新分配工会资源，把大量资源投入工会组建活动，使工会组建活动资金占总预算的 75%。

如果下属工会积极扩展会员，将减掉其一半会费。以 2 500 万美元建设战略中心，用于应对知名的反工会的雇主。

工会扩展活动主要针对以下行业或职业：医疗保健、服务业、零售业、建筑服务业、交通运输业和建筑业。

与其他工会联合开展招募新会员的活动。比如，与服务业雇员国际工会和美国卡车司机工会开展合作，招徕校车司机加入工会；与服装纺织和酒店餐馆雇员工会以及食品与商业工人工会合作，开展商品零售和批发行业工会活动项目；所有工会参与“沃尔玛醒来吧！”（Wake Up Wal-Mart）运动，提高人们对沃尔玛劳工歧视的意识。

与其他国家工会合作，共同组建国际性工会。服务业雇员国际工会主席安德鲁·斯特恩已经与至少 12 个国家的主要工会建立了非正式同盟关系。

在全国大选中与美国劳工联合会—产业工会联合会开展合作。此外，各州工会办公室积极开展政府竞选活动，争取对劳工友好的政治人士当选州长和议员，以利于未来的工会活动。

资料来源：Richard W. Hurd, “U.S. Labor 2006: Strategic Developments across the Divide,” *Journal of Labor Research*, 38 (2) (2007), pp. 313 - 324; Marick F. Masters, Ray Gibney, and Tom Zagenczyk, “The AFL-CIO v. CTW: the Competing Visions, Strategies, and Structures,” *Journal of Labor Research*, 27 (4) (2006), pp. 473 - 503.

二、为劳动关系各种行为而设计的公司结构

在美国公司里有许多为劳动关系行为而设计的组织结构。下面将介绍一些基本的组织设计形式，虽然不同的公司特征将改变这些设计。[31]

在规模较大的公司，劳动关系职能通常是高度集中的，政策、战略规划和谈判决策基

本都在总公司级别制定。实际上，最终的经济决策通常由首席执行官在总公司级别的劳动关系经理的建议下作出。在规模较小、只拥有一家或者几家工厂的公司，这些决策是在工厂级别上作出的，政策决策由工厂的管理者和提供建议的工厂劳动关系经理均等承担。

在规模较大的公司的业务部门或者工厂的级别上，工厂经理和工厂劳动关系经理在某些劳动关系行为如合同管理、申诉处理以及劳动关系行为的监控中，扮演着关键角色。在规模较小的公司，工厂级别的劳动关系行为也包括谈判、战略规划和政策制定。[32]

所有劳动关系经理和专家的任务与责任有很大一部分是由组织结构及其权力集中或分散程度决定的。通常来说，其责任包括公司层面的劳动关系政策、程序和计划，其范围从非工会化工厂工会组织活动到与其他工厂的工会进行谈判。

图表 4.7 是一家规模大、结构复杂的公司的劳动关系职能组织示意图。如同该组织

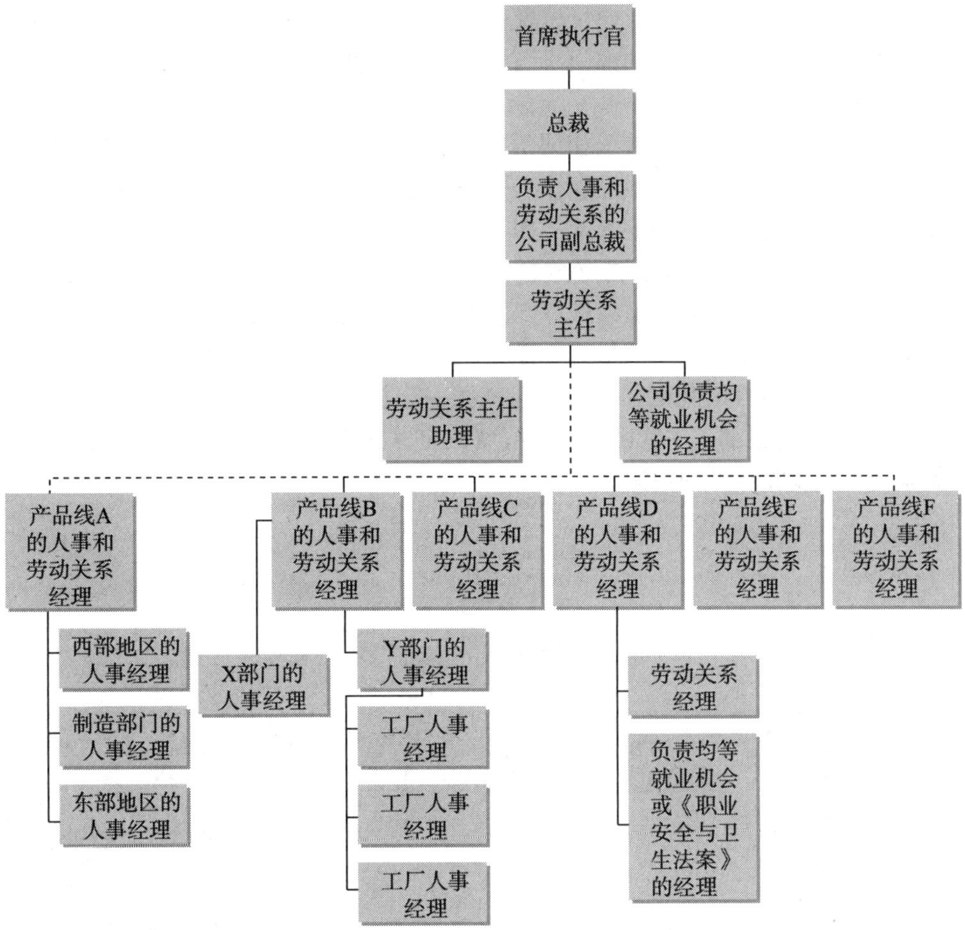

图表 4.7　劳动关系组织：虚线关系

注：每一条产品线的人事和劳动关系经理都与各自的产品线总经理存在一种直接报告的关系，而与公司那些负责公司范围劳动关系政策和程序制定的工作人员保持一种“虚线的”关系。

由于每一条产品线都依赖于公司作为政策设计师的职能，所以沟通的路线和工作关系都是强有力的，而且沟通的级别非常高。它们的职责是管理和执行由公司负责人事与劳动关系的副总裁及其工作人员制定的政策和程序。

资料来源：Audrey Freedman，*Managing Labor Relations*（New York：The Conference Board，1979），p. 28.

示意图所示，负责人事和产业关系的公司副总裁直接向总裁报告工作，并且让劳动关系主任向自己报告工作。该公司的六条产品线中的每一条都拥有自己的劳动关系组织。

通常，一家拥有许多部门或产品线的大规模、多种经营的公司会设置一位负责劳动关系的副总裁，该副总裁的职责包括人力资源和劳动关系活动，并直接向公司总裁汇报工作，公司劳动关系主任直接向她或他汇报工作。

工厂级别的劳动关系经理通常需要负责人力资源和劳动关系方面的工作。他们帮助执行相关公司政策和部门政策，参与合同谈判，并在日常合同执行过程中解决员工申诉。通常，他们不仅要对日常劳动关系活动向工厂总经理负责，同时就谈判达成协议的批准问题向部门或公司的劳动关系官员负责。

图表 4.8 显示了在工厂级别上劳动关系经理和其他经理之间的关系（为简要缘故，没有对部门 B、部门 C、部门 D 和部门 E 进行详细描绘）。该工厂的结构可以根据下列方法中的一种或多种进行划分：通过位置（如钢厂的炉室一和炉室二），通过产品（如制造电子管的部门和制造衬垫的部门），通过职能（如维修部门），或通过技术（如电镀和化学工厂）。

劳动关系经理与部门经理处于相同的级别，但任何一方都不具备管理对方的权力。相反，工厂劳动关系经理与其他经理存在一种平行管理关系。当来自不同权力路线的两个或更多管理人员为了某一特定政策（如一项禁止吸烟的政策）或行为（如雇员申诉）而在一起工作时，这种关系就产生了。任何一方都不具备管理对方的权力。因此这种关系的解决办法或结果经常是由已经从对方那里获得的利益来决定。

在工厂级别，劳动关系经理与其他管理人员之间的关系可能非常紧张。例如，如果劳动关系经理为了履行谈判工作而与工会就某一申诉达成一个和主管意见相反的决定（见第 10 章），或者推翻了主管已作出的解雇决定（见第 12 章），那么该主管可能会对劳动关系经理产生相当大的不满。

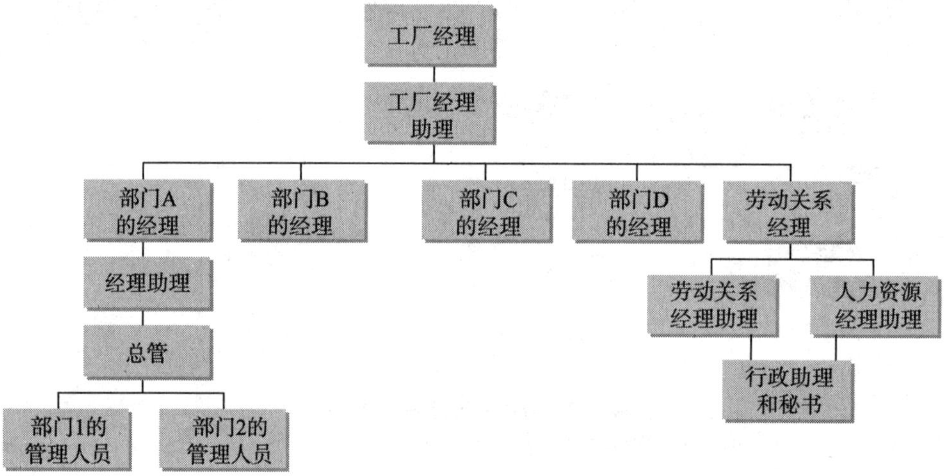

图表 4.8　在工厂级别上的管理结构图（大约 1 100 名计时雇员）

三、工会管理和结构

工会在被认可之后，为了维护日常运营，要建立工会办公室和工会委员会来监督劳务合约的执行以及履行其他许多职责。对从事工会事务的人员而言，他们不会立即拿到什么金钱上的酬劳，但是通过自愿服务于工会可以获得个人的自我满足感。支持工会的工人通常最有可能到工会从事志愿活动，通过他们的努力，工会才能成功。[33]

工会作为一种组织，与商业组织存在着根本的区别。商业组织建立的假设基础是：权力、权威、从业主或股东那里传递到管理层的合法性。另外，工会拥有各种机制，例如能够保证工会会员有机会参与工会管理——担任职务、参加会议、投票选举，或者对工会领导表示不满——的书面章程和规章制度。因此，在工会的民主的组织结构中，权力、权威和合法性最终来自被管理的工会会员。如果某一工会领导想往一个新的方向前进，例如朝着更大程度的劳资合作推进，那么这一新方向最终要依赖于工会会员的同意。如果当选的工会领导并不考虑政治现实条件中出现的新情况，那么他们将会被工会会员通过投票表决而否决。例如，在工会会员不相信管理方在劳资共同合作中的行为的情况下，工会领导在实施这种合作之前必须采取适当的努力以建立一种可信赖的关系。[34]

在美国，目前存在着约 100 家不同的国际（国际工会在美国外设有地方工会，如加拿大）和全国性工会，以及超过 60 000 家地方工会。在对这些工会的组织结构进行简要描述之后，我们将在本章对它们的管理进行讨论。如同公司一样，工会的组织结构也反映了它们的行为。图表 4.9 显示了一家国际工会的组织结构，其中包括各种各样的官员、业务部门及其工作人员、地区和地方工会。在这种情况下，工会的基本职能包括由财政秘书负责的财政工作、研究、行政、教育、组织、政治活动，以及国际事务。这些工作通常是由工会的国家总部贯彻执行的，而一些总部的工作人员可能会去下级工会参加实战工作。地区办公室是在一位副主席的领导下开展工作的，该副主席与该地区的地方工会存在一种咨询、顾问的关系。成立地区办公室是为了更好地为地方工会的需要服务以及在该地区代表国家办公室。

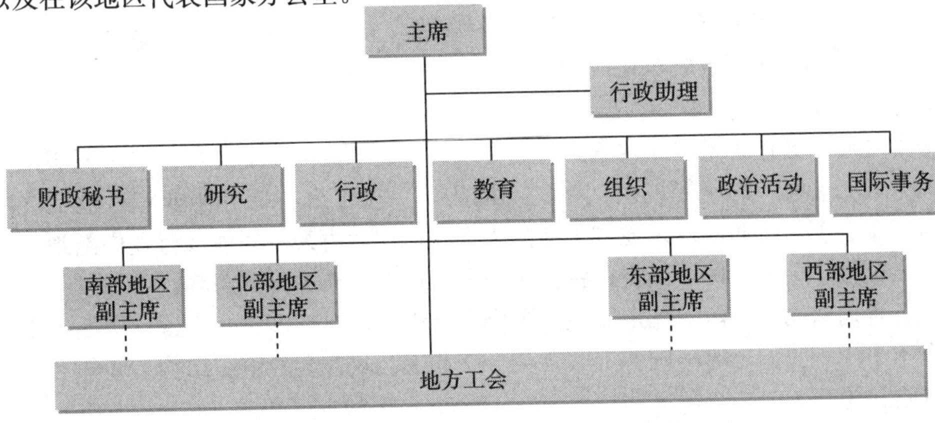

图表 4.9　一家国际工会的组织示意图

第4章　工会与管理方：劳动关系进程中的主要参与者

地方级别的工会组织结构是相当简单的，图表 4.10 显示了工会官员和工会干事之间的关系。在规模较小的工会，这些都是兼职的职位；只有在那些规模较大、财政状况允许的工会才拥有专职的工会领导。绝大多数地方工会设置了至少一位副主席、一位秘书和一位出纳员。其他任何职位的增加，例如在图表 4.10 中出现的警卫官，都依赖于工会的需要。当选的工会干事通常是代表他们各自部门的工会会员。下面的部分解释了工会在不同级别上是如何被管理的，并且提出了在管理过程中出现的一些主要问题。

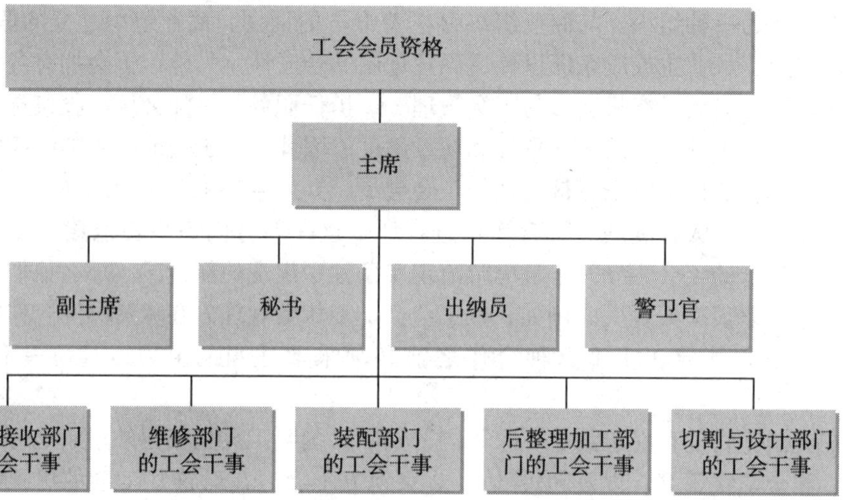

图表 4.10　一家地方工会的组织示意图

为了理解工会管理，我们可以将工会与州政府或者联邦政府的一个部门进行比较。在不同的级别上，都会发生行政、立法和司法活动。地方工会会议和全国大会是立法主体；工会官员和执行委员会组成了行政主体；而各种各样的申诉程序提供了司法职能。也可以将一家工会与一家私营机构进行比较，因为工会是一个以改善工会会员经济状况和工作环境为主要目的的专门机构。

工会主张民主思想，但实际上它们必须依赖于一定的代表形式进行管理。总体来看，民主程度似乎与地方政府、州政府和联邦政府一样。实际上，与绝大多数市民在政府中的发言权和绝大多数股东在他们的公司中的发言权相比，工会会员对工会的运作方式有着更大的发言权。[35]

为了理解工会作为组织的含意，我们必须认识到它们广泛的差异性、不同级别上的组织关系、工会官员的职能以及控制的不同程度。接下来将探究职业和行业工会的特征、地方工会官员的职能以及地方工会的管理和运作。由某一职业或行业中的地方工会组成的全国性工会或者国际工会，将会在一个类似的框架中得到解释。不能忽视的一个现象是各种向附属工会赋予特定职能的中层工会组织。对许多工会来说，第四级别是联盟。在本书中，我们也对美国劳工联合会—产业工会联合会的组织结构、职能和官员的责任进行讨论。

地方工会

虽然通常来说存在四个级别的工会——地方工会、全国性（或者国际）工会、中层组织以及工会联盟——但是对个体工会会员来说，地方工会是他们的主要联系者。与其他级别的工会相比，地方工会与工会会员之间的关系更加紧密。工会会员在地方工会会议和工作场所中留心观察地方工会官员。当工会会员提出申诉时，地方工会官员是第一个提供帮助的。当发生罢工时，也是地方工会官员与抗议示威线上的罢工者进行不断的联系。虽然全国性工会可以与资方谈判达成总劳动合同以使地方工会会员在该合同规定的框架下进行工作，而且美国劳工联合会—产业工会联合会可以就某些全国性的事项与美国总统和国会进行协商并达成协议，但是地方工会是个体工会会员与全国性工会之间的重要链接，而且这种链接最终还可以形成个体工会会员与美国劳工联合会—产业工会联合会之间的联系。

从组织的角度来看，地方工会是全国性工会的一个分部。它从全国性工会获得它的章程，并在全国性工会的宪章、规章制度和政策规定的框架下进行运作。全国性工会宪章规定了工会官员的数量和种类、官员的任务和责任，以及他们的权力界线。虽然工会宪章在长度和内容等方面各有不同，但它们通常都要求某些特定的财政报告或规定必须举行一定数量的会议，还规定在有企业范围劳资谈判的情况下，地方工会谈判达成的地方劳动合同必须与全国性工会谈判达成的总劳动合同相一致，而且规定了地方工会有号召罢工的批准权。随着全国性工会具有的权力日益集中，近年来地方工会已经在很大程度上失去了运作的灵活性。

地方的同业工会与产业工会之间的不同

地方工会的运作在很大程度上依赖于它的会员类型。虽然它们之间并不存在清晰的界线，但是工会可以大致被划分为两种：同业工会和产业工会。**同业工会**（craft unions）是指基于手艺或者技能而组建起来的工会，比如演员、泥瓦匠、木工、电工、飞行员或者铁匠。**产业工会**（industrial unions）是指基于行业而组建起来的工会，比如美国钢铁工人联合会、全美汽车工人联合会、化学工人工会和矿工联合会。当然，这并不意味着这两类工会是毫不相关的，钢铁、汽车和橡胶行业中也有技术工人，美国钢铁工人联合会中也有电工。

现在的许多工会既不是单纯的同业工会，也不是单纯的产业工会，而是两者的合体，无法明确划分属于哪一类。它们通常包含数个行业和多个职业技能的工人。实际上，这样的混合工会是未来发展的趋势，甚至是世界上最大的工会也有这个趋势。这种趋势的一个原因便是工会之间的合并，但是最主要的原因还在于各个工会正在不断地组织和扩展各类会员。在过去的25年中，六个工会针对多个行业和职业技能的工人举行了声势浩大的工会扩展活动，这六个工会是：美国钢铁工人联合会、食品与商业工人工会、酒店餐馆雇员工会（Hotel Employees and Restaurant Employees，HERE）、零售和批发商店工会、美国通信工人工会，以及办公和专业职员国际工会（Office and Professional Employees International Union，OPEIU）。[36]

（1）**劳动合同的不同范围。**同业工会与产业工会在工会运作造成的影响方面，也存在着不同。一方面，同业工会通常代表建筑行业的工人，谈判的内容较简要（然后由特定主题的详细劳动合同补充，如关于学徒计划和职业安全性的劳动合同)，谈判达成的协议的覆盖范围也比较小，而且与产业工会相比，每个地方同业工会都在很大程度上独立于全国性工会。因为工作性质不同，同业工会会员在特定时间里在同一劳动合同框架下可能在多个工作场所为多个雇主工作。劳动合同的覆盖范围通常都包括了某个特定地区的所有建筑公司和多个建筑同业工会。

另一方面，产业工会可能会被覆盖在一家公司与一家全国性工会之间谈判达成的全国性劳动合同范围内，而且该劳动合同将覆盖该公司所有的工会化工厂。例如，通用汽车公司在底特律和洛杉矶的工厂处于相同的总劳动合同范围内。该劳动合同的长度超过100页，详细规定了工资计划、职位调换、养老金、裁员以及诸如此类的事项。谈判达成的独立的地方劳动合同可以覆盖这家地方工厂和它的雇员，规定其共同关注的事项，但必须与总劳动合同内容相一致。例如，地方劳动合同可能解决轮流加班安排、工厂公告牌的使用、国际工会代表来访以及地方工厂的其他问题。在没有全国性劳动合同的工厂，谈判通常在一个工厂范围内进行，谈判协议主要覆盖生产工人和维修工人。

(2) **不同的技能。**技能类型有助于说明地方工会的另一个运作特点。同业工会的会员基本上都是高技能的、受过完整正式培训（通常是在一个正式的学徒计划中）的技工。与此同时，许多产业工会会员却并不需要许多岗前培训。因此，同业工会会员经常会认为他们拥有比产业工会会员更高的地位。产业工会会员能够获得的培训计划通常都由公司提供，而同业工会会员的培训却由工会联合管理和运作。因此，同业工会只选择那些受过公司学徒培训计划的雇员作为其会员，培训生由公司单独从工厂中挑选。这种制度安排使同业工会因技能要求而限制其工会会员数量，有时候仅允许工会会员的家人和朋友入会。

(3) **不同的工作特征。**同业工会的这种特殊工作性质，为其要求全员入会创造了独一无二的机会。因为许多工作只能持续很短时间，所以同业工会会员，如某一建筑工程中的电工，在完成一个任务后将返回工会职业介绍所以获得下一个工作机会。在获得工作任务之后，同业工会会员可以到另一个工作地点从事工作，而且可能是为另一位雇主工作。通常来说，这些安排是由同业工会的工会代表与同意在现行劳动合同的框架下进行运作的公司预先设计和决定的。换句话说，工会的职业介绍所为建筑公司和同业工会会员充当了交易室或就业指导的角色。因为工会职业介绍所必须以一种非歧视方式进行运作，非工会会员的雇员也可以使用它提供的服务，但这种情况仍旧非常少见。与此相比，产业工会会员通常由公司雇用，而且将为同一雇主工作——通常是在同一个工厂——直到这种雇佣关系终止。

(4) **不同的领导角色。**同业工会与产业工会的另一个区别，是关于同业工会的工会代表和工会干事与产业工会的地方工会办公室的不同角色。**工会代表**（business agent），即地方同业工会的专职管理者，提供的服务有很大一部分与一家规模较大的产业工会的地方工会主席提供的服务是一样的。双方都被认为是各自地方工会的关键管理者，而且他们都领导着地方工会的合同谈判，在申诉处理中扮演着至关重要的角色。然而，工会代表还拥有另外的任务，例如管理工会的职业介绍所，在各家工厂充当劳动合同的首席“看门狗”的角色，以及在每个工厂委派一位雇员作为该工厂的工会干事。**工会干事**（shop steward）可能是一位资格最老的或者非常有资历的雇员，处理雇员申诉，在工作中代表工会代表，以及当出现什么事情时联系工会代表。

对工会会员来说，工会干事就是工会的化身；工会干事的形象极大地影响着工会会员对工会的印象和感觉。当工会干事的形象非常正面时，工会会员通常也会对申诉程序持一种肯定的态度，而且对工会产生更强烈的认同感。工会干事每个星期大约花12个小时来处理劳动关系事务；在这段时间里，50%～80%的时间花费在申诉处理上。因此，对工会干事进行申诉处理方面的培训是非常重要的，因为培训能够使工会干事花费较少的时间来处理申诉，使他们更有可能寻求重新当选，并导致他们投入更多的时间以改进劳资双方之间的关系。[37] 大多数工会都会为工会干事提供培训项目，譬如履行劳务合约、提请申诉和监督安全卫生违法行为方面的培训。

在地方产业工会，工会主席可以是专职的，也可以不是专职的。如果该职位是专职的，那么薪水来自工会收取的会费。如果该职位是兼职的，那么工会主席只能从工会财政那里获得除公司工作时间外的工会工作时间的报酬（按照固定的工资率）。工会主席的职责包括参与地方劳资谈判，主持地方工会办公室工作和地方工会会议，协助申诉处理，以及保证管理方遵守劳动合同。

在许多情况下，国际工会的一位工作人员（通常是**国际工会代表**，international union representative，IUR）在劳资谈判和劳动合同管理中将协助地方工会官员，并且保证地方工会官员的行为符合全国性工会的宪章和指示。工会干事，即工厂每个部门中当选的代表，在地方工会会议上代表该部门的工会会员，在工厂级别上处理雇员申诉，并且在必要的时候征收工会会费。[38] 工会官员可能在工作轮班中获得优惠待遇，并享受免于解雇的保护；但他们必须参与集体谈判合同的日常管理。他们可能获得超级资历，这意味着他们位于解雇决定资历单的最顶层。

能否成为工会领导依赖于他们是否对工会事业和目标具有非常重要的作用。这一条是非常必要的，因为工会的领导阶层，不管是工会干事还是地方工会主席，每个月都要投入一定时间无偿为其同事提供服务。担任工会官员角色的雇员之所以倾向于这样做，是因为他们关注改善同事的福利待遇，并从同事那里获得了鼓励和赞扬。他们更有可能被公司雇用更长时期，而且往往拥有更低的工作满意度。[39]

地方工会的管理和运作

通常，工会会员参与工会活动的方式主要是：担任职务、出席工会会议、参加全国大会、投票表决（选举、批准议案和罢工表决），以及帮助撰写时事通信月刊。

通常，那些需求没有在工作中获得实现的工会会员更愿意参与工会管理。另外，当工会会员的价值观与他们在工会中的角色密切相关时，他们通常也更愿意参与工会管理。[40]

(1) **出席工会会议。**会员参加地方工会会议的比率在5%和10%之间，但那些期望从会议参与活动中获得潜在回报的工会会员的出席率更高一些。[41] 当工会面临重要事务或危机时，例如在地方工会选举、举行罢工表决、谈判，或者在批准工会与管理方谈判达成的协议时，会员出席会议的比率也会上升。工会和其会员因极低的出席比率而受到了广泛的批评，但正式的出席比率并不能作为会员参与的真实测量标准。许多会员参与是在工厂级别以一种非正式方式发生在雇员之间的聚会，或朋友在午餐时间、工会干事与工会会员在工作休息时间的会面。通过这些定期参加地方会议的工会干事，可以将会员关注的事项传达给工会领导层，这些信息渠道对工会政策和行动的影响力不应该被低估。地方工会正在学习使用调查方式和面谈技巧，以收集关于职业安全与卫生、合同规定、晋升机会、工作压力、工会印象、新会员的招募等事项的信息，这样做不仅是为了准备劳资谈判，而且是为了改进工会的运作水平和评估工会会员的意见。[42]

工会有很大的潜力来提高地方工会会员的参与程度。例如，工会可以允许工会会员向地方工会提供志愿服务以代替支付地方工会的会费；更好地使用电子信息服务，如互联网、网站和电子邮件，以宣传和追求工会的目标；还可以寻求新方法来使普通工会会员参与组织工会、劳资谈判和政治活动。[43]

有意思的是，工会参与并不一定会导致更高的工作不满程度。实际上，在劳资对抗程度较低的环境中出现的积极、肯定的会员归属感并不是更高的工作不满程度的一个原因。因此，在对抗程度较低的劳动关系氛围中，管理方不应该害怕或者阻碍雇员在工会中扮演积极的角色。[44]

绝大多数工会领导都经常参加地方工会会议，部门代表、核心会员、压力集团、社会团体和期望获得工会领导职位的人员也同样如此。工会干事被要求参加地方工会会议，他们代表了其谈判单元中工会会员的利益。虽然只对一些主要事项才有直接投票表决权，但是工会干事通常能够反映工会会员的看法和意见。[45]

地方工会已经尝试了无数的方法以提高工会会员的出席率，例如提供啤酒、三明治、电影和奖品；对那些缺席一定数量会议的工会会员进行罚款；拒绝让他们担任职务。虽然一些伎俩可以在短期内提高工会会员的出席率，但是许多会员仍旧认为这些会议是“漫长的、枯燥无味的和令人失望的”[46]。

地方工会会议举行的时间要获得多数同意。虽然这些会议通常推迟召开而且持续时间很长，但会议的平均长度大约是 2 个小时。会议的内容导致极低的出席率，因为大部分时间都被耗费在阅读来自出纳、项目领导和委员会主席的报告上。参加会议的会员虽有机会讨论这些报告，但这一程序本身也耗费时间，尤其是涉及一些雇员出席率的申诉，或者当会议举行之前某一争议性问题被提出时。很多时候，议会程序被那些可能想要主导会议的准议会专家过度使用。虽然地方工会会议可能会与理想的情况存在偏差，但大体上来说地方工会的任务还是能够完成的。

（2）**地方工会会议的职能。**地方工会会议可能看起来是非常枯燥和低出席率的；但是，它在地方工会的管理中担当了许多至关重要的职能。首先，地方工会会议是该工会最重要的管理活动，而且地方级别上的所有权力都来自它。其次，地方工会会议为工会会员提供了机会，使他们能够与工会领导进行交流沟通，直接表达批评，呼吁工会关注他们的利益。同样，它也是工会领导向工会会员提供信息、展示工会活动的成果、寻求工会支持和对工会会员进行指导的一次机会。最后，该会议是最高的立法主体：许多重要的事务诸如申诉的提出、开支和宪章修改的批准、工会官员的选举，以及合同的批准之类的事项，都是在这里作出最终决定。[47]

工会不仅要改善工人的经济状况，同时要让工人在公司决策中拥有话语权。民主性工会就可以发挥这样的功能。通过参加工会会议、表达观点和意见、参加工会选举和罢工投票、竞选工会代表、参与选举地方和国家工会选举等活动，工人有机会在工作环境改善方面发挥影响力，并且可以参与关系自身利益事项的决策。民主工会的整个程序

（如工会官员选举）都确保了工会代表必须尽快对工人的关切作出回应。

研究显示，积极的劳资关系有利于工会工人赞成工会领导人的政治目标，比如合约认可、竞选连任。在地方性工会竞选中，有效处理申诉有助于现有工会领导人连任。相信并使用申诉程序解决劳务问题以及公正地进行集体谈判也有利于现有工会领导人实现其政治目标和成功获得连任。有意思的是，资格老的工会工人反而不在选举中投票给现有工会，因为他们认为，现有工会领导人为年轻工会工人所做的事情比为他们做的要多得多。[48]

因为选举对民主进程十分重要，所以国会授权美国劳工部建立监督工会选举的规则。（在随后的“劳动关系实践”专栏，我们将对这些规则进行描述。）

全国性工会或国际工会

在美国，全国性工会或者国际工会（在本章中，这两个术语是可以互相替代的）“因它在集体谈判——美国工会的核心职责——中的影响力”而在工会组织结构中占据着“主脑”的地位。仅它们的规模（见图表 4.11）就表明了全国性工会的巨大影响力——覆盖了数以百万计的工会会员的劳动合同都直接或间接属于全国性工会的行动结果。地方工会在全国性工会宪章和指示下进行运作，而且工会联盟（美国劳工联合会—产业工会联合会）的影响力、地位和威力也来自它附属的全国性工会。

全国性工会在一个**宪章**（constitution）的框架下进行运作，该宪章是在全国大会上由地方工会的代表制定的。长期以来，宪章已经经历了三个阶段的演变：首先，地方工会非常小心、谨慎地限制全国性工会的权力；其次，随着全国性工会在集体谈判、政治活动以及其他行动中变得更加积极和主动，地方工会成了下属主体；最后，宪章包含的规定不仅批准了全国性工会的主要职责和功能，而且保护了个体工会会员的权利和地方工会在与全国性工会的关系中的权利。[49]

图表 4.11　　最大的 12 个全国性和国际工会

工会组织	人员数量（千）
国家教育联合会 *	3 235
服务业雇员国际工会 **	1 857
美国州县和市政工人联合会 **	1 501
国际卡车司机兄弟会 **	1 364
食品与商业工人工会 **	1 310
美国钢铁工人联合会 ***	627
美国教师联合会 ***	889
国际电气工人兄弟会 ***	704
全美汽车工人联合会 ***	355

续前表

工会组织	人员数量（千）
美国通信工人工会 ***	493
国际机械师协会 **	614
北美劳工国际工会 **	633

* 独立工会。

** 附属于变则胜劳工联合会。

*** 附属于美国劳工联合会—产业工会联合会。

资料来源：2009 LM-2 Reports by U. S. labor unions, which may be found at http://www.dol.gov/esa, the home page of the U. S. Department of Labor.

代表大会

全国性工会的最高管理主体是它的**代表大会**（convention），该代表大会通常是每年或者每两年举行一次。[50] 代表大会在许多方面服务于全国性工会：作为制定宪章的主体，全国性工会的立法主体，工会决策的最终法院，以及任命（在许多情况下是选举）工会官员的主体。代表大会为工会官员提供了向大会成员报告其成绩和失误的时间与场所。它为政策的形成、计划的设计和章程的制定提供了议事日程。它还代表着这样一个时刻：会员的声音能促使工会领袖为自己的行为负责。然而，并不是所有的活动都是正式的：代表大会为地方工会辛苦工作提供了奖励，为政治活动和公共关系提供了一个机会，而且为工会会员提供了一个“发泄不满”的时间和场所。

代表大会采取代表制度（delegate system），即大会代表的数量取决于地方工会的会员数量。因为即使规模最小的工会也被允许拥有一位代表，所以地方工会的代表数量并不与该工会的规模存在一种直接的比例关系，虽然规模较大的地方工会通常来说拥有更多的代表。代表大会处理事情的方式与美国国会和许多州的立法主体类似，在代表大会上进行辩论和投票表决之前会完成大量的委员会工作（包括可能会召开的听证会）。但是，许多讨论也会发生在举行代表大会的宾馆的酒吧里和会议室里。[51]

虽然在代表大会之前许多问题已经得到解决，但是有一些问题却是年复一年地出现，例如：

- 内部管理：工会会费；财政事项；工会主席、执行委员会以及地方工会的权力。
- 集体谈判：现行协议存在的问题，未来劳资谈判所要求的成员人数，谈判优先事项的确定，下一次劳资谈判战略的制定。
- 支持或者反对国内和国际公共政策的解决方案：劳动法改革，通货膨胀，利率，失业，国际收支平衡，流向外国的工作岗位。[52]

领导和民主

在两次代表大会之间的时间里，全国性工会是由它的执行委员会领导的，该委员会的成员是由工会会员选举产生的。在有些情况下，执行委员会的成员是由地区选举产生的，而且他们将负责工会的地区中层组织，即维持地方工会与全国性工会之间的联系。执行委员会与全国性工会的主席之间的关系通常在该工会的宪章中得到详细规定。例如，有些全国性工会的主席主要负责实施执行委员会制定的政策；其他一些主席负责领导全国性工会的事务，在执行委员会的批准下履行工作。但是，绝大部分主席拥有的任命工作人员、管理地方工会和领导全国性工会工作的权力实质上是不受限制的。允许主席拥有这么大的权力的基本原理是工会经常会发现它陷于与雇主的斗争当中或者其他情况之中，使得它必须果断和迅速地行动。因此，拥有一个强有力的领导人是必要的，而且要求工会具有一位唯一的发言人。然而，权力的集中为权力的滥用创造了机会，因此必须设计出一种内部监督和平衡机制，以保证工会民主和充分的代表权。然而，《兰德勒姆-格里芬法案》（将在本章的后面部分讨论）的第1节至第6节已经表明内部控制经常并不能有效地发挥作用，而管理规定则是至关重要的。工会会员参与工会选举和工会管理的权利包括了在选举中提名候选人的权利，在选举中投票表决的权利，参加会员会议的权利，参与商议的权利，以及在这些会议上就诸如规定会费和评估工会资产之类的事项投票表决的权利。[53]

◇劳动关系实践

工会选举规则（美国劳工部）

(1) 所有地方工会必须至少每三年举行一次选举；国际工会至少每五年举行一次选举。

(2) 地方工会必须普选，工会会员既可以邮寄选票，也可以直接投票；国际工会可以通过代表进行选举。

(3) 选票邮寄必须采取必要的安全保障措施，比如留有足够的时间可以让投票人邮寄回选票。对直接去投票站投票的选民要采取必要的保护选民隐私的措施（保护隐私的投票站，专有投票桌设置挡板阻挡他人视线，或者设置专有的投票室），选民身份必须查验（驾照或者身份证）。

(4) 选举时间和地点对所有选民都非常便利。

(5) 选举公告（包括时间和地点等）必须在选举开始前15天邮寄给各个选民。

(6) 必须以合理的方式告知候选人提名规则，邮寄给选民或者张贴布告。提名既可以在工会举行会议时口头提出，也可以通过邮寄的方式提名，确保每一名选民都有机会提名候选人。

(7) 必须核查选民的合法性。

(8) 选票登记之后，选民应该把选票投入手边的投票箱。设置两个门口：进口和出口。确保选民在投票之后从出口处走出。

(9) 投票过程中以及点票的工作人员的立场中性，不偏向候选人任何一方。

(10) 监督人士也是投票过程中的必要组成部分，每位候选人都要受一到多位监督人士的监督（取决于投票持续时间、投票地点和投票规模）。

(11) 候选人有权邮寄竞选宣传材料。一些工会要求候选人的邮寄费全部出自自己腰包，而一些工会为候选人提供会员的电脑材料或者邮寄地址等。

(12) 禁止使用工会或者雇主资金，包括禁止使用工会和公司的打印机、宣传材料、车辆以及其他财产，禁止接受雇主的帮助或者关联亲属的帮助（拥有企业，且希望候选人当选）等。

资料来源：Helen Boetticher，“How to Hold a Union Election and Stay Out of Trouble，” *Labor Law Journal*，51 (4) (2000)，pp. 219 - 224.

工会内部的民主能够提高它的综合效率和效果。工会领袖将更好地代表工会会员，因为他们了解什么是工会会员所需要的。民主会使清除腐败且效率低、不能代表会员利益的官员变得更加容易。另外，带薪的工会官员实际上并不能承担工会内部的所有事务，他们不得不依靠那些无薪的工会官员一起工作。如果这些志愿者在参与工会事务的过程中受到民主对待，他们将对工会产生一种更强烈的忠诚感。

民主的组成部分应该包括：（1）在决策中共同分享权力；（2）参与决策的机会；（3）获得决策所必需的完整信息的途径；（4）保障个体会员的平等权利，尊重个体会员的尊严；（5）获得最低的经济、职业安全和卫生标准，以及环境保护标准的权利；（6）合理分享工作所创造的价值的权利。[54]

民主和工会会员积极参与的一个微小标志是全国性工会主席的辞职率。一些国际工会的前任领导人长期担任其职位（丹·托宾，国际卡车司机兄弟会，45年；约翰·刘易斯，矿工联合会，39年）。在20世纪50年代和60年代，工会主席的辞职率大约是20%，而到20世纪70年代已经上升到了25%。然后，到20世纪80年代末期，辞职率倒退到了10%。虽然辞职率并不是工会民主的必要先决条件，但普遍的规则是工会领袖必须对工会会员负责，满足工会会员的目标，才能继续自己的职位。[55] 在规模较大、拥有正规的沟通网络、开展集中式的劳资谈判和包括各种各样的普通工会会员的工会，工会主席的任期往往更长一些。[56]

工会领袖的形象

大多数工会领袖来自工人阶级家庭：在他们的父亲中，有62.1%是以小时工资为生的雇员。他们接受正式教育的平均年限是14.1年，超过70%的工会领袖拥有某种类型的大学经历：17%接受过研究生教育，而且另外有27%是大学毕业生。他们最初加入工会的理由与今天绝大多数工会会员的理由完全一样：40%的工会领袖加入工会是因为这是雇佣的一个条件，33%是因他们信仰工会的目标而加入，另有25%的人是想要获得更好的工资和工作条件。他们追求工会领导职位的理由包括（80%或者更高比例的工会领袖对这些调查项目作出了积极的响应）：有挑战性的工作、有意思的工作、扩展自己的能力范围、学习新东西的机会、个人看重的某件事情的实现、对工会目标的信仰，以及改善同事的工作条件的机会。[57]

最近对全国性工会领袖进行的一次调查显示了一些新的趋势，包括：

- 在将全国性工会的一些职能集中化的同时，推动其他一些与工会会员更加紧密的决策，如决定将某一申诉提交仲裁。
- 扩大劳资谈判的范围以获得一种更加全面、综合的方式，例如就小孩护理和老年人护理事项以及工会会员的教育进行谈判。
- 研究和学习组织在诸如战略规划、目标的界定、清晰的指挥链、规则与程序的建立方面的事务。
- 通过目标设定、团队建设和成员调查等方式提高工会与工会会员的工作效果。

- 通过信息技术的使用（例如电视会议、网站和电子邮件）改进与工会会员的沟通和交流。[58]

管理

国际工会的工作部门的种类和数量各不相同，但典型的国际工会至少设置下列部门：(1) 行政和管理部门；(2) 财政和审计部门；(3) 组织和服务部门；(4) 技术人员，包括研究、教育、经济学、法律、出版和公共关系等领域的专业人士。

行政和管理部门包括主席、副主席、财务秘书以及助理，这个部门主要负责整个工会的工作。有时，副主席可能会注重于组织工会或者集体谈判，而财务秘书则专注于财政事务。

美国全国性和国际工会主席的薪金都非常高，其中三个最大工会主席的薪金达到每年 30 万美元。[59] 当然，这些酬劳和公司 CEO 的工资比起来是小巫见大巫。2009 年，全球薪资最高的 100 名 CEO 的薪酬从 1 550 万美元到 8 750 万美元不等。[60]

此外，还有成百上千名工会会员、工会干事和地方工会官员都不能从工会那儿拿到薪水，只有直接从事工会事务才可能得到相应补偿。

专业工作人员

工会拥有两种类型的专业工作人员。第一类是通过任命或者选举产生的工作人员，并且担任诸如国际工会代表、职员代表、工会代表或者组织者之类的职衔。这类工作人员并不在国际工会总部上班，而是在各地帮助地方工会进行劳资谈判、合同管理和组织工会的工作。第二类是在工会总部履行更加技术化、更加专业化职能的人员，这类工作人员包括诸如产业卫生学家、医生、经济学家、律师、会计、电脑操作员之类的员工，以及教育、媒体、公共关系与其他领域的专家。有意思的是，工会的这些工作人员也组织了各种职员工会，主要是为了促进他们的工作安全和公平的工资计划。这些职员工会绝大部分都是独立的组织，但是有一些隶属于全国性工会组织，比如美国报业公会(Newspaper Guild)、美国通信工人工会和美国钢铁工人联合会。这些职员工会还建立了它们的联合组织，即国际职员工会理事会（International Congress of Staff Unions)，用于工会之间交流沟通、互帮互助。

传统上，全国性工会通过政治程序来挑选它们的工作人员，以奖励那些在地方工会工作中确有领导能力又忠诚的工会官员。另外，工会官员传统上对那些受过大学教育的人持怀疑态度，并认为工会的工作人员应该在工会内部努力工作以获得逐级晋升。最近，全国性工会正在采用那些已经被商业组织和政府部门使用的人事制度。

美国工会招聘越来越多地采用行政程序，与企业，政府机构，非营利教育、慈善和文化机构的人事管理相似。现在新的人事管理通常促使工会职员更加专业化。工会在招聘专业雇员时一般不考虑其是否拥有工会工作经历，更多地依赖外部顾问进行招聘，并且看重其大学文凭和计算机技能。工会最需要的品质是将新信息和通信技术与写作融合在一起的能力，以及语言表达能力和分析技巧。比如在招聘专业雇员时，有可能直接招聘没有任何工会经验的大学毕业生。工会现在越来越倾向于采用正规人事管理办法，任命人力资源主管，建立涉及培训、处罚和业绩评估等方面的人事制度。

工会在招聘计算机、经济分析、公共关系和培训等方面的人才时，主要依赖外部顾问，并制定正式的包括预算和资源分配在内的人事管理制度。现在，大多数工会都有自己的章程，划分工会内部岗位职责和行政关系。工会的财务计划和战略规划也越来越正式化，因为工会会员越来越多地要求工会领导人可以更加有效地开展工作，并且对工会账目问题也非常关心。[61]

在过去，对工会官员的职业培训程序并没有形成一致的意见，而经验和绩效在官员的任命与选举中占据了最主要的位置。然而，在最近几年里职业培训的地位已经获得了显著提高，绝大多数全国性工会都向它们的专业工作人员提供内部培训。许多大学都设置了向工会职员提供职业发展的劳动教育计划。马里兰州银泉的乔治·米尼劳动研究中心每年都有几千人注册入学，该中心与安蒂奥克大学共同合作，主办了一个为工会工作人员设计的大学程度的教育计划，而且已经有好几百名工会官员从该计划毕业。[62]

向地方工会提供的服务和对地方工会的管理

如同先前已经指出的那样，地方工会是根据宪章规定而从属于全国性工会，但从属的程度随全国性工会的不同而不同。全国性工会以许多方式向地方工会提供服务，同时管理着地方工会领袖。例如，当存在一个全国性的产品市场时，可能会与一家公司谈判达成**总劳动合同**（master labor agreement）以覆盖该公司所有的工厂和部门（这种性质的劳动合同已经在钢铁、汽车、橡胶、航空和电子设备行业中出现）。另外，一家国际工会（例如全美汽车工人联合会）可以在国家级别上与一家公司（例如通用汽车公司）谈判达成一个劳动合同，而该劳动合同可以为与其他汽车公司（例如福特汽车公司和克莱斯勒汽车公司）的劳资谈判确立一个模式。在全国性工会和每一家公司之间的总劳动合同谈判达成之后，地方工会将在每个工厂与管理方谈判达成一个地方劳动合同，包括地方规则、政策和福利等。如果地方劳动合同与总劳动合同存在偏离，必须获得全国性工会的同意（见第6章以获得进一步的信息）。

全国性工会在集体谈判、申诉管理、罢工活动和内部财务管理等方面对地方工会进行帮助。这些服务也为全国性工会的工作人员提供了一个确保地方工会遵守全国性工会政策的机会。

国际工会代表除了履行组建新工会的职责外，还在申诉管理和劳动仲裁等方面向地方工会提供帮助。全国性工会支持处于罢工状态的地方工会，但地方工会必须获得全国性工会的批准以满足获得罢工福利的条件。全国性工会为地方工会的内部财务管理（簿记程序、工会会费的征收、采购、工会分会的经营等）提供咨询和建议，但是托管（破产）程序也是存在的，根据该程序，全国性工会可因地方工会存在的不法行为以及腐败和资金滥用等违规行为而取消地方工会的相应权力，并根据全国性工会的指导原则对地方工会实施托管。

资金的分配和工会会费

虽然所有的工会会员都向他们的全国性工会支付会费，但会费的数额和形式差异非常大。对工会来说，会费是收入的主要来源。通常，每个月的会费是20～30美元，而且会员刚加入工会时还需缴纳大约40美元的入会费。有些工会设定了一个唯一的标准，但绝大多数工会允许它们的地方工会在作出最终决定时拥有一定的灵活性。会费的征收经常是通过一种资方代扣工会会费的制度来完成的。会员同意从薪水册中扣除工会会费，然后由雇主将工会会费的总额直接支付给工会。

地方工会将每个工会会员每月会费的一定比例上交给全国性工会。全国性工会利用这笔资金以实现对会员有利的各种目标。虽然大部分资金进入了总基金，用以支付管理、运营费用和工资开支，但是有一定比例的资金投入各种基金，例如罢工基金、会议基金、工会出版基金、教育工作基金和退休基金。[63]

工会会费是否应该用于政治目的许多年来一直都颇有争议。工会每年平均拿出4.27%的会费用于政治目的，而2006年总会费收入已经达到4.13亿美元。“保护工人会费”的组织[国家工作权利委员会（National Right-to-Work Committee）、美国遗产基金会（Heritage Foundation）和美国基督教联盟（Christian Coalition）等]希望州和联邦政府通过立法保护工人要求会费不用于政治目的的权利（比如，退还特别条款），特别是那些工会代表但是没有加入工会的雇员（根据工会保障条款，必须向工会缴纳会费）。这些组织认为，不赞成用于政治目的的雇员有权要求退还那部分用于政治目的的会费。但是，现在广泛使用的方法是：没有加入工会但缴纳会费的雇员在缴纳会费时指明其会费是否可以用于政治目的。[64] 最近，法院判决要求国际机械师协会、美国通信工人工会、美国州县和市政工人联合会、全美汽车工人联合会等实施会费减记计划，即如果会员要求（每年一次），工会将不得收取用于政治目的的那部分费用。

美国最高法院已经规定，如果一家工会为非集体谈判活动和目的而使用会员缴纳的会费和其他费用，就违背了它的公平代表职责。[65] 工会仍旧可以通过诸如美国劳工联合会—产业工会联合会政治教育委员会、全美汽车工人联合会的社区行动计划或矿工联合会的煤矿工人政治委员会之类的组织来寻求志愿的捐献，但是这种资金的收集可能会更加困难。

各级别工会的财政权力是高度分散的，一些地方工会拥有比其全国性工会更多的财产和收入。同时，工会的财政又高度集中在居于统治地位的几家工会，例如，国家教育联合会每年收入达4亿美元，全美汽车工人联合会拥有价值11亿美元的资产。[66]

工会的财政状况在过去15年里得到了相当大的改进。实际上，工会具备了这样一种集体能力，即能够在没有获得任何新的收入的情况下按照上一年度的服务标准运行几乎整整一年。另外，工会的谈判力量和罢工活动在过去20年里的下降并不是因为工会承受罢工的财政能力下降。[67]

全国性工会的合并

受到美国劳工联合会—产业工会联合会创建的鼓励，但主要还是因为不断上升的成本、增强谈判力量的需要、解决争议所需的昂贵成本、美国一些行业的衰落、经济规模、外部管制的规避，以及维持生存的需要，全国性工会之间的合并已经以一种逐渐加速的速度进行。

工会之间的合并既有强强联合的新创合并，也有“大吃小”的吸收合并。**新创合并**（amalgamations）是指两个或更多规模相当的工会合并，形成一个新的工会。**吸收合并**（absorptions）是指大工会吸纳兼并小工会，小工会失去独立主体资格，而大工会的规模和结构受到的影响并不大。自1955年美国劳工联合会—产业工会联合会创立以来，美国一共出现了146次全国性工会的合并，每年大约3次，新创合并大约占15%。新创合并一般而言非常困难，两个大工会合并成为一个新工会需要打破原有结构，传统和理念难免碰撞冲突。合并委员会首先必须就新的管理结构达成一致，比如工会代表选举程序和工会章程。它们还必须就工作人员的去留、新工会委员会、总部和出版物等问题达成一致。决定哪些部门保留、哪些部门关停也是摆在它们面前的难题。

吸收合并相对来说要容易得多。小工会被吸收进大工会，有可能成为大工会的一个部门或者机构，通常还保留原有的办公室、地方分会、谈判委员会和大部分章程，实际上变化不大。[68]

在工会合并活动中有五个工会发挥了主导作用：服务业雇员国际工会、美国钢铁工人联合会、国际卡车司机兄弟会、食品与商业工人工会和美国通信工人工会。这五个工会的会员人数超过 500 万人。它们大幅增加的会员人数的一小部分来自新工人的加入，而更大一部分来自工会合并。尽管这些工会现在都是跨行业的大工会，但是刚开始时只涉足一个行业：服务业雇员国际工会起源于医疗护理行业，国际卡车司机兄弟会起源于卡车行业，食品与商业工人工会起源于杂货店和肉食品行业，美国钢铁工人联合会起源于铝钢制造、石油冶炼、造纸和轮胎行业，而美国通信工人工会起源于电信行业。[69]

2004 年发生了一起引起人们广泛关注的工会合并事件，但是，遗憾的是，5 年之后就解体了。服装和纺织行业雇员工会（Union of Needletrades，Industrial and Textile Employees）和酒店餐馆雇员工会于 2004 年合二为一，组成服装纺织和酒店餐馆雇员工会。合并后的工会被认为是“未来之星”，有可能大幅扩大工会在酒店餐馆行业的集体谈判权。这次合并被人们称为“婚姻双方郎才女貌”，服装和纺织行业雇员工会“有钱”（拥有银行和房地产开发公司），而酒店餐馆雇员工会“有人”（酒店餐馆雇员，其中只有一小部分加入了工会）。根据双方合并的协议，服装和纺织行业雇员工会原主席布鲁斯·雷纳（Bruce Raynor）成为新工会主席，酒店餐馆雇员工会原主席约翰·威尔海姆（John Wilheim）担任酒店业分工会主席，两人在工会预算、人事和战略方面共同决策。4 年之后，威尔海姆抱怨道，他的权力被剥夺得所剩无几。雷纳也表示，双方的合并失败，投入的资金并没有收到很好的效果。服装和纺织行业雇员工会原副主席提起诉讼，请求解散服装纺织和酒店餐馆雇员工会，但是工会委员会不同意解散。一些下属地方性工会指责服装纺织和酒店餐馆雇员工会资金使用不当、工会组织不力、集体谈判协议不理想。它们后来于 2009 年退出服装纺织和酒店餐馆雇员工会，组建新工会——劳工联盟（Workers United），拥有会员 15 万人，布鲁斯·雷纳担任主席，后来加入服务业雇员国际工会。2009 年 9 月，约翰·威尔海姆宣布服装纺织和酒店餐馆雇员工会重新加入美国劳工联合会—产业工会联合会（服装纺织和酒店餐馆雇员工会曾是变则胜劳工联合会的发起工会之一）。[70]

2009 年发生的护士工会合并未来如何发展，还要我们拭目以待。2009 年 12 月，安·丹莫罗（Ann DeMoro）领导的加利福尼亚州护士协会（California Nurses Association）与马萨诸塞州护士协会、美国护士联合会（United American Nurses）合并，组建拥有会员 15.5 万人的美国护士工会（National Nurses United，NNU）。丹莫罗此次合并旨在让美国护士工会成为拥有 260 万人的超大型全国性工会。如果开展的活动如在加利福尼亚州一样成功，美国护士工会的会员人数将突破 65 万人，届时，美国护士工会将在全国范围内开展集体性活动。统计数字显示，美国护士工会抓住了一次史无前例的大发展机遇，加入工会的护士未来十年将增长 22%，现在加入工会的护士只占比 13.6%。近来，美国护士工会已经取得了数次成功：在休斯敦，美国护士工会第一次代表护士从业人士进行集体谈判、签订劳务合约；在费城，美国护士工会支持天普大学附属医院医护人士举行罢工，一个月长的罢工最终成功使护士的福利得以保留；在明尼苏达州，美国护士工会领导 12 000 名护士罢工一天，雇主同意保留雇员的养老金计划不做任何改变，同时增加了 3%的薪金。[71]

中层工会组织

从结构上看，国际总部和地方工会之间存在着中层工会组织——地区或区域办公室、行业会议、会议委员会和联合委员会。这些组织通常是在它们的全国性工会指导下进行运作，但它们的活动对这一地区的工会会员和雇主来说则是非常重要的。

地区或区域办公室设置了地区或区域官员、工作人员和为该地区提供服务的国际工会代表。例如，密歇根州就拥有全美汽车工人联合会的一些地区办公室；美国钢铁工人联合会在亚拉巴马州的伯明翰、匹兹堡和其他一些地方设立了地区办公室。全国性工会成立地区办公室是为了更好地服务于它们的地方工会。

行业会议是在全国性工会内部成立的，其目的是为了代表各种行业群体。例如，国际卡车司机兄弟会已经为诸如货运、航运、干洗以及搬运与贮藏等行业中的会员群体形成了 11 个定期的行业会议。在会议中，他们讨论各种共同关注的问题和利益。

会议委员会（conference boards）是在全国性工会内部成立的，旨在讨论有关工会和某家特殊公司的事项。例如钢铁、汽车、橡胶和电子产业内的每一个全国性工会都已经成立了会议委员会，以讨论劳资谈判和与此相关的问题。会议委员会的代表从地方工会中选定，并在会议中代表他们委托人的利益，规划下一次劳资谈判，然后将这些规划传达给地方工会和工会会员。

联合委员会（joint councils）是由具有共同目标、雇主和利益的地方工会成立的机构。这样的例子有美国主要大城市中成立的建筑行业委员会。它们与当地的建筑业雇主协会进行劳资谈判，协调委员会之间的行动，而且帮助解决工会之间的权限争议。

独立工会

目前存在着 41 个独立工会（没有成为美国劳工联合会—产业工会联合会或变则胜劳工联合会的附属工会）。这些工会大多代表服务业员工和健康护理提供者的利益。美国规模最大的工会，即拥有 323.5 万名会员的美国教育协会，就是这些独立工会中的一家。其他一些独立工会包括美国护士协会（American Nurses Association，ANA）、美国内科医生与牙科医生工会（American Physicians and Dentists，APD）、人寿保险机构职员工会（Life Insurance Agents，LIA）、国家劳动关系委员会工会、职业工程师协会以及美国公司警卫联合工会（United Plant Guard Workers of America，UPGWA）。[72] 另外，还存在着大约 1 500 家独立的地方工会，代表大约 50 万名工会会员。独立的地方工会存在于一些大规模公司中，例如杜邦公司、德士古公司、埃克森美孚公司、宝洁公司、美国电话电报公司；同时存在于许多中等规模的公司中，例如道琼斯公司、韦尔顿钢铁公司、Zenith；绝大多数存在于各种行业里的大量小公司中。[73]

雇员协会

目前工会正支持成立各种新的、能够向成员提供广泛服务的雇员协会。在美国的克利夫兰，附属于服务业雇员国际工会的职业女性协会（Association for Working

Women，AWW）提供一条免费的热线电话，提供关于性骚扰和其他工作事项的课程，而且就工作场所中发生的一些事件与资方进行磋商。隶属于国际女装工人联合会（International Ladies Garment Workers Union，现在从属于服装纺织和酒店餐馆雇员工会）的成员联合会（Associate ILGWU Members）在纽约为其会员提供英语课程、研究生同等学力课程和技能培训，并且在移民、最低工资、职业安全和卫生、性骚扰、残疾与养老金计划等方面提供司法援助。由美国劳工联合会—产业工会联合会在蒙大拿州发起的蒙大拿家庭工会（Montana Family Union）主要由政府部门雇员和小企业主构成，其中甚至有牧师。该组织向其会员提供医疗福利，大病医治价格甚至不到原有价格的50%。虽然批评人士指责这类工会为“折扣工会”，但不可否认的是，它们发挥了重要的社会职能。尽管总工会工人数量不断下降，但是这些工会的会员人数却在上升。[74]

管理和职业组织。美国劳动力总数的43%被归类为管理人员、监管人员和专业雇员，这些人士都不在《国家劳动关系法案》的司法管辖权之内，但是这些群体也希望自己在公司中拥有更大的话语权。西德尼（Sidney）和比阿特丽斯·韦布（Beatrice Webb）在其1902年出版的名著《工会组织方法》（*Methods of Trade Unionism*）中指出，工会组织方法分为以下三类：（1）集体谈判；（2）互帮互助；（3）法律保障。许多管理人员、监管人员和专业雇员加入类似工会的组织，维护自身利益，互帮互助。这些组织采取的策略与工会组织相同，比如集体行为、互助活动、技能认可和政治活动，通过这些策略来达成组织的目标。这些组织还向会员提供团体保险，为会员参加大学课程以及书籍影像资料的花费打折，帮助会员的职业发展，并且参与法律拟定战略。调查显示，这些组织中有37%跨行业或者企业。[75]

美国劳工联合会—产业工会联合会

虽然美国劳工联合会—产业工会联合会并没有包括美国所有的工会，但是它是由拥有60 000家地方工会和约1 220万名工会会员的57个全国性工会和国际工会组成的。工会会员从事各种各样的职业，例如演员、建筑工人、理发师和美发师、钢铁工人、公共汽车司机、铁路工人、电话接线员、新闻记者、销售人员、服装工人、工程师、学校教师和警察。美国劳工联合会—产业工会联合会的附属工会与数以千计的雇主保持日常联系和管理大约150 000个劳动合同。绝大多数（大约99%）劳动合同是在没有举行罢工或者发生其他形式冲突的情况下谈判达成的，而且形成了雇佣条件的基础，大量工会会员在这些雇佣条件下开展工作。

由美国劳工联合会和美国产业工会联合会在1955年合并而成的美国劳工联合会—产业工会联合会承认了这一原则，即同业工会和产业工会都是美国工会组织合适的、平等的和必要的部分。联盟遵循自治（autonomy）的原则——每一家附属工会各自独立处理自己的事务；设置自己的总部、办公室和工作人员；决定各自的经济政策；规定各自应收取的会费；各自实施合同谈判；各自向其会员提供服务。

全国性工会不是必须加盟美国劳工联合会—产业工会联合会。目前，仍旧有大约40家全国性工会处于美国劳工联合会—产业工会联合会的体系之外。另外，联盟的会员工会可以在任何时候自由地退出该联盟；但是，工会的自愿加盟扮演了一个至关重要的角色，即保护和促进每一家工会的利益。全国性工会继续保留会员工会资格，是因为它们相信工会联盟能更好地实现个体工会不能很好实现的一些目标。

美国劳工联合会—产业工会联合会提供的服务包括下列一些：

- 在美国国会和政府部门面前为工会说话。
- 在世界事务中代表美国劳工和与全世界范围内的工会保持直接的联系。
- 协调诸如社区服务、政治教育、游说活动和投票者登记注册之类的活动以获得更大的效果。
- 在全美国范围内帮助协调各家工会致力于组织非工会雇员。

另一项至关重要的、能够提高美国劳工联合会—产业工会联合会会员工会完整性和声望的服务是，它们必须在已经制定的、包括工会民主和财务真实在内的道德行为标准的框架下进行运作。联盟还通过调解和解决全国性工会之间的争议（例如，组织工会期间发生的争执和因为工作任务出现的冲突）的方式来帮助减少导致工作中断的冲突。[76]

组织结构

美国劳工联合会—产业工会联合会的组织结构（见图表 4.12）表明了代表大会的重要性。代表大会一般每二年召开一次，且可在有特殊需要时随时召开，它们为美国劳工联合会—产业工会联合会的工作制定政策、计划和指示。每一家全国性工会或者国际工会都有权派遣代表参加代表大会。每一家工会在代表大会上的代表权是由该工会付费会员的数量决定的。另外，其他的一些附属工会，例如各州的劳动委员会，每一家可派遣一名代表以代表自己的工会。

2009 年 9 月 16 日，美国劳工联合会—产业工会联合会大会代表选举理查德·特拉姆卡为主席，分别选举霍尔特·贝克和伊丽莎白·舒勒为副主席和财务主管。这三个重要职位中有两位女性担任，还是有史以来第一次。特拉姆卡出身于矿工家庭，1968 年到矿上工作，1971 年在宾夕法尼亚大学获得理学本科学历，1974 年在维拉诺瓦大学（Villanova University）获得法律学位。贝克是美国州县和市政工人联合会的职员代表，也是这个工会的组织人之一，曾担任过前副主席琳达·查维斯-汤普森（Linda Chavez-Thompson）的行政助理，后来担任前主席约翰·斯威尼（John Sweeney）的行政助理，汤普森 2007 年退休之后，斯威尼任命贝克为副主席。2009 年，贝克当选为副主席。舒勒成为美国劳工联合会—产业工会联合会有史以来最年轻的、也是一位女性财务主管，她毕业于俄勒冈大学新闻学专业，多次在国际电气工人兄弟会担任要职，在 2009 年大选中被选为特拉姆卡的竞选搭档。

在两次代表大会之间，联盟的管理主体是它的执行委员会，由主席、财务主管和 52 位副主席组成。

执行委员会的所有其他成员可能是美国劳工联合会—产业工会联合会的附属国际工会的现任主席或前任主席。执行委员会每年至少召开三次会议和履行各种职责，包括法律事务、工会腐败、新国际工会的宪章，以及来自会员工会的申诉。

在执行委员会的会议间隔期间，执行委员会的主席，也就是首席执行官，拥有管理该联盟事务和领导联盟工作人员的权力，而财务主管负责处理所有财政事务。为了帮助管理，执行委员会主席任命了 11 个规划部门来处理各种事务。这些规划部门在联盟工作人员的帮助下向会员工会提供相关的服务。在华盛顿特区总部工作的联盟工作人员与

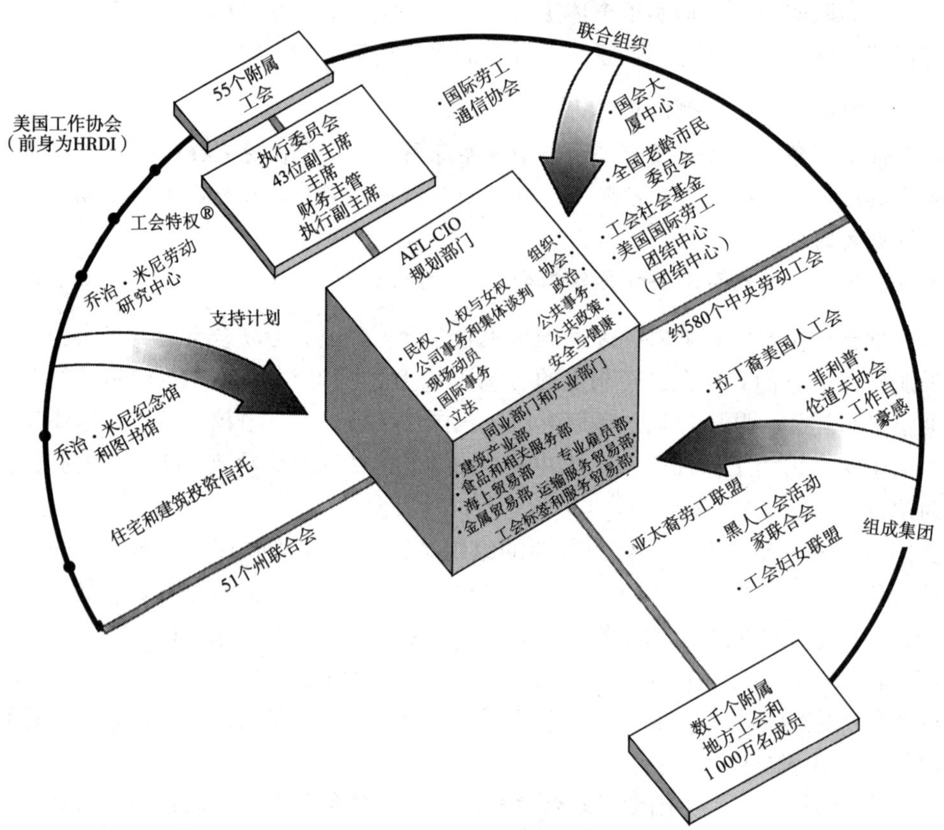

图表 4.12　美国劳工联合会—产业工会联合会的组织结构

资料来源：http://www.aflcio.org.

这些规划部门紧密合作以更好地服务于会员工会（见图表 4.12 以获得规划部门的名单）。综合委员会（General Board）由执行委员会和每一家工会派遣的一位代表组成，负责处理执行委员会交付给它的各种事务。

美国劳工联合会—产业工会联合会已经成立了 51 个州联合会（外加一个在波多黎各的）以促进和改善每个州的劳工权益状况，其活动方式包括为选举亲近劳工的政治领导人而实施的政治活动，为促使通过对劳工和工会有利的法律而进行的游说活动，以及为组织非工会雇员而进行的工会组织活动。在每个州内，附属于联盟的每一家地方工会都可以加入州联合会，并且参与和支持它的行动。另外，联盟的会员全国性工会的地方工会已经成立了 580 家地方中心机构以处理民权问题、社区问题和地方工会关心的其他一些事务。

为了适应并服务于各种各样的同业工会和产业工会的利益与需要，美国劳工联合会—产业工会联合会已经成立了 7 个同业和产业部门。建筑产业部代表了同业工会的利益，其中大部分会员工会都来自合并之前的美国产业工会联合会。另外一个部门，工会标签和服务贸易部，负责促进工会制造的商品和服务的购买与销售。剩下的部门代表了诸如食品和饮料行业、海事雇员、金属行业、运输雇员与专业技术雇员之类的工会群体的利益。另外，为了在全美国范围内形成充分的利益和支持，已经组织了 976

个地方部门委员会。

这些地方中心机构近年来异常活跃，特别是在美国东北部各州。例如，美国东北部各州的地方工会委员会有60%加入了“工会城市”（Union Cities）项目，该项目旨在从社会基层重塑工会运动，帮助改善人们的生活。该项目包含以下几方面的内容：动员工人，反对反工会雇主；组织草根游说团体/政治委员会；建立促进就业和经济发展的战略；资助经济教育；说服市县官员通过保护工人权利的政府决策；增加工会会员人数。[77]

美国劳工联合会—产业工会联合会在1962年为它的会员工会制定了一个禁止偷袭的条款，以禁止某家会员工会试图从另一家会员工会那里吸收会员或试图在已经存在工会的某个工厂里代表某个雇员群体。因此在1962年，联盟制定了一个内部争执计划以裁定它的会员工会之间产生的分歧和冲突。[78]

联盟的运作是由固定会员缴纳的会费（被称为人均税，由会员工会根据其各自工会会员人数而支付）支撑的。目前，人均税是每个会员每月0.75美元，或每年9美元。因此，美国劳工联合会—产业工会联合会的预算约为1.9亿美元，这笔钱几乎全部都用于固定运行成本的开支。预算的很大一部分用于支付工作人员的工资。在每次代表大会上，联盟的详细财政报告都被提交给参加会议的代表。[79]

美国劳工联合会—产业工会联合会最近认识到，与目前并不属于工会会员的雇员保持联系具有巨大的潜在利益，因而制定了一个**准会员资格计划**（associate membership program）。准会员包括以下雇员：投票支持工会但工会没有胜出的雇员，无工会公司中支持工会的雇员，工会代表但又没有加入工会的雇员。这些准会员人数超过40万人，人数目前还在稳定增长。通过准会员资格计划，美国劳工联合会—产业工会联合会仍旧可以与这些雇员保持接触。如果每年向工会缴纳会费，这些雇员可以获得特制信用卡、折扣保险计划、法律服务，以及其他福利项目。

美国劳工联合会—产业工会联合会还为会员、退休工人和准会员提供低成本电脑，让1 700万人能够上网。这项新福利只是工会特权福利项目（见图表4.13）的拓展，工会特权福利项目在20世纪80年代就已经开始为工人提供福利。这些福利包括：降低律师费用，减少人寿和事故保险费用，有权加入摩托车俱乐部，汽车修理费用打折，享受旅行俱乐部服务，迪士尼乐园门票打折，降低教育类书籍和软件购买费用，房贷和房屋购买咨询，以及牙医医疗福利项目，等等。

图表 4.13　　工会特权福利项目

工会特权福利项目	**消费者中心**
终身福利 工会特权福利项目旨在以美国工人家庭可以接受的价格提供优质的服务。最重要的一点是，这些福利专门为工人家庭设计。此外，还有专门福利给下岗工人和残疾人，对他们帮助很大。 **谁可以享受到这些福利** 您不一定要加入工会特权福利项目，只要您是美国劳工联合会—产业工会联合会下属工会	注册获取新信息。 工会特权项目提供的小贴士和消费商品，让您省时省力。点击注册。 想获知其他福利信息，点击下面的链接。工会特权项目的产品和服务为您省时省钱，为您解忧。

续前表

的会员，您就可以直接享受到这些福利。大部分下属工会都参与了工会特权福利项目，但是有一些国际工会没有参与项目所有内容。点击这儿，查询您所在的工会参与了哪些福利。 **我们的秘密？工会的力量** 就像在工厂一样拥有强大的力量，工会在市场中同样影响力很大。通过集体谈判，为超过1 000万名会员争取到最优福利，且没有动用任何会费。 **其他国家的工会可以参与的项目** **计算工会福利项目每年可以为您节省多少费用** **现金和贷款** 信用卡 贷款 房贷和房地产 工会特制支票 贷款教育知识 信用积分 **保险** 事故保险 人寿保险 汽车保险 宠物保险 **医疗保健** 医疗储蓄金 医疗俱乐部折扣 **教育服务** 工会特别奖学金 工会工人大学奖学金 教育贷款计划 "去上大学"项目 **娱乐性消费折扣** 主题公园门票折扣 电影票折扣 **汽车特别待遇** 汽车租赁 汽车保险 汽车购买 固特异轮胎和服务公司折扣	**房屋** 房贷和房地产 北美长途运输公司 **司法资源** 移民司法服务 **宠物服务** 宠物保险 宠物储蓄金 PETCO 折扣 **礼品店** 鲜花价格折扣 **旅游休闲** 汽车租赁 假期短途游 巴哈马群岛旅游服务 迪士尼酒店特惠 **电脑技术** 辛格勒无线公司折扣 IBM 电脑折扣 戴尔电脑折扣 **工会特供** 汽车购买 辛格勒无线公司折扣 固特异公司折扣 迪士尼酒店特惠 鲍威尔工会书店 工会特制支票 **提供优质服务** 工会特权项目只与您信任的行业领先公司开展合作，这些公司： ● 是行业受尊敬的领先企业。 ● 在全国范围内提供一流产品和服务。 ● 支持工会的理念。 ● 客户服务一流。 ● 理解隐私和保障的重要性。

续前表

会员宣传和满意度 为了保证质量，我们只与行业领先公司开展合作。 我们不会只停留在“提供”这个层面，还将持续跟踪后续服务，而且会更新提供的福利，以使用户满意。 此外，工会利用集中采购谈判让会员可以更快、更好地享受到优质服务。工会特权福利项目可以让会员放心，你们的需要将会得到妥善解决，你们的声音将被企业听到。	

注：访问网站 www.unionplus.org 获取最新信息。

资料来源：http://www.unionplus.com/benefits/.

美国劳工联合会—产业工会联合会的其他活动是有关教育和信息方面的，表明联盟在各种事务中的立场。例如，美国劳工联合会—产业工会联合会有一个网站。该网站使会员能够及时了解与他们有关的最新事件，并且提供各种关于工会问题和政策的报道。美国劳工联合会—产业工会联合会成立了乔治·米尼劳动研究中心，该中心提供关于工会领导能力开发的短期培训课程；联盟还成立了一个发言人组织以向工会发言人提供高中课程和大学课程。联盟还以一种象征性的价格向感兴趣的工会提供各种形式的教育片。

2003 年，美国劳工联合会—产业工会联合会发起“工作美国”（Working America）项目，即使是没有加入工会的工人和家庭也能享受到该项目带来的好处。登记参与这一项目不收取任何费用，参与该项目的会员可以定期收到医疗保健、社会保障和工资等方面的电子邮件，并且可以享受工会特权福利项目的某些福利。此外，美国劳工联合会—产业工会联合会还支持其 200 万名会员参与和议员沟通、共同建设社区的活动。1996 年，美国劳工联合会—产业工会联合会发起“工会暑假”（Union Summer）项目，让大学生和应届毕业生有机会花 10 周时间参与工人权利保护活动。[80]

在政治领域，美国劳工联合会—产业工会联合会获得了非常大的关注。作为工会的一个代表，美国劳工联合会—产业工会联合会成了政治活动的焦点。它不仅积极地进行游说活动以获得有利的立法，而且在联邦级别和州级别公布每个参议员与众议员的投票记录。它试图影响官员的任命，例如美国最高法院法官的任命、美国劳工部部长的任命、对工会具有重要意义的国家劳动关系委员会成员的任命。自塞缪尔·龚帕斯时期起，美国劳工联合会—产业工会联合会的“奖励你的朋友，惩罚你的敌人”政策就没有发生过多少改变。美国劳工联合会—产业工会联合会的政治教育委员会（COPE）在每一个州和绝大多数大城市中形成了一个网络，以寻求自愿捐献，从而为联盟活动提供资金。这些活动包括投票者登记注册，“拒绝投票”运动，传单和海报，以及代表联盟候选人进行的调查研究。

虽然 1971 年制定、1974 年修订的《联邦竞选活动法案》已经限制了向联邦候选人提供财政捐款，但是美国劳工联合会—产业工会联合会、政治教育委员会州中心机构和地方中心机构仍旧可以提供令人惊异的支持，以帮助它们的候选人当选，尤其当候选人具有明显的优势时更是如此。工会和公司已经成为资助联邦级别的政治竞选活动的主要力量，它们主要是通过政治行动委员会来进行的。

然而，企业在这方面的开支是工会的 10 倍之多。尽管工会组织在政治舞台上发挥着极大的影响力，但是仍然独立于任何政党。在过去，无论在意识形态上还是在政治理念上，工会组织都与民主党走得更近一些。工会组织可能是最支持政府促进社会和经济公平项目的政治力量，并且支持消费者保护、环境保护以及安全与卫生立法，所有这些都有益于工会工人和大众。

美国劳工联合会—产业工会联合会通过它自己建立的网络已经具备了相当大的力量和影响，而且它已经投入精力以组织其他一些在政治领域非常活跃、具有社会目标（例如，代表少数民族或代表高资历的工会会员）的组织。但是，美国劳工联合会—产业工会联合会的综合政治力量和效果不应该被夸大。在一些州和市，工会的会员人数是如此之少以至联盟的影响力是微不足道的。在其他一些地方，工会的会员人数很多，联盟的影响力则是非常显著的，而且政治候选人必须积极地谋求它的支持。[81] 美国劳工联合会—产业工会联合会并不控制它的会员工会的投票；但是，会员工会是独立的主体，它们可以因其他原因而投票支持候选人。

美国工会是积极使用信息技术的组织。美国各个国际工会在其活动中都利用了互联网和其他信息技术手段：

（1）代表、职员和会员的内部沟通通常借助互联网技术，特别是当这些人处在不同的地理区域时，更依赖信息科技。每个总工会一般都会向全国派驻代表，从事工会活动。电子邮件是他们沟通的主要即时通信工具。一些工会每周通过电子邮件向其会员和代表定时发送新信息。

（2）工会的外部沟通也会使用信息技术手段，比如通过互联网将重要问题向相关工人、工会和公众公告。美国劳工联合会—产业工会联合会的网站（http://www.aflcio.org/）可以向会员和公众传播工人权利、养老金、解聘补偿等重要事项的信息，提供一些其他网站的链接，并且开发了定时寄送电子邮件的系统，可以将最近发生的重要事件和最新的信息传播到全美国，甚至全世界。2002 年秋，美国劳工联合会—产业工会联合会电子数据库中的电邮地址已达 60 万，未来预计将会突破百万。

（3）使用信息技术，方便集体谈判，向雇员通告雇主行为。美国通信工人工会曾经在其官方主页上通告美国电话电报公司收购贝尔南方（BellSouth）一事。

（4）方便履行合约，譬如方便就申诉进行沟通以及追踪仲裁判决。通过电子邮件进行沟通，工会可以更好地与会员沟通，更充分地为申诉和仲裁听证会进行准备。美国邮政工人工会拥有一个仲裁案例数据库，其中记载了数千起仲裁，参加仲裁的相关人士可以轻易地获取这些资料。

（5）方便工会组织活动，比如方便与潜在会员群体进行沟通，为想了解工会的雇员提供了一个有效的联系方式。食品与商业工人工会正在尝试通过互联网组织沃尔玛雇员加入工会，其网站（http://www.ufcw.com）登载工会的最新活动。

（6）方便政治参与，比如通过互联网及时向潜在会员传达工会的理念。每个工会网站基本上都登载有工会的理念。

工会领导人视互联网为工会现代化的重要途径、工人沟通和集体谈判的桥梁，有利于工人之间的团结。[82] 全球的工会都在使用信息科技，加强相互之间的沟通和交流。

比如，互联网出现了社交网站 Labour Start。Unionbook、LaborNet 和 LaborTech. net 等组织自 1990 年以来每年召开大会，积极推动劳工组织使用数字通信技术。美国劳工联合会—产业工会联合会利用互联网创建了拥有约 250 万名会员的组织，有效地推动了 2008 年总统大选的草根政治活动。[83]

电子邮件和互联网的兴起也使工会产生了一些担忧。比如：互联网通信减少了面对面交流的机会，一些“不良分子”可能会操纵通信；对计算机不熟悉的老一辈工会会员和年轻人的代沟可能也会加深；电脑黑客和病毒也可能造成机密泄露；电子邮件等互联网工具可能会耗费大量时间。[84]

工会最担心的还是公司的局域网（公司内部的网络系统）。借助公司局域网，雇主可以更好地执行反工会策略，管理人员和人事部门可以更快地解决劳务纠纷问题，更快地传递公司信息，集中解决雇员申诉问题。局域网在公司内部使用现在已经十分广泛，为雇员和人事部门提供了更好的沟通手段，使雇员增强了对公司的认知。

研究报告显示，超过 3/4 的工会工人家庭中都有电脑。然而，其中 1/3 都不使用电子邮件和即时通信软件，近一半不通过互联网浏览新闻、天气和体育消息，只有 40% 每天至少上网一次。

研究人员就信息科技的使用向工会提出了一些建议。首先，工会应该投入一部分资金增加会员上网的机会，并且向会员指出信息科技的好处，培训他们使用应用程序。其次，工会也可以通过集体谈判使雇主提供计算机培训；通过协商获得宽带费用的折扣，激励更多员工提高网速；动员熟练使用计算机的会员建设计算机网络，以实现内部更好的沟通、更好与其他组织交流、发起草根政治组织活动。但是，互联网通信不可能替代传统的交往方式：人与人面对面的沟通交流。[85]

四、工会腐败和《兰德勒姆-格里芬法案》

与一些公司管理者相似，一些工会官员也遭到了执法官员的质疑。不道德和非法行为，包括腐败、诈骗和挪用公款，已经在一些地方工会和全国性工会中被发现。工会滥用权力在 20 世纪 50 年代末的麦克莱伦听证会上被曝光。国际卡车司机兄弟会的养老基金中数额巨大的款项被滥用，有些工会官员被控诉向美国参议员行贿、侵吞公共财产或者冒领工资等。虽然工会腐败不能被宽恕，但是比起公司腐败来，仍是小巫见大巫，公司腐败动辄为股东或者退休职工带来数十亿美元的损失，比如安然、南方保健（HealthSouth）、泰科国际（Tyco International）、世界通信（WorldCom）和麦道夫（Bernie Madoff）丑闻。

J. Thieblot 研究数据库为我们提供了详尽的工会腐败的材料，从 1998 年中期到 2005 年年末，137 家工会共发生 1 238 起腐败丑闻。工会腐败最常见的事件是侵吞公共财产，譬如虚假报销费用、私吞工会会费。工会腐败事件有时还涉及有组织犯罪活动、压制工会内部异见人士、裙带关系、出售劳资和平、逃脱合约履行责任等，具体案例如下：

- 一家商店职员地方工会的主席每年领取工资 54.7 万美元，而两个副主席都是他的亲戚，每年收入分别是 17.4 万美元和 14.3 万美元。

- 一家地方工会制定不合理的规定，强制要求工人出席工会会议，以在竞选中排挤90%的工人，以他们不出席工会会议为由剥夺他们的投票权。
- 一家国际工会的主席将工会养老金资金存入数家银行，为个人换取超过500万美元的贷款。
- 一家工会养老基金的五位受托人涉嫌滥用资金，违规投资酒店项目，造成数百万美元的损失。[86]

对工会腐败的一段精确评估反映在下列这一结论中：

> 关于工会腐败的故事是头版新闻。它们创造的负面形象往往能够苟延残喘很长时间，而且在每次提出新主张时这种形象又将被强化。很明显，吉米·霍法（Jimmy Hoffa）长期的声名狼藉就是这种现象的证据。实际上，工会和工会领袖中的腐败程度是可以忽略不计的。《劳资关系报告与披露法案》（即《兰德勒姆-格里芬法案》）……确保了这一点。在美国社会中，几乎很少有组织能够像美国工会那样存在严格的规定和公开的详细审查……证据很明显，就是几乎所有的美国工会领袖都是诚实的并专注于他们的工作绩效。支持这个结论的是由一位前任首席检察官进行的一次调查。该调查发现，在所有地方工会中只有不到0.5%的工会存在严重的腐败问题。[87]

为了控制会员工会的腐败行为和诈骗行为，美国劳工联合会—产业工会联合会成立了道德行为委员会（Ethical Practices Committee），而且向执行委员会赋予了开除任何存在腐败行为的成员工会的权力。1959年，以通过《兰德勒姆-格里芬法案》的形式，美国国会对工会权力的滥用以及工会权力的潜在误用表达了自己的关注。该法案包含了一些有关工会运作和管理的规定。例如，该法案规定：

- 由工会官员和雇员（以及雇主和他们的代理人）公布的财政事务、托管，以及关于任何雇员的任何秘密安排。
- 工会托管的规定，包括关于工会托管的建立和维持规则，以及对处于托管状态的工会会员权利的保护。
- 工会官员和代表的信用责任。规定犯罪者将丧失其在原组织中的工会官员资格，并要求某些工会官员确保忠实履行义务和责任。
- 参与工会选举和工会管理的权利。例如在选举中提名候选人的权利，在选举中投票表决的权利，参加会员大会的权利，参与协商的权利，以及对诸如规定会费和评估资产之类的事务进行投票表决的权利。

《兰德勒姆-格里芬法案》促进了工会民主和财务民主公开进程。该法案的成功管理在于激发了工会会员的主动性，以及为工会会员获得必要信息提供了畅通的途径。

《兰德勒姆-格里芬法案》要求工会定期向美国劳工部递交财务报告（LM-2报告），并且要把财务报告向工会会员公告。法案这样规定的目的是能够使工会普通会员监督工会管理，并且能够让他们监督工会领导人的花销。实际上，在法案通过后很多年，工会会员和公众还不能很容易地查到工会财务报告。2002年夏天，美国劳工部开始着手解决这一问题，而后，公众可以从网站（http://www.dol.gov）上获知工会的财务报告。但是，仍然遭到很多人的批评，因为这些财务报表即使合法，对普通工人而言仍然“难以获取、理解和使用”[88]。

1984年，包含了《劳动诈骗修正案》的《综合犯罪控制法案》获得了通过。获得美国劳工联合会—产业工会联合会支持的《劳动诈骗修正案》，填补了反对劳动不法行为的现行法律中的漏洞。被证明有罪的工会官员在13年之内不能担任任何工会职务；以前法律允许申诉，而在申诉期内这些官员仍旧可以担任职务。任何被判有罪的管理官员必须被调离劳动关系部门，而且不能成为一名劳动关系顾问或咨询师。

五、工会保障

劳务协议中的**工会保障条款**（union security clause）可以让工会更容易地招募新会员、保留现有会员。这些工会保障条款必须由工会与雇主协商（工资、工时、资历等）达成一致意见。获得的一定的保障条款是工会生存和有效代表工人集体谈判的必要条件。根据国家劳动关系委员会的规定（根据《劳资关系法案》），工会拥有一年的多数人支持不容置疑的权利。这为工会提供了充足的时间来为第一份劳务合约谈判做准备，而不用担心其他工会的竞争或者被撤销认可。其他工会保障条款（如限期加入工会条款、会费直接从工资中扣除条款）都需要工会同雇主进行协商。

工会保障条款有利于增强工会的财务实力，因为工会保障条款可以让更多的工人加入工会，这也就意味着更多的会费收入。工会领导人认为，工会为工人提供了服务，代表工人进行谈判，工人应该缴纳一定的费用。工会保障条款既有利于工会，也有利于雇主。一些人认为，雇主更喜欢与软弱的工会打交道，而不喜欢与强大的工会打交道。如果工会比较软弱，公司在处理工会和管理层关系时就会占据主导地位，但是对急切想通过工会解决劳务纠纷的雇主来说，就没有那么幸运了。毕竟，通常是工会，而不是雇主向工人“兜售”集体劳务协议；若公司中非工会工人不支持工会协商的劳务协议，工会“兜售”的难度当然大大上升，失败的概率也就更大。除此之外，雇主还经常请求工会解决一些工人出现的问题，比如旷工增加、生产率下降等问题。

工会代表认为，工会保障条款还可以为雇主带来其他好处，比如减少了招聘时间、在工作日收会费的时间。但是，管理人员对此并不赞同，他们认为，节余时间并不能为公司带来效益，因为工会在合约执行或者申诉处理方面占用了更多时间。此外，工会还认为，如果所有雇员都加入工会，有利于提高雇员的士气；若工会雇员缴纳会费而其他雇员没有缴纳会费也能享受工会服务（搭便车问题），将不可避免地产生紧张对立情绪。但是，一些人对此也不赞同，他们认为，工会保障条款并不能减少对立情绪，缴纳工会会费的非工会雇员可能也会对工会的一些花费不满，认为是被迫缴纳会费，从而产生紧张情绪。

工会保障条款

本章这部分内容将介绍各类保障条款，并分析它们的优缺点。

只雇用特定工会会员保障条款

根据**只雇用特定工会会员保障条款**（closed shop），雇员只有首先成为工会会员，才能被公司雇用，或者一旦录用，就立即加入工会。根据1947年的《劳资关系法案》，这一工会保障条款违法。

限期加入工会保障条款

限期加入工会保障条款是最常见的工会保障条款，私营企业劳务协议的约 64%都写有这一条款。[89] 根据**限期加入工会保障条款**（union shop），雇员在被雇用时不要求是工会会员，但是加入公司之后，雇员在不超过 30 天的时间（建筑行业要求是 7 天）内必须加入工会。

图表 4.14 节选了限期加入工会保障条款的一个案例。

图表 4.14　　限期加入工会保障条款节选案例

一旦劳务合约生效，所有现有雇员必须成为工会的会员，这是被雇用的先决条件。未加入工会的雇员在上岗 30 天之内或者在劳动合同生效的 60 天之内必须加入工会。如果雇员没有获得或者继续保留工会会员资格，地方工会主席（Principal Officer of the Local Union）将会向雇主递交书面报告，通知雇主在未来 72 小时内解雇该名员工，并告知雇主：该名员工已经被告知，且有充足的时间缴纳入会费和会费。

美国最高法院在 *Communications Workers v. Beck*（487 U.S. 735［1988］）案件中判决，限期加入工会保障条款只要求谈判集体雇员成为**工会财务核心会员**（financial core union member）。工会财务核心会员是指雇员只需满足成为工会会员的最低（核心）要求即可，比如支付会员费和入会费。工会也可以通过合法条款要求工会会员必须是**完全工会会员**（full union membership），比如会员还必须遵守工会的规章制度。尽管签订了限期加入工会保障条款，但是雇员不一定按照工会的要求解雇雇员，例外情况如下：（1）雇主认为，工会不公正地对该名雇员强加了一些条款；（2）工会以没有按时缴纳会费之外的理由没有给予该名雇员会员资格。[90]

美国最高法院的判决给予谈判集体雇员以所谓的“贝克权利”，包括：（1）通告雇员；（2）工会资金会计核算；（3）贝克权利行使程序。每年，工会都要通知其会员其有贝克权利。例如，工会在工会杂志 12 月版中通告雇员他们享有贝克权利。在雇员刚刚加入工会后支付会费时，工会也有义务告知该名员工。雇员有权选择成为只支付会费的工会财务核心会员，还是成为拥有“完全资格”的会员。此外，工会必须拥有完善的会计系统（便于审计），决定哪些费用用于集体谈判（被称为必收费用）、哪些费用用于其他活动（被称为非必收费用）。最后，工会还需每年通告行使贝克权利的雇员，提供退还费用（非必收费用）的“窗口期”。换言之，行使贝克权利的雇员每年必须向工会申请，且在工会指定的时期内行使贝克权利。[91]

美国总统除了有权任命联邦政府各部门主管（比如国家劳动关系委员会主席）外，还有权就政府相关事务发布总统令。

2001 年 2 月 17 日，布什总统发布了题为《关于工会会费的雇员权利通告》的第 13201 号总统令。该总统令要求联邦政府承包商必须向雇员通告他们拥有贝克权利。第 13201 号总统令节选内容如下：

> 如果您不想缴纳除集体谈判、合约执行和申诉处理之外的费用，您有权支付较少的费用；如果您证实您所缴纳的费用被用于集体谈判、合约执行和申诉处理之外的活动，您有权要求工会退还这部分费用，或者未来向工会支付较少费用。

2002年1月2日，美国哥伦比亚地方法院认为，第13201号总统令涉及的属于劳资关系的主要内容，在《国家劳动关系法案》中已有相关规定，该总统令规定的雇主义务在《国家劳动关系法案》中并没有强制要求。因而，该地方法院判决，第13201号总统令不符合《国家劳动关系法案》，不具有强制执行效力。然而，该法院的判决后来被美国上诉法院推翻。自此，美国劳工部开始拥有对第13201号总统令的监管权力。

2009年1月30日，奥巴马总统发布第13496号总统令，要求联邦政府承包商和分包商必须告知雇员他们拥有法律规定的劳工权利（见图表4.15）。第13496号总统令实际上推翻了布什总统于2001年发布的第13201号总统令，第13201号总统令要求雇主公告的是雇员可以不加入工会的权利以及不缴纳政治目的会费的权利。布什总统的第13201号总统令实际上也推翻了他的前任克林顿总统发布的总统令（与奥巴马发布的总统令内容相似）。

图表4.15　　第13496号总统令的内容

联邦政府的承包商和分包商有责任通知员工，他们拥有《国家劳动关系法案》规定的劳工法律权利。参见第29号联邦法规471章（29 CFR Part 471）。根据美国劳工部的行政指令，雇主有责任以公告形式向其雇员通告，他们享有《国家劳动关系法案》规定的集体谈判、加入工会和参与集体受保护活动的权利。此外，公告还要列举雇主和工会违反劳工权利的不法行为事例，并且写有国家劳动关系委员会（http://www.nlrb.gov）的联系方式。联邦政府承包商和分包商还必须把公告张贴在雇员可以看得到的经常张贴布告的地方。此外，还必须在网上进行公告。

联邦政府在承包合约中必须包含上述责任条款，不包括联邦政府机构签署的集体合约以及符合简化采购门槛条例（Simplified Acquisition Threshold）的采购合约，这些情况都不在该总统令的监管之内。政府总承包商也必须要求分包商在签署合约时标明这一条款。

该总统令执行监管的联邦政府机构是劳工部的两个机构。联邦合约履行办公室（Office of Federal Contract Compliance Programs）负责申诉调查、合约履行评估和调解。涉嫌违反合约的案件，将交由劳资标准办公室（Office of Labor-Management Standards）解决。违反通告条款的制裁、惩罚和补救措施包括：暂停或取消合约，或者禁止未来向联邦政府承包项目。

劳工部负责执行奥巴马总统于2009年1月30日签署的第13496号总统令（74 FR 6107，February 4，2009）。第13496号总统令旨在推动政府采购的经济性和有效性，确保私营企业雇员创建和加入工会、进行集体谈判的权利。雇员熟知基本的法律权利，有利于促进劳资关系和谐，从而降低联邦政府的成本。

资料来源：http://www.dol.gov/olms/regs/compliance/EO第13496.htm.

第13496号总统令禁止承包商报销影响雇员加入或者组织工会决策产生的费用。雇主不可报销的费用包括：准备和散发传单、雇用劳务法律顾问和雇员举行会议产生的费用。雇主可以报销的费用包括：与雇员维持良好关系而产生的费用，劳资双方会议和某些出版物的成本。

工会代理公司保障条款

工会代理公司保障条款（agency shop）通常出现在政府雇员的劳务契约中。该条款并不要求每一位雇员都加入工会，但是必须支付会费。这意味着，每一位雇员不应该被强迫加入工会，但是应该分担一部分集体谈判和申诉处理产生的费用。美国最高法院曾作出判决：该条款要求或者工会的会员资格法定最低要求基本上都一样。[92]

在执行工会代理公司保障条款时，工会有责任通告雇员：他可以只成为工会财务核心会员，而不必取得完全工会会员资格。[93] 如果雇员要求，工会不应该收取与集体谈判、合约执行和申诉处理无关的非必收费用。[94]

工会有责任每年通知工会财务核心会员他们需要缴纳的费用以及会费申诉程序。如果雇员证实工会收取了非必收费用，他有权要求工会退还。如果对必收费用和非必收费用的计算方式不满，雇员可以提请仲裁，也可以向国家劳动关系委员会提出申诉。雇员必须缴纳的款项一般包括：合约协商、申诉调查和处理、工会会议产生的成本，通知工会必要活动的工会新闻通讯等出版物所产生的费用，工会从事必要活动产生的诉讼费，所有谈判集体成员都可获取的福利的费用，出席全国和州工会大会的费用。根据国家劳动关系委员会最近一次的裁决，如果雇员所在公司的所有雇员都已经加入了工会，工会组建活动的费用也是该名雇员必缴的费用。[95] 非必收款项包括：政治游说的成本，不可获得的福利的费用，以及慈善捐款［如给地方联合之道基金会（United Way）活动捐款］等。

根据美国最高法院的另一项判决，公共部门的雇员也应该在支付会费时拥有贝克权利。[96] 该判决内容如下：公共部门雇员不必支付全部会费，只需支付集体劳务合约签订和履行相关活动的费用。但是，该判决表达得很模糊，比如，雇员支付的费用可能被用来支持教师罢工，但是教师罢工是非法的。从根本上而言，美国最高法院认为，以罢工作为威胁是教师工会实现谈判目标的有效策略，但是不合法。

临时应急工会保障条款

没有废除《工作权利法案》的州（见图表 4.16）表示，如果《工作权利法案》被废除，现有的工会保障条款将直接自动转变成限期加入工会保障条款，并允许劳资双方就工会保障条款协商。此外，一些涉及面广的劳务合约（涉及数个州的数个工厂）也将根据各州法律规定的变化而改变。这些劳务合约为州公司提供州内允许的限期加入工会保障条款，除非州公司禁止该条款。

工会雇佣保障条款

根据**工会雇佣保障条款**（union hiring hall），如果工会推荐的雇员符合公司要求，公司很有可能会雇用该雇员。大约 23%的劳务合约中都包含这一条款，但是在某些行业，这一条款尤其常见，比如建筑业（90%）和海运业（88%）。[97] 但是，工会在执行这一条款时不能带有歧视，工会雇员和非工会雇员必须一视同仁。实际上，非工会雇员一般不会通过工会去找工作。毫无疑问，这一条款将会使雇员和其工会联系更加紧密，同时有利于保障工会的实力。

特殊优待工会保障条款

根据**特殊优待工会保障条款**（preferential treatment clause），当雇主需要新员工时，工会雇员优先被录用。全美汽车工人联合会代表田纳西州斯普林希尔地区萨托恩汽车工厂工人和通用汽车公司就这一条款达成了一致，并且得到了国家劳动关系委员会的支持。当新工厂开工时，通用汽车公司就直接可以雇用技术熟练的没有工作的工会工人。

会费直接从工资中扣除条款

会费直接从工资中扣除条款（dues checkoff）在工会和雇主签署的劳务协议中极为常见，不但为工会征缴会费提供了方便，同时为会员缴纳会费提供了便利。从严格意义上讲，该条款并不能促使工人加入工会，算不上工会保障条款。但是，根据这一条款，工会可以通过雇主从工人工资中直接扣除工会会费（与其他费用扣除方式相同）。这一条款不但要求工会和雇主双方的同意与认可，各个工会会员还要单独签署一份相关授权文件，表示同意从工资中直接扣除会费。由于可以保证工会的现金流不断裂，这一条款对工会而言非常重要。如果不能从工资中扣除会费，工会就不得不抽出大量时间，向拖延会费的成员催缴。一般而言，雇主在工会第一次谈判协商中就会约定俗成地同意这一条款，但是需要从中收取一部分费用，抵消由此带来的成本。在集体谈判中，雇主通常以同意这一条款为筹码，希望在工作任务分配、分包和职位内容描述等方面获得好处。

《工作权利法案》：争议和影响

雇主、法院和一部分雇员一直以来非常担心工会保障条款的负面影响[98]，曾推动国会在 1947 年《劳资关系法案》中禁止工会保障条款，但是没有成功。国会认为，保留合理的工会保障条款有利于工会保障工人的合法权益。但是，国会仍然作出妥协，在《劳资关系法案》中增加了第 14 条（b）项，具体内容如下：

> 在拥有禁止工会保障条款法律的州或地方，本法案任何内容都不会规定，授权以工会会员作为雇佣先决条件。

这部分内容只有在美国的法律条文中才可以看到，其他发达国家都没有这样的法律条款。根据这一法律条款，各州都有权通过禁止工会保障条款的法律法规（见图表 4.16）。迄今，美国已经有 22 个州通过了禁止工会保障条款的法律（就是所谓的《工作权利法案》）。[99]

图表 4.16　2008 年无《工作权利法案》和有《工作权利法案》各州每周平均工资

有《工作权利法案》各州	每周平均工资（美元）	无《工作权利法案》各州	每周平均工资（美元）
亚拉巴马州（AL）	726	阿拉斯加州（AK）	867
亚利桑那州（AZ）	806	加利福尼亚州（CA）	975
阿肯色州（AR）	663	科罗拉多州（CO）	899
佛罗里达州（FL）	762	康涅狄格州（CT）	1 142
佐治亚州（GA）	827	特拉华州（DE）	911
爱达荷州（ID）	646	华盛顿哥伦比亚特区（DC）	1 371
艾奥瓦州（IA）	699	夏威夷州（HI）	740
堪萨斯州（KS）	745	伊利诺伊州（IL）	942
路易斯安那州（LA）	777	印第安纳州（IN）	740
密西西比州（MS）	632	肯塔基州（KY）	712
内布拉斯加州（NE）	688	缅因州（ME）	685
内华达州（NV）	804	马里兰州（MD）	914
北卡罗来纳州（NC）	758	马萨诸塞州（MA）	1 102

续前表

有《工作权利法案》各州	每周平均工资（美元）	无《工作权利法案》各州	每周平均工资（美元）
北达科他州（ND）	671	密歇根州（MI）	843
俄克拉何马州（OK）	714	明尼苏达州（MN）	886
南卡罗来纳州（SC）	681	密苏里州（MO）	783
南达科他州（SD）	624	蒙大拿州（MT）	614
田纳西州（TN）	770	新罕布什尔州（NH）	871
得克萨斯州（TX）	899	新泽西州（NJ）	1 056
犹他州（UT）	721	新墨西哥州（NM）	705
弗吉尼亚州（VA）	898	纽约州（NY）	1 194
怀俄明州（WY）	791	俄亥俄州（OH）	773
		俄勒冈州（OR）	769
		宾夕法尼亚州（PA）	848
		罗得岛州（RI）	790
		佛蒙特州（VT）	723
		华盛顿州（WA）	887
		西弗吉尼亚州（WV）	677
		威斯康星州（WI）	745

注：美国每周平均工资：873 美元。

资料来源：http://www.bls.gov/cew/（U.S. Bureau of Labor Statistics）.

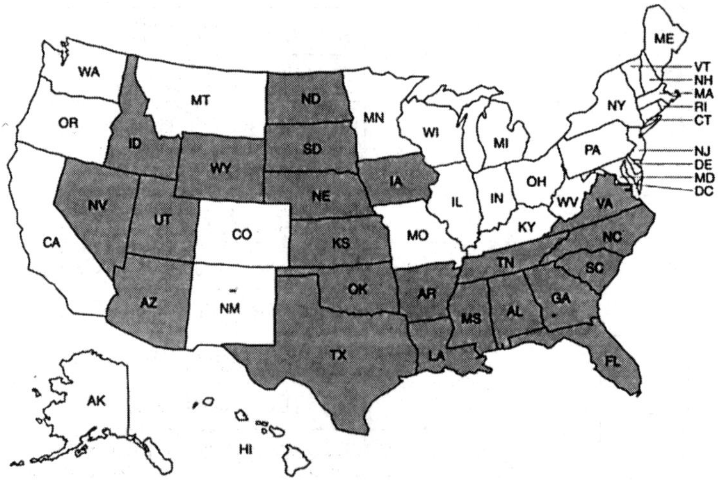

■ 有《工作权利法案》各州

□ 允许协商工会保障条款的州

注：有《工作权利法案》各州禁止工会在集体谈判中协商工会保障条款。航空和铁路行业受《铁路劳工法案》管制，劳资双方可以协商工会保障条款。

如图表 4.16 所示，在允许劳资双方协商限期加入工会保障条款的 28 个州中，有 13 个州的工资超过了美国平均工资。禁止劳资双方协商限期加入工会保障条款的只有 2 个州，弗吉尼亚州和得克萨斯州，这 2 个州的平均工资都高于美国平均工资。

2001 年，俄克拉何马州成为第 22 个拥有《工作权利法案》的州。支持人士表示，如果该州采取与相邻各州相同的劳工政策，既保障了个人的自由权利，又会增加该州的竞争力。但是，工会反对道，少数服从多数的民主原则在工厂中至关重要，工会应该享有协商工会保障条款而不受州政府干涉的权利。它们还表示，其他“阳光地带”各州还采取了降低工资、减税和增加补助的政策。[100]

然而，遗憾的是，一项研究显示，俄克拉何马州居民并不了解或者误解了他们的法律权利。弗吉尼亚州和爱达荷州的居民也是一样。[101]

此外，在蒙大拿州考虑通过《工作权利法案》的同时，该州一大部分居民同样不了解或者误解了他们的法律权利。[102]

美国国家工作权利委员会是推动《工作权利法案》的中坚力量，该组织始建于 1955 年，其宗旨在于保护工人自由选择是否加入工会的正当权利，其资金主要来源于企业雇主。该组织认为，自身并不反对工会，只是反对强制工人加入工会的工会保障条款。但是，一些人士认为，从近些年来看，该组织“不反工会、反工会条款”的立场实际上已经成了“反对工会”。另一个组织，国家工作权利法律保障基金（National Right to Work Legal Defense Foundation），为工作权利案件提供法律服务。

对于《工作权利法案》对工资和工会覆盖率到底产生了什么样的影响，人们的争论一直以来没有停息过。由于两者并不能直接地得出结论，人们也不能想当然地认为，《工作权利法案》一定会降低工资和工会覆盖率。然而，从图表 4.16 可以明显看出，这两类州的平均工资相差明显。

更为明显的是，比较这两类州的工会覆盖率（见图表 4.17）。在通过《工作权利法案》的 22 个州中，只有 3 个州，即亚拉巴马州、艾奥瓦州和内布拉斯加州的工会覆盖率超过了 10%，而相比之下，在无《工作权利法案》的各州中，25 个州（89.2%）的工会覆盖率都超过了 10%。

图表 4.17　　2009 年无《工作权利法案》和有《工作权利法案》各州的工会工人比例与工会代表工人数量比例

有《工作权利法案》各州	工会工人比例（%）	工会代表工人数量比例（%）	无《工作权利法案》各州	工会工人比例（%）	工会代表工人数量比例（%）
亚拉巴马州（AL）	10.9	12.0	阿拉斯加州（AK）	22.3	23.6
亚利桑那州（AZ）	6.5	7.9	加利福尼亚州（CA）	17.2	18.3
阿肯色州（AR）	4.2	5.0	科罗拉多州（CO）	7.0	8.3
佛罗里达州（FL）	5.8	6.9	康涅狄格州（CT）	17.3	18.4
佐治亚州（GA）	4.6	5.9	特拉华州（DE）	11.9	12.8
爱达荷州（ID）	6.3	7.9	华盛顿哥伦比亚特区（DC）	10.4	12.5

续前表

有《工作权利法案》各州	工会工人比例（%）	工会代表工人数量比例（%）	无《工作权利法案》各州	工会工人比例（%）	工会代表工人数量比例（%）
艾奥瓦州（IA）	11.1	13.3	夏威夷州（HI）	23.5	24.3
堪萨斯州（KS）	6.2	8.4	伊利诺伊州（IL）	17.5	18.3
路易斯安那州（LA）	5.8	6.5	印第安纳州（IN）	10.6	12.2
密西西比州（MS）	4.8	6.4	肯塔基州（KY）	8.6	10.5
内布拉斯加州（NE）	9.2	11.4	缅因州（ME）	11.7	13.7
内华达州（NV）	15.7	17.2	马里兰州（MD）	12.6	14.3
北卡罗来纳州（NC）	3.1	4.4	马萨诸塞州（MA）	16.6	18.0
北达科他州（ND）	6.8	9.8	密歇根州（MI）	18.8	19.9
俄克拉何马州（OK）	5.7	7.3	明尼苏达州（MN）	15.1	15.7
南卡罗来纳州（SC）	4.5	5.4	密苏里州（MO）	9.4	10.6
南达科他州（SD）	5.5	6.6	蒙大拿州（MT）	13.9	18.1
田纳西州（TN）	5.1	6.6	新罕布什尔州（NH）	10.8	12.3
得克萨斯州（TX）	5.1	6.2	新泽西州（NJ）	19.3	19.9
犹他州（UT）	6.9	8.0	新墨西哥州（NM）	6.7	10.2
弗吉尼亚州（VA）	4.7	5.4	纽约州（NY）	25.2	27.2
怀俄明州（WY）	7.7	8.3	俄亥俄州（OH）	14.2	15.4
			俄勒冈州（OR）	17.0	18.5
			宾夕法尼亚州（PA）	15.0	16.2
			罗得岛州（RI）	17.9	18.7
			佛蒙特州（VT）	12.3	14.1
			华盛顿州（WA）	20.2	21.5
			西弗吉尼亚州（WV）	13.9	15.4
			威斯康星州（WI）	15.5	15.8
美国平均	12.3	13.6			

资料来源：Bureau of Labor Statistics，U. S. Department of Labor，“Union Affiliation of Employed Wage and Salary Workers by State，” January 22，2010，at http://stats. bls. gov/news. release/union2. t05. htm.

《工作权利法案》的意义和伦理

《工作权利法案》的支持人士认为，《工作权利法案》从根本上而言保证了每位公民（无论是否加入工会）的工作权利。以他们之见，任何形式的强制工会主义（限期加入和工会代理公司保障条款）都违背最基本的人权：是否加入工会的自由选择权。美国劳工联合会前主席塞缪尔·龚帕斯曾强调工人加入工会的“自愿性”，这些人士经常引用龚帕斯的话来解释支持《工作权利法案》的观点：

> 美国工人坚持自愿性原则，而不是强制性原则，强制性既不实际，又对他们的权利、福祉和自由构成了威胁。[103]

《工作权利法案》的支持人士表示，他们是在保护个人权利。然而，他们却忽略了工人选择集体谈判、互帮互助的自由权利。[104]

《工作权利法案》的支持人士还认为，任何人都无权强制要求一个人加入任何私营组织，特别是这些组织使用会费去推动自己反对或者不正当的活动。这一观点契合美国最高法院的判例和《劳资关系法案》第 19 条。根据美国最高法院的判例和《劳资关系法案》第 19 条，工人以正当宗教理由可以拒绝支付会费。[105]

然而，《工作权利法案》的反对人士则认为，"工作权利"这一词只是骗人的宣传口号，目的是限制工会保障条款和工会谈判的力量。反对人士表示，工会并不会违背工人自由选择的权利。工作保障条款只是众多协商条款（譬如工作时间表、工作类别和工资）中的一项，求职者可以选择接受或者反对。如果雇员不同意其中的一项条款，可以去其他企业或者工厂找寻工作。这一观点契合塞缪尔·龚帕斯的一句话：

> 与雇主协商的限期加入工会保障条款有益于雇员和工会，有利于行业稳健发展……也有利于促进社会和经济的进步，同时有利于所有人道德的改观。[106]

反对人士还表示，工会保障条款实际上和国家的税收制度没有两样。即使有人不同意或者反对国家的政策，也不能跳出体制，不缴纳税收。[107]

反对者还认为，要求工人加入工会的工会保障条款从道义上讲也合情合理，因为一个人，作为社会中的一员，有责任维护公共利益。按照法律要求，工会公平公正、不加歧视地代表所有谈判集体的成员，而其中的成员当然也有责任分担工会服务的成本。

《工作权利法案》对工会和雇员的影响

调查研究显示，《工作权利法案》对工会覆盖率和谈判结果的影响十分复杂。[108] 从长期来看，《工作权利法案》可能降低工会工人比例 3～8 个百分点。《工作权利法案》对工人工资水平没有产生很大的影响，但在一定程度上可以改善商业环境，进而促进经济的长期发展。当然，《工作权利法案》只是影响商业环境的众多因素（如税收结构、劳动力供给）中的一个，因而难以准确地判断《工作权利法案》对商业环境、企业投资选址到底产生了多大的影响。《工作权利法案》的支持人士认为，《工作权利法案》可以增强企业竞争力，特别是可以降低劳动力成本。但是，通过《工作权利法案》的各州并没有明显地吸引相对较多的企业投资。[109]

为了集体谈判而不加入工会或者其他缴纳会费的工人被称为**搭便车者**（free rider）。德莱尼（Delaney，1998）注意到，相比于教育水平较低的雇员，拥有大学学位的雇员更容易成为搭便车者。这对工会而言是巨大的挑战，因为工会正在争取更多高教育水平、高技能水平的雇员加入工会。[110] 还有重要的一点是，大部分谈判集体成员主观上没有选择成为"搭便车者"。

《工作权利法案》的支持人士表示，强调工人加入工会的自愿性，不仅可以促进工会领导人更加负责，还可以提高工会的民主水平。为了保住工作，被强制加入工会的雇员被迫成为“搭便车的乘客”。由于雇员无法通过不缴纳会费等方式表达不满，工会领导人更可能滥用权力、腐败。工会领导人应该依靠自己负责任的、勤勉的行为“赚取”会费。“好工会并不需要强制工人加入，只有差工会才需要。”[111]

《工作权利法案》的反对人士强调，根据《劳资关系法案》，如果工会领导人的谈判行为不公正，工人可以起诉；谈判集体的成员还可以通过选举新领导人或者取消现有工会代表权的方式换掉不负责任、没有效率的工会领导人。

研究人员针对一个有《工作权利法案》的州的警察组织工会会员进行调查，调查研究结果显示：支付会费的会员更可能是男性，配偶更可能没有独立的财务能力，在现有组织工作的时间更长。[112] 另一项研究也发现，女性群体更可能不会成为工会会员。这可能是因为女性职员工资较低；女性集中的行业工会覆盖率低（专业职业等）；在工会会员多的行业（手工业、精工制造、机器维修等）中，女性适合的岗位较少。[113]

本章小结

这一章讨论了劳动关系进程中的两个主要参与者：工会和管理方。首先，讨论了工会和管理方的目标，重点放在双方的目标在哪里是相同的以及在哪里存在潜在的冲突。公司的劳动关系战略，从工会抑制到劳资合作，在本章中得到了解释。

对绝大多数工会而言，战略规划还处于开始阶段，我们对此进行了讨论，而且提供了来自美国劳工联合会—产业工会联合会的例子。工会和公司是根据它们的目标进行构建的；公司劳动关系部门和各个级别的工会的组织结构的典型例子在本章中也得到了展示。

本章还介绍了工会管理的相关内容。首先阐述了同业工会和产业工会的一般特点，接着介绍了地方工会、全国性或国际工会、工会中层机构与美国劳工联合会—产业工会联合会的管理和组织特征。由于工会和企业、政府组织一样，存在滥用权力、腐败等现象，本章介绍了解决这些问题的方案和事例。工会担心长期的生存和发展问题，通常在与雇主的谈判中加入工会保障条款（如限期加入工会保障条款、工会雇佣保障条款、工会代理公司保障条款）。但是，一些工会保障条款根据一些州的《工作权利法案》被禁止。《工作权利法案》对工会组织产生的影响一直以来也备受争议。

关键术语

工会从属关系	同业工会	产业工会
工会代表	工会干事	国际工会代表
宪章	代表大会	总劳动合同
新创合并	吸收合并	会议委员会
联合委员会	准会员资格计划	工会保障条款
只雇用特定工会会员保障条款	限期加入工会保障条款	工会财务核心会员

完全工会会员	工会代理公司保障条款	工会雇佣保障条款
特殊优待工会保障条款	会费直接从工资中扣除条款	搭便车者

讨论题

1. 将有效管理的原则和公司为实施一种积极的人力资源管理计划而可能采取的步骤进行比较。

2. 工会和管理层双方之间相同的目标与冲突的目标各是什么?

3. 评估美国劳工联合会—产业工会联合会和变则胜劳工联合会的战略规划，判断其战略规划是否促进了工会的发展。

4. 选择一家地方工会和一家地方工厂，然后绘制它们的组织结构示意图。

5. 选择一家同业工会和一家产业工会，然后指出这两种类型工会的不同特征。

6. 将地方工会的管理与学校和市政部门的管理进行比较，请特别注意成员参与这一点。

7. 解释全国性工会主席为什么能够获得如此多的权力和权威。是如何获得的?

8. 区分一家地方工会中的工会代表、工会干事，以及国际工会代表的不同点。他们的角色有何不同?

9. 既然美国劳工联合会—产业工会联合会并不代表全国性工会进行集体劳动合同谈判，那么它如何能够宣称自己是美国“工会的代言人”?

10. 将对工会民主的要求与你熟悉的某所学校的学生组织进行比较。

11. 说出支持或反对《工作权利法案》的一个理由，并就此进行详细阐述。

案例 4.1　《兰德勒姆-格里芬法案》规定的雇员权利

保罗·桑切斯(Paul Sanchez)是调酒师第一区工会(Local 1 of the Bartenders Union)的一名成员，母语是西班牙语，不会说英语。该工会拥有会员 16 500 名，其中 48%只懂西班牙语，不懂英文。

为了照顾西班牙裔成员，该工会近年的集体谈判协议、每月通讯和各种通告都有西班牙语版本。该工会每三年一次提名工会领导人并举行投票选举，在讨论上述议题的工会会议上都有西班牙语和英语双语翻译。每月工会会议的通用语言一般是英语，参加人数一般在 50～57 人(不到总会员人数的 1%)。工会讨论的事项涉及工会开支、工会官员工资、针对某一雇主的起诉，以及其他一些工会管理事务。这些议题的讨论大都是内部人的交流。

在工会月度会议上，如果讨论事项涉及工会官员提名，或者发言人和与会成员要求翻译，工会就会提供双语翻译。但是，翻译大都是由工会内部官员来做，而不是外部专业翻译人员。

保罗·桑切斯与其他几名会员一起向工会提出申请，要求工会聘任专业翻译人员，并在月度会议上由专业翻译人员进行翻译。根据这几名会员的请求，所有会议的议程和讨论都应该由专业人员进行翻译。但是，在一次月度会议讨论之后，该提议没有得到大多数出席成员的支持，被工会驳回。工会官员认为，在月度会议中提供外部专业翻译人员成本太高，每次月度会议出席人数有限，并且有些出席人员也可以进行双语翻译，因而没有必要聘请外部专业翻译人员。

之后，桑切斯就此事向联邦法院提起民事诉讼。他认为，工会在月度会议上不提供外部独立的同声传译人员的行为，违反了《兰德勒姆-格里芬法案》规定的雇员公平参与和言论自由的权利。

相关法律条文——《兰德勒姆-格里芬法案》第1章第101条（a）项：

> （1）**平等权利**：工会的每一名成员在提名候选人、工会选举、参加工会会议、参与工会讨论、表决工会事项以及受制于工会规章制度等方面都有平等权利。
>
> （2）**言论、结社自由**：工会的每一名成员有权自由地与其他成员会面或者集会，有权自由地表达个人观点和意见，或者在工会会议中就工会候选人和工会事项发言，同时必须遵守工会的规章制度：但前提是禁止会员损害工会采取或者执行规章制度的权利，工人应该履行作为会员的义务，工人不应该干涉工会履行法律或者合同责任。

与此相关，《兰德勒姆-格里芬法案》第4章第401条（e）项规定："在工会选举中……会员应该被给予充分的机会提名候选人，每名会员都有权成为候选人，并且有机会成为工会领导人（如果满足资格）。"

◆思考题

1. 工会是否违反了《兰德勒姆-格里芬法案》第1章第101条（a）项？如果违反，应采取什么样的方法补救？

2. 工会要求每名工会候选人都懂英语和西班牙语是否违反了《兰德勒姆-格里芬法案》第4章的规定？为什么？

案例4.2　工会财务核心会员的贝克权利

企业和工会签署的集体劳务协议包含以下工会保障条款：

> 作为工会会员的雇员在被公司雇用之后，仍然需要继续保留会员资格，这是被公司雇用的先决条件；如果还不是工会会员，雇员在被雇用、劳务合约生效之后91天内必须获得会员资格。
>
> 雇员如果不按时缴纳会费和入会费用，将会丧失会员资格。工会代表将会以信件的形式通知公司哪一位员工丧失了会员资格。

7月6日，一位名为巴德尼（Budnik）的雇员寄信通知工会：他希望退出完全工会会员资格，成为工会财务核心会员。他希望工会根据贝克判决（*Beck*，1988）重新设定其会费。自寄信之后，巴德尼便停止向工会缴纳会费。

7月28日，公司向所有工会会员寄信，通知他们：公司不再根据工会保障条款强制雇员必须拥有完全工会会员资格，他们都可以选择成为工会财务核心会员。8月5日左右，工会寄信通知巴德尼：工会已经收到了他的来信，如果他执意退出工会，将会失去工会会员特权和相关福利，并且他仍然有义务缴纳“集体谈判、协议执行和申诉处理相关费用”。工会则希望巴德尼再考虑考虑。在这封信的末尾，工会提到，其正在进行年度财务审计，审计完成之后，工会将会确定与集体谈判相关的所有费用。

第二年的2月23日，工会在一封信中建议巴德尼；尽管他已经放弃完全工会会员资格，但是仍然需要遵守现有工会保障条款。工会还表示，根据双方协议，巴德尼仍然需要向慈善基金缴纳原有会费等额资金。工会还列出了收取费用的三个慈善基金。巴德尼对此表示不满，辞掉了工作，向法院提起诉讼，状告工会从事不当劳动行为，控告工会违反了《劳资关系法案》第8条（b）（1）（A）款。巴德尼表示，工会没有尽到通告集体谈判必须费用的义务，也没有向雇员提供就此费用申诉的相关程序（雇员按照程序就费用的核算可以进行申诉）。

根据通信工人诉贝克案［*Communications Workers v. Beck*，487 U.S. 735（1988）］的判决，最高法院认为，《劳资关系法案》不允许工会向工会财务核心会员征收集体谈判、协议执行和申诉处理之外的费用。根据国家劳动关系委员会对加利福尼亚州刀和锯工人工会案件［*California Saw & Knife Works*，320 NLRB 222（1995）］的裁决，国家劳动关系委员会认为，如果非工会会员雇员反对支付全额会费，工会有义务通知该雇员以下事项：费用减扣比例，工会计算方法。雇员有权反对工会提供的核算方法和数据。会费计算申诉程序不得歧视雇员、专制、没有诚意。

根据国家劳动关系委员会（*Laborers Local 265 and Fred A. Newmann Co.*）曾经的裁决，工会认为，尽管没有提供相关财务信息，但是工会并不是没有尽到责任。工会已经清楚地通知该员工：他可以不履行工会保障条款规定的义务，并且不用缴纳任何会费。工会表示，巴德尼是300名员工中唯一一名要求工会财务核心会员资格的雇员，工会为这唯一一名雇员收集财务信息的成本负担对工会履行集体谈判责任构成损害，对其他雇员不公平。工会认为，其已经向巴德尼提出妥协解决方案，不要求其缴纳任何会费，其缴纳的资金也将不用于工会花费，同时，避免了工会为收集相关财务信息的负担。因而，工会要求法院驳回诉讼。

◆思考题

1. 工会的法律责任是什么？

2. 案例中的工会是否涉嫌不当劳动行为？如果答案是肯定的，应采取什么样的补救方案？

第5章 组建工会的原因和方法

我是一名飞机乘务员，在一家大型航空公司已经工作了25年。虽然公司没有工会，但是我的工资和福利与其他航空公司乘务员的差不多。我所在的公司根据年资分配航班任务，因而我有优先选择权。数年前，公司遭遇财务困难，为了还债，公司下调了所有员工的工资，然而飞机驾驶员有工会保护，拒绝接受降低薪金的方案，不愿妥协，因而他们的工资和福利都没有下调。如今，工会开始招揽飞机乘务员，鼓励我们加入工会。

◆思考题

1. 我为什么比较关注工会？
2. 如果希望加入工会，需要做些什么？
3. 工会怎样才能成功地使更多雇员加入工会？

本章关注工会化的根本要素：组建工会的原因，雇员组建工会的程序，为获得工会承认而实施的新工会战略，以及工会代表权的撤销。

本章重点突出雇员的选择：（1）是否愿意在不存在工会的公司参与工会组建活动；（2）当出现工会代表权选举时是否投票赞成或者反对工会代表权。虽然选择支持组建工会、投票支持工会和参加某一工会是高度相关的，但是这三个选择确实是各自独立的决定。雇员可能是自愿加入工会的，也可能是被要求加入工会的。雇员被要求加入某家工会的情况在第4章进行了讨论。在工会落败的选举中投票支持工会的雇员仍然不能获得工会代表权。

一、组建工会的原因

工会并不是在每一个组织中都存在，在许多情况下，雇员选择保持非工会化状态。

我们首先将解释在许多组织中出现的雇员集体行动；接下来将试图解释是什么因素驱使某一特定组织的雇员投票支持工会。

工作和工作条件方面的解释

疏远理论

疏远理论（alienation theory）是基于这样一种理念：雇员寻求集体行动是为了减轻他们的疏远感。因为下列一些原因，雇员变得疏远于他们的工作[1]：

- 当他们制造的产品被立即从身边取走时，他们失去了与自己的劳动成果的接触，因此降低了他们的热情和状态。
- 当机器占据了统治地位、雇员依靠双手工作与依靠大脑工作彼此分离时，他们失去了对工作的热情和投入。
- 当工作使他们变得如此疲倦和竞争变得如此激烈，以至不能形成可以互相信任的关系时，他们和同事之间就会变得疏远。

这样一来，雇员可能会认识到他们的共同境况，而且阶级意识也可能驱使他们共同加入某家工会或共同参与集体行动以改善其工作状况。工会可以解决，而且确实解决了雇员疏远的某方面问题，即雇员可在不用担心管理方报复的情况下表达意见。换句话说，“与雇员寻求工会会员资格的动机缠绕在一起的是这样一种几乎普遍的愿望：告诉老板‘你要完蛋了’。”[2] 工会通常来说会向它的会员指出，雇员针对某项管理行为表达意见的权利受到已经谈判达成的申诉程序和纪律政策的保护（见第 10 章和第 12 章）。

工会给了雇员话语权：如果他们对工作不满意，他们将会选择离开公司。虽然现在经济不景气，找工作不容易，但是公司雇佣和培训的成本也相当高。降低雇员的流动性不仅对工会有好处，而且公司的管理层也会受益匪浅。[3]

雇员虽然并没有对工作感到疏远，但是可能会对工作的某个方面感到不满。一些研究成果已经表明，雇员可能加入工会，如果他们（1）对工作场所的实际特征、较低的工资或福利待遇的缺乏感到不满，或者（2）认为工会将帮助他们实现具有重要意义的与工作相关的条件。[4]

对自己的收入、公司管理，以及/或者自己的工作感到不满的雇员可能会将工会视为能够满足他们的工作需要的工具。一些研究者提出了这样一个观点：对工作的不满意是雇员进行工会组建运动的努力的开始。这些研究者认为，对工作的不满意使雇员用实际行动来寻找办法以结束他们所期望的结果（良好的收入、有效的管理等）与正在承受的状况之间的令人不快的不一致。对工作的不满意导致某种雇员联盟的形成，而组织雇员联盟的目的是为了带来经济和工作条件等方面的变化。[5]

针对 3 372 名非工会和工会雇员的一项调查显示：“雇员对自己的公司越不满意越希望加入工会。”研究人员还发现，公司忠诚度等工作态度与加入工会意愿呈反比关系。[6]

彼得哈特联合公司（Peter Hart Associates）为美国劳工联合会—产业工会联合会对全国 805 名工人进行了调查研究，其中 64%的美国人赞成工会，53%表示，他们一定或者很可能支持在自己的工作场所设立工会。调查报告显示，相比于非工会工人，工会工人更可能获得更多的福利。例如，93%的工会工人拥有医疗保险，而非工会工人的比例只有83%；70%的工会工人加班时间工资是正常的1.5倍，而非工会工人的比例只有51%；76%的工会工人病假不会减扣工资，而非工会工人的比例只有66%。[7]

忧患意识理论——对工作安全的需要

塞利格·珀尔曼（Selig Perlman）在他的经典著作《劳工运动理论》（*A Theory of the Labor Movement*）中指出，雇员被吸引加入工会是因为这样一种假设：工会将保护他们的工作。许多雇员，尤其是体力劳动者，强烈地认为他们居住在一个只存在有限机会的国家，由此产生**忧患意识**（scarcity conscious）——雇员集体认为工作是很难获得和保持的。今天，这种信念在某些产业尤其真实，例如汽车、钢铁、煤炭产业，以及公共事业部门。因此，雇员求助于工会以获得工作保护。[8]

因此，工会对许多关注工作安全的雇员来说是富有吸引力的，不管其技能或者工作级别怎样。几乎很少有雇员，包括白领雇员和经理阶层，目前能够逃避被裁员的可能性。另外，工会确实提供了加强雇员工作安全的一些办法：它们可以与雇主谈判建立工作规则，描述如何从事一项工作的程序，从而保证一定数量的雇员能够得到工作。它们可以与雇主达成学徒培训计划，从而保证合格人员有机会获得某些需要熟练技能的工作。它们还可以与雇主达成有关资历和裁员的规则，要求公司根据雇员资历进行裁员和首先召回那些最有资历的雇员。它们还可以与雇主达成申诉程序，申诉程序包括了仲裁这一最终步骤，以保护雇员免受不公正的解雇、不公平的对待和对劳动合同的违反。它们可以进行游说活动，以获得保护雇员工作权利和处理诸如工厂关闭和就业歧视之类事项的立法。这种活动在工会成立之后的岁月里一直都是一种可行的办法。另外，工会还通过大力推进反对廉价劳动力——外国劳动力、童工、监狱劳动力——的法律和针对诸如钢铁、汽车和纺织品之类的进口产品的配额或限制，并且向因来自外国的竞争而被裁员的工会会员提供调整援助，来加强工会会员的工作安全度。

组建工会的惠勒模型

霍伊特·惠勒（Hoyt Wheeler）为工会的组建提供了理论基础，惠勒模型分为两个阶段。第一个阶段是指工人准备采取一些激进的行动；第二个阶段是指工人之间组成团队，采取集体行动。如果一名工人感受到在工资、福利保障和尊严等方面受到了雇主的盘剥，这名雇员就更可能组建或者加入工会。在第一个阶段，一名雇员可能通过一种或者多种方法采取激进行动，以表达对公司的不满。在第二个阶段，雇员联合起来，采取集体行动，支持工会。

工人对工作的期望和现实状况的差距越大，则越感到受到了剥削或者压制。工人感到受剥削并可能采取行动主要以下面三种方式来体现：第一种是感受到“威胁”或者“攻击”，雇主威胁“夺走”雇员现有的东西；第二种是“沮丧”，当工人代表自身利益采取行动时，受到了雇主的阻碍或者忽视，他们则感到没有话语权，作为个人难以获得真正的话语权；第三种是“理性估测”，工人虽然没有表示不满，但是相信组建工会带来的福利大于成本。

尽管工人可能会遇到上面三种情况，但是不一定会组建工会，因为还可以采取其他的方式，比如辞掉工作，或者进行报复，如损坏公司的产品。促成工人组建工会的因素包括爱、希望和突出性（saliency）。爱表现为工人的团结统一，他们关爱彼此，相互之间关系很好，愿意采取一致行动。希望是指：工人相信组建工会能够采取必要的行动结束雇主的盘剥行为和工人的沮丧。突出性是指：工人认识到了问题的存在，并相信优秀的领导和协调行动有利于找出解决问题的方案。

然而，还存在一些因素阻碍工人组建工会。其中一个因素是工人对因参与工会组建活动而可能被公司辞退的恐惧。另一个阻碍因素是“工会不好”的观念。这些因素都有可能阻碍一个或者许多工人组建工会。工人的观念、解决问题的路径和现有条件相互作用，共同决定着工人是否愿意组建工会。[9]

雇员的背景和需要

雇员先前的工会经历能够强烈影响其对工会的态度和他们是否加入工会的决定。在已有工会经历的雇员中，通常都是工会会员，其中87%的人说在有机会的条件下将投票支持工会；在没有工会经历的雇员中，仅有27%的人说在有机会的条件下会投票支持工会。[10]

甚至父母对工会的态度，以及有工会背景的家庭经历也会影响许多雇员的态度。一位积极的工会会员曾经描述说：“在我还没有进入某家教堂之前，我已经跟随我父亲去参加工会会议了。”另外一位工会会员评论说：“我父亲是一位伟大的工会会员，而这就是我参加工会的原因。”[11] 当然，父母对工会的评价也有可能是非常不赞成的。

工会，与所有的正式组织一样，通过提供一种提高身份认同感和维持自尊的方式，潜在地满足工会会员的需要。因此，工会可以关注工会会员三个彼此相关的社会需要：对联系或归属的需要；对身份的需要；对属于某个有目的的、有用的和创造性的群体的需要，而不仅局限于获得更高的工资和工作条件。

工人对工会的看法左右着他们是否愿意加入或者组建工会。对工会持有正面看法的工人则支持组建工会，而不看好工会的工人则反对组建工会。研究人员表示，工会应该抽出时间、集中资源鉴别什么因素导致了工人的负面看法，并采取必要措施消除他们的疑虑，消除他们对工会的负面看法。[12]

加入工会带来的社会性福利是强是弱由其为会员带来的尊严和声誉大小决定。一些雇员加入工会的原因同加入其他组织的缘由一样：就是希望加入该组织之后得到相关的责任和社会地位。这对在流动性强、没有声誉和上升空间小的领域工作的工人尤其重要。

成为工会官员的雇员经常能够在他们与公司管理方打交道的过程中获得声望或自尊：

> 作为一名工会干事、工会官员或申诉委员会成员，一名工人可以成为“他的朋友拭目以待的家伙”。通过成为一名可以在不受惩罚的情况下“勇敢地同老板抗争的家伙”，工会的职位向他提供了一个赢得其他工人承认的机会。“勇敢地同老板抗争的家伙”的角色将变得更加显著，因为老板的定义已经被扩大，不仅包括领班，而且包括“匹兹堡的总部”。作为在诸如工作分配、工作岗位、资历政策和歧视保护之类的事项中“享受优惠待遇的家伙”，他能够获得极高的声望。[13]

第 10 章将讨论这个观念，即工会官员和管理方在集体合同的日常管理中具有平等的地位。但是，如同刚才引用的话语所显示的那样，工会干事经常会强烈反对在组织结构示意图上高于工会干事 6 个级别或以上的管理者。非工会雇员甚至管理者在与他们组织中的上司打交道时，通常不会拥有在不用害怕报复的条件下挑战管理方的能力。

许多关于雇员特征与雇员投票之间关系的研究得出了不同的结果。有些研究表明，诸如年龄、性别和教育程度之类的雇员特征与支持工会的投票或态度之间并不存在紧密的联系。[14] 种族因素似乎是一个例外——有些研究已经显示，与白人雇员相比，更多的黑人雇员对潜在的工会利益持肯定态度。[15] 其他一些研究指出，年轻人更有可能支持工会，而女性支持工会的可能性则较低。[16]

雇员支持或反对工会的影响因素

在组织和参加某个工会的过程中，雇员主要考虑工会是否将在工资和福利、晋升机会与工作安全等方面提高他们的个人状况。雇员是否能够通过支持工会的方式来期望实现他们与工作有关的目标和需要？工会是否将提供实现这些目标的方法和手段？如果雇员认为工会将帮助他们达到目标，他们将很有可能在选举中投票支持这家工会，并支持工会之后的行动。如果不能够使他们信服，他们将不会投票支持工会，而且不会支持它的行动。

工会为获得雇员支持而进行的竞选活动可能有助于获得雇员支持工会的投票，尤其是那些熟悉工会立场的雇员和那些参加工会竞选集会的雇员。对工作条件感到满意的雇员参加工会竞选集会的可能性较小，但如果他们参加，他们通常会变得对工会更加支持。

公司的活动能够影响投票，因为它可以影响雇员对工会的预期影响的信任。如果公司的活动非常坚决、有力，有些雇员将会认为雇主已经“醒悟过来”，如今将在没有工会的情况下改善条件。强有力的反工会活动可能会使一些雇员认为雇主持如此的反工会立场以致工会将无法改善工作条件。[17]

虽然在解释某个特定雇员群体为什么在某次代表权选举中投票支持或者反对工会时可能会发现大量的理由，但是只有几个影响因素已经被确认为通常能够影响工会投票。图表 5.1 显示了这些普遍因素之间的关系。

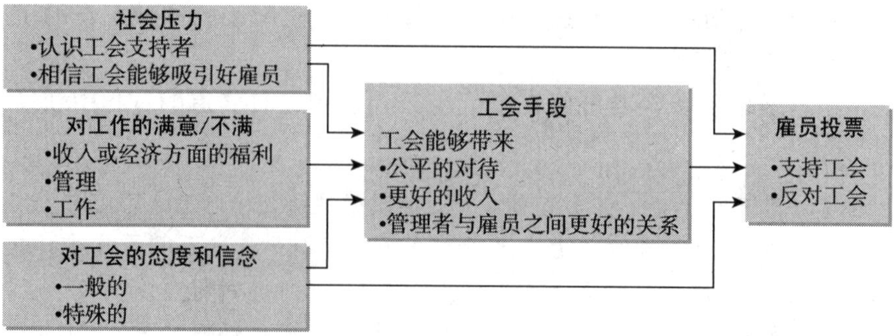

图表 5.1 影响雇员投票支持或反对工会的因素

研究者已经认为社会压力能够影响雇员投票。当雇员知道在一个工作群体中存在一定数量的工会支持者时，这种了解有助于形成一种集体凝聚力。当这个雇员群体经常会受到雇主行为的阻碍时，他们的应对方式将以整体的形式出现，而且他们的行动能够导致工会的形成。作为工会支持者，他们能够更好地使其他雇员相信工会有能力给工作场所带来变化，而且他们在影响其他雇员的投票时更加令人信服。

对工会的一般信念意味着一位雇员认为，例如，工会将提高雇员的工资、福利和工作条件；因雇员支付会费而向雇员提供回报，以及获得有利于雇员的立法。这种一般的信念包括雇员是否相信工会是专制的，是否增加了工厂倒闭的风险，是否抑制了个体会员的主动性和创造性，或者是否在罢工决策中忽略了工会会员。为了影响雇员对工会的一般信念，工会组建者应该将更多的精力投入全国性的工会竞选活动中，例如美国劳工联合会—产业工会联合会实施的“工会好样的”（Union Yes）运动。

对工会的特殊信念与个体雇员的工作和工作场所存在更加密切的关系。为了影响雇员对工会的特殊信念，工会组建者应该将注意力集中到传播工会的独特特征和它在工作场所的巨大影响力。可以重点关注的特殊信念包括工会化之后雇员对收入、福利待遇和工作安全等方面的改善期望。[18] 其他的特殊信念包括对认同、职业发展、雇员参与、监管人员的对待方式与工作中性别和种族歧视的减少等方面的改善期望。

在工会组建运动中，工会需要向雇员表明，如果他们投票支持和参加工会，那么将会产生非常显著的积极成果。工会不仅必须提高增加雇员的工资和福利待遇的能力，而且必须提高帮助雇员的工作变得更加有意义和提高雇员参与程度的能力。与此同时，雇主将试图表明他的行为是非常通情达理的，而且他对待雇员的方式是非常公平和真诚的。[19]

社会压力、对工作的不满、对工会的一般信念和特殊信念与**工会手段**（union instrumentality）联合起来，共同产生作用。工会手段，即雇员对工会是否有能力实现期望的结果（例如更高的工资、改进的工作条件、工作安全和保护雇员不受管理方的专制对待）的判断。[20] 大致来说，如果这些相互作用是正面的，那么雇员将投票支持工会；如果不是正面的，那么雇员将投票反对工会。[21] 对个体雇员来说，这些影响因素中的任何一个都可能导致该雇员以某种方式投票。例如，如果一位雇员认为他的管理者是通情达理的，而且能够支持他的工作，那么这种想法可能会足以使他投票反对工会代表权。[22]

个体雇员是否投票支持工会代表权的决定依赖于他自己对将要获得的利益的主观评价与对成本的主观评价之间的比较和权衡。如果期望的利益要高于成本，那么该雇员将投票支持工会。否则，雇员的投票将反对工会代表权。如果雇员拥有一个良好的晋升机会，可以预计获得基于自己的努力程度的更高收入，而且与上司相处愉快，那么他们将极有可能不会投票支持工会。

组建工会的挑战：多样化的劳动力类型

工会认识到有些职业，例如零售业的雇员、注册护理人员、警卫人员、勤杂人员和食品服务人员，将蓬勃发展。另外，美国有1/4的工人属于兼职雇员，这些雇员是临时被雇用的（许多人称他们为“临时工”），是独立的承包人，而且是被当作转包商或出租工人被雇用的。如同先前已经提及的，少数民族雇员和熟练雇员也将占据劳动力总数当中的更大比例。事实上，根据 2010 年的数据，少数族裔工人的比例已经超过了 25％，这主要是因为亚洲和西班牙裔美国雇员的大幅增加。工会有必要有针对性地采取措施，吸引这些少数族裔工人加入工会。[23]

组织专业的雇员

专业雇员向工会提出了一个挑战，但同时是一个增加工会会员数量的机会。虽然工会在许多专业领域（例如演艺行业、职业运动、写作、音乐、护理和教育业）已经取得了显著的成绩，但是工会主义对付专业主义的能力一直受到很大的争论。就这一问题的正反两方面已经产生了许多优秀的观点和意见，而工会在它们打算增加专业雇员的会员人数之前必须成功地解决这些关注事项。其中一种观点认为，选择一家工会就意味着抛弃了关键的职业价值观，例如组织决策中的高校参与，职业的独立性，以及一种基于价值的绩效和报酬制度。另一种观点认为，集体谈判往往是实现和保持职业价值观的最有效方式。[24]

比如，护士是否愿意加入工会在很大程度上取决于他们是不是可以从中获得更大的话语权。护士工会越来越看重以集体谈判为战略，解决急性病治疗医院面临的重大挑战。在一个针对护士的调查中，约 75％的护士表示近年来他们的工作条件和护理质量下降。其中 34％表示他们感到沮丧以及筋疲力尽，34％表示因为能为病人做的太少而感到悲伤和沮丧，29％则表示无力改变现状。

护士认识到，他们可以利用集体的力量发出声音，并且在美国的医疗体系中他们被视为与医生、药剂师等专业人士是伙伴关系。护士很乐意出任支持病人的角色以确保优质护理服务。医院通过裁员降低成本通常会产生问题，护士的工会与医院达成员工数量协议，以保持足够数量的员工、提升看护质量。护士工会还与医院协商，限制强制加班时间（除了危急情况），以保证护士的休息，进而保证看护质量。此外，工会要求医院不要把护士派往当地护士没有培训或者经验的医院执行看护任务。工会还在协议中规定咨询/合作条款，赋予护士在病人看护方面的话语权，譬如在医院中组建专业执业委员会或病人护理委员会。[25]

专业雇员的数量迅速增长，这为工会的发展提供了广阔的空间。针对美国药剂师协会（American Pharmacists Association）2 014 名会员的一个调查显示，人们对工会的一般信念（人们的看法，比如民主社会或不完全竞争市场中的工会所带来的福利）对工会的发展会产生更加强烈的影响（如果我的公司组建了工会，能给我带来多少好处?）。对非专业雇员而言，一般信念和特殊信念都对工人是否愿意组建工会产生非常重大的影响，但是特殊信念的作用会更大一些。此外，研究人员还发现，同事的支持也会对工会组建产生极为重要的影响。这些调查研究结果表明：工会一定要集中精力，争取现有雇员的支持，并且在这一专业职业中保持正面形象和影响力（比如参与领导和管理这一行业，并且为这一行业做正面宣传）。[26]

针对专业雇员集体协议的一项研究表明，合约的绝大多数条款与传统工业的劳务合约没有太大区别，包括工资、福利和申诉仲裁程序等。除了这些传统条款外，集体谈判合约还用以解决一些专业问题，这些问题包括以下六类：（1）专业标准；（2）决策制定参与机制；（3）专业工作管制；（4）职业发展和职业培训；（5）集中专业资源，实现专业职业目标；（6）人事决策标准，专业雇员在决策制定过程中的角色。研究表明，尽管不同专业雇员工会的集体协议不尽相同，但是工会制度和专业行业一定是可以兼容的。此外，谈判议题除了涉及专业雇员的经济和社会保障问题，还涉及专业职业的价值和利益。既然工会和专业行业能够融合，工会自然有机会宣扬自身的服务和产品。[27] 下文的“劳动关系实践”专栏举例叙述了专业雇员成功组建工会的活动。

◇劳动关系实践

工会成功组建的故事：家庭护理专业雇员工会

家庭护理专业雇员工会（Organization of Home Care Professionals，OHCH）是工会组建的一个范例，当初组建时，劳动力市场动荡不安，就业岗位锐减。组建这一工会的初衷是为了获取工作关键决策的话语权。

家庭护理专业雇员工会开始时由 80 名理疗医生、职业治疗师和语言治疗师发起，他们都附属于一家医院的居家护理公司。他们的大多数工作时间都是单独一个人在车上或者病人家中度过，他们每月回医院参加一次职工会议，时不时地还到医院送一些文件材料。在工会发起之前，他们之间大多并不认识。

2000 年夏，公司提出改变工作程序和工作量，这对治疗师影响很大，也直接关系着他们的工作状况和对病人的护理质量。当时，公司要求下调 20%薪资。治疗师表示不满，希望与管理层会面讨论，但是公司拒绝与他们讨论，并坚持减扣 20%薪资。

在接下来的一个月里，大约 60 名治疗师在一间租借的教堂地下室会面，并讨论组建工会的问题。劳动法律师出席，解释了他们组建工会的合法权利和流程。他们选出了一个执行委员会，并商定了会费问题，还通过了一套规章制度。该委员会致信公司 CEO，告知公司它已经组建了家庭护理专业雇员工会，并要求公司承认工会的合法性。

但是 5 天过后，公司依然没有任何回应，家庭护理专业雇员工会只好向国家劳动关系委员会提出申诉。之后，公司 CEO 才主动联系家庭护理专业雇员工会，并要求同他们会面。在会议上，公司 CEO 问道：“你们放弃组建工会有什么妨害呢?”会议过后，家庭护理专业雇员工会认为，公司有贿赂工人的嫌疑，并且干涉工人的正当权益。于是，它以公司涉嫌不正当劳动行为为由向国家劳动关系委员会提出申诉。（国家劳动关系委员会裁决，公司的确从事了不正当劳动行为。）

国家劳动关系委员会主持召开了代表权选举会议。在选举过程中，公司雇用律师向管理层提供法律建议，工会人员被叫到管理层办公室，并接受特许费、各种关系处理、观念和利益等方面的盘问。公司 CEO 还经常造访工会集体会议，把一些宣传打印材料送往治疗师的家中。其中一份材料警告，如果出现罢工，后果将很严重。管理层向每个治疗师打电话，劝说他们不要投赞成票。管理层表示，如果工会成立，在治疗师个人和管理层之间产生隔阂，将是一件十分令人遗憾的事情。家庭护理专业雇员工会继续召开会议，组建必要的委员会，比如筹资委员会，该委员会组织售卖旧物件，为宣传材料和雇用律师筹资。

在选举前的周末，所有谈判小组的成员举行集会，希望大家去投赞成票。2000 年 10 月，在国家劳动关系委员会的主持下，举行了选举，家庭护理专业雇员工会的会员在公司总部集会，观看国家劳动关系委员会统计票数。选举结果显示，83 票赞成，16 票反对。家庭护理专业雇员工会正式成立，并得到了法律认可。

成功选举之后，为了便于联系，家庭护理专业雇员工会统计了邮件列表。其中一名会员的上大学的孩子负责建立并维护工会网站，网站还设置了安全防护，登录网站需要密码验证，只有会员才能登录。在谈判期间，每次谈判后，谈判组都会公告谈判快报。家庭护理专业雇员工会获取了 400 名治疗师的地址，向他们发送邮件，说明家庭护理专业雇员工会的目标，争取他们的支持。与此同时，全国性和地方性专业雇员组织也都知晓了家庭护理专业雇员工会。一名执行董事向公司 CEO 写信，对下调薪资及其带来的不利影响表达了担忧。一篇登载在专业杂志上的文章被以邮件的形式发送给了家庭护理专业雇员工会的 100 000 名会员。这些会员参加地方专业组织的会议，分享信息。当地治疗师都收到了一封信件，这封信件建议他们如果发生罢工不要去为家庭护理专业雇员工会所在公司工作。当地的其他工会纷纷表示支持抗议活动，并分发宣传材料。家庭护理专业雇员工会在医院中发传单，告知职员和病人它的目标。

2001 年 9 月，工会和管理层仍旧没有达成集体谈判协议。家庭护理专业雇员工会决定加入美国通信工人工会。美国通信工人工会为它提供了两名有经验的谈判人员、法律建议、打印材料、免费电话号码、邮件通信和办公空间。经过两个月的谈判，双方仍旧没有达成协议。家庭护理专业雇员工会投票赞成举行罢工。执行委员会成员每周都在彼此家中进行数次会面，他们通过邮件和电话进行联络。回应管理层的公告经常被贴出来，针对具体问题的“每日一思”也被张贴出来。工会还充分利用网站和邮件进行联系。

经过 12 个月马拉松式的谈判，双方终于达成了协议。该协议在 2002 年 1 月 3 日正式生效。协议并没有改变公司工资下调的决定，但建立了正式的申诉程序和年资规则。根据协议，工会可以获取内部邮件服务和语音邮件服务，工会可以与新雇员会面谈话，公司取消效率固定标准，工会成立执业咨询委员会，以解决质量问题。

经过这一系列事件，家庭护理专业雇员工会的成员通过团结一致积蓄了力量。在工会每个月的见面会上，会员之间交流观点和看法，他们的讨论着眼于护理质量和职业发展。会员甚至认识到了以前没有发掘的才能。一些会员“擅长写作或者公开演讲，而一些擅长图画设计、摄像、公共关系、应付媒体和使会员积极参与并保持联系。一些会员只是通过邮件提供帮助，而一些会员甚至打开大门，为工会开会提供场所。我们还举行了一些聚会，支持家庭成员”。

家庭护理专业雇员工会主席于 2001 年 11 月写下了下面这条新闻通讯：

> 我们并不是要“兴风作浪”，更愿意同其他人合作，和其他人和谐相处。组建工会并不是我们曾经希望做的一件事情。我们之所以组建这样一个工会，是因为我们的尊严和正直品格受到了污辱。不组建工会，别无他法。我们为公平公正而斗争是一件令余生骄傲的事情，更为我们的后代树立了榜样、提供了宝贵的启示。

资料来源：“Charting Their Own Future：Independent Organizing by Professional Workers，” by Richard W. Hurd and Elisabeth Tenenholtz，*Proceedings of the 54th Annual Meetings of the Industrial Relations Research Association*，Ed. Paula B. Voos（Urbana，IL：Industrial Relations Research Association，2003）：172 - 179. Reprinted by permission of the Labor and Employment Relations Association.

毕业于密歇根州立大学、最近被选为服务业雇员国际工会（拥有会员近200万人）主席的玛丽·凯·亨利（Mary Kay Henry）承诺将把服务业雇员国际工会转变为争取更多工人加入的富有政治影响力的组织，计划每年投入2.5亿美元用于工会组建活动，每年增长会员15万人，到2020年使会员数量增长到300万人。[28]

工会在组织雇员时的角色

雇员对工会化的初始兴趣通常是基于他们当时对某些与工作相关的状况的不满，以及这样一种理念，即每一个雇员单独行动都不能改变自己目前的状况。工会并不在雇员中创造雇员对工作条件的不满；相反，通过谈判达成改善工作条件的集体合同的形式来提高雇员的工作满意度才符合工会的利益。因此，在工会组建运动中，工会可以大力宣传一份谈判达成的集体合同和成功地处理雇员申诉给雇员带来的利益。[29]

非工会化公司中的绝大多数管理者错误地认为是工会开始工会组建运动的；与此相反，通常是雇员自己通过联系工会开始这一过程的。与工会组建者的接触通常发生在雇员认为公司中已经存在了对工会的足够支持和认为工会的专业技能和代表权将对他们产生帮助之后。[30]

工会组建者发动工会组建运动，主要通过三种有效方式来影响雇员投票支持工会。第一，工会组建者努力向雇员灌输工会的好处、劳工运动传统，以及工会代表权与现行法律提供的保护。第二，组织者试图说服雇员投票支持工会化，而且对管理方在工会组建运动期间作出的陈述和主张进行反击。第三，工会组建者全力支持雇员的个人和集体行动。[31] 为了保证这些角色能够高效、成功地完成，工会招募和挑选那些拥有合适的教育背景和教育程度、能力和性格特征的工会组建者。

工会，尤其是那些服务行业的工会，正在招募与制造业中的传统工会组建者具有不同特征的工会组建者。这些组建者平均几乎要年轻15岁，是女性的可能性要大10倍，平均多接受将近4年的高等教育，而且拥有的工会组建经验平均要低7年。他们曾经当选为地方工会官员的可能性要低于1/6，而曾经被任命为地方工会官员或全国性工会官员的可能性要低于50%。虽然在制造业中几乎所有的工会组建者都是很早就开始进入工作领域的普通工会会员，但是在服务业中仅有大约一半的工会组建者属于普通的工会会员。[32]

工会组建者必须认识到劳动力已经发生了翻天覆地的变化，变得更加复杂了。雇员通常并不都是面对一些相似的问题；他们的问题多种多样，大不相同。同样地，处于发展状态的经济部门和职业不同于那些属于工会的传统据点的部门和职业，例如制造业、采矿业、货运业、航运业、铁路和建筑业。因此，挑选工会会员作为工会组建者的方式和标准已经发生了改变。不再是任命工会会员为工会组建者以表示政治奖赏，工会现在不仅从普通的工会会员中挑选工会组建者，而且从大学、法学院、美国志愿者服务协会（Volunteers in Service to America，VISTA）和其他一些途径挑选工会组建者。因此，工会在美国劳工联合会—产业工会联合会的乔治·米尼劳动研究中心投入大量资金以培训工会组建者，而且通过在新成立的组织机构中实施培训的方式提高他们的组织能力（见图表5.2）。[33]

图表 5.2　　美国劳工联合会—产业工会联合会组建部门的宣传单

关于美国劳工联合会—产业工会联合会的组建部门的一些常见问题的解答

美国劳工联合会—产业工会联合会组建部门是什么机构?

该部门创立于1989年秋季，用以促进和宣传工会组建的活动。自创立之日起，组建部门就设立了优质的项目，招募和培养新一代工会组建人员，培训了成千上万名会员和其他为全国工人阶层奔走呼号的人士。组建部门为希望成为工会组建者的参与者提供教室和实地实践培训项目。对未由工会推荐但希望成为工会组建者的参与者而言，他们可以通过这些项目深入地观察各个行业的工会组建活动，根据他们的才能找到他们最适合的工会组建领域。组建部门的培训满足组建培训、指导学习和职业发展实践培训的最高标准。

哪些工会参加组建部门的培训项目?

美国劳工联合会—产业工会联合会是50多家国际工会的联合体，横跨建筑、服务、技术、专业和公共服务等多个行业与领域。所有美国劳工联合会—产业工会联合会的附属工会都可以参与组建部门的项目，培训组建人员、工作职员，以及工会希望培训的人员。

工会组建者的职责是什么?

工会组建者主要帮助工人使工会获得代表权。他们告知工人（大多数为非工会工人）其拥有的合法权利，提高工人的领导能力，说明组建流程，并且举行争取工会认可的活动。工会组建者通常一对一与工人交谈，有时候在工人家中，有时候在工作场所之外的场所，探讨工人面临的问题。根据工人的就业岗位、他们面临的工作问题和挑战，工会组建者与他们建立关系，鼓励他们组建工会，与他们的同事一道争取工作决策的话语权。最终的目标是：工人在公司决策中获取权利，与雇主签订具有法律强制力的集体劳务协议，改善他们的生活和工作状况。

工会组建者的生活是什么样的?

工会组建者的工作通常极具挑战性，又非常辛苦。在大多数情况下，工会组建者根据组建活动的需要长时间、不规律地工作。组建工会的工人的工作时间通常是不一致的，轮换班次有时也不一样，工会组建者在组建的过程中尽可能多地接触到工人就显得非常重要。此外，他们工作的地点也要根据工人的工作场所而变化，时常到离家很远的地方工作。尽管工作性质具有挑战性，但是工会组建工作也是一份激动人心、回报丰厚和令人非常自豪的一份工作，因为它们帮助了工人获得话语权，赋予工人权力。

工会组建培训项目的申请人应具备哪些品质?

申请人必须充满活力，具有为工会运动献身的精神，还必须拥有很强的交流和领导才能，还要有驾照。拥有工会、学生或社区活动经验的申请者优先。鼓励有色人种、妇女和双语个人申请。申请者必须愿意长途旅行。

如果我想申请，申请流程是什么?

不是工会会员且十分希望参与项目的申请者必须通过互联网、邮件或者传真等方式填写和提交申请表，一同提交的还有简历和其他一些材料。你可以申请为期3天的培训项目，从www.organize.aflcio.org这个网站上进行申请。申请人必须提前8天进行申请。所有非工会会员的申请者都要通过组建部门的面试，面试既可以面对面，也可以通过电话。面试的结果将会通知申请人。所有希望参与项目的工会会员必须得到其所在工会的赞助。

组建部门提供哪些培训?

组建部门一般提供为期3天的短期培训。在培训期间，参与者将学习一对一交流技巧、宣传和战略规划技能。组建部门人员和附属工会有经验的工会组织者将依据评判标准与他们的观察对参与者的培训作出评估。在培训结束之后，组建部门将会就参与者未来的发展提出建议。最后所有的建议将会送达给个人和赞助工会。

实地实践项目培训的内容有哪些？（针对非工会会员参与者。）

组建部门将为参与者提供亲身实践工会组建的机会，使参与者获得相关经验。参与者作为“学员”被安置到一个工会（地方性或国家工会）中，参与者可能会长时间工作，在晚上或者周末进行加班。在与工人在其家庭或工作场所中谈话时，参与者就用得上为期3天的班级培训的技能。在实践培训期间，参与者将接受一位有经验的工会组建者的指导，在大多数情况下，这位指导员是工会组建领导者。组建部门的职员在3个月内始终与参与者保持联系，提供指导、建议和反馈，但是主要的培训由工会组建领导人员执行。在实地培训学院指导项目期间，参与者每周将可以获得500美元（税后）。住房、交通和医疗费用也将会得到补助。

实地实践项目之后怎么办？（针对非工会会员参与者。）

组建部门推荐的毕业学员非常抢手。成功完成培训项目的参与者将会被推荐至各工会就业，继续其职业发展。要记得：每个附属国际工会一般都下设许多地方工会。如果参与者被一个国际工会录用，他可能外出旅行的工作比较多，也可能长期待在一个地方，需要为搬家做准备。如果参与者被一个地方工会录用，他就不得不成为当地社区的一员。外出工作是否频繁一般依据具体工会而定。附属工会的新闻通讯一般通报哪位毕业学员被面试或者录用了。工会组建者的年薪资从32 000美元到40 000美元不等，还有其他一些福利。在具体薪资和福利方面，不同的工会也不一样。

资料来源：AFL-CIO Organizing Institute Informational Flier. Used with permission. Copyright © 2011 AFL-CIO. www. aflcio. org.

工会组建者并不会使雇员对工作产生不满，而是帮助将雇员的不满转换为集体行动。工会组建者调整组织方式和策略以适应雇员关注的事项与问题，并且应该集中关注各种雇员群体的特殊需要，例如老年工人、妇女或少数民族工人，或者白领工人。工会组建者竭力向雇员灌输这种意识，即通过工会进行的集体行动能够提供最有效地解决雇员的关注问题和不满的工具。[34]

公司应该永远不低估工会组建者的影响力。首先，当工会组建者离开公司的停车场时，他们可能正在分发传单。他们的穿着与工人非常相似，这样一来工人将对他们产生认同感。虽然工会组建者的穿着可能会产生误导作用，但是管理方应该认识到工会组建者非常精通于他们的工作。与他们的管理方竞争对手一样，当今的工会组建者必须明白劳动者的心理状态和雇员的工作环境中的劳动关系情况。工会组建者必须能够：(1) 基于雇员群体或者雇员个体为雇员识别出那些复杂的因素；(2) 用雇员的语言来传达工会如何能够帮助雇员实现特定工作环境中的特殊需要。

举个例子，图表5.3列举了一些与工作相关的、雇员关注的事项和问题。每一项都是工会可以采取措施以满足雇员需要或解决问题的一种可能行动。工会代表工会组建者实施这样的行动，工会组建者将为雇员带来工会行动的结果。

工会组建者知道，它必须使不能确定的雇员相信该工会不是由不相干的外部人组成，而是由彼此有关的同事组成的，而且必须使他们相信，工会计划带来的变化是值得他们努力争取的，工会能够保护雇员免受报复，以及工会官员是能够被信任的。工会认识到，它的成功依赖于建立和发展一个能直接向那些不参加工会会议的雇员传达信息的强有力的内部组织委员会，以及工会组建者表达个人承诺和关注、认识和了解雇员、倾听雇员关心的工作问题、使雇员亲自在公开集会中表达其对工会事业的感受和认同的能力。

图表 5.3　为实现雇员目标、解决与工作相关的问题而实施的工会战略和行动

与工作有关的问题和雇员关注问题举例	工会为鼓励雇员加入工会而采取的行动
雇员与管理方之间的关系不好。	在面对管理方时工会将代表雇员的利益。
雇员不相信雇主的承诺。	工会将与雇主谈判达成一个协议，要求管理方遵守谈判合同的规定。
雇员倾向于形成一个集体来对付管理方。	工会向雇员个体提供机会，使雇员能够形成一个集体来与管理方打交道。
雇员想要对工厂的决策产生更大的影响力。	工会通过集体谈判和集体合同的管理方式来提供一种影响机制。
雇员认为，如果他们对各种计划的运作拥有更大发言权，生产率改进将会更加有效。	工会提供一种机制，使雇员能够投入时间和精力来参与那些影响工作和工作场所的事项。
雇员质疑公司为解决雇员问题和申诉而制定的制度的有效性。	工会通常与雇主谈判达成一个申诉程序，规定在申诉处理的每一程序中为雇员提供代表，在由中立的外部仲裁员举行的听证会上为雇员提供代表。

资料来源：Richard B. Freeman and Joel Rogers，*Worker Representation and Participation Survey*（Princeton，NJ：Princeton Survey Research Associates，1994）.

研究者凯特·布朗芬布伦纳（Kate Bronfenbrenner）已经确定了一些工会组建运动策略，并将它们称为“普通的密集战略”（rank-and-file intensive strategy）。与其他一些战略相比，这种战略能够带来更高的工会胜利概率。这种战略聚焦于有代表性的领导、个人联系、自尊和公正，以及在工作场所中形成一种工会无所不在的积极形象。这种战略创造工人参与和认同，而这种参与和认同对抵制雇主的进攻性反工会运动和抵消经济、政治和立法环境中的任何反工会因素来说是非常有必要的。该战略的组成因素与工会胜利的概率相关，使用这种战略的工会获胜率要比没有使用这种战略的获胜率高12%～26%（见图表 5.4）。[35]

伊丽莎白·舒勒是美国劳工联合会—产业工会联合会最年轻的财务主管，也是该组织第一位女性财务主管。她上任之后，格外重视组织 18～34 岁的年轻工人加入工会。美国劳工联合会—产业工会联合会“工作美国项目”的一篇报告指出，现在年轻工人的工作境况甚至比十年前还差。该报告发现，年轻工人现在不容易找到工作，找到一份好工作更难。只有 31%的年轻工人能够付得起每月的账单，另外还可以储存一些资金，而在 1999 年，这一比例是 33%。24%的年轻工人入不敷出。31%的年轻工人没有医疗保险，而在 1999 年，这一数字只有 24%。只有 47%的年轻工人拥有退休计划保障金，而十年前，这一比例是 53%。近 40%的年轻工人选择推迟进一步深造和职业培训。超过 1/3 的年轻工人还没有实现财务独立，和父母生活在一起。[36]

图表 5.4　　旨在提高工会获胜概率的“普通的密集战略”

1. 通过代表委员会，更多地关切谈判集体担忧的问题，去工作场所更多地接触工人，向工人说明工会是一个民主、包容的组织。
2. 一对一面谈，打电话，举行小型会议。
3. 进行工会谈判调查，选出谈判委员会，在投票表决之前提出具体提议。
4. 以解决问题为核心（尊严、公平、歧视和服务质量等问题）。
5. 对员工作出严正承诺，配置足够的组建资金。国际工会积极参与地方工会组建活动。培训、招募和有效地使用现有谈判集体的志愿者。
6. 设立团结日（在指定日期统一穿戴工会小徽章、帽子、T恤和臂章等）。

资料来源：Kate Bronfenbrenner，“The Role of Union Strategies in NLRB Elections，” *Industrial and Labor Relations Review*，50 (January 1997)，pp. 195 - 211；Kate Bronfenbrenner and Tom Juravich，“It Takes More Than House Calls：Organizing to Win with a Comprehensive Union-Building Strategy，” *Organizing to Win*，Kate Bronfenbrenner et al. eds. (Ithaca，NY：Cornell University Press，1999)，pp. 33 - 34.

公司在工会组建运动中的角色

雇主认识到它成功的关键是，能否维持和提高雇员对所选择工会的表现的关注，以及能否使雇员相信雇主以往的记录表明它值得支持或至少可以有第二次机会。

工作拓展培训、内部升迁、学习机会、奖金福利、员工参与管理等积极的人事管理都有利于降低雇员组建工会的意愿。[37] 雇主在拥有三个优势的情况下可介入工会的组织运动：(1) 它拥有即时的与长期的机会和途径来接触雇员；(2) 虽然它在选举运动期间不能作出承诺，但是它可以向雇员传达这样一种可能性，即在不需要成本和不需要成立一种新的官僚机构的情况下获得改善的可能性；(3) 它可以利用这样一个事实的优势，即绝大多数人认为自己生活发生巨大变化是令人恐惧的事情。[38]

在投票表决之前，雇主相对而言也处于比较优势的地位。雇主不仅控制着雇员的工作和生计，还可以要求雇员参加反工会会议，但是工会没有这方面的优势。从法律上而言，雇主不得因雇员参加工会组建活动而解雇雇员，但是涉及这方面的案件上诉时间漫长，向国家劳动关系委员会的上诉通常持续数年时间。譬如，2007 年 9 月国家劳动关系委员会裁决的四起案件分别发生在 1999 年、1996 年、1990 年和 1998 年，悬而未决平均持续时间达 11 年之久。[39]

雇主的运动策略是试图改变雇员有利于工会化的投票。通常来说，必须开展一次以上的竞选活动。雇主使用得最普遍的一些策略是雇用一位劳动法律师或咨询顾问，散布有关工作岗位丧失的谣言，以及散布关于商店或工厂倒闭的谣言。就对选举结果产生影响而言，当雇主散布关于商店或者工厂将倒闭的谣言时，雇员更有可能不选择工会。但是，当雇主有意延迟代表权选举时，以及当工会与社区领导形成非常紧密的关系以使得社区接受工会时，雇员更有可能会选择工会。与雇员支持工会的投票相关的两种雇主策略是，将工作和工作岗位转移到其他工厂，以及对职位申请者进行测试以识别工会支持者。[40]

雇主经常使用“第二次机会”策略。如果雇主过往给予员工的待遇不佳，存在种种问题，雇主可以采取所谓的“第二次机会”策略，希望雇员可以给它第二次机会，保证改善现有不佳的境况。既然雇主已经认识到了雇员的诉求，雇员通常会给雇主第二次机会。这是一种一次性策略。如果雇员投票赞成不组建工会，而雇主又没有作出任何改善，雇员在一年之后将会再次举行投票表决。

另外，一些特定的雇主行为也会对代表权选举产生影响。例如，雇主对改变选举单位的构成和选举日期具有很大的影响力，但是通过诸如公开宣传工会的缺点、张贴和展示海报、进行竞选演讲之类的活动来影响选举结果的能力只处于中等水平。公司在工会的选举战役中必须小心谨慎，因为它们可能会过分夸张对工会的反对，从而引发雇员的消极反应，尤其是在同时使用律师和管理咨询人员时。[41] 因此，如果雇主通过抑制性的策略对工会组建运动作出过激反应，那么这种过激行为可能会产生一种更加有利于工会化的气氛。[42]

在工会组建运动中使用咨询顾问的现象已经出现了显著的增长。一项研究报告说，绝大多数的代表权选举研究是由咨询顾问领头的。在工会组建运动中，雇主被指控在超过一半的代表权选举中具有不当劳动行为，而且在几乎所有的案件中，公司都采取了强制向听众发表演讲以及给雇员写信的方式来积极抵制工会。[43] 使用咨询顾问建议雇主如何说服雇员不投票支持工会需要向劳工部部长提出申请报告，即使咨询顾问与雇员没有直接的接触。[44]

通常，雇主会雇用那些专门研究如何避免工会化的专业律师，或提供劳动法方面的问题咨询，或为避免工会化设计战略和行动计划。另外，律师可以提供法律建议；规划每个星期的运动战略；与监管人员面谈以确定导致雇员不满的根源和减少这种能够导致工会组建运动的雇员不满；通过诸如公开宣传发生在工会化工厂的大规模裁员和工厂倒闭之类的策略来增加工会代表权的预期成本；培训监管人员如何有效地展现雇主对雇员的立场；为公司的官员准备与修改文章与演讲；在当地社区建设对雇主的支持和同情。一家小规模或中等规模的公司，为抵制工会组建活动而配置一位律师将花费 30 000 美元的法律费用。在一次“豁出去”的运动中，配置几位律师并使用最新工具，例如漂亮的录像带、知名的政治家和民权领袖的参观访问，费用很容易就超过 100 000 美元。一家大规模的、拥有多家工厂的公司为抵制工会而配置一打律师，这场活动费用可能超过 100 万美元。公司需要为来自专业的劳动法律师事务所的律师支付每小时 150～300 美元的费用（而为“著名”律师支付的费用是每小时 400 美元或更多）。[45] 工会在赢得多数投票之后，宣扬有能力不让工会进入公司的管理层首席律师通常会采取这样一种策略：阻止工会协商第一份集体协议。该名律师向管理层建议，管理层拖延不去协商谈判，工会获得的支持最终将会不断减弱，之后再举行一次工会不认可投票。这名律师的做法实际上在现实中奏效：工会赢得投票支持之后，大约有 40％没有与管理层达成协议。[46] 在过去的几年中，对工会积极人士提出指控或者其他歧视行为作为反工会策略越来越多地被公司管理层所用。这也可以使工会组建的成功率降低 17％，使集体协议达成的成功率降低 50％。所有这些一般发生在工会宣传阶段或者第一份合约协商期间。如果在公司管理层看来，非法指控工会积极分子带来的经济福利大于对工会积极分子提供工资补偿和恢复原职的成本，公司一般就会违法对工会积极人士提出指控。一项研究显示，被指控的雇员被恢复原职的不到一半，能够回去工作的占 69％。由于诉讼过程旷日持久，恢复职位的裁决一般很长时间之后才会最终确定，公司一般借此让雇员打消了组建工会的想法。[47]

“打乱雇员分类”也是公司阻止工会组建的另一个常见策略。譬如，公司把雇员分为独立承包商、个体或者租借工人。通过这样打乱雇员分类，雇主使雇员的合法权利（如加入或组建工会的合法权利）无法实现，还可借此不再为雇员缴纳社会保险、失业保险、各州地方保险和医疗保险费用。美国梅森承包商协会（Mason Contractors Association of America）表示，打乱雇员分类可以降低劳务成本达30%，但是遵守法律的公司不得不补上这个缺口，这使这些公司处于竞争劣势。另一项永道会计师事务所的研究表明，公司打乱雇员分类的做法从1996年到2004年致使联邦政府的税收减少了近350亿美元。一位俄亥俄州律师长的报告指出，打乱雇员分类使该州花掉了3 000万美元的失业补贴，10 300万美元的工人补偿金，并使该州丧失了超过3 600万美元的税收收入。[48]。

值得注意的还有这样两个问题：当雇主故意违法解雇履行合法权利的雇员时，它们怀有怎样的道德伦理？自1935年以来，为什么国会仍能容忍这样不合理的法律程序？为了使雇员认识到其合法权利，国家劳动关系委员会要求雇主必须贴出公告，通告雇员《国家劳动关系法案》规定的合法权利。

组建工会的方法

组建工会的三种基本方法是：（1）自愿承认；（2）国家劳动关系委员会指示；（3）无记名投票选举（见图表5.5）。

自愿承认

到目前为止，工会获得承认的最简单、最不具有对抗性的途径就是自愿承认。自愿承认的最常见方式是工会授权卡（见图表5.6）。

服务业雇员国际工会与服装纺织和酒店餐馆雇员工会等数个工会通过签署中立/授权卡签名协议组织了成千上万名工人加入工会。根据中立协议，雇主在雇员签名组建工会仪式上采取中立态度，不加干涉。美国三大汽车公司与全美汽车工人联合会签署的协议中就包含中立和授权卡签名条款。美国国家工作权利委员会等组织则对此表示反对，并向法院和国家劳动关系委员会提起诉讼。[49]

2010年12月，国家劳动关系委员会裁决，汽车零部件企业美国德纳（Dana）公司和全美汽车工人联合会签署的授权卡签名协议不违反劳动法。下面摘取美国德纳公司和全美汽车工人联合会签署的协议的一些内容：

> 我们双方均认为，是否成为工会一员属于个人自由选择的范围，如果大多数工人希望被某一个工会代表，美国德纳公司将尊重工人的选择。

双方同意，从此协议延伸出来的任何契约都将有效至少4年时间，并且兼顾“团队合作”、保持有竞争力的医疗卫生成本，以及必要时的加班制度。[50]

授权卡签名制度的支持人士认为，授权卡签名制度的确立将大大减少雇主保持高压态度的机会，减少劳资双方之间的冲突，进而促进劳资关系的改进。但是，反对人士表示，来自同事的压力使工人不敢自由表达自己的真正感受。此外，反对人士还认为，授权卡签名制度易出现误解工人本意的现象，甚至会造成出现伪造工人签名的违法行为。在没有投票活动的情况下，工人只听其中一方的声音，难免不会出现信息不透明的现象。

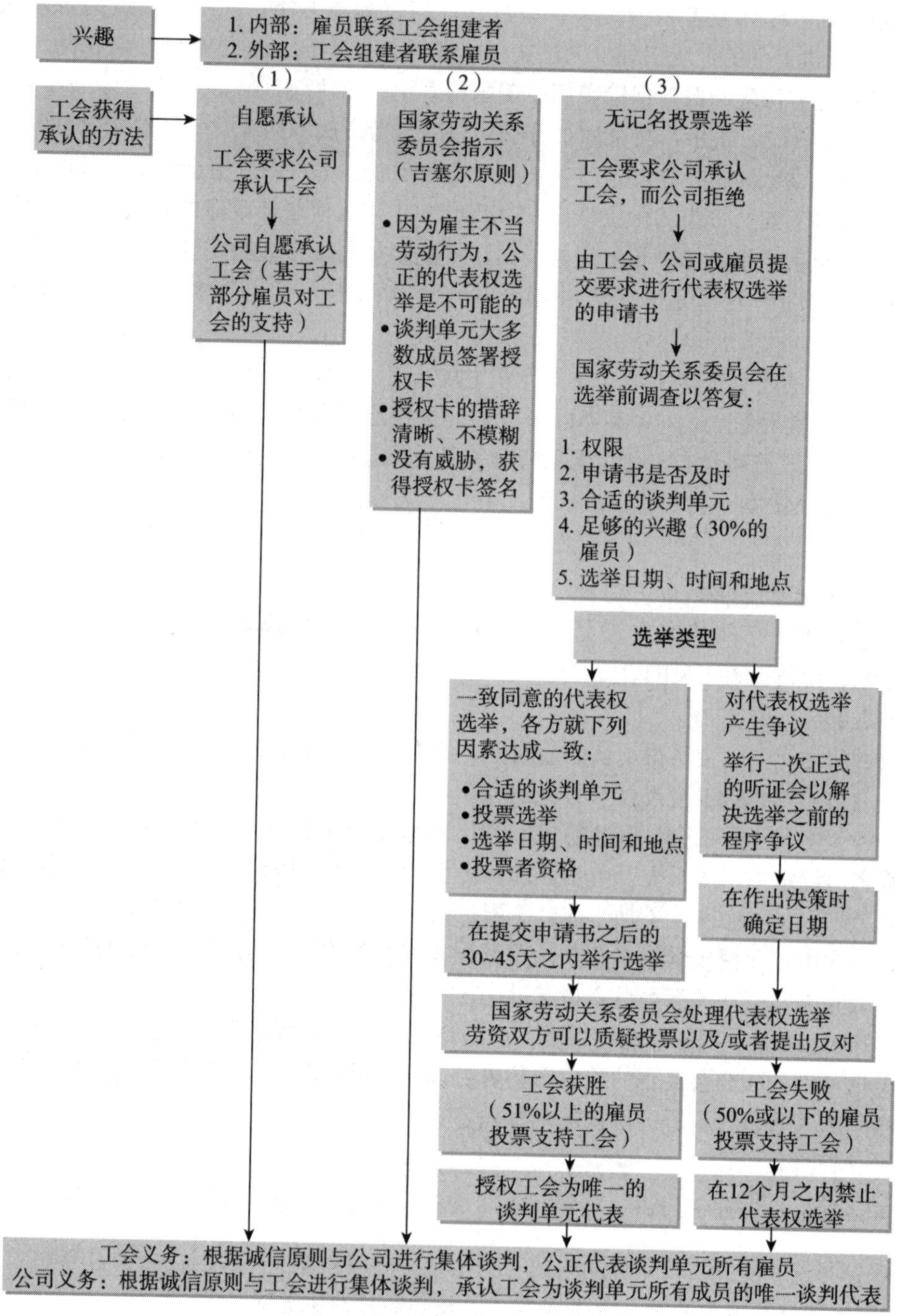

图表 5.5　基本的工会代表权获得程序

基于 48 场工会投票宣传活动的一项研究表明：

- 在授权卡签名或者投票选举过程中，来自雇主的压力远远大于来自同事或工会组建者的压力。
- 授权卡签名制度大大减少了雇主的违法活动。

- 即使工会组建者在场，在授权卡上签名的工人有94%也不会感受到压力。
- 授权卡签名制度确实减少了信息的沟通，但是，那些感到信息不够的工人一般不会在授权卡上签名，实际上是投了对工会组建的否决票。
- 授权卡签名减少了胁迫和其他形式的对工人施加的压力。[51]

根据中立协议，雇主一般既不帮助组建工会，不阻碍工会组建活动，不对工会组建表示不满，不称工会是“第三方”，也不妖魔化或者批判工会。授权卡签名协议一般要求不相关的中立第三方核查授权卡签名是否有效。大多数中立协议和授权卡签名协议允许工会使用公司的场地，但是对工会的行为进行了一定的限制，比如不允许攻击和批判管理层。这些协议中超过90%都包含仲裁等争端解决机制，用以解决协议执行过程中的一些争议或冲突，比如谈判团队的构成和授权卡签名的合法性等问题。

图表 5.6　　一份工会授权卡的示例

食品与商业工人国际工会

附属于美国劳工联合会—产业工会联合会

代表权授权卡

本人授权食品与商业工人国际工会，美国劳工联合会—产业工会联合会—加拿大劳工大会，或者它的特许地方工会为了集体谈判的目的代表我本人。

（打印的）姓名：		日期：			
签名：		家庭电话：			
家庭地址：	（城市）	（州）	（邮政编码）		
雇主姓名：		地址：			
雇用日期：	从事工作的类型：	部门：			
小时工资率：	休假：	日班：	夜班：	专职：	兼职：
您是否愿意参与一个组织委员会？	是	不是			

资料来源：Courtesy of the United Food and Commercial Workers International Union.

即使在工会组建者出示由大多数雇员签名的授权卡时（见图表5.6），绝大多数雇主仍旧拒绝自愿承认工会。管理方可能会关心这些授权卡是通过不合适的方式（例如，是在喝酒之后、处于暴力威胁之下或者通过伪造）获得的。管理方还认为授权卡并不是证明工会在选举中获胜的精确的预测指标。

2007年，国家劳动关系委员会对以前执行过40多年的自愿认可法律法规进行修正。新法规允许雇员或者其他候选竞争工会在45天内对雇主自愿认可的工会提出质疑，即在雇主自愿认可之后，雇员和其他工会有45天的时间提出撤销要求。尽管国家劳动关系委员会没有直接改变雇主中立和授权卡签名协议，但是改变了雇主和工会订立中立与授权卡签名协议的时间和方法。国家劳动关系委员会委员写道：工会授权卡选举实际上“比不上直接投票选举”，在授权卡签名的过程中，工人易受外部压力的影响，并且持续时间很长，但是投票选举就不存在这样的问题，在很短的时间内就可以辨别工人的偏好。

自 1966 年以来，雇主基于授权卡签名的自愿认可一直受到一定条件的限制。在自愿认可之后一年的时间里，工人或者其他竞争工会都可以申请撤销。如果双方协商同意，这一时间限制可以延长到 3 年。[52]

国家劳动关系委员会指示

国家劳动关系委员会直接发布命令指示雇主承认，并与工会谈判的事件非常少见，且极具争议。虽然一直视无记名投票为最佳方式，但是国家劳动关系委员会也可能使用其他一些方式，以确保大多数员工的利益。在具有里程碑意义的吉塞尔（Gissel）案例中，国家劳动关系委员会裁决（美国最高法院认可），公司在下面几种情况下被要求认可工会，并与工会谈判：

（1）有证据表明，由于雇主的各种不当劳动行为，投票选举不可能公正，不可能不偏不倚。

（2）授权卡的措辞清晰、不模糊（见图表 5.6）。

（3）雇员授权卡上的签名不是在胁迫的情况下获得的。

（4）谈判集体中的大部分员工表示，他们希望通过授权卡签名的方式选择工会。[53]（授权卡签名在接下来的一年内有效，除非签名雇员提出撤销认可。）

实际上，国家劳动关系委员会和法院认为，如果第一次选举因为雇主的操纵不可能公正，再次选举并不是一个好的补救办法，因为再次选举也很可能做不到公正，依然会受到雇主的影响。

当然，国家劳动关系委员会发布指导性命令并不频繁。在从 1987 年到 1996 年的 10 年中，国家劳动关系委员会每年平均发布 10 次指导性命令。如果雇主提起上诉，只有大约 50%得到强制性执行。[54]

分析 1969 年以来国家劳动关系委员会的指导性命令，我们可以得出一些衡量该委员会发布指导性命令的标准：

- 雇主违法行为蓄谋已久，故意为之。
- 雇主行为威胁到了工人的经济利益。
- 雇主行为是报复性的，而国家劳动关系委员会认为，不发布指导性命令，就不能纠正雇主的这些不当行为。
- 雇主承诺纠正雇员申诉的不当行为，但是在国家劳动关系委员会看来，补救方法只能是发布指导性命令。
- 雇主卷入了一系列不当劳动行为，而不是个案。

如果没有上诉法院的强制性支持（见第 3 章），该委员会发布的命令实际上没有什么价值。在强制性执行国家劳动关系委员会的命令之前，上诉法院要求委员会提出“合理解释”。一般而言，如果雇主的不当劳动行为臭名昭著，法院非常有可能强制执行委员会的指导性命令。譬如，如果雇主从事了因工会活动非法解雇雇员等不法行为，法院就更可能执行委员会的指导性命令。[55] 如果雇主威胁关闭工厂剥夺工人的合法权益，这也会导致法院执行委员会的指导性命令。

无记名投票选举

工会选举前的活动。工会选举前的活动不是交流信件和传单，然后举行选举的简单过程。选举之前的活动通常需要经过几个阶段[56]：

(1) 工会与雇员接触，应雇员的要求提供帮助或在工作场所分发工会宣传品（传单）。

(2) 通过召集会议、家庭访问和统计雇员对传单的反应，从而判断雇员的兴趣（见“劳动关系实践”专栏，了解正努力寻求雇员支持的工会组建者从雇员那里获得的一系列答复）。

(3) 设立组织委员会，确定领导者并向他们讲述工会的福利和程序、法律与管理方可能提出的其他问题。

(4) 通过请求雇员在授权卡上签名（见图表5.6）的方式巩固雇员的兴趣（大多数工会组建者通常会等待，直到超过50%，通常是在60%～80%的雇员已签署授权卡之后，才会宣布工会获得了代表大多数雇员的资格）。

在这期间，工会会致力于发现雇员的问题并使之更加突出，工会把他们工厂的工资与工会化工厂的工资进行对比，并解释工会在帮助满足其工作相关的需要时所扮演的角色。换句话说，工会将试图使雇员相信他们确实需要工会，因此应该签署工会授权卡，并通过佩戴工会小徽章、参加会议和成为工会会员的方式来支持即将到来的工会组建活动。虽然有许多方法可以获得支持，但是研究显示，一对一的接触，同事之间的接触和劝说，以及高质量的、设计专业的书面交流是最有效的方式。[57] 工会使用的其他一些方式包括电视和广播宣传、“热线”电话、集体会议和张贴传单。

组织新的地方工会需要花费很大的成本。有证据显示，每增加一个工会会员需要花费600美元左右。[58] 这些成本包括直接的、用现金支付的费用（主要用于印刷和邮寄传单及其他工会宣传品），办公室租金，为雇用的工作人员支付的薪水，以及法律费用等。另外，招募会员需要花费工会工作人员许多时间，而这些时间原本可用于向目前的工会会员提供服务（处理申诉、仲裁和劳资谈判）。

组织新工会会员的成本必须与获得的回报进行对比：

- 通过增强谈判力量可能获得的额外补偿。
- 新会员支付的会费和其他费用。
- 更强的政治影响力。
- 其他工会会员从不断扩充的会员人数中获得的社会利益和满足感。[59]

在公司收到工会要求获得承认的正式通知（信件或者电报）之前，它们经常能够从主管或普通员工那里，以及通过观察工作场所张贴的海报中了解工会组建活动的意图。一些公司会积极应对，另一些公司则可能反应平淡，允许工会试图组织本公司的雇员。一些雇主告知雇员其反对立场，并劝阻雇员不要签署工会授权卡。因为授权卡可能会特别声明签名者是支持工会代表权的，所以任何雇员签名都会帮助工会在公司取得成功。可阅读以下“劳动关系实践”专栏，了解典型的雇主在工会选举中可能传达的信息。

◇劳动关系实践

拒绝加入工会

"就算不加入工会我也能获得完全一样的工资和福利，我为什么要加入工会?"

"我没有能力加入工会。我的家庭需要我来支撑，而我的工资收入仅能维持我的家庭（从而无法支付工会费用)。"

"我不信任工会。它现在实在太强大、太有力了，不适合我。"

"我不需要工会。我的老板非常公正，会照顾好我。工会能给我带来些什么东西?"

"我丈夫（或者其他亲人）并不喜欢工会。"

"工会并没有为我做任何事情（申诉没能获得满意的解决)。我不喜欢那些在工会里面工作的人。"

"我自己能够处理我的事务。我能照顾好自己。我自己拿主意。我不打算永久地待在这个工作岗位上；我正期待晋升。"

"我的宗教信仰不允许我加入任何外部组织。"

"我的老板非常不相信工会。我已经见过工会会员的下场。"

"我不想和工会有任何瓜葛。它们都是腐败的。"

"我不是很了解地方工会或者工会运动。"

"我对工会不感兴趣。我就是不想加入工会。"

"我将考虑考虑。也许有一天我会加入工会。"

资料来源：Organizing Committee，AFSCME Council 24，WSEU，5 Odana Court，Madison，Wisconsin.

提交选举申请书。在1935年之前，工会通常为了获得承认而不得不通过诸如罢工之类的行动来显示它的力量和雇员对工会代表权的兴趣。《瓦格纳法案》和国家劳动关系委员会改变了这种状况，它们规定通过代表权选举或其他类似方式和平判断多数雇员利益的程序和指导原则。当潜在集体谈判代表提出代表权选举申请时，这一程序就启动了。

只有当某一雇员、某些雇员、工会或雇主提交有效的申请之后，国家劳动关系委员会才有权介入代表权选举。通常，申请书是由工会在向雇主要求获得承认而被拒绝之后提交的。申请书必须有证据（通常是授权卡）支持，能证明存在对工会代表权有足够兴趣的雇员（要求谈判单元30%以上的雇员)，而且，申请书必须表明雇主已拒绝了工会要求承认其享有排他的谈判代表权的请求。雇主只有在工会要求获得承认时，才可以申请代表权选举。如果是雇主提出选举申请，则表明工会获得的支持是非常微弱的。在收到申请书之后，国家劳动关系委员会首先判断它是否拥有管辖权限以及该申请是否有效。如果有效，它会迅速通知公司，并要求获得一份雇员名单。公司并没有要提交名单的法定义务，但通常基于诚信原则会服从这一要求。接下来，国家劳动关系委员会将安排一次公司和工会都参加的会议，以讨论双方一致同意代表权选举的可能性。这时，如果双方就恰当的谈判单元、投票者资格、票数、日期、时间和地点达成一致协议，那么

一致同意选举（consent election）将会举行。如果任何一方拒绝同意这些事项中的任何一项或几项，那么将举行一次正式的听证会以解决这些问题。

◇劳动关系实践

关于代表权选举运动期间雇主提供信息的示例

- 告诉雇员工会的集体合同通常包含工资削减或福利归还条款。
- 告诉雇员工会并不能提供工作岗位，并举例说明许多公司解雇了属于工会会员的雇员。
- 解释如果雇员选举工会，那么雇主将有责任基于诚信原则与工会进行集体谈判，但这并不能迫使雇主同意不符合其最佳利益的合同条款。
- 告诉雇员公司必须保持竞争力，拥有获得利润的权利。如果公司劳动力成本如此之高以至在销售产品时无法获得利润，那么公司将无法维持下去。
- 提示雇员有权拒绝签署授权卡，并解释这样做的具体程序。
- 表明工会的会费各不相同，但一般是600美元/年。
- 告诉雇员雇主拥有招聘永久性罢工替代者的法定权利。

资料来源："Maintain a Union-Free Status," by Paul S. McDonough, *Personnel Journal* 69 (April 1990): 108－114.

选举调查和听证会。如果工会和管理方不能就代表权选举达成一致意见，那么国家劳动关系委员会将对申请书展开调查，举行一个听证会。如果它认为雇员对工会代表权存在足够的兴趣，那么将命令进行代表权选举［**命令性选举**（directed elections)］。调查获得以下问题的答案：

(1) 预计合适的谈判单元包括哪些人？

(2) 谈判单元的雇员（30%）是否对工会代表权存在足够的兴趣？

(3) 工会、先前的选举或当前的劳动合同中是否存在阻碍选举的因素？

通过正式听证会，劳资双方可以提出证据，解决争议问题，比如谈判团体构成、投票日期、选民合法性问题。根据双方提供的证据，国家劳动关系委员会地方主管将发布投票指导性命令，其中包含对争议问题的裁决。

适当的谈判单元。适当的谈判单元是为了实现集体谈判目的而合理划分到一起的一组工作岗位或职位，在一个谈判单元中，两个或多个雇员享有共同的雇佣利益和条件（利益共同体)。适当的谈判单元的确定，依赖于国家劳动关系委员会的判断，由国家劳动关系委员会根据《国家劳动关系法案》来决定每一个代表权案件谈判单元的划定，以最好地保护雇员权利。但是，国家劳动关系委员会的决定在以下几方面要受到法律的限制。具体包括：

- 专业雇员不能包含在一个由专业雇员和非专业雇员组成的谈判单元中，除非大部分专业雇员投票赞成可以包含在混合的谈判单元中。
- 不能简单地因另一谈判单元先前已获得国家劳动关系委员会的批准而判定提交的同业谈判单元为适当的谈判单元，除非提交的同业谈判单元中的大部分雇员投票反对由同业谈判单元单独代表。

- 因潜在利益冲突，如搜查一个工会会员抽屉或橱柜以寻找被窃的财物，工厂警卫人员不能包含在任何非警卫人员所在的谈判单元中。
- 监管人员和管理人员不能被认为属于法律覆盖范围内的雇员，而且不能够加入任何谈判单元。监管人员被定义为“任何被授予管理权的个人从事或任命执行雇用、职位调换、停职、解雇、召回、宣传、惩罚、免职、申诉调解、分配任务或奖励等职能，且需要独立判断例行这些公事”。
- 在实践中，委员会裁定“初级”监管人员仍然属于谈判单元。国家劳动关系委员会看重监管人员在工作决策中是不是真的涉及“独立决策”。[60]
- 被排斥在谈判单元之外的有农业劳工、公共部门雇员（邮政雇员除外）和独立的合同承包人，虽然这类人员中的某些人可能被个别州的立法所覆盖。
- 涉密雇员（接触到机密信息的个人，比如谈判战略人员）和一些家庭成员（比如儿女和配偶）被排除在外。

专业雇员和监管人员之间的区分异常困难，特别是在专业雇员还负有监管责任时尤其如此。比如，在医院或者诊所中，护士的职责包括指导下属助手等人员工作。1994年美国最高法院的一项裁决使得护士是否可以组成工会更加扑朔迷离。当时，美国最高法院裁决，由于疗养院的护士照顾病人，代表了雇主的利益，所以他们并不是法律意义上的雇员，也不能组织工会。在2001年，美国最高法院又判决，6位护士不是法律意义上的雇员，因为他们在分派其他医护人员任务方面有很大的决策权。[61] 在2006年，国家劳动关系委员会裁决，常务护士长的职责涉及分配医护人员工作，可以指定哪位医护人员照顾具体哪一位病人，有很大的自主决策权，因而属于监管人员；轮换护士长就没有这样的授权，因而属于雇员，可以加入或者组织工会。[62] 国家劳动关系委员会根据每个案例的具体情况裁定涉事人员是否拥有监管权力。

因此，国家劳动关系委员会对适当的谈判单元的判定将会影响到工会是否能够获得代表权选举的胜利，谁将在选举中投票，某家工会是否能够在工会之间的竞争中脱颖而出，同业雇员是否将拥有自己的工会或被包含在全工厂范围的谈判单元中，工会必须代表哪些雇员，谁将被覆盖在集体谈判合同的范围之内，或者工会是否能够吸收那些能够为谈判单元雇员提供指导和领导力的关键雇员。

对国家劳动关系委员会代表权选举的分析表明，工会组建运动的成功依赖于适当的谈判单元的构成。当适当的谈判单元由具有相似技能的雇员组成时，工会极有可能取得胜利。之所以如此，是因为工会内部的决定实行民主程序，内部一致性的程度对促进决策制定和获得大部分雇员的支持是非常有必要的。但是，当不同技能水平的雇员群体组成谈判单元时，达成一致就更加困难，同样地，也更难获得和维持大部分雇员对工会的支持。因此，国家劳动关系委员会将某一工厂内所有“生产和维修”雇员（这些雇员拥有各种不同的技能）归为一个谈判单元的政策，可能有助于降低工会会员在劳动力总数中的百分比。对谈判单元做更狭窄的定义，仅把技能相似的雇员（如电工）界定为一个谈判单元将有利于工会赢得代表权选举和维持工会的持续增长。[63]

如果工会获胜并成功签订限期加入工会保障条款，适当的谈判单元可以决定谁将被要求必须加入工会。因此，谈判单元的构成对雇主、工会和公众来说都是非常重要的。

一些公司非常关注这些事项，并在管理结构、雇员互动、人事政策与实践方面采取预防性措施。例如，如果公司倾向于规模较大的复合型谈判单元，那么它将对管理政策和实践保持集权式的控制。如果它倾向于规模较小的、独立的谈判单元，那么它将采取分权方式来制定这些独立谈判单元的决策。因为工会无法控制公司的管理结构和权责关系，所以公司可以努力使国家劳动关系委员会相信适当的谈判单元应该仅由这些支持工会的雇员构成。[64]

如果一家工厂存在几个规模较小的谈判单元，那么雇主在一年中会数次与不同工会进行劳资谈判，而这可能会导致劳动关系的持续不稳定。这些彼此分离的工会只关注相似的工作岗位，从而可能引发工作权利争议，导致罢工或者怠工。如果规模较小的谈判单元合并到全国范围的谈判单元之中，那么任何能导致罢工的劳资对抗都将引发全国范围的停工，并由此引发顾客对该公司产品需求的减少。第 6 章涵盖了各种谈判结构及其应用。

谈判单元本身可以仅覆盖一家工厂之内的雇员，也可以覆盖同一雇主的两家或更多的工厂雇员。国家劳动关系委员会在决定适当的谈判单元的构成时，要考虑“利益共同体”这一重要事项，因而要评估以下因素：

- 雇员和雇主的兴趣。
- 工资、工作条件、培训和技能的普遍性。
- 在即将成立谈判单元的这家工厂或公司拥有的另一家工厂的集体谈判历史。
- 这些工厂之间的雇员流动。
- 工作场所之间的地理位置和物理距离。
- 雇主管理机构设置或区域设置。
- 工作分离（或特殊）程度或一体化（或相关）程度。[65]

当根据这些相关因素还不能确定一个适当的谈判单元时，将举行一次选举（通常被称为普遍选举，起源于国家劳动关系委员会的案例）以判断雇员的兴趣。例如，一家钢铁公司的一群电工可能希望由国际电气工人兄弟会来代表他们，而不是由美国钢铁工人联合会来代表。美国钢铁工人联合会则希望所有电工都包含在由所有生产和维修工人组成的谈判单元中。在这种情况下，电工的投票将决定他们是否成为美国钢铁工人联合会的成员，一个独立的电工工会（国际电气工人兄弟会）的成员，或保持非工会化状态。

美国最高法院支持了国家劳动关系委员会首次制定规则的努力，该规则是为了确定私营急性病治疗医院的适当谈判单元问题，为大约 4 000 家私营急性病治疗医院谈判单元的确立建立了 8 个标准：(1) 所有注册护士；(2) 所有内科医生；(3) 除注册护士和内科医生外的所有专业雇员；(4) 所有技术雇员；(5) 所有熟练维修雇员；(6) 所有行政和业务人员；(7) 所有警卫人员；(8) 所有其他非专业雇员。这些规则的制定，减少了雇主对适当谈判单元的数量和构成的质疑。雇主有时候会有意识地使用这种策略来推迟选举，从而增加工会不能赢得代表权的机会。[66]

2000 年，国家劳动关系委员会裁决，根据《国家劳动关系法案》的规定，医院实习生、住院医生和进修医生，即使他们还是学生，仍然属于公司员工，可以组建谈判团体。这个裁决推翻了以前把医院实习生、住院医生和进修医生排除在外的裁决。国家劳动关系委员会这样解释：医院实习生、住院医生和进修医生等与学徒类似，而学徒在法律上一直被认为是员工。2000 年年末，国家劳动关系委员会进一步延展这个裁决，裁决纽约大学研究生助手（包括教学和研究助手）属于员工范畴，推翻了大学认为这些助手仍是学生而不是员工的论断。[67]

2004年，国家劳动关系委员会的大多数委员都是由布什总统任命的。他们又推翻了2000年的裁决，认为研究生是学生而不是员工。实际上，这次新的裁决正遇上美国研究生工会化风起云涌之时。在过去十年中，研究生工会已经从最初的10个增加到30个。天普大学、密歇根大学、罗得岛大学和哥伦比亚大学的研究生都组建了新的工会。据估计，20%的大学研究生都签署了集体劳动协议。[68] 这些研究生工会大多数都得到了公共部门的认可，符合州立劳动关系法（将在第13章阐述）。

谈判团体的决策和联邦机构的司法管辖权对能否成功组建工会都会产生重大影响。下述“劳动关系实践”专栏讲述了联合包裹服务（United Parcel Service）公司和联邦快递（FedEx）公司的工会组建状况。

◇劳动关系实践

有趣的对比：联合包裹服务公司和联邦快递公司

联邦快递公司创建于1971年，起初是一家货物和邮件夜间空运公司。由于联邦快递公司是一家航空公司，因而受航空法律法规的管制，比如《铁路劳工法案》。现在，该公司的4 500～5 000名飞行员是美国民航飞行员协会的会员，该协会附属于美国劳工联合会—产业工会联合会。由于业务扩展、公司并购，联邦快递公司雇用了大约10万名卡车司机、包裹装卸工、分发员及其他地面员工，而这些员工都是非工会员工。

联合包裹服务公司创立于1907年，起初是一家地面运输公司，在《国家劳动关系法案》的司法管辖权内。联合包裹服务公司的地面工作人员超过20万名，这些员工大部分都是美国卡车司机工会会员，而2 800名飞行员组建了一家独立工会，即独立飞行员协会（Independent Pilots Association）。

根据《国家劳动关系法案》，员工可以根据地点的不同各自组建工会。换言之，每个工厂的员工都可以自建工会。但是，根据《铁路劳工法案》，一个公司的工会必须囊括整个公司的员工。比如，联邦快递公司的包裹装卸工要想建一个工会，这个公司必须只有这一家囊括包裹装卸工的工会，而不是每个地点或交通中心都可以自建一家工会。

现在，这两家公司是竞争对手，业务基本相同，组织结构类似。但是，任何一家组织联邦快递公司10万名员工的工会都必须招揽全国性全公司范围的员工共同加入，而不能根据地点自建当地工会。

资料来源：*Railroaded Out of Their Rights: How a Labor Law Prevents FedEx Express Employees from Being Represented by a Union* (Washington, D.C.: The Leadership Conference on Civil and Human Rights, June 2010).

投票者的资格。在进行代表权选举之前，必须决定投票者的资格。一个员工如果要在法律上拥有投票权，必须满足以下条件：（1）与谈判团体成员的工作性质一致；（2）在有效雇用期内，开始计算薪资，通常在双方协议签订之前或者在投票选举指导性指令发布之前；（3）在投票当日仍是雇员。但病假、休假、临时裁员或临时请假的雇员，例如服兵役的雇员，可在选举中投票。另外，国家劳动关系委员会有时会考虑就业的不规范性，例如建筑业、食品加工业和港口业。已被永久替代的、因经济原因的罢工者，在罢工开始后的 12 个月之内可以参加投票选举。这一政策保证了管理方不会激发另一次罢工，然后雇用那些投票反对工会的替代者。在工会提交选举申请书之后但在选举之前被雇用的雇员的投票资格可能会受到工会的质疑。

无效的申请书。以下规则可以确定代表权选举申请书是否合乎时宜。第一条是法律规定，在以下情况下禁止任何国家劳动关系委员会代表权选举：在过去 12 个月内已进行过代表权选举；选举申请覆盖的雇员群体已经被另一集体合同所覆盖且已成为一个合法工会的会员。

第二条规定（也是代表权选举的潜在障碍）是为了实现和维持稳定而有效的劳动关系而制定的行政决定。国家劳动关系委员会的规则，也被称为**合同禁止原则**（contract bar doctrine），具体规定：劳资双方签署的有效期为 3 年或 3 年以内的合同，在合同期内不得进行代表权选举。因此，合同禁止原则能够将对代表权选举的 12 个月的法定时限扩展到 3 年。如果不这么规定，则对已基于诚信原则谈判达成协议的劳资双方来说，都将是不公平的。长期合约（4 年或者以上）在其有效期内对雇主和相关工会有效，但是对第三方的约束力至多 3 年，比如说另一家竞争的工会。

2007 年，国家劳动关系委员会对合同禁止原则进行了修正。该委员会裁决，集体谈判协议不禁止不认可或者第二家工会申请，除非员工收到工会认可通知并且已经过了 45 天且无其他工会申请现有认可无效。[69]

姓名和地址（精益求精原则）。在国家劳动关系委员会地区主任已批准代表权选举之后，或代表权选举已被授权之后的 7 天内，雇主必须向地区主任提交一份所有有资格投票者的姓名和地址名单，这一信息随后也要提供给工会。拒绝提交将被确定为雇主缺乏诚信的行为，而且将导致代表权选举被取消，或国家劳动关系委员会通过传票来获得有资格投票雇员的姓名和地址。这一规定的目的是确保工会拥有管理方已拥有的联系雇员的相同途径。[70]

代表权选举。代表权选举是美国劳动法最具创新性的制度之一，由国家劳动关系委员会的官员负责处理，而且通常是在首次下达选举要求之后的 48 天（平均来说）内举行。国家劳动关系委员会提供的数据表明，在有资格参加代表权选举的雇员中，约有 90%的人会选择参加代表权选举投票，而与此相比，在有资格参加主要政治选举的雇员中，只有约 50%的人选择参加那些政治选举投票。

代表权选举的高投票率可能是因为方便的投票程序（通常在公司范围内举行），以及许多雇员持有的这样一种信念，即与参加政治选举相比，他们在代表权选举中的投票更能直接影响其生活（至少他们的工作条件）。最后，工会和管理方都认识到雇员在面对一位工会代表时可能会表达自己对工会的偏好，而在面对管理方代表时又表达相反的偏好，以避免在代表权选举运动中出现不利于自己的情况。当工会和管理方面对的是一次无记名投票表决时，双方都不能确定雇员的投票偏好，因此需要竭尽全力以获得投票表决的胜利。

2009 年 11 月，美国国家调解委员会修改了关于航空和铁路行业工会认可投票的规则。该委员会此前 75 年时间中一直规定，在雇主没有大加干预的条件下，只有大部分员工赞成，工会才能被认可，拥有代表权。在这个旧规定中，如果谈判团体中有 100 名员工，那么必须有51名赞成，工会才能被认可，若只有50名，工会就没有成功。新规（遭到航空运输协会的挑战，但随后被哥伦比亚地区法院判决有效）只要求投票人的大多数即可（与国家劳动关系委员会主持的选举一样）。现在，如果员工共有100人，而80人实际参与投票，只要41人赞成，工会即被认可。

当国家劳动关系委员会举行的选举需花费较长时间时，投票者的参与程度往往会下降。因此，一些雇主会极力拒绝就选举事项与工会达成一致意见，希望增大工会输掉选举的概率。另外，因大多数单个的谈判单元选举都非常激烈和接近，不参加投票的雇员数量能够影响许多选举结果。[71] 此外，少量的投票也能极大地影响选举结果。研究表明，如果8张选票改变支持对象，那么将有一半的选举结果会发生改变。[72] 另外，处理代表权所花费的时间的延长也是一个非常重要的因素，延迟10天已证明是区分雇主获胜和失败的一个重要因素。选举之前花费的时间同样也与工会的失败有关联。在延误的头6个月内，工会获胜的概率以平均每个月2.5个百分点的速度下降。对工会来说，劳资双方达成一致的选举能够导致最高的获胜概率。[73]

在代表权选举中，谈判单元的规模往往消极地影响工会的获胜概率。规模较大的谈判单元往往与选举延误紧密相关，因为它需要花费较长时间来处理，而且其结果更可能导致一次听证会，而不是自愿的解决方案。[74] 最近的一项研究也表明，工会的规模和工会内部民主能够积极地影响工会组建的成功，而工会的罢工倾向和工会决策的集中化将消极地影响工会组建的成功。[75]

使用带有适当的公司和工会标志的选票（见图表5.7），无记名投票选举在国家劳动关系委员会的监管之下进行，而且通常是在发薪日的工作时间内在公司或工厂里进行。但是，如果国家劳动关系委员会认为常规的代表权选举可能不会成为一次公正、合理的选举，委员会拥有决定通过邮寄选票的方式来进行代表权选举的权力。1998年，国家劳动关系委员会（其中大部分委员由克林顿总统任命）通过了一套新程序，鼓励在以下情况下通过邮件参与投票：(1) 投票人地域分散；(2) 投票人工作时间安排不同，不可能在同一时间在同一地点投票；(3) 当出现罢工、工厂关闭和抗议示威时。[76]

国家劳动关系委员会必须判断在一个适当的谈判单元中是否有多数雇员愿意由一家工会来代表他们进行集体谈判。委员会将多数（majority）这一词语定义为民主选举普遍接受的简单多数原则，也就意味着在选举中选择不投票的那些雇员已经决定同意接受那些选择投票的大多数雇员的意愿。因此，在工会获得国家劳动关系委员会的授权之前，参加代表权选举并且投票的雇员中必须有多数雇员（50%再加上一张选票）支持工会代表权。

如果在选举中有两个或更多的选择，那么可能有必要在第一次选举中得票最高的两个选择中进行一次最终选举。如果多数投票者选择“非工会化”，那么在12个月之内不得再次进行代表权选举。如果某家工会获得多数投票者的支持，国家劳动关系委员会将授权该工会为谈判单元中的雇员的唯一谈判代表。有意思的是，当有两家或者两家以上的工会在同一次代表权选举中竞争代表权时，这些工会表现得非常好。

虽然只有4%的代表权选举是由多家工会参加的选举（在两家工会之间进行选择），但参加竞争的某一家工会将会比参加只由一家工会参加的选举更有可能获得胜利。另外，有多家工会参加的代表权选举导致了非常高的投票者比率。[77] 导致这种积极投票的主要原因是两家工会在选举中将不得不努力获得足够数量的谈判单元雇员的支持。这种支持通常意味着雇员已经决定投票支持某家工会；进行代表权选举是为了决定哪一家工会将获得多数投票者的支持。

美利坚合众国
国家劳动关系委员会
官方无记名投票
为集装箱公司的特定雇员设计

您是否希望因集体谈判的目的而将代表权授予
美国劳工联合会—产业工会联合会的会员工会
美国钢铁机械产品和相关设备工人工会

请在下列方框中用“×”标识出您的选择

是	否
□	□

请不要签署该选票。折叠起来并将它投入投票箱。
如果您损坏了这张选票，请将它退还给委员会代表以获得一张新的选票。

美利坚合众国
国家劳动关系委员会
官方无记名投票
为集装箱公司的特定雇员设计

该选票是为了决定您所在的谈判单元雇员的集体
谈判代表，如果有。

请在下列方框中用“×”标识出您的选择

（工会A的名称）	两者都不支持	（工会B的名称）
□	□	□

请不要签署该选票。折叠起来并将它投入投票箱。
如果您损坏了这张选票，请将它退还给委员会代表以获得一张新的选票。

图表 5.7　关于工会代表权选举中的无记名投票示例

选票被计算出来之后，每一方都可以在 7 日内提出反对意见，指控出现了不当行为或者质疑某些投票者的选票，认为那些投票者不应该在本次代表权选举中投票。代表权选举程序中的这一部分遭到了相当大的批评，因为在处理关于不当行为的选票质疑或者反对意见时出现的时间延误似乎有些过度。

2009 年，国家劳动关系委员会主持了 1 695 场投票活动，涉及工人 96 030 名。其中

80%的工人参与了投票，这一比例比参与总统选举或其他任何政治选举的比率都要高。投票活动通常在工人的工作时间进行，关乎工人的生活，将决定他们是否将被某一个工会代表。2009 年，在 63.8%的投票活动中，工会取得了成功，而 2001 年这一数字只有 54.1%。自 2002 年以来，每一次国家劳动关系委员会主持的投票活动，工会取得成功的概率都超过了 50%。参与投票活动最积极的工会包括美国卡车司机工会、食品与商业工人工会，以及服务业雇员国际工会。服务业雇员国际工会是在这方面最成功的工会。[78]

针对 1 004 场工会投票的调查显示，其中 57%都出现了雇主威胁关闭工厂的情况，34%出现了员工因此被解雇的状况，威胁削减工资福利的情况占到了 47%。89%的雇主要求其员工在工作时间参加反工会宣传会议。在 77%的投票活动中，监管人员与员工一对一交谈，涉及威胁关闭工厂、削减工资福利和解雇等。在超过 60%的投票活动中，雇主利用一对一会面审查和骚扰员工，威胁使其不支持工会。

但是，雇主不太可能作出带有好处的承诺（即给“胡萝卜”），比如允诺不定时加工资、改善人事安排、举办特殊社会活动或者开展员工参与项目。

对大部分国家劳动关系委员会的行政性裁决，雇主都会提出上诉，特别是指导性命令或者二次选举指令。甚至，一些雇主通过上诉，把案件拖个三五年。雇主不当劳动行为的最大惩罚就是补偿工资，每个员工大约也就数千美元。[79]

代表权选举之后

如同第 1 章已经提及过的，劳动关系进程的第一个步骤，即工会和管理方代表的合法权利和责任的承认，包括的内容不仅仅是代表权选举。工会在代表权选举中赢得谈判权之后，它们将努力与雇主谈判达成一个集体合同；但是，有 25%～30%的工会可能无法获得第一份集体合同。以下这些因素提高了达成集体合同的可能性：公司已经存在相当高的工资，公司里有其他谈判单元存在，优势较大的代表权选举胜利，以及国际工会代表的积极参与。能够降低达成第一份集体合同可能性的因素包括：位于美国南部某州的《工作权利法案》，全国性工会必须批准地方工会谈判达成的合同，公司有从外部雇用的劳资关系顾问[80]，国家劳动关系委员会在解决雇主对选举结果的反对和质疑时出现延误，雇主拒绝基于诚信原则进行谈判，以及在代表权选举之后存在针对雇员的歧视。[81]

在过去的 20 多年中，与反对工会组建活动相关的迟延案件已经增加了 3 倍，而且现在平均的延误时间大约是 210 天。另外，雇主有 13%的可能性不能或者拒绝基于诚信原则与工会进行谈判。这种不当劳动行为会增加额外 140 天左右的时间。如果诉求一直提交到位于华盛顿特区的国家劳动关系委员会总部，或者提交到上诉法院，或者美国最高法院，还将增加另外的延误。

除去这些延误外，因解雇工会支持者而导致的不当劳动行为控诉案件的数量已增长了 6 倍，判决雇主支付欠薪的案件增长了 11 倍。雇主解雇工会行动者或工会支持者的主要原因有两个：（1）将关键的工会组建者从工厂内剔除；（2）向工厂的其他工人传达一种令人胆战心惊的信息。从统计数据的种种趋势来看，似乎道德方面的考虑并不能防止所有雇主作出违法的事情。

雇主和唯一集体谈判代表的责任

由谈判单元多数雇员选举的、享有排他性的唯一集体谈判代表（即工会），有义务公平、公正地代表谈判单元中的所有雇员，不管他们是否属于工会会员，而且有义务基于诚信原则与雇主进行集体谈判。雇主的相对义务是，基于诚信原则与唯一的集体谈判代表进行谈判，拒绝与任何其他试图代表雇员的工会进行谈判。另外，任何已谈判达成的协议将覆盖谈判单元中的所有雇员，不管他们是否具有工会会员资格。

工会输掉代表权选举之后

在输掉代表权选举之后，工会通常将减少其活动，因为每12个月才能进行一次代表权选举。但仍有一些创新的方法使工会能与雇员，尤其是那些在工会组建运动中支持过工会的雇员，保持联系，并向包括在谈判单元中的那些雇员提供一种代表性服务。图表5.8包括了能增加工会在未来的组织运动中的获胜概率的一些选择性办法。

无记名投票 vs.《雇员自由选择法案》

美国国会提交《无记名投票保护法案》(Secret Ballot Protection Act)，要求使用无记名投票方式认可工会。该法案一旦通过，雇主认可或者与没有得到大多数员工投票承认的工会进行谈判属于不当劳动行为，对工会也是这样，如果在无记名投票之前就与雇主协商集体劳动协议，也属于不当劳动行为。换言之，授权卡签名自愿认可工会的方式将被禁止。但是，该法案最终没有获得通过。

图表5.8　　工会在输掉代表权选举之后可能进行的一些工作

1. 维持工会在工厂设置的委员会，任命雇员为工会干事，使用工会干事小徽章以确定他们的身份，以及通过这些工会干事与那些雇员保持联系，无论他们是工会会员还是非工会会员。

2. 在非工作时间在工厂分发与就业相关的工会宣传品，并在雇员共同关注的、与就业相关的事务中代表雇员发出声音。

3. 工会干事可以将雇员申诉提交给管理方。如果管理方拒绝与工会委员会会面，雇员可以集体离开工作岗位以要求直接与管理方讨论和雇佣相关的问题。如果管理方的答复不能让人满意，工会可以从事停工斗争，但是，罢工工人替代规定将会获得应用。

4. 没有获得多数雇员支持的工会可以向个体雇员的行为，如拒绝驾驶有缺陷的卡车、向职业安全和健康署报告违法行为、拒绝从事违背个人道德或伦理的工作，或者指控没有支付加班费等提供一系列的保护。

5. 帮助雇员了解和实施他们个人的就业权利，如有关工作报酬、第三方民事侵权行为主张、违反工资和工作时间的规定。

6. 工厂委员会帮助雇员了解和实现他们的权利，如医疗福利、病假、遣散费、养老金、失业补偿、伤残赔偿金以及社会保障。

7. 告知雇员有关普通法原则包含的雇员权利，以及关于自由雇佣原则的例外情况，包括员工手册、就业合同、公共政策的例外情况，诚信原则的例外，以及涉及残暴行为、诽谤和侵犯隐私权的民事诉讼。

8. 加强职业安全和健康署的法定程序：(1) 建立工厂安全委员会；(2) 通过工会提交雇员申诉；(3) 充当雇员代表，提供申诉处理人员在工厂内“四处巡逻”，讨论雇员提出的主张并参加会议；(4) 在职业安全和健康署进行处理之前充当雇员代表以参与处理；(5) 如果雇主无法向雇员提供关于有毒物质的培训，而且没有准备书面沟通计划，那么可以通过提交申诉来执行危险事务沟通标准 (Hazard Communication Standard)；(6) 申请含有材料安全数据者的信息。

9. 向雇员展示关于工厂关闭、女雇员怀孕请假、个人隐私和检举揭发的法律与法令。

10. 在劳动仲裁之后向雇员展示模拟的不当解雇程序。

资料来源：Clyde W. Summers, “Unions without Majorities: The Potentials of the NLRA,” *Proceedings of the 43rd Meeting of the Industrial Relations Research Association* (Madison, WI: IRRA, 1991), pp. 154 - 162.

2007 年，美国众议院通过了《雇员自由选择法案》(Employee Free Choice Act)(244 票赞成，185 票反对)。该法案包括以下三个重要条款：

- 如果大多数雇员在授权卡上签字支持工会，国家劳动关系委员会必须对此进行核实（见图表 5.6)。
- 如果双方在 90 天（如果双方同意，时间可以延长）内没有达成集体协议，要求联邦仲裁与调解局进行调解，任何一方都可启动达成第一份集体谈判协议的程序。如果调解不成功，120 天后，第一份协议要进行仲裁，最终形成具有法律效力的两年期协议。
- 在工会组建宣传以及第一份合约商议期间，雇主如果从事不当劳动行为，将会受到严惩。[82]

有人支持通过授权卡方式认可工会，而另一些人支持通过无记名投票方式认可工会（各自支持这两种方式的观点见图表 5.9)。

图表 5.9　　支持授权卡和无记名投票的观点

支持授权卡的观点	支持无记名投票的观点
授权卡要求谈判团体成员超过 50%（并且经过国家劳动关系委员会审查）支持，而无记名投票只要求投票人数中超过 50%支持。	无记名投票私密，由国家劳动关系委员会主持。授权卡方式容易被工会控制。
在无记名投票活动中，雇主对工人的影响更大，接触机会更多。	在授权卡签名的过程中，工人只能听到工会的“一家之言”。
在无记名投票活动中由于雇主的压制或威胁，工人容易被胁迫，投了工会的反对票。	在工会的压力或者威胁之下，工人在授权卡上签名时容易被胁迫，签字支持工会。
雇主的反对可能致使无记名投票推迟。	在提请之后，大部分无记名投票将在两个月内举行。
现有法律可以有效阻止工会从事不当劳动行为，但是现有的惩罚无法有效阻止雇主从事不当劳动行为。	现有法律可以有效阻止雇主从事不当劳动行为，但是现有的惩罚无法有效阻止工会从事不当劳动行为。
授权卡方式对雇主和工会而言成本较低。如果只允许无记名投票方式，国家劳动关系委员会不得不抽出大量人力物力。	在加入工会之后，雇员不得不上缴会费；工会会员较高的工资可能致使工作岗位更少。
授权卡和中立协议促进劳资关系更加和谐，有利于双方建立合作的友好关系。	雇主可能迫于压力接受授权卡结果和中立协议。如果雇主签署中立协议，雇员可能就不敢讲出自己反对工会的观点。

资料来源：Gerald Mayer，“Labor Union Recognition Procedures: Use of Secret Ballots and Card Checks,” Congressional Research Service，The library of Congress，2005，Table 3（http://digitalcommons.ilr.cornell.edu/key-workplace/237）.

授权卡工会认可制度在其他一些国家已经存在很长一段时间了。英国自 2000 年之后通过《雇佣关系法案》，授权卡方式一直在英国推行得非常成功。在英国，根据《雇佣关系法案》，超过 50%的雇员在授权卡上签字支持工会，或者在符合雇员意愿的前提下进行无记名投票支持工会，工会都可获得承认。如果工会通过授权卡方式被承认，英国国家劳动关系委员会很少要求再举行无记名投票活动。[83]

加拿大有五个省份要求必须采取无记名投票方式，而另外五个省份却允许使用授权卡方式。不列颠哥伦比亚省（British Columbia）1984 年之前允许授权卡方式，但是 1984—1992 年要求必须采取无记名投票方式，1992 年之后又重新允许授权卡方式。如果允许授权卡方式，工会成功的概率是 91%；而强制要求使用无记名投票方式之后，成功的概率是 73%。此外，在授权卡方式被允许期间，每年平均共有 531 起工会组建活动，而在其不被允许期间，每年平均只有 242 起。

2007 年 6 月，在共和党的阻挠下，《雇员自由选择法案》在参议院没有获得通过，赞成票是 51 票，反对票是 48 票，虽然获得多数赞成，但是仍没有达到法定要求的 60 票。[84]

2008 年，奥巴马总统赢得大选，同时民主党在参众两院都占有多数席位，《雇员自由选择法案》极有可能获得通过。然而，参议员特德·肯尼迪（Senator Ted Kennedy）去世，斯科特·布朗（Scott Brown）在马萨诸塞州赢得参议员席位，挫败共和党阻挠的希望变得越来越小。而到 2010 年，共和党在众议院获得多数席位，《雇员自由选择法案》获得通过的希望变得更加渺茫。

二、代表权选举运动中的行为

成功的工会认可活动离不开志愿者的努力，他们说服雇员投工会的赞成票。工会认可活动涉及大量工作，比如组织会议、收集信息、分发资料，其中大部分工作都由志愿者承担。尽管从事这些志愿活动很难立刻获得看得着的回报，但对志愿者个人而言，这是政治理念上自我价值实现的一种方式。雇员对工会的称赞来自志愿者辛勤的服务。[85]

所有代表权选举都必须根据国家劳动关系委员会制定的标准来进行，而委员会制定这些标准的目的就是为了保证谈判单元中的雇员能够自由地表达他们是否愿意为集体谈判的目的而由某一家工会代表。但是，代表权选举运动各不相同，差异非常大，而且每个工会和雇主使用的战略也多种多样，差别很大。例如，与图表 5.10 列举的那些传单类似的传单和海报经常会被使用，另外再加上演讲、非正式的交流、面谈和电影。这样一来，代表权选举运动，作为劳动关系制度中最有意思和最具有争议性的活动之一，已经形成了一系列的原则和规定。随着国家劳动关系委员会所持的哲学思想的变化，这些原则和规定也发生了改变。

代表权选举运动的原则和国家劳动关系委员会的政策

行为整体性原则（totality of conduct doctrine）指导着国家劳动关系委员会对不当劳动行为的解释。该原则本质上意味着诸如代表权选举运动中发表的演讲之类的孤立事件必须放在代表权选举运动的整体环境中进行考虑，而且需要考虑已发生其他特定的违反行为的可能性。

雇主对雇员作出的陈述可能表面上看起来是无害的，但是放在雇主作出陈述时的整

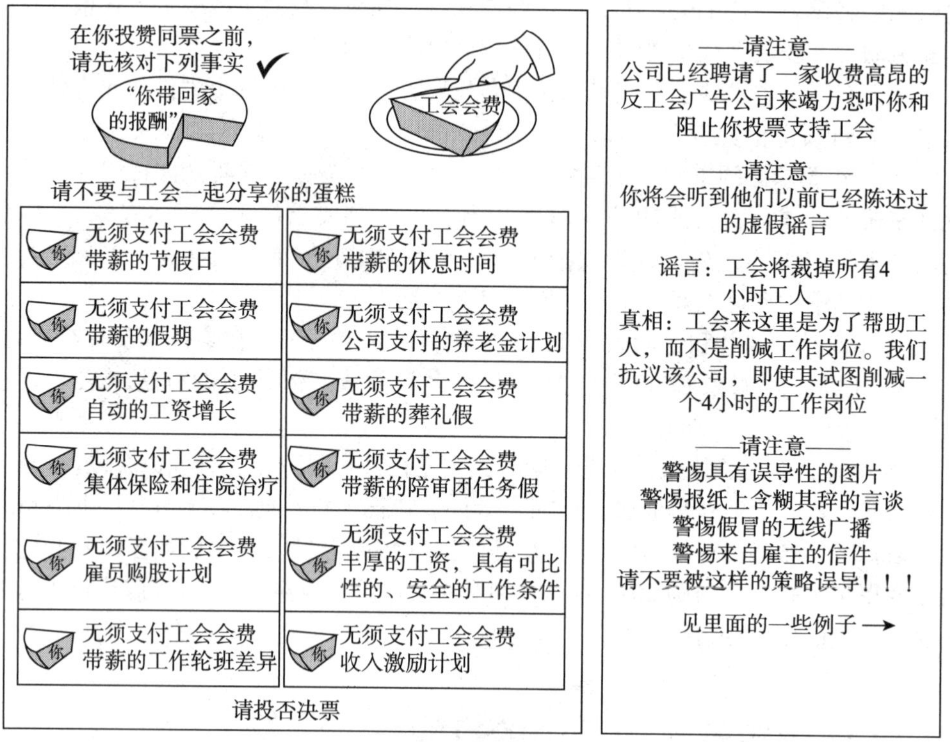

图表 5.10　关于在代表权选举运动中分发的传单的例子

体环境中进行考虑，这些陈述可能隐含着威胁。例如，如果某位雇主声称第三方的干涉行为将使雇主没有经济能力再继续经营，那么在工会代表权选举运动中这种陈述将会被视为一种非法陈述。但是，如果雇主在工会意图融资收购雇主工厂的行动中发表同样的陈述，却不会被视为非法行为。

国家劳动关系委员会作出结论说，它将不再探究双方在代表权选举中发表的陈述的真实性或虚伪性，但将干预这样的案件，即工会和雇主双方中的某一方使用了伪造文件，从而使投票者无法认识到宣传的真实性。国家劳动关系委员会认为，今天的投票者（雇员）比以前的投票者受到了更多的教育，他们更加聪明，而且能够更精确地分析资料和数据。这一评价是受到 5 个州 31 次代表权选举中的 1 000 多名雇员的一份研究报告的影响所得出来的。以前流行的观点认为雇员无法清楚认识劳动关系，而且很容易被选举运动中的宣传活动所左右，该研究报告对此假设提出了质疑。实际上，81%雇员的投票可以根据他们在以前代表权选举活动中表现出来的倾向与他们对工作条件和工会的态度来进行准确预测。该研究报告作出结论说，雇员的投票似乎是他们在这个工业世界中获得的日常经验所产生的态度和看法的产物，而不是代表权选举运动本身产生的态度和看法的产物。[86]

该研究报告使用的数据后来被重新进行分析，而且得到了一些额外的结论（一些与研究报告不同的结论）[87]：

- 有利于工会的雇员弱点是投票行为的重要决定因素。
- 在选举运动前期举行会议与在选举运动后期分发书面传单和宣传品，可能对选举结果最为有效。

● 针对工会支持者的威胁和活动能有效地减少对工会的支持。

迄今为止，后来进行的这些分析并没有影响国家劳动关系委员会对代表权选举的立场。

受制听众——24 小时规则

雇主为减少工会支持而使用的一种合法方式就是进行“受制听众”演讲，即在工作时间内向雇员发表演讲。这种演讲获得了 1947 年的《塔夫脱-哈特利法案》的认可，但雇主不能在代表权选举的 24 小时之内进行，而且演讲不能包含实施报复威胁或者提供利益承诺的内容。但如果工会没有合适的沟通方式与雇员进行交流，如伐木业雇员都居住在公司提供的住所里，如果雇主实施不当劳动行为将会导致代表权选举出现严重失衡，那么国家劳动关系委员会和法院可批准工会使用工厂的公告牌、入口处和停车场，以使工会能够与雇员进行沟通。但工会通过自己传统的方式联系雇员（例如设法招徕工厂的雇员，在工作之前和之后分发工会的宣传品、进行家庭访问和召开工会会议）仍旧很难有效地对此作出应对。[88]

调查或者询问雇员

在早期，向雇员询问或调查其对工会的兴趣被认为是非法干涉雇员权利的行为。1984 年，国家劳动关系委员会宣布它将不再自动地认为雇主向雇员询问他的工会情感是一种违反了《国家劳动关系法案》第 8 条（a）（1）款的非法调查。委员会宣布它将根据下列一些因素来决定关于这种询问的整体环境：

（1）询问的背景。

（2）被询问的信息的性质。

（3）询问者的身份。

（4）询问的地点和方式。

因此，在没有威胁或者承诺的条件下，雇主向公开的、积极的工会支持者和其他雇员询问他们的工会情感并不一定违反《国家劳动关系法案》。但从 1984 年以来，国家劳动关系委员会作出的决定显示雇主在进行这种询问时仍需要承担很大风险，因为需要确定雇主调查的那些问题是合理的，没有干涉《国家劳动关系法案》规定的雇员权利的自由履行。[89]

雇员在公司范围内分发工会宣传品和寻求支持

法律禁止工会在工作场所分发宣传资料。工会不准在工作时间宣讲，因为雇主希望雇员在工作时间全身心地投入工作。

国家劳动关系委员会和法院长期以来一直认为，除特殊情况外，雇员不可以被禁止在非工作时间、非工作区域分发有关工会组织运动的宣传材料或招徕雇员支持工会[90]，除非雇主能够表明这种行为将破坏工厂的生产、雇员的工作和工厂的纪律。例如，餐馆业和零售业的雇员不可以在顾客区域分发工会的宣传材料，卫生保健机构的雇员不可以在那些严格指定为病人活动区域的地方分发工会宣传材料。[91] 但是，雇员在诸如主要由医院的雇员使用的医院咖啡室之类的地方分发工会宣传材料不可以被禁止。[92] 另外，如果雇主禁止分发工会材料所根据的理由是工会宣传材料的部分内容包括了政治事项，例如《工作权利法案》和最低工资保证，那么雇主不可以禁止这种工会宣传材料的分发。[93] 雇主也不可以禁止雇员佩戴用于宣传工会的小徽章、帽子或者 T 恤。

一些雇主公布禁止招徕雇员的规定，阻止雇员在工作时间讨论关于工会组建运动的事情。但是，为了具有可行性，这种禁止招徕雇员的规定必须在工会组建运动之前被张贴，而且这种规定必须禁止雇员的所有类型的招徕行为（如联合之道这种大范围的社区慈善除外）。

雇主可以通过对公司数据"保密性"的分类，限制分发给雇员的信息的种类。国家劳动关系委员会已经支持了雇主解雇 5 位雇员的决定，其原因是雇员散发了将公司工资等级表与该地区其他工厂的工资等级表进行比较的信息。国家劳动关系委员会发现该公司已宣布工资信息属公司的机密资料，而且这 5 位雇员通过正常途径是无法获得这种信息的。

35 年以来，国家劳动关系委员会传统上一直在衡量工会在组织运动中接触雇员的权利是否会侵犯雇主的私有财产权。在 1992 年的莱奇米尔（Lechmere）判决中，美国最高法院裁定（克拉伦斯·托马斯大法官撰写了法院判决），如果工会拥有合理的其他办法来将工会的信息传达给雇员个人，例如通过在新闻报纸上刊登广告和通过家庭访问，那么公司可以禁止不属于该公司雇员的工会组建者进入公司的财产范围之内。美国最高法院将例外情况限制为这样的特殊情况，即工作场所在地理位置上是隔离的，或者除了在工作场所工会不能容易地与潜在的工会会员取得联系。因此，最高法院对在工会组建运动期间接触雇员个人的雇员途径和非雇员途径进行了区分，使得工会与雇员进行沟通的尝试和努力变得更加困难，同时需要花费更大的成本。[94]

莱奇米尔判决源于一家商场为顾客和雇员设置使用的停车场，而且该商场已严格执行了一条禁止招徕雇员的规定。自莱奇米尔判决之后，国家劳动关系委员会在处理类似情况时就需要考虑美国最高法院的判决的应用。虽然具体案例具体分析，但是不属于公司雇员的传单分发者有权进入中立的第三方的财产范围之内，而且具体地规定了可以在商场的入口处分发传单，而不仅是在停车场的入口处。工会能够表明，在停车场入口处分发传单是一件很危险的工作，而且使用媒体来进行工会宣传从成本方面来讲也是不太现实的。[95] 当雇员位于雇主财产范围内而不是在公共财产范围内时，工会组建者无法和雇员进行沟通，比如伐木工篷、采矿场、轮船或者酒店等雇主财产。[96] 另外，如果雇主已经允许教堂和学校团体、慈善募捐者、童子军、小联盟球队以及诸如此类的组织或机构进入公司财产范围内进行宣传活动，或者如果雇主已经允许上述组织进入公司财产范围内进行宣传活动，那么不属于公司雇员的传单分发者也可以被允许进入公司的财产范围之内以招徕雇员支持工会。[97]

在代表权选举运动期间播放电影

为了劝阻雇员不要参加工会而播放电影的方法已经发展到了一个新程度，尤其是自 20 世纪 50 年代美国国家工作权利委员会创作了电影《女性必须哭泣》（*And Women*

Must Weep）以来。这部电影描述了工会暴力、罢工、故意实施破坏的行为、电话威胁、房屋爆炸，甚至还包括了持不同意见的工会会员射杀一个婴儿的场面。雇主对这部电影的频繁使用刺激了国际机械师协会创作了一部用于反驳的电影，取名为《对一个谎言的解剖》（*Anatomy of a Lie*）。该电影声称，没有证据显示枪击和其他的不当行为与工会活动之间存在什么联系。该部电影展现了与参加罢工的人员面对面的会谈，以揭示与上面那部雇主电影完全相反的观点，而且国际机械师协会的主席也被拍摄进去，指出该工会中将近99%的工会会员投票支持罢工。国家劳动关系委员会对播放这些电影的立场已经发生了改变，委员会目前的立场是，单独播放这些电影并不构成不当劳动行为，也不能成为取消代表权选举结果的充足理由。[98]

电子邮件和互联网的使用

科技改变了工会和员工在工会组建活动中的交流方式。美国劳工联合会—产业工会联合会拥有自己的官方网站。Workingfamilies.org 为 1 300 万对立法政治活动、组织活动和一致抵制等感兴趣的人提供了联络方式。工会把宣讲视频和演讲发到 YouTube 视频网站上，也可使用 MySpace 和 Facebook 等社交网站进行宣传。此外，工人越来越多地通过电邮方式与工会网站联系，查阅和询问如何组建工会。[99] 美国劳工联合会—产业工会联合会允许个人在其网站上注册，其网站信息丰富，比如有关“如何加入工会”“找寻你的工会”“州和当地劳务合约”方面的信息。变则胜劳工联合会允许个人在其网站上注册登记，并允许他们通过这样的方式加入“工会运动”项目。[100]

然而，对国家劳动关系委员会而言，雇员对电邮的使用和雇主的电邮政策是一个大问题。2007 年，该委员会以 3∶2 表决支持雇主禁止工人使用公司电邮系统从事争取加入某机构或者组织（工会等）的活动，但同时允许雇员在非工作时间发送私人邮件（比如销售信息、婚礼通知）。公司邮件系统是雇主财产，因而雇员不准随意使用，当然也不受《劳资关系法案》第 7 款的保护。[101]

然而，哥伦比亚巡回上诉法院推翻了国家劳动关系委员会的部分裁决。该法院认为，雇主执行电子邮件制度（禁止所有与工作无关的宣传邮件），禁止发送与工会相关的宣传邮件，但却允许发送其他类别的宣传邮件（比如兜售护肤乳液，组织慈善或社会活动，发送带有笑话、婴儿出生、饮食和扑克等内容的邮件，宣传体育活动赛事、聚会邀请，宣传遛狗服务），雇主在这样的情况下就涉嫌违反《国家劳动关系法案》。现在的国家劳动关系委员会委员由奥巴马总统任命。该委员会裁决，雇主对所有与工作无关的宣传邮件的禁止，除非是基于合法商业理由，都是违法的，雇员有权在非工作时间发送或读取邮件。[102]

新的工会战略

为了应对雇主保持非工会化状态而使用的战略，工会的活动也越来越具有创造性。工会使用的一些广为人知的战略包括通过互联网创立互联网组织，雇员通过简单地输入短语“如何组建工会”就能获得关于工会组建活动的在线信息；工会使用的战略还包括雇用“工会间谍”，让一位工会组建者去一家目标公司申请工作，然后前去工作，以公司雇员的身份招徕其他雇员加入工会（见“劳动关系实践”专栏）。

◇劳动关系实践

工会间谍：一种新的工会组建策略

城乡电气公司是一家非工会化的电气业务承包商，需要为其在明尼苏达州的建筑业务招募一些有许可证的电工，它通过一家职业介绍所刊登了有关招聘广告。有11位工会会员，其中包括2位专业工会会员，向该公司申请工作。只有一名工会申请者获得了面试机会并最终被雇用，但他只在该岗位工作了几天之后就被解雇了。

国际电气工人兄弟会向国家劳动关系委员会提交了针对城乡电气公司的申诉。指控该公司因申请者的工会会员身份而拒绝面试并拒绝继续雇用工会会员，这一行为违反了《国家劳动关系法案》。

一名行政法官和国家劳动关系委员会认为，所有工会申请者在《国家劳动关系法案》的框架下都属于“雇员”。虽然申请者没有被雇用，但是他们都受到《国家劳动关系法案》有关禁止“就业歧视”规定的保护。国家劳动关系委员会发现工会申请者试图在城乡电气公司进行工会组建运动的事实，以及工会将向那些计划组建工会的雇员提供报酬的事实是无关紧要的。

美国第八巡回上诉法院否决了国家劳动关系委员会的裁定，并认为该委员会已经错误地解释了《国家劳动关系法案》中的“雇员”的定义。上诉法院判决国家劳动关系委员会不得保护这样的雇员，即他们在为公司工作的同时，还从工会获得报酬以试图在该公司进行工会组建运动。

美国最高法院判决国家劳动关系委员会可以通过向雇员赋予组织权、建立工会、加入工会和支持组建工会的权利等方式，努力改善劳资关系。最高法院判定，“雇员”这一术语的意义是非常关键的，“雇员”的含义和定义包括了获得报酬的工会组建者。最高法院解释说，成立国家劳动关系委员会的目的就是为了管理《国家劳动关系法案》并支持委员会作出的“合理辩护”判定。最高法院指出，它依赖于国家劳动关系委员会的专业技能和委员会作出的判定中体现的美国国会的意图。另外，最高法院认为美国国会代表了制定和应用全国性劳动政策的首要责任，而且国家劳动关系委员会的观点有资格获得各级法院最大限度的尊重。**工会间谍**（union salting）和传统工会组建方式的主要区别在于：工会间谍方式是“自上而下的”，而传统方式则是“自下而上的”。工会间谍以隐蔽或公开的方式进行工会宣传活动。隐蔽工会间谍就像“特洛伊木马”一样被工会安插在非工会公司。他们不公开表明自己被工会雇用的身份，如果雇主没有对其背景进行调查，他们就可能被雇主录用为员工。一旦被雇用，工会间谍即展开工会组建活动。公开的工会间谍则在录用的过程中主动表明自己被工会雇用的身份。如果雇主因其与工会的关联而拒绝雇用他，他便起诉雇主，状告雇主从事不当劳动行为。

“拒绝雇用”一类案件有以下三个标准：第一，在从事不当劳动行为时，雇主正在招人或者有具体的招人计划；第二，申请者完全有能力胜任；第三，雇主因为反对工会的缘由拒绝雇用申请人。

一旦满足了以上标准，责任就转到了雇主身上。雇主必须证明，即便这名申请者与工会没有关联，他也不会受到雇用。

城乡电气公司案件之后

城乡电气公司案件之后，公开工会间谍活动增加了53%，隐蔽间谍活动增加了47%。到2001年，共有55起工会间谍案件被提请至国家劳动关系委员会。在这55起案件中，有6起被驳回，有3起诉诸行政法判决，有43起得到了国家劳动关系委员会的支持。这些案件的处罚主要是补偿工资的财务性惩罚。这些案件的性质主要涉及非法解雇、歧视性地不给予雇佣机会、拒绝召回临时解雇工人、非法停职和拒绝恢复罢工工人职位等。有趣的是，无工会的承包商纷纷加入建筑商与承包商协会（Associated Builders and Contractors），获得工会间谍保障。该保障为其支付法律费用，并且承担90%的补偿工资罚款。

如果工会间谍为了被雇用伪造信息，最后被雇主发现之后被解雇，工会间谍就违反了"不同时从事两份工作"的公司政策，上诉法院不会支持这样的间谍活动。换言之，法院认为，雇主"不同时从事两份工作"的规定是合法的。

资料来源：Jeffrey A. Mello，"The Enemy Within：When Paid Union Organizers Become Employees，" *Labor Law Journal* 47 (October 1996)，pp. 677－679；*NLRB v. Town & Country Electric，Inc.*，116 S. Ct. 450 (1995)；NLRB has developed guidelines in FES (a Division of Thermo Power) 331 NLRB No. 20，May 5，2000. See also Cory R. Fine，"Union Salting：Reactions and Rulings since Town and Country，" *Journal of Labor Research*，23 (Summer 2002)，pp. 475－483；Jeffrey A. Mello，"Putting a Big Chill on a 'Big Hurt'：Genuine Interest in Employment of Salts in Assessing Protection under the National Labor Relations Act，" *Employee Rights and Responsibilities Journal*，21 (2009)，p. 40. Also see *NLRB v. FES* (a Division of Thermo Power)，301 F. 3d. 83，3rd Cir.，2002；*Oil Capitol Sheet Metal，Inc.*，349 NLRB No. 118，May 31，2007；Jeffrey A. Mello，"Putting a Big Chill，" *Employee Rights and Responsibilities Journal*，21 (2009)，pp. 37－49.

工会最近取得的一些成功源于公司运动，如"为了校工的公平"（Justice for Janitors），该运动动员了全美国超过200 000名校工，其中有很多都是移民。在洛杉矶，组建运动主要采用游行、公民的非暴力反抗等（要求会员积极参与）战略。通过联合抵制活动，移民社区组织的动员，公共宣传活动，以及来自美国劳工部的支持，服装纺织和酒店餐馆雇员工会可以组织移民工人为承包商（承包商为时尚设计师提供供给）工作。人们发现传统的国家劳动关系委员会流程效率低下。[103]

正如我们在第4章所提及的，变则胜劳工联合会成立的一个主要原因是其强调工会组建。变则胜劳工联合会重新配置资源，大规模组建工会，并投入75%的预算用于组建工会。如果它采用积极的工会组建计划，将会使人均会费减半。变则胜劳工联合会的组建目标是那些仍然在美国的产业，如医疗保健、酒店餐饮、零售、楼宇服务、交通运输、建筑。美国劳工联合会—产业工会联合会设立了规划组织基金，并为附属工会提供减免1 500万美元的计划以配合组建高标准工会。[104] 图表5.11列出了美国劳工联合会—产业工会联合会官方网站上公布的会员福利。

图表5.11　　美国劳工联合会—产业工会联合会福利

点击打印

工会会员有权获得广泛的福利，包括低息信用卡、奖学金、抵押贷款和法律服务等。下面列举的这些福利只有工会会员才能享受。但是，即便你不是工会会员，你也可以获得一些产品和服务福利。

观看视频

观看此视频，了解美国劳工联合会—产业工会联合会如何帮助遭到卡特里娜（Katrina）飓风损害的灾民。

工会额外福利

工会额外福利（Union Plus）由美国劳工联合会—产业工会联合会提供，对象主要是工会会员以及工会的退休职工。工会额外福利项目提供多种产品和服务，包括旅馆折扣和租车折扣等。下面具体列举一些福利，如果想知道更多信息，请访问工会额外福利网站（Union Plus Web site）。

- 退休规划：为退休规划困扰吗？访问工会额外福利退休规划网站（Union Plus Retirement Planning Web site）。
- 抵押贷款和房产：工会额外福利项目提供再融资服务，让更多工人阶层更能买得起房子，简化贷款申请程序，降低成本等。
- 消费贷款咨询：消费贷款顾问帮助工会会员减少贷款。
- 信用卡：工会额外福利信用卡，专属于工薪阶层。赶快去查阅申请理由。
- 节省日常开支，包括健身俱乐部费用折扣、鲜花消费 20%折扣和工会特制服装折扣等。

奖学金

工会会员及其子女有权获得一系列教育福利。工会额外福利奖学金项目通过其教育基金可以向工会会员及其配偶、子女提供获得 500～4 000 美元奖学金的机会。

工会奖学金数据库：工会赞助的可查询的奖学金数据库。

工会商店

美国劳工联合会—产业工会联合会的网上商店提供工会制造的产品，为工会会员提供一站式服务，包括各类服装、出版物、音乐、视频、卡片、徽章等。还有其他工会商店的网络连接。

工会标签

美国劳工联合会—产业工会联合会工会标签与服务贸易部门的网站提供工会制造的产品和服务的信息，还提供"抵制购买名单"和工会标签通讯。此外，还有一个新网址：www. ShopUnionMade. org。

美国劳工联合会—产业工会联合会雇员联合信用工会

这是一家非营利机构，为工会会员及其家属提供储蓄、借贷和账单等服务。

综合银行——这是全国唯一一家工会拥有的银行，自 1923 年运营至今，提供全面的个人和商业银行服务。

资料来源：http://www.aflcio.org/aboutus/benefits/.

此外，新型工会也正在形成。理查德·弗里曼（Richard Freeman）提出"开放源工会主义"：工会会员不再是同在一个公司工作的谈判团体成员，成立工会也不是为了集体协商。开放工会提供共同合作的平台，分散在不同地域、语言及生活习惯不同的人基于此平台相互交流。工会会员更多地被定义为分享价值和行动而不是与雇主进行集体谈判。代表权延伸至单个个人，而不是谈判团体成员，即使这样的会员不断更换工作，也仍然是工会会员。通过互联网，工会得以同分散在各地、属于各个社会群体的个人联系。许多没有加入工会的人极为喜欢这样的开放工会，他们处于不同的地域，也不会遭到雇主的反对。4 200 万名工人需要某种形式的代表权。对专业工人或者其他特定人群（他们需要劳务合约、加班制度、养老金和医疗福利等方面的帮助，但又不相信传统的集体谈判的工会适合他们）而言，开放工会是一个非常好的选择。[105]

三、撤销代表权的程序

无论何时，只要雇员认为工会没有代表他们的利益，就可以应用撤销代表权的程序。研究人员已发现了各种各样的原因：

- 雇主对雇员实行公正的对待。
- 工会（尤其是规模较小的工会）向会员提供的服务不令人满意。
- 工会在赢得集体谈判权之后，无法与雇主谈判达成第一份有效的集体合同。
- 罢工雇员的技能能够被轻易地替代[106]，所以当发生罢工时，雇主雇用了替代者。

任何一个雇员、一群雇员或者雇员代表都可以在工会获得授权后的 12 个月之后或者在集体合同期满之后（见先前已经讨论过的“合同禁止原则”）提交要求撤销代表权的申请。这一申请必须获得至少 30%的谈判单元雇员的支持。

虽然雇主不可以发动这种要求取消代表权的申请或帮助提交申请，但公司可以提出一个具有诚信的、关于工会是否代表了多数雇员的疑问。国家劳动关系委员会和法院已经制定了一些与判断诚信疑问有关的假定与规定。第一个假设就是在国家劳动关系委员会授权工会之后工会代表多数雇员的状态将持续一年。第二个假设就是如果集体谈判合同的期限是 3 年，那么工会代表多数雇员的状态将持续 3 年之久。在获得授权的一个年度结束之时，或者在 3 年期集体合同期满之时，雇主可以通过出示客观证据——工会并不继续代表多数谈判单元雇员——的方式来反驳工会代表多数雇员的假设。

这种证据的示例包括缴费的工会会员减少，在罢工中几乎没有雇员在工会纠察线上巡逻，会员提交给工会的辞职书，或雇员在公司没有参与的情况下提交的要求取消代表权的申请。[107]（见图表 5.12 以了解其他一些关于客观证据的例子。）

图表 5.12　　关于能够证明工会缺乏多数雇员支持的客观证据*

1. 雇员在自发的交流和沟通中表达了想要成为不被工会代表的雇员的愿望。
2. 谈判单元的规模或构成发生了实质性变化，例如谈判单元雇员数量的减少。
3. 工会获得授权的日期。
4. 工会无法任命一名工会干事或设置一个工厂委员会。
5. 工会不能处理雇员申诉。
6. 工会在处理源于合同的事务时不能积极代表雇员的利益。
7. 工会没有召开雇员可以参加的会议。
8. 雇员没有参加工会会议。
9. 集体合同作出了雇主代扣工会会费的规定，但多数雇员没有批准这项规定。
10. 工会是否传达了它对究竟是代表公司的利益还是雇员的利益缺乏兴趣。
11. 雇员是否已提交或者已试图提交一份他们自己决定的、要求取消工会代表权的申请。

* 客观证据被定义为有理由相信在位工会已无法代表多数谈判单元雇员的合理根据。

资料来源：Clyde Scott，Kim Hester，and Edwin Arnold，“Employer-Initiated Elections，1968－1992，” *Journal of Labor Research*，18（Spring 1997），p. 317.

如果雇员选择取消工会的代表权，那么在12个月之内不能再进行另外一次代表权选举。然而，在雇员向国家劳动关系委员会提交一份有效的申请之后，但在进行取消工会代表权的选举之前，雇主必须仍旧与该工会进行集体谈判，直到工会代表权问题得到解决。

虽然雇主在撤销工会代表权的过程中必须小心自己的角色，但它们已对此显示了持续增长的兴趣。例如，由企业举办的为期一天的"撤销工会代表权的程序"研讨会，其目的是向管理方代表讲授撤销代表权的整个程序。许多雇主已经得出结论，它们应该更多参与，尤其是因为它们逐渐认识到自己并不需要在撤销代表权的过程中扮演一个被动的角色。

近几年，公司一直在使用数种去工会策略。其中一种策略是以现有工会失去雇员多数支持为由取消承认现有工会。使用这种策略，雇主必须以客观证据证明现有工会的确失去了大多数雇员的支持。比如，雇主可以列举以下证据：只有一小部分员工从工资中预扣工会会费；工会的罢工活动几乎没有雇员参加；雇员申请取消会员资格。[108]

从1951年到2001年，如果有客观证据证实现有工会失去了谈判团体大部分成员的支持，或者可以提出一个具有诚信的、关于工会是否代表了多数雇员的疑问，雇主可以不再承认现有工会，雇主这样的行为合乎法律。国家劳动关系委员会指出，工会失去多数支持的证据取证由雇主承担"完全合理"。雇主也能申请国家劳动关系委员会进行代表权选举。2001年，国家劳动关系委员会裁决，如果没有涉嫌不当劳动行为，工会认可被取消的唯一理由就是失去多数雇员支持。如果雇主对现有工会的多数员工支持的地位提出质疑，并且掌握客观证据，国家劳动关系委员会将要求雇员再次举行投票选举。若不进行投票，雇主无权取消现有工会的代表权。[109] 在提请取消认可之后，雇主将会积极参与废除现有工会的活动。然而，在提请之前，雇主也会权衡利弊。例如，如果雇主积极参与废除现有工会的活动，而再次投票之后工会仍然获得了多数雇员的支持，那么雇主和工会的长期关系势必受到损害。另外，如果与现有工会的关系卓有成效，雇主保持这样的关系是明智之举。若另一个更激进的工会取代了现有工会，雇主将得不偿失。

如果雇主选择致力于撤销工会代表权的运动，那么类似工会代表权选举的一些规则和政策将会得到应用。例如，在撤销工会代表权的申请被提交给国家劳动关系委员会之后，雇主可以与雇员进行交流和沟通，公开宣布反对目前这家工会的立场，合法地回答雇员的问题，并向雇员宣布撤销工会代表权的选举程序。雇主还可以要求雇员听其发表演讲，向雇员邮寄信件，以及在撤销代表权选举运动期间举行小规模的会议。管理方可以向雇员告知雇主觉察到的工会的缺点，告知雇员雇主更愿意直接与雇员个人打交道，而不是通过一个第三方，并愿意与雇员建立一种"相互信任的和以团队为导向的"关系，而不是对抗性的关系。同时，雇主必须保持小心谨慎，不能通过主动地提供建议、分发解释如何撤销工会代表权的小册子或者传播要求撤销工会代表权的申请书等方式以在雇员的意识中根植取消工会代表权的理念。在取消工会代表权的选举运动期间，工会官员将试图使雇员相信持续的工会代表权将带来的好处和利益。[110]

取消代表权运动是由工会和管理方以一种类似于代表权选举运动的方式进行的。取消代表权选举运动通常是由一些对工会通过集体谈判方式达成工作条件和经济条款感到不满的雇员发起的。在取消代表权选举运动期间，工会官员倾向于使用传单和海报，进行私人性质的访问，以及恳求会员拒绝签署任何要求取消工会代表权的申请，管理方则倾向于依靠法律顾问和与雇员进行小规模集体会议的方式来进行。研究人员发现，当工会和管理方强调与雇员进行个人接触以及真正倾听雇员所关注的事项，而不是仅邮寄信件和分发传单时，它们往往能够在选举运动中获得胜利。[111]

雇主必须认识到与此相关的一些行为属于非法行为：

- 为那些对撤销工会代表权感兴趣的雇员提供国家劳动关系委员会的表格。
- 为对撤销代表权选举运动感兴趣的雇员提供诸如打字、帮助撰写撤销工会代表权申请书以及允许其使用公司文具之类的服务。
- 发起关于如何或者是否取消工会代表权的讨论会。
- 允许主管或者任何管理者推动撤销工会代表权的程序。[112]

工会会积极应对任何对其作为谈判单元雇员的授权代表地位提出质疑的挑战。工会试图使雇员相信它们有理由继续保持工会会员资格和代表权，而不是试图撤销工会代表权。工会说服雇员的方法主要有：提高向雇员提供服务的级别，努力通过与雇主进行集体谈判以获得雇员福利的改善。[113]

在过去的 5 年中，取消认可选举活动数量、谈判团体雇员人数和工会失败百分比基本维持不变。取消认可选举活动数量是 270 次，谈判团体雇员人数是 15 534 人（不足工会总会员的 0.001 4），工会获胜百分比是 56%。[114]

研究显示，撤销工会代表权的解释主要有以下几种：第一，在地方工会卷入撤销工会代表权选举运动中时，它的附属身份是非常重要的，因为附属于全国性工会的地方工会拥有更多的资源以获得工会会员的支持和最终保留工会代表权。第二个解释是当地劳动力市场状况和收入情况。如果就业岗位增加，工会被保留的概率就会变小。但是，如果收入高于平均水平，工会就会获得更多雇员的支持。此外，若雇员的工作是兼职工作且收入水平非常低，工会被保留的概率就很小。对收入来自兼职工作的雇员来说，本身的工资较低，维持工会的成本相对较高。正是因为这些因素，公司把工厂移往南方小城镇地区。在这些地方工作岗位少，兼职工作较多。[115]

雇员，和雇主一样，必须认识到他们试图撤销工会代表权的行为可能带来的后果。支持撤销工会代表权的雇员必须准备面对来自工会官员的压力和对工会感到满意的同事对他们的孤立。国家劳动关系委员会已经支持了工会有权处罚那些积极参与撤销工会代表权选举运动的会员，只要这种纪律处罚不影响这些雇员的就业状态。

除撤销工会代表权选举外，还存在着“袭击”选举或多工会选举的情况。当另一不同的工会（一家挑战工会）试图代替目前承担代表权责任的工会时，就会出现这种选举。谈判单元雇员可以在下列三个方案中选择一个：（1）目前承担代表权责任的工会；（2）提出挑战的工会；（3）非工会化状态。与其他类型选举类似，雇主可以在这种选举中进行活动以试图说服雇员投票选择“非工会化状态”，而工会因此将会被撤销代表权。在那些投票活动中，现有工会在大部分情况下都会胜出。[116]

比较 1983—1987 年和 2003—2007 年的工会袭击选举，我们发现袭击选举的总数量从 331 次下降为 226 次，现有工会获胜的机会从 55.6%跌至 27.0%。非工会化状态从 9.4%跌至 4.9%。[117]

本章小结

本章考察了建立工会的理由。我们讨论了最重要的理论和解释，从疏远理论和忧患意识理论到雇员的背景和个人需要。工会的角色是实现雇员的需求和回答雇员关注的与工作有关的问题。工会的组织过程从与雇员第一次接触开始，再到签署授权卡，代表权选举申请，听证会，适当的谈判单元的判定，以及最终的代表权选举。在这个框架内，存在大量的规定、规则和法律要求来管理工会的承认程序。通过自愿承认、国家劳动关系委员会指示和无记名投票选举的方式对雇员组织成工会的程序进行了详细的解释。

本章分别介绍了支持和反对《雇员自由选择法案》与强制性《无记名投票保护法案》的观点。《雇员自由选择法案》获得众议院通过，虽然得到了多数参议员的支持，但是仍没有达到法定赞成票数，因而没有获得参议院通过。即使这个法案最终获得通过，也将会被布什总统否决。2010 年之后，该法案获得通过的希望变得越发渺茫。

最近，工会发起了新的战略以组织非工会雇员。美国劳工联合会—产业工会联合会和变则胜劳工联合会在它的权限范围内实施了一些计划，从而起到了带头作用。

如果工会不能代表大部分雇员的利益，工会取消认可决策将通过无记名投票决定。一般而言，在取消认可的投票活动中，只有少数雇员和少数谈判团体成员参加投票。

关键术语

疏远理论	忧患意识理论	工会手段
一致同意选举	命令性选举	合同禁止原则
行为整体性原则	工会间谍	

讨论题

1. 讨论雇员为什么要加入工会，评价工会组建者为了满足雇员的这些需求而使用的手段和方式。

2. 选择你熟悉的一家工会，并判断谈判单元的数量是多少时将与该工会的结构相适应。

3. 解释合同禁止原则。它将会如何影响第一份集体合同的谈判？

4. 讨论国家劳动关系委员会对代表权选举运动不断变化的立场，评价它的每一个立场。

5. 为卷入工会组建运动的监管人员描述一个关于“可以做的事情”和“不可以做的事情”的目录，从而使其行为不构成任何不当劳动行为。

6. 你为什么认为雇主现在变得对撤销工会代表权的选举更感兴趣？

7. 解释下列陈述："组织雇员的不是工会，而是管理方。"

8. 对于"劳动关系实践"专栏中"关于代表权选举运动期间雇主提供信息的示例"中出现的每一条理由，工会组建者作出的正确应对将是什么？

9. 回顾支持和反对《雇员自由选择法案》与强制性《无记名投票保护法案》的观点。你更支持哪一个？说说理由。

案例 5.1 此案例中的授权卡认可协议合法吗

美国汽车零部件制造公司 DAC 和国际工会（International Union）一直是集体谈判的双方，在更多工会组建活动基本规则、自愿认可协议和重大谈判问题等方面签署了协议书。问题在于：双方签订协议书，DAC 向国际工会提供帮助是否违反了《国家劳动关系法案》第 8 条（a）（1）款和第 8 条（a）（2）款？国际工会接受 DAC 的帮助是否违反了《国家劳动关系法案》第 8 条（b）（1）（A）款？

第 8 条（a）（2）款禁止雇主干涉、控制任何劳工组织的组织和管理，或者向其提供资金和其他帮助。第 8 条（a）（2）款写入法律的主要目的是遏制公司工会主义。公司工会主义是指公司主导成立工会、防止工人自己组建工会的活动［I. Higgins, *Developing Labor Law* 418－419（5th ed. 2006）］。《国家劳动关系法案》的主要发起人罗伯特·瓦格纳曾称：

> 真正的集体谈判是获得平等谈判的唯一方式……集体谈判最大的障碍是雇主操纵的工会，谈判速度惊人……1 Leg. Hist. 15（NLRA 1935）。

第 8 条（a）（2）款主要用于防止公司把一个自己控制的工会强加给雇员、阻碍外部工会寻求代表权的行为，公司这样组建的工会并不能进行"真正的集体谈判"（genuine collective bargaining），因而，按此推理，法律禁止公司向工会提供"财务和其他帮助"。

DAC 是一家汽车零部件国际制造商，大约有 90 家工厂，分布在美国、加拿大等 30 多个国家和地区。DAC 和国际工会维持着长久的谈判关系：国际工会代表 DAC 多个地区 9 个谈判团体的雇员，一共覆盖雇员 2 200～2 300 名。

DAC 的工会组建问题出现在密苏里州圣约瑟夫工厂。圣约瑟夫工厂总共有员工约 305 名，他们没有加入工会。2008 年年初，国际工会在这儿开展工会组建活动。2008 年 8 月 6 日，DAC 和国际工会签署协议书。该协议书设定了双方未来关系的框架（如果这个工厂的大多数雇员选择国际工会作为他们的集体谈判代表）。协议书的前言如是说："国内汽车市场的巨大变化为公司带来了质量、效率和竞争力挑战"；"双方建立更加积极的非对抗的合作关系，以更加建设性的姿态迎接这些挑战"。协议书前言还写道：

> 员工的自由选择权是公司和国际工会的重中之重。我们都相信，是否成为工会会员是个人选择问题，如果大多数员工希望加入工会，DAC 将尊重工人的这一选择。在这一问题上，DAC 和国际工会禁止任何人恐吓或者胁迫雇员作出他们不愿意的决策。双方就快速决定多数人支持工会的程序达成一致。

协议书还设定了国际工会在没有工会的工厂开展工会组建活动的基本规则。DAC

将会向雇员通告，对于工会代表权问题，DAC完全持中立立场，DAC与国际工会建立了积极的以及具有建设性的合作关系，双方签订了《全国合作协议》，共同致力于公司的成长和成功。DAC同意，一旦有要求，公司将把雇员名单及其地址交给国际工会，准许国际工会在非工作场合与工人会面。双方承诺不罢工、不关停工厂。从国际工会索要工人名单一直到达成第一份集体协议或者解决发生的任何纠纷，双方都会秉承这一承诺。

DAC同意，如果国际工会获得多数雇员支持（多数雇员授权卡签字支持工会），其将承认国际工会，并且与其进行集体谈判。协议书还写道，如果国际工会没有获得多数雇员支持，DAC将不承认国际工会的代表地位。

此外，协议还规定了未来双方商谈某些问题的原则，比如，关于医疗保健问题，协议书第4.2.1条规定："国际工会承诺，双方的谈判将不损及现有方案和观念，也不损及2009年1月1日推行的奖金分享、抵扣资金和预算外开支等公司既定策略。"协议书第4.2.2条写道：任何集体协议有效期最少是4年，双方将会就是否延长至5年进行协商。协议书第4.2.4条规定：

> 双方同意，双方在签订集体劳务协议和进行集体谈判时，为了使公司抓住成长和成功的机会将会考虑到下面这些问题：
>
> - 医疗成本必须符合汽车零部件市场的竞争状况。
> - 工种分类最小化。
> - 团队协作。
> - 重视效率和质量。
> - DAC的"点子项目"（每月每人两个点子，执行其中的80%）。
> - 持续改进。
> - 灵活的薪金酬劳。
> - 按照客户要求，在必要时（在合格的志愿者后面）强制加班。

协议书还规定了双方未达成劳务协议的问题解决程序。协议书第4.2条写道：若5个月后还不能达成集体协议，双方将向DAC和国际工会共同组织的委员会提交未解决的问题。如果6个月后仍未达成一致，双方将提交中立第三方进行仲裁。

2008年8月13日，DAC在新闻发布会上宣布，DAC和国际工会已经达成"合作协议"，该协议将使双方受益，也能使DAC在当前竞争激烈的汽车零部件市场赢得更好的地位。DAC还在发布会上表示，双方签订的协议书"尊重雇员自由选择是否加入工会的权利"。

2008年12月初，国际工会根据协议书向DAC索要圣约瑟夫工厂员工的名单。之后，三名雇员以不当劳动行为为由向法院提起诉讼。

三位原告认为，协议书包含具体工作条款，而这些条款都是在国际工会未取得多数雇员支持的前提下拟定的，因而，DAC明显是向工会提供了帮助，违反了劳动法。

◆思考题

1. DAC和国际工会的协议书合法吗？

2. 雇主是否违法向工会提供了帮助？

3. 雇主是否违反了《国家劳动关系法案》第 8 条（a）（2）款？

案例 5.2　助教、研究助手、学监属于《国家劳动关系法案》的雇员范畴吗

黄石大学（Yellowstone University）是一家私立综合性大学，拥有本科生和研究生，在《国家劳动关系法案》的司法管辖权之内。黄石大学内设 50 多个学术部门，其中近 37 个拥有发放研究生学位的权力。该大学有教职员工近 550 人，短期教职员工人数不详。学生中超过 1 300 人是研究生，5 600 人是本科生，还有 300 名医科学生。大部分研究生都是为了拿博士学位，其中 1 132 名希望拿到博士学位，而 178 名只想拿硕士学位。

每学期，学校奖励研究生助教、研究助手或者学监职位，其他没有这些奖励的研究生可以拿到奖学金。在学校研究生中，近 375 名、220 名和 60 名分别担任助教、研究助手和学监，其他研究生则拿到一些奖学金。

尽管分属不同部门，助教一般承担一小部分教学任务。研究助手尽管承担的职能不同，但是通常根据教师收到的研究资金承担研究任务。根据所在行政部门和学术部门的职能，学监也会承担不同的责任和任务。但是与助教和研究助手不同，学监一般不承担教学或者研究任务。拿奖学金的研究生不必承担学校或者教员指定的任务，而获得论文奖学金则必须完成其论文。

根据学校章程，黄石大学的宗旨是“以实用的知识和荣誉，教育和培养学生，为未来称职的工作做准备”。为了教育和培养学生，黄石大学采用大学/专业院校模式，即“结合教学型小专业院校和研究型大学的优势”。黄石大学在其布告栏上写道：其博士学位“主要是研究型学位”，但是仍强调“教学也是他们攻读学位的一部分”。近 20 位学术部门的主任都指出，研究生学位既包含研究，也涉及教学。这些部门的宣传册以及学校其他宣传册都有这方面的阐述。

在攻读博士学位的过程中，学生必须完成指定课程，成为博士学位候选人（通常在此之前还要通过考试），完成论文。所有这些都要受到教师以及其所在学院的监督。此外，为了拿到博士学位，学生还要承担一部分教学任务。尽管助教（研究助手和学监也一样）都会从学校收到一部分资金，但是拿到奖学金的其他学生也同样可以从学校获取资金。

每个学院的教师负责把助教、研究助手和学监岗位作为奖励分配给学生。当然，要获得某个学院的奖励，首先得是这个学院的学生。

一些课程班级很大，学生很多，助教一般在这些班级里负责辅导其中的一组学生。学术部门不同，其助教承担的职责也不同。在理工科学部，助教一般介绍实验步骤，展示如何正确使用实验设备，并且回答低年级学生的问题。在人文社科学部，助教一般引导低年级学生讨论教授在课堂上讲解的主题。所有助教在履行职能时都会受到学术部门教员的监督。

如果研究生不选择助教、研究助手和学监岗位，他们参加课程，写论文。有时，一

些学生在当助教、研究助手和学监的同时，还参加课程、写论文。

助教所教授课程的内容、课堂大小、时间、时长和上课地点，取决于教员的安排、学术部门的需要和黄石大学行政部门的要求。尽管本科生所学专业影响着助教的职责，但是教师通常也会尽可能考虑到助教的需要。此外，助教辅导的课程一般不会超出其学术领域。另外，哪位助教在什么时候和什么地方帮助哪位教师一般由学术部门和教师决定，也会考虑到学校的安排。一般而言，这些个人和机构主导着助教的学术生涯。

研究助手所在项目通常来自黄石大学之外，比如政府机构、基金会或者企业。教师，即研究主管，通常向政府机构或者私营部门申请研究资金，其中一部分资金就是研究助手的费用。一般而言，研究助手与研究主管合作，“为主管打工”。研究主管申请资金，并且把研究助手岗位以奖励的形式分配给研究生。研究助手根据资金来源方要求进行相关研究。“贵为研究主管”的教师一般也是研究助手的论文指导教师。尽管是申请资金的研究主管，但教员更像是学生的指导教师。虽然人文社科研究助手所研究课题一般与其所写论文一致，但是会按照研究主管的要求承担一部分研究任务。

由于各学术部门和学校各办公室的要求不同，学监所承担的职能也各有不同，其中有：服务学校图书馆和博物馆，编辑杂志或修改宣传册，帮助系主任工作，辅导本科生，从事学校办公室工作。他们一般不承担研究和教学职能，但是不排除一些学监的职能涉及学术研究，还有至少一名学监在西班牙语学部承担教学责任。

大部分即将入学的和在校的研究生都会收到学校的资金补助。在校研究生中的85%和即将入学研究生中的75%都会从黄石大学拿到一些资金补助。黄石大学为一些学生提供未来可能的额外支持的承诺。因而，根据各学术部门的具体情况和资金的丰裕程度，一些将入学的研究生的入学通知书会告知，如果他们的成绩令人满意，他们在第二到第四年仍然可以收到学校补助，通常是助教或者研究助手岗位。黄石大学的最终目标是帮助这些研究生长达5年时间，通常第一年和第五年采用奖学金的形式，中间几年采用助教和研究助手岗位形式。如前所述，助教、研究助手和学监岗位并不是研究生获得资金补助的唯一途径。

在分配资金补助时，黄石大学既要考虑学生的积分，又考量他们的实际需要，但是，最需要帮助的学生并不一定能够获得补助。黄石大学的资金补助包括奖学金以及助教、研究助手和学监岗位，囊括生活津贴、医疗费和学费。在发放补助时，黄石大学优先考虑在校生。

研究生奖学金的数额与助教、研究助手和学监岗位的薪金基本相同，一般都是12 800美元，但是一些学生得到的奖学金或者薪金也可能大于这个数额。研究生的学费和医疗费基本上是一样的，但是学费多少还要看另一个因素，即课程数量。

黄石大学把发放给助教、研究助手和学监的工资与研究生的奖学金视为津贴补助，大学以及各学术部门的宣传册也是这么描述的。助教、研究助手和学监每个月按时收到两次补贴，不论他们工作多长时间，他们的津贴都是一样的。助教、研究助手和学监岗位之类的奖励中不包含假期、病假、退休金或者医疗保险。

工会寻求代表近450名人文社科学部的助教、研究助手，以及黄石大学的学监。

黄石大学认为，从根本上说，大学及其研究生之间的关系并不是经济关系，而是教育关系；助教、研究助手和学监岗位的薪资都是对学生的一种财务补助，无论他们工作多长时间，无论他们的岗位在市场上发多少工资（比如雇用一个全职的博士），他们拿到的补助都是一样的。黄石大学还表示，“教学和研究只是学生学术课程的一部分，这是常识，不应使研究生教育复杂化”；教学和研究都是研究生学位要求完成的一部分任务，研究生助手只能算得上临时雇员。

工会认为，助教、研究助手和学监符合劳动法律中“雇员”的定义，适用于普通法。工会并不同意助教和研究助手的薪资如奖学金一样都是对学生财务补助的论断。工会表示，黄石大学认为教学和研究是教育需要就否定助教、研究助手的雇员身份，明显不恰当，该论断基于的假设就是错误的：学术要求和“工作任务”不可割裂，无法区分。此外，工会还认为，即使这些研究生是在满足学术课程要求，也不能否认他们的雇员身份。

◆思考题

1. 为什么工会希望这些助教、研究助手和学监加入工会？
2. 为什么助教、研究助手和学监想要加入工会，让工会代表他们进行集体谈判？
3. 如果国家劳动关系委员会认定助教、研究助手和学监是“雇员”，他们拥有哪些权利？
4. 哪些人才是《国家劳动关系法案》的“雇员”并允许组建工会？

案例 5.3 该公司是否违反了《劳资关系法案》第 8 条（a）（1）款

DCP 公司生产数据采集产品，共有 23 名员工，分布在两座办公楼中。该公司的首席运营官是巴里·马克斯（Barry Marks）。拉里·雷纳（Larry Leiner）从 2005 年 4 月开始在这家公司上班，职位是“软件工程师”。

12 月 1 日，马克斯通过电子邮件向所有雇员发送了奖金激励计划文件。他要求所有员工“必须回复，也可以到他办公室面谈”。假期制度的变化也在这个邮件中被提及（“欢迎评论，但是不对评论做硬性要求”）。邮件中，马克斯对假期制度的变化陈述如下：“请在 12 月 5 日周二之前发过来你的建议（发送邮件，或者直接到我办公室交流）”。假期之后改为从 12 月 23 日放假，直到 1 月 2 日开始工作，并调整未来五年的带薪休假的天数。马克斯还在邮件中提到：“假期修改之后，员工每年放假天数实际上增加了。”

马克斯收到数封回复邮件，其中一封是拉里·雷纳在 12 月 1 日发来的电子邮件。雷纳在邮件中指出，马克斯在邮件中提出的假期变化实际上没有改变员工每年休假的时间，但是降低了休假的灵活性。马克斯承认：雷纳提出的建议是正确的，是他自己一时疏忽，出现疏漏，并不是有意欺瞒员工。12 月 4 日，雷纳在考量周末放假天数之后，又发现了一个错误，并向马克斯发送了一封邮件，指出了这个错误。

马克斯对此没有回复。12 月 5 日，另一名员工汤姆·邓恩（Tom Dunn）向马克斯回复了邮件，并且抄送给了所有同事（包括雷纳）。他在邮件中说道：“对于假期制度的调整，我只用一个字来形容，好！”雷纳马上回复了邓恩的邮件，指出假期变化实际上对员工而言并没有什么好处。

此外，雷纳也在12月5日向所有同事（包括马克斯）发送了电子邮件，具体计算了假期变化后的休假情况。邮件夹杂着一些没礼貌的或不堪入耳的语言。

雷纳邮件的问候语是“亲爱的小伙伴们好!”然后，他开始写道：马克斯邮件最后一句“假期修改之后，员工每年放假天数实际上增加了”的描述是站不住脚的。他在邮件的最后又指出：马克斯的话是错的。在这句话之前，他写道：如果有人真的关心公司，关心员工的工作效率，那么碰到1996年和1997年圣诞节分别在星期二和星期三，一周工作一天和两天的休假未免太烦琐。雷纳还在邮件最后呼吁赞成的同事“给马克斯提个醒”。

邓恩当天看到雷纳的邮件之后，又向马克斯回复了邮件，并且抄送给了所有同事。邓恩表示：“今天读了雷纳的邮件之后，我认识到了计算错误，希望把我的评语从‘好’改为‘不咋样’。”邓恩最后还指出，假期变化“导致大家的邮件数之多史无前例”。

马克斯对雷纳把自己的邮件群发给所有员工的行为非常恼火。他于当天发给雷纳一封邮件。他在邮件中表达了对雷纳的“失望和不屑”，认为雷纳的行为“不合理、有攻击性”并且“对他而言是一种侮辱”。马克斯写道：

> 我们的员工手册上面写有“某个或某类行为可立刻导致被解雇，这些行为包括但不限于：
>
> 不礼貌或不尊重地对待他人。”

马克斯“指示”雷纳在当日下午5点之前写邮件反思：“为什么他的邮件不合适？他的邮件如何对公司构成损害？这起事件应如何处理?”

马克斯还写道：

> 如果你的邮件我能接受，你今天就发给所有的同事。
>
> 如果你不这样做，或者你的邮件内容我不能接受，你将立刻被解雇。否则，你的工作进入六个月的试用期，在此期间，你可能在任何时间以任何理由被解雇。
>
> 雷纳，我对你极其失望。

马克斯在邮件中指出，令他最为恼火的是邮件的“语气”：就像“扇了一记耳光”一样，纯粹的“个人攻击”。

12月5日，雷纳至少找了两次马克斯。马克斯透露谈话内容时表示，雷纳想要马克斯告诉他“应该写什么内容”。在马克斯看来，雷纳在“弄虚作假，故意找茬，明知故问”。马克斯表示，他不管怎样还是耐心地给了雷纳一些提示。但是，雷纳对谈话内容给出了另一番解释：马克斯联系他，是让他承认一个“无心之过”；马克斯还不让他声张，“写什么内容实际上也是由马克斯自己一人决定”；并且，在准备写什么内容时，马克斯没有提供任何帮助，还说他是“讨厌鬼”。

马克斯警告雷纳不要发邮件给所有员工，“正确的处理方法”应该是找管理人员谈这件事。马克斯表示，他在12月5日“可能”告诉过雷纳要私底下解决这个问题。

雷纳在12月5日最后一次找到马克斯，要求把时间延长到第二天早上8点。雷纳还表示，他熬夜一直到第二天早上，但是没能写出什么东西。第二天早上8点，雷纳和马克斯碰面，马克斯问他有没有写好，他回答道：“没有，我不可能写承认我有错的任何东西，因为这日后会对我不利。”马克斯祝他好运，解雇了他。

此后，雷纳打电话给他的上司，索要离职信。他在 12 月 9 日拿到离职信。离职信上写道，他被解雇，是因为他违反了员工手册上的两条规定：

不礼貌或不尊重地对待他人。

没有按要求完成指定工作任务。

12 月 6 日上午，马克斯又向所有员工发送了一封电子邮件。在讨论假期制度变化的问题之后，他转向“雷纳的邮件”及如何“解决我们的不满”。他斥责邮件中“不尊重、讽刺”的语言，写道：那封篇幅很长且又极具攻击性的邮件占用了大家的工作时间，阅读、打印、讨论，以及处理这些邮件“费时费力”，“正确的处理方法”应该是同团队领导或者他本人商谈。马克斯承认他在计算假期时间上有疏忽，并且告诉员工：如果有什么想法，与他沟通。他在最后写道：他欢迎不同意见，但是要求员工要礼貌和尊重。他的邮件并没有提到解雇雷纳这件事。

雷纳和马克斯两人在 2005 年 9 月还发生了一件不愉快的事情。马克斯向所有员工发了一封电子邮件，提出由于生产需要，要求所有员工工作时间每周不少于 50 小时。雷纳回复了三个字“我不干”。雷纳表示，他这样回复，也是为了争得同马克斯交流的机会。在见面时，雷纳向马克斯解释，他的其他时间对他而言十分重要，他宁愿降低工资，也不愿意增加工作时间。马克斯最终同意了雷纳的请求，但是要求雷纳“不要告诉其他同事”。但是，雷纳回答道：“尽量吧。”

马克斯强调，是雷纳的“语气”，那种不屑的语气导致他被解雇。他 12 月 5 日给雷纳的邮件也提到“不礼貌或不尊重地对待他人”。他在 12 月 6 日给所有员工的邮件中还提到：那封篇幅很长且又极具攻击性的邮件对公司而言占用了员工时间，增加了成本。但是，其他资料或邮件（包括离职信）中都没有提到这个问题。马克斯认为，他既不反对邮件往来，也不反对打个人电话，“工作的时间也没有那么绝对”。他承认，他知道邓恩也向其他同事发送了邮件，但邓恩没有受到警告或惩罚。

12 月 10 日，雷纳向国家劳动关系委员会提出申诉。

◆思考题

1. 此案件是否在国家劳动关系委员会的司法管辖权之内？
2. 雷纳的行为是否受到《劳资关系法案》的保护？
3. 国家劳动关系委员会应该如何裁决？说说理由。

案例 5.4 提供的 T 恤和野餐时的照片

在进行工会代表权选举的前一天，在 YS（Young Skin）工厂附近的一个停车场，工会在第一个轮班和第二个轮班的用餐休息时间为雇员举办了一次免费的野餐午宴。在野餐午宴上，工会拍摄了 88 张快照。在这次午宴中，工会代表还分发了印有“工会好样的”字样的 T 恤。T 恤上面还印有其他一些宣传口号，例如“生活中最美好的事情就是可以通过谈判解决问题。工会好样的”。在“工会”和“好样的”之间还有一个方框，里面画着一个对号。为了获得一件 T 恤，雇员被要求在一份支持工会的，以“我们将在8月2日的选举中投票支持工会!”开头的陈情书上签名。该陈情书陈述说，在陈情书上签名的雇员同意公开地支持工会并且要求自己的同事加入工会，它将在选举日当中被当作一份传单使用。

公司指责说，分发这种每件价值4～5美元T恤的行为代表了一种不被法律认可的利益，而工会却通过规定雇员必须签名才能获得T恤的方式，利用这种利益来引诱雇员签署一份支持工会的陈情书。公司将工会提供T恤的这种行为比喻为工会因雇员签署工会授权卡而取消该雇员的工会入会费的行为。美国最高法院在先前的一个案件中裁定这种取消入会费的行为是违反法律的，因为这种行为“允许工会在代表权选举运动中购买雇员的认可和制造虚假的雇员支持形象”。公司陈述说，T恤的金钱价值并不重要，并且提及在美国最高法院判决的那个案件中工会取消的入会费也只是“名义上的”10美元。

工会陈述说，所有人都很清楚，这种T恤是非常便宜的，而且工会免费分发T恤的行为并没有妨碍雇员的自由选择。将工会因雇员签署一份支持工会的陈情书而免费提供的印有“工会好样的”字样的T恤定性为为了购买雇员的认可而提供的诱惑等价物，这实在是一次相当大的飞跃。

美国最高法院在先前的那个案件中裁定所有的雇员，不管他们对工会的态度和意见是什么，从经济角度来看都对获得用来引诱雇员签署工会授权卡的工会入会费减免非常感兴趣。但是，这一次提供的诱惑——印有“工会好样的”字样的T恤——从道理上来说只是那些支持和喜欢工会并且想要表明自己支持工会的态度的雇员渴望获得的东西。因此，工会要求雇员签署一份支持工会的陈情书以获得一件支持工会的T恤这一行为从道理上来说将不会导致那些不支持工会的雇员签署这份陈情书，从而也不能使工会制造虚假的雇员支持形象。

即使那些不属于工会支持者的雇员也渴望获得工会提供的免费T恤，工会在这种情况下也有理由和有动机竭力保证免费的T恤只提供给那些将穿戴T恤以在代表权选举运动中公开支持工会的雇员。要求渴望获得免费T恤的雇员签署一份支持工会的陈情书是工会努力实现这一目标的一种合理手段。

公司还指责说，工会通过对参加野餐午宴的雇员进行拍照的方式制造了一种恐惧和强迫的气氛。在许多张照片中，雇员对着镜头摆出各种姿势，有时候展示他们的工会T恤。拍摄这些照片的目的是为了纪念这顿鸡肉午餐，或者是为了在某份工会报纸上刊登。关于拍照，有两位雇员后来说他们被“关注”或者“感觉很滑稽”。

公司主张说，被拍照的雇员可能会认为他们对工会组建运动中举行的活动的参与情况已经被记录在案，以便将来实施报复。工会则反驳说，对某些活动进行拍照可能是为了报复的目的，而工会对每一个雇员都是自愿选择参加的一次野餐午宴进行拍照是为了展示雇员享受这次午餐的愉快情景。当参加这次野餐午宴的一位公司安全警卫询问一位工会代表为什么要拍照时，该工会代表的回答是，“你们全部都将出现在《今日美国》的头版之中”，以及“我们想要记住这段充满乐趣的时光”。工会代表陈述说拍摄这些照片是为了提交给工会的报纸。工会后来在庆祝工会获得代表权选举胜利（217名雇员支持工会，200名雇员反对工会，以及16张有疑问的选票）的一次晚会上将这些照片的复印件分发给了雇员。公司根据它对工会分发工会T恤以及给参加工会野餐午宴的雇员拍摄照片的行为的反对，试图推翻这一次代表权选举的结果。

◈思考题

1. 必须发生非法行为才能推翻一次工会代表权选举的结果吗？

2. 将这个案件与下列案例进行比较：

- *NLRB v. Savair Mfg. Co.*，414 U.S. 270（1973）；84 LRRM 2929（1973）。
- *Pepsi Cola Bottling Co.*，289 NLRB 736（1988）；128 LRRM 1275（1988）。
- *Mike Yurosek & Sons，Inc.*，292 NLRB 1074（1989）；130 LRRM 1308（1989）。

3. 通过提供免费T恤的方式，工会是否妨碍了代表权选举的结果？说说理由。

4. 通过对工会午餐进行拍照的方式，工会是否妨碍了代表权选举的结果？说说理由。

5. 国家劳动关系委员会应如何裁决？

案例 5.5　公告牌的使用

公司（即雇主）在堪萨斯州威奇托（Wichita）市拥有一家商品配送中心，雇用了1 000名雇员。工会开始在商品配送中心的雇员中开展工会组建运动。多年以来，公司公布了一本雇员手册，该雇员手册包含了下列公告牌政策：

> 公告牌位于配送中心的范围之内，通常是在靠近时钟的地方。诸如政策变化、假期安排和雇员普遍关心的公司新闻之类的公司公告将会被张贴在这些公告牌上。不允许在公告牌上张贴私人的信息内容。

支持工会的雇员在公告牌上张贴打印出来的材料，以宣传即将召开的工会会议和寻求雇员对工会的支持。在发现这种情况之后，公司的管理者将这些宣传材料从公司的公告牌上撤下来。工会随后提交了一份不当劳动行为申诉，声称公司将工会的宣传材料从公司的公告牌上撤下来的行为非法地妨碍了雇员为实现组织一家工会这一受《劳资关系法案》保护的目的而寻求支持的权利。

雇主认为，公司的管理者仅仅是在执行一项不带任何歧视性质的公司政策，即禁止在公告牌上张贴任何没有获得公司批准的工会宣传材料。雇主提醒说，管理方已经允许雇员在公告牌上张贴一种公司已经批准的时事通告，而该时事通告有一章是用于刊登雇员将要出售的私人物品（例如，汽车、电视机、高尔夫俱乐部会员卡）的广告。为联合之道或者March of Dimes募捐慈善活动进行宣传的一些特定宣传材料以前也获得过公司的批准，得以在公告牌上张贴。

一些雇员作证说，其他的一些雇员通信信息，例如感谢信、晚会通知、圣诞卡片、招聘女佣的广告，或者当某位雇员住院或死亡时其他雇员撰写的捐款倡议，以前也在公司的几个公告牌上张贴过。这种未经批准的公告在被撤下之前常常能够在公司的公告牌上持续几个星期的时间。公司则对此答复说，作证的那些雇员提及的这些雇员通信信息，从根本上来说，都与公司支持的活动或者慈善活动相关。

◆思考题

1. 雇主是否被要求在工作场所设置公告牌?

2. 如果雇主没有在工作场所提供公告牌，那么雇员是否有权利提供和设置属于他们自己的公告牌?

3. 如果工作场所存在公司提供的公告牌，那么雇主是否有权限制在公告牌上张贴的材料的目的或者类型?

4. 在这个案例中，雇主不允许工会支持者为了寻求雇员对工会的支持而使用公司的公告牌，这种行为是否违反了《国家劳动关系法案》? 解释你的理由。

案例 5.6 不属于公司雇员的人员进行的工会招徕活动

10 月，工会开始开展工会组建运动，涉及的雇员对象是由 Medco 医院（即雇主）雇用的护理人员。11 月，Medco 医院的管理人员将已经存在的一项禁止招徕雇员和分发传单的政策修改为:“无论什么时间和出于什么目的，探访病人的人员、病人以及其他不属于医院雇员的人员不可以在医院的财产范围之内招徕雇员和分发工会宣传品。”

该医院经营着一家向医院雇员、病人和普通市民开放的咖啡室。12 月 4 日，两位工会组建者（不属于医院雇员）与一些下班的护理雇员一起进入该医院的咖啡室。这些下班的护理雇员开始分发那两位工会组建者提供给他们的工会宣传材料。这两位工会组建者并没有亲自分发任何工会宣传材料或者试图招徕任何雇员签署工会授权卡。这两位工会组建者确实在这家咖啡室里坐了大约 5 个小时，并且回答了由感兴趣的雇员提出的关于工会的问题。在靠近这两位工会组建者座位的一张桌子上摆放着一个敞开的盒子，里面装有一些工会宣传材料。

12 月 10 日，这两位工会组建者在一些下班的护理雇员的陪同下再次进入咖啡室，并且如之前描述的发生在 12 月 4 日的，发生了完全相同的行为。大约 30 分钟以后，医院的人力资源经理进入了咖啡室，并且与这两位工会组建者进行了交谈。人力资源经理告知这两位工会组建者，他们俩违反了医院制定的禁止招徕雇员和分发传单的政策。人力资源经理允许这两位工会组建者拥有 15 分钟的喝咖啡时间或者 30 分钟的用餐时间，在这段时间之后如果他们拒绝离开，那么他们将会被逮捕。这两位工会组建者自动离开了医院咖啡室，随后提交了一份不当劳动行为申诉，声称该医院非法禁止他们进入医院咖啡室。没有证据表明雇主以前曾经允许过不属于医院雇员的人员在医院的财产范围之内招徕雇员或者分发工会宣传材料。

◆思考题

1. 雇主禁止这两位工会组建者进入医院咖啡室的行为是否违法? 如果是，正确的矫正措施应该是什么?

2. 医院制定的禁止招徕雇员政策是否将禁止这两位工会组建者在任何时候进入任何医院财产范围?

案例 5.7 是威胁和福利承诺吗

在工会投票宣传期间，雇主代表的口头或书面声明是否因包含威胁或者福利承诺语言而违反了《劳资关系法案》第 8 条（a）（1）款?

6 月初，工会向国家劳动关系委员会提出申诉，要求杰克逊设备公司（Jackson Equipment Company）的 880 名雇员重新投票。公司此前否决了工会的自愿认可要求。在授权卡签名中，426 人（52%）赞成加入工会。但是在投票活动中，工会没有获胜，391 人赞成，而反对的有 489 人（55.5%）。工会认为公司在投票之前的行为违反了法律。

工会指控公司威胁工人，不让工人加入工会：如果工人加入工会，工人的福利将被降低。公司这样的威胁实际上妨碍了工人自由履行其法律赋予的权利。而雇主认为，雇主的陈述只是事实性描述，是对工会承诺提高工人工资的回应。雇主指出：工会的 33 份宣传单中有 22 份宣传单直接提到工厂有工会可以提高福利。下面是雇主的陈述：

> 公司和工会都难以预料集体劳务协议合约的具体内容。你们的工资可能提高，可能降低，也可能不变……我相信，工会告诉你们，有法律可以阻止谈判降低你们目前的福利。这样的话没有根据。我已经给你们一些法庭曾经的裁决，法庭维护雇主的正当权益，雇主有可能不会延续现在的工资和福利标准。这样的事实看起来有些残酷，但是我想，在投票之前还是应该知道集体谈判的真相。
>
> 记着！谈判意味着，把一切事项都放到台面上来，包括你们现在拥有的福利。公司和工会谈判协商，过程复杂，耗时耗力，只有双方同意之后，协议才能达成。另外，谈判从零开始，这意味着所有事项都需要谈判。如之前的承诺，我们将会诚心实意参加谈判。但是，如果协议不能使公司利益最大化，我们也难以签字。这样有时可能导致工会强制公司就范，出现罢工，对各方都没有好处。
>
> 但是，你们应该知道，我们工厂的福利自建厂之日起一直都比公司其他有工会工厂的福利要好。这些额外的福利是公司自愿给予的。其他工厂的工会 20 多年来一直同公司谈判……而我们工厂福利的持续提高源于公司负责任的薪酬制度。我们工厂的工资比其他有工会工厂的工资都高，这一点毫无疑问。投工会的反对票吧！我们工厂的薪酬制度自开张之日起将这样一直延续下去。

工会还对公司承诺提高福利的阐述提出质疑：公司在表述中暗示，如果雇员投反对票，公司承诺改善现有条件或者福利。工会认为，这样的承诺有“胁迫性质”，影响雇员选择的自由，也违反了《劳资关系法案》第 7 条。

雇主认为，这样的表述只是告诉雇员他们现有工作条件很好。实际上，在工会宣传活动之前，工厂的条件也一直在改善。公司工厂的管理人员这样表述：

> 我承认，雇主不是完美的。但是，我确信，没有工会，我们一样可以化解分歧，化解双方不愉快的关系。为了更加美好的未来，我们应该携起手来共同努力，而不是彼此争斗。
>
> 众所周知，工会成立之后必须从雇员那儿收取会费，有时鼓动罢工、空头承

诺，以及在员工之间制造混乱。我希望大家用心投票，没有工会的干预，我们能够共同努力，取得成功。我希望，在没有工会的干预下，我们工厂能一直持续不断地完善。

我知道，已经出现一些错误。现在工会投票的事实已经表明，一些雇员认为这样很有必要，让外部工会代表他们反映出管理层没有及时地关切你们的需求和忧虑。尽管很难挽回你们对公司的热爱，但我真诚地希望你们找回对公司的感情。我已经认识到，你们对机器、物流、加班、公司政策解读、工资支付连续性以及公司管理等问题不满意。此外，人事部门也没有立刻满足你们的期许。我承诺，未来这些问题会早发现、早解决。但是，这些不是一朝一夕能够完成的。

现在我相信，我们正在组建一支愿意认识缺点、改正缺点的管理团队。纠正缺点不易，但是我相信，在你们的帮助下，我们一定蒸蒸日上。公司已经在推进以下这些项目：(1) 改进工作时间表；(2) 降低不良率；(3) 提供培训项目；(4) 改善产品质量；(5) 购置必要机器设备；(6) 改善管理。

最后，工会还指控公司管理人员非法质询、威胁两位积极支持工会的雇员。在投票活动大约两周之前，管理人员贝茨（Bates）质问雇员卡尔普（Culp）他对工会的看法，然后告诉卡尔普："如果事情恶化到罢工的地步，工会号召工人出去罢工，公司将会解雇这些工人，因为100～200人还在等着找工作……工会是想拿我们在南部地区做示范。"

大约在投票之前一个星期，管理人员洛夫顿（Lofton）质问雇员罗杰斯（Rogers）投什么票。当罗杰斯回答投赞成票时，洛夫顿质疑罗杰斯是不是正确的选择。洛夫顿又质问罗杰斯：他是否知道一旦工会获胜他的工资将会减少？又让他投票前三思。

思考题

1. 雇主的表述是否属于《劳资关系法案》第8条(a)(1)款中的威胁雇员行为？说说理由。

2. 雇主的表述是否属于《劳资关系法案》第8条(a)(1)款中承诺给好处的行为？说说理由。

3. 管理人员贝茨和洛夫顿的行为是否属于《劳资关系法案》第8条(a)(1)款中非法质询雇员的行为？说说理由。

4. 在裁决本案时，国家劳动关系委员会是否会考量"行为整体性原则"？说说理由。

5. 设计管理人员在工会组建期间就工会问题的行为指南。

6. 国家劳动关系委员会应如何裁决？

课堂活动

5.1 设计工会投票活动宣传材料

目的

本练习的目的是培养学生在设计工会投票活动宣传材料方面的创造力，积累这方面的经验。工会投票活动宣传材料传达了雇主或者工会的主题。

说明

本练习既可以由学生个人完成，也可以分成几个小组完成。学生选取图表 5.3 中雇主或工会的一个或者多个主题，设计海报，鼓励雇员投赞成或者反对票。一些学生可以设计突出雇主主题的海报，而另一些学生可以设计宣传工会主题的海报。之后，学生展示自己的作品，选出“最优雇主”和“最优工会”海报。最优的海报应该影响雇员，让雇员按海报的宣传目的进行投票。在海报设计之前，学生应该先明确公司和雇员的具体情况，可以选取本地企业作为案例，也可以选择报纸和商业杂志（比如《商业周刊》和《BNA 每日劳动报告》）等报道的涉及工会组建的公司。

注意：还有一类练习可以让学生积累经验，就是让学生准备 5～10 分钟的演讲，说明组建工会的利弊。

第二部分

谈判过程和结果

本书第二部分介绍劳动合同谈判、工作规则（涉及工资、工作时间、合约条款和工作条件）制定，以及明确涉事各方权利和义务等劳动关系处理过程的关键活动与主要问题。这一部分首先介绍法律和习惯禁止行为的有利方面，然后慢慢切入主题。该部分着眼于塑造工会和管理层关系的现实情况。

第 6 章

劳动合同谈判

某些事情的结果可以改变你的一生，你是否经历过所谓的决定性时刻？此时此刻，吉姆焦躁不安地坐在电话旁，他正在经历的就是这样的决定性时刻。工会谈判团队正在商讨“公司最后的提议”，而这些提议正是吉姆代表公司提出的。随着时间的流逝，吉姆既有些兴奋，又有些不安。兴奋的是：工会团队明显正在认真考量公司的提议。不安的是：时间延迟得越长，越说明工会团队中有人对其中一个或者多个条款不能达成一致意见。

这不是吉姆第一次参加谈判，他以前参加过很多次谈判，但每一次都不简单。在谈判前，他要花数月时间进行准备，收集谈判话题的详细信息以及行业的发展状况，分析成本数据以及谈判要求对公司经营的影响，制定争取工会接受谈判提议的策略，所有这一切都取决于现在这最后时刻。公司在过去六个月才刚刚从经济衰退中恢复，有了些起色。在经济危机期间，员工被要求与公司共渡难关，工资福利减少，有些员工暂时离开公司，失业风险增加。吉姆担心，工会看到公司发展有了起色，从而认为公司一切都有了改观，公司已经能够承担补足以前职工作出的减价。公司在谈判中的确提出了一些改善员工待遇的意见，但也提出了一些公司的要求，比如增加工作时间安排的灵活性以及修改工作岗位职责范围，公司的这些提议对公司职工数量到底有什么影响难以预计，但是可能导致工会在合同中增加工作保障条款。双方在谈判桌上作出的妥协最终能不能达成共识？这时电话铃响了，打断了吉姆的思绪，出结果的时候终于到了。

◈思考题

1. 如果工会拒绝接受公司的提议，你将给吉姆什么建议？吉姆接下来要做什么？

2. 在评估吉姆的年度业绩时，这次谈判的结果在吉姆的年度业绩考核中占多大比例？

3. 如果你是公司主管谈判的管理人员，吉姆最终让工会在合同上签了字，你愿意发给吉姆奖金吗？发多少奖金？

谈判是日常生活的一个普遍特征。虽然本章讨论的是劳资双方就雇佣条件而进行的谈判，但是谈判或者集体谈判的许多方面能够广泛应用于社会中的其他谈判行为。本章首先定义集体谈判和解释这一行为的初始影响。其次将关注谈判准备活动，例如谈判队伍的选择、议案的形成以及成本评估；谈判的战略和策略；法律要求。通过描述一个"谈判力量模型"（一种可能的解决方案框架），逐一考虑各种不同的集体谈判因素。

一、集体谈判：定义与结构

集体谈判（collective bargaining）是劳资双方通过以一种意图维持和尽可能改善双方持续关系的方式来交换承诺，从而试图解决利益冲突的一种行为。集体谈判是相互影响的社会互动的一种特殊形式。在集体谈判中，其中一方所期望的结果的实现依赖于另外一方的行为。劳资双方之间产生的关于就业条款和条件的争议被定义为**利益纠纷**（interest dispute）。集体谈判的基本目标是通过达成一个劳资双方都能够接受的集体劳动合同来解决这种利益纠纷。[1]

劳资双方对集体谈判和已经谈判达成的解决方案的态度能够影响劳资双方之间在该劳动合同的期限或持续时间之内的关系。劳资双方通常都明白他们在未来的谈判中将回到谈判桌的事实能够影响他们关于可接受的策略和目前谈判的结果的战略选择。

评判集体谈判的成功通常需要客观的和主观的评价标准。客观地评估特定的解决方案条款对每个谈判方的经济价值或成本是衡量成功与否的一种方法。另外一种方法是将解决方案的内容与行业平均或地区平均水平，或者主要竞争对手的解决方案内容进行比较。视最主要的谈判条件而定，通常认为维持现状甚至放弃一个可能已经被期望放弃的条款是一个成功的谈判结果。寻求代表权再选举的工会领导可能认为，在谈判单元（如熟练雇员或妇女）内，主要成员对福利的满意程度是衡量成功与否的一种方法。衡量成功谈判的另外一个标准是看一个集体谈判解决方案是否有助于劳资双方之间建立一种积极的、对集体劳动合同条款在日常中的有效执行非常必要的关系。

劳资双方的谈判者宣称集体劳动合同谈判结果的成功是非常普遍的。这也许是因为谈判双方在对特定的谈判事项制定期望实现的谈判结果时设置了不同的优先选择，或者是因为谈判双方在衡量成功结果时采用了不同的标准。一个成功的谈判解决方案能够加强和巩固劳资关系，因此劳资双方虽然并不是经常达成一致，但是相信对方在坚持自己的立场时的诚实和坦率，不会设法损害另外一方的利益。[2]

谈判结构

谈判结构包括两个基本方面：（1）能够影响集体谈判结果的雇员群体；（2）将成为谈判达成的劳动合同规定范围内的雇主和雇员。工会对它内部和外部的一些雇员群体负责。每一个组织都存在一些非正式工作群体（informal work groups，例如夜班工作人员或者公司的保龄球队），他们拥有独特的偏好，从而向工会官员施加压力以在集体谈判中实现他们的要求。一个谈判单元内的其他一些群体也可能会在集体谈判期间试图获得特殊的利益，这包括熟练的手工业雇员、女性雇员、少数民族雇员、高资历或者低资历雇员，以及兼职雇员。

在某些情况下，劳资双方的官员被其他集体谈判解决方案所影响。例如，市政府和警察之间的一个劳动解决方案可能会影响市政府和消防员之间随后的谈判。**模板谈判**（pattern bargaining）是指工会或公司谈判人员直接将已有的谈判条款适用至新的劳动合同。模板谈判一般出现在同一行业中相似的公司中。例如，全美汽车工人联合会许多年来一直首先与其中一家“代表”汽车公司谈判，达成共识之后直接拓展到其他公司。“代表”公司是某一年谈判的模板，比如 2007 年，全美汽车工人联合会与通用汽车达成的协议就成为模板，直接被套用到克莱斯勒、福特等汽车公司。然而，无工会公司的竞争以及 2007—2009 年的经济危机直接抑制了汽车行业的模板谈判活动。模板谈判有时也出现在一个行业（汽车制造业）的上下游企业，比如车胎或者车灯企业。

由于可以在同行业公司之间实现劳务成本方面的公平竞争，管理方和工会谈判人员都愿意采用模板谈判的方式。以模板谈判统一工资水平对管理层有利，因为这样就不必担心竞争对手获得劳务成本竞争优势。模块谈判同样对工会有利，因为同一行业工会会员可以感受到待遇的公平公正。[3] 但是，管理层有时不愿采用模板谈判，以获取劳务成本竞争优势。无工会公司（国内以及国外的）的竞争也使得一些公司管理层不愿意采用模板谈判的方式。

谈判单元

谈判结构的第二个方面是**谈判单元**（bargaining unit），指的是将受到谈判达成的劳动合同约束的雇员和雇主。如同在第 5 章已经讨论过的那样，根据其定义，由国家劳动关系委员会基于代表权选举的目的裁决的任何适当的谈判单元（appropriate bargaining unit），都是一个适合谈判的小组（见图表 6.1 中的第一个例子）。一旦某个工会被认可为一个适当的谈判单元的代表，那么由该工会所代表的两个或者更多适当的谈判单元可以出于谈判签订劳动合同的目的而联合到一起，只要这样一次联合对工会和雇主双方来说都可以接受。在大多数情况下这牵涉到一个工会的两个以上谈判单元，但是有时也指多个工会组成一个谈判单元，比如哈雷戴维森摩托车公司在密苏里州堪萨斯城的一个制造厂。在这个制造厂中，国际机械师和航空航天工作人员协会、钢铁工人联合会（钢铁、纸和林业、橡胶制造、能源、联合实业，以及服务业工人国际工会，即钢铁工人联合会，英文全称为 United Steel，Paper and Forestry，Rubber Manufacturing，Energy，Allied Industrial，and Service Workers International Union，USW）代表两个工人群体，但共同与哈雷戴维森摩托车公司管理层签订一个劳动合同。是否因集体谈判的目的而将适当的谈判单元联合起来是一个**非强制性**（nonmandatory）谈判主题。[4]

图表 6.1　　　　集体谈判的可能结构

结　构	示　例
1. 单个雇主——单个工会	
单个地方工会	ABC 制造公司——UNITE
多个地方工会	通用汽车公司——全美汽车工人联合会
2. 单个雇主——多个工会 单个地方工会	纽约州布法罗（Buffalo）市的约翰逊钢铁公司——所有同业工会和产业工会
多个地方工会	通用电气公司——国际电气工人兄弟会和国际电子工人工会（IUE）
3. 多个雇主——单个工会	货车运输管理合作社——国际卡车司机兄弟会
4. 多个雇主——多个工会	北亚拉巴马州总承包商协会——伯明翰同业委员会

因集体谈判的目的而选择将适当的谈判单元联合起来被称为**集中谈判**（centralized bargaining）（见图表 6.1 中剩下的例子）。存在两种主要类型的集中谈判，当一家公司拥有几家单独的工厂，并且每家工厂都拥有一个单独且适当的谈判单元时，可以使用单个雇主/多工厂谈判。

在**多雇主谈判单元**（multi-employer bargaining unit）中，一个以上的雇主与相应的工会谈判一个合同以覆盖参与谈判的雇主的每一家工厂中的所有被代表的雇员。这种类型的集中谈判在货车运输行业、电影电视行业、建筑行业、海事行业、新闻报纸行业以及职业体育行业中非常普遍。有时，工会和管理层选择在一些问题（工资、福利计划等）上合并谈判单元，共同签署主合同，统管整个行业或者同一公司不同办公地点的工人（行业层面谈判）。在主合同下，各个地方的谈判单元根据当地具体情况再对某些条款进行谈判（地方层面谈判），之后加入主合同。

在集体谈判中，某一方或者双方可能因产品的相互关联性、市场因素或者法律方面的考虑而倾向于使用集中谈判。例如，一家公司拥有三家制造工厂，每一家工厂都拥有一个单独的适当的谈判单元。如果这三家工厂生产的产品是相互关联的（A 工厂的产品是 B 工厂所需要的，而 B 工厂的产品也是 C 工厂的产品所必需的），那么管理方很可能将选择集中谈判——一个相同的合同终止日期以及一次可能在所有三家工厂内同时发生的罢工——而不是三个不同的合同终止日期和可能在某一家工厂内发生的单独罢工。单独的谈判可以三次停止工厂的生产，而与此对比的是在集中谈判框架下可能会出现的一次停止。

如果这三家工厂的运行是彼此不相关的——每一家工厂都能够在不需要来自其他两家工厂的零部件和产品的条件下生产一种完整的产品（例如，三家钢铁制造厂，每一家都生产一种相似的产品，或者三家工厂生产不相关的产品，比如棒球手套、谷类食品以及大理石），那么管理方很可能将选择谈判一个单独的劳动合同以覆盖每一家工厂的适当的谈判单元。单独的谈判极有可能导致这三家工厂形成不同的合同终止日期。虽然当一个单独的劳动合同到期时，将涉及停工，但是如果其中一家工厂出现罢工，其他两家仍然可以继续进行生产，而且在这三家工厂都生产相似产品的情况下，管理方可以将罢工工厂的一些订单转移到合同还没有终止的另外两家工厂。

有些人认为生产多种产品的综合公司在与工会进行谈判时拥有太强的谈判力量。关于9家综合公司的一个样本显示，它们生产、销售了846种不同的产品。一家工会即使威胁进行一次罢工以关闭这些制造工厂中的一家甚至一整条生产线，可能也无法向一家综合公司施加足够的压力，以获得一个谈判解决方案。[5] 在这种情况下，一家工会将倾向于使用集中谈判，认识到一次罢工将有效地停止该公司的全部运行，从而增加工会的谈判力量。市场因素也影响谈判单元的集中程度。在一个高度竞争的产品/服务市场，对那些担心如果其他雇主在随后的谈判中达成更低的工资率从而使自己陷入竞争劣势的雇主来说，他们愿意形成一个多雇主（集中）谈判单元。对与必须与之进行谈判的工会相比只拥有较少资源（较少的谈判力量）的雇主以及对具有很高的**劳动密集度**（degree of labor intensiveness）的公司（如公司总运行成本的一部分由劳动力成本组成）来说，更是如此。与其他雇主联合成为一个多雇主谈判单元能够加强单个雇主的谈判力量，而且能够使另外一个潜在的问题——一次生产停顿将导致的顾客流失——降到最低限度。

在一些行业（建筑行业、采煤业、货车运输行业、女装行业、海事行业以及其他一些行业），工会也关注市场问题，并且试图将谈判单元扩展到包括整个地理区域，而在该区域内，所生产的产品是相互竞争的。采取这种方法是为了阻止某些拥有平均水平以上谈判力量的雇主单独谈判达成更低的工资，因为更低的工资将导致以更低的成本进行生产，从而吸引其他工会化公司的顾客，导致工会会员失业。从本质上说，工会竭力使工资、工作时间以及其他就业条款标准化，从而降低劳动力成本作为一个竞争因素的重要性，并且迫使雇主在其他非劳动力因素（例如，产品设计、产品质量、顾客服务）的基础上进行竞争。

多雇主谈判也拥有其他一些优点和缺点。与其他工会相比，参与多雇主谈判的一家工会具有一种强大的优势，因为国家劳动关系委员会规定，当一个多雇主谈判单元是完整的时，它是唯一适当的谈判/选举单元。[6] 因此，只要目前的这家工会和某家公司是某个多雇主谈判单元的参与者，国家劳动关系委员会就将否决另外一家工会请求在这家公司内进行一次代表权选举的申请。当单独的适当的谈判单元被联合成一个集中的谈判单元时，劳资双方都能够因只需要准备更少的合同谈判而从成本节省中获益。谈判成本可以由参加多雇主谈判单元的雇主分担。

在满足不同工厂的雇员和雇主的关注事项方面，集中谈判往往变得更加正式和更加没有弹性。因为合同条款必须适用于通常处于不同地方的不同雇员群体，所以谈判结果往往反映了一种更广泛的地区、公司或行业观点，而不是在任何特定地方或工厂流行的地方条件。例如，用来确定一个适当的谈判结果的工资和福利趋势数据更有可能反映的是行业或者全国的平均数据，而不是当地的劳动力市场状况。

最后，多雇主谈判能够使雇主成员之间产生紧张关系。如果一位雇主认为自己能够通过单独与工会进行谈判而获得更好的结果，那么该雇主可能会考虑脱离多雇主谈判单元。要合法地退出现有多雇主谈判单元，雇主必须事先书面通知工会和谈判单元的其他雇主（比如在现有合约截止日期之前，在新合约谈判开始之前）。[7] 当参加的公司在规模上存在非常明显的差异时，规模大的雇主可能试图控制多雇主谈判单元的决定。如果多雇主谈判单元中规模小的雇主对接受某个特定的工会谈判议案的可行性或管理负担持有与规模大的雇主不同的意见，那么这对规模小的雇主来说可能会成为一个问题。

参加集中谈判的决定可能受法律准则的影响。一方谈判团队的规模和组成是一个非强制性谈判主题。[8] 代表特定谈判单元的工会，允许与同一雇主单独谈判的、来自其他工会的代表作为工会谈判团队的一部分坐下来谈判。虽然雇主不能控制谁是工会谈判团队成员，但是可以要求，仅允许谈判合同涉及的谈判单元的合法工会代表决定是接受还是拒绝管理方的谈判提议。[9] 来自其他谈判单元的工会代表可以作为谈判程序的旁观者，但是不能决定解决方案。

国家劳动关系委员会同时规定，工会之间签订的**禁闭协议**（lock-in agreement）非法。这类协议剥夺了谈判单元中单个工会在所有其他工会同意签署劳动合同之前签署一份劳动合同的权利。[10] 工会之所以签署这样的协议，是为了阻止雇主使用**一损俱损谈判策略**（whip-saw bargaining strategy），阻止雇主以其他谈判方已同意为要挟迫使现在的谈判方同意。换言之，如果存在禁闭协议，雇主需要同时处理所有谈判对手的问题，而不单单是依选定的顺序逐个处理各个谈判对手的问题。但是，各个谈判单元共享信息、相互交流谈判要点和谈判策略（被称为**协作谈判**，coordinated bargaining）则不违法。

根据美国最高法院的规定，在一个谈判陷入僵局期间，雇主没有经工会同意就擅自从先前议定多雇主谈判单元中撤出的行为属于不当劳动行为。[11] 雇主的撤出在法律上不被允许，而且雇主有义务遵守工会和多雇主谈判单元达成的任何协议。只有在谈判开始之前告知工会和其他雇主，雇主才能不违反法律地从多雇主谈判单元撤出。

二、谈判准备活动

在谈判之前，工会和管理层谈判双方人员均需要做好充足准备。充足准备是成功执行谈判策略和获得理想谈判结果的关键。

谈判队伍的选择和相关的谈判责任

对每一方来说，确定谈判队伍成员的数量和类型是一个非常重要的决定，能够影响谈判的结果。图表 6.2 就一位有效谈判者的一些特征提出了建议，虽然几乎没有人可能完美地拥有所有这些特征。“一个优秀的谈判人员不仅能够与谈判对手达成协议，而且要考虑到协议的执行，预想到协议达成之后在执行阶段出现的种种问题。如果达成的协议难以执行下去，那么这个谈判人员也不能被认为是优秀的。”[12]

管理层一般根据每个人的技能和经验来选择谈判团队的人员。谈判团队中至少有一位一线管理人员，由他来解释和回答日常工作相关的谈判问题。这在评估工作规则改变可能带来的影响时显得尤为重要。

在决定每一方的谈判队伍的规模时，通常更倾向于规模较小的谈判队伍，每一方的成员一般最多为 9 名。[13] 超过 9 人的大规模谈判队伍往往会导致更多的协调问题（例如，任务分配，权力的授予，彼此达成一致的压力），并且要求较多的额外时间以就谈判事项达成一致意见。有时候，谈判队伍的规模受与对方谈判队伍的规模相匹配的愿望所影响。强调集中的行业或公司级别的谈判或者多方（要么雇主要么工会方）谈判的谈判结构往往会扩大谈判队伍的规模。

工会采用的选择标准与管理方相似。此外，它们必须重视某些政治考虑。例如，一位当选的工会领袖可能认为任命至少一位或者更多来自关键群体（例如，熟练工人，规模最大的部门或职业，女性雇员，少数民族雇员）的代表担任工会谈判队伍的成员是很重要的。这个选择有助于保证关键群体的特殊利益将在谈判解决方案的条款中获得考虑，而这将提高暂定劳动合同的条款被大部分工会会员同意的可能性。

图表 6.2　　有效谈判者的一些普遍特征

- 能够有效地说“不”。
- 为人正直，能够激发别人对他（或者她）的判断能力的信心。
- 能够有效地规划和进行必要的研究，以完全了解谈判事项和趋势。
- 能够洞悉对方的利益底线。
- 能够保持冷静，并且能够容忍矛盾和不确定。
- 是一位优秀的沟通者（例如，能够有效地说话、写作和倾听）。
- 是自信的和注重实效的（能够建立现实的谈判预期和准确地估计坚持某些特定条款将带来的利益、成本和风险）。
- 具有良好的身体素质和毅力。
- 能够了解特定的谈判议案对双方利益的短期影响和长期影响。
- 懂得面子的重要性，并且愿意向对方提供这样的机会（或者反过来说，当对方提供这种机会时，知道何时利用）。
- 愿意承担适当的风险，以在不严重危害委托人的最佳利益的情况下实现所期望的谈判结果。
- 知道何时和如何询问相关的问题，以及解读对方的答复（实际上，即使对某个问题没有作出答复或者行动，也代表了一个有意义的答复）。
- 具有一种能够缓解压力或与对方建立和谐关系的幽默感。
- 经常与对方开怀大笑，而不是嘲笑对方。

工会的谈判队伍可以由工会会员选举产生，也可以由当选的工会领袖根据工会的章程和规章制度来指定。当被允许直接选举谈判队伍成员时，目前的工会领袖通常会面对这种风险，即一个或者更多对手将被选举成为工会谈判队伍的成员。当试图对谈判优先事项、谈判战略、策略以及可以接受的合同条款达成一致意见时，这可能会产生一些问题。

劳资双方的谈判者寻求能够控制自己的感情和意见的谈判队伍成员。一位轻率的谈判队伍成员可能会无意地向对方泄露本方机密的解决方案内容和谈判战略。有时候，劳资双方的谈判者在谈判期间可能会同意以一份联合声明的形式向外部的第三方（例如，新闻媒体）公布信息。这种策略有助于减少谣言或者误导性的传闻，而这些能够破坏已经取得的朝着在谈判桌上达成一个解决方案努力的进展。如果没有签署协议的约束，谈判一方有可能泄露双方谈判议案、谈判遇到的阻碍和谈判一方缺乏诚意等谈判信息。谈判内容泄露纵然可能改变公众舆论、增加民众对一方的支持，但是破坏了谈判双方之间的信任，泄露消息本身就会成为谈判问题，延缓谈判进度。谈判一方不敢轻易提及谈判方案内容，因为他们怕对方将其作为公司公开评论和最终立场来披露，而不是一个思想启动器或测风气球。

谈判议案的判断和评估

管理方依赖于几种途径来判断一家工会在合同谈判期间的可能谈判目标。对由该公司的竞争者以及由当地的其他一些公司最近谈判达成的劳动合同进行一次回顾，这可能会暗示工会将提出的一些事项。该公司与工会在其他工厂内已经谈判达成的劳动合同也可以被用来作为目前谈判的一个起始点。管理方的一些官员通过回顾全国性工会举行的大会或者访问该工会在互联网上的网址而获得对谈判的洞察力。

针对地方工会人员的一项调查显示，在协议谈判过程中，职工代表、企业代理人和组织方更可能依赖正规渠道（图书馆、工会研究部门和数据库等），而不是非正规信息渠道（比如个人关系或者电话咨询）收集信息。[14] 在研究方法方面的正规培训可以增加参与谈判人员的信息来源渠道。

应该关注劳资双方以前的谈判，尤其是谈判一方以前积极地寻求以及极不情愿放弃的那些事项。对先前事项达成的妥协性解决方案也能够产生有价值的线索，因为妥协方案并不经常意味着该事项的永久解决方案。对该工厂内先前出现的申诉进行一次分析也能够识别某些特定的麻烦。例如，通用汽车公司在谈判准备期间对申诉的数量、类型和解决情况进行了一次电脑化的分析。不过，必须注意不要过分强调这些申诉。工会经常在谈判开始前的 6 个月内增加申诉活动，以显著地增加对某些特定谈判事项的广泛关注——这种关注可能更多地是策略性的，而不是事实。

形成谈判议案和谈判范围

在准备合同谈判期间，管理方的谈判者需要预先采取行动，而不能只是被动地见招拆招。从传统来看，许多管理方的谈判者在决定管理方的谈判答复之前选择等待工会提出它的谈判议案。这种方法常常使得工会控制了谈判议程，使管理方只能够就同意多少或者在多大程度上同意工会提出的有利于工会的改进就业条件的要求进行谈判。不断增加的竞争压力迫使工会化的雇主开始作出改变，以降低劳动力成本和提高生产率及质量，从而要求管理方的谈判者在谈判桌上采取一种更加积极的态度。不是等待工会提出每一个事项，管理方的谈判者就相关事项，例如健康护理成本控制、修订养老金福利、更广泛的工作描述，以及特定的谈判单元工作的转包和外包，提出自己的议案。

一般而言，工会首先提出谈判要求，而管理层一方不急于提出对应方案（比如改善工资待遇），以免被对方抓住“把柄”。图表 6.3 罗列了一些谈判建议。

在形成谈判议案时，经理常常会对目前的劳动合同进行一次仔细的分析，以决定对劳动合同作出哪些改变，从而降低劳动力成本和使管理方的运作获得更多灵活性。例如，假定目前的劳动合同禁止经理从事任何谈判单元工作。管理方可以提议允许监管者在至少下列三种情况下从事谈判单元工作：（1）当培训新雇员时；（2）在紧急情况下（经常被解释为当雇员的生命或者生产设备受到威胁时）；（3）当涉及实验性质的生产努力时。

图表 6.3 **谈判用语建议**

- 尽可能使用常用语言，容易阅读和理解。
- 注意协议使用方（比如员工、管理层、工会代表或者仲裁员），并相应采用用语。
- 预计执行协议将会出现的问题或者情景，包含解决这些问题的内容。
- 针对同一概念，使用同一语言，保持解读的连贯性。
- 精炼、精确地使用语言，以正确表达协议条款的内涵或目的。
- 根据具体谈判主题，合理使用部分编码或者大小标题，精确组织语言。
- 对相关重要标准或因素用数字标示（申诉步骤和职员升职标准等）。
- 精确明了地标示时间框架或数字（比如职员实习时间段、轮班周期、休息时间、协议生效和失效日期）。

资料来源：Marc Boulanger and Brian H. Kleiner，"Preparing and Interpreting Collective Bargaining Agreements Effectively," *Management Research News*，26（2/3/4）（2003），pp. 193 - 199.

劳资双方的官员可以提出议案，建议取消以前不利的仲裁判决所产生的影响。例如，一位仲裁员判决公司将为雇员的安全鞋支付费用，但是通过谈判达成一项新的合同条款，即"公司将向雇员提供安全鞋，并且从雇员的薪水册中扣除鞋子的费用"。这一仲裁判决可以被宣布无效。工会和管理方通常都会分别联系工会干事和一线监管者，以判断是否有现有的合同规定是难以执行的，从而应该被修改。

劳资双方还会关注来自政府报告的研究数据，尤其是来自美国商务部和劳工部，来自诸如国家事务局之类的劳动关系服务机构，以及来自商务票据交易所和 Prentice-Hall 的研究数据。来自这些机构以及其他一些途径的与工资、福利、安全和卫生、技术变化、工作安全、生产率、司法发展以及诸如此类的事项相关的数据，使劳资双方在准备集体谈判时拥有足够的信息。过度准备的情况很少出现，但是如果准备不足就去谈判，则意味着很大的风险。阅读下面的"劳动关系实践"专栏，以此为例了解护士工会的谈判目标。

◇劳动关系实践

护士工会的谈判目标

持证上岗护士一般是医疗机构的专业职员，他们受过系统教育和实践培训，掌握医疗技能和病人护理知识。同其他行业工人一样，他们同样关心自己的工资、工作时间和其他工作条件。但是，同其他非专业职业不同，护士必须持证上岗，必须遵守严苛的职业规范和道德准则。当医疗保健政策决策越来越多地关注降低医疗保健成本并提高医疗保健资源的利用效率时，护士重点关注确保病人的福利和护理品质，在实践中形成了冲突。与其他职业不同，护士的市场需求在未来十年仍将增长，医疗机构的护士岗位将增多，这些机构也在设法招募新护士，并确保现有护士员工不离职。这些当然可以增加护士谈判的话语权，工会组织更多护士加入的活动也遭到了雇主的阻挠。大部分护士受雇于营利性以及非营利性的内外科医院。

美国护士工会近来在全国推广采用一系列协议谈判的基本标准。美国护士工会附属于美国劳工联合会—产业工会联合会，成立于 2009 年 12 月，由加利福尼亚州护士协会、美国护士联合会以及马萨诸塞州护士协会合并而成。美国护士工会拥有超过 15 万名会员，全国遍布州一级以及地方性护士工会组织，是美国有史以来最大的工会。美国护士工会的谈判目标如下：

- 在合约谈判中要求根据病人情况制定最低病人—护士配备比例。最近的研究显示，州立法律规定有最低病人—护士配备比例的加利福尼亚州与其他没有这项规定的州相比，加利福尼亚州的病人护理质量以及护士留职和工作满意度更高。
- 如果护士没有足够的经验，禁止这个护士暂时被派往员工短缺的地方。
- 禁止强制性加班和班次轮换，即使能够接受。
- 采取措施尽量避免病人和护士接触传染病。
- 通过退休金计划和雇主支付退休人员的医疗福利，改善退休保障。
- 禁止引进替代护士工作的新技术设备，不得损害护士在病人护理过程中专业判断的能力。

美国护士工会竭力避免签署下面这些让步性条款：

- 减少护士现有薪资、健康医疗和退休福利，增加护士工作时间或者工作班次。
- 建立双重标准制度，为新雇员工提供更少薪资福利。
- 绩效工资不考虑把现有护士的工作年限作为重要考量因素。
- 解雇护士员工，或者由其他员工替代护士员工。

美国护士工会反对医疗机构采用任何被认为将损害病人护理质量的措施和行为。譬如，在与宾夕法尼亚医院的谈判中，美国护士工会反对由护士护送每位病人到出纳部门办理出院手续。在执行这项任务时，护士必须把现在手中的护理任务抛下，也就不能为现在接手的病人提供护理。医院运输等行政人员应该护送病人去出纳处，以此来确保病人不会跑单。

实际上，护理机构和医院管理人员与护士员工拥有一个共同的利益，那就是以合理成本为病人提供最优质的护理服务。谈判双方在公众媒介上强调这一共同目标，但是谈判却要把这个共同目标转化为医疗机构中复杂的日常使用的工作规则。每一项工作规则都有成本和收益，谈判双方人员必须认真掂量与平衡。基于信任和尊重，建立和保持良好的谈判关系从长期看来对双方的谈判裨益匪浅。

资料来源：Peter McMenamin, "2009 Registered Nurses Employment and Earnings," *American Nurses Association Issue Brief*, May 2010, pp. 1－8; "Who We Are" and "About Us," *National Nurses United* at http://www.nationalnursesunited.org/about/who-we-are.html (accessed November 16, 2010); Michelle Amber, "RNs Adopt National Bargaining Standards, Say They Won't Sign Concessionary Contracts," *Daily Labor Report*, No. 90, May 12, 2010, pp. A13－14; Linda H. Aiken, Douglas M. Sloane, Jeannie P. Cimiotti, Sean P. Clarke, Linda Flynn, Jean Ann Seago, Joanne Spetz, and Herbert L. Smith, "Implications of the California Nurse Staffing Mandate for Other States," *Health Services Research*, 45 (4) (2010), pp. 904－921; Joe Carlson, "Rallying for Ratios: Nurse-Patient Ratios Lead to Strike, Testy Negotiations," *Modern Healthcare*, 40 (24) (2010), p. 8; Kathleen D. Sanford, "Nurse Staffing: Finding the Right Number and Mix," *Healthcare Financial Management*, 64 (9) (2010), pp. 38－39; Jerry Lynott, "Nurses, Hospital Battle Over Policy," *McClatchy*, *Tribune Business News*, July 27, 2010. p. 1 at http://www.proquest/com/.

谈判范围

劳资双方的官员在开始进行集体谈判时都对可以接受的解决方案拥有自己的立场，虽然劳资双方都知道对方将不会完全同意他们的立场。因此，劳资双方在劳资谈判开始时对可以接受的立场拥有一个范围，这个范围给劳资双方提供了一些机动的余地。这些谈判立场可以被赋予优先权，并且构成一个**谈判范围**（bargaining range）。管理方拥有一个谈判范围，工会也拥有一个。图表 6.4 举例说明了关于一些事项的谈判范围；不过，劳资双方就 100 项或者更多的谈判事项进行谈判是很普遍的。

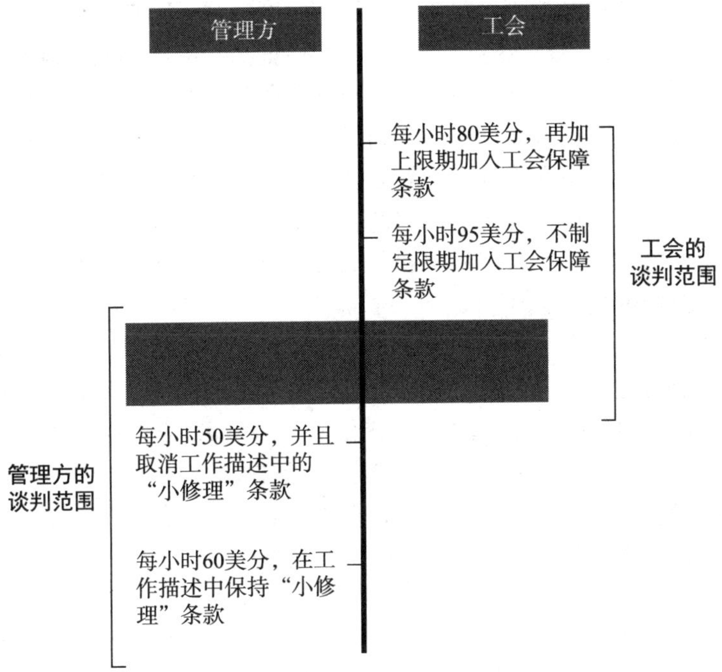

图表 6.4　劳资双方的谈判者的谈判范围

劳资双方的谈判代表都对他们各自的谈判可接受范围设置了上限和下限。管理方的上限通常是由它的目标（例如获得利润的能力和发展）决定的。超过这一所谓上限的解决方案是与公司的目标不相容的。超过某一个点，一方将倾向于选择不达成解决方案作为对某些不可接受的条款的解决办法，那么这个点代表了该方对某个特定谈判事项的**抵制点**（resistance point）。例如，一方面，管理方将选择关闭工厂，转移工厂的生产，或者在这家工厂内使用新雇员，而不是同意接受一个将使公司变得无利可图的解决方案。另一方面，管理方可能既不希望被认为是该地区内最吝啬的雇主，也不希望无法招聘、保留和奖励自己的雇员。这些考虑有助于对管理方的谈判可接受范围设置一个更低的界限——管理方认为保持雇员的士气和产量所必需的最低出价。

工会的上限通常是由两个因素决定的：(1) 所期望的就业水平；(2) 发起和维持一次罢工的能力。工会认识到努力获得经济利益（更高的工资和更好的福利待遇）与在这种更高的劳动力成本条件下所能够提供的工作岗位数量之间存在一种平衡关系。更高的劳动力成本使得管理方更有动力去寻求用资本代替劳动力的办法（例如，进行技术创新），使用更少的劳动力（例如，进行裁员），或者寻找较为廉价的劳动力供应（例如，将谈判单元工作转包给非工会化的雇主，或者将工厂的生产转移到更为廉价的劳动力市场)。不现实的工会谈判议案很有可能被管理方打个折扣，并且可能成为就重要事项进行的严肃谈判的一个障碍。另外可以很容易看出，如果工会领袖因一个不现实的谈判要求（例如，当工会会员认识到管理方只能够承受每小时 80 美分的工资增长时，提出每小时 3 美元的工资增长）而号召进行一次罢工，那么将无法发起一次罢工。在次要利益问题上，或者谈判单元成员认为在当前条件下拟议的解决方案是不现实的，谈判单元成员不愿冒风险停工。

另外，工会领袖认识到谈判可接受范围拥有一个下限，而低于此下限的一个解决方案将导致工会会员的不满。因为工会领袖受他们保证工会生存和确保继续当选为工会官员的强烈愿望所影响，所以他们很少接受处于这个所谓的抵制点之下的解决方案。在某种程度上，工会领袖试图体现雇员对谈判结果的预期。关于工会会员的谈判利益和优先事项，工会领袖从工会会员那里寻求支持以及向他们通报目前的谈判条件和趋势是很重要的，这将鼓励工会会员形成现实的谈判期望。工会会员不仅可以从其工会组织也可以从公共媒体（比如电视、报纸、互联网和其他员工那儿）获取现有经济状况、谈判趋势以及谈判力量等方面的信息。

谈判范围虽然受到上限和下限的限制，但是代表了多个事项和可能的解决点。为这些事项以及它们的可能结合分配优先权将使得谈判范围拥有几乎无数种可能性。当几个谈判事项被联合成为包括几个主题的**一揽子议案**（package proposal）时（见图表 6.4），或者为对新信息作出反应，谈判范围在谈判期内可以被改变，通常随着合同终止日期或者罢工/停业的最后期限的来临而最终被确定。一般而言，谈判双方在谈判过程中会遇到抵制点，这个抵制点通常延续下去。这个抵制点发生了巨大的转变则表明谈判一方没有做好充分准备。

计算合同议案的成本

管理方对一个劳动合同将会导致的最终成本最为关注，因为管理方有责任支付已经同意了的合同条款所需的成本。管理方设法在第一次谈判会议之前的准备期间、谈判期间以及劳动合同最终被双方同意之后判断合同议案的成本。管理方的谈判者在谈判中常常使用两种普遍的成本计算方法：雇员背景数据准备，以及对以美分表示的小时工资增长的计算。工会同样也进行成本计算，以判断管理方提出的议案的价值，或者帮助管理方确信它有能力承担工会提出的议案。

管理方通常通过几个变量（例如，年龄、性别、婚姻状况、资历和工作级别）来获得以表格形式表示的雇员统计数据摘要。这些数据摘要提供了计算出各种合同议案（例如健康保险、带薪休假、丧葬费以及养老金）的成本所必需的直接信息。

谈判双方需要计算的一个最重要的数字是小时成本增加额。任何合约中的**小时成本**（cents-per-hour cost）通过将每年谈判集体总成本除以总人数计算而得。如果一个雇主拥有员工 100 名，每周标准工作时间是 40 小时，每年工作 52 周，那么工作总时间就是 208 000（=100×2 080）小时。计算小时成本还要考虑不同谈判集体人数（员工数量）的实际总成本。

薪资成本实际增加额包含工资本身增加量，还包括员工正常工作时间所有福利成本增加量（比如节假日和带薪休假工资，病假和因工伤误工工资，为休息时间和午餐间歇支付的工资以及加班费)。**累计因子**(roll-up factor)是能够受正常工作工资率影响的员工福利项目小时成本估计值占平均小时工资率的比例。比如,如果受工资变化影响的福利项目小时成本是 3.60 美元,而平均工资是 10 美元,那么累计因子就是 0.36 或 36%(3.6÷10=0.36 或 36%)。接下来例子中的实际成本增加额就等于 20 800 美元加上累计因子成本 7 488(=20 800×0.36)美元,总计 28 288 美元。

1 000 名员工小时工资增加 1 美分的具体计算过程如下:

20 800 美元　正常时间工资增加额[1 000(名雇员)×40(小时/周)×52(周)×0.01(美元/小时)]。

7 488 美元　直接由工资增加带来的福利项目的增加成本(利润分享,养老金,人寿保险费,社会保险费,工作轮班变化补偿费用,失业保险费,工伤事故补偿金,等等),占正常时间工资增加额的比例假设是 36%。

28 288 美元　小时工资增加 1 美分带来的实际成本增加额。

协议谈判人员的准备应该围绕小时成本或者这个变量的增加量。在正常情况下一般是工会首先提出工资问题,工会决定之后的谈判过程是围绕小时成本还是围绕小时成本增加额进行谈判。谈判者在谈判准备过程中必须注意区分是增加百分比还是增加量。

如果前例假设正常时间工资为每小时 10 美元,工资增加 1%对成本增加额的计算过程如下:0.01×10=0.1 美元,0.1×1 000×2 080=208 000 美元,208 000+74 880(由 208 000×0.36 计算得出)=282 880 美元。这就与小时工资增加 1 美分时 28 288 美元的总成本增加额形成了鲜明的对比,即 282 880 美元为小时工资增加 1%时所增加的数量。

工会官员可能会提交难以计算成本的议案,从而削弱管理方根据谈判期间进行的成本估计而作出的反对意见。例如,假定现有的一条合同条款规定:如果雇员在他们正常安排的工作周当中没有缺席工作,那么公司将提供每小时 75 美分的星期天工作额外津贴。工会提议,不管雇员在这个星期的出勤率如何,在星期天工作的雇员都可以获得这种额外津贴。管理方可以检查薪水册记录以估计该提议将会产生的额外成本,但是如果涉及数以千计的雇员,而且该议案被接受后可能出现的额外缺勤也是一个不确定的指标,那么计算成本将是一个困难的任务。其他议案,例如将先前劳动合同中规定的因家人死亡而可以获得的 3 天带薪丧假扩展为包括第一代堂表兄弟姐妹的死亡,其成本几乎是不可能计算出来的,因为收集准确的数据是极为困难的(如每位雇员现存的第一代堂表兄弟姐妹的人数和年龄,以及他们的死亡率)。另外,许多成本项目,例如加班时间和节假日工作,不得不使用过去的薪水册记录以及预期的未来生产和人员配置要求来估计,而这些预期数据可能并不是关于未来运营的完美预测指标。

工会谈判者可以提出既符合工会会员利益又为管理方节省金钱的议案,这是一个要求很多智慧的困难任务。相关的例子包括下列一些:

- 允许警察保留一辆巡逻车用于私人使用,从而降低犯罪数量和相关费用。
- 允许教授半薪连续九个月休假,如果替代教师以更低薪资代课,工资差额归管理方所有。

- 在调度主要外科手术之前，使用小手术的外科门诊或者要求次级医疗意见。
- 同意以特定时间段停发工资为条件，换取管理方同意在同一时期不关停工厂、不裁减人员。

当在谈判桌上提供成本分析信息时，解释成本估计的方法和假设条件至关重要。[15] 使用现在可靠的数据来源可以提高可信度和说服力。

三、集体谈判行为：两种不同谈判方法

虽然每一种谈判情形都是独特的，而且依赖于谈判者的性格特征和所涉及的事项，但是集体谈判行为通常来说属于这两种战略方法中的一种：**分配型谈判**（distributive bargaining）和**利益谈判**（interest-based bargaining）（通常指双赢谈判）。[16] 这两种方法中的每一种都能够导致对谈判事项达成一个自愿的解决方案，而且不管使用哪一种方法，任何一方通常都无法获得它想要的每一样东西。

分配型谈判方法倾向于认为劳资双方的利益是相互冲突的，而谈判过程是一种输—赢（零和）行为。其中一方的获益必然来自另外一方的损失，因为对谈判双方来说，可用资源数量是有限的。像工资之类的谈判事项，其合同条款的经济收益或者成本能够被劳资双方估计出来，使得双方采取一种分配型谈判方法。分配型谈判者最关注的是使本方利益最大化，虽然完成这个任务可能要求在某种程度上考虑和满足对方的关键利益。

一位分配型谈判者设法在（或者尽可能地接近）对方的**抵制点**（超过这个点，对方将选择不达成解决方案，作为对对手提出的议案的解决办法）上达成解决方案。每一位谈判者都竭力去发现对方对每一个事项的抵制点，并且改变对方的立场和感觉，以达成一个最有利于本方的解决方案。双方努力去限制和组织沟通，以获得战略优势（例如，对谈判议程的控制）。一方的说服性努力关注于使对方确信前者的议案比后者的议案更加可以接受，或者使对方确信就他们提出的议案达成解决方案要好过不达成解决方案将带来的成本或风险。分配型谈判者可能更尊重对方的能力，而不是信任对方的意图。最后，如果有必要，他们更愿意依赖谈判力量，以迫使对方接受本方提出的解决方案。

利益谈判有时被称为**双赢谈判**（mutual gain or win-win bargaining）。[17] 利益谈判在很多方面不同于分配型谈判。在利益谈判中，谈判双方视谈判过程是解决问题的行为，谈判双方对各自的利益、意图和具体谈判方案进行公开、坦诚的交流与沟通。对于谈判问题，双方都认为急需解决，解决了这个问题对双方皆有好处。解决诸如保持竞争力、适应新技术变化、提升产品/服务品质以及满足员工医疗卫生需要等问题使谈判双方进入利益谈判。

利益谈判鼓励和重视谈判双方相互信任和尊重。除了考量双方各自的切身利益外，利益谈判还关注谈判过程和结果对未来双方谈判关系质量的影响。为了照顾到双方各自的重要利益，谈判双方必须付出努力，提供多套问题的解决方案。谈判人员更少关注利益的分歧，而更多关注寻求更多的有效解决方案。谈判力量在决定利益谈判结果方面并不是一个非常重要的因素，因为谈判双方已经预先同意在评估具体解决方案的优缺点时

使用客观的标准。谈判主题的精确信息成为决定什么代表可接受的谈判结果的关键依据。比如，在教师工资的谈判中，双方可以根据历史工资发展趋势和相似学区学校的工资状况，共同决定双方都可以接受的结果。[18] 双方也可以编制具体岗位数据和工资在预算收入中占比的数据，并同其他相似规模和财政资源的学校进行对比。利益谈判鼓励双方相互尊重，理解彼此的需要和目标，重点强调双方的共同利益，而不是分歧。[19]

战略和策略

不管是采取分配型谈判方法还是双赢谈判方法，有些谈判战略和策略都适用。其中两个例子就是：使用有说服力的观点和客观证据来支持谈判议案，以及描绘一幅损失或收益图，以保证谈判者懂得什么对劳资双方的利益构成了威胁，以及达成协议与继续不同意所导致的相对成本/收益。及时总结谈判进展常常有助于阐明认识和指导未来关于具体事项的谈判。书面提交一份谈判议案，再加上在口头上对之进行解释，有助于保证对方理解该议案。仔细倾听以了解观点和感情，而不仅仅是了解事实，以及注意非言语的暗示（例如，眼神交流，声调，面部表情或者手势，其他谈判成员的反应），常常能够提供关于在谈判桌上作出的陈述的肯定程度的信息。

谈判秘密会议的使用提供了在远离谈判桌的地方进行讨论的时机，以讨论谈判议案或战略，进行成本计算，收集额外信息，或者仅为了避免在谈判桌上作出某个不准备作出的陈述。正面肯定的使用，例如对特定的谈判行为表示欣赏，或者承认对方议案中可以接受的部分，能够帮助建立一种积极的、使得谈判能够继续的环境。关联事项（一揽子议案），例如图表 6.4 中的例子，是另外一个战略，能够在一个相当短的时期内解决大量谈判事项或者在谈判过程的后期阶段帮助解决剩下还没有被解决的谈判事项。当不同类型的谈判事项被联系到一起时，估计不同议案包的相对价值可能就变得更加困难了。

可以在分配型谈判和双赢谈判中使用的另外两种战略是让步匹配和差异等分。许多谈判者在进行谈判时持有这种假设：谈判一方给予的让步将会被来自对方的价值大致相等的让步所报答或匹配，虽然并不一定要涉及相同的谈判事项。绝大多数谈判者倾向于将谈判期间达成的所有解决方案作为暂定的解决方案，直到所有的事项都已经被解决。谈判一方在谈判的后期阶段认为可以接受的条件在一定程度上取决于先前的让步模式，以及已经被建立的让步模式是否被认为是公平或者公正的模式。简单地将差异等分，这种方法作为达成解决方案的一种方式，尤其是在先前的让步模式已经为人所知的谈判后期阶段，其可接受性可能依赖于谈判一方对已经达成的暂定合同条款的公平感觉，以及还未解决的谈判事项在该方关键谈判利益中的优先地位。除了以上谈到的战略和方法外，图表 6.5 还提供了一份供分配型谈判使用的战略战术清单。

图表 6.6 提供了一份供利益谈判（双赢谈判）使用的战略战术清单。

谈判力量模型

谈判力量是一个重要的概念，能够影响谈判的过程和结果，尤其是当谈判双方采取分配型谈判方法时。因为谈判是一种相互依赖的行为，所以关注谈判双方之间的相对谈判力量是非常重要的，而不应该仅估算其中一方拥有的谈判力量。证明其中一方拥有更大谈判力量的证据是该方获得有利于自己的解决方案的能力，而不是接受由另外一方提出的议案。

张伯伦和库恩提出了一个著名的谈判力量模型。[20] 一方的谈判力量等于另一方不同意某一项内容的成本除以另一方同意的成本。此等式可以用来估算工会或者管理方对特定谈判事项的谈判力量，也可以用来对最终解决方案进行事后分析。谈判力量模型看起来是一个等式，但实际上并不精确，其前提有两个重要假设：(1) 谈判双方计算成本的方法相同，且双方都是理性人；(2) 如果一方同意的成本高于不同意的成本，那么该方会选择不同意。通过提高对方不同意的成本或者降低对方同意的成本，该方都可以提高自己的谈判力量。

图表 6.5　　在分配型谈判中使用的一些谈判战略和策略

- 破坏对方的立场。质疑假设、事实或结论的正确性；关注对方的推理或信息当中出现的遗漏、相互矛盾或者其他被发现的弱点。
- 对每一个谈判事项，提供的最初议案都远离你方的抵制点。
- 缓慢地从你方的最初谈判立场退让。对方将更加重视（从而作出更多报答）本方不得不付出艰辛努力才获得的这些让步。
- 试着显得坚定地坚持谈判议案。
- 通过提高对方拒绝就你方提出的议案达成解决方案所导致的成本，从而威胁对方的核心利益（例如，工作安全，销售额，公共形象），以向对方施加压力。对一个被认为是可信的威胁，受到威胁的这一方肯定会认为提出威胁的一方有能力而且愿意实施已经提出的威胁。
- 奖赏对方的核心利益（例如，提高工作安全，提供接触信息的更多途径，提供经济刺激），以说服对方达成对你方有利的解决方案。这个方法旨在试图降低对方同意你方议案的成本。
- 寻找机会来延迟谈判，将之作为在达成解决方案的最后期限（例如，合同终止日期，罢工/停业日期）之前向对方施加时间压力的一种方式。
- 想办法使你方作出的让步的价值显得最大化，而使对方作出的让步的价值显得最小化。
- 如果一个议案在一个合理的时期内不被接受就威胁撤回该议案。作为选择办法，也可以使用某个特定的最后期限来确定最初议案的可接受性。当解决谈判议案时，这种方法也可以被用来化解对方的延迟策略。
- 规划马拉松式的谈判会议，以努力削弱对方的抵制或关注级别。如果劳资双方试图在罢工或停业的最后期限到来之前达成一个劳动合同，那么在谈判后期阶段出现的时间压力可能使得这样的马拉松式谈判会议非常必要。
- 提供一个最终出价。一个所谓的"最终出价"实际上是否为最终的，这依赖于谈判者在提供这个出价时的可信度。

图表 6.6　　在双赢谈判中使用的一些谈判战略和策略

- 设置现实的谈判目标。
- 阐明每一方关于特定事项的议案的潜在利益。避免变得仅关注对方所陈述的立场。对于被谈判的事项，应该侧重于理解对方受到威胁的核心利益。
- 使用头脑风暴法来产生替代性的议案，以满足劳资双方在每个事项上的各自利益。
- 识别出劳资双方拥有共同利益的谈判事项，以及双方利益可能处于冲突状态的谈判事项。谈判开始时首先就双方拥有共同利益的事项进行谈判，试着建立一个谈判模式，该模式可以在后面被用作解决更困难的、涉及利益冲突的谈判事项的模型。

- 向对方的利益和担心表示关注
- 确定并相互同意客观标准，用来评估特定谈判议案的价值。
- 在开始谈判时，使用清晰的语言阐述你方愿意进行相互合作的谈判的意图，并且邀请对方也使用这样一种方法。为了使双赢的谈判方法获得成功，谈判双方必须坦诚地对待谈判过程。
- 询问问题以澄清特定谈判议案背后的真实内容或意图。
- 与对方共同分享关于特定谈判议案的客观信息。
- 对于某个谈判事项，在你方的相应议案中努力尽可能多地考虑对方提出的议案。这有助于证明一种愿意尊重对方利益的意愿，而且有助于将后面的谈判集中于该议案中仍然存在利益冲突的那些方面。
- 解释你方的议案如何或者为什么能够满足对方的某种重要需要或利益。
- 公开讨论认识到的障碍或阻碍，以达成一个自愿的解决方案（例如，性格特征，策略，竞争环境，或者谈判关系的状态）。
- 尽可能控制情感爆发。
- 避免可能会破坏你作为一位谈判者的可信度或者损害谈判双方之间的相互尊重和信任水平的战略或策略。

为了描述这种战略框架，考虑一下某个工会提出的要求在工作轮班结束之前获得10分钟整理时间的谈判议案。首先，通过以取消工会的其他一些谈判议案作为交换，该工会可以减少管理方同意该议案的成本。工会谈判者还可以通过指出工厂目前存在多种不同的整理行为，从而减少管理方所感觉到的同意成本。一些部门并没有整理时间，而其他一些部门在下班前的半个小时就让它们的雇员停止工作来进行整理。如果计算该工厂内的全部整理时间，那么每个雇员的整理时间可能会达到15分钟。管理方很难处罚那些滥用整理时间的雇员，因为工厂没有执行关于此事项的前后一致的政策。工会提出的这个合同规定将使管理方能够抹去以前的实践行为和建立一项一致的政策。管理方可以指导监管人员执行这项规定了10分钟整理时间的政策，而这实际上能够节省公司的金钱。

如果管理方不接受工会的提议，那么工会可以采取第二个战术方法，即提高管理方不同意工会提议的成本。工会可以威胁暂且不同意管理方的一些提议，或者公开披露工厂恶劣的工作条件和安全状况，这些都有损于企业的招聘和客户关系。如果管理方知道工人普遍对管理方的提议问题不满，而且现在市场产品需求强劲，停产可能令企业损失很大，那么工会提出罢工威胁也是一个可行的方案。

潜在地影响谈判力量等式的因素

能够影响劳资双方谈判力量的一些因素包括当时的经济状况（如失业率、劳动力供给、销售量）、善意、公共形象以及政府干预。例如，该地区的高失业提高了工会不同意管理方议案的成本，因为罢工者将发现难以在其他公司找到工作岗位，而高失业将减少管理方不同意的成本，因为高失业往往会使管理方更容易为罢工者找到替代者。

善意是能够影响罢工决定的一个因素，尤其是在小规模的工厂。善意最主要指的是工厂内部的关系。劳资双方的谈判者并不希望在谈判期间出现敌对的态度，或者当生产被恢复之后罢工的威胁仍然存在。谈判者也不希望自己的行为被贴上对公共利益不负责任或不敏感的标签，从而消极地影响本方的公共形象。在关键行业（例如，航空业和铁路业）或者出现一次全国性的非常争端时（将在第 9 章讨论）可能实施的政府干预也必须被考虑，尤其是当管理方或者工会认为政府干预将削弱自己的谈判立场时。

能够影响工会同意和不同意的成本的一些因素

向工会会员提供的财政补助可以降低工会不同意的成本，并且削弱管理方的谈判力量。在罢工期间，通过配偶的工作、工会罢工福利、个人储蓄、来自其他工会组织的援助或者公共援助，雇员可能能够补充他们的收入。工会罢工福利很少能够代替由于参与罢工而导致的所有收入损失，通常平均每星期只有 50 美元或者更少。工会是否提供罢工福利常常能够决定工会会员是否将投票赞成罢工以及他们将罢工多长时间。虽然每一位工会会员在罢工期间获得的罢工福利是很少的，但是每年罢工支出的总数可能是非常大的。当拥有资金并且这次罢工被全国性工会的领导层批准时，绝大多数工会都将支付罢工福利，但是通常来说附加的约束条件可能是要求工会会员立场坚定，完成一个等待期，或者确实需要罢工福利。

通过为进行罢工的工会会员补充收入，公共援助（例如，社会福利、食品券和失业补偿）也能够降低工会会员不同意的成本。这些援助计划可能存在于联邦级别或者州级别，而获得这些援助需要不同的资格或条件，例如罢工雇员需要完成一个等待期才有资格获得失业补偿。关于公共援助被提供给进行罢工的工会会员，存在许多支持或者反对这种行为的观点。公共援助的支持者可能主张下列观点：

- 当罢工者工作时，他们也是纳税者，因此当他们不工作时，他们应该获得援助。
- 在其他国家，税收被用来供养饥饿的人们，而在这个国家，税收却被用于供养囚犯，所以需要帮助的罢工者应该获得同样的考虑。
- 虽然一些人可能反对向罢工者提供公共援助，但是他们不会反对向被直接影响的罢工者家庭提供公共援助。
- 获得公共支持的资格应该基于需要，是由法律决定的，而不是基于一个人是否为罢工者。

公共援助的反对者也提出了几个观点：

- 立法者从来没有打算将公共援助提供给罢工者，尤其是因罢工者通过拒绝返回工作岗位而已经拒绝了真诚、善意的就业。
- 向罢工者提供公共援助违反了一项传统的政策，即政府在劳资关系中保持中立。

能够影响管理方同意和不同意的成本的一些因素

如果管理方能够将成本转嫁给顾客，那么管理方同意工会议案的成本就能够降低。许多产品市场中不断增加的全球竞争压力使得今天的许多雇主更加难以简单地将成本转嫁给顾客。有些被管制的公司（比如，电力公司）在定价指导原则的框架下进行运营，这使得公司能够提高价格以覆盖商业运营成本的正当增加。如果任何下列因素发生，管理方不同意的成本（以及工会的谈判力量）将会增加：较少的库存再加上很高的顾客需求；担心罢工期间出现顾客的永久流失（市场份额）；很高的固定成本，例如租金、贷款利息、设备的支付款，以及即使生产被减少或者停止也将继续发生的非工会人员的薪水。

与谈判力量模型相关的复杂因素

谈判力量“成本”通常是不精确的数字，也是难以计算的，常常与突然发生的大变化以及其他一些复杂因素联系在一起。谈判人员通常过分地认为，他们的谈判偏好已经向对方表达清楚。[21] 有些事项，例如将“从事小修理”的工作要求插入雇员的工作描述当中，毫无疑问将节省公司的金钱，因为非熟练工人可以比维修工人更廉价地从事这些任务，尤其是相对于那些在加班时间工作或者享受其他加班工资率的维修工人。不过，管理方无法计算出与此规定相关的精确成本节省，而且如果工会谈判者担心同意“小修理”条款将导致无法准确估计的但是很高的政治成本，例如工会会员反对拟定的劳动合同或者他们的寻求再次当选的努力，情况更是如此。

在该谈判力量模型中，被感觉到的或者被估计的成本在谈判期内是可以改变的。政府可能会突然宣布工资—价格控制或者指导方针，迫使工会同意与政府设置的限制具有可比性的工资解决方案。或者，管理方可能会在合同终止日期来临之前突然获得一位主要客户提交的紧急订单。管理方不同意的成本将显著地被提高，如果该客户指出他（或者她）将把没有完成的订单交给一位竞争者，更是如此。

该谈判力量模型存在的一些限制并没有消除它的有效性。劳资双方的官员确实估算成本，虽然不那么准确，并且采用各自的战略以提高对方不同意的成本和降低对方同意的成本。

组织内谈判

谈判过程的另外一个重要方面是**组织内谈判**（intraorganizational bargaining）。组织内谈判指的是当劳资双方的谈判者试图在他们各自的组织内达成一致意见时在每个谈判方内部发生的谈判。[22] 有时候，最困难的谈判是本方内部发生的谈判，而不是劳资双方之间的谈判。

在谈判桌上，管理方首席谈判者的重要性有时候不如其他管理方官员，尤其是律师。通过减少管理方谈判者偏离一项试图覆盖许多不同工厂的政策的灵活性，与公司政策相一致的需要常常会使地方工厂的谈判变得复杂。当一个解决方案被达成后，它也会受到其他经理的事后议论。这些经理通常会说管理方谈判者应该能获得一个更好的结果。工会也不能避免内部争议，尤其是因为工会首席谈判者很少能够获得自由挑选谈判队伍成员的权力。在很多情况下，谈判队伍中至少有一名成员是首席谈判者的政治对手。更普遍的现象是存在各种小集团，这些小集团不顾首席谈判者的优先选择而试图获得各种不同的谈判要求。

劳资双方的谈判者花费大量时间来解决各自组织内部的分歧。一位劳资谈判的观察者作出了下列评论：“在很大程度上，集体谈判不是冲突，而是一个过程，通过这个过程，劳动合同的主要内容已经被谈判者所了解，已经变得可以接受，不是被那些负责这次谈判的人所接受，而是被那些将依赖谈判结果而生活的人所接受。”[23]

集体谈判中的道德和法律考虑

有观点认为，具有道德的谈判行为不仅是要做的正确的事，而且利润丰厚。[24] 劳资双方的谈判者的谈判行为常常涉及至少两种普遍的道德尺度。第一种道德尺度，即道德的或理想的行为，是很多不同定义的对象，而不是要么/或者的区别。不过，谈判者的这种行为，例如贿赂对手以达成一个解决方案，偷窃对手的机密信息，公开地贬低或者羞辱一位谈判对手，或者使用电子监视设备来“窃听”谈判对手的会议区域，很明显属于不道德行为那一端。

有些谈判行为具有更加普遍和广泛的道德含意。例如，考虑一下克莱斯勒汽车公司前首席执行官李·艾柯卡（Lee Iacocca）的反省：

> 只要底特律还在赚钱，我们就可以接受工会的要求，然后以价格增长的形式消化这些要求通常来说都是容易的。替代办法是承受一次罢工以及承受毁灭公司的风险。通用汽车公司、福特汽车公司和克莱斯勒汽车公司的管理高层从来没有对长期规划抱有很高的兴趣。他们过多关注私利，竭力提高下个季度的利润，从而获得丰厚的奖金和红利。他们？我应该说“我们”。毕竟，我也是这些人当中的一员。我是这个体系当中的一部分。逐渐地，我们变得屈服于工会提出的每一个要求。我们正在赚如此多的钱，以至我们从不两次考虑这些要求。我们几乎很少愿意承受一次罢工，因此我们从来不坚持我们的原则。我坐在最中间的位置，说：“谨慎即大勇。给他们提供他们想要的东西。因为如果他们罢工，我们将损失数亿美元，我们还将失去我们的奖金和红利，而我个人将损失 50 万美元的现金。”我们的动机是贪婪。我们的本能反应常常是迅速地达成解决方案，直接退缩到底线。在这一点上，对我们的批评是正确的——我们常常考虑的是下个季度。“每小时再多一美元又怎么样？”我们这样推理。“让未来的人去担心这一点吧。那时候我们将与此无关。”但是未来已经来到，而我们当中的一些人仍然与此相关。今天我们所有人正在为此付出代价。[25]

当被用来分析谈判者行为时，第二种道德尺度，即遵守职业标准，是更加复杂的一个因素。劳资双方的谈判队伍中的最高级官员将同意至少三个与他们的谈判行为相关的职业承诺：

（1）努力获得符合本方利益的最佳解决方案。

（2）使他们各自的谈判队伍成员以及其他委托人相信他们是有效的谈判者。

（3）以一种诚实、尊重的姿态与对方进行沟通，以在集体谈判合同被达成之后提高谈判双方未来的劳动关系。

所有这三个标准都是可以达到的，虽然将前两个标准运用到最大化程度可能会扭曲和改变第三个标准。换句话说，很难使本方的委托人相信在向谈判对手表明所有事实之后还能够获得可能的最佳解决方案。这可能有助于解释在今天的劳动谈判中为什么分配型谈判仍然比双赢谈判更加普遍。一位完全坦诚和公开的谈判者可能会被谈判对手利用，退缩到不允许再作出进一步让步的立场，或者牺牲通过一种不那么坦诚的方法完全可能已经成功获得的利益。许多成功的谈判者强调礼仪因素，例如描述复杂但不相关的数据，使用戏剧表演，或者上演虚假的争论，或者缓和愤怒。

成功的谈判者认识到，可信度是一种必要的个人品质，而撒谎或者发布故意的谎言可以毁灭可信度，并且完全破坏一位谈判者的效力。不过，撒谎和保留真相之间存在明显的界限。谈判者并不打算自愿地公布能够严重破坏本方谈判立场的事项。谈判者有时候也可以夸大其词或者耍"阴谋"，即便谈判者不准备耍阴谋，这也是有风险的行为。

> 原则性强的谈判者不会求助于欺骗，但是这并不意味着他会天真地放弃他的立场。并不是所有原则性强的谈判者都同意你必须变得具有何种程度的原则性。将误导对方作为你的意图是可以的（原则性强的谈判者可能会质疑这一点）。你可以说你不打算让步，然后在5分钟后作出让步。但是永远不要向对方提供关于事实的错误信息。[26]

基于诚意进行谈判的法定责任

在集体谈判中，劳资双方的官员并不能够完全自由地决定或者忽略道德考虑。政府部门通过《国家劳动关系法案》及其修正案，要求劳资双方基于诚意进行谈判，以努力对谈判中的争议达成一个自愿的解决方案。**善意谈判**（good faith bargaining）本质上意味着每一方必须在谈判中显示一种愿意达成一个劳动合同的真诚、诚恳的意图，并且在提出自己的谈判立场和实施谈判策略和行为时保持理性。不履行善意谈判的义务属于不当劳动行为，需按照国家劳动关系委员会不当劳动行为处理程序对受害一方进行补偿。

在试图判断一个与恶意谈判相关的不当劳动行为控诉的价值时，国家劳动关系委员会必须评估每一方的整体行为，这包括明显的行为和潜在的动机或意图。不过，善意代表着一种难以精确定义的思想意识状态。例如，进行善意谈判的责任并不要求一方达成一个解决方案，同意某个具体的议案，或者对另一方作出让步。然而，为了达成解决方案，在集体谈判中流行这样一个潜在的假设：让步通常是由谈判双方相互作出的。违反善意谈判的行为可以来自4个途径：谈判事项的类型，特定的谈判行为（被称为本质侵犯）、整体行为，以及继任雇主的谈判义务。

谈判事项的类型

这些年来，国家劳动关系委员会和各级法院已经将各种谈判事项划分为非法的、强制性的和自愿的（也指非强制性的或放任的）。**非法谈判事项**（illegal bargaining subjects）涉及对法律的侵犯，谈判双方不存在就这种事项进行谈判的法定责任。如果谈判双方在他们的劳动合同中包含了这样一项非法内容（例如，允许管理方向被合同覆盖的雇员支付低于联邦最低工资的报酬），那么集体合同中的这部分内容将被宣布无效。关于非法谈判事项的其他例子包括要求只雇用特定工会会员的工会保障条款，一条"只雇用白人"的就业条款，在62岁强制退休的规定，以及违反《公平劳动标准法案》相关规定的报酬计划（例如，不向每个星期工作超过40小时的谈判单元雇员支付加班工资）。

谈判双方有责任就**强制性谈判事项**（mandatory bargaining subjects）进行善意谈判。强制性谈判事项可能对谈判单元成员的工资、工作时间或者其他就业条款和条件产生直接的影响，包括在适当的时间坐下来谈判的意愿以及减少口头协议的意愿。图表6.7列出了一份强制性谈判事项的清单，然而与改变的谈判条件相对应的新谈判事项不断出现，所以任何清单都从来没有被视为全名单。这些事项构成了劳动合同谈判期间的谈判议程的基本框架。

图表 6.7　　一些强制性谈判事项*

小时工资率或激励工资	保险供应商的确定
奖金	健康护理成本控制计划
利润分享计划	服装或工具补贴
雇员持股计划	工作时间
一次付清的支付款项	强制加班政策
双层工资计划	养老金计划
召集工资	税收延迟（例如，401k）储蓄计划
工作轮班差异工资	工作或收入安全保证
陪审团任务工资	工作级别制度
加班工资	工作任务和资格
生活费调整条款	工作调动的权利和程序
丧假工资	工作晋升标准和程序
带薪休假	裁员和重新召回程序
节假日工资	资历权
带薪的休息时间	工作试用期的时间长度
带薪的午餐时间	申诉与仲裁程序
购买公司产品或服务时的雇员折扣	管理权
儿童护理援助计划	谈判单元工作的合同转包
牙齿保险	劳资合作计划
人寿保险	雇员检测程序（例如，毒品检测）
合同的有效期和终止日期	绩效评估办法和程序
谈判权利的自动放弃（例如，“拉链条款”）	安全和卫生标准及程序
缺勤	继任资格条款
健康和事故保险	禁止罢工或停业条款

* 列出的这些事项并不代表所有可能的强制性谈判事项。

管理方无法合法地改变一项涉及某个强制性谈判事项的就业条款，除非现行的劳动合同明确地赋予了管理方这样做的权利，工会已经明确地放弃了就该事项进行谈判的权利，或者谈判双方已经基于善意谈判达成了一个自愿的协议。任何一方都可以要求对方早早地自动同意谈判当前合同条款 [所谓的**中期谈判**（mid-term bargaining）]，但是没有就当前合同条款进行善意谈判的法定责任，直到——最早——当前合同到期日前60天。在中期谈判期间，如果没有现行的劳动合同有效地包含所提出的改变，那么管理方在与工会就该事项进行善意谈判并且陷入一个僵局之后，可以制定一个已经提出的改变。一个**善意谈判僵局**（good faith bargaining impasse）发生在谈判过程中的这样一个点上，即任何一方都不愿意就某个谈判事项进一步改变各自的立场。本质上，在这个点上双方都认为进一步谈判将是徒劳的。[27] 强制性谈判事项的利益纠纷也是一次合法罢工或停业可能发生的唯一一个纠纷。

谈判双方没有责任就某个涉及公司性质、经营范围或方向的一次根本改变的商业决定进行谈判。[28] 这样的商业决定包括出售该公司或者购买另外一家公司，主要的设备购买，生产的产品或服务的数量或者类型，满足运营需要所需要的资金来源或状况，以及市场营销决策。虽然并没有被要求就商业决定本身进行谈判，但是雇主可能被要求就一个商业决定对谈判单元雇员的工作安全或经济利益造成的影响（例如，遣散费、工作调动的权利、资历权、裁员或重新召回的权利）进行谈判。[29] 如果一个商业决定并没有涉及雇主业务性质的一次实质性改变（例如，在新工厂，同样的工作在相似的工作条件下完成，但使用的却是不同的非谈判单元雇员），那么雇主可能被要求就转移或者重新部署谈判单元工作的这个商业决定进行谈判。[30]

劳资双方的官员也可以就**自愿（或非强制性）谈判事项**（voluntary or nonmandatory bargaining subjects）进行谈判，自愿谈判事项不直接影响谈判单元成员的就业条件，而且是合法的。例如行业促销计划、罢工保险、利益仲裁条款，以及退休雇员的福利。与强制性谈判事项不一样，自愿谈判事项并不要求谈判双方为之进行谈判。实际上，坚持对此进行谈判并且将之包含在劳动合同中从而导致谈判僵局，这种行为将成为不当劳动行为。例如，在一个案例中，杜邦公司的管理层要求雇员参与一个用于促销的录像带，国家劳动关系委员会裁定这种行为是一个自愿谈判事项，管理方不必与工会为此进行谈判，因为它不是雇员日常责任中的一部分，不能强迫雇员参与，而且这个录像带并不是与雇员息息相关的一个事项。[31]

特定的谈判行为

在有些情况下，雇主实施的单个行为构成了谈判过程中的一种不当劳动行为。例如，不管管理方何时实施了下列行为，都构成了本质侵犯：

- 拒绝与工会进行谈判。
- 在没有向工会进行咨询的情况下实施一次工资改变。
- 由于坚持一项要求在号召进行一次罢工之前举行一次无记名投票选举的规定而导致产生谈判僵局。
- 拒绝向工会提供它所要求的与它履行法定谈判责任相关而且必需的信息（例如，与雇主管理的一个集体保险计划相关的供应成本和其他数据）。

如果雇主声称**无力支付**（inability to pay）工会提出的某个谈判议案，那么工会有权接触必要的公司财务信息以验证雇主是否无力支付。无力支付与表示不愿意支付工会提出的某个谈判议案的成本存在法律上的区别，从而这种义务有时候是难以运用的。[32] 在最近的一个案例中，国家劳动关系委员也会认定当雇主拒绝了一家工会要求获得信息的要求时，雇主并没有违法，因为雇主陈述的希望使它的劳动力成本与竞争对手（可能是非工会化雇主）处于同一条线上的愿望是一个合法的谈判目标，而不是声明雇主无力支付。[33] 但是在其他情况下，即使管理方没有明确表明无力支付但却拒绝向工会提供相关信息，国家劳动关系委员会也认定雇主已经表示无力支付。[34]

当管理方声称无力支付时，工会要求获得的任何信息都必须符合下列先决条件：

（1）工会必须诚意地要求获得这些信息。

（2）要求获得的信息必须与谈判相关，而且是谈判所必需的。通常来说，这意味着工会要求获得的信息必须与某个强制性谈判事项相关，而且工会无法通过任何其他合理的途径获得这些信息。

（3）虽然不一定是工会要求的格式，但是这些信息必须被迅速地并且以一种对谈判目的有用的形式提供给工会。

当工会实施下列行为时，它也构成了本质侵犯：

- 坚持只雇用特定工会会员保障条款或者歧视性的雇佣条款。
- 拒绝与雇主的一位合法代表会面以进行谈判。
- 拒绝与管理方就某个涉及一个强制性谈判事项的管理方议案进行谈判。

针对在调查恶意谈判案件的过程中应该收集的信息和问题，国家劳动关系委员会提供了一份有用的清单。[35] 这个指南不仅对工会和管理方谈判人员十分有用，而且对调查类似案件的国家劳动关系委员会工作人员也大有裨益。

整体行为

在评价特定谈判行为背后的潜在意图时，国家劳动关系委员会和各级法院常常运用**行为整体性原则**（totality of conduct doctrine）。这个法律原则规定，即使某些行为单独来看并没有构成不当劳动行为，但是从当时的整体谈判情况来看，这些行为可能构成了一种不当劳动行为。关于这种司法考虑的一个显著的、存在很大争议的例子是通用电气公司的一种被称为**博尔韦尔主义**（Boulwarism）的谈判方法，这个名词来自通用电气公司前副总裁莱缪尔·博尔韦尔（Lemuel Boulware）。[36]

通用电气公司认为，它仅是以一种类似于它的产品营销的方法来处理谈判——通过研究雇员的愿望和公司的竞争位置，从而向工会提供一份公正的谈判议案。通用电气公司将拒绝调整它的最初议案，除非工会能够在谈判桌上提供新的、显著的证据证明自己的观点和立场，而在公司看来，工会很少能这样做。通用电气公司的管理方认为这种方法并不是反复无常的，而是“公正和坚定的”，因为管理方的谈判立场是基于对“事实”的仔细检查和考虑。通用电气公司坚持认为，这种方法代表了一种真诚的谈判努力，其目的并不是消灭工会，而是消除集体谈判中费时且不必要的繁文缛节（例如谈判双方都知道将不会被接受的最初不现实的议案）。为了配合自己的谈判战略，通用电气公司还实施了一个单独的宣传战役，其目标是使谈判单元雇员相信公司的出价是公正、合理的，并且暗示在达成劳动合同的过程中出现的任何延误都将是工会领袖的责任，而不是管理方的责任。

代表通用电气公司雇员的工会将该公司的这种方法定义为“强硬的谈判”，在合理考虑工会关于谈判事项的看法时，这种方法不够灵活。工会认为这种以谈判单元成员为对象的宣传战役通过试图避免与工会谈判者在谈判桌上打交道而倾向于直接与雇员打交道，从而表明管理方试图破坏工会作为谈判代表的合法地位。

基于行为整体性原则，通用电气公司的博尔韦尔主义战略被认为是对善意谈判的一种侵犯，这主要是因为它直接面向雇员，而不是与雇员的唯一谈判代表（即工会）打交道。[37] 法院谨慎地指出，在没有其他可以被谴责的证据的情况下，“强硬的谈判”其本身并不是一种不当劳动行为。在通用电气公司的案例中，其他可以被谴责的证据包括拒绝提供关于一个保险计划的成本信息，对工会的详细议案作出含混不清的答复，使用一系列早就准备好的讲稿代替提出相应的议案，以及即使在明显能够看出工会将不得不对雇主提出的条款作出让步之后仍然坚持一种“僵硬的、不愿妥协的家长式的姿态”。管理方可以合法地向雇员宣传它的谈判议案以及提出这些议案的理由，并且解释管理方为什么反对工会提出的某些特定谈判议案，只要这样的宣传并不是试图破坏工会作为雇员谈判代表的地位。[38]

其他涉及雇主或工会行为的规定提供了下列关于能构成恶意谈判的行为的例子：

- 表面谈判：谈判一方愿意进行会谈并且提出议案，但是仅是执行集体谈判这一行为，没有任何证据证明存在希望达成一个协议的诚恳愿望。表面谈判包括谈判一方提出它知道对方无法接受的议案，对重要的事项采取一种僵硬的态度，或者不提出其他可供选择的议案。
- 拖延策略：在执行一个协议时出现的不合理的拖延，在确定会议举行的日期时出现不合理延迟，故意逃避会议，采取逃避策略，在提供谈判所需的数据时出现不合理的延迟，以及类似的策略都是恶意谈判的证据。
- 强加不合理的条件：试图对谈判或者一个劳动合同的管理强加各种条件的行为将受到仔细的检查，以判断这些条件是否为不合理的（例如，坚持所有的申诉都必须在开始进行集体谈判之前被解决）。另外，要求将同意某个特定项目作为谈判其他事项的一个先决条件可能反映了一种恶意谈判的意图。
- 条件的单方面改变：这样的行为，例如在谈判期间在没有形成一个善意谈判僵局时单方面改变报酬或小额福利计划，是恶意谈判的一个强有力的指标。
- 不当劳动行为：在谈判期间犯下的不当劳动行为（例如鼓励雇员收回对工会的支持，减少劳动时间，或者实施歧视性的裁员）很明显就是恶意谈判的证据。

管理权。对雇主而言，管理权是一个与利益极为相关的谈判事项。在 1935 年《国家劳动关系法案》通过之前，管理力和自由裁量权基本没有受到质疑，管理方基本上根据自己的想法经营企业。在许多情况下，工会被视为侵犯管理方特权的“野蛮人”，因为当时没有制约管理方的相关法律。尽管工会在今天已经被普遍接受，但是管理人员仍对工会日渐深层次的干预心怀不满。

按照普通法，管理人员在管理企业和员工方面相对自由。雇主独自单方面管理企业有其内在理由：财产权，代理法律，法律和社会对“私有企业”“独有权”“利润导向”的广泛认可。因而，雇主视管理权为财产所有权的延伸。企业所有者将管理权委托给管理人员，管理人员又指派员工，最终实现企业的经营目标。按照这个逻辑，管理方自然认为不能把管理权拱手让与员工或者其他任何一个组织，因为这是对所有权的一种践踏或侵犯。

与欧洲的工会不同（详见第 14 章），美国的工会素来无法与管理方成为“管理伙伴”，即无法直接参与设备安装、财务制度制定以及原材料采购等管理权的实施。工会官员认识到，工会会员经常质疑或者蔑视管理层决策，不支持、赞成管理层提议。然而，工会领导人则难以批判其与管理人员共同制定的企业决策。

实际上，工会并不完全希望避免干预企业的传统的管理范围。管理权的实施是为了实现目标的灵活性和有效性。工会则担心，管理人员实现目标的行为专制、不连贯，对就业机会或工作保障产生负面影响。[39] 一些研究发现，在过去的 20 年中，同业工会和产业工会越来越希望参与传统的企业决策（比如生产的产品、提供的服务和客户关系）。这主要是因为市场竞争压力。竞争压力迫使工会官员想更大范围地参与企业决策，以保证工会会员的就业机会不会减少。[40]

在 1960 年之前，包含在劳动合同中的管理权条款通常基于**保留权利原则**（reserved rights doctrine）。根据保留权利原则，管理公司的所有权归管理方所有，除非在合约条款中写明限制管理方的权力。比如，如果劳动合同中没有提及加班事项的管理，就默认为管理方拥有控制加班事宜的所有权利。1960 年之前基于保留权利原则制定的典型的**简式管理权条款**（short-form management's rights clause）如下所述：雇主保留所有管理和控制企业的权利，除非该权利在合约中清楚明白地写明受到制约。

许多管理人员认为，简式管理权条款用语宽泛，保障了管理人员的自由裁量权。但是，美国最高法院 1960 年钢铁工人联合会诉勇士海湾导航公司（*United Steelworkers v. Warrior and Gulf Navigation Company*）的判例（详见第 11 章）使管理人员依靠保留权利原则就万事大吉的想法成为“黄粱一梦”。[41] 在这个案例中，雇主拒绝了工会把申诉纠纷送去仲裁的请求，因为雇主认为该事项在合约中没有提及，因而享有对该事项的管理权。最高法院却认为，既然合约中没有具体指明该事项的最终决定权，那么仲裁人员可以最终决定是否仲裁。如果还有任何疑问，应该偏向于由仲裁解决申诉纠纷。

为了应对最高法院的裁决，许多管理方谈判人员选择以更加明确具体的方式列明哪些事项由管理方完全决定。这些合约内容被称为**长式管理权条款**（long-form management's rights clause）。长式管理权条款现在已经成为最主要的管理权条款（详见图表 6.8）。按道理来说，仲裁人员一看到这些具体的条款，势必应该在仲裁时偏向管理方。但事实上，长式管理权条款也有其自身问题。第一，预计并写明未来每个管理方应掌控的事项非常困难，而仲裁人员常常认为长式管理权条款就是为了明确雇主的特权。在其他强制性谈判事项上，管理方可能声称它忘记谈判管理权条款了，仲裁人员将允许管理方保留排他控制，而劳动协议中管理权的详细名单使得以上行为变得不可能。第二，由于合约需要工会签署才能生效，工会可能以此逼迫雇主在其他方面作出更大让步，更有利于工会。比如，管理方不得不同意更有利于工会的工会保障条款，如限期加入工会保障条款（详见第 4 章）。

图表 6.8　　长式管理权条款示例

第二款　管理权

公司作为所有方和运营方拥有、保留并执行所有管理职能、权力和特权，除非合约条款中具体清楚地写明公司放弃了某项权利或者何种权利将被限制。

公司拥有以下独有排他的管理权：管理工厂；指派员工；制定和改变工作轮换班次和时间；制定

和改变工作时间表或者工作标准；控制运营时间的安排；给员工分配或指定任务；安排加班时间；招聘、分配、培训、提升、调换、停职、降职或者惩罚员工；以正当理由解雇员工……解雇或惩罚违反规章制度的员工；决定所有员工、运营和工厂的安全、卫生和财产保护措施；挑选和改变工具、设备、机器、原材料和位置摆放；决定生产的产品或提供的服务；决定劳动力总人数或者一个团队单元的人数和构成，决定工作类别以及某一岗位上员工的人数和构成；根据需要，建立新的机构，决定其结构和组织；决定、推行、修改或者取消技术、生产方式、处理过程、维修调试、团队大小、时间安排、分配或者流水线速度；改变工厂内外的工作类别、生产或维修；把生产、服务、维修或分配工作交由外部承包商或分包商；使用节约劳动力的设计或设备；根据需要，决定和执行使盈利和效率最大化的措施，包括裁员；决定员工的责任和职能；建立和修正数量与质量标准；判断合格员工的工作质量和数量，惩罚和裁减不能满足要求的员工；建立和修改工作薪金等级制度；改变薪金计付方式，决定或者修改工作类别划分方式及相应薪金等级，改变或者取消现有工作岗位；根据需要，分配或变换工作岗位的所属工作类别；把一个谈判集体、部门、工厂的员工调任到另一个，对其升职、降职或调任；变换工作岗位的职能；决定企业的位置，包括新工厂、新子企业或者新部门，永久或暂时关闭、出售、合并、搬迁，或者清算部门、工厂或子公司；决定包括会计程序在内的财务政策、生产产品或服务的价格，以及客户关系；决定库存的规模和性质；决定挑选和培训员工的人力资源举措；决定必要的监管人员数量；管控公司的所有事务或运营。

资料来源：Excerpted from a labor agreement.

简式和长式管理权条款都有其自身的问题。如果坚持将管理权条款写进劳动合同，这就不可避免地使管理方与工会在意识上产生排斥。此外，把管理权条款写入劳动合同也可能使工会在以后的谈判中改变谈判目标。

在管理方看来，长式管理权条款的好处大于弊端。大约 80%的劳动合同中都包含长式管理权条款。雇主借此提醒仲裁人员、工会官员和管理人员（特别是一线监管人员），管理方保留其行政管理权。[42]

继任雇主的谈判义务

近年来，经济环境的变化以及市场竞争的加剧导致企业之间并购重组活动增加，许多企业不可避免地受此影响。一个工会化的企业在被新雇主收购之后不可避免地会产生一个新问题：新雇主到底有没有义务与原有工会代表进行谈判？工会化公司的所有权改变是否导致“新雇主”与“继任雇主”，这依赖于在所有权发生改变后，企业的连续性程度。[43] 收购者通常来说将倾向于被划分为一位**新雇主**（new employer），因为新雇主不存在自动地将任何先前的工会谈判代表承认为现有雇员的谈判代表的法定责任，所以没有义务就就业条款的确定进行谈判，也没有义务遵守由先前所有者谈判达成的任何先前劳动合同的规定。

如果公司业务存在实质的连续性，那么收购者将被划分为一位**继任雇主**（successor employer），而如果公司业务缺乏实质的连续性，则被划分为一位新雇主。可以通过检查这样一些因素来对业务的连贯程度进行评估：在所有权发生改变之后继续被雇用的先前由工会代表的雇员所占的百分比；公司地点、顾客类型或者生产的产品是否出现了任何实质性的改变；设备或者其他技术流程的改变程度；在所有权发生改变之后留下来继续管理雇员的经理占前任所有者手下的经理总数的百分比。

根据要求，一位继任雇主具有法定责任，需承认在前任所有者期间代表谈判单元成员的工会将在现有的所有权框架下继续代表相同的谈判单元结构。根据要求，继任雇主也必须愿意就覆盖谈判单元雇员的一个新劳动合同的内容进行善意谈判。通常来说，继任雇主并没有义务继续执行一个先前存在的劳动合同的条款，除非该合同包含了一个**继任条款**（successorship clause），而收购者在转换所有权时应该已经知道这个条款。一个继任条款代表了一个强制性谈判主题，要求雇主不出售或合并该公司，除非收购者愿意接受现有劳动合同的条款。在所有的劳务合约中，包含继任条款的占比接近 28%。从行业来看，非制造业劳动合同包含继任条款的比例要比制造业更大。[44]

破产程序下的集体谈判

一些行业（比如航空和汽车行业）的经营环境复杂多变，这些行业的雇主有可能以宣告破产的方式彻底重组债务，通过大幅削减产能、降低劳动成本来减少或巩固经营业务，提高竞争力。以前，企业倒闭全怪到管理层的身上，但是现在人们的看法变了，企业破产更像是一个金融工具，以此推行重大变革。如果不申请破产，没有破产程序的保护，企业的变革可能要持续很长时间，或者根本不可能实现。如果管理方申请破产并宣布自己无法再维持劳动合同，那么目前的集体合同将会怎么样？这个问题在美国最高法院 1984 年作出的比尔迪斯科（*Bildisco*）判决中获得了解决。该判决涉及一家建筑材料批发商，它提出了根据《破产改革法案》第 11 章的规定进行重组的申请。[45] 在提出申请之后，这家公司无力执行集体谈判合同中计划实施的工资增长，而且无力向工会提供已经收集的工会会费。该公司还逐渐开始拒绝整个集体谈判合同。

国家劳动关系委员会同意工会的意见，即这种单方面的行为违反了《劳资关系法案》中的善意谈判规定。不过，美国最高法院不同意国家劳动关系委员会的意见，判定这种情况下的管理方行为并没有违反善意谈判的规定。最高法院作出的比尔迪斯科判决使管理方在它的集体谈判努力中获得了更多的自由空间。因为许多国会成员并不完全同意比尔迪斯科判决，所以 1978 年的《破产改革法案》在 1984 年 6 月被修正（P. L. 98-353），这使雇主在申请破产后放弃一个现有的劳动合同条款变得更加困难。根据现行的法律，在获得联邦破产法院法官对雇主提出的破产申请批准之前，该雇主不能抛弃一个有效的劳动合同条款。[46] 为获得破产法院法官的批准，必须证明下列条件：

（1）债务人（雇主）必须向工会提出一份议案，根据当时可以获得的最完整、最可靠的信息来修改集体谈判合同。

（2）被提出的修改必须是允许公司进行重组所必需的，而且必须保证所有的债权人、债务人以及所有其他受影响的群体获得公正、公平的对待。

（3）债务人必须向工会提供它所需要的信息，以评估雇主提出的合同修改。工会要求获得信息的目的不能仅是为了作出一个相应的对策。

（4）债务人必须在合理的时间内与工会举行会谈，并且进行善意谈判，以努力达成双方满意的集体谈判合同修改。

（5）工会必须说明在没有合理理由的情况下拒绝接受雇主提出的合同修改。

（6）在法院看来，净资产负债表必须明确地倾向于允许债务人（雇主）拒绝集体谈判合同。

对于现有破产法律的应用，管理方和工会看法不一，特别是在以下问题方面：管理方的提议对保持企业活力是否“必要”？在评估管理层提议时，工会应该获得多少信息？应获得什么样的信息？如果雇主和工会产生利益冲突，法院在解读破产法时更偏向于管理权的保护，而不是工人权利的保护。[47]

与违反善意谈判相关的法定矫正

国家劳动关系委员会在不当劳动行为案件中作出的矫正，其目的是阻止进一步的违反，并且使任何被消极影响的群体恢复到在不当劳动行为没有发生情况下它们应处的位置。正如在第 3 章所讨论过的，一种典型的不当劳动行为矫正可能包括下列中的一个或者多个：

(1) 下达一个停止和终止命令，以终止任何进一步的不当劳动行为（比如停止合约中不当改变内容的执行，不得拒绝向另一方提供必要的相关信息）。

(2) 要求应诉方（过错方）在一个合理期限内（例如，4～6 个星期）于工厂内张贴书面告示，向雇员通报他们在《劳资关系法案》中享有的基本权利，由应诉方实施的具体的不当劳动行为，以及应诉方保证未来不再出现这种违反行为的承诺。

(3) 对不当劳动行为的消极影响进行矫正所必需的任何积极行动，常常被称为完全矫正（make-whole remedy）。例如，复职与欠薪；恢复损失的资历权或因不当劳动行为而造成某位雇员损失的其他福利；提供对方要求的必要且相关的谈判信息；停止任何侵犯了雇员被保护的权利的政策；在雇员的记录中消除任何与对该雇员采取的非法处罚行为相关的记录；将已经非法转移的工作恢复到它以前的地点；命令开始或者重新恢复善意谈判。

不管应诉方是否为故意的，应诉方构成的具体违反行为的数量有多少，或者应诉方在以前是否存在类似的违反记录，国家劳动关系委员会都没有权力判处惩罚性赔偿金。[48] 国家劳动关系委员会也缺乏命令一个雇主或者工会同意任何具体的就业条款或条件的权力。即使在判处雇主必须支付欠薪时，应诉方支付的欠薪数额也将减去该雇员（申诉方）在不当劳动行为控诉没有被判决期间可能已经获得的收入（例如，从另外一份工作中获得的收入或失业赔偿金）。

工会官员已经主张说，目前国家劳动关系委员会的矫正办法是不充分的，尤其是在处理恶意谈判的案件时。因为国家劳动关系委员会的判决可以被上诉至法院，所以可能需要花费 2 年或者 3 年的时间才能获得一个最终的判决。在此期间，通过推迟集体谈判从而导致谈判单元雇员的经济利益损失，雇主延迟支付劳动力成本的能力得到了提高。一旦雇主被发现实施恶意谈判，国家劳动关系委员会通常也只能下达一份要求停止恶意谈判以及开始善意谈判的命令。对在达成一个自愿的集体谈判合同期间出现的非法延误所导致的收入机会损失或者工会谈判力量的可能恶化，却没有提供任何矫正。

工会代表在被员工投票选出之后不能善意谈判显然不利于工人权利的保护，也会损害工人对通过集体谈判保护自身权利制度的信念。国家劳动关系委员会前总顾问罗纳德·麦思宝（Ronald Meisburg）曾说：“合约谈判开始时期是谈判过程中比较关键的一个阶段，是未来劳资关系的基础，这一阶段的不当劳动行为对劳资双方集体谈判造成持久的负面影响，损害员工的自由选择权。”[49] 同时，麦思宝还推荐了一些不当劳动行为的补救方案要求劳资双方在达成合约或者陷入善意谈判僵局之前现行制定一个时间表，在工会被员工认定授权之后一年至少再延长六个月的时间供工会准备谈判，报销因恶意谈判产生的费用，定期向国家劳动关系委员会汇报情况，及时通报谈判进展以及不当劳动行为补偿方案执行情况。

合约批准

与管理方谈判人员不同，工会谈判人员一般只能在谈判桌上先达成暂定合约。根据工会的规章制度，在最终达成合约之前，暂定合约条款还需要工会员工表决通过。譬如，美国钢铁工人联合会、全美汽车工人联合会和矿工联合会的暂定合约需要全体工会员工直接表决通过。一些工会只需要多数工人赞成即可，也有一些工会要求的赞成比例更高（比如 60%）才能通过表决。近年来，工会会员参加**合约表决程序**（contract ratification process）的积极性越来越高，工会这样的表决也日趋增多。

合约表决程序使工会领导人可以知道全体工会会员对合约的态度，即使他们不完全赞成合约中的条款。如果暂定合约通过表决得以通过，工会领导人也可以对员工后续的合约执行有更大的信心。表决通过表明员工承诺或者愿意接受合约的约束。[50] 工会会员在一般情况下都会赞成谈判人员递交的暂定合约，不赞成的情况只占大约 10%。[51]

投票行为解释

员工对暂定合约不论喜欢与否都会投下赞成票那就太简单了。研究人员试图解释为什么以及在什么情况下员工愿意或不愿意投赞成票。如果员工看到就业机会不多，那么他们更有可能接受暂定合约。同时，员工对经济条款十分满意并且认为工会确实代表了他们的利益也有助于员工投下赞成票。[52] 譬如，如果老员工对其中的收入保障条款较为满意，他们一般都会投下赞成票。此外，谈判条款信息充足以及工会忠诚度高也有利于合约表决通过。[53] 阅读下面的“劳动关系实践”专栏，获取更多相关知识。

◇劳动关系实践

影响东部和墨西哥湾沿岸港口的合约批准过程

国际港口工人协会（International Longshoremen's Association）代表着美国东部和墨西哥湾沿岸港口与轮船装卸工人、办事职员、检验员和维修人员的利益，与多雇主谈判代理机构美国海事联合会（United States Maritime Alliance）协商主合约，美国海事联合会由船运公司组成。各地方性工会还与各个港口针对具体问题与雇主协商子合约。美国西海岸也是这样的合约谈判情况，西海岸港口工人的工会是国际港口和仓储工会（International Longshore and Warehouse Union），这个工会与多雇主谈判代理机构太平洋海事协会（Pacific Maritime Association）谈判。

美国东西海岸港口是竞争关系，特别是对来自日本、韩国和中国的远洋海运业务展开争夺。东海岸近几年在竞争中处于优势，部分原因是美国西海岸港口工人因劳动合同谈判分歧严重影响了船运业务，比如 2002 年，西海岸雇主关闭了港口，最终引发进入国家经济纠纷解决程序。劳资关系的稳定是影响船主选择装卸地的重要因素。2007—2009 年，美国出现了经济危机，加剧了美国东西海岸之间的竞争。2014 年，巴拿马运河允许更大船只经过，如果劳资关系稳定，东海岸港口准备接受更多业务。

美国东海岸国际港口工人协会和美国海事联合会现有的劳动合同在2010年9月30日到期。2010年，世界经济已经出现复苏迹象。2008年10月，为了减少客户对劳工关系纠纷的担忧，国际港口工人协会希望劳动合同延长两年，到2012年9月30日。经过长时间谈判，国际港口工人协会和美国海事联合会达成了延长两年的协议，该协议在2009年11月17日进行表决。

新协议的主要修改条款包括：调整起薪，从每小时16美元增加到20美元；调整最高小时工资，从31美元增加到32美元。根据新协议条款，现有薪资差距将继续收窄。船运公司取消向工会福利项目供给资金的限额。同时，工会允许船运公司第一年保留应付工会福利项目的资金4 200万美元，用以缓解船运公司在经济危机期间财务紧张的局面。谈判双方商议成立联合技术委员会，以评判以及分析新船运技术对港口业务和工人的影响。

反对新协议通过的组织是港口工人联盟（Longshore Workers Coalition），主要由更加激进的国际港口工人协会成员组成，该组织在2004年几乎使得现有合约功败垂成。国际港口工人协会领导人认识到，他们于2004年在投票表决之前在"推销"合约方面做得不够，这一次绝对不能犯上一次的错误。港口工人联盟认为，在经济萧条的大背景下，提前谈判不可取，这样会削弱工会的谈判力量，谈判出来的合约也不会尽如人意，应该等到合约接近到期时再进行谈判。此外，港口工人联盟的领导人也不赞成船运公司第一年不缴纳4 200万美元的工会福利资金，把工人薪资的提升延后一年。

国际港口工人协会主席理查德·休斯（Richard Hughes）连续数周到处奔走，访问美国东部和墨西哥湾沿岸港口，为新合约的通过拉票。国际港口工人协会在其网站上披露了新合约条款解释备忘录，同时登载新合约的具体内容，以便于工会会员查看。

2009年11月17日投票时间从上午7点一直持续到下午7点，国际港口工人协会的9 736名会员中有6 417名（66%）赞成新协议通过。这向现有和潜在客户表明了谈判双方确保东海岸港口平稳运营的目的。

资料来源："ILA Plans Early Negotiations," *Journal of Commerce*, October 13, 2008, p. 1 at http://www.proquest.com/ (accessed November 15, 2010); Bill Mongelluzzo, "Six More Years," *Journal of Commerce*, October 13, 2008, pp. 1-4 at http://www.proquest.com/ (accessed November 15, 2010); Joseph Bonney, "ILA Ratifies Contract Extension," *Journal of Commerce*, November 17, 2009, p. 1 at http://www.proquest.com/ (accessed November 15, 2010); "ILA Members Ratify Two-year Contract Extension," *ILA News Release*, November 17, 2009 at http://www.ilaunion.org/news_contract_ratified.html (accessed November 4, 2010); "Re: Explanation of Extension Agreement," ILA Memorandum, October 19, 2009, pp. 1-3 at http://www.ilaunion.org/pdf/ExplanationOfExtensionAgreement.pdf; "USMX-ILA Master Contract Memorandum of Settlement Between United States Maritime Alliance, LTD. And International Longshoremen's Association, AFL-CIO," October 16, 2009, pp. 1-13 at http://ilaunion.org/pdf/MemorandumOfSettlement.pdf.

员工投反对票，就会产生失去收入，出现暂停工作的风险。虽然表决没有通过可以通过再次谈判获取更多好处，但是这一点好处伴随着罢工截止日期一点点临近的忧虑。[54]

暂定合约没有获得通过的原因

工会会员表决反对暂定合约通过最常见的原因是不满其中一个或多个条款。与同地域或同行业比较，工会会员也可能感觉没什么不同。有时，工会内部政治斗争也可能是暂定合约夭折的原因，现有工会的竞争对手反对现有工会递交的任何劳动合同。如果工会允许成员选举谈判团队，那么这个问题会更加严重，因为现任工会的反对者有可能被选入谈判团队，成为谈判委员会的一员。

工会领导人和内部成员的沟通问题在一些情况下会导致暂定合约不能获得通过，而两者之间顺畅的交流显然有利于暂定合约的通过。上行沟通交流非常重要，因为工会领导人必须了解对大多数工人而言最重要的问题，这样他们才能提出符合大多数工人利益的谈判提议和暂定合约。比如，在行业工会中，技术岗位人员（电气师、木匠、油漆师和机械师等）通常只是全体工会会员的一小部分。如果他们的工资与同地域同行的工资相比不占优势，他们就会投出反对票。

下行沟通交流也非常重要，工会领导人需要不断告知谈判的最新情况，解释新条款对工人而言产生了什么影响。工会领导人必须向工人解释对他们产生重要影响的条款的新变化，比如新的工资计付方法以及养老金或医疗福利的变化。

一些社会群体（比如妇女、少数民族和年轻人）的投票取决于直接影响他们的具体问题是否得到了解决。虽然《平等就业机会法案》已经实施，但是对少数族裔和妇女而言，工资歧视依旧存在，消除内部不平等是他们投赞成票的关键。此外，资历尚浅的年轻人通常关注养老金和裁员问题，也可能导致谈判集体内部出现不和现象。如果暂定合约没有满足这些社会群体的特殊需要，他们也可能投出反对票。

合约表决不通过也可以被用作谈判策略，但是如果管理方不愿妥协，害怕这一策略会被反复使用，这一策略的效用就会慢慢减少。一项研究调查显示，第一次没有表决通过之后，工会一方的确可以从后续谈判中获得更多好处，这一比例占65%。[55] 工会领导人和管理层应该引导员工，让他们不要抱有太高的期望。如果期望太高，难以满足，只会对暂定合约的通过产生负面影响。

确保谈判团队内部一致赞同也在一定程度上有利于暂定合约的通过。[56] 在一些情况下，管理方谈判人员必须作出让步，以使对方全体谈判人员都表示赞同。管理方谈判人员必须认真评判任何必要让步产生的好处以及潜在的暂定合约不能获得通过的风险与成本（比如暂定合约没有表决通过，引发罢工）。

本章小结

集体谈判是为了解决劳资双方的利益纠纷，双方通过谈判，达成都可接受的合约。有时，集体谈判是集中式的，多个谈判集体组成一个谈判组织或者团队。在私营部门，最常见的集体谈判形式是分散式的，各个地方的各个谈判集体与其雇主谈判。

劳资双方的谈判者涉及三种普遍的前谈判活动：选择谈判队伍，研究和形成议案与谈判范围，以及计算这些议案的成本。集体谈判中的谈判行为是多种多样的，但是选择一种分配型谈判方法或者双赢谈判方法将决定哪一种具体的谈判行为可能是有效的。组织内部的谈判也是实现成功的集体谈判的一个重要和具有挑战性的部分。谈判团队内部的纠纷不利于管理方和工会谈判人员的谈判有效地展开。

劳资双方谈判力量的相对分布可能是谈判结果的一个重要决定因素，尤其是在使用分配型谈判方法时。提高对方不同意本方议案的成本或者降低对方同意的成本，有助于本方获得一个对本方有利的谈判解决方案，从而增加本方的谈判力量。谈判成本可以在谈判中被计算出来，虽然有时候是相对不准确的。

集体谈判是在法律框架内发生的，该框架规定了谈判双方的谈判责任和行为。善意谈判能够促使劳资双方就影响雇员工资、工作时间，以及其他就业条款或条件的谈判事项达成自愿的解决方案，从而增强产品和服务生产所必需的劳资和平与稳定。保持竞争力从而成功地获得劳资双方各自利益的需要有助于保证双方拥有一个共同的目标，以促使双方在谈判过程中实施现实的、有道德的行为。

关键术语

集体谈判
非强制性
禁闭协议
抵制点
分配型谈判
善意谈判
善意谈判僵局
行为整体性原则
长式管理权条款
合约表决程序
利益纠纷
集中谈判
一损俱损谈判策略
一揽子议案
利益谈判
非法谈判事项
自愿(或非强制性)谈判事项
博尔韦尔主义
新雇主
模板谈判
多雇主谈判单元
协作谈判
小时成本
双赢谈判
强制性谈判事项
保留权利原则
继任雇主
谈判单元
劳动密集度
谈判范围
累计因子
组织内谈判
中期谈判
无力支付
简式管理权条款
继任条款

讨论题

1. 在什么情况下，管理方或者工会将倾向于选择集中谈判？在什么情况下，劳资双方可能都将倾向于选择集中谈判？在讨论中，应该考虑能够影响集中谈判的具体法律事项。

2. 讨论经济危机对管理方和工会的谈判力量有何影响。举例说明。

3. 假定你是管理方的一位谈判者，而工会提交了下面这个议案：任何的加班任务都将被保证至少 2 小时，并且其小时工资率为该级别正常小时工资率的 1.5 倍。以前，进行加班的雇员的小时工资率是其正常小时工资率的 1.5 倍，但是没有最低 2 小时的保证。请较为详细地表明你将如何计算该议案的成本。也请讨论工会可能用来使该议案更为容易地被管理方所接受的一些观点（例如，降低你方同意的成本）。

4. 说出管理方和工会得到以下信息的一些信息来源渠道：

(a) 最近某个行业的谈判协议。

(b) 某一地域的一类劳动力的工资率。

(c) 医疗成本和谈判趋势。

(d) 养老金福利计划及趋势。

5. 善意和恶意谈判容易定义，但却不容易判别。讨论能够证明恶意或善意谈判的几类证据。

6. 恶意谈判现有法律惩罚措施能否足以达成《劳资关系法案》促进善意谈判的目标？为什么？你有什么建议可以促进善意谈判？

案例 6.1 丧假事项提议

◈案例目的

提供给每个学生实践合约拟定和谈判的机会。如果想更深入地了解集体谈判实践，请阅读谈判模拟练习附录 A。

◈案例说明

1. 指派给每个学生一个角色：管理方或工会谈判人员。每个学生还要挑选进入相应的谈判团队。

2. 考量谈判双方的切身利益以及图表 6.3 的建议。以书面形式提出**丧假事项**（funeral leave policy）提议。你的提议应该解答以下问题：

- 丧假时间应该持续多少天（或者小时）？
- 公司在丧假期间是否支付员工工资？如果支付，应定为多少？
- 兼职员工有资格获得丧假吗？
- 哪一类人的去世可以成为丧假批准的原因？具体指出并确切定义“直系亲属”或“亲戚”等词汇。
- 家属、重要人物或者朋友去世之时就批准丧假吗？
- 如果带薪丧假持续一段时间，员工可以通过减少其他休假时间（年假、病假等）或通过无薪来延长丧假时间吗？
- 请丧假的员工一定要参加葬礼吗？如果规定要求，那么什么才能构成证明员工参加葬礼的证据呢？
- 请丧假的员工一定需要证明其相关人士的死亡吗？如果需要证明，什么才算证据呢？
- 员工请丧假需要遵循什么样的程序？
- 丧假需要提前多长时间申请？
- 谁有权代表雇主批准丧假申请？

3. 学生模拟管理方和工会谈判人员针对分歧进行谈判，最后在规定时间内形成文件，双方签字，达成共识。

◈更多背景信息

一个雇主在某商业街上有一家零售店，服务范围涉及三个县乡。现有谈判集体拥有100名成员，每小时平均工资为10美元。工会和雇主没有劳动合同涉及丧假事项。现在这家公司被一家新公司并购，员工非常担心现有丧假不成文的管理是否会发生变化。工会要求与新任管理层谈判，并且新任管理层答应进行谈判。

原有公司根据员工请求处理丧假问题，部门主管拥有批假权限，并根据具体情况决定丧假是否带薪。在过去12个月中共有20个丧假申请，其中16个被批准了。未被批准的丧假申请中有3例由兼职员工提请，部门主管拒绝丧假申请并没有给出任何理由。16例被批准的丧假（10例全职员工丧假，6例兼职员工丧假）的平均时间是2.8天。

每位全职员工每天工作8小时，每周7天工作5天。兼职员工每7天工作8～32小时。兼职员工占全体集体谈判员工人数的45%。商店辐射地区最近8年经济发展迅速，失业率在州范围内最低，为每月1.5%～2.5%。商店正常开店营业时间为每周7天，从早上10点到晚上10点。

案例6.2　谈判事项归类

本案例中公司和工会的谈判关系已经持续了20多年。7月11日，属于工会的员工艾伦·恩格尔（Allan Engle）正在完成被指定的工作任务：清洗公司行政楼二层的卫生间。这时他抬起头，看到6～8步远处的通风口旁安装了一个隐蔽的摄像头，直接对准他。恩格尔向其他三名同属工会的员工诉说了这一情况，其中一名就是工会的办事人员卢瑟·霍尔（Luther Hall）。他们一同去了二层的卫生间，确实发现了一个隐藏的摄像头。第二天，他们便向工会主席报告了此事。但是，当工会主席去查看时，摄像头已经被移除。

7月15日，公司要求当地地方工会主席万达·杰克逊（Wanda Jackson）会见公司人力资源经理苏珊·奥尔布赖特（Susan Albright）。奥尔布赖特质问杰克逊是否知道卫生间发现摄像头一事。奥尔布赖特还表示，公司之所以在那个卫生间安装摄像头，是因为最近公司盗窃事件频发，公司法律顾问认为只要是为了正当商业因素，安装摄像头也是合法的。奥尔布赖特称，摄像头被发现之后，员工对此十分愤怒，有鉴于此，管理方已立即将隐蔽摄像头移除。

工会主席杰克逊认为，公司本可以通过更加温和的手段调查失窃事件，工会反对公司侵犯员工的隐私。工会于8月1日向公司发函，表示：工会会员还发现，他们的健身房也被安装了摄像头。8月16日，杰克逊亲手向奥尔布赖特递交函件，要求公司就隐蔽摄像头安装一事进行谈判。但是，公司拒绝就此事项进行谈判，因而工会申诉公司涉嫌不当劳动行为，违反了《劳资关系法案》第8条（a）（5）款和（a）（1）款。

◈双方观点

工会认为，公司使用监控摄像头来为员工涉嫌违反工作规则提供证据，此事项明显有损工作环境和工会会员的工作保障权利。因而，工会相信，应工会要求，管理方有法定义务进行谈判，对监控摄像头安装的地点和数量等事项进行商议。需要商议的其他事项还包括：员工在被摄像之前是否应该被提前告知？谁有权获取监控录像记录？监控录像记录应被用作何种用途？在何种情况下摄像头可以被要求移除？

公司主要有两个观点。第一，公司认为，公司拥有保护与所有权相关的商业利益的绝对权利。公司表示，公司已经使用监控摄像头许多年了，一共在办公楼内外安装了17个摄像头，工会一直以来也都知道这些摄像头的存在，工会也没有提出过异议。近几年，公司又新安装了11个隐蔽摄像头，在特定地区监视员工是否有不轨行为。如若应工会请求对此事进行谈判，不免会降低监管员工行为的有效性。

第二，管理方认为，即使按照国家劳动关系委员会的要求管理方有义务与工会谈判，工会也早已放弃了就此事谈判的权利。公司指出，公司已经使用监管录像而没有遭到工会反对时间之长足以证明工会已经认可了公司的这一行为，也足以证明工会承认了管理方以正当理由使用监管录像的权利。同时，公司也承认，工会有权对滥用监管摄像一事提出申诉。但是，有权申诉并不意味着工会有权要求管理方就合法利用摄像技术手段进行谈判。

◈思考题

1. 什么是强制性谈判事项？

2. 工会可以放弃就强制性谈判事项进行谈判的权利吗？

3. 本案例中管理方拒绝谈判违反了《劳资关系法案》关于善意谈判的规定吗？如果违反了，该如何改正？评判和讨论本案例劳资双方的观点。

案例6.3 单方面改变工作规则

公司在过去几年中单方面执行几个工厂规则（比如公司电话的使用，请假），其中包含以下两个规定：

1. 全勤：在过去12个月中全勤的所有员工将受到公司特殊优待。（注：在新的出勤奖励规定被执行之前，公司并没有对全勤员工有任何优待。）

2. 解雇：公司有权以正当理由解雇或惩罚员工。公司的正当理由包含：工作期间酗酒或者携带酒精饮料，在还没有完全从吸毒或酗酒状态清醒过来之前就去公司报到。

在现有劳动合同存续期间，公司宣布执行两项新规则：

（1）从3月1日起，员工在治疗伤病时要连带进行毒品和酒精检测。

（2）从3月1日起，员工全勤一周当周每小时奖励1美元，员工全勤一个月当月每小时工作奖励1.5美元。

公司发布这两项新规定之后，工会联系管理方，要求就这两项规定进行协商。公司代表拒绝谈判，理由是：以上两项规定不在强制性谈判范围之内，即使在强制性谈判范围之内，按照劳动合同条款，管理方有权单方面执行以上两项规定，无须同工会商谈。管理方引用以下条款为证：

- **第3条：管理权。**人力资源、公司事务和工厂管理权包含但不仅限于以下权利：以正当理由处罚或解雇员工；发布、执行以及改变公司规定。公司保留上面这两项权利。

- **第 8 条：薪资。**双方就薪资及其归类事项达成一致，并成为本合约的一部分，约束签约双方。合约设定的工资报酬是最低报酬，并不能阻止雇主支付更多工资或报酬，也不能阻止员工接受更多工资或报酬。
- **不能重开谈判条款（拉链条款）。**除去此处已经提及的事项外，本合约在存续期间解决所有的谈判事项。

◈思考题

1. 拉链条款的目的是什么？

2. 在本案例的两项新规定中，哪一项属于强制性谈判范畴？为什么？

3. 管理方在没有事先通知工会且拒绝同工会谈判的情况下推行新规定是否违反了《劳资关系法案》善意谈判的义务？如果违反了，应该如何改正？

案例 6.4　拒绝向工会提供其所要求的信息

现任雇主两年前从前任雇主手中购买了本案例中的这个汽车玻璃生产厂。现任雇主马上就承认了现有工会的合法地位，并且同意承认现有合约的内容，这个合约在两年之后到期。在合约到期之前大约一个月，双方开始就新合约进行协商。在 6 月和 7 月期间，双方进行了四次谈判，最后一次谈判是在 7 月 24 日。

绩效工资计划。公司提议的一个重要事项就是建立一套新的绩效工资计划。公司可以根据合约规定按照需要支付给员工工资，前提是工资的计付不能带有歧视和专横色彩，不能低于合约中规定的最低工资。在这几次谈判中，工会都要求公司提供绩效计付工资的目的和标准等相关信息。但是，公司谈判人员回应表示，由于公司并没有上述信息，所以根本无法提供给工会。根据管理方的提议，绩效加薪的权利完全委托给主管经理，并不依赖任何决定员工工资的固有标准。工会认为管理方拒绝提供相关信息属于违反善意谈判的行为，并对此提起不当劳动行为申诉。

医疗福利。在 7 月 24 日的最后一次谈判中，公司提议，公司支付给工会员工的医疗福利成本比例和金额与非工会员工相同。工会立即要求公司提供支付给非工会员工医疗福利成本比例和金额等相关信息。公司谈判人员回应表示，非工会员工医疗福利成本比例是 50%，但是保留提升或者减少的权利。公司谈判人员透露，公司无法提供非工会员工医疗福利成本的具体金额，因为每位员工的具体情况有所差异，比如健康状况以及家属人员数量。公司律师/谈判员透露了他自己的具体金额。虽然工会没有在最后一次谈判中进行追问，但是工会于 8 月 18 日和 9 月 8 日在给公司的信件中要求公司提供非工会员工医疗福利的具体金额信息。但是，公司自始至终并没有提供相关信息。工会认为公司拒绝提供医疗福利相关信息属于违反善意谈判的行为，并对此提起不当劳动行为申诉。

公司财务信息。在这几次谈判中，公司谈判人员曾表示，公司正在经受汽车行业不景气的困扰，财务捉襟见肘。在 7 月 24 日的谈判中，公司谈判人员递交最终合约条款，并表示："如果不同意公司的这些条款，公司的生意就做不下去了。"于是，工会谈判人员要求公司提供财务信息，以证实公司谈判人员的说法。工会分别于 7 月 31 日、8 月 14 日和 18 日、9 月 8 日在给公司的信函中都强调要求公司提供财务信息。但是，公司从来没有提供过财务相关信息。工会认为公司拒绝提供财务相关信息属于违反善意谈判的行为，并对此提起不当劳动行为申诉。

◈思考题

1. 在何种情况下雇主可以合法地在谈判中拒绝向工会提供其要求的信息？

2. 评论上述三项涉及拒绝提供信息的不当劳动行为，并且判断是否违反了善意谈判的原则。

案例 6.5　按里程报销费用的规定

本案例的雇主是一家报纸出版公司，在与工会的谈判过程中陷入了善意谈判僵局。在陷入善意谈判僵局之后，公司于 1 月 1 日单方面执行其最后提议，其中包含以下条款："第 4.01 条，一般支付事项：员工报销车旅费用将按照里程距离每英里支付 29 美分，而新闻办公室的职员可以超过每英里 29 美分。"

公司于 6 月 13 日通过邮件告知工会影响到非工会员工的开车和停车规定的变化。新规定自 7 月 1 日起开始执行。变化的规定包括：将每英里费用报销额度从 29 美分提升到 32 美分，并要求各部门员工告知公司其驾照号码以及车牌号码。

工会在同一天随后回复了公司的邮件：根据第 4.01 条（如上所述），要求工会员工的涨幅与非工会员工相同，并且自 7 月 1 日起开始执行。工会表示，它还有其他一些问题和担忧，并且愿意同公司管理方进行谈判；如果回到谈判桌上，工会保留通过谈判将报销费用提升到每英里 32 美分的权利。

6 月 16 日，公司通过邮件回复工会：第 4.01 条已经"存在"，"工会已经放弃了就此谈判的权利"。据公司所称，第 4.01 条已经给予公司是否就调整报销费用进行谈判的绝对选择权，只要不低于每英里 29 美分即可。公司承认，如果没有取得工会的同意，公司不允许单方面改变工会员工的工资、工作时间，以及其他工作条款。公司表示，其愿意与工会协商，并有可能提高工会员工的报销费用，就开车和停车规定的变化进行协商。

工会回复公司：工会并不反对公司执行第 4.01 条的内容。工会坚持认为，公司应该一视同仁，提高工会员工的报销费用，并且自 7 月 1 日起执行。工会表示，公司如果不这么做，将不可避免地违反雇主善意谈判的责任。

7 月 1 日当日及之后，公司并没有应工会的请求提高工会员工的报销费用，并且强调：其原意就此事与工会谈判。工会于是提起不当劳动行为诉讼，并要求公司补偿应得的费用。

◈思考题

在该案例中公司并没有应工会的请求提高工会员工的报销费用，其行为是否属于不当劳动行为？为什么？

第7章 经济事项

经过激烈的谈判之后，双方终于达成了暂定合约。明天，工会的工人将去投票，决定是否接受这个新合约。贾尼丝一直对谈判团队的表现感到骄傲，因为他们在谈判中一直坚持公平平等的态度和工会的观点。起先，管理方提议几个减少薪资福利的举措。管理方认为，现在经济困难，工人为了保住自己的工作岗位，决不能对公司的提议说“不”。贾尼丝作为工会主席对公司面临的经济困难情况非常了解，但是她看到，经济已经开始复苏。既然双方的劳动合同要在未来三年执行，那么工会在谈判的过程中应该忽视现有以及接下来半年或一年的经济数据。工会在谈判中应该强调未来三年公司的竞争状况。当然，工会也不可能事事如意，但是可以说服公司修改其一些提议。公司同意员工的医疗福利费用适当增加，但是覆盖范围没有改变。工会同意在合约执行第一年暂停提高工资，但是之后两年每年增加3%。此外，公司还同意投资5亿美元，来提升公司的竞争力。贾尼丝认为，工会谈判人员已经成功地向员工解释了谈判结果。她期望新合约被员工投票通过。

◈思考题

1. 谈判人员现在协商的劳动合同将在未来三年执行，他们将会遇到什么样的障碍？

2. 在合约谈判中，管理方除了尽力降低劳动力成本的目标外还有其他的目标吗？如果管理方有其他的目标，请举例说明。

3. 确保公司有效率运营一直是工会谈判的一个重要目标吗？还是仅为管理层一方的目标？

获得经济利益的能力，例如更高的工资和提高的福利待遇，是雇员用来判断一个工会能否有效代表工会会员利益的重要测量标准。从雇员的角度看，从工作中得到的经济报酬在很大程度上决定了该雇员的生活水平。当公司管理人员把运行成本最小化作为增加利润的一种方式时，这就不可避免地产生了一个利益矛盾：雇员希望获得经济利益的愿望和雇主希望把运行成本最小化的期望之间的矛盾。在这一章中我们讨论一些有助于决定就业中的经济事项的因素，以及目前的工资和福利待遇发展趋势。

在21世纪开始的时候，美国的经济似乎是世界上最好的，正经历高速的经济发展，极低的通货膨胀率，以及持续、稳定地创造出新的工作岗位。美国家庭的财富增长主要是因为股票市场的良好表现。1998年，直接持有股票或者通过共同基金和退休储蓄账户间接持有股票的家庭占比达到48.8%。[1] 从2000年到2005年，生产率增长了16%，但是中等家庭收入下滑了2%。[2]

2001年的经济萧条主要由于以下几个因素：一些行业发生了结构性变化（比如制造业和信息科技行业），流失的80%的就业岗位都是因为这个因素；美国网络泡沫破灭，导致许多公司市值下滑；公司丑闻（安然、世通、南方保健、安达信等公司财务造假）；消费者信心越来越弱；企业采取降低成本的措施，提升生产效率和盈利，通常不可避免地减少就业机会；恐怖事件，安全信心下降。[3] 按照政府的说法，2001年的经济萧条在当年11月结束，之后进入失业率没有改善的经济复苏阶段。同第二次世界大战期间的危机不同，在这一次经济危机期间，虽然企业生产率和盈利出现了改善，但是就业市场迟迟没有起色。[4] 全球竞争加剧，劳动力成本上升（比如员工医疗和养老金福利），公司无法通过提高产品价格的方法抵消劳动力成本的上升，这些因素使得企业不愿意雇用更多的员工，或者通过新技术或外包的手段减少劳动力需求。

2005年前后，由于政府推行宽松的税收和货币政策，经济持续温和增长，消费者更容易通过银行贷款满足其消费需求。从2002年到2007年，普通美国家庭的收入稍微增长，但是美国最富的1%人群的财富却增长了65%。[5] 美国政府信贷政策放松监管、房产价值严重高估以及高风险的复杂金融工具导致了美国房地产泡沫。2007年，泡沫破灭。美国经济再次陷入严重衰退，一直持续到2009年6月。[6] 一如过去的经济衰退，企业不愿意雇用更多的员工，虽然经济已经缓慢复苏，但是失业率仍然高居不下。由于这次经济危机蔓延到了全世界，带来的负面影响持续时间可能更长。

在员工看来，工资和福利都是他们的收入，是他们赖以维持生活的资金来源。但是，对公司而言，薪金福利却是一项重要的成本，公司在这上面要精打细算。然而，对政府而言，薪金福利又是税收的来源。此外，工资还是影响人力资源分配的一个重要影响因素。比如，工资可以影响一个人的职业选择以及工作的流动性（从一个行业、公司或者地方移到另一个行业、公司或者地方）。同时，工资影响着公司的选址、机械设备的投资，以及就业水平。随着薪金福利的上升，在某个点上，对公司来说，投资于需要更少劳动力的产品或服务生产技术变得更有效率。因而，求职者在考虑其工资多少的同时，企业也在琢磨着该给员工发多少工资。

如同第6章已经讨论过的，工资和福利事项属于强制性谈判问题。在《劳资关系法案》的框架下，如果工会和管理方之中的任何一方在谈判期间就经济事项提出谈判建议，谈判双方必须就报酬、医疗保险、加班、工作轮班、工作评估以及激励性报酬制度之类的经济主题进行真诚的谈判。每年工会和管理方都需要花费许多时间就雇员工资以及与工资相关的事项进行谈判。这一章将集中讨论工资的决定方式以及谈判者用来决定工资包（工资和其他经济福利）的影响因素。

在工会和管理人员谈判工资事项之前，他们必须对工资这一术语的含义取得一致意见。例如，工资可以指雇员的基本小时工资率、平均小时报酬总额、平均每周获得的报酬或者激励性报酬（计件工资）。每类工作的基本工资率通常都包含在劳动合同之中；但是，其他的工资报酬（例如，加班工资，激励性报酬，工作轮班，以及在正常的工作周中获得的其他补贴）可能需要根据劳动合同中的规定进行统计和计算。[7] 就雇员工资进行的谈判取得一致意见后，劳资谈判双方就需要考虑公司不同工作岗位的详细工资率的不同决定因素，或者不同工作种类的工资范围。

一、行业工资差别

不同个体、工作、行业或者地理位置之间存在的工资差别可以用许多不同的方式来解释。但是，作为生产的组成因素以及生产力的驱动力，劳动力和资本之间的相互关系必须在所有的解释之中得到考虑。承担不同任务和责任的工作通常有不同的工资率。除公司内部的不同工作岗位的工资差别外，地区、行业和班次之间的差别也可能影响雇员的工资率。美国南部的零售业雇员获得的报酬通常少于美国北部的零售业雇员；建筑行业的电工和劳动者获得的报酬通常多于制造业的电工和劳动者。行业工资差别可以用下列三个相互关联的因素来解释：(1) 产品市场的竞争激烈程度或垄断程度；(2) 某特定行业的工人生产的价值；(3) 劳动力成本占总成本的百分比。

- **产品市场的竞争。**首先，如果某公司能够垄断或者几乎垄断某个产品的市场（产品非常重要，没有或者几乎没有其他替代品），那么通过提高产品价格，劳动力成本的增加可以轻易地传递给顾客。在这种情况下，雇主可能在谈判中不那么坚决地抵制雇员索要更高工资的要求，因为更高的劳动力成本并不必然地对公司的竞争力或者利润空间造成不利影响。今天，许多公司在产品市场上受到全球范围内的竞争，发现通过更高的产品价格或者服务价格把劳动力成本的增加简单地传递给顾客的方法变得越来越困难了，除非其他竞争者也正在经历同样的劳动力成本增加问题，但是这种情况在非工会企业或者外国竞争企业中很少出现。在更激烈的市场竞争下，工会化企业必须进行更艰苦的谈判，保证劳动力成本的增加不会迫使企业提高产品价格，削弱企业的竞争力。在雇主面临的竞争威胁不那么强烈的行业，工资倾向于占据更高的比例。
- **工人的价值**。价值增加这一术语指的是生产要素在生产过程中对最终产品价值的贡献。比较不同行业的劳动力的价值增加有助于我们解释行业之间的工资差别。例如，锯木工人、棉纺工人、服装制造工人以及活动房屋制造工人的价值增加明显低于钢铁、石化和造纸工人的价值增加。但是，因为雇员必须使用代表资本投资的机械，而且劳动力和由资本投资的机械及生产设备之间存在着如此密切的联系，所以准确判断劳动力在生产中的贡献是一个非常复杂的过程。许多时候，当某个体雇员属于“团队”的一部分，或者在最终产品或服务的制造过程中仅从事一项或几项任务时，就很难精确计算该个体雇员在生产过程中的价值增加。在工会化企业中，工会和管理人员之间的谈判最终决定劳动力的价值增加的数量。

- **劳动力成本占总成本的百分比。劳动力密集程度**（degree of labor intensiveness）被用来计算劳动力成本占总成本的百分比。因此在决定雇员工资比例的时候，必须考虑该公司的劳动力密集程度。劳动力密集程度高的组织，例如健康护理机构、职业运动机构和政府，劳动力成本占总成本的比例更高。在这种类型的组织中，劳动力成本往上调整将更大地影响该组织的竞争力；相比而言，同样程度的劳动力成本上调对劳动力密集程度低的企业来说影响就没有那么大。劳动力密集程度低的组织，例如石油冶炼、化工以及发电企业，可以提供相对高的工资和福利标准，因为这种类型的企业通常雇用较少的雇员，从而劳动力成本对该组织的竞争力影响较少。

通常而言，如果企业劳动力成本占总成本的比例高，那么该类型的企业在合同谈判中比劳动力密集程度低的企业更有可能抵制工资增长。例如，如果劳动力成本占总成本60%的一个医院同意把工资水平提高10%，那么该医院必须把价格提高大约6%。石油冶炼工厂的劳动力成本只占总成本的5%，其只需要使产品价格提高0.5%就能应对工资上涨10%。如果所在经济环境竞争激烈，难以通过提高产品价格的方法抵消劳动力成本的增加，企业只能通过其他方法抵消这部分开支，比如减少公司的利润、缩减运营成本（融资和营销费用等）、提高生产效率或者减少员工人数（新技术的使用或者外包），有的公司同时推行上述两个或者多个策略。无论如何，劳动力成本在总成本中的占比是影响不同企业或行业中同一岗位工资差异的重要因素。

二、岗位工资差别以及工作评估和工资调查的作用

在一个公司或者行业的内部，保持不同工作岗位之间合理、公平的工资关系是很重要的。这种关系的保持经常是通过使用某种**工作评估**（job evaluation）计划来实现的。但是在某些情况下，它们是通过个体或者集体谈判来决定的。[8] 决定每个工作岗位对组织的相对重要性的过程有助于我们理解岗位工资的差别；因此，在工作评估计划中有可能出现下列措施。[9]

组织内部的工作评估

在执行工作评估计划之前，首先应该进行一项组织分析，评估组织的目标、结构、权力和责任关系。从该项分析当中得到的信息有助于保证岗位的工作范围得到及时更新。

然后，组织至少应该在一定程度上选择和衡量组织中所有工作岗位的影响因素。影响因素可以根据组织的类型而改变，但是技能水平（教育和培训）、努力程度、责任义务（对雇员和生产设备的责任）以及工作条件（危险程度和环境）通常都被纳入考虑范围。管理人员必须考虑从事某个特定工作岗位所需要的最基本的因素或者资格条件。例

如，如果雇用的打字员能够编辑、翻译，而且能够把复杂的经济事项变得通俗易懂，那么对企业来说是最好不过的了。但是很少有企业能够或者愿意支付足以吸引这样的优秀人才的薪水。

接下来，根据已经确定的工作岗位的影响因素，选择一个适当的工作评估系统。[10] 三种常用的工作评估方法是等级制度、工种制度和点数制度。等级制度从每个工作岗位对公司成功的相对价值方面对不同的工作岗位进行比较，把工作岗位从最高价值到最低价值进行排序。工种制度和点数制度对不同工作岗位先前的数值评定量表进行比较，衡量每个工作岗位的一个或者多个影响因素。企业的工作评估系统可以使用 10～15 个不同的影响工作的因素，同时把这些影响因素划分为更细的次级影响因素。例如，努力程度可以划分为体力、智力的努力程度。

工作评估的基础是**工作分析**（job analysis），指的是获取与待评估的工作岗位有关的系统性的、可靠的信息和资料的过程。工作评估的全过程是对工作岗位进行分析，而不是分析岗位上的雇员。一个好的工作描述能为管理方提供录用决策，基于对工作要求和候选人资格的评估，决定谁能合法地、非歧视地拥有特定工作。

通过工作分析得到的同一工作种类将获得相同的工资比例，而不管该工作岗位上的雇员是拥有硕士学位还是只具备高中文化程度，是懒惰的还是雄心勃勃的，是高绩效雇员还是低绩效雇员。工作分析通过观察、会谈以及问卷调查来收集与工作岗位有关的数据，以形成工作描述和工作详细计划书。工作描述（job descriptions）指的是对某一工作岗位的责任和义务的书面总结。任职资格（job specifications）指的是为了胜任某一工作岗位，雇员必须拥有的个人特点（例如技能、知识和能力）。工作描述和任职资格在工作评估中都得到运用。当公司试图把工资和不同程度的责任和义务联系在一起时，公司也必须支付更多的薪水来雇用高素质的雇员。

工作结构变得越来越复杂，员工的工作职责也复杂多样，而薪资体系越来越难依据头衔职位，与之的关系也越来越不密切，更多地依据个人或者团队的实际贡献。[11] 一些薪资体系非常复杂，兼顾工作岗位和评估以及团队的业务表现，目的是提升公司的竞争力以及工作与工资匹配的公平性。[12]

管理人员通常倾向于在没有工会参与的情况下独自完成工作评估。管理方可能不喜欢工会分享自己决定工作薪酬的影响因素的权力，尤其是当管理方认为某些特定的因素（例如培训、技能和对生产设备的责任）应该比其他因素得到更多报酬时。把工会排除出工作评估程序可能会减少完成该程序所需的时间；但是，接下来工作评估结果的应用可能会产生许多劳动申诉，这就需要管理人员一件一件地解决。一些公司试图鼓励工会参与到工作评估的过程中来，既能够从实际工作的雇员的建议之中获益，又能够提高谈判单元成员对工作评估结果的接受程度。

一些工会领导对工作评估没有什么好感，因为工作评估试图限制谈判，冻结工资结构。[13] 工会倾向于通过集体谈判来确定工资等级表，这样在决定工作岗位的价值时就可以同时考虑内部劳动力市场和外部劳动力市场的因素。虽然工会拥有提出申诉的权利来抵制工作评估或者表达对工作评估的不满，但是工会很少对工作评估表示强烈的反对，除非公司试图使用工作评估作为工资的唯一决定标准，或者公司努力想将工作评估作为集体谈判的替代方法。[14] 实际上，一些工会不但把工作评估视为谈判工资事项时的有益指导，而且把它作为向工会会员解释谈判双方之间的工资解决办法的一种有效方式。[15]

不管使用何种工作评估方法，工作评估的目的都是建立一种工资结构，根据不同的技能、努力程度和承担的责任来支付不同标准的工资报酬。图表 7.1 给出了一家公司的工资结构示意图。该示意图包括工作名称、劳动等级、点数范围以及每个劳动等级的起始小时工资率。因为每个分数都意味着每个工作岗位的相对价值，所以分数越高，劳动等级和小时工资率也就越高。

图表 7.1　　制造企业的典型工资结构

工作名称	劳动等级	分数	起始小时工资率（美元）
警卫	1	200～249	7.86
材料管理员	2	250～299	9.96
发货员	3	300～349	11.34
工具房保管员	4	350～399	12.24
B类机械师	5	400～449	12.60
维修人员	6	450～499	14.16
技工	7	500～549	14.40
油漆工	8	550～599	15.96
木匠	9	600～649	16.92
卡车司机	10	650～699	17.62
电工	11	700～749	20.63
工具和硬模制造工	12	750～799	20.90
A类机械师	13	800～849	22.19

资料来源：Adapted from *Collective Bargaining Negotiations and Contracts* (Washington, D.C.: Bureau of National Affairs Inc., 1992), p. 18: 331.

公司之间工资结构比较的调查

进行工资调查的目的是为了保证对外部劳动力市场的考虑，例如比较性工资被包括在工资结构之中。这样基于市场的方法在许多公司的薪资体系中越来越重要。[16] 虽然公司努力想通过工作评估的办法使自己公司内部的工资结构合理化，但是它们也必须保持自己公司的工资具有外部竞争力，以保证公司能够招聘和保留合格的雇员。通常，工资分析专家对类似企业或具有可比性的企业进行访问、分发调查问卷，或者通过电话调查与其他公司的工资分析专家交谈，对工作结构进行调查、分析。[17] 一些行业团体或者职业团体对它们的成员公司进行年度工资调查，并且与相关公司共同分享获得的信息。工会通常也单独进行工资调查，为与管理方的集体谈判做准备。

美国劳工部也定期地进行地区之间的工资调查，并且公布调查结果。[18] 其中两个出版物是《全国工资调查》(*National Compensation Survey*) 和《职业相对薪酬》(*Occupational Pay Relatives*, OPR)。这两个出版物根据职位种类提供不同地区之间的工资数据。《职业相对薪酬》的调查覆盖了更多的地区，并且提供这些地区不同职业的相对薪酬差异信息，而《全国工资调查》基于具体工作岗位的责任和义务（例如，知识、工作复杂性以及责任范围），提供了更详细的关于工作岗位责任和义务的信息。

进行工资调查的一方应该在工资调查中给相关的公司提供工作名称、工作描述以及工作详细计划书。参与调查的公司给出该公司为这些工作支付的起始工资率和经济福利（见图表 7.2）。在工资调查结束后，公司必须决定将如何使用这些数据。例如，公司是否应该走在该行业的前头，同某一特定的竞争者竞争，还是支付该行业的平均报酬？最终的工资计划应该包含：一定数量的工作种类；每个工作类别的工资；工资范围（从起始工资到最高工资）；工资调整的政策和程序（资历、价值等）；工作类别改变的程序，包括暂时性的工作改变；雇员获得低于或高于工资范围的报酬的处理程序；关于工会参与的政策。

图表 7.2　　典型的工资调查结果

	公司						
工作名称	A（美元）	B（美元）	C（美元）	D（美元）	E（美元）	F（美元）	平均工资（美元）
警卫	6.00	6.25	6.75	6.80	7.00	6.20	6.50
组装工	10.00	10.60	10.30	10.70	9.90	10.30	10.30
车间工人	11.00	10.00	10.75	10.25	10.40	10.60	10.50
焊接工	12.60	12.30	12.00	12.00	12.30	12.60	12.30
电工	16.50	17.00	17.50	17.00	16.75	17.25	17.00
工具和硬模制造工	18.00	17.00	17.75	17.25	17.50	17.50	17.50
机械师	19.00	18.50	18.00	18.75	18.25	18.50	18.50

生产标准和激励工资

工会和管理人员有时会商定劳动合同中与工资相关的事项，例如生产标准、工时定额研究以及激励工资支付方式。生产标准指的是与正常操作人员的工作能力、做工质量、运行效率相一致的雇员产出期望值。这些标准通常都是由工时定额研究来决定的，并且公司会使用获得的标准来评估雇员的工作绩效以及决定个体雇员或者某个雇员团队的激励工资。工时定额研究是一种常用的分析方法，涉及对某一工作岗位上雇员的工作时间和动作的分析。

工会和管理方都不接受绩效标准，认为它是不现实的。当使用绩效标准来决定雇员的报酬时，可能会瓦解雇员士气，使劳资双方之间产生矛盾。[19] 不切实际的高绩效标准将导致许多雇员出现更低的工作绩效，从而降低报酬支付以及激励标准。不切实际的低绩效标准将导致绝大多数雇员轻易地满足或者超过工作要求，从而鼓励一些雇员在剩余的工作时间内偷懒，并且阻碍雇员寻求更高的工作绩效。绩效标准还应该定期得到更新，以反映工作中使用的原材料和处理方法的变化或发展。

当对激励计划进行谈判后，激励计划的结构和设计将包括在劳动合同当中，尽管详细、具体的细节问题可以不包括在内。合同中通常还包括工会在设置和挑战生产标准与工资率变化过程中发挥的作用，以及工会拥有的就相关事项与公司谈判的权利。有些合同还包括工时定额研究和工会参与的规定。一小部分合同还允许工会在工时定额研究的过程中派遣观察员进行监督，其中一些合同还向工会工时定额研究代表提供特殊培训。其他合同规定还包括记录雇员工作时间的程序、典型雇员的有效工作内容的规范、向所研究的工作岗位上的雇员提出的预先通知，以及设置生产标准时对疲劳和个人津贴的规范。[20]

虽然工资激励计划（例如收益分享计划、计件工资、利润分享计划）在结构和具体内容方面有很多变化，但是它们的目的从本质上来说都是一样的：(1) 提高雇员的生产率；(2) 吸引可能的雇员加入公司；(3) 从物质方面为雇员提高的生产率提供奖赏。一个典型的个体工资激励计划是向雇员支付计件工资，即为雇员完成工作的任务支付报酬。其他工资激励计划包括向生产率超过预定标准的雇员支付奖金或者红利。虽然存在许多种不同形式的工资激励计划，但是它们在概念上是相似的。

在现实经济生活中，大部分工人都是以小时工资的形式得到报酬的。实施计时工资计划的一个最主要的原因是许多工作都是机器调节作业，因此工人很难控制自己工作的进度，从而不太可能控制自己上班时间生产的商品的数量。为了提高雇员的生产率，许多公司和工会都对不同形式的工资激励计划进行研究，制定出各种变通方法。持续增加的国内、国外竞争使公司和工会对工资激励计划产生越来越大的兴趣，现在许多公司都实行各种各样的雇员参与（employee involvement）计划和全面质量管理（total quality management）计划，高度重视劳资双方的合作，努力地促使工会方作出工资让步。

2010 年在针对 116 家公司的调查中，它们在劳动合同中协商收益分享计划以及其他激励计划：个人激励计划（7%），团队激励计划（3%），利润分享计划（4%），以及收益分享计划（3%）。[21] 这些百分比数字与 2007 年相比出现了减少的状况。虽然公司都表示利润分享计划、股权激励、收益分享、技术激励、团队激励和支付信息公开等都取得了成功，但是却没有明显的证据来证明这些计划能够长时间促进公司发展。[22]

对工资激励计划，雇员可能显得没有雇主那么热情。一份调查报告对 1 500 名雇员进行调查之后发现，绝大多数雇员更倾向于基于个人表现的报酬支付方式，而不是基于团队、群体或者公司的表现；同时，雇员倾向于以基本工资率增长的方式获得报酬，而不是以红利或者激励支付方式获得报酬。[23] 雇员对雇主的激励计划缺乏支持，延缓了许多公司实行工资激励计划的步伐。

利润分享计划（profit-sharing plans）覆盖了大多数工业化国家 6%～27%的雇员，在这些国家，政府税收政策通常鼓励公司实行这种类型的计划。[24] 大约 20%的公司拥有利润分享计划，大公司更可能推行利润分享计划。[25] 利润分享计划通常把资金或者一部分资金放到员工的养老金账户中。大多数美国和国际劳工组织现在并不反对利润分享计划或者其他一些激励举措，但是在谈判的过程中不乏会出现工会反对的情况。[26]

当然，合约中的利润分享计划给予员工的资金取决于企业的盈利水平。2005 年，福特汽车公司员工分享到 600 美元的利润分成。但是，从 2006 年一直到 2008 年，美国出现经济危机，福特汽车公司没有任何利润分成。[27] 2009 年，福特汽车公司从经济危机中成功复苏，成为底特律三大公司中第一家盈利的汽车公司，年盈利 27 亿美元，43 000 名加入工会的职工每人收到了 450 美元的支票。[28] 全美汽车工人联合会同公司签订的劳动合同规定了利润分享计付的公式，兼顾了公司利润、生产效率以及公司的市场份额。

也存在着对利润分享计划的批评。首先，有些人关注到，工会参与利润分享计划可能导致工会对管理层的重大决策具有更大的影响力，而不仅是对工资事项。其次，成本高昂的利润分享计划可能消耗掉公司全部的资金，而这些资金本来可以用于资本投资或者研发投资。最后，利润分享计划刚开始执行时可能会对公司的业绩有很大好处，但是随着时间的推移，效果会逐渐减小。[29]

在群体激励计划或者**收益分享计划**（gain sharing plans）之中，公司向某个或某些特定的雇员群体以货币形式支付报酬，以激励雇员超额完成预先确定的目标，生产更多的产品或者节约更多的成本。激励计划可以包括群体红利、群体计件工资、利润分享、产品分享以及成本节余分享等。在一些情况下，收益分享计划仅适用于一些员工或者一个部门，也可能覆盖所有的员工。虽然团队激励的目的在于提高生产率和降低生产成本，但是也可能用于激励团队精神，提供更多工作保障，促进新技术的应用。

许多全国性工会对收益分享计划持中性态度，更愿意各地方性工会根据具体情况与公司进行谈判。[30] 工会领导人对把收益分享计划作为工资谈判的一部分非常谨慎，因为他们担心，管理方可能只是把收益分享计划作为提高工资的一种替代方法。如果收益分享计划以及其他激励计划作为工资提高的传统方法的一种补充，而不是替代，这些计划就更可能被执行。

目前存在着各种各样的群体激励计划，其中最普遍的一种是**斯坎伦计划**（Scanlon plan）。该计划是由前工会领导约瑟夫·斯坎伦在 20 世纪 30 年代末期发展、建立起来的，其核心是雇员群体能够分享劳动成本节余。[31] 斯坎伦计划根据全部劳动成本占全部生产价值的一定计算比率，向雇员提供相应数量的红利。一般而言，全部生产价值等于公司每个月份的销售额，加上或者减去库存调整数量。比率的降低将是劳动成本节余。例如，某雇员群体计划通过更加努力地工作、更有效率地生产以及节省材料来削减成本，使全部劳动成本占全部生产价值的比率从 50%降低到 40%，那么 10%的劳动成本节余将由该雇员全体共同分享。[32]

拉克计划（Rucker plan）基于劳动成本和生产的美元价值之间的比率的变化。生产的价值等于销售额减去采购的原材料的价值。在该计划中，如果雇员降低了劳动成本和生产的美元价值之间的比率，那么从中获得的收益将由参与的雇员共同分享。在斯坎伦计划和拉克计划中，雇员群体通常获得成本节余收益的 25%～75%。在雇员群体内部，获得的这些收益以每个雇员小时工资的一定比例的形式分发到每个雇员手中。[33]

共同分享计划（improshare plan）来源于“通过分享而提高的生产率”。[34] 共同分享计划的计算方法是在一个选定的基本时期内，使用传统的工作计算标准确定雇员的标准工作量和工作时间。当在某一测量时期内（例如，一个星期或者一个月）生产同样数量产品的时间少于规定的标准工作时间时，雇员就可以得到物质奖励。通常而言，蓝领雇员和白领雇员都可以包含在共同分享计划之中，并且创造的全部红利由参与该计划的所有雇员平等分享。一份研究报告对 34 个工会化企业的共同分享计划进行了详细调查，发现在实施共同分享计划一年以后，企业的生产率平均提高了 26.9%，而 38 个非工会化企业的生产率平均只提高了 21.5%。[35] 另外一份研究报告对 112 个实施共同分享计划的企业进行调查以后发现，在实施该计划的第一年，企业的生产率平均提高了 8%，在实施计划的第三年，生产率的平均增长能够达到 17.5%，并且在以后的年份增长率基本上能够维持这个水平。[36]

虽然最初是为产业环境设计的，但是收益分享计划也可以被应用于如医疗保健机构这样的服务机构。[37] 回顾许多关于收益分享计划和利润分享计划的研究报告，可以发现这些计划基本上可以给企业持续带来 3%～6%的生产率增长。[38] 在工会化企业中成功实施灵活的报酬制度的关键因素包括：(1) 基于彼此之间的真正信任和尊重，在工会和管理方之间建立一个相互合作的关系；(2) 工会能够参与到企业建立和实施报酬制度的过程之中；(3) 和覆盖在报酬制度之中的雇员进行有效的沟通；(4) 根据企业运行条件和业务变化的需要采取灵活、有针对性的报酬制度；(5) 建立实际的可行的目标，尤其需要重视集体激励计划。[39] 企业应该让雇员了解该企业报酬制度的目标以及这些目标是如何建立起来的，计划目标的完成将如何计算以及雇员的报酬是如何决定的。覆盖在报酬制度内的雇员对这些信息的了解能够非常有效地帮助雇员理解该报酬制度的程序和分配结果的公正性。[40]

集体激励计划基于这样一个假定，即通过把收入的多少和工作绩效的好坏联系在一起，使雇员调整他们的工作态度以获得最优化的收入水平。因为红利是和集体努力联系在一起的，所以雇员应该具有更大的积极性去和集体之中其他的雇员相互配合，共同、有效地完成工作任务。有许多证据表明雇员参与计划和集体激励计划的联合实施所获得的效果超过了单独实施某项计划所获得的效果。在没有相应奖励的情况下，雇员很少有积极性去和管理人员分享自己提高工作绩效的想法。另外，没有参与决策过程的雇员也不能有效地对这些激励计划作出反应和调整。工会不仅能够为集体声音提供一些更直接、公开的沟通途径，而且能够提高雇员的工作产出；然而，劳动合同中明确规定的固定工资级别以及劳资对立的协定会限制劳资双方之间的合作以及雇员响应报酬激励制度的积极性。因此，工会化企业通常具备更有利于雇员参与的工作环境，这是由工会化企业在集体谈判中的角色决定的；而非工会化企业通常具备更有利于实施集体激励计划的工作环境。[41]

另外一种可供选择的报酬计划近年来受到了越来越多的关注，那就是**技能工资**(skill-based pay)。[42] 技能工资制度不为雇员从事的工作岗位设置基本工资，而是根据雇员拥有的能够为雇主创造价值的知识或技能来设置雇员应该得到的报酬。《财富》杂志上的全球 1 000 家最大的企业中，据报道大约有 60%的企业正在使用技能工资制度，但是在这些企业中，这一工资制度覆盖的企业雇员通常都少于 20%的比例。[43] 公司采取技能工资制度的最大推动力可能来自公司运行方法的改变或新技术的引进要求雇员提高现有的工作技能或者掌握新的工作技能。不同工作种类的扩散可以通过把雇员按数量较小、不同的技能模块分组得到削减。技能模块可以根据正常的工作群体（例如，装配，油漆）、公司现行的工作种类设置、某一特定职业（例如，焊接工）的标准技能级别进行划分，或者基于工作团队进行划分。每个模块有一套确定的技能标准，雇员可以通过培训和工作经验的增加来获得必需的技能，以满足该模块的需要或者为进入另一模块做好准备。基于技能的工资制度鼓励更灵活的劳动力，提高雇员的技能水平，并且帮助公司适应日新月异的竞争环境。[44]

基于技能的工资制度可以在工会化的企业中得到成功实施，这已经在许多企业中得到证实，例如通用汽车公司、福特汽车公司、美国电话电报公司、康宁（Corning）公司、麦斯威尔（Maxwell House）公司以及哈雷戴维森摩托车公司。[45] 影响这种工资制度成功实施的关键因素有三个：(1) 建立初始技能模块；(2) 确定雇员个体获得培训机会的途径；(3) 建立一个申诉处理程序来解决该计划执行过程中出现的劳动争议。工会代表可能刚开始时倾向于把这种工资制度的实施视为一个试验性项目，由劳资双方签署的独立于集体谈判劳动合同之外的谅解备忘录管理。技能工资制度通常是企业改变雇员工作行为的战略的一部分，其目的是提高企业的竞争力。如同引进其他报酬制度一样，工会参与技能工资制度的设计、执行和管理能够帮助雇员更好地接受该制度，并且帮助企业获得该计划潜在的利益。

管理方和工会官员关于工资决定的争论

工会和管理方代表都承认没有某一个影响因素能够单独决定工资标准；但是，双方都将使用所有可辨认的影响因素来支持他们赞同（或者反对）工资增加的观点。通常用来支持工资主张的相关因素包括所从事的工作的不同特征（通常由工作评估来决定）、工资可比性（外部市场薪酬）、支付能力（企业的财务状况）、生产率、生活费以及法律要求等。[46] 许多时候，工会和管理方代表并不接受同一标准。另外，每一方可能在不同的时候强调不同的标准，尤其是在使用分配型谈判战略时。在公司繁荣的时期，工会倾向于强调雇主的支付能力；在衰退的时期，管理人员倾向于强调公司恶劣的财务状况。类似地，在通货膨胀增长迅速的时期，工会会强调生活费的调整；在物品价格稳定的时期，管理人员一般会出示证据证明没有必要调整生活费。

来自国内外的竞争压力已经限制、降低了管理层通过提高产品或服务价格的方式把增加的劳动力成本转嫁给顾客的能力。这使雇主更加重视提高效率、削减成本的措施，以及生产率的提高。在经济困难时期，雇主在谈判中不会着重强调行业的工资模式，而是把公司的劳动力成本、预期利润和劳动力市场状况摆出来。

三、工作的不同特征：工作评估和工资差距

在前面章节已经描述过的工作评估过程可以影响工资在企业内不同工作级别之间的分配。工作评估的相关影响可以是**工资差距**（wage spread）。工资差距代表的是通过计划或者谈判而达成的工资增长总数在谈判单元成员之间的内部分配（见图表 7.3）。

图表 7.3 中的 6 个雇员工作种类从技能和报酬方面按照从 A（最高级别）到 F（最低级别）排列，与管理人员的工作评估程序相一致。从而，管理人员更倾向于示例 2 的工资差距分布情况，因为它向更高技能级别的雇员提供更高的小时工资增长，这样就可以保持或者提高他们和低技能级别的雇员之间的工资差距，与此同时使用了比示例 1 更少的雇员工作级别，示例 1 是薪资系统的简化执行。对管理方来说，有两个理由表明保

持这种工资差距是很重要的：(1) 工资差距有助于保证高技能雇员不会因其他公司提供的高工资而离开本公司；(2) 工资差距为工资级别低的雇员提供一些利益动机，促使他们接受培训，成为公司里高技能级别的雇员。

图表 7.3

内部工资差距的三个示例

示例	雇员数量	雇员工作级别	占企业全部雇员的百分比（%）	每小时工资增长（美分）
1	184	A	16	57.0
	197	B	18	50.0
	165	C	15	48.0
	237	D	21	46.0
	149	E	13	44.0
	193	F	17	42.0
	1 125（总数）			
2	381	A和B	34	60.0
	402	C和D	36	44.0
	342	E和F	30	34.0
	1 125（总数）			
3	1 125	A到F	100	47.2

工会支持高技能雇员应当比低技能雇员接受更高工资的工作评估原则。但是，工会认为工作评估确定的等级不是确定工资提高规模或数量的唯一考虑因素。工会代表关注的一个方面（管理方可以分享）是保证劳资双方谈判确定的工资差距能够使足够多的谈判单元成员认可工会和管理方签署的劳动合同。满意的工会会员也将提高工会领导再次当选的可能性。例如，假定图表 7.3 中 C 级别代表着一群有政治影响力的雇员，为了使这群重要的谈判单元成员满意，工会官员可能不像管理人员那样倾向于工资差距示例 2，而是更倾向于示例 1 或者示例 3，因为示例 1 同意给 C 级别的雇员的小时工资提高 48 美分，示例 3 同意给 C 级别的雇员提高 47.2 美分，而示例 2 只提高 44 美分。工会甚至可能提出另外一个不同的工资差距建议，给 C 级别的雇员提供更高的工资增长。

为了鼓励雇员批准暂定合约以及提升员工对工资调整的平等性认识，管理层可能同意为所有各个级别的员工增加相同的薪水。为各个级别员工每小时增加相同数量工资可以缩小公司内部的工资差距。但是，如果工资差距缩小太多，则可能导致人才流失、员工旷工以及生产率降低等恶果。管理方和工会在谈判中可以按百分比提高工资，即为每个员工提高相同百分比的工资（而不是提高相同数量的工资），这样工资绝对值差距不会减小。保持低技术水平员工和高技术水平员工之间工资差距的另一个方法是以特殊条款为高技术职业岗位的员工加薪［**技术支付差别**（skill pay differential）］，再为其他员工增加相同数量的工资。

在相同或者相似的工作级别内，工会的一个主要目标就是减少拥有令人满意的工作绩效的雇员之间的工资差距。这个目标可以被总结为“同工同酬”。为了实现这一目标，工会试图和管理方谈判达成一个协议，即每个工作级别只存在单一的报酬比率，并且报酬比率可以基于资历进行累进，直到一个最高级别的比率。这种方法普遍存在于拥有两个以上工作级别的企业中，这些企业的员工随着时间的推移按照一定的标准（工作经验、技术水平，以及培训水平）按级别得到提升。单一工资率（在同一级别中的员工的工资一样）消除了同一级别内工资差距的存在：企业的薪资体系基本按照资历而定，对同一工厂或企业内资历相同的员工而言，工资金额基本相同。由于工会工资谈判行为的溢出效应，甚至无工会企业的工资差距也可能会随着时间的推移越来越小。[47]

规定新招聘的雇员获得的报酬低于从事类似工作的其他正式雇员报酬的合同条款被称为**双层工资计划**（two-tier pay plan）。在被选定的116份劳动合同的样本中，20%包含暂时性双层工资计划，12%包含永久性双层工资计划（在合同期间）；与非制造业劳动合同相比，制造业劳动合同包含双层工资计划的可能性更大。[48] 暂时性双层工资计划允许新员工随着时间的推移（比如在合同存续期内）工资上升到相同级别员工的水平。在一些谈判合同中，双层工资计划还可能适用于员工福利的支付。图表7.4就是一个双层工资计划的例子。

图表7.4　　双层工资计划示例

2010年3月1之前，员工级别及相应每小时工资	
工作级别	工资（美元）
0	15.40
1	15.60
2	15.80
3	16.00
4	16.20
5	16.40
6	16.60
7	16.80
2010年3月1日之后被雇用的员工被认为是新员工，必须按照下表信息领取薪水	
2010年3月1之后，员工级别及相应每小时工资	
工作级别	工资（美元）
0	12.00
1	12.10
2	12.20
3	12.40
4	12.60
5	12.80
6	13.00
7	13.20

当职位空缺被低报酬的“新招聘雇员”填补时，双层工资计划能够立即实现劳动力成本节余，而且可以在当前的雇员当中获得足够的支持，从而被写入劳动合同条款之中，因为当前谈判单元成员的工资水平不会受到不利的影响。因为工会可以与管理方议定一种基于技能、工作类型和资历的工资差距，所以当工会基于“诚意和诚实”原则以满足雇主削减劳动力成本的要求，最好地保护当前谈判单元成员的经济利益，提出希望和管理方就双层工资计划进行谈判的要求时，似乎就显得拥有充足的理由了。钢铁、汽车以及零售商店企业一般都使用双层工资和福利计划。[49] 哈雷戴维森摩托车公司与钢铁工人联合会谈判，同意以 1.2 亿美元投资和创造 100 多个就业机会为条件，换取工会同意降低双层工资计划中高层工资的条款，高层工资从每小时多于 27 美元降到了 20 美元，哈雷戴维森摩托车公司实现了降低工资的目标，同时不用将摩托车传动系统生产工厂搬迁到另一个地方。[50]

然而，一些谈判人员注意到，双层工资计划中高层工资员工和低层工资员工的摩擦日益增多，带来的成本大于当初实行双层工资计划的好处。因而，他们抵制将双层工资计划纳入劳动合同条款。[51] 如果低层工资员工认为工资发放不公平，他们希望把将双层工资计划纳入谈判合约的工会主席“赶下台”，或者争取不认可工会的合法地位。此外，低层工资员工也可能对雇主的忠诚度不高，因而导致公司员工流失率攀高、降低劳动生产率，最终反而增加了劳动力成本。[52]

工资可比性

工资谈判当中的一个常用观点就是一个谈判单元的工资率应该与具有可比性的其他谈判单元的工资率相等或者成比例。**工资可比性**（wage comparability）在工资决定过程当中有着举足轻重的作用，但是这些比较可能变得非常复杂，而且使用的比较资料和数据可能存在偏差。[53] 工资调查是很有帮助的，但是工资调查没有估量不同公司之间的工作内容、支付方法、就业规定、额外的失业福利、假期、养老金以及节假日是如何变化的。一些基本的因素，例如劳动力市场规模、地理位置和职业的差别都必须得到考虑。乍一看，似乎迈阿密的公共汽车司机应该和芝加哥的公共汽车司机具有同样的工作任务。但是，这两个地方的相似工作还是有很多不同点的，例如天气状况、停靠车站的数量、停靠车站的地理位置和乘客数量。另外，当要求公共汽车司机根据乘客的需要作出改变时，两地的司机工作就产生更大的不同点了。在这种情况下，工会可能会主张，司机的工作责任增加了司机被抢劫的可能性，威胁了司机的人身安全，因此应该给司机受到的额外风险提供足够的补偿。

在工资的相互比较当中，工资占总成本的比例（劳动密集程度）也是一个非常重要的因素。例如，如果一个现代、高度自动化的纺织工厂支付的工资占总成本的 30%，那么工资提高 10%相当于产品销售价格提高 3%。但是，在一个历史悠久的老纺织厂，生产设备严重老化，工资占总成本的 65%，那么工资提高 10%就会使产品销售价格提高 6.5%。虽然工资数据通常是非常片面的或者不完整的，但劳资双方的谈判者在支持或者反对特定的工资级别时仍旧不得不依赖工资比较作为证据。因此，劳资双方都继续努力寻找本公司与其他公司、当地企业或者相似工作岗位的共同点，以获得支持各自观点的证据。

支付能力

企业的**支付能力**（ability to pay），或者说财务状况，是工会在企业高利润时期的工资决定过程中非常重视的一个常用标准。[54] 管理方倾向于只在极端的情况下，例如公司正在遭受损失或者财务状况急剧恶化时，才提出“无支付能力”的主张。如果公司提出这样一个主张，工会就有权独立检查公司的财务记录，以核实公司是否履行了和工会进行真诚谈判的职责。管理方在回应工会的工资要求时，更常用的一个观点是根据某些因素（例如生产率、工资调查数据、其他资本需要、该行业的工资解决方案或者其他相关因素）而作出的“不愿意支付”的主张。

把支付能力作为工资决定过程中的唯一标准具有很大的局限性，这主要是基于下列几个理由[55]：

（1）仅基于支付能力的工资决定可能会产生一种混乱、无秩序的工资结构，并且可能会导致工资—成本—价格三者之间的关系随着时间的推移发生变化。

（2）为了保持一致，支付能力必须按照两种方式执行，当不存在利润或者利润很少时，公司具备削减工资的能力。因为工资刚性的缘故，这种方法对工会来说通常是不可接受的。

（3）决定公司利润中用来给雇员增加工资的分享比例是一件非常困难的事情。如果利润通过更高工资的形式过多地分配给雇员，而由股东分享的利润严重不足，股东就可能缺乏投资动机，从而限制公司的潜在发展。

（4）按照常理，公司是根据雇员对公司的相对价值、雇员对公司目标的贡献以及雇员提供的服务的相对重要性向雇员支付工资的。如果支付能力是主要影响因素，那么雇员实际上得到的工资和他们实际上作出的贡献可能会不相吻合。

（5）劳资双方就雇员工资进行谈判的目的是在未来应用。根据过去的利润情况作出的工资调整措施并不能保证公司未来的利润仍然能够保持足够高的水平，从而不能保证公司能够按照劳动合同的规定向雇员提供既定的更高水平的工资。

生产率

除去农业企业，美国企业工人的劳动生产率在 2010 年第三季度提高了 2.3%，劳动力成本下降了 0.1%。[56] 在这一时期，制造业生产率提高了 0.6%，劳动力成本提高了 1%，而在此之前，制造业劳动力成本连续四个季度下降 2.9%。**劳动生产率**（labor productivity）是衡量产出额相对于劳动力单位成本的指标（见图表 7.5）。

图表 7.5　　美国等国家制造业生产率对比

国家/地区	1979—2008 年（%）	2007—2008 年（%）
美国	3.9	1.2
加拿大	2.3	−2.6
法国	3.5	−0.8
德国	3.0	−0.1

续前表

国家/地区	1979—2008年（%）	2007—2008年（%）
意大利	2.1	−3.4
瑞典	4.2	−0.7
澳大利亚	2.1	−0.9
英国	3.4	0.3
日本	3.5	−0.2
韩国	—	1.2
中国台湾	5.6	−0.5

注：生产率数据受多个因素影响，比如产出额、工作时间、薪资成本、产品价格以及货币汇率，是劳动者、管理方、新技术、资本投资、产能利用和能源使用等方面共同作用的结果。

资料来源：U. S. Department of Labor，"International Comparisons of Manufacturing Productivity and Unit Labor Cost Trends：2008，" *News Release*，October 22，2009. p. 6.

虽然没有人对工资应该根据生产率的变化进行调整这一观点提出质疑或否定，但是很难将这一原则实际应用于劳资双方的具体谈判中。例如，生产率的变化比率在行业与行业之间、公司与公司之间甚至各个工厂之间也是有很大差别的。不光生产率本身很难精确测量，而且导致生产率（通常用雇员每个小时的产出来测量）发生变化的因素很多，劳动力只是其中的一个主要影响因素。[57]

通常来说，研究生产率的人都同意新的资本投资和生产设备机械化是导致更高生产率的首要因素，但同时仍然需要协调其他一些重要因素。应该由谁来分享由更高的生产率导致的收入增长呢——雇员、股东还是顾客？生产要素（劳动和资本投资）之间的正确平衡关系应该是什么呢？在使用生产率标准的时候必须非常小心谨慎，因为得到的数据通常只是大概的估计。雇员每小时的产出通常过高估计了价值创造过程中劳动力作出的贡献，而低估了先进的技术、改进的生产方法、更现代的机械以及提高的产品质量等的价值贡献量。

为了保持竞争力，公司和雇员必须努力提高生产率。工会谈判人员通常认为，生产率提高必须由更高的工资或福利驱动。相反，如果劳动力成本的增加不能由生产率的提高抵消，管理层将会需要其他方法来降低劳动力成本（比如外包、机械化以及工厂搬迁）。国际港口工人协会在同船运公司的谈判中，同意船运公司使用集装箱、跟踪货物行程的全球卫星定位系统等新技术，提高生产率和工作岗位保障，这同时对工人和公司都有好处。[58] 高生产率是提高工资的唯一途径，这一原则同时适用于其他行业。但是，如我们过去15年在许多制造业所看到的，生产率稳步增长却没有带来劳动机会和工资的大幅增加。生产率和工资呈现反向关系的现象可能是因为：雇主没有与工人共同分享生产率提高带来的成果。[59]

前文所讨论的收益分享计划是雇员能够分享生产率提高带来的好处的一种途径。大公司中已经有超过1/3的公司实行了某种类型的收益分享计划。[60] 除了能够激励员工提高产品的质量和数量，生产率分享计划还可以降低员工申诉数量，减少旷工和员工流失，改善劳资关系。[61]

生产率分享计划的问题

虽然生产率分享计划为劳资双方之间的收益分享和合作行为提供了一个创新的途径，但是它同样具有自身的问题。大部分收益分享计划（43%）未能达到管理方预期的正收益。[62] 导致这种结果的大部分原因是管理方设置的生产率—品质目标过高、不切实际，或者收益分享方案存在纠纷。也存在与生产率测量相关的问题。一些工作岗位确实没有办法精确地计算产出量。计算工人一小时铺下的砖头比计算该雇员开一小时会讨论与工作相关的安全问题的产出要容易得多。当工作并不是固定、按部就班的或者重复性的时，精确的测量就不可能。

另外一个问题是以对公司有用的方式确定和组织生产率的数据。关于提高生产率的具体贡献因素的激烈争论能够阻碍劳资双方分享利润的谈判的成功实现。在生产率提高所获得的利润当中，最主要的贡献因素是什么？是雇员的技能，努力程度，还是态度？或者是先进的生产技术，现代化的机械和生产设备，公司运行的效率，或公司运行的规模？又或者是这些影响因素之间的相互作用？[63]

根据生产率谈判的概念，生产率提高所获得的利润应该由劳动力和管理人员共同分享，所以他们都非常重视严格、复杂的劳资谈判。有证据指出，许多工会并不把收益分享计划视为传统小时工资报酬的替代，而更倾向于把它视为一种附加的福利待遇和工会工资让步的替代，或者视为保持本公司工资制度和行业工资模式相一致的一种手段。[64]

在建筑行业中，关于生产率提高谈判的示例已经出现了。为了减少工人的停工斗争，这种谈判已经导致了劳资双方签署劳动合同，该合同覆盖的范围包括工作权限争议、无效的工作条例、非法的额外雇工以及专职工会干事的职责等。有趣的是，刺激建筑行业实施生产率谈判的原因是工会企业的业务逐渐流向非工会承包商，以及工会会员希望保护或者扩展就业机会（在经济状况不景气的时候尤其如此）。[65]

工会对生产率和效率的影响

最近，关于工会对生产率和效率的影响的研究和争论非常多。在工会化企业，尤其是制造业和建筑行业，劳动生产率似乎要高一些。关于这个现象的解释多种多样，但是通常都会提及下列原因：更高的工资、福利和改进的工作条件带来雇员士气的上升；工会化企业中相对较低的跳槽率；雇员具备更高级别的公司特殊技能，导致雇员获得更多的培训机会和雇员在同一工作岗位上相对较长的服务年限；工会能够向管理方施加压力，促使管理方投资于更好的生产方式，例如提高生产技术以降低单位劳动成本；更有效的劳动申诉程序有利于更迅速地解决雇员的问题，从而提高劳动生产率；公司有能力就与行业事故和疾病有关的事项进行谈判，从而减少劳动时间的损失并提高劳动生产率。[66]

如果雇员通过工会的力量能够保证管理人员公平对待他们，并且能够在提高雇员士气或者劳动生产率的决策过程中表达自己的声音，那么工会也可以提高公司的效率。生产率的提高还可以归因于这样一个因素，即工会化企业能够吸引和保留更高技能的、更有经验的雇员。这是因为工会化企业有着更高的工资，管理人员能够倾听雇员的声音，以及能够保证雇员受到公平对待，而这些都能够提高雇员对公司的忠诚度。[67] 工会化企业可能与非工会化企业相同，采用先进的制造技术，以提高生产率和竞争力。[68]

另外，有人认为工会通过降低管理的灵活性、限制基于能力的报酬制度的使用、限制公司的工作条例（例如，限制雇员的工作量或工作任务）以及增大公司雇员的规模等方式降低了公司的劳动生产率。[69] 工会在何种程度上对劳动生产率有正面或者负面的影响，通常取决于研究者测量生产率时使用的方法。[70]

在过去 30 年的大部分时间中，许多美国工人的工资和收入停滞不前。从 1973 年到 2007 年，非农企业劳动生产率提高了 83%，而全部美国工人（包括管理人员）的薪酬只增长了 49%。[71] 工资中位数只增加了 10%，表明与高收益人群（比如企业高管）相比，一般工人工资增长得更少。尽管其他工业化国家工资增长率和生产率增长率基本相同，但是美国这两者的差异相当明显。许多美国家庭收入不增长，导致它们只能通过贷款来维持其“中产阶级”生活水平。即使全职工作，低收入家庭的收入也很难出现大幅增长。

总体上来说，工会通常对劳动生产率具有正面的影响。但是，工会化企业中劳动生产率提高所获得的利润通常不足以抵消工会化运动所带来的劳动力成本增加（为了满足雇员的利益，把更高比例的利润分配给雇员）。因此，工会化运动可能会降低每美元投资的回报比率（计算收益性的一种方式）。竞争相对较小、利润空间相对较高的产品或服务市场，可能是最有利于工会化企业的。[72]

生活费

在物品价格持续上升的时期，工会通过提及生活费的问题来支持自己提出的工资要求。工会代表会坚持这样一种观点，即随着生活费的提高，不作出相应的工资增加就相当于雇员实际工资的降低，或者是雇员购买力的下降。因此，工资至少应该根据物价水平的上升同比例提高的建议似乎就显得非常公平、合理。

通常雇主都发现公司对某一特定时期内通货膨胀的增速快慢没有什么控制力，这就使雇主的支付能力变得更加不可预测。仅基于生活费的提高而提高工资的做法也同样无法与劳动生产率的提高或者公司的实际运行经验（利润/损失）联系起来。当劳动合同涉及两个或者两个以上的工厂时，额外的考虑就是生活费在不同的地理位置有很大的差别。所以在计算关于生活费的工资调整时，使用某地区或者全国的通货膨胀率可能会低估或者高估实际的生活费。[73]

在计算生活费时，经常提及的是由美国劳工部劳工统计局计算的**消费者物价指数**(consumer price index)。消费者物价指数测量的是一个典型的美国家庭每个月消费的物品或者服务的价格变化。[74] 该指数覆盖了 207 种物品或服务（例如，食品、住房、健康护理和娱乐），从全国范围内的 44 个不同的城市采集样本材料。欧盟有一个相似的衡量生活费用的标准，被称作“欧洲和谐消费者物价指数”。[75] 同消费者物价指数不同，欧洲和谐消费者物价指数包括农村人口，不考虑房价变化。从 2009 年 10 月到 2010 年 10 月，消费者物价只上涨了 1.2%，0.6%的上涨是因为食品和能源价格攀高。[76] 相比而言，2008 年的物价增长了 3.8%，而 2009 年的物价则下滑了 0.4%。

在劳动合同期限内的工资调整

因为大多数通过集体谈判而形成的劳动合同的期限超过 1 年，所以在劳动合同中规定允许在劳动合同期限内进行工资调整也是很正常的。最常见的劳动合同期限是3年(在被调查的711份劳动合同中占43%),其次是3年以上(27%)、2年(22%)、1年及不足1年(8%)。[77] 谈判环境的经济不确定性,使谈判人员预测公司的支付能力和谈判单元成员的潜在需求(除了在更稳定的谈判条件下的常见问题外,为短期劳动合同的谈判施加了压力)变得更为困难。在一些基本物资制造行业(例如,汽车、纺织、石化、纸业),最近出现的一个趋势是谈判、签订长期的劳动合同(4～6年)。在劳动合同中,允许工资在预定的日期进行调整的三种方法是**生活费调整条款**(cost-of-living adjustment)、**延期的工资增长条款**[deferred wage increase,同时被称为年度增加调整条款(annual improvement adjustment)]以及**工资重新协商条款**(wage re-opener)。

生活费调整条款给雇主设置了一种根据集体谈判准则改变工资率合同的义务,这种条款大约在14%的劳动合同中出现。[78] 当劳资双方谈判生活费调整条款时,工会和管理方的代表通常考虑下列事项:

(1) 特定价格指数和基点的挑选。绝大多数劳动合同都使用全国范围内的城市工薪阶层和文职人员的消费者物价指数(consumer price index for urban wage earners and clerical workers),并且把劳动合同的起始日期当作具体的基点。在根据生活费调整条款计算雇主的支付额时,使用城市工薪阶层和文职人员的消费者物价指数来测量从基点到生活费调整条款规定的最后期限之间的通货膨胀率。

(2) 工资调整的频率和时间。在制造行业中,季度调整是最常用的;但是在非制造业行业中,年度调整是最常用的。雇主通常都倾向于较低频率的工资调整(例如,年度调整而不是季度调整),以延缓必须支付工资增长的时间,从而允许公司把这一笔现金用于公司业务的临时过渡,并且延缓支付因雇员基本工资比率上调而造成的累计成本(如同第6章已经讨论过的)。通常而言,工会倾向于生活费调整条款的季度调整,因为这样能够更快地使报酬到达谈判单元成员的手中,并且提高受累计因子影响的报酬的实际价值。

(3) 生活费调整条款规则。生活费调整条款最常用的谈判规则是在特定的时期内,城市工薪阶层和文职人员的消费者物价指数每上升0.3个点数,雇员的小时工资就增加1美分。例如,在某特定时期内,城市工薪阶层和文职人员的消费者物价指数上升了1.3个点数,那么雇主就应该根据物价指数的上升把雇员的基本小时工资提高4美分[1.3/0.3=4.33×0.01美元=4美分(四舍五入)]。有一些劳动合同根据城市工薪阶层和文职人员的消费者物价指数上升的百分比调整基本工资的百分比。

(4) 生活费调整条款对报酬制度中其他因素的影响。在这一点上很少有统一的规定和做法。一些劳动合同包含生活费调整条款的目的仅是为了计算小时报酬总额,而其他一些劳动合同使用生活费调整条款来计算与工资和福利待遇(例如,节假日报酬、带薪休假和病假薪酬)相关的所有事项。

在生活费调整条款框架下,为了减少工资向上调整的数量的不确定性,劳资双方使用的一个方法就是规定支付额的最大值和最小值。这样一个限额将保证劳动合同期限内雇员工资调整的一个具体最大值和最小值,而不管该合同期限内通货膨胀率的实际上升程度。当劳动合同中包含生活费调整条款时,在合同期限内雇员的部分工资收入预计来自生活费的调整。如果管理方坚持制定较小的小时基本工资增长额,那么工资调整的最小值能够让谈判单元成员得到更多实惠。工资调整的最大值能够保护雇主的支付能力免受合同期限内无法预测的严重通货膨胀率（如石油危机）的影响。虽然该方法对劳资双方都有明显的好处，但是据估计仅在25%的生活费调整条款中存在某种形式的极值规定，而这也表明劳资双方在达成关于合理的生活费调整最大值、最小值的互利劳动合同时遇到非常多的困难。

延期的工资增长条款存在于多年期劳动合同中，其目的是为了在合同第一年之后对基本工资比率进行一些调整。有时合同被划分为**后置**（back-loaded）、**前置**（front-loaded），以及**均衡**（even-loaded）合同，以表明合同期限内哪些年份发生了最显著的经济待遇增长。例如，一个平均每年提高工资3%的三年期劳动合同，可以第一年提供5%的工资调整，然后第二年和第三年分别提供3%和1%（前置合同）；也可以前后三年分别提供1%、3%和5%的工资增长（后置合同）；或者每年平均提供3%（均衡合同）。如同生活费调整条款一样，工会通常倾向于尽可能快地把现金发放到谈判单元成员的手中（前置），而管理方则倾向于尽可能延迟发放报酬的时间（后置）。劳动合同中经济待遇增长的幅度可以被用来测量劳资双方的相对谈判力量。

工资重新协商条款是用这样一种方法来书面制定的，即在劳动合同期限内的具体时间点或者任何发生预先规定的事件的时候（例如，利润超过特定标准时，消费者物价指数的上升超过某特定值时），劳资双方可以就工资事项进行谈判。由于未来的经营环境不明了、合约条款存续于未来数年，以及谈判双方难以预计未来工资的确定因素，所以谈判双方有必要在合约中写明工资重新谈判条款。当然，不仅工资这一谈判事项可以重新谈判，其他事项也可以在合约中写明重新谈判条款（比如医疗保险福利费用）。

一次性付清的工资调整

包含**一次性付清工资调整条款**（lump-sum pay adjustments）的劳动合同在2010年大约占21%，而在2008年这一数字只有15%。[79] 2009年，一次性付清工资调整平均金额是1 086美元。[80] 只有12%的多年存续劳动合同在第二年仍使用这一条款，而到第三年，比重只有9%。一次性付清工资调整条款被管理层广泛接受，因为这不改变工人的基本工资，所以不会增加累进费用。然而，工会只把一次性付清工资调整作为工资暂停计付和降薪的替代方案，应对经济困难时期雇主无法正常支付工资的状况。

四、雇员福利

2010年，美国工会化企业支付的福利费用相当于工作时间平均每小时14.66美元（占员工总报酬的38.7%），而无工会企业是7.46美元（占员工总报酬的27.9%）。[81] 图表7.6剖析了福利费用的各个组成部分。福利是工人收入的重要组成部分，包括保险费用、养老金、非工作时间工资（带薪休假、病假、节假日以及午休等期间的收入）、补偿收入（比如奖金、轮班津贴和加班收入）和法定要求支付事项。法定要求福利（包括社会保障、工伤事故补偿金和失业补偿）一直是雇主支付的最大福利开支事项。2003年，医疗保险成为工会化企业福利支出最高的一项，因而也是劳资双方谈判的一个焦点。在医疗保险这一项，工会化企业支付的金额远高于无工会企业，因为工会化企业的医疗保险覆盖的员工更多，保险涉及的事项更多。本节余下部分将重点讨论员工福利事项，这些内容主要源于对 116 家企业的分析，它们的劳动合同有的在 2010 年到期。[82]

图表 7.6　　2010 年 9 月企业福利支出

报酬类型	工会企业（美元）	无工会企业（美元）
总报酬（工资＋福利）	37.85（100.0%）	26.74（100.0%）
工资薪水	23.19（61.3%）	19.28（72.1%）
全部福利	14.66（38.7%）	7.46（27.9%）
个人福利种类		
带薪假（节假日、病假和带薪休假等）	2.77（7.3%）	1.78（6.6%）
补偿（加班、轮班津贴和一次性支付等）	1.09（2.9%）	0.75（2.8%）
保险（人寿、健康和残疾等）	4.84（12.8%）	1.94（7.3%）
退休金（养老金固定收益计划、养老金固定缴款计划和现金结存计划等）	2.75（7.3%）	0.79（3.0%）
法定要求福利（比如社会保障、失业补偿和工伤事故补偿金等）	3.21（8.5%）	2.20（8.2%）

资料来源：U. S. Bureau of Labor Statistics，"Employer Cost for Employee Compensation：September 2010，" *News Release*，December 8，2010，p. 11.

保　险

在被调查的 116 家工会化企业中，为员工缴纳人寿保险的占 81%，为员工缴纳住院费用的占 91%。劳动合同中其他常见的医疗福利包括手术费用（88%）、问医支出（91%）、处方药（91%）、精神病医治（76%）、牙齿护理（82%）、视力保护（72%）以及家属看病支出（43%）。与三年前的调查相比，覆盖大部分医疗福利项目的企业降低了 3%～5%，但是覆盖视力保护福利项目的企业没有变少，覆盖家属医疗支出的企业上升了 11%。

20 世纪 90 年代末期，美国劳动力市场紧俏，许多企业希望通过改善医疗保险福利来招揽和留住优秀员工。但是在此之前，20 世纪 90 年代早期和中期，企业千方百计把医疗福利成本转嫁给员工，希望通过降低医疗福利支出来控制劳动力成本。近来，劳动力市场疲软，企业盈利压力很大，企业重新又希望把医疗福利成本转嫁给员工，更有效地控制医疗福利支出。医疗福利分歧还是数起罢工出现的主要因素，通用电气、好时食品和洛克希德马丁等公司都因医疗福利不能谈妥出现过罢工。[83]

医疗保险费用控制政策

2009 年，美国在医疗方面的支出达到 2.5 万亿美元，约占国内生产总值的 17.6%，每个美国居民的平均医疗支出是 8 086 美元。[84] 在 1970 年，美国居民的平均医疗支出是 356 美元，医疗开支约占国内生产总值的 7.2%。尽管美国的医疗支出比其他发达国家多，但是美国在 2010 年仍有 5 000 万名居民没有医疗保险，而 65 岁以下成人没有医疗保险的比例仍有 1/5。[85] 2010 年**《患者保护与平价医疗法案》**（Patient Protection and Affordable Care Act）在国会通过，到 2014 年，大多数美国居民拥有一定形式的医疗保险。[86]

从 2009 年到 2019 年，医保费预计每年将增加 6.1%。[87] 自 2005 年以来，员工支付的医保费增加了 47%，而医保费总支出增加 27%，工资增加 18%，而通货膨胀率是 12%。[88]

2010 年，工会化企业个人平均医保费支出是 5 263 美元，而无工会企业只有 4 936 美元。[89] 工会化企业家庭平均医保费支出是 14 327 美元，而无工会企业只有 13 472 美元。医保费越多，其所覆盖的医疗项目也越多。个人医保费支出的 83%由工会化企业缴纳（无工会企业的比例是 81%），而家庭医保费支出的 76%由工会化企业缴纳（无工会企业的比例是 67%）。[90] 近些年，无论是工会化企业还是无工会企业都在积极削减医保费支出或者把更大的缴费比例转嫁给员工。企业这样的策略无疑与工会利益相冲突，因为员工都希望并且向工会施加压力在谈判中增加企业的医疗福利支出、减少员工的经济负担。

工会和企业都已认识到，医疗福利对员工而言非常重要，有必要权衡提供医疗福利的收益和成本。是否有医疗福利以及医疗福利如何是影响优秀员工的保留和招募的重要因素。一些劳动合同中包含控制医疗福利支出的条款，比如共同承担医疗费用（87%）、减扣员工医疗费用（75%）以及雇员额外支付一部分费用（69%）。[91] 在医疗保险覆盖全体员工之前，提高员工每次看病或者减扣医疗事项的支出对员工而言影响不同，主要取决于他们看医生的频率。提高员工支付医疗保险的比例影响着所有被这些医疗保险覆盖的员工，这有时被称为保险共担机制。企业其他控制医疗福利成本的方法还包括普通药物规定（78%）、税前支出账户（54%）、健康计划（52%）、延迟新员工资格（50%）、雇前检查（37%）、用量评估（36%）、配偶资格（31%）、门诊病人手术要求（27%）、把关系统规定（19%）、多次咨询要求（18%）、临终看护要求（18%）、家庭医疗要求（11%）以及双层计划（10%）。

大多数员工（58%）选取的医疗保险计划是**首选提供商组织**（preferred provider organization）医疗计划。按照这个计划，如果同意只接受首选提供商组织指定的医疗服务机构的服务，员工可以支付较低的费用。[92] 要成为首选提供商组织指定的医疗服务机构，其必须向医疗保险提供公司承诺更低的医疗报销费用。**健康维护组织**（health maintenance organization）计划限制员工可选择的医疗服务机构，19%的美国员工选择这一计划。**高抵扣医疗计划**（high deductible health care plans）的医疗储蓄账户免税，选取这一计划的占 13%。由于在保险支付任何福利之前员工必须支付高抵扣金额，其保费相对较低。2011 年，个人保险的最低抵扣金额是大约 1 200 美元，家庭保险的是 2 400 美元。[93] 员工一般预存一部分资金到健康储蓄账户，用于支付医疗费用的消费免税。一些企业把固定的金额定期存入员工的账户，使其账户达到一定的金额。但是，大多数员工不会选择高抵扣医疗计划，因为要达到抵扣金额必须先行支付许多费用，此外他们对这个计划也不理解。[94]

收入维持

收入维持条款通常涉及工作保证或收入保证、**遣散费**（severance pay）或者一个**补充失业福利计划**（supplemental unemployment benefit plan）。遣散费条款为雇员的解雇提供一个一次性的支付，出现在12%的制造业劳动合同中，但是在非制造业劳动合同中的比例却有20%。[95] 资历更高的雇员以及工资报酬相对较高的雇员通常能够享受到更高比例的遣散费。在大多数情况下，雇员只有因为下列原因才能得到遣散费：公司永久性关闭导致工作终止；在公司服务的年限超过最低限度；或者雇员没有可能被公司重新召回。比如，好时食品公司决定把一些糖果的生产搬到墨西哥，在美国的一些工厂必须永久关闭，这些工厂的就业机会也随之失去。好时食品公司和美国卡车司机工会就提前退休和遣散费等事项进行谈判，支付员工服务年限每年两个星期的遣散费。[96] 一些雇主希望以提高遣散费为条件换取员工放弃起诉雇主就业歧视的权利，让员工签署自愿放弃协议。[97] 这样的行为要合法必须员工自愿，同时员工必须理解放弃起诉条款，并且不能是公司利诱签字的。如果现在的合同没有对遣散费作出明确规定，公司遣散了大量员工或者关闭了工厂，工会必须对这一强制性谈判事项进行重新谈判。

除了失业补偿外，补充失业福利计划向享有资格的个体提供额外资金，该条款出现在10%的劳动合同之中。一些补充失业福利计划向员工提供储蓄账户，除了失业原因外，员工可以出于其他理由从这个账户取款。提供补充失业福利的最常见方法就是在扣除失业补偿之外报酬的一个固定百分比。补充失业福利计划中其他的一些事项包括享受福利的期限，该计划资格要求的服务期限，以及雇主执行该计划的财务能力。

工作分享（work sharing）规定出现在大约6%的劳动合同中。作为避免解雇谈判单元成员或者使解雇最小化的一种方式，有资格从事工作的雇员同意减少各自的工作时间，共同分享目前的工作机会。通过保留合格的雇员，雇主可以从这样的安排中获得好处，因为这些合格的雇员若被公司解雇，将在其他公司就业，从而在未来本公司出现职位空缺时不会重新返回原来的工作岗位。[98]

加班费和其他补充福利

大多数劳动合同都详细规定了每天或者每个星期的工作计划安排，并且在雇员工作时间超过正常工作时间的时候向雇员支付**加班费**（premium pay）。大多数劳动合同要求每天工作8小时以及每个星期40小时的工作时间——从星期一到星期五。通常而言，雇主需要为每天8小时之外的加班时间支付相当于平时小时工资1.5倍的加班工资。对雇员来说，这比《公平劳动标准法案》规定的雇主为每个星期40小时之外的加班时间支付相当于平时小时工资1.5倍的加班工资更为有利。例如，雇员在一个星期内工作4天，工作时间是40小时，那么根据典型的劳动合同，该雇员将获得8小时的加班工资，而根据《公平劳动标准法案》的规定，该雇员将不能获得加班工资。在某些特定日期，例如星期天或者节假日，支付相当于平时小时工资2倍的加班工资的规定已经不会普遍出现在工会和雇主签署的劳动合同中了，这主要是因为雇主通过谈判成功地取消了这种特殊的报酬激励。一直持续营业的雇主（比如零售商店每周7天，24小时营业）一般在谈判时要求不按照正常经营时间制定工作规则，不像其他企业一样计付加班费。

许多劳动合同中还包含关于加班管理的规定。例如，加班任务可以被限定分配给特定等级、部门或者工作班次内的合格雇员。可以要求管理人员把加班工作任务首先分配给资历更高的雇员，或者在合同中详细规定加班任务的分配是根据公司雇员的轮转顺序，而不是根据雇员的资历。在某些时候，管理人员可能无法使雇员自愿地加班，那么就不得不在劳动合同中和工会谈判有关强制性加班的规定。为了避免雇用更多正式员工而导致额外成本增加，公司通常倾向于过度使用目前的雇员执行加班任务，而这种做法往往会产生劳动争议。大多数雇员（以及工会领导）都能理解公司定期加班的必要性，并且通常都很珍惜这些额外的增加收入的机会。

有一些劳动合同会提供均等化的加班时间，它们在出现加班机会的时候就会计算各个雇员的加班时间，即使雇员拒绝了加班任务也不例外。例如，出于使公司雇员加班时间均等化的目的，公司向某雇员提供星期六早晨 4 小时的加班任务，但是该雇员拒绝了公司分配给自己的加班任务。那么这 4 小时加班时间仍旧会被记录下来，当作该雇员已经完成了 4 小时的加班任务。类似地，工会在劳动合同中探索出了相关规定，使工会会员能够更好地安排自己下班以后的活动。相关的规定有加班预先通知、因为某些特定原因雇员拒绝加班任务的权利等。

绝大多数劳动合同中都包含不同形式的加班工资规定。例如，大多数劳动合同中就包含**轮班津贴**（shift differentials）（例如，向夜班雇员支付的加班工资）的规定。劳动合同中也常常出现其他形式的规定，例如**全岗工资**（reporting pay），保证工作日报到上班而无实际工作可做的雇员获得最低工作时间的报酬，以及**召集工资**（call-in pay），保证在非计划工作时间上班的雇员获得 4 小时工作时间的报酬。其他补充报酬可能包括临时工作轮换的报酬，由于危险性工作、出差所获得的补贴，工作服补贴或者劳动工具补贴，以及某种特定目的的红利（例如年终分红、出勤率和生产安全）。

非工作时间（节假日、休假以及午休时间）工资

劳动合同经常包含不同形式的非工作时间支付，例如节假日（86%）、带薪休假（77%）、担当陪审员休假（77%）、丧假（76%）、病假（71%）、个人事假（56%）、服军役（44%）和投票请假（17%）。[99] 对企业而言成本最大的两项带薪假是节假日和带薪休假。工会化企业劳动合同规定的节假日每年平均有 9 天，而无工会的企业有 8 天[100]。

所有工会化企业基本上都有劳动节、独立日、感恩节、圣诞节、元旦和阵亡将士纪念日等节假日。耶稣受难日、平安夜、感恩节第二天、马丁·路德·金纪念日等通常也被企业承认。劳动合同一般包含员工享受节假日资格要求的条款［比如服务期限（通常 4 周），在节假日前后按规定完成一定的工作任务］。劳动合同还应包含其他事项：节假日发薪水日期，节假日时间，节假日期间加班额外工资。

在许多发达国家中，带薪休假有法律强制要求，但是美国没有这方面的法律规定。[101] 比如，在一个企业服务一年之后，法国企业员工按照法律应该有 25 天带薪休假时间，德国 24 天，西班牙 22 天，英国、爱尔兰、比利时、澳大利亚和荷兰也有 20 天。2009 年，来自佛罗里达州的民主党代表提出法律议案，规定员工在超过 100 名员工的企业工作一年之后至少有 7 天的带薪休假时间。[102] 但是共和党代表认为这是“胁迫雇主”，这个提议绝对不能立法。不仅美国员工享有更少的带薪休假时间，并且根据独立机构家庭与工作研究院对 1 003 名工人的调查，36%的美国人并不愿意完全使用带薪休

假时间。[103]

根据美国劳工统计局的数据，私营部门工会化企业以及无工会企业员工平均在服务1年之后有10天的带薪休假，服务10年之后15天，服务20年之后20天。[104] 兼职、平均工资每小时不到15美元以及大部分企业员工不足100人等因素导致带薪休假时间偏少。

带薪休假时间安排条款几乎在每个劳动合同中都存在，相关事项包括工厂年度停产时间、员工资历和员工个人带薪休假时间安排的偏好。这些条款在大企业中对减少劳资纠纷、确保有资格员工合理安排带薪休假时间等都至关重要。

养老金

随着美国工人寿命的增加（2010年达到78.2岁），养老金福利显得日益重要，是保证工人在离休之后生活的重要收入来源。[105] 2010年，私营部门工会化企业员工中，82%都参与了雇主或者工会资助的养老金计划，而在无工会企业中，这一比例只有46%。[106] 但是，在美国最低25%收入人群中，只有20%拥有养老金计划。

不管是以总则的形式提及养老金计划，还是制定完整、详细的规定，几乎所有的劳动合同中都涉及养老金计划。经常提及的事项包括退休年龄（正常退休年龄和提前退休年龄）、残疾退休、退休人员的福利待遇、对退休人员的要求、养老金特殊保障条款、管理程序和财务安排。工会员工的养老金福利一般比非工会员工的更优厚，在退休之后增加的金额也更大。此外，与非工会员工相比，工会员工的退休年龄也较早。

在1987年，《就业年龄歧视法案》得到修正，禁止任何形式的强制退休年龄（某些特定的职业例外，例如民航飞行员），终止了把70岁作为强制退休年龄的常用的养老金计划。虽然该修正案有助于延长高资历雇员的职业生涯，但是美国最高法院在1989年的贝茨判决（*Betts* decision）中裁定，事实上所有的雇员福利计划都可以免受《就业年龄歧视法案》的质疑，除非雇员能够证明雇主存在“故意的歧视”。[107]

大多数（56%）工会的劳动合同中都包含**养老金固定收益计划**（defined benefit pension plan），该计划确保员工每个月收到一定金额的养老金福利，资金通常来自雇主。[108] 近年来，包含养老金固定收益计划的劳动合同比例呈下降趋势，雇主希望把更多的养老金成本/风险转移到员工身上。养老金固定收益计划有保证地确保员工在退休时拥有一笔财富，保证他们的退休生活。此外，养老金固定收益计划也降低了员工自己的投资风险。一些年轻人在股票市场牛市的环境中成长起来，更喜欢递延税收的401(k)计划［**养老金固定缴款计划**（defined contribution pension plan）的一类，之后在本章讨论］。但是，股票市场有涨有跌，投资于股票市场不得不承受波动和风险。

大多数工会劳动合同（62%）包括401(k)储蓄计划，以此作为养老金固定收益计划的补充，员工可以把自己的资金存入退休账户，并且雇主也缴纳一定的金额（比如员工每存入50美，雇主匹配一美元分，一直达到工资的3%）。[109] 在经济困难时期，雇主可能暂停缴纳一定款项进入储蓄账户，以控制成本开支，但是员工个人仍然可以向该账户存钱。[110]

工会通常会反对雇主使用某种**雇员持股计划**（employee stock ownership plan）作为公司基本的养老金计划。[111] 把雇员的养老金储蓄投资于某一家公司将会给雇员的投资带来很大风险，因为该公司的股票将来有可能在股票市场上表现不佳（从而雇员投资的股票价值下降）。安然、世界通信、环球电讯、宝丽来、凯马特和朗讯都是财政困难的例子，它们都导致其参与 401（k）计划的雇员遭受了重大损失。[112] 有些行业（例如航空业、钢铁业、货车运输业）的公司和工会谈判达成不同形式的雇员持股计划，作为工会对公司作出工资让步的回报。[113] 工会合同中的雇员持股计划更有可能允许工会雇员投票决定如何投资他们自己拥有的股份，从而使雇员能够在雇员持股计划的管理委员会中有一定程度的直接代表权，因此能够更加深入地参与到该计划的发展和执行过程中去。

目前，因为缺乏广泛或者长期的实际操作经验，所以研究者对劳动关系中雇员持股计划的效果的研究都是试验性的。但是，还是可以得出一些初步的结论[114]：

- 当雇员获得或者持有公开上市公司的股票时，劳资合作并不会自动出现。
- 雇员持股能够导致雇员对公司更大的认同感，并且雇员能够获得关于公司的更多信息；一线管理者和雇员之间的关系变得更具有合作性；雇员和管理人员对雇员持股与公司氛围表示出积极的态度。
- 没有证据支持这么一种猜测，即雇员希望通过雇员持股计划接管公司，完整、彻底地重建所有管理人员的职责和权威。
- 雇员持股并不能对雇员动机、工作努力程度、旷工或者工作满意度自动产生影响；但是，更高的雇员参与程度以及雇员和公司之间更高的一体化程度确实能够产生积极的效果。
- 通常而言，工会的角色没有改变，除非工会在雇员持股计划的前期和执行过程中参与到调整程序中去，或者工会在劳资关系中自己作出一些调整。
- 如果公司拥有积极的雇员持股观念，并且努力把该思想转化为劳资双方的具体合作，那么将对积极的雇员态度产生最强烈的影响。
- 雇员持股计划的出现并不能让公司变得更具创造性，生产效率更好，或者生产利润更高；但是，绝大多数研究表明雇员持股的公司在一些财务数据方面，例如公司利润、股票增值、销售额以及就业增长，表现得非常成功。

私营企业员工参加养老金固定收益计划的比例从 1985 年开始一直下降，2010 年降到了 19%。[115] 与非工会化企业员工（13%）相比，工会化企业员工加入养老金固定收益计划的比例更高（67%）。有养老金计划的工会化企业员工占比达 82%，而无工会企业只有 46%。工会化企业员工加入养老金固定缴款计划的占 44%，而非工会化企业员工只有 41%。在养老金固定缴款计划中，雇主以员工的名义开立一个账户，承诺每年存入这个账户一定的金额。但是雇主缴款的金额可能受制于很多因素，比如缴款的财务能力，员工匹配存入的金额。员工可以根据自己的想法把钱存入这个账户。但是，由于个人储蓄率较低或者为负以及较高的个人消费贷款，员工很难向这个账户存入很多资金。一般而言，平均每个美国家庭负有大约 8 000 美元的信用卡债务，大约 43%的美国家庭每年入不敷出。[116] 专家表示，员工需要在退休之前积攒 70%～85%的收入，才能保证退休以后的很好的生活。[117] 员工经常表示想要积攒更多的积蓄，但是他们不会这么做，想象的目标和现实的行为相差很大。[118]

养老金固定缴款计划中员工退休福利最终的财富取决于雇主和员工存入了多少资金，再加上投资收益或者减去投资损失。养老金固定缴款计划把投资风险从雇主转移到了雇员身上，雇员在退休时是否有足够的资金更多取决于他自己，而不是雇主。这样，雇主决定缴纳一定的金额，但是并不对退休时的账户资产作出承诺，在一定程度上控制了成本费用。

如果雇主违约，养老金固定收益计划由联邦政府通过养老金福利担保公司进行承保，而固定缴款计划则没有这样的保险。2008 年，许多养老金基金因股市暴跌而损失严重。一项报告显示，标准普尔 500 家公司的养老金固定收益计划的账户净值回升到了 81.7%，但是仍有 2 600 亿美元的资金缺口。[119]

如果养老金固定收益计划的投资出现了大幅亏损，雇主必须缴纳额外的资金，以满足合约要求。2006 年**《养老金保护法案》**（Pension Protection Act）规定，养老金固定收益计划金额不足的雇主必须慢慢补缴，最终达到 2011 年弥补资金缺口的目的。[120] 但是，这加大了收入和利润正在下降的公司的财务负担，许多公司暂停实施养老金固定收益计划，改为养老金固定缴款计划。2010 年国会通过法案放松了对雇主的时间要求，允许雇主在未来 15 年分期缴完全款（《养老金保护法案》规定的是 7 年），2008—2011 年只需要先行缴纳两年。雇主还可以选择在前两年只缴纳缺口资金的利息，之后再按照《养老金保护法案》，7 年分期交完所缺的资金。

现金结存计划（cash balance plan）结合了养老金固定收益计划和养老金固定缴款计划的特点。[121] 在现金结存计划中，雇主一般同意向雇员退休账户支付一定的金额，这些资金被保障一定的利息，比如利息盯住一年期国债利率。一旦达到退休年龄，退休员工一般可以根据账户余额选择年金计划（比如每年 10 000 美元），也可以要求一次性拿到账户等额款项。由于员工无论工作期限是多长，他在现金结存计划中的福利基本稳定不变，他可以预见：无论服务多少时间，他的福利基本不会如养老金固定收益计划一样随着服务年限的增加而增加。养老金固定收益计划根据薪水最高三年的年平均工资决定福利金额，而资历越高一般工资也就越高，所以养老金固定收益计划与工作服务持续时间息息相关。相反，资历高的员工如果把养老金固定收益计划转化成现金结存计划，其养老金福利可能下降 30%～50%。[122] 只有不到 10%的劳动合同中包含现金结存计划。[123]

工会的养老金计划通常还包括提前退休条款，包含退休可选择性方案。譬如，劳动合同中可能包含以下退休选择方案：工作 10 年之后在 60 岁退休；若年龄和服务时间之和达到了 85，可以在 55 岁时退休；在工作 30 年之后，退休不限年龄。几乎所有劳动合同都包含员工养老金特殊保障条款，规定：即使服务期限终止，员工仍有权享受养老金福利。1974 年**《雇员退休收入保障法案》**（Employee Retirement Income Security Act）（2006 年《养老金保护法案》对其进行了修正）对员工养老金福利特权进行了详细的规定。[124] 根据**风险保障计划**（cliff vesting schedule），参与养老金计划的员工在工作 5 年之后拥有享受 100%累计养老金福利不可剥夺的权利。或者，按照**循级保障计划**（graded vesting schedule），工作 3 年保障 20%的福利，工作 4 年 40%，工作 5 年 60%，工作 6 年 80%，工作 7 年 100%。特别保障规定适用于选择性递延和匹配缴款。选择性递延必须立即予以保障。匹配缴款必须立即保障以上两个保障计划之一。虽然工会可以与管理方协商比法定要求更优厚的养老金条款，但是管理方一般只满足法律要求的最低标准。

照顾家庭和儿童福利

美国国会经过 8 年的努力，终于在 1993 年通过了**《家庭和医疗休假法案》**（Family and Medical Leave Act）。[125] 该法案规定拥有 50 人或以上雇员的私营雇主必须向符合规定条件的雇员提供多达 12 个星期的无薪休假，用于雇员治疗自己的严重疾病，生育或收养小孩，或者照顾病重之中的小孩、配偶或父母。如欲获得资格，雇员必须至少在该公司工作 1 年，并且在休假之前的 12 个月之内，雇员的工作时间必须等于或者超过 1 250 小时。美国劳工部负责该法案的管理，并且允许雇员就该法案向法院提起民事诉讼。雇员不到 50 名的企业并不在《家庭和医疗休假法案》的覆盖范围之内。因而，只有大约 11%的企业必须遵守《家庭和医疗休假法案》，但正是这部分企业雇用了大约 60%的工人。[126]

《家庭和医疗休假法案》在没有大幅增加企业行政成本的条件下使企业更加关注雇员的生活和家庭问题。[127] 根据美国劳工部的报道，16.5%的雇员依据《家庭和医疗休假法案》请过假，平均天数是 10 天。[128] 请假最常见的原因是雇员自己的健康问题（52.4%），其次是孩子出生或者领养（18.5%）。许多员工需要请病假，但是却没有请，他们之所以没有请病假，是因为经济原因不能请假（77.6%）。这促使许多积极分子敦促国会修正《家庭和医疗休假法案》，以法律规定让员工请假期间正常拿工资。2004 年，加利福尼亚州成为批准带薪休假的第一个州，把病假福利纳入州立残疾保障基金，其他 27 个州也加入了这一队伍。[129] 2009 年，《健康家庭法案》提交国会表决，这一提案要求雇员超过 15 人的企业提供多达 56 小时病假，雇员每工作 30 小时可以请 1 小时的病假。[130] 一些雇主，特别是中小企业雇主，反对法律覆盖范围扩大和批准雇员请假权利，因为这会增加他们的行政和财务成本。2010 年共和党在中期选举中多有斩获，使这个提案夭折。

工会有权和雇主谈判《家庭和医疗休假法案》规定之外的其他家庭与医疗福利。因为家庭和医疗休假是强制性谈判主题，所以雇主有法定义务和工会谈判这些事项。[131] 谈判的事项可能包括：雇主提供的休假时间长度，雇员请假的理由，请假期间雇员是否有权享受报酬，用支付报酬的休假形式（例如病假、带薪休假）替代《家庭和医疗休假法案》中规定的无薪休假，使用何种方式来决定使用哪 12 个月（例如，根据日历计算的从雇员招聘进入公司之日开始的 12 个月，从雇员第一次享受《家庭和医疗休假法案》规定的无薪休假之日开始的 12 个月）来计算《家庭和医疗休假法案》规定的至多 12 个星期的无薪休假时间。如果企业和工会协商非歧视劳动条款，确保把《家庭和医疗休假法案》的具体条款包含进劳动合同是至关重要的。当牵涉到相关纠纷时，可以直接走申诉仲裁程序，而不用向劳工部申诉或者雇请律师告上法庭。

五、其他福利

企业和工会还就其他一些福利项目进行谈判。美国律师协会预计，半数美国人每年都需要法律服务。[132] **预付法律服务计划**（prepaid legal service plans）是向员工提供法律援助较为优惠的方法。有些工会劳动合同中包含法律服务条款，大约占 7%。[133] 预付法律服务计划的运营方法和健康维护组织类似。每月缴纳 16～26 美元，预定法律服务的雇员有权要求获得法律咨询、由律师代表出庭，以及查阅法律文件等。一些预付法律服务计划提供各种服务，从违法犯罪到日常事务法律服务，比如医嘱、离婚、抵押贷款以及租房合同。

大约 58%的集体谈判劳动合同提供一些**员工援助计划**（employee assistance plan），这些计划也为雇员解决一系列问题，比如个人财务、婚姻关系、压力管理以及酗酒吸毒。[134] 美国劳工部估计，雇主在员工援助计划上投资 1 美元，就可以节省 14 美元的成本。[135] 工会和公司管理人员视员工援助计划为另一种有效控制员工医疗成本的方法。员工援助计划通过找到并解决员工问题预先及时地为员工提供服务。

健康项目旨在让员工过上更加健康的生活，根据《患者保护与平价医疗法案》的规定更好地对待员工。《患者保护与平价医疗法案》实际上也提倡企业为员工开展这项福利。在私营企业中，工会劳动合同中包含这个项目的约占 37%，而非工会劳动合同中包含这个项目的约占 24%。[136] 健康项目帮助员工解决各类病患，包括工作压力舒缓，控制体重，克服吸烟、酗酒和高血压、高胆固醇问题，治疗糖尿病，以及身体锻炼等。

为了使员工的技术水平赶得上技能提升的要求，企业鼓励员工改善技能，推行**教育学费资助项目**（education tuition aid），为员工职业相关教育和培训提供资金补助。[137] 在抽取的劳动合同样本中，包含这一福利的占 39%。在经济危机期间，一些公司（如斯普林特、通用汽车）暂停了教育学费资助计划，但是大多数公司仍旧保留了这一福利项目，以此留住老员工和招徕新员工。在劳动合同中还有其他一些福利项目，包括：**交通补助**（transportation subsidy）（26%）用以报销员工上下班交通费用，在非制造业更加常见；**儿童照看扶助**（child-care assistance）（8%）；免费提供电脑，或者补助员工购买**家用电脑**（home computer）（4%）。[138]

六、工会对工资和福利的影响

对劳动经济学家来说，工会对企业雇员的工资和福利的影响程度是一个普遍争论的话题。在 1963 年的经典著作《美国的工会主义和相对工资》（*Unionism and Relative Wages in the United States*）中，格雷格·刘易斯总结道，工会工资比非工会工资高 10%～15%。[139] 到 20 世纪 70 年代，绝大多数行业的工会工资和非工会工资之间的差距上升到 20%～30%。工会在低学历群体中对工资的影响更大，比如蓝领工人、年轻员工和教育水平低的员工。[140] 自 20 世纪 80 年代以来，全球经济竞争日益激烈，非工会工人和工会工人的工资差距也逐渐变小。[141]

图表 7.7 中的数据显示了不同行业中工会工资和非工会工资之间的差距。除去专业和商业服务业与金融保险业，在其他所有行业中工会工资都高于非工会工资。在欧洲，工会工资和非工会工资之间越来越小的差距似乎有利于加强合作性的劳动关系；但是美国与欧洲完全不一样，越来越小的工资差距似乎一点也没有减缓雇主反对工会的态度。也许这仅意味着，在美国雇主看来，工资差距的缩小程度并不能保证企业的劳动关系哲

学发生改变。工会还对非工会企业的工资和福利具有一种**溢出效应**（spillover effect）。工会企业改变工资和福利能够对非工会企业产生溢出效应，是因为希望企业维持非工会化特点的雇主会对工会企业的工资增长采取应对措施，为本企业的雇员提高工资。[142]非工会化企业的雇主提供这样的工资增长不仅是为了减少企业工会化的威胁，而且是为了提供公平的待遇，保持企业的士气和生产率。

图表 7.7　　2009 年工会工人和非工会工人周平均工资

行业	工会工人（美元）	非工会工人（美元）	年差距（美元）
制造业	800	762	1 976
建筑业	1 072	698	19 448
交通仓储物流业	923	707	11 232
信息业	1 105	883	11 544
批发业	761	760	52
零售业	612	575	1 924
医疗卫生和社会服务业	801	673	6 656
专业和商业服务业	761	868	−5 564
金融保险业	845	882	−1 924
公共部门（联邦、州和地方）	947	782	8 580

注：(1) 非工会工人数据包括管理人员和其他（非谈判单元）员工的收入。

(2) 工会工人和非工会工人数据不包括雇主给予员工的福利，但是工会工人和非工会工人之间在福利方面差距更大（见图表 7.6）。

资料来源：U. S. Department of Labor, "Union Members in 2009," *News Release*, January 22, 2010, pp. 9 - 10.

本章小结

经济事项包括工资和各种不同形式的经济福利待遇（通常被称为福利包）。关于经济事项的谈判将耗费大量的时间，而且谈判结果将影响劳资双方对谈判过程的满意度。工作岗位之间的工资差别可归因于行业、职业和地理等几个因素。工作评估是用来决定工作岗位对组织的价值的一种方式，同时是保证组织内部雇员工资平等的一种方式。在劳动力市场上，为了吸引和保留合格的雇员，雇主还必须使本公司提供的工资和其他公司类似工作岗位提供的工资具有平等性。

除去基本工资，一些企业还提供个体或者集体工资激励，使雇员的工作绩效同组织目标的实现更加紧密地联系在一起。劳资双方的谈判者使用各种各样的标准来确定一个可接受的工资结构。通常能被劳资双方接受的标准包括工作岗位的特征差别、可比工资、支付能力、生产率和生活费。

因为谈判达成的劳动合同通常都是一年期以上的，所以劳动合同中一般都包含在合同期限内进行工资调整的规定。调整的形式包括：每小时增加固定金额，或者按照百分比调整工资；也可以按照生活费调整工资，比如消费者物价指数。有些合同中还包含工资重新协商条款，预先设定重开谈判的条件（比如达成了预定的销售目标）。

员工福利占到工会员工总报酬的39%，而占到非工会员工报酬的28%。员工福利多种多样，主要包括以下几种：保险费用、养老金、非工作时间工资（带薪休假、病假、节假日以及午休等期间的收入）、补偿收入（比如奖金、轮班津贴和加班收入）和法定要求福利（社会保障、工伤事故补偿金和失业补偿）。员工提高工资和福利的要求在谈判桌上由双方衡量，雇主将评判这些要求对企业开支以及竞争力造成的影响。由于不同的经营环境以及经济的全球化，协商谈判的影响在行业之间或者行业之内都可能产生不同的经济影响。

关键术语

劳动力密集程度	工作评估	工作分析
利润分享计划	收益分享计划	斯坎伦计划
拉克计划	共同分享计划	技能工资
工资差距	技术支付差别	双层工资计划
工资可比性	支付能力	劳动生产率
消费者物价指数	生活费调整条款	延期的工资增长条款
工资重新协商条款	前置合同	后置合同
均衡合同	一次性付清工资调整条款	《患者保护与平价医疗法案》
首选提供商组织	健康维护组织	高抵扣医疗计划
遣散费	补充失业福利计划	工作分享
加班费	轮班津贴	全岗工资
召集工资	养老金固定收益计划	养老金固定缴款计划
雇员持股计划	《养老金保护法案》	现金结存计划
《雇员退休收入保障法案》	风险保障计划	循级保障计划
《家庭和医疗休假法案》	预付法律服务计划	员工援助计划
教育学费资助项目	交通补助	儿童照看扶助
家用电脑	溢出效应	

讨论题

1. 选择一个公司内你熟悉的两个不同的工作岗位，列举有助于解释它们之间的工资差别的主要影响因素。

2. 公司的工作评估计划若想要取得成功，就必须在考虑公司内部因素的同时考虑外部因素。解释其原因。

3. 假定劳资双方正在谈判一个集体劳动合同，而且双方在工资差距方面没有取得一致意见——管理方希望向更多的雇员提供工资差距，而工会希望只给小部分雇员提供工资差距。即使劳资双方提出的工资差距的总成本相同，管理方为什么还应该谨慎处理工会的建议？

4. 在下面两种情况下，管理方和工会哪一方在工资谈判中处于强势地位？为什么？

(a) 高利润，市场份额扩张，经济形势较好，生活成本增长每年不足2%。

(b) 低利润，销售收入增长停滞，经济局势不确定性大，生活成本预计每年增长4%。

5. 假定一家公司用于支付雇员福利的成本占劳动力成本的38%，那么公司为什么不直接让工会来决定不同的福利种类（例如保险、节假日、带薪休假）的分配方案呢？这样公司不就可以不需要耗费大量时间和工会就每个详细、具体的条款进行谈判了吗？

6. 你希望被覆盖在哪种类型的养老金计划（例如养老金固定收益计划、养老金固定缴款计划或者现金结存计划）之中？为什么？

7. 工会可以在何种程度上利用医疗保险、养老金、儿童照看扶助福利以及因为家庭原因的请假等福利事项作为工会吸收更多工会会员的影响因素？解释你的理由。

8. 在雇员持股计划的框架下，雇员对自己拥有的股份都有哪些控制权？比如，员工有权在任何时候卖出吗？他们有权投票选举董事会吗？有权赞成或者否决企业合并或破产计划吗？

9. 对不希望降低生活水平的员工而言，提前退休（在62岁之前）是很好的选择吗？

案例7.1 形成有竞争力的工资结构

2007年3月，世界第二大电子消费品公司环城百货（Circuit City）宣布，为了削减劳动成本，该公司计划从店内4万名销售人员中裁员3 400名（9%）。该公司表示，裁员与员工本身的工作表现没有关系，只是裁掉工资比较高的员工，代之以愿意拿低工资的员工。一位被裁员工在采访中说，据他所知，他们商店工资率超过一定标准51美分的员工都将被裁掉。10周之后，被裁的员工还可以申请工作职位。此裁员计划以及其他节省开支的策略预计将为公司在2008财年减少1.1亿美元开支，在2009财年减少1.4亿美元开支。环城百货公司的管理层认为，该裁员计划可以增强它相对于百思买和无线电材商店等对手的竞争能力。据环城百货公司财务报告，该公司截止到2007年5月31日这一季度的销售收入下降了4.3%，经营一年以上商店的销售下滑了5.6%。

2009年1月17日，环城百货公司宣布，计划关闭567家商铺，裁员3.4万人。由于背负32亿美元债务，又无法找到买家，该公司只好在法院的指令下进入非自愿破产清算程序，立即清算资产，偿还债务。

◈思考题

1. 讨论环城百货公司降低劳务成本策略的优缺点。该策略将如何影响下列事项：降低商品和服务价格的能力，招募和保留员工的能力？

2. 环城百货公司的员工没有加入工会，没有签署特殊就业条款的集体劳务合约。如果该公司的员工是工会会员并且签署了集体劳务合约，公司的裁员计划将会受到怎样的影响？

3. 作为一家即将关门的公司的人力资源经理，公司将会指派你什么任务？

资料来源：Adrienne Fox, "Pulling the Plug on Circuit City," *HRMagazine*, 54 (6) (2009), pp. 58 - 64; Alan Wolf, "Best Buy, Walmart Took Circuit Share: NPD," TWICE: This Week in Consumer Electronics, 25 (9), (2010), p. 14; Ylan Q. Mui, "Circuit City Cuts 3,400 'Overpaid' Workers," *Washington Post*, March 29,2007, p. D-1; Doug Desjardins, "Circuit City Re-org Results in 3,400 Layoffs," *Retailing Today*, 46 (5) (2007), p. 3; "Circuit City's Harsh Layoffs Give Glimpse of a New World," *USA Today*, April 3, 2007, p. A-14.

案例 7.2 单方面暂停养老金固定收益计划

本案例中的医院（雇主）和护士工会已经保持了 20 多年的谈判关系。护士工会代表医院 250 名专业护士。现有的劳动合同从 2008 年 1 月 22 日开始生效，在 2011 年 1 月 21 日到期。劳动合同的第 9 章第 12 款是关于养老金和人寿保险条款的。

护士参与医院的养老金和人寿保险计划，此方面待遇参照其他医院员工：

(a) 自被雇用之后的第二个月的第一天起，兼职和全职护士都有权获得免费人寿保险计划。

(b) 兼职和全职护士工作满一年，年龄超过 21 岁，都有权加入养老金固定收益计划。正常退休年龄是 65 岁。但是，如果在 55 岁之后提前退休，该员工仍有权获得相对较少的福利。

2008—2009 年，股票市场暴跌，养老金投资的收益率很差，导致养老金计划短缺资金 1 470 万美元，无法足额偿付参加养老金计划的员工的福利资金要求。养老金法律允许公司在 7 年内筹够足够款项，补充短缺资金。除了集体谈判团体中的护士外，医院还有其他没有加入工会的医疗人员。医院管理人员内部讨论之后，医院宣布暂停全部员工的养老金福利支付。尽管这一暂停不会消除或减少已经累计的养老金福利，但会暂停新增养老金福利的累计，一直到暂停福利的决定解除。医院管理人员邀请工会讨论暂停养老金支付的问题。

在双方会晤过程中，工会认为，根据劳动合同第 9 条第 12 款的规定，如果员工达到要求，医院有义务支付员工养老金福利。既然劳动合同还没有到期，那么医院在没有工会首肯的情况下没有任何权利单方面改变现有合约条款。工会拒绝自愿进入重新谈判程序对养老金条款重新商谈，但愿意在下次新合约谈判过程中修改部分相关条款。

医院对工会拒绝立即就暂停养老金福利事宜进行谈判表示失望。医院管理层认为，只要养老金计划平等地适用于所有员工，根据劳动合同第 9 条第 12 款的规定，医院有权对养老金计划作出改变，况且，医院以前对养老金计划小改小动的时候，都没有同工会进行过商议。2010年1月2日，医院单方面向所有医院职工暂停养老金支付，包括加入工会的护士。因而，护士工会提起申诉，要求对医院的决策进行仲裁。

◈思考题

1. 当医院单方面在2010年1月2日暂停支付养老金计划的福利时，其是否违反了劳动合同第9条第12款的规定？为什么？

2. 如果医院的决策违反了劳动合同第9条第12款，其应当如何作出补偿？

3. 如果你是医院管理层的一员，你推荐医院对工会拒绝谈判的态度提起不当劳动行为诉讼吗？为什么？

案例7.3 医疗保险计划的改变

本案例的雇主经营设计、安装以及维修电话系统。雇员许多年来一直是工会会员。双方的劳动合同包含下面的医疗保险福利条款：

> 基本医疗福利，包含合理且惯常的费用；主要医疗福利，无限制最大限额福利；牙医福利计划；长期残疾福利。保险合约详细列示了这些福利，合约文件被保存在工会办公室中。

由于广泛的经济衰退和终端客户的丧失，公司连续数月利润下滑。6月份，管理层审时度势，决定实行裁减经营费用的策略。公司最高层的三位管理人员，同时是公司的拥有者，决定取消薪水，并裁减两位行政管理人员。

公司主要的资本来源于当地一家银行的贷款安排，允许该公司借入相当于应收账款80%的资金。应收账款是银行的抵押物，在客户付款之后，应收账款减少，应付贷款相应减少。公司获得新业务，增加应收账款，因而也可以获得更多的贷款来维持运营。公司当前的贷款将在9月1日到期，但是鉴于当前的财务状况，银行告知公司在9月末之前必须偿清到期贷款，否则将不再向公司发放新贷款。

几乎与此同时，公司现在的保险代理商通知：公司的医疗保险金上涨了40%，每月应缴费用达到2.8万美元。此外，由于公司以前迟交费用，保险代理商要求公司预先交付两个月的医疗保险金。公司董事长认为，公司已经难以支付上述资金，因而找了另一家每月只需缴纳2.2万美元的保险代理商。管理层要求同工会商谈，讨论新的医疗保险计划。

10月8日，双方举行了会谈，管理层向工会说明了新的医疗保险计划，双方只是在处方药福利方面产生了巨大的分歧。按照旧处方药福利计划，员工的处方药卡对处方药没有任何限制，但成本不能超过4美元。然而，新处方药计划要求员工预先支付一定的抵扣费用，报销费用只是原价格的80%。公司预计，处方药计划的改变可以为公司每年节省2.6万美元。公司管理层坚持认为，这些变化符合劳动合同关于医疗保险计划的条款。同时，公司董事长告知工会领导，管理层希望员工降薪20%，以使公司在报价方面更有竞争力。

工会代表问了管理方几个问题，但是公司管理层并没有给出全部答案。公司高管向工会代表提供了新保险代理商的名称和地址，并且建议工会直接向这个保险代理商进行详细咨询。工会官员后来与工会谈判单元成员举行了一个会谈，在会上提出了员工降薪 20%和更换保险代理商的建议。然而，员工投票一致表示反对公司的变化。他们担心在新处方药计划下可能拿不到足够的处方药卡。工会把员工的投票结果告知了公司管理层。

在知悉员工投票结果之后，公司董事长要求工会举行一次员工大会，由公司代表正确地向员工具体解释新的医疗保险计划。工会代表表示同意，但是要求工会人员也要在场。

在举行员工大会当天，由于忙于地方工会事宜，地方工会主席迟到了 25 分钟。他表示，当他到场时，管理方正在向员工解释新医疗保险计划，并且向员工分发新医疗保险计划登记表。工会主席在到场之后建议员工不要填写登记卡，因为工会还没有同意新医疗保险计划。公司董事长回应道，公司需要尽快作出这方面的改变，他已经决定推行新医疗保险计划，并且更换保险代理商。

◈思考题

1. 依你之见，公司管理方更换保险代理商的要求合理吗？为什么？

2. 依你之见，公司把处方药的大量成本转嫁给员工，员工对此投票表决拒绝的行为合理吗？为什么？

3. 工会的任务是把大多数员工的意见反映给公司管理方，还是为了与公司经营战略保持一致改变工会会员的观点？

4. 在没有同工会协商的情况下，公司有权擅自更换保险代理商吗？为什么？

案例 7.4　中断工资支付惯例

由于财务状况不佳，雇主三年来一直没有为员工加薪。1999 年 7 月，雇主推行新策略，为员工加薪。每位员工的加薪包括以下两个部分：(1) 按基本工资一定的百分比进行的加薪，这部分加薪每个员工都可以享受；(2) 绩效加薪，这部分加薪依据员工的工作业绩。雇主在为员工加薪时考虑以下几个因素：生活成本、公司现在和未来的财务状况，以及同行业其他公司员工的薪水。

1999 年 7 月 1 日和 2000 年 7 月 1 日，员工工资都提高了 3%，绩效工资增加的幅度从 0 到 2%。2001 年 7 月 1 日，员工工资都提高了 4%，绩效工资增加的幅度仍旧是从 0 到 2%。

2001 年 11 月，员工投票表决，加入工会。工会和公司代表从 2002 年 1 月开始协商第一份集体劳动合同。2002 年一年间，工会和公司代表举行了 16 次谈判会议，最后在 2003 年 6 月达成了最终协议。公司证实，管理人员曾经就 2002 年 7 月 1 日是否为员工加薪一事进行过讨论。公司律师建议不要为员工加薪，因为这一行为可能被解读为不当劳动行为。当认识到公司正在为员工评估业绩时，工会谈判人员询问管理方是否会按惯例于 2002 年 7 月 1 日给雇员们加薪。管理方谈判人员回复说双方正在就工资事项进行商谈。2002 年 7 月 1 日，员工向公司询问是否加薪，工厂经理表示：由于正在与工会谈判，当年暂停加薪。

由于公司于2002年7月没有为员工加薪，工会以公司涉嫌违背诚意谈判义务为由提起不当劳动行为诉讼。工会认为，公司每年为员工在7月1日加薪一事已成为惯例，不能随便更改；没有在2002年7月1日为员工加薪一事表明，公司管理方已经更改了议程惯例的就业条款，并且违背诚意谈判义务。工会从未同意公司暂停每年的加薪计划，双方也从未就此事进入善意谈判僵局。

公司一方坚持认为，按照《劳资关系法案》，公司不能单方面改变员工工资等强制性谈判内容。公司担心，如果在谈判中还没有就工资数量和工资发放时间谈妥，公司加薪就构成了单方面擅自改变员工工资。公司按照法律顾问的建议，在与工会谈判期间不给员工加薪。

◈思考题

1. 公司在2002年7月1日不根据惯例加薪是否违背诚意谈判义务？为什么？

2. 如果本案例的雇主违背了诚意谈判义务，员工有权获得补偿吗？如果员工有权获得补偿，国家劳动关系委员会如何确定补偿金额？

课堂活动

7.1 员工福利

说明：

A. 从员工的角度，对下面福利项目的重要性进行排序，排序从最重要的福利（排序1）到最不重要的福利（排序16）：

________员工援助计划
________养老金固定收益计划
________养老金固定缴款计划
________现金结存计划
________主要医疗福利计划
________人寿和事故死亡福利
________短期和长期残疾福利
________牙医保险计划
________预付法律服务计划
________儿童照看扶助计划
________教育学费资助项目
________交通补助
________补充失业福利计划
________带薪休假
________带薪节假日
________带薪病假

B. 列举影响A部分排序的重要因素（比如年龄、性别、现有工作、工作经验、婚姻状况、亲属数量、退休年龄或者其他公司待遇状况）。

C. 如果从雇主的角度对上面的福利重新排序，你会改变这些顺序吗？如果改变，怎样排序？为什么？

第 8 章 管理事项

我一直在思考刚才读到的几句话："由于大量外包的出现和研发投入停滞不涨，美国已经失去或者正在失去研发和制造许多高科技产品的能力……自 1980 年以来，大多数美国普通家庭的收入基本上没有增长。这意味着，美国经济并没有提高大多数美国公民的生活水平。在决定是否外包时，公司高管越来越紧跟华尔街和金融大亨的思维：聚焦核心竞争力，剥离低附加值业务，投入资本创新，创新是竞争优势的来源。"[1] 然而，问题在于：过分强调短期节省成本的策略，不仅导致重复性流水线工作的外包，还导致更加复杂的工程和专业工作的外流。因而，越来越多的人正感到没有真正的工作保障安全感。[2]

思考题

1. 当然，今天的美国经济中仍旧出现很多能力高超、积极向上的成功人士。但是，他们是例外，还是正常呢？

2. 美国人应该担心未来经济的竞争力吗？上文引述的语言不切实际吗？是不是杞人忧天？

3. 对于提高美国的竞争力，你有什么想法？你的想法正在被推行吗？

本书大部分章节都只是聚焦一个主题，但是本章阐述数个重要的管理事项，对工会和管理方而言，其中每个事项都会产生重要的经济影响，并且可以影响到工作环境。本章主要阐述以下五个方面：（1）技术变化及其对劳动关系产生的影响；（2）工作保障和资历；（3）雇员培训；（4）工作重组；（5）安全与卫生。

为了使公司效率最大化，管理人员在安排工作内容和工作计划的时候努力寻求更大的灵活性。当公司发生变化时，工会要千方百计保护雇员的工作岗位和工作权利。管理人员和工会对各自利益的追求将在本章中得到讨论。

一、技术变化和工作保护

技术变化（technological change）指的是在生产过程、材料处理和工作流程中发生的变化，该变化可能来自节省劳动力的机器设备的引进。**自动化**（automation）就是一种技术变化，进一步让机器设备完成以前需要劳动力完成的工作任务，从而操作人员被自动控制设备所替代。[3] 通过以下形式，技术变化能够给工作岗位带来很大的影响：改变工作任务或者要求雇员掌握关于新机器设备的新技能；改变工作速度或者工作计划；改变工作的特点（例如，面临安全和健康风险的程度，和工作伙伴的互动频率，管理者的监督程度，以及工作强度）。

使用新技术是在全球化竞争时代的背景下许多公司和国家获取竞争优势的一种方式与手段。但是通过新技术的引进而获得的竞争优势经常是短期的，不能维持很长时间。竞争者能够非常迅速地获得该技术，削弱第一个拥有该技术的公司或国家的竞争优势。"技术用以提升自动化水平，提高生产效率，减少劳动力的使用，同时使剩下的劳动力做更多的工作。"[4] 长期的竞争优势来自雇员以高效率的方式应用该技术的能力。这就要求雇员受过良好的培训，并且得到有效的激励。

技术变化一般发生在三个阶段：（1）发展阶段。在这个阶段，作出关于新技术的设计和结构的关键选择。（2）资源配置阶段。在这个阶段，不同的部门提出各自的要求，公司根据绩效标准进行评估。（3）执行阶段。在这个阶段，完成新技术的构建，投入使用新技术，并且在必要的时候进行修改。执行阶段通常也是工会参与进来的时候，因为新技术的使用影响到雇员的工作结构和内容，从而影响到雇员履行工作任务时的表现和绩效水平。使用新技术所带来的后果理所当然地就成为雇员关注的内容，顺理成章地也就成为代表雇员利益的工会的关注事项。[5] 新技术可能影响岗位数量、工作内容、薪资。工会试图保护受到新技术影响的工会会员的工作利益，主要通过以下方式：（1）谈判劳动合同（见后面对工作计划、电子化监督、外包和资历权的讨论）；（2）进行游说活动，反对或者支持某项立法，或者实施援助计划（见后面对《工人调整和再培训通知法案》的讨论）；（3）向雇员提供直接的服务（例如，职业咨询、推荐工作、短期经济支持、再培训、社会—心理支持）。

关于技术变化造成的影响，工会和雇主之间已经谈判了很长时间。现在大约有26%的劳动合同以某种方式强调了新技术的引进。只有17%的劳动合同规定在引进新技术之前应该通知工会或者和工会进行讨论，大约只有8%的劳动合同要求雇主对被新技术替代的雇员进行再培训。[6] 另外一份研究报告发现建立一个新工作制度的影响因素（例如，基于团队的工作制度、工作轮转、雇员参与、知识工资、利润分享或者收益分享）在大约或者少于1/3的集体劳动合同谈判中被讨论，而就这些谈判事项达成协议的仅占到集体劳动合同总数的9%～16%。[7]

这些低百分比数据部分归因于：根据现有劳动法的规定，新技术相关事项并不属于强制性谈判内容。[8] 只有在新技术推行之后，工会才能就新技术产生的影响等相关事项进行谈判。这意味着，工会在新技术使用事项方面只能采取被动的立场，而不能积极主动。许多人士批评法律不把新技术使用纳入强制性谈判内容。他们认为：允许工会就新技术相关事项谈判有利于使用新技术的员工把更多信息传达给管理层，让管理层更好地了解新技术的推进进度，提升员工对新技术的接受程度，这对工会和管理层双方都有利。[9]

有些公司选择新技术作为实现持续的竞争优势的战略，在该战略的早期阶段，这些公司确实看到了让雇员和工会代表积极参与的好处。[10] 雇员和工会代表陪伴工厂的工程师考察机器设备的卖主，评定新技术，以及提交公司应该采购何种类型的设备的建议书。公司采用新技术以后，雇员还可以对新机器设备的操作和工作流程的安排提出非常有价值的建议。当公司在新技术的发展阶段就向工会咨询时，工会更有可能同意公司使用新技术，而且工会还能够更好地劝说工会会员，让他们相信公司采用新技术将保护更多的工作机会。

约瑟夫·阿布德（Joseph Abboud）制衣厂坐落在马萨诸塞州贝德福德地区。该工厂的运作便是劳动关系双方协作推行精细制造体系的例子。该体系由工作团队和跨技能培训构成，既能保证衣服质量，又能准时送达零售商手中，价格相对也有竞争力。[11] 当地工会代表认为：由于来自进口服装的低价竞争，该工厂必须采取灵活的策略协商工作规则，以提高生产效率和销售量，使员工工资相对较高，同时能雇用更多的新员工加入工会。

通用电气设备和照明（GE Appliance and Lighting）公司已经宣布，计划投资 4.32 亿美元分别在亚拉巴马州、印第安纳州、肯塔基州和田纳西州建设四座冷冻产品设计和制造中心，创造 500 个新工作岗位。通用电气设备和照明公司首席执行官詹姆斯·坎贝尔（James P. Campbell）表示："如果这些工厂不降低成本、不提高生产效率，也就不会有这样的投资。新中心的建立、精益管理的推行，以及工会暂停工资支付、控制新员工工资的决定都表明美国制造业正在崛起。"[12]

密歇根州三河地区的美国轮轴制造（American Axle & Manufacturing）工厂便是劳资冲突导致劳资关系变更的一个示例。[13] 这个工厂 2008 年经过艰难的罢工之后，当地的工会决定从全国工会谈判集体中分离出来，单独与工厂的管理层协商谈判。管理层认为，新劳动合同中较低的劳动成本是公司能够扩展规模、增加产品种类（包括将以前外包给墨西哥的工作收回来自己做）的关键要素。在过去的两年中，新增业务已经创造了 24 个工薪职位、352 小时的劳动时长。公司和工会已经开展合作，引入精益制造体系和其他技术改善措施，使公司在全球市场中更有竞争力。同时，管理层也非常赞同员工对改变工作惯例抱开放态度，并且为员工提供每年 40 小时的培训，培养员工跨工种工作的能力，使工作任务分配更有灵活性。

国际机械师协会与有劳动谈判关系的几家公司建立了被称为**高绩效工作组织**（high performance work organization）的合作伙伴关系。[14] 高绩效工作组织这个项目旨在使雇主保有和创造工作机会的同时，可以使雇主增强竞争力，促进雇主业务的发展。在高绩效工作组织合作伙伴关系中，工会和管理方共担责任，分享信息，持续地培训工人，推行合乎公司需求的新规则，以使公司跟得上技术发展的步伐、保持全球竞争力（见下文的"劳动关系实践"）。除了国际机械师协会，其他一些工会也就技术相关问题与雇主进行协商。通用电气公司及西屋电气公司同国际电气工人兄弟会之间的劳动合同规定：公司有义务提前告知新技术以及相关的特别委员会和再培训，并且预先告知与操作机器人相关的安全措施。[15]

◇劳动关系实践

高绩效工作组织合作伙伴关系的原则

首先，工会和公司的领导层必须起草并签署一份合作协议，证明双方都承诺建立真正的合作伙伴关系，致力于在工作环境中推行有重大意义的变革。真正的合作关系遵循以下几个重要原则：

- 共同商定对公司竞争力有重要影响的事项，包括成本和工作程序等。
- 持续推行学习和技术能力培训，满足员工不断变化的教育需求。
- 使用领先科技，充分发挥员工的技能、知识和洞察力的作用；领先技术包括设备、新材料以及工作程序等，同时包括旨在稳定、增长公司业务和员工的劳动关系。
- 共同决定产品质量标准的制定和提高。质量对公司的发展至关重要。质量改善的标准包括满足客户需求的能力。
- 分享技术和财务信息。只有及时获取相关信息，双方才能有效地制定合适的决策。开诚布公地沟通有利于双方建立信任。
- 双方事先共同商定设计、原型开发、产品制造和行政等方面的成本。这要求公司拥有一个成本会计体系，能够计算分配在工作各个环节的成本。
- 公司管理层应该视工会为一个经由员工民主选举出来的独立组织。通过集体谈判，包括申诉程序的使用，劳资双方协商解决利益冲突，充分利用合作机会。
- 工会和公司管理层自愿倡导双方合作伙伴的理念，鼓励所有员工参与有意义的工作变革。
- 共同制定公司战略。战略计划应涉及现有业务以及新产品的研发，还包括未来发展的方向和目标。

资料来源：International Association of Machinists，*HPWO Components*，October 19，2009，pp. 1 - 3 at http://www. goiam. org/；International Association of Machinists，*HPWO Ten Steps*，October 19，2009，pp. 1 - 2 at http://www. goiam. org/.

虽然更多的公司设法让雇员参与技术变化，并且尽量使雇员能够适应新的技术，但是大多数公司在这方面还是没有采取什么行动。[16] 如果管理方和工会双方的谈判关系是基于相互不信任，或者双方的领导都不愿意发展一种更合作的关系，那么公司技术变化所产生的效果就会被削弱。一些一线管理者和中层管理者把公司向工人进行咨询的需要视为管理权威的缺失，因此他们可能反对把管理权转移到雇员身上。为了使工作中出现更多有效的创新行为，高层管理人员和工会领袖将不得不就双方的合作意向进行交流、沟通。

工会通常被描述为工厂中技术变化的阻碍因素，因为许多美国人都记得工会公开支持铁路消防队员保持柴油火车头，支持水管工人不使用塑料水管，支持民航飞行员拒绝驾驶员座舱里飞行员数量的减少以适应驾驶更先进的飞机的需求，或者支持新闻报纸行业的印刷工人拒绝使用电脑化的排版技术。工会被认为是希望制定复杂工作条例的谈判方，限制了管理人员管理工厂的能力和引进新技术的管理权。然而，一些工会明确地鼓励工作设计中的变化、技能培训、雇员参与决策、团队工作、收益分享、提高劳资双方的沟通以及更具合作性的劳动关系。[17] 实际上，工会通常都接受了“高工资，高生产率，低廉的劳动成本”的原则，把该原则视为工会会员保持收入增长和就业稳定的最佳办法。正如钢铁工人联合会主席约瑟夫·亨特（Joseph Hunt）所说：“我们必须使承包商更具竞争力以获得市场份额。如果它们没有工作，我们（我们的会员）就没有工作可做。”[18]

技术变化对雇员既能产生正面的影响，又能产生负面的效果，因此工会必须代表两种类型的雇员，在代表利益受到损害的雇员的同时，需要关注受到正面影响的雇员。一般而言，在美国，技术进步带来了更高的生产率、更高的工资、更短的工作时间和更高的生活水平，使许多需要人工处理的工作和危险性系数很高的工作消失了。[19] 技术进步带来了数不清的正面效果。例如：更少的努力能够生产更多的财富；机器设备能够完成人工不能完成的任务，而且更加稳定，生产效率更高，从而降低生产成本，使产品能够以更低的价格出售；技术进步能够提供更好、更舒适的工作条件，高强度的或者危险系数高的工作被减少到最低程度；一些工人的技能水平得到提高，因此得到更多的报酬。

技术进步虽然有正面影响，但是同时有负面影响，美国近年来就业难以增长的一个重要原因就是技术进步。在科技日新月异的背景下，就业岗位消失的速度大于其创造的速度，但是生产效率却没有降低。[20] 美国消失的就业岗位中只有一小部分（大约10%）被转移到了国外，比如外包或者在国外建厂（这些就业岗位被转移到了墨西哥、印度和中国等国家）。此外，由于大部分公司都采取了相同的策略，技术进步导致就业岗位减少的现象在发达国家普遍存在。

技术进步同时降低了一些工作的劳动强度和技术水平要求（**非技术化，**deskilling），降低了从事这些工作的员工的工资和工作保障。但是，在有些情况下，相较于技术熟练的操作员，机器人等高科技机械在适应未来不可预见情况方面较差。此外，技术的提高一般要求较高的资金成本，这些成本需要通过提高生产效率和降低劳工成本来抵消。假设所有同行业的公司都采取了提高技术的策略，此类产品的供给将如潮水般涌向市场，造成供给过剩的局面。供给大于需求，价格降低，企业收回技术投资成本的时间延长。如果一个企业在利率增加的市场环境下融资购买高技术装备，那么这家企业的境况将更加恶化。

技术的进步也让企业的监控手段“更上一层楼”。2007年美国管理协会和电子政策协会（ePolicy Institute）的一份针对304家企业的调查显示：84%的企业建立了有关电子邮件使用以及内容的规章制度，43%的企业对电子邮件进行监控，24%的企业在过去一年中对员工电子邮件使用不合规提起过诉讼。[21] 另一份针对526家企业的调查显示：只有刚超过一半（51%）的企业使用摄像头对偷盗、暴力和破坏公物的行为进行监视，

10%的企业使用以上手段对某些工种进行监控，而只有 6%的企业对所有员工都进行监视。[22] 以全球定位系统监控手机或者跟踪车辆的企业只有不到 10%。公司还可以使用高科技手段监控员工的电子邮件或其他电脑文件、员工位置、电话通话以及手机应用，还可以通过互联网记录员工的生产效率和工作活动，比如键盘敲击次数、错误率、完成工作所用时间以及离开工作岗位的时间。公司管理层还可以通过收集数据决定生产标准和工资，监督员工工作的速度和效率，或者根据企业制度对员工进行惩罚或开除。[23]

雇主认为，对员工的电子监控是客观评价其工作表现、提高生产率、阻止盗窃等非法活动、避免因监控员工不利而引发诉讼、监督安全措施落实以及制订未来业务计划的一个有效方法。但是，工会认为，电子监控只是工作表现评价的数量化手段，还可能会增加员工的工作压力、损害员工的自尊以及侵犯员工的隐私。有效保护员工在工作环境中隐私的法律基本上没有。雇主通常以“工作地的所有技术、设备和制度属公司所有，只能用于公司相关业务”的制度消极对待员工在工作环境中隐私的保护。[24] 大部分雇主都向员工告知公司的员工监督制度以及违反制度的惩罚措施。

工会通常在员工的压力之下与公司管理层就监控过程中隐私保护的事项进行商定。对有工会的公司而言，员工隐私保护是强制性谈判事项，工会谈判人员在谈判中应努力达成以下部分或者全部条款：

- 直接禁止公司不合理或者冒犯性监控活动。
- 事先告知哪些员工将会受到电子监控。
- 执行“警戒”条款。在员工受到监控时应该以可见光或声音提醒被监视员工。
- 禁止管理层收集与工作表现评价不直接相关的数据。
- 如果不涉及犯罪调查，不经过员工同意，公司不得公布监控员工的信息。
- 如果因电子监控引发工作压力过大或者相关疾病，员工可以获得相关医疗服务。

公司管理方谈判人员希望确保电子监控规章制度的执行：

- 明确告知员工：电子通信设备（比如电脑或者手机）绝不能被滥用于非职业或者不正当用途（比如种族歧视通话或者性骚扰）。
- 告知员工：工作职责必要的电子通信设备由公司提供，且是公司财产。
- 告知员工：在使用公司电子通信设备时，员工的隐私不能受到保护。
- 要求员工签署赞同协议，或者通过其他方法证明员工已经知晓并且理解电子通信设备使用规章制度以及违反制度带来的惩罚。

二、工作保障和人事变化

2018 年工作岗位的增长主要来自原有员工的离职或者退休，而不是新就业岗位的创造。从 2008 年到 2018 年，制造业就业岗位不断向服务业转移；相较于制造业，服务业（商业零售、通信、交通运输、金融、保险和房地产等行业）发展的速度较快，创造的新就业岗位也更多。[25] 发展最快的 30 个行业中有 17 个是专业行业及其相关行业，其中 7 个涉及医疗保健和科学技术。在这些行业中，近半（47%）要求高学历，至少是本科毕业。预计未来十年保持年增速超过 35%的职业包括生物工程师、网络系统和数据分析师、家庭护理师、个人和家庭护理助手、财务检查师、医师助理、生物化学家、生物物理学家、牙医以及理疗师助理。虽然重合的部分很多，新增就业最多的 30 个职业比发展最快的 30 个职业包含的群体更加分散。比如，服务员这个职业较上述 30 个职业的平均增速 10.1%慢，预计未来十年将创造 15.16 万个就业岗位，在创造就业岗位最多的 30 个职业中名列第 26 位。预计未来就业岗位最多的职业包括：护士，客服代表，食物烹调和服务人员，零售员，办公室文员，会计和审计师，高校教师，建筑工人，接待员和信息员，簿记、会计和审计职员，一线监管人员以及行政办公职员。

一些职业的就业机会未来不可避免地将会减少。[26] 这些职业或多或少地都与制造业或行政办公行业有关。技术创新是这些职业就业岗位减少的重要原因，技术创新能够使企业以更少的员工产生更高的生产效率。此外，低工资国家的竞争也是这些职业就业岗位减少的原因之一。大部分就业岗位减少的职业要求临时培训即可，没有一个要求学位高于本科学位。未来十年就业岗位减少的职业如下：办公室文员；农牧民；电话销售员；订货登记员；电子电器设备装配工；电脑操作员；机械师；数据录入员；纸制品设备安装、操作和看管人员；一线生产工人和监管人员。

工作安全条例

未来有一件事不会发生改变，那就是员工及其工会获得或者提高**工作保障**（job security）的愿望。本书有很多内容描述“江河日下”的“旧式社会契约”：为了换取员工优秀的工作表现和忠诚，雇主向雇员承诺工作保障，且定期增加工资、改善福利。[27] 为了在市场竞争中取胜，雇主需要灵活应对，削减劳动成本，推行“新式雇佣合约”，把不确定性和风险更多地转移给雇员以使雇员为了保住工作自觉提高技能。裁员、外包以及其他工作安排表明：现在的员工面临着越来越大的工作保障方面的不确定性。

确保工会会员工作受到保护、保证其工作岗位不因技术革新或不合理管理决策而被撤销是工会关注的重要事项。工会保障其成员工作岗位的主要方式便是同管理层协商谈判，这方面的谈判内容涉及工作保障承诺、分包合同、外包、工作分配及权限、工作计划和人事决策等。

工会安全条例是那些试图使工作更安全、可靠的规定，例如：通过限制最大工作量，让更多的雇员分担工作；限制雇员的工作任务；限制一个操作员照管的机器数量，并且要求拥有替补的操作人员。[28] 这种做法如果达到极端，就成了**额外雇工**（featherbedding）。额外雇工显示了“在某给定时期内为雇员承担的工作数量设置的不合理的限制……为不必要的雇员、不必要的工作任务支付的报酬，空闲职位，或者对已完成工作的重复。”[29] 这种行为被管理人员认为是非常消极的举措，而且被公众认为是对劳动力资源的浪费，因此工会被迫在全球化竞争的时代放弃或者严格限制对这种工作安全条例的使用，但是工会仍然有义务代替其会员谈判合理的工作保护。

当国会对《劳资关系法案》进行修正，并且增添第 8 条（b)(6）款时，国会试图帮助减少额外雇工现象。在第 8 条（b)(6）款中，国会禁止劳动工会“试图体现勒索的本质特征，促使雇主为或同意为那些没有履行或者将不会被履行的服务支付报酬或其他有价值的东西”[30]。工作量的限制给劳动关系带来了许多矛盾。从全面的（宏观的）视角来看，工会领袖同意技术变化对经济发展是必要的这种看法，但是从个人的（微观的）视角来看，即使在那些需要重大调整的地方，工会和工会会员也可能会反对技术变化。[31]

在劳动合同中提供工作安全的许诺对雇主和雇员都有好处。这样一个许诺可以激励雇员支持技术变化，鼓励雇主投资更多资金培训雇员，减少与雇员跳槽相关的成本费用，保留公司需要的核心技能，以及保持公司雇员的士气。雇员提高工作安全系数的一个方法就是基于劳资双方对彼此贡献的互相承认，同管理人员建立战略性的伙伴关系，共同提高公司在市场上的竞争力。[32]

雇员希望获得更高的工作安全系数，而雇主希望获得更大的灵活性，以及通过调整雇员工作量获得更大的成本效率。集体谈判就是工会和管理人员试图解决双方矛盾的方式与手段。包含在工作条例当中的一些普遍事项涉及下列几条：

- 工作内容分配：减少工作人员的规模，增加工作任务，或者消除不必要的工作岗位。
- 工作范围：合并一些工作，例如把技工、焊接工、索具装配工和锅炉修理工之类的工作岗位合并为一个工作岗位，或者允许临时工从事工作助手的任务。
- 工作时间：不提供休息时间或洗漱时间，灵活的工作计划安排，强制的加班政策，公司下班提前通知，或者对更多的工作时间仅支付通常的报酬。
- 工作资历：填补职位空缺、忙得不可开交和安排工作轮班时限制使用工作资历。
- 工作报酬：允许为知识分享支付报酬，实行收益分享，支付雇员遣散费。
- 培训：培训的数量和种类；接受培训必要的资格。

工会和管理人员代表必须在每次谈判关系中决定哪种形式的工作安全条例是最合适的。并不是所有趋于维持特定雇员级别的限制条例都是非法的。港口工人和装卸公司之间制定的工作条例不允许卡车司机与仓库管理员从距离码头 50 英里以内的集装箱卸货。这一工作条例得到了美国最高法院的支持，因为这是谈判双方在掌握充分信息的情况下自愿谈判的产物。设计这一工作条例的目的是保留一部分传统的码头装卸工作，而目前这一工作由于集装箱的广泛使用正日益减少。[33] 2002 年，太平洋海事协会的西海岸船员和港口工人延长罢工之后，通过协商，雇主获准在装卸和跟踪货物时实行新技术，但是国际港口工人协会也获得了公司在推行新技术的同时不裁减工作岗位的承诺。[34] 劳动协议签订之后，劳动生产率提高，每年全职工作 2 000 小时的工人平均工资可达 123 464 美元，西海岸港口的就业岗位也增加了。

2008 年，代表波音公司 27 000 名员工的国际机械师和航空航天工作人员协会发起了一场为期 8 周的罢工，这场罢工源起波音公司希望改变零部件送递程序，公司的这一改变将会影响许多员工的就业。[35] 按照惯例，零部件供应商把零部件卸到码头指定地点，波音公司员工在此地接收零部件，零部件进入仓储系统，然后由员工运往指定的流水线。波音公司希望改变这个惯例，让零部件供应商的员工直接把零部件运到工厂的流水线。此外，波音公司还希望在货板上使用射频识别系统，用以追踪库存，如果有必要，可以自动再定制新货物。虽然这些新举措将裁减一些就业机会，但是公司认为：因此失业的工人未来慢慢会被分配到其他岗位。工会是否相信工作岗位的重新分配、重新分配的岗位是不是比原有的差取决于谈判双方相互信任的程度。

如同大部分罢工一样，这次罢工以劳资双方之间的妥协结束，工会和管理层就广泛的议题（比如合约存续时间、工作保障和薪资福利）达成新的劳动协议。[36] 在工作保障方面，谈判双方同意：零部件供应商的员工可以直接把零部件运到指定的工厂内，由内部员工接收并分配送达。工会领导表示，保持控制哪些人做必要的工作保住了 2 200 名维修工和 2 920 名叉车司机与装运工的工作岗位。工作岗位外包仍可能是工会和管理层在未来谈判中涉及的重要议题。

闭厂、裁员和《工人调整和再培训通知法案》

1988 年，美国国会通过**《工人调整和再培训通知法案》**（Worker Adjustment and Retraining Notification Act）。之所以发布这部法律，是因为数据显示：许多雇主在关闭工厂或者进行裁员之前提前通知时间不到 14 天，甚至根本不预先通知。这部法律规定，员工超过 100 名的雇主在关闭工厂或进行大规模裁员（同一家工厂在 30 天内裁员超过 50 名，或者影响超过 50 名员工、比例超过 33%的裁员）时，必须提前 60 天告知当事员工（每周工作时间不足 20 小时的雇员除外）、工会、州政府和当地政府。[37] 2010 年发生了 19 564 起大规模裁员事件，致使 190 万人开始领取失业保险。[38] 但是，2009 年的裁员更加严重，这一年共发生 28 030 起重大裁员事件，280 万人因此不得不领取失业保险。2010 年失业的重灾区主要集中在制造业中，占 25%。失业人数最多的五个行业分别是临时救助行业、学校与企业公共交通行业、食品服务承包行业、中小学教育，以及视频剪辑制作行业。根据《工人调整和再培训通知法案》，劳资双方可以在谈判集体合同中添加提前 60 天告知重大裁员的条款。

虽然事实证明关闭工厂之前预先向工人告知能够降低受影响工人在转移到新岗位之前失业的可能性，但是许多企业仍然没有按照法律要求提前告知工人或者相关机构。[39] 一项调查显示，在受调查的 116 家企业中，45%在合约谈判时涉及提前告知关闭工厂的事项。[40]

企业没有按照《工人调整和再培训通知法案》的要求提前告知受影响工人或相关机构的原因涉及以下几个方面。[41] 尽管美国劳工部发布相关行动指南、鼓励企业预先告知，但一些企业可能还是没有意识到这一法律责任。实际上，法律本身的规定就有局限性。《工人调整和再培训通知法案》不适用于员工人数小于 100 名的企业，这使得许多受裁员工难以被事先告知。除此之外，《工人调整和再培训通知法案》还规定了许多不适用雇主的情况。[42] 比如，如果裁员影响超过 50 名员工，但是比例没有超过总员工数量的 33%，企业也没有法律义务提前通知被裁员工。为了克服以上缺陷，美国各州以及美属维尔京群岛发布了类似的法律。[43] 但是，这些州立法律无非是把范围扩大到了员工数量超过 10 人的企业，或者要求企业继续提供医疗保险或者遣散费、把补偿支付延长到比 60 天更长的时间。

《工人调整和再培训通知法案》还有一个缺陷：没有专门的联邦机构负责执行，而《劳资关系法案》就有专门的联邦机构国家劳动关系委员会负责执行。因此，雇员不得不耗时耗力、承担费用雇用律师来控告违反了该法案的雇主。根据《工人调整和再培训通知法案》，工会也可以代表自己的成员控告雇主以索取赔偿，提起这类诉讼的时间限制由州立法律规定。[44]

有一种情况，《工人调整和再培训通知法案》的规定与《劳资关系法案》是相互重叠的。1991 年，与达拉斯印刷工会以及投递员地方工会具有长期谈判关系的《达拉斯时代先驱报》（*Dallas Times Herald*）在新集体劳动合同谈判期间，就关闭工厂的传闻对工会进行积极的误导。当销售完成时，工厂被关闭了。《达拉斯时代先驱报》于是通知雇员和工会。国家劳动关系委员会判定，在《劳资关系法案》框架下雇员获得的赔偿与《工人调整和再培训通知法案》所要求的赔偿是分开的。因此，当雇主同时违反了《劳资关系法案》和《工人调整和再培训通知法案》时，雇主有责任向雇员支付赔偿。[45]

在严重的经济萧条中，美国大公司中有接近 40%裁员超过 20%。[46] 虽然企业常常把大规模裁员作为迅速降低运营成本的有效方法，但是越来越多的证据显示：这样的大规模裁员并不能在盈利、资产回报和成本等方面带来良好效果。[47] 这些企业并没有准确评估经济一旦恢复后替代员工的成本，或者过于相信招募新员工是一件很容易的事情。此外，大规模裁员通常打击员工的士气，增加未被解雇员工的工作压力和忧虑。

转包、外包和工作转移

如果公司认为自己不能履行成功经营所必须完成的所有工作任务，或者认为另外一家公司能够更好地或更廉价地完成公司所需要的工作任务（如警卫工作、自助餐厅服务、设备维修、零部件生产等），那么**转包**（subcontracting）（也叫作“合同工作外包”）的现象通常就会出现。**外包**（outsourcing）也是一种类似的方法，通过把工作从自己公司转移到低成本的公司（可能是美国国内公司，也可能是美国以外的公司），以及从这些生产商手中采购自己公司生产所需的零部件，公司能够实现削减成本的战略。**离岸外包**（offshoring）是相对较新的词汇，是指国内公司把一部分业务转移到国外（比如银行业务、信息科技、电子通信、工程设计、税务管理、医疗服务以及产品制造）。甚至，劳动纠纷仲裁程序行政工作也被外包给了第三方组织，比如美国仲裁协会。[48] 现在，与美国公司相关联的国际制造商部分或者完全被这些美国公司所有。2005 年的一份调查显示，接近 1/3 的高级管理人员表示他们的公司已经或者即将把一部分业务转移到其他国家，比如中国、墨西哥和印度。[49]

转包和外包有以下优势：降低成本（尤其是劳动成本）；提高盈利能力、生产效率和产品质量；提高经营灵活性、反应速度，以更小的资本风险更快地获取创新科技。[50] 虽然许多公司的外包或转包取得了良好成果，但是效果可能远远低于预期。邓白氏公司（Dun & Bradstreet）的一份报告显示，在刚开始的 2 年中，20%的外包出现失败，在 5 年之内失败的占比更是高达 50%。[51]

外包的公司经常会出现以下问题：丧失知识产权保护；有泄露商业机密的风险；不能及时地应对市场变化；员工担心工作保障；错误选择外包商，且对它们难以监控；外包商员工培训不足；对外包目标和评估没有清晰的计划。[52] 需要注意的一点是，外包、离岸外包或者裁员对剩下的员工造成许多不良影响，比如未来辞职率攀升、对工作表现和保障不抱很高期望。[53]

为了削减成本，汽车制造商扩大零部件生产外包规模，推行节约劳动力的生产体系，比如模块生产。模块生产是指：制造商把各个生产模块（比如仪表盘、汽车顶篷以及排气系统）拆分，并交给外部分包商组装，要求汽车制造商雇员仅参与这些模块的最终装配。[54] 对此，全美汽车工人联合会采取“两手策略”：一方面向汽车制造商施加压力延迟或者减少裁员；另一方面同其他社会组织合作，缩小三大汽车制造商和其他制造商的劳动成本差别。[55]

为了减少存货成本，许多公司实行即时存货控制体系。但是即时存货控制体系十分脆弱，一旦一个生产环节出了问题，整个生产流程就会停止，管理层不得不重视工人罢工等问题，和工会建立稳定的合作关系。波音公司分别在1995年和2008年曾因外包问题爆发了工人罢工事件。1989年，波音公司为确保未来竞争力开始执行全球外包模式。[56] 到1995年，波音公司全球员工减到6.2万人，预测飞机产量11年来达到最低。为了占领亚洲这个快速发展的航空市场，波音公司同意将部分业务转移到亚洲国家（有时这是飞机进口国家的强制要求）。比如，波音公司在亚洲某国有一家外包商S航空公司，这家公司拥有员工2 000人，每个工人每月平均工资仅为120美元，但是波音公司在华盛顿和西雅图负责飞机尾翼组装工厂的工人平均每月工资达到3 530美元。虽然波音飞机仍在西雅图最后组装，但是飞机机身、起落架等许多零部件在亚洲生产和进口。由于外包商零部件生产问题，波音787曾经多次延迟交货，付出了很大代价。[57] 波音787的订单远超之前的其他机型，原定于2007年8月交货，但是一直推迟到2011年才开始交付给买家。

外包对工会和管理层而言是一个容易多变且又非常复杂的谈判事项。工会往往千方百计影响管理人员的外包决策，保护工会会员的工作机会和经济利益。约50%的劳动合同中都包含限制公司管理层外包的条款。[58] 比如，如果拥有必要的设备和会员且能按时完成工作，工会一定会尽力阻止公司外包或转包。另外，工会也可能提议，如果工会能够证明工会会员能够以和外包商相当的成本完成工作，公司禁止外包和转包。工会还可能要求公司提供转包数量和工作类别的相关信息。此外，工会可能联手其他社会组织向转包商施加压力，改善其员工的就业条件（比如在外部公众的压力之下，迫使转包商提高工作待遇从而达到其不能承受的程度）。[59]

转包合同条款可能因行业的不同而有所改变，因为建筑行业和服装行业的工会并不像其他行业的工会那样，对转包行为设置那么多的限制。实际上，这两个行业工会还试图扩展集体谈判合同的规定，把转包商也包含进来。其原因是，在这些行业中转包的现象非常普遍。谈判单元工作的转包行为被认为是一个强制性谈判主题。但是，如果下列所有条件都得到满足，也可以不要求公司就该事项进行谈判：(1) 转包行为仅是因为经济因素；(2) 在该行业中，转包是经营业务普遍使用的一种方式和手段；(3) 现在转包的决定和公司以前作出的类似决定相比没有什么大的变化；(4) 转包行为对谈判单元雇员没有造成什么不利影响；(5) 对公司实施的转包行为造成的变化，工会得到过谈判的机会。[60]

同样地，仲裁员在转包事项中扮演着越来越重要的角色。在决定管理人员是否拥有把某些谈判单元工作转包出去的权利时，仲裁员可能考虑几个因素，例如劳动合同是否明确同意管理方有转包的权利，是否有证据显示公司以前存在转包行为，关于转包的事项双方以前谈判的历史，转包的预计持续时间，雇主在转包方面的经营权限，以及是否有证据证明公司存在反对工会的意图（例如，公司希望或者试图通过转包行为削弱谈判单元或工会的影响力）。[61]

如果雇主单方面决定把谈判单元工作转移到另外一个工厂，那么该雇主有责任和工会进行谈判，讨论工作转移的决定是否会涉及雇主经营性质的基本变化。[62] 为了避免谈判的责任，雇主必须证明：(1) 新工厂从事的工作和以前工厂从事的谈判单元工作有显著的不同；(2) 劳动成本并不是影响雇主工作转移的因素；(3) 代表谈判单元雇员的工会不能提供足够的劳动力成本让步来合理地证明改变雇主工作转移的决定是正当、合理的。即使雇主没有责任就工作转移的决定和工会进行谈判，它可能仍旧有责任就该决定对谈判单元成员的影响和工会进行谈判（例如，迁移权，遣散费，退休金）。[63]

即使雇主有责任就工作转移的决定和工会进行谈判，雇主也可以有诚意地和工会达成一个自愿的解决方案，从而完成自己的谈判责任，或者和工会陷入一个谈判僵局，然后雇主可以合法地执行工作转移的决定。这就给工会施加了很大的压力，使工会在制定建议时尽量采取一种合理的方法，从而改变雇主的感觉，使雇主觉得没有必要进行工作转移，否则工厂所有的工作都将受到影响。它还确保谈判努力不会拖太久，不会不必要地推迟公司运营的任何变化。

同样地，当仲裁员认为劳资双方已经在劳动合同中给工作转移设置了限制条件时，他们也会限制管理人员把谈判单元工作重新布置到另外一个工厂的权利。一般而言，劳动协议中可能包括下列标准的合同条款：(1) 一个承认条款，在谈判单元特定范围内承认工会作为雇员代表的地位；(2) 建立工作级别和工资率的条款；(3) 资历条款，包括裁员和重新召回程序；(4) 工作保障条款，限制解雇雇员或者消除工作岗位的情况。[64] 实事求是地讲，雇主通常是在具有合理理由的前提下与工会就工作转移及其影响进行谈判的。工会可以提供有帮助的建议或者某种程度的让步，使工作转移的必要性削弱。更重要的是，如果公司单方面实施了该决定，而后来该决定被判为非法的，那么公司将承担支付欠薪的风险。另外，在某些单独个案中，公司还需要承担极其高昂的成本，重新运行已经关闭的工厂。[65]

工作任务分配和工作权限

当工作技术、工作描述、工作材料或者工作程序发生变化时，如果雇员被分配来从事特定的工作或工作任务，那么劳动争议就有可能出现。通常在下列情况下容易发生劳动争议：(1) 在公司内部，有两个或者两个以上的工会代表不同的谈判单元，它们对特定的工作分配及其权限有不同的看法；(2) 谈判单元成员认为他们的工作被分配给谈判单元以外的雇员（例如一线管理人员）；(3) 对特定的工作分配，工会内部出现不一致的意见。这种关于工作分配的争议被称为**管辖权争议**（jurisdictional disputes）（见图表 8.1 以了解某个劳动合同中的工作权限条款）。

《劳资关系法案》修正案禁止工会参与或者鼓励实施工作中断以迫使雇主向某一特

定工会或者个人分配工作，规定工会的这种行为是违法的。为了在不当劳动行为的申诉提出 10 天之内解决管辖权争议，《劳资关系法案》提供了一个特别的国家劳动关系委员会程序。国家劳动关系委员会在解决这种类型的争议时考虑的因素主要包括：完成工作所需要的技能和工作经验；工会是否拥有国家劳动关系委员会颁布的证明；行业和地方实践；以前的仲裁决定；雇主的意图；成本效率以及把工作分配给特定的谈判单元或者个人是否具有效率。[66] 美国劳工联合会—产业工会联合会的建筑产业部同几个全国性的承包商协会曾试图避免国家劳动关系委员会的规定，它们采取的方法是成立一个全国性的联合委员会，该委员会的职责是考虑和决定建筑行业的管辖权争议案件。[67]

除非在指导性的、实验性的或者出现紧急情况的条件下，一些劳动合同要求谈判单元工作只能由谈判单元雇员来完成。在指导性条件下，管理人员做的工作和对谈判单元成员的指示、示范之间必须存在明确、直接以及紧密的联系。实验性工作包括介绍新技术、新方法或者新程序。紧急情况的发生是由不可预测的情况导致的，例如龙卷风、火灾或者电力储蓄不足，这些都要求立即采取措施。[68] 工会一般不会反对一线监管人员从事一些时间不过几分钟的暂时性工作，但是如果将会导致一些工人永久性地失去就业机会，那么工会一定会反对。

◇劳动关系实践

创造就业机会

能够降低失业率、增加居民收入的就业岗位在哪儿？驱动未来经济增长依赖的正是这些居民的开支。许多企业和工会领导人、政客以及平常人似乎认识到了创造就业的迫切性。但是，谁拥有详细的方案呢？资金从哪儿来？

福特汽车便是创造就业的典型案例。该公司投资 5.5 亿美元对现有工厂重新设计改造，以实现生产的灵活性，增加今天以及未来产品的盈利能力。(a) 位于密歇根州韦恩地区（在底特律附近）的福特汽车组装厂占地相当于 22 个足球场，拥有员工 3 300 名，其中许多加入了全美汽车工人联合会。工厂的改造旨在使这个工厂生产各种型号、大小以及不同动力（汽油或者电动动力系统）的汽车。随着汽油价格波动剧烈以及消费者偏好的多样化，福特汽车也要跟得上市场需求的变化。为了更具灵活性，机械和工人都要作出改变。要生产一辆汽车，工厂的 696 个焊接机器人不得不被重新编程，根据型号的不同识别各种零部件。协调近 4 000 个焊接工人不是一件容易的事情。当问题出现时，雇员负责识别并解决问题。管理层和生产工人之间的沟通交流显得越来越重要，也越来越频繁，以确保双方都知晓不同型号汽车和零部件之间的差别。流水线上的工人不能再像从前一样在一个工位上重复相同的工作。这意味着，现在的流水线工人必须能够识别出问题，并且主动提出解决方案，确保高质量完成工作任务。2010 年，福特汽车盈利 66 亿美元，是底特律三大汽车工厂中盈利最多的公司。

阿波罗联盟（Apollo Alliance）是另一个企业、工人、环境和社会领导人物携手创造就业岗位、降低能源成本以及解决气候变暖问题的典型案例。(b) 该组织的命名源于美国阿波罗登月项目，该项目以全国之力实现了伟大的目标。阿波罗联盟计划 10 年间投资 5 000 亿美元于清洁新能源（比如风力涡轮机、太阳能发电板和生物燃料），创造

500 万个就业岗位，通过改进设计和材料、使国家电网现代化以及改善转化系统（比如能效更高的交通工具），提高能源利用效率。美国预算开支的削减、企业缺乏扶持会不会使这个伟大的梦想夭折呢？

资料来源：

a. Chris Woodyard, "Ford Focuses on Flexibility at Its Factories," *USA Today*, February 28, 2011, pp. 1-4 at http://www.usatoday.com/ (accessed February 28, 2011).

b. Apollo *Alliance*, *Apollo Alliance*: *Clean Energy and Good Jobs*, October 1, 2008, pp. 1-7 at http://apolloalliance.org/programs/apollo-14/ (accessed February 5, 2011); Apollo Alliance, *Make It in America*: *The Apollo Clean Transportation Manufacturing Action Plan*, 2011, pp. 1-6 at http://apolloalliance.org/tmap/ (accessed February 5, 2011); "Broad National Coalition Launches' Make It in America' Campaign to Restore Millions of Manufacturing Jobs," *PR Newswire*, April 15, 2009, pp. 1-2 at http://www.proquest.com/ (accessed February 27, 2011); "Thinking Globally, Acting Locally on Energy Use," *Futurist*, 40 (4), July/August 2006, pp. 8-9.

工会之间的工作分配问题虽然没有其他问题那么重要，但是对地方工会领袖来说，通常却是非常敏感的政策问题。同一工会的不同成员之间就工作分配产生的矛盾可以引起很多问题，尤其是在那些拥有手工业工人和半熟练工人的行业工会。一旦公司的生产程序实现自动化，工作任务就可能从熟练工人转移到半熟练工人身上，这样就可能在工会内部会员之间引发情绪上的矛盾。例如，当焊接任务没有被包括在水管装配工的工作描述中时，管理人员让水管装配工从事焊接任务就可能导致劳动争议。

图表 8.1　　工作权限条款的示例

双方签署该协议的目的是保护谈判单元成员的工作。

雇主承认在使用外部搬运工以及/或者非公司卡车之前，在最大程度上使用本公司自己的机器设备和司机是非常重要的，而且符合雇主的意图。

工会承认在特定的条件下，例如根据顾客提出的要求、机器设备的要求、日常急件公文的遣送、文件处理以及类似的因素，使用外部搬运工以及/或者非公司卡车是有必要的，而且这种情况在该行业已经持续了许多年。

与上面的情况相一致，雇主必须决定工作设备的数量、类型和场所，以保持和公司业务要求的一致性。另外，在保持协调一致的公司行为的前提下，雇主必须决定在哪些领域内淘汰运行成本太高、过时或者严重损坏的机器设备。

在这些条件的框架下，雇主同意外部搬运工以及/或者非公司卡车的使用将不会成为一种托词，这种托词削弱了对谈判单元工作的保护。

在保持与上面一致的前提下，工会承认，只有在公司内部所有的卡车都已经派上用场之后，雇主可以在公司认为有必要的时候使用外部搬运工以及/或者非公司卡车。

为了解决这些矛盾，工会倾向于详细的、书面的工作描述，并且可以拒绝从事不属于工作权限范围的工作任务。但是，公司倾向于概括的工作描述，包含类似于“从事相关的工作任务”以及“完成较小的修理”的短语，以实现工作任务分配更大的灵活性。[69] 基于团队的生产制度鼓励混合技能的工作描述，并且鼓励雇员进行各种工作岗位的培训，因此在给团队成员分配工作任务时具有更大的灵活性。

工作计划

集体谈判合同经常需要处理工作计划事项，例如决定工作轮班的时间或者周期是以

1 天还是 1 星期为准。除非受到劳动合同的限制，管理人员有权安排雇员的工作计划。例如，管理人员有权临时决定停止生产运行，减少工作轮班的雇员数量，或者改变工作的天数。即使劳动合同中包含对管理人员安排工作计划的权利的限制，只要能够证明变动计划是出于善意，或者具有正当的理由，管理人员通常就可以在工作计划安排的实施中根据紧急情况作出变化，例如极端的天气状况、炸弹威胁或者国内动乱。自从 1938 年《公平劳动标准法案》实施以来，每周 5 天 40 小时的工作制已经成为各行各业的标准。该法案要求，如果雇员在同一个星期内的工作时间超过 40 小时就可以视为加班，那么每小时加班时间都可以从雇主那里得到该雇员平均每小时报酬 1.5 倍的报酬。

"自 20 世纪 70 年代以来，按照'标准'每周 40 小时时间工作的员工数量下降 10%，而相应地，加班和兼职工人数量在增加。"[70] 从上午 9 点到下午 5 点工作的工人数量在减少，越来越多的工人在早晨或者晚上也上班。全职工人中大约 1/3 可以在工作时间的安排上进行调整，但是每周工作时间总数不能改变。[71] 大约 20%的工人有夜班，而在周末加班的工人占比较小。

为了维护工会会员的利益，美国及其他国家的工会都越来越希望推行**弹性工作时间**（flextime）：只要工人每周工作总时间不变且在核心工作时间阶段（比如上午从 9:00 到 11:00，下午从 1:30 到 3:30）上班，允许工人自己按照需要决定工作的上下班时间。当出现招工难现象时，一些雇主利用弹性工作时间吸引求职者加入本公司。弹性工作时间旨在使工人满足工作要求的同时满足工人的个人需要。虽然弹性工作时间充分考虑了工人的个人需要，但是一些工作任务要求所有工人在同一时间出现在某一个地点，如果不能协调，工人必须按照要求执行工作时间的安排。[72] 兼职工人以及要求高学历的职业更可能享有弹性工作时间。在有工会的企业中，大约 32%包括关于弹性工作时间的条款。[73]

工作时间安排的另一种方式是**紧凑工作时间**（compressed workweek）：每周工作 4 天，放假 3 天，每天工作 10 小时，或者每两周放假 5 天，8 天工作 9 小时，1 天工作 8 小时。[74] 比如，国家财政雇员工会（National Treasury Employees Union）和美国食品药品管理局协商的劳动合同允许员工按照在 14 天中，9 天工作 9 小时，或者每周 4 天工作 10 小时（从早 6:00 到晚 6:00）工作时间上班。然而，一些人士担心，不规律的紧凑工作时间可能对员工的健康产生负面影响，比如慢性睡眠疾病以及下班时间"随叫随到"要求带来很大的压力。[75]

资历在人事变化中的作用

雇主通常都有权自由选择、雇用那些最适合公司空缺职位和最符合公司利益的劳动力。但是，一旦雇员已经被雇主雇用，并且安置到谈判单元的某个工作岗位上，雇主就必须遵守劳动合同中关于人事决定的规定，例如职位晋升、工作调动和裁员。**资历**（seniority）通常是公司用来决定人事政策的一个重要因素。自 20 世纪 20 年代开始，资历就一直在劳动关系中扮演一个关键的角色，主要根据领班的判断力（通常很随意、武断）而作出的人事决定开始被基于资历的人事决定代替。基于资历的人事决定影响了公司的报酬结构、职位晋升、工作调动、裁员以及重新召回的政策。[76]

资历通常是通过雇员在某一公司（工厂）、某一特定部门或者工作级别（例如，焊接工级别 1，焊接工级别 2）持续工作的时间长度而衡量的。资历可以被用来决定**福利待遇**（benefit rights）（例如，休假权利，工作计划）或者**竞争性工作权利**（competitive job rights）（例如，职位晋升，裁员或者重新召回，工作分配，工作调动，工作轮班优先选择权）。当资历被用来决定福利待遇时，应该按照同样的标准，从每个雇员开始进入该公司或者某个特定工厂的日期算起，计算每个雇员的资历。这个方法保证了公平对待每个雇员，使每个雇员都能够享受到符合公司规定的福利，而且该福利和雇员在公司内从事何种类型的工作没有必然联系。

决定相互竞争的雇员当中哪位有资格获得职位晋升或者工作调动体现了另一个问题，因为在决定竞争性工作权利时，工作能力是一个非常重要的考虑因素。在通常意义上讲，管理人员倾向于在部门或者工作级别的基础上计算雇员的资历，以决定竞争性工作权利。这种计算方法更倾向于认为最有资历的申请者将最适于从事该任务，并且这种计算方法还能够消除其他部门的雇员提出劳动申诉的风险。如果劳动合同允许**替换权利**（bumping rights），那么高资历员工在裁员中可以要求获取另一部门低资历员工的职位。尽管管理层不能确定是否能够胜任工作，高资历员工仍旧可以要求试用一段时间，来证明其可以胜任工作。

大部分劳动合同都包含资历相关的条款，解决如何累计资历、资历在哪些方面使用以及资历如何失去（比如裁员、没有应公司的要求重新工作、擅自旷工以及在旷工期间接受其他公司的工作）等问题。对大多数工会会员而言，资历非常重要，管理层基本上很少反对为资深员工提供一些福利或者工作保障。同时，资历是评价员工的一个客观标准，也是非工会企业考虑人事决策的一个影响因素。[77] 同其他地区相比，北美洲的公司更经常在升迁或裁员决策中考虑资历。[78] 仲裁员在决定纪律处罚和解雇员工决定是否合理时，也把申诉人的资历纳入考虑减轻处罚的因素。

一些人士认为，精简人员、外包、合并、日益增加的全球竞争以及不断降低的工会密集度等增加组织不稳定性的因素削弱了雇主对资历的重视度，同时降低了雇员对雇主的忠诚度。[79] 现在，进入劳动力市场的年轻员工未来可能不断变换工作，更换雇主，使得雇主日趋减少对资历的考量。其他一些人士认为，资历对高比例新进入劳动力市场的员工（比如女性和少数民族职员）是一种歧视，按照以资历为标准的“后进先出”，这部分人群更可能被解雇。[80] 许多州政府现在面临财政紧缩，不得不解雇教师等公共职员。如果资历是决定裁员的主要衡量标准，那么拥有较多低资历教师的表现不如人意的学校将不得不面对职员更高的流动性。[81]

在某些情况下，工会和管理方同意在劳动合同中包含一个资历规定，即**超资历**（superseniority）。该规定宣称，直接参与合同谈判或申诉处理的高技能的技术雇员或者工会官员将是公司最后一个失业的人员（不管其实际工作年限）。该规定通过确保合同谈判的技术人员及可能解决公司劳动纠纷的申诉处理技术，使公司能够保留核心技能，同时促进稳定的劳资关系。

资历在决定职位晋升和工作调动时也起着重要作用。职位晋升指的是某一组织内的人事变化，即把某位雇员提拔到负责更多事务的职位上，通常还伴随着该雇员薪水的提高。虽然不同的劳动合同对工作能力和工作资历的关注程度不一样，但是几乎所有的职位晋升规定中都依赖工作能力和工作资历这两个因素来制定人事政策。虽然资历可以被简单、客观地计算出来，但是对工作能力的计量就复杂得多了。工作调动规定指的是从一个职位到另外一个职位的人事变化，通常这两个职位拥有相对平等的权利、责任以及报酬。工作资历和工作能力通常也是决定工作调动的两个因素。

在作出职位晋升和工作调动的决定时，通常使用4种基本类型的资历条款。下面就是这些条款的内容，以及劳动合同中大约有多少比率分别使用这些条款：

(1) 资历是唯一的决定因素（5%）。

(2) 在满足最低工作要求的所有雇员当中，资历将成为决定因素（49%）。

(3) 如果最有资格的候选人在工作能力方面相对平等，资历将成为决定因素（40%）。

(4) 工作能力和资历将得到同等考虑（2%）。[82]

在制定职位晋升和工作调动的决策以提高潜在的生产率时，管理人员通常倾向于更多地考虑工作能力，然后才考虑工作资历。工会通常对管理人员这样的做法表示抗议，因为工作能力的准确计量是如此复杂、最困难，所以重点应该放在保证每位候选人都有资格有效率地从事该工作，并且在所有这些符合条件的候选人当中，资历是用来决定哪位候选人当选的客观方法。只使用资历来决定职位晋升和工作调动的资格是最客观的，而且在管理上也是最简单、最方便的，但是这样不能保证资历越高的雇员越适合于从事该工作。工会会员和管理人员都有自利动机确保有能力的个人在谈判单元中任职，因此工作能力一直是决定裁员或晋升的一个要素。在比例很小的劳动合同中，工作能力和资历是同等重要的。仲裁员作出过决定，当资历相对接近时，使用工作能力作为决定因素是合理的。如果候选人之间的资历相差很大，那么资历差的候选人必须具备更高的工作能力以弥补资历上的不足。[83]

从事某项工作的能力包括一些可测量的因素，例如相关的工作技能、知识、态度、行为、工作绩效、工作速度以及生产率。测量这些标准最常用的技术包括测试、工作经验、教育程度、生产记录、工作绩效等级、性格特点、缺勤率、迟到次数以及处罚记录。[84] 因为这些标准的每一项都可能在某些方面受到限制，同特定的工作要求联系不是很紧密，所以雇员资格的决定通常只基于几项标准。

虽然雇主有权建立任何正当的标准来评估工作能力，但是职位晋升标准以及工作绩效标准属于强制性谈判主题，因为它们可能直接影响雇员的经济利益和工作保障。职位晋升以及裁员决策必须遵守劳资双方的劳动合同中的标准。选择和绩效评估标准及方式也必须遵守“雇佣选择程序统一指导原则”，该指导原则覆盖了种族、性别、国别以及宗教信仰歧视。[85] 另外，劳动合同规定本身也必须是非歧视性的，或者不能保留以前的歧视性行为。

虽然职位晋升和工作调动程序不一样，但是绝大多数劳动合同都要求把职位空缺保留一段时间。这样一来，可以允许感兴趣的雇员在该段时间内竞争空缺职位。同时可以在劳动合同中制定其他与此相关的规定，以防止可能出现的管理问题。例如，劳动合同应该阐述雇员是否可以把原来的资历带到新的职位上，或者是否只有经过一段特定的时间后才能够保留资历。其他规定应该详细说明：如果雇员调出谈判单元或者被提升到管理职位，那么该雇员是否还可以继续保留自己的资历，或者将失去资历。一些合同可能规定：在试用一段时间后，如果被晋升雇员不能成功胜任新的岗位，该雇员可以在不失去先前累计资历的同时回到之前的岗位。管理层可能极力反对这样的劳动合同条款，因为重回之前的工作岗位可能引起连锁反应，因为被晋升雇员之前的岗位已经有了新提拔的人员。

大多数工会和管理层的劳动合同规定，要按照裁员先后相反的顺序召回员工。这意味着，通常后裁员的高资历员工更可能优先被重新召回。资历逐渐成为影响裁员决策的主要因素。但是，这有一个前提：高资历员工必须能够胜任新工作。

45%的劳动合同要求雇主在关闭工厂或重大裁员之前必须提前通知（比如提前1～5天）。[86] 如本书前文所述，根据《工人调整和再培训通知法案》，雇主必须提前60天告知受影响各方关闭工厂或重大裁员的决策。无论在制造业中还是在非制造业中，工会化企业的裁员比率仅比非工会化企业稍高一些。[87]

代替裁员的一些选择性方法包括：工资冻结，工资削减，通过工作规则的变化提高生产率，生产新产品，正常磨损和招聘冻结，自愿离职，提前退休，削减工作时间，轮流停职，重新布置工作，以及**工作分享**（work sharing）。这些都是削减劳动力成本的方式和手段。工作分享的可能形式是，两个或者更多的雇员分担一份工作，每个雇员工作较少的时间。大约6%的劳动合同中存在工作分享的规定。[88] 工作分享协议通常都强调这种方法只能在一段特定的时期内实施。工作分享使雇主能够保留公司全部劳动力的技能组合，因此能够保留公司在雇员身上花费的培训投资。同时，工作分享还可以防止雇主缴纳的失业补偿金的税收比率上升，因此被许多雇主认为比保留一部分雇员、裁掉另外那部分雇员的方法更加公平。在2001年“9·11”事件之后，该方法被成功运用于服务行业，以保留酒店餐馆雇员工会代表的主要雇员。[89] 雇主如果没有和工会陷入谈判僵局，就不具备实施工作分享安排的权利，除非这种行为在劳动合同中得到允许（例如在管理权条款中）。[90]

管理中决定工作资历的法律事项

由劳动合同保证的工作权利可能和雇员的合法权利相矛盾。在管理决定中（例如职位晋升、裁员）使用资历的做法已经成为司法系统关注的焦点。在一些案件中，有证据表明少数民族雇员被限制在一些不利于发展的部门或者工作岗位上，而且这种行为还试图保留以前的就业歧视。[91] 国会特别承认了对资历制度的保护，制定资历制度的目的不应该是为了实施种族歧视、性别歧视以及其他类型的歧视。尽管那样，资历制度的实施可能倾向于保留对某些雇员的不同待遇。[92] 对某个非法的资历制度的适当补偿包括向遭受歧视的雇员授予可追溯的资历。

虽然美国最高法院鼓励自愿、积极的行动计划，但是最高法院也支持白人雇员的控诉。[93] 例如，白人雇员可以控诉他们的雇主，主张相反的种族歧视，宣称公司根据一个由雇主和少数民族雇员双方同意的行动计划拒绝了对白人雇员的职位晋升，而把晋升机会留给了资格比白人差的黑人雇员，以解决黑人雇员的歧视申诉。

一个积极的行动计划为了达到化解以前的歧视行为的目的，而对某一特定类型的雇员（例如，少数民族）采取一种偏爱的态度，这并不意味着该计划是非法的。雇主和工会之间经过谈判而达成一个自愿、积极的行动计划，以提高少数民族在劳动技能培训计划中的参与程度。美国最高法院支持该计划，因为双方建立该计划的意图是合法的，该计划将仅持续一个特定的时期，而且它不会不必要地伤害非少数民族雇员的利益（例如，没有非少数民族雇员因该计划而失业，以及50%的培训机会被非少数民族申请者获得）。[94]

在某种程度上，最高法院对雇主裁员过程中的积极行动计划的看法与前面有所不同，因为裁员造成雇员失去工作以及永久失去收入的可能性，从而给受该计划影响的雇员的利益带来更大的伤害。美国最高法院在一个判决中指出，在为以前的歧视性行为制定补偿的过程中，法院只能给歧视行为的实际受害者提供"具有竞争力的"资历（比他们实际工作时间更长的服务年限）。[95]

在有些公司的裁员程序中，雇主可能会使用种族偏爱的措施来保护少数民族雇员。最高法院限制了这种行为，即使雇主使用的程序属于劳动合同中的一部分。[96] 为了保证有足够的少数民族教师教育少数民族学生，一个教育委员会和一个教师工会同意裁员应该基于资历，但是必须保证少数民族教师的百分比不低于目前注册的少数民族学生的百分比。在实践中，该裁员程序导致了更多高资历的非少数民族教师被裁掉，而低资历的少数民族教师却被保留。法院承认该劳动合同规定代表了一种积极的行动计划努力。但是，该规定不能被执行，因为社会普遍存在的歧视行为不是一个充分的强制（执行）理由，缺乏详细的证据证明该教育委员会和工会实行过歧视行为，所以不能证明在裁员程序中使用特殊的补偿方法（例如，种族偏爱）是正当的。法院提及，通过建立未来少数民族雇员招聘目标和时间表，该劳动合同规定的目标就可以实现，而不会对现在雇员的利益造成不利影响。

对雇主和工会双方来说，适应资历制度和采用积极的行动计划代表着棘手的两难困境。假定雇主近些年来增加了女性和少数民族成员的就业人数，那么在公司的资历目录上，应该是更多的非少数民族雇员和男性雇员朝着目录的顶端上升，而更大比率的少数民族和女性雇员应该往底端下降。如果雇主不得不裁掉一些雇员，根据典型的"最后雇用，最先解雇"的资历规定，少数民族和女性雇员将受到更大的影响。如果使用这种资历规定，公司的裁员行为能够抹去雇主在雇用更多少数民族和女性雇员的积极行动计划中取得的大部分成绩。如果雇主无法提供裁员的正当理由，被裁员工可能以某种歧视为由拒绝雇主裁员的决策。[97]

1990年的**《美国残疾人法案》**（Americans with Disabilities Act）要求雇主在考虑资历的同时，适当调整，对残疾人优先考虑。工会代表谈判集体中的残疾工人和正常工人。由于大多数劳动合同中不包含《美国残疾人法案》的法律条款，遵守《美国残疾人法案》是雇主在雇用工人时的义务。然而，雇用之后的升迁、调动、裁员和重新召回等人事决策都应该遵守《美国残疾人法案》。根据《美国残疾人法案》，如果残疾人能够"基本胜任工作"，雇主应该作出**合理调整**（reasonable accommodation），优先考虑残疾人。因而，如果在人事决策或者工作的调整方面优先考虑残疾员工不会造成"不可克服的困难"，雇主必须优先对残疾员工作出调整。

最高法院裁决，如果残疾员工要求的工作调整（比如分配到某一工作任务）与其他员工的资历冲突，这样的调整一般不认为是"合理的调整"。[98] 工会有法律义务既代表谈判集体中的残疾成员，又代表谈判集体中的其他成员。工会组织应将《美国残疾人法案》相关谈判事项告知其会员和非会员员工。[99] 这是劳资双方建立互信合作关系的一个标志，借以更好地以公平、非歧视的方式解决相关问题。

三、雇员培训

美国在全球范围内的持续的竞争优势依赖于该国人力资源良好、有效的组织方式。未来的许多工作要求工人具备高水平沟通、数学、组织和交往能力。2010 年，在美国公民中，高中水平以下的占 12.8%，高中学历占 31.0%，大专学历占 26.1%，而学士学位及以上的占 30.0%。[100] 大专学历以上教育水平的占比在过去 30 年中几乎增加了一倍。[101]

尽管美国工人的教育和培训水平有了很大改善，但是雇主现在仍旧经常提到工人技能和工作要求不匹配的“技能缺口”问题。[102] 康宁公司全球制造高级副总裁唐纳德·麦凯布（Donald McCabe）曾经表示，许多地方的求职者能够完成合格测试的占比不到 50%。[103] 美国管理协会的报告显示，36%的求职者不能满足其所申请工作要求的数学和阅读能力。[104] 面对如此情况，为了保持未来的竞争优势，雇主对雇员的培训和再培训则显得尤为重要。

美国公司每年大约花费 530 亿美元对其员工进行培训。[105] 公司可以对员工进行正式而系统的培训，比如学徒培训、新员工上岗指导、安全与健康培训、基本技能（比如阅读、数学和计算机）培训或者特定岗位培训。公司也可以提供非正式的培训，比如在岗培训或者老员工教导。正式培训通常与大规模公司、高绩效工作文化（比如完全质量管理和团队精神）、资本密集型技术以及高教育水平联系密切。[106] 同高流动性公司的员工相比，低流动性公司的员工更有可能获得培训。[107] 如果雇员流动性过高，培训收益难以超过培训成本，公司则不愿意提供培训。由于工会化公司的员工流动性一般较小，工会会员能够更经常接受特定岗位或者技术培训，进而提高劳动生产效率。

绝大多数公司都提供一种或者几种正式的培训；但是，培训的具体类型和培训的数量因行业的不同而有所改变。[108] 最普遍的正式培训类型包括雇员上岗引导、安全和健康培训、工作技能培训以及工厂实践培训。公司提供的最普遍的工作技能培训包括销售技巧和处理客户关系、管理技能和使用电脑的技能培训。虽然工会化企业和非工会化企业提供给每个雇员的全部培训时间相差很少，但是同非工会化企业（28%）相比，工会化企业提供的正式、系统的培训时间的比例更高（36%）。[109] 在工会化企业，更多的雇主愿意投资正式的培训项目，这可能反映了工会化企业的雇员在同一企业的服务年限更长（43%的工会化企业雇员在同一企业服务 10 年或以上，而只有 23%的非工会化企业雇员拥有同样的服务年限），从而使正式培训投资更具有成本效率。

美国的公司现在认识到，它们正面临着一个培训的困境，因为技术进步和全球化竞争要求公司拥有高技能的雇员。除去建筑行业的工会（它们很长时间以来都提供学徒培训），美国的其他工会都保持传统的做法，即把培训事项交给管理人员处理。在建筑行业中，与公司单方面推行的项目相比，工会和管理层共同主导的学徒项目拥有更高的完成比率和妇女、少数族裔更高的参与率。[110]“许多工会认识到，建设知识型员工队伍是促进经济发展和工作保障的重要战略。”[111]

近些年，工会开始积极回应管理层推行新工作计划的决策，比如持续改善产品质量、提高生产效率和客户服务水平。针对1997—2007年到期的劳动合同的一份调查显示，其中覆盖854 803名工人的154份合约（占比15%）包含关于高绩效工作计划的条款。[112] 2010年针对雇主的一份调查也显示，其中18%的劳动合同包含职业发展计划的条款，13%涉及再培训内容。[113] 工人接受足够的培训以满足未来技术发展的要求，以及培养未来必要的技能，对关切成员经济利益、生产率改善和工作保障的工会而言至关重要。

工会长时期一直与管理层合作，为员工提供培训项目。譬如，全美汽车工人联合会与福特、通用和克莱斯勒等汽车公司共同为员工提供旨在提升技能水平和教育水平的非常有益的培训项目。其中一个培训项目是带薪休假教育项目（Paid Education Leave Program），此项目为生产和行政员工提供领导力培训，以便他们能够积极地参与汽车行业未来的经济变革。[114] 全美汽车工人联合会、美国钢铁工人联合会、美国通信工人工会与服装纺织和酒店餐馆雇员工会这四个工会，联合美国劳工联合会—产业工会联合会乔治·米尼劳动研究中心和美国劳工部，组织成立劳工领导力培训学院，旨在培训员工协作管理的技能。美国钢铁工人联合会与14家钢铁、橡胶企业共同成立职业发展学院，为工会会员、工作时间被压缩员工或寻求技能提升的员工提供量身定制的培训项目。在旧金山，酒店餐馆雇员工会与12家酒店协商投资300万美元，为员工提供职责扩大、决策制定以及技能发展方面的培训。美国劳工联合会—产业工会联合会亚拉巴马州劳工培训学院和威斯康星州劳工教育培训中心等劳工组织积极为满足工人提升技能需求而斡旋。[115]

一些专家呼吁企业、工人、政府以及教育机构发展着眼于未来工人职业发展的项目或计划。[116] 美国科学委员会也呼吁共同致力于科学、技术、工程和数学等方面人才的识别与培养，以保证美国经济的繁荣发展。[117] 创新并不是偶然发生或者“只靠运气”的结果。创新需要大量培训、逻辑思维和刚毅坚韧的共同作用，还需要毫不迟疑地提出问题的好奇心、创造性天性的发挥。在政府削减开支的背景下，对决策者而言，区分哪些地方必须投入以及哪些地方投入几乎没有回报将对国家十分有益。

四、工作重组

工会和公司双方正在改变雇员工作的性质。[118] 虽然这些**工作重组**（work restructuring）计划以不同的形式出现，例如雇员参与计划、交叉培训、多技能或者自我管理的工作团队，但是它们都涉及给雇员分配工作任务的传统办法的重大改变。例如，一个工作团队可能包括5～12名多技能的工人，他们共同合作，生产一件完整的产品，同时只需要最少数量的一线管理人员。工作团队的方法减少了管理人员的层级，同时摧毁了各个部门间行政官僚作风造成的障碍。它要求雇员提高自己的技术水平和交际能力。有些工作团队不仅在工厂基层获得了更直接的发言权，而且承担了一些管理任务，例如安排工作计划和假期、招聘新成员以及采购原材料。这些计划释放了雇员的无限能量和创造性，并且提高了雇员的尊严，使雇员拥有自我价值实现的感觉。另外，这些计划在许多公司取得了相当大的成功，例如通用电气、冠军国际（Champion International）、朗讯科技和哈雷戴维森摩托车等公司。

美国劳工部和安永会计师事务所的一份调查报告指出，美国公司已经发现在雇员和雇员创新战略上投资是能够获得利润回报的。[119] 当这些方法和雇员培训以及雇员授权计划一起实施时，能够获得更大的效果。这份调查报告还发现，采取积极的雇员发展和参与计划（例如技能培训和基于工作团队的管理）的公司，获得的生产率回报比没有实施这些计划的公司明显要高出许多。

虽然创新型工作计划对公司业绩会产生积极影响，但是影响程度有多大、持续时间有多长仍有待考察。[120] 一项调查显示，许多高绩效工作计划实际上拉大了公司内部员工的工资差距。其他一些研究也显示，这些工作计划可能加大员工的工作压力。[121] 一些工会会员一直抱有这样的成见：相较于高绩效环境中劳资和谐的关系，恶化的劳动关系更能为员工获取更大的经济利益和权利。许多公司的所说与其所行不符，它们虽然表明员工培训和参与的重要性，但是却不投入资源和资金践行其承诺。

工作重组的一个主要努力，尤其是在金属行业，就是单元化生产的发展。提高产品质量的需要促使公司认识到，传统的、适合批量制造的功能性设计成本太高，而且技术已经过时。单元化生产的一个特点就是把一批不同的机器设备放置在一个很小的、细胞样的车间里面，只生产某个特定的零部件。单元化生产要求高技能的雇员，并且这些雇员通常还要对自己的工作感到很满意，因为他们的工作任务多种多样，并且承担的责任也更多。单元化生产通常是和即时存货控制技术、雇员参与计划联系在一起的。在单元化生产过程中，雇员获得从事新工作任务所需的技能培训，需要承担更多的责任，抛弃陈旧的习惯和思维方式，并且通过工作团队参与更多的工作决策。单元化生产并不是一种反工会的策略，并且美国的工会愿意积极地参与到这些创新活动中来，使它们的公司变得更具竞争力。工会对公司创新活动的参与和支持能够减少雇员对单元化生产的抵制。[122]

五、安全与卫生

劳动合同通常都包含职业安全与卫生条款。该条款包括的事项有：公司对安全与卫生事项的保证（64%）；联合建立的地方劳资安全与卫生委员会（50%）；保护性服装的规定（41%）；安全条例（36%）；安全与卫生需要报告制度（31%）；急救和医疗设备（24%）；为安全与卫生争议制定单独的申诉程序（23%）；劳资双方共同参与工作环境评估和研究（23%）；拒绝从事危险工作的程序（22%）；联合建立的对危险工作进行沟通、评估的劳资委员会（22%）等。[123] **《职业安全与卫生法案》**（Occupational Safety and Health Act）于1970年通过并实施，许多劳动合同中的安全与卫生条款都是由该法案制定的安全与卫生标准引致产生的；同时基于其他一些原因：在工作环境中新出现的生物、环境以及化学危险（例如艾滋病、累积性损伤）；日益提高的医疗服务成本以及对防护性卫生保健的更深认识；雇员和律师对职业病日益重视，并且更多地付诸法律手段。

在《职业安全与卫生法案》的框架下，雇主最重要的任务就是向每位雇员提供良好的工作环境，使雇员远离已经公认的可能引起疾病、伤害或者死亡的危险，并且遵守美国劳工部采用的所有职业安全与卫生标准。美国职业安全和健康署（劳工部下属机构，负责执行《职业安全与卫生法案》）是一个相对较小的联邦政府机构，拥有不到 2 500 名审查员，管理范围包括 750 万个工厂、超过 1.3 亿名工人。[124] 职业安全和健康署副秘书长戴维·马什博士（Dr. David Marsh）曾表示："职业安全和健康署的工作必须有针对性，合理使用已有资源。其中一个方法便是针对性监管和处罚。即使这样，处罚力度仍然不足。严重违反职业安全健康相关法律法规的最高罚金只有 7 000 美元，只相当于其他联邦机构罚金的一小部分。比如，违反《南太平洋金枪鱼法案》的最高处罚达到 35 万美元。相同地，导致员工身亡的雇主处罚力度很轻，最严重的处罚仅为监禁 6 个月，但是袭扰野驴却要严重得多，可以判刑达到一年"。[125] 为了解决现有法律处罚较轻的问题和缺陷，奥巴马政府执行"三管齐下战略"：（1）紧密审查有违反职业安全健康相关法律法规历史的雇主；（2）根据已有法律，加大罚金处罚力度；（3）曝光职业安全健康相关法律法规劣迹斑斑的雇主。

2009 财年，职业安全和健康署审查了 39 004 个工厂，发现 87 663 起违法案例。[126] 其中 120 起的罚金超过 10 万美元。根据《职业安全与卫生法案》第 18 款，各州及地方可以自行推行职业安全健康项目，推行标准至少达到联邦政府标准。[127] 康涅狄格州、伊利诺伊州、新泽西州和纽约州等四州，以及维尔京群岛都有只针对公共部门员工的职业安全健康项目。这些项目的最高 50%经费由职业安全和健康署担负。这些项目首先必须由职业安全和健康署审批通过，并且受联邦政府监督。联邦以及州政府的职业安全健康监管一般主要针对工作伤害和疾病频发的行业或企业。通过合伙和合作项目，职业安全和健康署与企业、工会组织共同提高旨在保护员工安全健康、遵守相关法律法规的意识。

2009 年，私营部门报告了 330 万个非致命性伤害与疾病案例，平均 100 名全职员工报告 3.6 个案例，延续 2003 年以来的下滑趋势。2003 年，相关数据的收集方法发生了改变。[128] 与 2008 年相比，制造业非致命性伤害与疾病案例下降 23%，建筑行业下降了 22%。导致非致命性伤害与疾病案例下降的因素包括：雇主改善安全健康措施；经济萧条致使工人工作时间减少；数据收集过于依赖雇主，雇主出于自身利益考虑可能瞒报非致命性伤害与疾病案例。

对加强安全健康法律（比如 2009 年提议的《美国工人保护法案》）的一些批评人士认为，非致命性伤害与疾病案例下降证明现有的法律法规已经足够保护工人的安全健康利益。[129] 然而，美国劳工联合会—产业工会联合会等工会组织一直支持奥巴马政府采取更严厉的安全健康法律，支持通过设定安全健康问题解决标准强化对工人的保护。[130] 在许多工会组织看来，每个工作场所平均每 137 年才能被劳工部职业安全和健康署审查一次，每 63 年才能被州安全监督部门审查一次，从而安全健康过于依赖雇主的自觉。

2009 年初步数据显示，相比于 2008 年 4 340 个死亡案例，2009 年工作死亡案例下降 17%，平均每 10 万名工人出现 3.3 例。[131] 私营部门死亡工人占 90%，其中两个行业占比最大：建筑行业（18.8%）和仓储物流（13.3%）。

国会技术评估办公室（Congressional Office of Technology Assessment，OTA）的一份研究报告指出：普遍来讲，职业安全和健康署以"切实可行的准确性"已经有效地执行了规范任务，而且雇主遵循《职业安全与卫生法案》所花费的实际成本通常要少于该机构起初估计的数目。[132] 之所以比预计费用低，一个原因就是雇主为了满足《职业安全与卫生法案》的要求，通常在生产设施和工作环境的技术改造与现代化方面作出很大努力。例如，该报告指出，雇主为了满足《职业安全与卫生法案》中关于乙烯基氯的标准而花费的成本比职业安全和健康署预先估计的数目低 25%，而满足关于棉尘的标准花费的成本要低 33%。

雇主必须允许审查员进入工作场所，进行审查（尽管雇主可能要求审查员提供搜查令）。根据《职业安全与卫生法案》的规定，雇主必须贴出通知、提供设备以及保持记录。[133] 雇员有权拒绝从事对自身安全构成严重威胁的工作。[134]

《职业安全与卫生法案》的一些法律条款适用于所有行业，而对特定行业也有额外的标准。[135] 比如，雇主根据要求必须能够让雇员获得公司保存的医疗记录或者雇员接触有毒物质的相关记录。一般而言，职业安全和健康署不强制要求雇主评估雇员接触多少有毒物质或者对雇员进行有毒物质医学检查。但是，如果雇主保留了相关记录，雇员便有权要求雇主提供这些记录。

第二条标准要求雇主在无须雇员支付成本的前提下提供必要的个人保护性设备。这条标准包括一些最普遍的项目，例如保护性头盔、视力和听力保护设备、加硬鞋头的靴子或者向焊接工提供的护目镜。危险性工作沟通标准要求制造或者使用原材料的雇主在所有载有危险品的容器上贴上标签，包括张贴一张物品安全标签以告知顾客该物品的性质和正确使用方法，同时要求雇主培训雇员，使雇员在工作场所中能够认识、正确处理或者避免接触危险物品。第四条标准要求雇主（除非在某些特定的低风险行业，例如零售行业、保险行业以及金融行业）保存一份受伤/疾病记录，记录程度比较严重的与工作相关的受伤/疾病情况。例如：不仅需要急救，还需要更多医疗救治的严重损伤或疾病；失去知觉、昏迷不醒；失去的工作时间；或者雇员调动到另外一个工作岗位。

2010 财年导致职业安全和健康署调查的最常见的 10 个因素包括：脚手架；坠落防护；危险交通设备；呼吸道保护；楼梯；锁定/挂牌；电力布线方法；工业用机动车辆；电源电压常规要求；机械防护。[136] 如果职业安全和健康署出台一个新标准，企业的人事管理一般会受到很大影响。[137] 比如，职业安全和健康署的标准能够影响员工培训、监督和控制程序，还可能要求企业在职业范围或岗位职责的安全健康方面作出调整。企业为了自身利益一般反对出台新的安全健康条例，它们的理由如下：企业认为新条例没有必要；执行成本太高；没有科学证据证明新条例能够促成要求的“安全水平”；执行起来比较烦琐。在职业安全和健康署提出新安全健康标准之后，公众，包括涉事各方，都有权对新标准提出修改意见。

另外一个有争议的与安全和卫生有关的事项是由美国最高法院判决的。最高法院规定，公司不能禁止女性从事那些对未出生的胎儿可能有危险的工作。[138] 法院解释该决定时说，关于孩子未来幸福和福利的决策必须由孩子的父母来决定。许多工会和女性团体对一个汽车电池制造商约翰逊控制设备公司（Johnson Controls Inc.）的政策提出了质疑。该公司规定，如果女性雇员有生育能力，就不让这些女性雇员从事那些接触到铅（铅是该电池制造商的主要原材料）的工作。这些质疑者成功地辩护说该公司的政策歧视了女性雇员，因为她们被公司阻碍进入那些高报酬的工作岗位。为了减少雇主承担潜在责任的可能性，质疑者建议雇主向雇员完整地告知该工作可能涉及的风险。

1991 年约翰逊控制设备公司的判例允许工人自己决定是否从事有潜在危险的工作，这个判决结果与 2002 年最高法院雪佛龙公司诉伊查贝尔（*Chevron USA Inc. v. Echazabal*）的判例相冲突。在第二个案例中，最高法院判决，根据《美国残疾人法案》，如果工作任务对残疾人有害，雇主不能被要求作出合理调整，以使得能够雇用残疾人。[139] 该案例中的求职者患有肝病。雇主认为，尽管该名员工有在其他炼油厂工作的经历，但是化学物质对这个求职者构成了直接的健康威胁。法院表示，在雇主雇用一个残疾人之前，即使该求职者知晓并愿意承担风险，为了雇员的健康考虑，雇主可以不必执行职业安全和健康署的行政命令。

本章小结

本章主要论述了管理事项的五个主要范畴——技术变化；工作保障和人事变化；雇员培训；工作重组；安全与卫生。每一个领域都存在许多重要的因素，可能被劳资双方商定并且成为劳动合同的一部分。

技术变化是一个动态的经济系统中的一个根本影响因素；技术变化的定义非常广泛，包括的内容非常多，例如引进节省劳动力的机器、动力驱动的工具以及自动化的装载设备。虽然工会通常都接受技术变化是不可避免的观点，但是它们试图在劳动合同中制定一些规定，以保护工会会员现在的工作岗位，确保恰当的薪资以及未来的工作安全。

两个相关的事项，工作保障和人事变化，对劳资双方都提出了挑战。通常，工会会设法通过谈判工作量限制、管理人员的转包权、具体的工作任务和工作权限、工作重组和工作计划安排等事项来保护工会会员，获得对工会会员有利的条件。在作出人事决定（如裁员、晋升、工作调动）的时候，资历是一个关键的影响因素。雇员喜欢客观的资历决定，而且通常认为长期努力工作应该得到奖励。劳资双方必须确保只有符合要求的雇员才能被安排到工作岗位上。作为人事决定的标准，资历和工作能力的适当平衡是谈判要解决的一个主题。在人事调整的决策过程中，除去考虑劳动合同中的因素外，雇主和工会必须考虑平等就业机会委员会的规定以及法院的规则。

在经济全球化的今天，雇员培训已经在保持竞争优势方面扮演着越来越重要的角色。工会和雇主一样，花费大量精力向雇员提供培训，使雇员的技能能够适应工作重组的要求。通常是管理人员主动发起工作重组，但是工会的合作对圆满完成这种计划具有举足轻重的作用。虽然有一些工会不情愿参与到管理人员的计划中来，但是在许多工会中，主要的障碍已经被突破了，例如全美汽车工人联合会和国际机械师协会。

自《职业安全与卫生法案》于 1970 年通过以来，安全与卫生事项已经变得越来越重要。管理层与工会在安全和健康方面有实实在在的合作利益。近几年工作场所事故和疾病发生频率降低的原因在于：逐渐认识到防灾的潜在利益；政府、工会和管理层之间在改善工人安全健康方面实现了更好的合作；联邦和州政府在此方面的法律越来越完善。

关键术语

技术变化	自动化	高绩效工作组织
非技术化	工作保障	额外雇工
《工人调整和再培训通知法案》	转包	外包
离岸外包	管辖权争议	弹性工作时间
紧凑工作时间	资历	福利待遇
竞争性工作权利	替换权利	超资历
工作分享	《美国残疾人法案》	合理调整
工作重组	《职业安全与卫生法案》	

讨论题

1. 我的雇主监督我的电子邮件和计算机使用记录，并且通过手机 GPS 追踪我所在的位置。此外，我经常在正常时间之外接收到工作相关的短信或者语音邮件。这些信息本可以在第二天上班时间传递给我。因而，我基本上在工作之余也没有私人时间做自己喜欢的事情。你有什么建议可以减少这样的工作压力？怎样才能在享受自己私人时间的同时不让雇主认为自己对工作没有上进心呢？

2. 挑选一个你熟悉的行业或者公司，并且假定你是地方工会主席。关于技术变化，你将和雇主谈判哪些类型的条款？

3. 讨论外包或离岸外包的优缺点。今天市场中的工人可以期望一定的工作保障吗？给出解释。

4. 讨论把资历作为工作调动或加班安排考虑因素的优势和劣势。

5. 解释为什么工会在人事决策方面看重资历，而雇主则更重视工作能力。根据你对管理层评估员工的经验，你确定管理层能够按照员工的业绩评估员工吗？

6. 哪一方应该为建设安全健康的工作环境负责？哪一方应该为此负担开销？是雇主、工会、雇员还是政府？

7. 本章阐述了数个工作时间安排制度（比如兼职、弹性工作时间以及紧凑工作时间）。你理想的工作时间安排是什么？如果希望获得这样的工作时间安排，那么你应该具备什么样的学历或者教育水平？

案例 8.1 因脸谱评论而被解雇

贝蒂·纳尔逊（Betty Nelson）是爱达荷州雷德芬地区（Redfern，Idaho）第一急救服务公司（First Alert Medical Response）的一名医务技术人员。一天，在同主管的谈话中，主管要求纳尔逊就其最近的客户服务投诉写一篇事故说明报告，而纳尔逊要求在写这篇报告之前咨询工会代表，主管没有同意她的这个请求。晚上下班回到家之后，纳尔逊在自己的脸谱（Facebook）个人主页上发表了一些关于其主管的负面评论。比如，她在主页上这样写道：看起来我得歇息一段时间了，不知道公司怎么让一个“17”来当我的主管（“17”是其医疗服务机构对精神病人的代号）。这些评论在被同事读到之后，纷纷被他们“点赞”。接着，纳尔逊又对其主管发表了更多的负面评论。

通过一些不具姓名的渠道，公司知道了纳尔逊的负面评论，暂停了纳尔逊的工作，在查实之后，把纳尔逊解雇了。公司的解职信引用了《员工手册》中关于员工博客和互联网使用的相关规定：禁止员工散布对公司或者主管人员不利的言论；禁止员工在未经管理人员同意的情况下发表诋毁公司的不良言论。

对此，纳尔逊的工会代表向国家劳动关系委员会提起公司涉嫌不当劳动行为的申诉。工会认为，纳尔逊有权在其脸谱主页发表评论，这是她个人的“言论自由”。员工有权与其同事谈论就业情况或条款，即使这些言论可能对公司不利。工会还表示，公司主管驳回纳尔逊见工会代表的请求也涉嫌不当劳动行为。此外，工会认为，公司依据博客和互联网相关规定解雇纳尔逊的理由太过宽泛，公司此举限制了其自由使用脸谱等即时通信的权利。

思考题

1. 雇主有权根据员工的言论解雇员工吗?

2. 如果你是该公司代表，当国家劳动关系委员会地方官员询问你是否同意自愿和解时，你是自愿和解还是坚持召开正式听证会进行裁决？给出解释。

3. 公司是否因解雇纳尔逊、拒绝其会见工会代表的请求或者执行太过宽泛的互联网相关规定而涉嫌不当劳动行为?

案例 8.2　外包工作

火箭发动机公司（Rocket Motor Corporation）与 17 个地方建筑行业工会签订了项目劳动协议，在该公司的制造工厂中建设改造项目。按照项目劳动协议，工会同意不从事罢工、怠工以及其他暂缓工程项目的行为，不参加其他劳工组织的任何工人抗议示威。火箭发动机公司同意雇用这 17 个工会的成员所在的承包商或转包商。项目劳动协议还规定，如果劳动协议的解读和执行出现了任何争议，仲裁是最终的有法律约束力的解决方案。

博尔顿工程（Bolton Engineering）公司是火箭发动机公司雇用的一个承包商，帮助火箭发动机公司在工厂改造机器。这两家公司的劳动合同规定：博尔顿工程公司遵守项目劳动协议。实际上，博尔顿工程公司只派遣了几个监管人员，现场施工任务交给了拥有工会的分包商。但是，大部分金属焊接任务外包给了两家非工会化的分包商，工作任务也不在现场完成。所有在工作现场之外的地方焊接完成的设备最后由工会会员在施工现场安装完成。

钢铁焊接工工会 82 地方分会（Local 82 of the Steel Fabricators Union）了解到：博尔顿工程公司在工作现场之外完成焊接机器，但是这些焊接任务本可以交给现场施工的钢铁焊接工工会 82 地方分会的会员。按照现有的劳动协议，钢铁焊接工工会的焊接工人平均每小时工资为 20.73 美元，但是场外非工会工人的工资每小时只有 9 美元。钢铁焊接工工会 82 地方分会的领导层认为，博尔顿工程公司雇用工资大幅少于工会会员的工人，违反了项目劳动协议。由于双方没有自愿达成和解，钢铁焊接工工会提起申诉，最终诉诸仲裁。钢铁焊接工工会希望博尔顿工程公司赔偿损失 160 万美元，这个数额正是两类工人的工资差额。

思考题

1. 博尔顿工程公司应该遵守其没有直接签署的、包括劳动争议最终由仲裁解决的条款的项目劳动协议吗？

2. 项目劳动协议如博尔顿工程公司所愿只适用于工作现场的工作，还是如工会所说也适用于场外的工作？

3. 工会推行工作保留条款（以经济条件鼓励公司把工作留给现场工作的工会工人）合法吗？

4. 同意工会的工作保留条款对企业而言有什么好处吗？

案例 8.3 有争议的安全奖金

鲍勃·戴尔（Bob Dale）和萨姆·布雷迪（Sam Brady）是杰克逊运输公司的卡车司机。杰克逊运输公司是一家无工会的从事州际商务运输的公司。该公司为阿珂姆钢铁公司（Acme Steel Corporation）提供物流服务，把其生产的钢铁线圈从工厂运往其客户手中。戴尔和布雷迪就从事这样的工作。

为了鼓励卡车司机安全驾驶，阿珂姆钢铁公司推行了一套安全奖励项目：卡车司机每安全驾驶一小时，阿珂姆钢铁公司向其所在公司奖励 1 美元。此外，阿珂姆钢铁公司强烈鼓励其所雇企业把奖金发放给司机。

对于安全奖金的处置，杰克逊运输公司把奖金的一半（50 美分）发给司机，而剩下的一半（50 美分）用于购买安全设备以及举办每年一度的圣诞节聚会。从其他公司卡车司机的口中，戴尔得知其他公司把奖金全数发给了司机。这令戴尔很气愤。他认为，雇主杰克逊运输公司也应该把奖金全数发给他们。他还与其他雇员交流了其看法，包括布雷迪。

12 月 9 日，戴尔告诉布雷迪：他正要去会见阿珂姆钢铁公司工厂经理菲尔·库克（Phil Cook）。布雷迪不希望置身事外，与戴尔一同前往。在会面中，戴尔向库克诉说了杰克逊运输公司没有把奖金全数发给员工，表达了自身的不满。但是，库克表示，他并没有控制奖金分配的权力，如果有不满，可以向杰克逊运输公司的管理人员直接反映。会面大约持续了 15 分钟，之后戴尔和布雷迪两人走出了库克的办公室。两人走后，库克打通了杰克逊运输公司经理 R. C. 里德利（R. C. Ridley）的电话，向其说明了刚刚发生的一切。

12 月 19 日，里德利在一名保安的陪同下把戴尔带离阿珂姆钢铁公司的工厂。里德利向戴尔表示：因为涉嫌组织工会，他已经被调职了，阿珂姆钢铁公司要求戴尔离开其工厂。戴尔回应道：他们根本没有试图去组织工会，更没有同任何人谈论过这样的事情。里德利表示，将会对此展开进一步调查。

同一天（12月19日），里德利在一名保安的陪同下把布雷迪也带离了阿珂姆钢铁公司的工厂。里德利向布雷迪表示：在戴尔和库克谈论安全奖金事宜时，布雷迪也在场，必须调离。布雷迪表示：他之前并不知道戴尔要谈论什么内容。

12月27日，里德利通知戴尔，为了公司的利益，他已经被解雇了。公司在给戴尔的解职信中写道：他已经无法在阿珂姆钢铁公司履行工作职责，因而被公司解雇。布雷迪也被解雇了，公司给他的解职信也是这样写的。之后，戴尔和布雷迪向国家劳动关系委员会提起申诉，控诉杰克逊运输公司涉嫌不当劳动行为。他们认为，杰克逊运输公司对他们的解职违反《劳资关系法案》，是对他们的歧视。

◈思考题

1. 对戴尔和布雷迪的解职违反《劳资关系法案》第8条（a）（1）款和（a）（3）款吗？如果违反了该法律，应该如何补偿？

2. 杰克逊运输公司保留一半安全奖金的决策违法吗？

3. 如果你是杰克逊运输公司安全奖金事项的一名顾问，你推荐公司以购买安全设备和圣诞节聚会等缘由保留一半安全奖金吗？为什么？

第9章 解决谈判僵局与经济压力的使用

这一直都是钱的问题！有时，谈判涉及的尊严、公平和平等也很重要。但是，归根结底都是钱的问题。为什么得出这样的结论？在六个月之前，公司劳资谈判看起来简简单单。公司的市场份额和利润都蒸蒸日上。公司的劳资关系已经维系了许多年，双方领导层彼此熟识，但是现在却剑拔弩张。如果提出的建议不被采纳，工会一方威胁罢工。然而，管理层针锋相对，如果条件不满足，威胁将封锁工厂。公司的建议和工会的相反的建议意味着改善到期的劳动合同条款。双方的分歧主要在于对未来公司利润和增长的不同认识与预测。双方都根据自己一方的预测提出谈判提议。现在距离罢工时限还有6小时。管理层一方应该如何应对？如果最终妥协，是不是软弱的表现？但是，如果6小时过后，公司管理层还不妥协，那么公司的一切都可能发生变化。

◈思考题

1. 现在的一些合约存续时间可能长达数年（5年或者10年）。依你之见，这样长的存续时间对签约双方而言风险是不是太大？

2. 在合约非常长的存续期间，谈判双方可以通过什么方法避免未来不确定时间对自己一方造成的利益损害？

3. 如果在罢工或工厂封锁时限之前，一方最终妥协，是应该理解为软弱，还是应该理解为诚意？一方的解读会如何影响它对谈判提议的反应？

劳资谈判在通常情况下并不会引致罢工。2010年，涉及1 000名以上雇员罢工的事件只出现了11次。相比之下，2009年更少，只出现了5次，创历史最低纪录。[1] 过去十年中，罢工或工厂封锁的持续时间还不到工作总时间的0.01%。但是，媒体却经常大篇幅地报道这样的事件，并且忽略经济压力策略在最终达成谈判结果中的重要作用。

本章首先介绍涉及第三方的僵局解决程序，比如调解、事实调查和利益仲裁。同时，本章还介绍经济压力策略（比如罢工、工厂封锁、一致抵制和抗议示威）在自愿解决谈判纠纷中的实际应用。

一、有关中立第三方的僵局解决程序

通常来说，谈判双方都试图解决谈判僵局。谈判僵局可以发生在合同终止日期之前，也可以发生在该日期之后。在某些情况下，劳资双方的官员需要第三方来帮助推动谈判过程或者最终解决谈判双方之间的分歧。有关第三方对谈判僵局解决的程序主要包括以下三种：**调解**（mediation）、**事实调查**（fact-finding）和**利益仲裁**（interest arbitration）。

调　解

工会和管理层的冲突在大多数情况下并不需要引入中立第三方解决。1947 年，根据《劳资关系法案》，国会设立**联邦仲裁与调解局**（Federal Mediation and Conciliation Service）。这一机构设立的主要目的是通过调解、协商和仲裁尽量减少或者阻止劳资双方之间的纠纷。在 2009 财年，该机构处理了 4 800 起集体谈判纠纷，案件遍布各个重要行业。[2] 调解是最常见的中立第三方利益纠纷解决机制，联邦仲裁与调解局在 18 个地方分支的协调下，秉承国会促进和谐劳资关系、促进自由商业贸易的宗旨，其阻止工厂停工的工作为美国每年带来了 16 亿美元的经济收益。[3]

作为诚意谈判的一部分，双方应该将陷入谈判僵局一事提前 30 天告知联邦仲裁与调解局或者相关机构。提请通告可以通过联邦仲裁与调解局网站 http://www.fmcs.gov。调解员联系谈判双方，帮助双方自愿达成协议。除非涉及“国家紧急情况”，调解必须经过双方同意，并且建立在自愿的基础之上。

调解员没有权力作出有法律约束力的判决。他们就像是“被邀请的贵宾”，但是如果谈判一方或双方不再希望通过这一途径解决纠纷，他们也可以被要求离开。作为协调者，调解员可以依赖劝说和可靠性帮助双方达成协议。调解员可以在谈判过程中发挥多种作用，比如设定会谈时间、协调双方谈话、捎带各自信息、评估谈判观点和提议、管理媒体关系，以及提出利于谈判的建议或条款。[4] 调解更像是一门艺术，而不是一门科学。调解通常被这样描述：“以一种偶然的方式提供帮助，主要归功于特定个体的才能，而这些个人可能无法说清楚为什么他们那么成功。”[5]

劳动调解员的几种特征和行为是与调解的有效性相关的。首先，有效的调解员是坚韧的——他们在使出浑身解数、尝试所有合理的解决办法以及使自己和谈判双方筋疲力尽之前是不会放弃的。其次是经验，这意味着一位调解员参与劳动争议调解的时间越长，他或者她在解决一个劳动争议时可能越有效。最后，积极的调解员知道如何施加压力促使谈判双方达成一个解决方案。形成自己的解决方案风格的调解员，以及在调解过程中扮演一个独立角色的调解员，更有可能成为有效的调解员。[6]

卡尔·史蒂文斯（Carl Stevens）对调解的研究聚焦于调解员的职能和策略，他研究了能够导致谈判双方达成解决方案的几个因素。[7] 调解员参与调解的适当时间被认为是最重要的考虑因素之一，调解员应该在谈判双方变得对各自立场过于固执之前进入调解，但又不能进入得太早，从而搅乱谈判双方之间的力量平衡，导致双方更加坚持各自的谈判立场。在某些情况下，仅是调解员的参与就足以使双方对劳动争议达成解决方案。例如，双方首席谈判者中的某一位带着轻微的怒火离开一次积极的谈判，发誓再也不会重新回到谈判桌旁。在后来的反省中，该谈判者认识到犯了一个错误，但又认为给对方打电话将会令自己难堪，而且可能会显得自己软弱。在这种情况下，一个常用的策略是给调解员打电话，由调解员安排另一次会议。这样一来，这种意义上的调解代表了一种非常有效的挽救面子的工具。在其他一些情况下，谈判双方并不期望从调解员那里获得任何具体的帮助，但对调解员的使用以及调解讨论会的存在有助于推动谈判进程。[8]

调解员的知识应该很全面，包括劳动关系实践、经济行业趋势、劳动和雇佣法、问题解决技巧（比如利益谈判）、和谐劳资关系（比如劳资委员会和合作关系培训）最佳实践等方面的知识。[9] 调解员的角色、行为以及风格都是各不相同的。有些调解员已表现了“交易缔结者”的特色；他们在早期阶段就参与谈判，并试图控制谈判的内容。其他一些调解员在调解过程中似乎充当着“管弦乐作曲家”的角色；他们试着改进谈判的结构，帮助推动谈判双方之间的沟通，并且获得对相关事项的更深理解。当一次罢工或者停业迫在眉睫时，调解员可能会变得非常积极。[10] 比如，近来在国家橄榄球联盟球员协会与国家橄榄球球队老板的谈判纠纷中，双方刚开始时并不同意通过联邦仲裁与调解局解决，但是在旧合约到期前两周球队老板威胁停赛，双方才诉诸调解。[11]

一位成功的调解员常常是一名解说员，能够阐明谈判双方对谈判氛围以及僵局的可能成本的感知。例如，如果谈判双方对生活费成本、可比工资率和生产率等数据无法达成一致意见，那么调解员能够帮助谈判双方就统计数据的使用达成一致。如果一位谈判者低估了一次罢工或停业的成本，或者高估了达成一个协议的成本，那么调解员应该能够提供远见，使该谈判者能够更加现实地评估自己的立场。通常来说，一位调解员在召集一次联合会议之前将会与每个谈判方举行单独的会议。这可以让调解员更加深刻地了解谈判双方的立场以及各自对其立场的坚持程度。在正式介入谈判之前，调解员必须与谈判双方建立相互信任的关系，之后才能更加成功地帮助谈判双方相互信任、相互了解。

帮助每一方理解另一方的策略或意图也能够为谈判过程提供帮助。一方面，如果管理方隐瞒自己愿意接受罢工或者允许正在进行的罢工继续的意愿，那么调解员可以试着诊断出管理方的真正意图并向工会提出建议。另一方面，如果工会威胁进行罢工以达到过分的谈判要求，那么调解员可以试着发现工会“真正想表达的”是什么，并且将之告知管理方谈判者。通过与每一方举行单独的秘密会议，调解员能够接触到许多机密信息。虽然没有调解员会把这种机密信息暴露给另一方，但调解员可以判断出谈判双方之间真正的差异有多大，并且鼓励双方：如果继续谈判，那么可能很快就能达成一个解决方案。调解员可以通过以下方法向双方施压，使谈判双方尽快达成协议：拖延调解过程和延长时限，让谈判双方担责，让谈判双方陷入马拉松式谈判（24 小时不间断谈判），不断强调罢工和停工的代价，敦促双方妥协。[12]

不过，是谈判双方在决定调解过程时扮演了决定性的角色。例如，当有经验的谈判者对他们的谈判目标和战略拥有清晰的理解时，调解员主要扮演的就是谈判双方的仆人。不过，当不那么久经沙场的谈判者并没有清晰地定义他们的谈判目标时，调解员的个人品质和行为就能够发挥最大的作用。这时，一位激进的调解员就极有可能获得谈判双方的信任，并且创造达成一个解决方案所需要的谈判氛围。[13]

为了确保调解过程的公平和公正，冲突解决协会、国家调解委员会、美国律师协会和美国仲裁协会已经采用了一套职业行为规则，以规范调解员的道德行为。[14] 这套规则清晰地规定了调解员的资质、行为标准以及道德行为。禁止调解员实施不被允许的行为，例如在事先没有获得一方同意的情况下与另一方举行会议，或者将某一方认为是可以接受的解决方案暴露给另一方。这套规则模仿了被广泛接受的《劳资争议仲裁员职业责任规则》(Code of Professional Responsibility for Arbitrators of Labor-Management Disputes)，后者被美国国家仲裁员学会、美国仲裁协会以及联邦仲裁与调解局等机构采用，从 1951 年以来就一直存在（最近一次修正是 1995 年）。[15]

事实调查

事实调查是一个准司法性质的过程，在这一过程中，最主要的关注点是收集事实和使用调解和仲裁的一些原则，主要应用于公共部门。和调解员一样，事实调查者没有法定权力对劳动争议各方施加最终的且有法律约束力的解决方案。事实调查者的目的是评估这些事实，组织和公开地展示这些事实，以希望谈判双方将会感到有义务解决它们之间的分歧。[16] 在一般情况下，公共雇主及其工会认识到对纳税人负责的必要，通常争取纳税人的支持，来支持自己的诉求。

根据《劳资关系法案》和《铁路劳工法案》，事实调查可以在重大的劳动争议中被使用。在重大的劳动争议中，事实调查报告有助于主席决定在全国性的非常事件中采取什么行动，例如何时求助于禁令或者建议立法。因为事实调查缺乏最终的决定性，所以该程序在解决劳动争议时并没有一个良好记录。但是，也有证据表明：事实调查通常是终极争端解决机制（利益仲裁或者法律诉讼）前的中间环节，相比于缺少事实调查的自愿解决概率，提高了谈判双方达成解决机制的成功概率。[17] 事实调查员的报告和意见显然将成为谈判人员的着眼点，敦促双方同意或者接近同意事实调查员提出的条款，因而避免双方再次通过第三方（仲裁或者法律）的必要。

利益仲裁

传统的利益仲裁是指一个中立者或者委员会听取谈判双方的立场和观点之后，就谈判达成的劳动合同中应该包含什么条款作出最终的并且有法律约束力的裁决。这一裁决过程与申诉仲裁（详见第 11 章）不同。申诉仲裁主要解决合同条款执行和解读方面的权利纠纷。

美国的利益仲裁可以追溯到 18 世纪康涅狄格州的铜矿开采业。利益仲裁实际上并没有在私营部门的纠纷解决中被广泛使用（大约占 2%），但是有些行业使用利益仲裁却异常频繁：比如，联合运输工会（Amalgamated Transit Union）已经参与了 700 多个利益仲裁；职业体育；法律要求邮政行业的谈判纠纷必须通过利益仲裁解决。[18]

在私营部门，劳资双方一般更希望能够控制利益纠纷造成的后果，因而不愿意通过第三方解决，除此之外，双方还担心仲裁听证会造成的开工延迟或者很高的成本。如果诉诸仲裁，管理层特别担心仲裁不会考虑裁决对其造成的经济后果，担心裁决给予工会的好处高于行业平均水平。公共部门的利益仲裁将在本书第 13 章进一步探讨。

利益仲裁受到指责，因为仲裁员可能偏向“调和折中”，从而导致双方采取更加极端的立场。仲裁员是否调和折中将部分取决于所使用的仲裁程序的类别。仲裁员拥有一套标准，决定什么才是利益纠纷中合适的条款（见图表 9.1）。针对警察和消防员工资谈判的研究表明，谈判中是否引入仲裁对工资高低并没有造成影响。[19] 这也间接地表明：仲裁员在裁决工资条款时考虑的因素与劳资双方自己达成的协议没有两样，并没有造成机械的“调和折中”。大多数仲裁员在裁决过程中综合考虑双方立场和支持证据以及裁决的标准，而不是机械地采用调和折中方法。[20] 由于仲裁员决策的依据各有不同，谈判人员可以通过仲裁标准的适用向仲裁员的最终裁决施加控制。[21]

图表 9.1　　　　利益纠纷仲裁标准

- 比较同一行业或地区相似员工的工资、工作时间或者其他工作条件。
- 现有经济状况（比如通货膨胀、失业率、产品/服务需求和劳动生产率）。
- 职业或工作要求（比如生理/心理能力、技能水平/类别、工作经验/培训、危险/令人不悦的工作条件、工作职责、创造性或者工作压力）。
- 雇主支付合同条款成本的财务能力（包括评估现有或将来的收入）。
- 谈判提议是否涉及新的谈判主题（比如以前的合约中双方没有谈到过或者在同一行业或地区的合约中不常见）。
- 仲裁裁决对建立稳定高效劳资关系的潜在影响。
- 调解员、事实调查员以及其他争端解决人员推荐的纠纷解决条款。
- 公众福祉和利益。

利益仲裁还有一点受到批评：其降低双方面对面谈判未达成协议的成本，从而对达成协议的动机造成“寒蝉效应”(chilling effect)。一项研究显示，与允许罢工或停工权的情况相比，允许利益仲裁的情况达成协议的概率相对较小。[22] 然而，如果不允许罢工，利益仲裁不会造成“寒蝉效应”。[23] 如果一方认为能够通过利益仲裁取得更好或者至少不会差于自愿达成的协议，尽管耗费更多时间或成本，这一方仍旧愿意进行利益仲裁。

最后，利益仲裁备受指责的一点是：利益仲裁程序的存在对谈判双方造成“麻醉效应”。利益仲裁程序越多，双方对仲裁员和整个过程的了解就越深。如果一方认为从利益仲裁得到的好处超乎预期，那么谈判双方将对利益仲裁越来越依赖。[24] 然而，研究显示，对仲裁程序和标准的深入了解将使得将来的仲裁结果更切合实际，更加接近双方自愿达成的协议。[25]

实际上，对利益仲裁“麻醉效应”的研究结果莫衷一是。一项历经 8 年多的对《明尼苏达州公共劳动关系法案》框架下仲裁的研究显示，并不存在“麻醉效应”。但是，此前在纽约和不列颠哥伦比亚的研究结果与此相反，虽然随着谈判各方经验越来越丰富，几年后，麻醉效应似乎褪去了。[26]

二、三类利益仲裁形式

为仲裁员在仲裁过程中提供最大灵活度的利益仲裁是**传统利益仲裁**（conventional interest arbitration）。[27] 通过利益仲裁，双方各自提出协议条款和支持证据，仲裁员最终根据具体情况决定什么样的条款最为合理。仲裁员可能选择其中一方的提议，也可能综合考虑双方各自要求提出折中方案，或者提出一套新的解决方案。

如果双方中的一方提出的条款与仲裁员认为合理的条款相差很大，仲裁员可能选择最接近自己预想的条款。[28] 这使得双方在提议各自的条款时都尽量提得合情合理，为将来的谈判协商奠定基础，更有可能使得双方能够在最终裁决之前达成协议。

整体最终提议仲裁（final-offer total package）是利益仲裁的一种形式，赋予并限制仲裁员从谈判双方的提议中选择一方的提议。换言之，“胜者通吃”，仲裁员选择哪一方的提议，这一方在所有问题上的条款都会被采纳。理论上，整体最终提议仲裁对谈判双方的风险都很大，双方将尽量避免通过这一仲裁形式解决协议纠纷。[29] 任何一方都难以确保仲裁员选择自己一方的提议。此外，这一仲裁形式也阻止了仲裁员机械地调和折中双方的提议。从理论而言，如果劳资双方真诚地展开谈判，他们应该使各自的提议折中，提高不进行第三方仲裁的概率。

相比之下，**具体事项最终提议仲裁**（final-offer issue-by-issue）是风险更小的选择，赋予并限制仲裁员在具体争议事项的提议中选择其中一方。根据这种仲裁形式，仲裁员有权在各个争议谈判事项上权衡，决定选择采用哪一方提出的条款。一方在一些谈判事项方面失利，但是可能在其他方面胜出。

职业棒球工资事项仲裁是关于整体最终提议仲裁的一个典型案例。[30] 与罢工威胁类似，仲裁威胁同时对球员和球队老板都是一种成本风险。由于仲裁员可能选择另一方的提议，谈判双方都倾向于自愿达成协议。研究报告显示，15%～20%的球员通过利益仲裁决定最终协议。[31] 大部分实际上在仲裁听证之前自愿达成了劳动协议。

对职业棒球整体最终提议仲裁的研究显示，只有优秀的棒球球员申请仲裁，通过仲裁决定他们的工资。因为符合仲裁条件的棒球球员的薪水比那些普通球员的要高80%～90%，所以棒球俱乐部非常希望以更低工资的球员取代薪水超过俱乐部预期的球员。[32] 仲裁员的工资仲裁结果一般基于上赛季球员薪水的加权平均值和自由球员薪水的平均值，这是球队老板和球员之间的折中。[33] 尽管仲裁员一般稍微更多选择球队老板的提议，但是一项研究显示，球队提议不让球员工资达到“真正的市场薪水”，特别是针对美国非洲裔和拉丁裔球员。[34]

利益仲裁存在一些缺点，尤其是当谈判双方不同意仲裁标准时。更重要的是，劳资谈判一般涉及很多事项，从而使利益仲裁变成一个非常复杂的过程。如果谈判双方并不改变或者妥协他们对某些或者所有事项所坚持的最初立场，仲裁员只能选择其中一方的对另一方而言难以接受的提议。这可能会使劳资关系变得更加紧张，并且导致劳资双方在谈判未来的劳动合同时产生困难。[35]

调解—仲裁

调解—仲裁（mediation–arbitration）是综合调解和利益仲裁的争议解决程序。[36] 根据这个程序，谈判双方一般首先选择一个中立第三方担任调解员从中斡旋，促使双方达成协议。如果没有达成协议，调解员的身份变为仲裁员，进入仲裁程序。由于仲裁员已经非常熟悉双方的立场和支持证据，仲裁听证和仲裁员作出仲裁结果所耗费的时间更少。既然双方已经提前决定了仲裁程序，调解很快就能转为仲裁。

一些人士对调解—仲裁的使用表示担心。[37] 比如，由于仲裁员在争议解决过程中已经扮演了调解员的角色，一方或双方担心，调解阶段的建议会影响仲裁阶段的结果。在这种情况下，这样的担心更可能促使双方在调解阶段就达成协议，因为在调解阶段，双方还能控制最终的结果，都不愿意冒险让仲裁员决定最终的有约束力的协议。除此之外，仲裁员可能还受到仲裁员在调解阶段一方透漏的秘密信息的影响，而另一方却不知晓，因而在仲裁阶段不能提出相对应的反驳论据和证据。然而，如果提前告知并且把程序详细信息和道德标准写进调解—仲裁协议，这些担心便可能消除。

以经济压力解决利益纠纷

提高对方的不签约成本是促使对方妥协的重要影响因素。在大多数情况下，停工（无论是工人的罢工还是雇主的关停工厂）的成本都促使双方积极寻求解决方案。停工的威胁之所以可行，是因为一方既有能力又有意愿成功地实现停工。对于在诚意谈判过程中使用经济手段，美国最高法院这样评论道：

> 国会的宗旨是强制双方承担诚意谈判的义务，完全为了实现产业和谐……经济武器的出现和使用是《瓦格纳法案》和《塔夫脱-哈特利法案》认可的体系的一部分……从某种程度上说，集体谈判虽然看起来披着有礼有节和数量统计的外衣，但实际上是一场残酷的经济力量的博弈。刚开始时，人们担心分歧导致严重的经济后果。但这些分歧使谈判双方回归事实、理性、责任、道德，以及政府和公众的召唤。但是，这些力量各自发挥作用，合约谈判接近信仰的理想境界。[38]

罢工（strike）是指雇员群体性短暂停工，目的是为了表达诉求，迫使雇主满足其提出的要求。辅助罢工的策略通常包括抗议示威活动或者联合抵制。**主要雇主**（primary employer）是指与雇员发生劳动纠纷的雇主，该雇主可以满足雇员的要求，结束罢工活动。只要目的正当、方法合法，《劳资关系法案》（第 7 条和第 13 条）保护雇员罢工的权利。对工会而言，授权非法罢工活动将会导致非常严重的后果。交通工人工会地方 100 分会（Transport Union Workers Local 100）曾非法组织罢工活动，导致在圣诞节购物季期间纽约市公共交通暂停 3 天。之后，法院法官判决该工会缴纳罚款 250 万美元，对其地方工会主席处以 10 天监禁。[39]

关停工厂（lockout）是指雇主主动停工，目的是迫使工会接受雇主的要求，降低工人罢工的潜在损失，也可能是为了保证多雇主谈判团体的完整性。为了防止工会针对多雇主谈判团体中的某个谈判雇主实行针对性的罢工，其他雇主将主动关停工厂，把劳动争议扩大到团体内所有雇主，更快地增加工会的成本或耗费工会更多的资源。

关于雇主停工的一个案例发生在2003—2004年，代表南加州70 000名零售业雇员的食品与商业工人工会和三个雇主通过利益仲裁解决劳动纠纷。[40] 2003年10月11日，西夫韦连锁超市（Safeway Inc.）两家商店的员工罢工。紧接着，克罗格（Kroger Co.）和艾伯森（Albertsons Inc.）的商店关门，不营业。这是美国历史上最长的一次连锁超市停工，争议主要围绕工资和医疗福利，中间多次调解。雇主反对工会将争议议题付诸仲裁。此次停工长达四个半月，造成数百万美元损失。2007年，在持续4个月的谈判之后，谈判双方在联邦仲裁与调解局调解员的斡旋下才达成有效期为四年的协议。[41] 2007年劳动合同之所以顺利签署，是因为双方都记得2004年停工对双方造成的损害。

在关停工厂期间，雇主仍旧可以通过暂时雇用非谈判集体雇员维持正常经营。[42] 由于停工是由雇主主动提出的，雇主不能永久解雇工人。否则，雇主便可以通过关停工厂的手段解雇组织工会或加入集体谈判的员工。一些人士认为，如果允许雇主永久取代停工工人，将会损害工人罢工迫使雇主接受谈判条款的有效性。[43] 也有人认为，保留雇主停工的权利只是与工人罢工的权利相对应，是一种制衡，可以促使工人在谈判时作出妥协。

被关停工厂拒之门外的雇员只要通知雇主自愿接受雇主提出的条款，便可以随时开始工作［**无条件复职要求**（unconditional request for reinstatement)］。如果雇员无条件要求复工，雇主任何不正当的推迟都构成不当劳动行为。

本书从两个层面阐述罢工。其一，判断罢工是否合法取决于目的是否正当、方法是否合法。目的合法的罢工不会因罢工过程中一人或者多人的不法行为而变成非法。个人的不法行为并不能否定罢工所有参加者的合法权益。但是，根据《劳资关系法案》，参与非法罢工或者从事非法罢工行为的员工实际上已经自愿放弃了合法参与罢工的权利(本章还将对此进一步探讨)。

其二，罢工的归类取决于是否涉及经济纠纷或者是否由不当劳动行为（譬如拒绝诚意谈判）引发。归类为**经济罢工**（economic strike）还是**不当劳动行为罢工**（unfair labor practice strike）对雇主和雇员停工权利意义重大。如果雇主不当劳动行为的出现成为罢工延续的原因，延长了停工时间，一开始时围绕工资的罢工（经济罢工）后来就变成了不当劳动行为罢工。

大多数涉及工资、福利、工作时间和管理权的罢工都是合法的。有时候工会会员罢工是为了改善合同条款、就业条件或者阻止减员，有时候是为了达成工会条款，比如工会保障条款。[44]

一些经济罢工拥有特别的称谓。比如，**野猫式罢工**（wildcat strike）一般是指违反现有不罢工条款、不告知或者不经工会领导层批准的罢工。这样一个或多个员工自发的罢工如果确实违反了合同包含的不罢工条款，将是非法的，并且这些员工可能会受到雇主的惩罚或者被开除。一些员工在面对极度危险或不安全的工作环境时拒绝工作的要求是经《劳资关系法案》允许的，并不违反法律，也不受不罢工条款的束缚。[45]

同情性罢工（sympathy strike）是指员工并没有与其雇主发生劳动争议的罢工，员工进行这样的罢工是为了支持自己雇主对应的另一个谈判单元，或者是为了支持代表另一雇主的工会。标准的不罢工/不停工条款一般只适用于合同签约双方产生的分歧、可以通过申诉仲裁程序解决的事项。雇主在签约时可能特别要求添加禁止员工参与同情性罢工的不罢工条款。**管辖权罢工**（jurisdictional strike）是指涉及两个以上工会工作任务分配的罢工（详见第8章）。根据《劳资关系法案》，对工会来说，这样的罢工属于不当劳动行为，工会不能通过罢工迫使雇主把工作分配给其工会会员。

罢工的理由

从罢工次数、参与雇员和停工时间等方面而言，停工频率自1982年以来接近历史最低水平（见图表9.2）。经济衰退以及较高的失业率是罢工次数较少的原因，工人不希望冒失掉工作的风险去罢工。2010年重要罢工平均持续时间为10.9天，相比之下，2005年平均为20天，2004年平均为14.6天。[46] 2010年比较重大的罢工包括：天普大学附属医院1 500名员工罢工，这些员工由护士和医疗工作者宾夕法尼亚协会（Pennsylvania Association of Staff Nurses and Allied Professionals）代表；芝加哥地区15 000名员工罢工，雇主一方是美国中部建筑业协会（Mid-America Regional Building Association）（代表多家承包商），工会一方是北美劳工国际工会芝加哥分会、操作工程师国际工会以及木工工会芝加哥分会。

图表9.2　　1947—2010年1 000人以上的停工

年份	参与雇员		停工时间	
	每年罢工次数	参与人员数量（千人）	持续时间（天）	占工作时间的比例
1947—1950	300.3	1 824.8	31 414	0.29
1951—1960	331.5	1 508.2	24 902	0.19
1961—1970	298.8	1 390.9	22 833	0.14
1971—1980	269.4	1 320.5	22 818	0.11
1981—1990	64.2	427.1	9 673	0.04
1991	40	392	4 584	0.02
1992	35	388	3 987	0.01
1993	36	18	3 981	0.01
1994	45	322	5 020	0.02
1995	31	192	5 771	0.02
1996	37	273	4 889	0.02
1997	29	339	4 497	0.01
1998	34	387	5 116	0.02
1999	17	73	1 996	0.01
2000	39	394	20 419	0.06
2001	29	99	1 151	<0.005
2002	19	46	660	<0.005
2003	14	129	4 091	0.01
2004	17	171	3 344	0.01
2005	22	100	1 736	0.01
2006	20	70	2 688	0.01
2007	21	189	1 265	<0.005

续前表

年份	参与雇员		停工时间	
	每年罢工次数	参与人员数量（千人）	持续时间（天）	占工作时间的比例
2008	15	72	1 954	0.01
2009	5	13	124	<0.005
2010	11	45	302	<0.005

资料来源：U. S. Department of Labor，Bureau of Labor Statistics，"Major Work Stoppages in 2010，" *News Release*，February 5，2011，pp. 3 - 4.

一些研究人员认为，罢工数量之所以减少，是因为罢工对雇主施加经济压力的有效性越来越弱。近些年，劳动力过剩也使得雇主更容易、更低成本地找到替代工人。因而，工会会员罢工的意愿也越来越低。[47]

工作中断并不仅仅是由某个因素单独造成的。虽然如此，也几乎没有人会否认导致工作中断的主要因素是工资，接下来是工厂的管理事项，例如安全、晋升政策以及工作任务安排。近几年，罢工涉及医疗卫生福利，通过将增加的福利成本转嫁给雇员，或者缩小医疗卫生覆盖的范围（参见第 7 章），公司提出旨在减少公司福利成本的医疗卫生提案，而工会会员寻求反对这样的提案。是否决定罢工取决于谈判发生时的整体环境，相关的影响因素包括工会和公司的经济立场、公司生产过程的特征、市场结构、公司地点，以及公司劳动力的职业和人口特征。[48]

研究者已经指出，1980 年以前罢工和经济行为是高度相关的，在经济增长时期，罢工活动增加，在经济衰退时期，罢工活动减少。在 20 世纪 80 年代，这种模式没有出现。虽然美国自 1982 年之后持续经历了 8 年的经济扩张，但罢工次数已呈明显的减少趋势。1982—1990 年，通信行业、政府部门、运输设备行业、运输行业以及建筑行业参与工作中断的雇员人数占参与工作中断的雇员总数的 63%。[49] 研究者已经就工作中断的原因得出了结论，这些结论包含在图表 9.3 中。

图表 9.3　　关于工作中断的研究得出的罢工可能性的结论

当发生下列情况时，罢工更有可能发生：

- 前一个劳动合同的期限更长。
- 集体谈判作为其他劳资谈判的一种模式。
- 谈判单元规模更大。
- 公司的财务表现存在很大的变化（公司收入存在剧烈的波动）。
- 公司或者行业存在受到消极影响或者致命打击的风险。
- 公司增加库存或者储存货物。

当发生下列情况时，发生罢工的可能性较少：

- 只有较少的谈判事项（例如在一个合同中就工资事项重新进行协商）。
- 公司和行业中的雇员大部分是女性。
- 公司和行业支付的工资高于其他公司和行业。

资料来源：Bruce E. Kaufman，"Research on Strike Models and Outcomes in the 1980s. Accomplishments and Shortcomings，" in *Research Frontiers in Industrial and Human Resources*，David Lewin，Olivia S. Mitchell，and Peter D. Sherer (eds.) (Madison，WI.：Industrial Relations Research Association，1992)，pp. 110 - 111.

虽然罢工传统上被认为是经济冲突或法律冲突，但是心理方面的因素也是非常重要的。从心理方面来看，罢工可以被视为一次抗议或者关于组织变化的一个群体过程。抗议性的罢工包括工会会员实施的各种行为，例如在没有获得工会领导层批准的情况下离开自己的工作岗位。部分罢工是以消极怠工的形式出现的，这减慢了正常工作流程。这种自发的抗议可能是对管理方单方面的改变（例如改变生产配额或者工作条件，如在冬季降低自动调温器的温度）作出的反应。

作为一个群体过程，罢工需要解决一个问题，即动员工会会员和获得充足的罢工资源的能力。工会的领导能力是至为关键的——工会领袖必须向工会会员灌输团结意识，控制行动过程，对群体感觉作出应对，并与管理方保持沟通。工会会员对工会活动的参与与否是由其认识到的成本和收益决定的。如果他们认为收益非常少，而成本非常高，那么参与的意愿将会变低。不过，如果他们认为收益很多，而成本比较低，那么参与的意愿将会变高。[50] 认为自己收入不公正的那些雇员可能并不非常愿意为了一次很少的工资增长而进行罢工。另外，他们可能愿意为了获得一次较大的工资增长而进行罢工以支持工会。因此，雇员似乎在使用一种精明的战略来帮助自己判断为了获得特定的工资增长是否应该进行罢工和能够承受多长时间的罢工。所以，工会必须付出努力来减少阻碍（例如，通过提供罢工福利）和获得对罢工的支持。[51]

罢工能够对另一方的态度造成显著的影响，罢工能够利用现实主义来调节那些好战分子的情绪，而且能够使保守分子变得激进。罢工可能导致工会会员质疑工会领袖或管理方的可信度。大部分罢工以某种类型的妥协结束。另外，一旦一次罢工结束，许多重建工作肯定会出现。[52]

罢工的战略目的

虽然罢工的主要目的是保证劳动合同的签订，但是罢工也有其他一些目的。例如，罢工可能是用来帮助解决工会内部问题的一个工会整体战略的一部分。罢工可以对工会会员产生一种发泄的效果，消除累积的紧张情绪和释放由单调的工作而形成的挫折感。实际上，当罢工工人重新回到工作岗位时，在这些情况下发生的罢工可能会提高生产率。罢工也可以帮助团结工会会员——帮助罢工发生前工会内部存在的各个派别为了共同的目标而努力。

在某些情况下，工会号召进行罢工仅仅是为了向管理方表明它有能力因集体谈判事项而将工会会员团结起来。随着时间的推移，罢工威胁失去了效力。如果不用实际行动来证明这样的威胁，管理方将会把工会领袖视为“大声呼喊狼来了的男孩”。因此，工会会员有时候将参与罢工视为对未来罢工威胁的信用投资，目的是减少未来发生罢工的必要性。

工会领袖还可能认为如果工会会员在一次短暂的罢工中没有获得工资增长，那么他们将更愿意接受一个被稍微调整的出价。根据这种判断，罢工被用来打消雇员最初不现实的期望。[53]

工会还不得不考虑罢工对自己组织安全造成的影响。在罢工期间，一些工会会员可能会在其他某个地方获得工作岗位，并且决定在罢工之后不返回到原来的工作岗位。有时，雇主会为工会罢工者雇用永久的替代者，而且永远也不再完成集体谈判。还有可能的是，竞争工会在旁边虎视眈眈，正等着目前被合法承认的工会狼狈退出。带着这些考虑，工会必须认识到罢工决定可能会给自己的生存带来风险。

罢工同样也可以成为管理方的一个战略目的。虽然管理方无法号召罢工，但它可以采取它知道的将极有可能导致罢工的行动。例如，管理方可以要求工会自行收集工会会费，而不是由管理方从雇员的薪水册中扣除（被称为代扣工会会费的一个程序，在第4章讨论过）。工会将这种要求视为对它们安全的一种威胁，通常会进行罢工以对此作出反应。管理方提出的自由转包或改变工资制度的要求几乎毫无疑问会导致罢工。即使公司目前盈利，管理层仍坚持让雇员作出实质性让步，这种行为可能被工会会员理解为试图挑起罢工。因此，当罢工对管理方有利时，例如当库存很多而顾客需求很低时，管理方可能会设法引起一次罢工。如果非工会雇员能够在一个充分的水平上进行生产并且维持可以接受的产量，如果工会力量很弱，或者如果管理方知道所有的雇员都将不会支持罢工，那么管理方很有可能会迫使达成一个谈判僵局，以确保获得一个更加有利的劳动合同。

罢工经验和准备

罢工的范围非常广泛，可以是短期的、非常和平的冲突，也可以是蛮横的、非法的、持续几个月甚至几年的冲突。罢工没有统一的顺序，虽然罢工者通常都是在罢工的早期阶段最为热情。实际上，在罢工的最初几天，工会纠察线往往能够吸引大部分工会会员，那时的气氛就像狂欢节一样。几个星期之后，可能就难以找到工会会员在工会纠察线旁巡逻了。一方如果能够准确地预料停工持续的时间长度，将拥有重大的战略优势。[54]

随着罢工的继续，挫折感、对抗性和焦虑感往往就会增加，而工会会员也会向工会领袖施加更多的压力，要求解决这个僵局。[55] 一次罢工的相对和平状态受到社区居民对此次争议的态度的影响，尤其是商人和债权人。罢工者的配偶可能是塑造罢工者行为和态度的最有影响力的个体。如果配偶为罢工提供精神和财政方面的支持，那么罢工者当然能够更加轻松地维持一次长期罢工。另外，随着罢工的持续以及个人被要求提供支持，罢工产生的紧张情绪和氛围就会使家庭成员之间、朋友之间以及社区的其他群体之间产生永久的分歧。[56] 如果公司在使用监管人员或者罢工替代者的情况下能够继续使公司业务运行，那么紧张情绪和氛围就会变得尤其突出。

谈判双方都必须在劳动合同到期之前对罢工有所准备，决定是采取罢工策略还是达成新的劳动协议。图表9.4列出了雇主、工会和员工面临的成本风险，以及相应的降低成本和风险的措施。

图表9.4　停工成本及相应的降低成本的措施

雇主可能面临的成本风险

- 销售收入减少。
- 消费者减少，市场份额降低（既有可能是暂时性的，也有可能是永久性的）。
- 运营固定成本在停工期间仍需继续支出（比如物业费用、税收支出、租金、维修费用以及债务成本支出）。
- 非谈判集体员工的工资支出。

- 招募、选择或培训暂时性或永久性替代工人的成本支出。
- 关停和启动成本。
- 负面公众形象。
- 法律费用。
- 伤害劳资关系（既有可能是暂时性的，也有可能是永久性的）。
- 管理层、员工及其家人的压力变大。

雇主消除或降低成本的举措

- 罢工之前建立库存。
- 在罢工之前预先通告供应商和客户，安排其他资源，满足客户需求。
- 舆论宣传，向公众（客户、民意领袖和员工）表明公司在解决劳动纠纷中所做的努力。
- 把罢工工厂的工作量转移到其他工厂，或者外包出去。
- 使用替代工人、非工会工人或者愿意继续工作的工会工人继续生产运营。
- 产品市场需求不佳，降低了市场份额减小和销售收入减少风险。
- 购买防范罢工的保险产品，或者与其他雇主签署互助协议。

工会/员工可能面临的成本风险

- 失去工会会员，或者工会会员永久性地被取代。
- 失去工资收入和福利。
- 失去工会会费。
- 罢工福利支出。
- 维持罢工的支出，比如宣传材料印刷费用、法律费用、纠察活动支出（咖啡、食物或者医疗救助开支）。
- 如果罢工没有成功或者成果不大，工会领导层付出的政治成本。
- 破坏罢工支持者和反对者之间的和谐关系。
- 员工个人债务支出（比如汽车、房产、消费信用、保险和电话费用）。
- 罢工参与者及其家人和社区的压力变大。

工会/员工消除或降低成本的举措

- 在发动罢工之前，争取到足够数量工人的支持。
- 从外部组织（比如其他工会、社会组织和公众）获得道德和经济方面的帮助。
- 在罢工之前，增加个人积蓄。
- 与债务人协商，延迟偿还或减少月付债务及利息。
- 确保罢工福利基金资金充足。
- 积极向公众宣传员工立场的合理性以及罢工向雇主施加压力的有效性。
- 认识到对产品市场的潜在影响（比如，产品市场需求强劲能够扩大雇主的成本风险，产品市场竞争激烈能够使得雇主更有可能失去市场份额）。
- 认识到劳动力市场状况（紧俏的劳动力市场能够降低工人被取代的可能性）。
- 建立帮助罢工者及其家庭的组织，维护罢工者的团结。
- 向罢工者告知劳动纠纷解决的进展情况。
- 呼吁消费者一致抵制购买雇主产品。

工会领导层必须确定有足够的人员参加罢工，向雇主表明员工的团结。对是否罢工的投票通常发生在合约到期前的数周或数月时间里，罢工投票也表明工会会员愿意参加罢工，并且增加罢工威胁的可信性。尽管罢工投票越早越让雇主怀疑是否发生的真实性，但是罢工在投票中通常会取得大部分会员的支持。

随着罢工日期的临近，工会官员必须预先筹划纠察活动，为在纠察线旁巡逻的工会会员提供适当的支持（比如食物、帐篷和急救用品），为不同情况准备相应的纠察活动，比如当替代罢工工人的员工穿过纠察线时应该怎么办。工会必须决定有资格获得罢工补贴和公共援助的人员。工会还必须建立必要的沟通渠道（比如电话热线、网站和新闻发布会），保证工会会员和公众知晓谈判进展。食品与商业工人工会地方 400 分会在准备针对华盛顿哥伦比亚特区西夫韦连锁超市和巨人食品公司的罢工时“选择罢工管理队长，分发纠察线设立说明书和保释代理人的名单，并且建立罢工基金”。[57] 与其他地方工会、美国劳工联合会—产业工会联合会华盛顿工会和社区团体协调，地方 400 分会在西夫韦和巨人食品商店内外分发宣传册子，呼吁当地政治人士支持达成公平的劳动协议。工会和管理层都会拉拢媒体，通过媒体解释各自的立场以及停工的原因。[58]

如果在罢工期间必须继续运营（如公共部门或医疗保健部门），雇主通常需要花费很长时间精心准备。制造厂的管理人员必须确保在罢工之前提前建立库存，以及雇用替代工人。雇主在罢工期间保证继续运营在下面几种情况下显得更为重要[59]：

- 如果暂停运营，很可能会失去市场份额。
- 能够以合理的成本雇用到足够数量的工人。
- 工会对雇用替代工人的应对举措可以预见或影响有限。

雇主如果在罢工过程中雇用替代工人（可能是永久性替代）将激化劳资紧张关系，延长罢工持续时间。因而，大多数雇主一般不会永久雇用在停工期间保证运营的替代工人。

许多组织都拥有紧急罢工手册，该手册为发生罢工的情况提供了详细、具体的计划。这种手册通常具有两个最主要的组成部分：(1) 对非罢工雇员、专业雇员以及经理的具体工作安排；(2) 关于适当的罢工行为的核对表，例如通知客户和供应商，联系执法官员，以及为那些留在工作岗位上的雇员提供食物和住宿。在工作高度自动化的情况下，例如在通信行业，雇员罢工的威力要低得多，而公司发现自己至少在短期罢工期间能够轻松地继续维持运行。管理方也可以寻求来自雇主同僚、行业协会或者人力资源管理协会的成员的专业援助。[60]

虽然劳资双方的官员仔细地考虑罢工策略和途径的优点与缺点，但他们并不能完全自由地按照自己的意愿实施这些行为。经济压力策略虽然可以作为集体谈判过程中的一个可行的手段，但是仍旧受到联邦、州和地方法律的严格管制。[61] 知晓劳动法基本准则对推行有效的罢工策略和途径至关重要。

不当劳动行为罢工者和经济罢工者的复工权利

参与不当劳动行为罢工的员工不能被永久替代，只是在罢工期间为了维持正常经营而被暂时替代。不当劳动行为罢工可以在任何时间发生，顾名思义，目的是反对雇主的不当劳动行为。这样的罢工不受不罢工条款的制约。由于纠纷结束后最终可以回到工作岗位，雇员面临较小的风险，不担心失掉工作。由于不当劳动行为罢工是自愿性活动，参与者不能拿到补偿工资，由雇主不当劳动行为造成的工资损失当属例外。例如，被非法解雇的员工有权获得工资补偿，但是之后参与支持该员工罢工的员工则不可能获得误工补偿。

经济罢工者既可能暂时性地也可能永久性地被替代员工取代。[62] 雇主可以永久替代员工，对员工而言，增加了员工参与罢工的风险。美国是少数允许永久替代经济罢工者的发达国家之一。[63]

雇主雇用替代员工的罢工案例约占14%。[64] 在罢工过程中，暂时性替代员工比永久性替代员工更可能被雇用，这样可以减小雇主雇用替代员工的风险。为了能够让罢工员工真实地感受到威胁，雇主可能公开表示雇用替代员工。[65] 当然，雇主在罢工发生之前收集求职信息或面试新员工的行为并不一定等同于真实地雇用替代员工。一般而言，雇主雇用替代员工的行为将延长罢工事件，助长暴力行为的出现。

如果没有被永久替代，罢工员工有权在任何时间无条件地向雇主要求恢复工作岗位。参与罢工的员工一般不被视为被永久替代，除非雇主在招募新员工时表达了这样的意图，且替代员工已经在执行罢工者的职责（并不是在培训）。如果罢工员工被暂时替代，达成劳动协议之后，该员工就可以恢复工作岗位，临时工将被解聘。

在雇用替代员工时，雇主应当十分谨慎，不能表达永久雇用的意向或承诺。如果承诺永久雇佣关系，雇主在罢工之后解雇替代员工，替代员工可能诉诸诉讼，状告雇主不当劳动行为，如果不解聘替代员工，就可能被罢工员工以不当劳动行为诉诸诉讼。[66] 一般而言，全职雇用并不等于永久雇用。其他一些实际的考量也阻止雇主解雇参与罢工的员工，制止雇主履行这样的法律权利。通常情况下，一下子替代大量员工并不是一件容易的事情，特别是如果工作任务特别庞杂，或者雇员通过长时间的培训才能达到工作要求的水平。

像20世纪90年代早期《职业场所公平法案》一样以法律制止雇主永久雇用替代员工的努力都以失败告终。雇主认为，以法律禁止永久雇用替代工人将打破制衡，十分有利于工会一方，造成劳动力成本偏高。但是，一项针对禁止永久替代雇用的加拿大地方法律的研究显示，没有证据支持以法律禁止永久雇用替代工人将打破制衡的观点。[67] 由于大企业拥有巨大的政治影响力，禁止或者限制雇主永久雇用替代员工的法律提案不可能在国会中通过。

即使参与经济罢工的工人被永久替代，他们仍有权利要求企业把他们加入**优先召回名单**（preferential recall list）。雇主在招聘永久性工作岗位时必须优先考虑给予原来谈判集体的能够胜任工作，且在优先召回名单［**莱德劳-弗利特伍德准则**（Laidlaw-Fleetwood doctrine）］中的成员，而不是招聘新的员工。[68] 雇主和工会在罢工之后协商一个合理的时间期限，在这段时间中被替代的员工有权行使优先召回权利。[69] 雇主通常也赞成这种优先召回的时间期限。"合理时间期限"设定的影响因素包括：

- 员工流失率的历史数据（比如自愿离职、因故解聘、退休或者永久残疾）。
- 未来一段时间内出现职位空缺的概率（比如新产品的研发、工厂扩大规模以及行业经济预测）。
- 在协议时间限制期内，拥有优先召回权利的员工占总员工数量的百分比。

为了保护员工的优先召回权利，工会一般不允许雇主给予永久替代员工**超级资历**

(superseniority) 或者资历回溯权利。[70] 如果给予替代员工超级资历权利，实际上等于剥夺了被替代员工雇佣决策中优先考虑资历的权利。由于替代员工在罢工员工之后才被雇用，原有罢工员工的资历一定比替代员工更深。

非法罢工行为

如果员工参与非法罢工或者在合法罢工中从事**严重不端罢工行为** (serious strike misconduct)，他们就自愿放弃了要求恢复职位的权利。除了剥夺正常复职权利外，对罢工行为不端的惩罚还包括：刑事/民事诉讼，处以罚金或监禁等。严重不端罢工行为包括：

- 针对管理层、同事、客户、供应商和公众的暴力行为。
- 蓄意破坏私人财产（比如故意破坏他人财产或者蓄意破坏公物的行为）。
- 言语威胁、胁迫或恐吓他人。

不端罢工行为的量刑依据具体的周围环境，法院判断停工期间影响双方的紧张情绪。[71] 纠察员对跨过纠察线人员言语贬损的行为虽然令受害对象不堪，但是仍旧不构成严重不端罢工行为。[72]

工会会员竭力阻止其他工会会员跨过工会纠察线，对跨过纠察线的行为以罚款处理。[73] 罚款的金额相当于跨过纠察线所赚的工资。如果大量员工跨过纠察线继续为雇主工作，那么得到大部分工会员工支持的罢工的有效性将大打折扣。

工会会员有权在任何时候放弃工会会员身份，包括在停工这段时间。[74] 为了逃脱罚款，员工只需在跨过纠察线前放弃工会会员身份。放弃工会会员身份并不影响其公司员工的法律身份，仍然是谈判集体的一员。当然，员工这样的行为会引发支持罢工同事的不满。如果在罢工期间放弃工会会员身份，该员工这样的做法并不一定会得到其他工会会员的赞同。

员工纠察权利

员工有宣传与涉事主要雇主发生劳动纠纷的权利，招揽公众对员工（工会）罢工立场的支持。[75] 这样的宣传方式主要就是受州和地方法律管制的纠察活动。州和地方政府当局在限制纠察活动时必须谨慎权衡员工言论自由权利、雇主财产权以及政府对保护劳资和谐、商业自由和公众利益的关注。

对纠察活动的合理限制措施包括[76]：

- 禁止目的非法或者涉及暴力行为的纠察活动。
- 合理限制纠察时间、声音音量和纠察人员数量，强制方便进出雇主财产的合理空间。
- 要求纠察标语真实，清楚地写明涉事劳动争议的雇主。

雇主一般有权制定在其私人财产上的言论规章。在私人财产上的工会纠察活动一般将被禁止：(1) 如果该禁止是一致的，且无歧视性；(2) 如果工会有其他沟通途径来将信息告知受众。[77]

连带罢工、联合抵制和纠察活动

本章的讨论一直着眼于主要雇主及其员工的劳动纠纷。**连带雇主**（secondary employer）（比如没有直接解决劳动纠纷权利的雇主）自愿地、也可能是不自愿地参与到了劳动纠纷之中。如果知晓或者在逻辑上本应知晓自己的某些行为将帮助主要雇主，这样的连带雇主就被视为自愿与主要雇主结成**商业联盟**（business ally），因而可能遭到与主要雇主相同的经济压力手段。连带雇主承担主要雇主因罢工而耽误的工作任务［**罢工导致停工的工作**（struck work）］，是与主要雇主结成战略联盟的主要形式。如果几家独立的工厂或者公司归属于一个所有者，这些工厂或公司也经常因商业联盟而深陷主要雇主的劳动争议之中。但是，它们如果彼此独立运营，单单共同所有者并不等同于建立了商业联盟，也并不意味着两者之间拥有商业联系。是否属于商业联盟应根据具体情况进行分析。

《劳资关系法案》第8条（b）（4）款将工会逼迫中立连带雇主参与劳动纠纷解决的行为归为不当劳动行为。这包括：禁止工会阻止中立连带雇主的员工正常从事工作。但是，只要纠察活动并不蓄意阻止中立连带雇主的员工正常从事工作，这样的纠察活动并不属于违法行为。[78]

为了平衡中立连带雇主的合法权益和工人的合法罢工权利，国会立法无意保证中立连带雇主能够在合法罢工过程中免于经济损失。比如，中立连带雇主的司机按规定应在某个时间把货物送达主要雇主的工厂，但是拒绝跨过纠察线，不愿把货物送达。司机的这种自发行为被视为同情性罢工，这样的**同情性罢工工人**（sympathy striker）同设立纠察线的工人一样享有罢工权利。[79] 如果纠察线是合法经济罢工的一部分，中立连带雇主没有其他解决方法（更换送货线路或者送货时间），就可以短暂或永久雇用替代司机。即使纠察活动造成了中立连带雇主效率降低、收入下降或时间延迟等成本损失，工人这样的活动以及司机自发拒绝穿过纠察线的行为也不构成违法，因为他们也在合法行使自己的权利，只是给中立连带雇主带来了负面的经济影响。

共同地址纠察

共同地址纠察（common situs picketing）是指主要雇主和中立连带雇主的工作同处于一个地方。这样的情况最经常发生在建筑工地（数家独立承包商在相同的工地工作）或者港口（数家船运公司同时在一个港口作业）。如何允许员工与主要雇主的劳动纠纷和纠察活动而不非法妨碍中立连带雇主的正常工作经营就成了一个很大的挑战。**穆尔干船坞准则**（Moore Dry Dock doctrine）可以为在共同地址设立纠察活动提供一些指导方法。[80] 合法地在共同地址设立纠察活动要满足的条件包括：

（1）主要雇主在场，并在共同地址正常从事商业活动。主要雇主是否在场的证明包括是否向共同地址运送货物、是否在此维护设备，以及是否在此有维持持续经营的启动或维护活动。

（2）纠察标识清楚表明与哪一个雇主发生了劳动纠纷。

（3）纠察活动必须尽可能靠近主要雇主的工作地点。

有时，主要雇主会提供一个时间表，列明其在工作场所的时间，以让工会按时安排纠察活动。当然，这要求主要雇主按照时间表做事。如果主要雇主间断地出现在工作场所，那么工会不可能知道主要雇主到底什么时候在场，因此，其有权假定：当设立纠察活动时，主要雇主就在场。

工会认为，出现在共同地址的所有雇主都会纠缠在与主要雇主的劳动纠纷之中，因而在场的所有雇主都不是中立的。最高法院已经驳斥了这样的观点，裁决：在同一地址施工的主承包商和分包商是不同的独立个体，应该分别相应对待。[81] 要想合法，共同地址的纠察活动必须满足穆尔干船坞准则。

只要主要雇主在中立连带雇主共同工作场所内正常工作，工会就可以根据穆尔干船坞准则合法地设立纠察活动。当主要雇主为客户（在中立连带雇主的工作场所）提供服务时也可以发生纠察活动（比如电脑维修服务，员工可以在不同的中立连带雇主工作场所罢工）。在主要雇主提供维修服务的同时，代表电脑维修技术人员的工会可以在中立连带雇主工作场所的入口处设立纠察活动。如果服务换到了另一个中立连带雇主的工作场所，工会也可以跟着检修车去纠察。如果服务终止了，纠察活动也跟着终止。

在劳动纠纷过程中，**房门保留准则**（reserve gate doctrine）要求工作场所的入口清楚标明是专供主要雇主使用的房门还是供中立连带雇主及其员工、客户和供应商使用的房门。[82] 如果标识清楚，工会在专供中立连带雇主使用的房门设立纠察活动是非法的。如果专供主要雇主使用的房门的设立不能向公众有效传达员工罢工的目的（比如不经常被客户或者员工使用的死胡同），那么这样的房门设立不合理。中立连带雇主合理地设立专供主要雇主使用的房门，可以有效减少对其正常经营活动带来的损害，同时能保证工会针对主要雇主开展纠察活动。

如果主要雇主涉及经济劳动纠纷，被主要股东雇用在其财产上的中立连带雇主的正常经营活动也适用于房门保留准则。中立连带雇主的工作通常包括新建筑物的修建、新设备的安装、重大维修工程等。但是，这些活动可能会受到持续罢工的影响。

主要雇主的员工通常可以在主要雇主的各个出入口开展纠察活动。根据**通用电气准则**（General Electric doctrine），主要雇主可以根据具体情况依照法律为中立连带雇主开辟一个专用的出入口。[83] 在劳动纠纷过程中，下面几种情况禁止在主要雇主的一个出入口设立纠察活动：

（1）出入口专门并且只能由中立连带雇主的员工或供应商使用。如果被保留入口的中立性被打破了，工会就可以合法地在这个入口进行纠察。

（2）中立连带雇主在主要雇主的财产上开展的工作不能成为罢工针对的目标（比如免于停工的工作本应由谈判集体承担）。

（3）中立连带雇主承担的工作不是需要停工才能开展的工作，比如新建筑工程、设备维修或者新设备安装。需要把现用设备搬离才能维修不在此范围。这样的要求主要是为了防止雇主本需要停工，故意激起罢工，以此逃避支付工人工资。

产品纠察权利

工会有时选择对主要雇主的产品/服务在中立连带雇主（它们销售主要雇主的产品/服务）的工作场所进行纠察。在中立连带雇主的工作场所发生的**产品纠察**（product picketing）呼吁消费者一致抵制主要雇主的产品/服务，属于正当合法行为。[84] 纠察标语需清楚标明一致抵制的主要雇主的产品/服务，不能抵制中立连带雇主销售的所有产品/服务。消费者如果自愿一致抵制，必将对主要雇主施加经济压力。在开展产品纠察活动之前，工会一般提前通知中立连带雇主不要销售主要雇主的产品/服务。如果要求得到满足，工会自然不需要在中立连带雇主的场所进行纠察活动。尽管中立连带雇主并不一定答应工会的要求，但是一旦中立连带雇主满足了工会的要求，主要雇主应谨慎地权衡纠察活动持续的时间以及可能造成的损失（比如销售下降、消费者不满或者负面的公众形象）。

工会在中立连带雇主的工作场所进行纠察活动一般合法，但也有两个例外。第一，如果证据显示将导致接近对中立连带雇主所有经营活动（比如90%以上）的抵制，产品纠察活动将受到限制或者禁止。[85] 这种情况通常发生在销售的产品/服务都属于主要雇主的中立连带雇主身上。产品纠察活动由于只有在造成中立连带雇主基本失去所有生意时，才能构成违法，所以中立连带雇主不得不忍受一段时间。在有证据出现之后，中立连带雇主才能就工会的不当劳动行为向国家劳动关系委员会申请劳工禁令。

第二，针对主要雇主的产品纠察活动不可避免地导致对中立连带雇主产品的抵制[**合并产品准则**（merged product doctrine）]，中立连带雇主不可能摆脱，消费者如果抵制主要雇主的产品，必然会抵制中立连带雇主的所有产品。[86] 比如，汽车电池厂商员工在汽车经销商处发起抵制活动，消费者如果抵制汽车电池厂商，实际上也不可避免地抵制了汽车经销商销售的安装汽车电池的汽车。

印发传单权利

即使判定有些纠察活动违法，但是《劳资关系法案》仍旧允许**印发传单**（handbilling）或者展示旗帜，让员工传递对于劳动纠纷的立场，以及向公众宣传。[87] 与员工拿着纠察标语在出入口处走来走去巡逻相比，印发书面传单的侵扰性相对较小（也可能效果更小）。包括多家雇主的大型商业中心引发了对合法纠察和印发传单活动的质疑。最高法院赞同工会和平印发传单的行为。借此行为，工会呼吁人们不在哪个大型商业中心购物（比如，传单见图表9.5），以迫使此购物中心的施工方支付给工人“合理工资”。最高法院裁决：工会印发传单真实地揭示了劳动纠纷的存在，正当地呼吁消费者不在大型商业中心购物。印发传单没有涉及暴力行为，也没有涉及纠察或者巡逻活动。工会抗议其雇主支付低工资，并且呼吁消费者一致抵制，属于言论自由的范畴。[88]

图表9.5　　用以影响购物者的传单

请不要到东湖广场购物

美国劳工联合会—产业工会联合会佛罗里达州海湾海岸建筑工会向您呼吁：请不要到东湖广场的商店购物，该商业中心所有者提供的工资低得不合情理。

承担正在修建的威尔逊百货的承包商提供给工人的工资和福利低于标准工资。以前，商业中心所有方爱德华·德巴尔托洛公司支持当地工人和经济，保证其承包商支付合理公平的工资福利。但是现在，因不明原因，该公司倒退了一大步，让我们的工资标准大幅下滑。这不仅降低了工人的购买能力，也拉低了整个公司的工资标准。在现在通货膨胀的年代，低建筑工资意味着购买力的降低，东湖购物中心难道想通过降低售价和利润来补偿吗?

如果商品价格没有下滑，降低工资就不公平

我们需要你们伸出援手，给予我们帮助。请不要光顾东湖购物中心，除非该公司愿意雇用支付合理公平工资福利的承包商。

如果您到东湖购物中心做生意，请您一定把我们对不合理工资的担忧向商店经理表达。我们只是想向公众呼吁，并不教唆任何人停工或者停止运送货物。

资料来源：Supreme Court decision in *DeBartolo v. Florida Gulf Coast Building & Construction Trades Council*, 485 U.S. 568 (1988).

三、国家紧急纠纷解决程序

劳动纠纷如果发展到了危害国家利益的地步，影响将非常重大。对国家经济和防卫有重大负面影响的罢工被视为**国家紧急纠纷罢工**（national emergency strikes）。联邦政府应用以下三种方法来应对这样的罢工：（1）总统接管或者其他介入；（2）依照《铁路劳工法案》程序处理；（3）依照《劳资关系法案》处置。

总统接管是指政府将接管公司的财产和运营。这在历史上发生过71次，涉及总统包括林肯、威尔逊、罗斯福和杜鲁门。总统接管主要是为了发生国家紧急纠纷罢工之后仍能保证正常生产。大部分总统接管案例发生在战争期间。

《铁路劳工法案》为铁路或航空行业国家紧急纠纷罢工提供解决程序：

- 国家调解委员会从中斡旋，如果不成功，推荐进行利益仲裁。
- 如果一方或者双方都不愿意仲裁，设立30天过渡期，工资、工作规章和条件等不变。
- 如果劳动纠纷极大地危害了某个地区的交通运输，国家调解委员会将告知总统，由总统设立总统紧急委员会。如果总统选择不任命总统紧急委员会，管理层和工会在30天过渡期后仍旧继续停工。
- 在30天内，总统紧急委员会必须发布事件调查的书面报告，推荐解决方案。之后又有30天时间，双方自愿达成协议。在这30天的时间中，双方保持现状。如果还不能达成协议，总统要求国会通过法令强制双方达成劳动协议。

自1926年《铁路劳工法案》通过以来，其紧急条款已经被触发过大约200次，平均每年达4次。自1947年以来，60天缓冲期之后仍旧停工的状况每年发生1次。但是，自1980年以来，政府干预铁路劳动纠纷的次数每年只有1次。自1978年以来，航空行业总统任命总统紧急委员会的次数一共只有3次。[89] 专门针对具体的铁路劳动纠纷通过的法令有16部，通常有关罢工日期和第三方调解或仲裁。最后一次是在1992年，国会阻止全国铁路罢工，并且强制调解和仲裁。

《劳资关系法案》包含解决影响整个或者大部分行业的罢工的程序。这样的罢工按照美国总统的观点将影响美国的福祉和安全。上述法案条款包括在80天的时间里一步步制止罢工或停工、帮助解决劳动纠纷的程序。图表9.6描述了按照《劳资关系法案》程序解决罢工的每个步骤。在罢工或停工之前，双方必须花费60天时间开展诚意谈判，如果不能达成协议，发起停工的一方必须在协议到期前30天通知联邦仲裁与调解局，并且确定协议中没有禁止条款（比如不罢工条款、不闭厂条款）。

国家紧急纠纷解决程序的第一步是：总统任命总统调查委员会，调查被认为严重危害国家健康或安全的罢工事件。由于事件的紧急性，该委员会将调查深陷纠纷的强制谈判事项，收集相关事实，在很短时间内向总统报告，通常只有1～3天时间。

图表 9.6　　《劳资关系法案》国家紧急纠纷解决程序

在合约到期前 60 天，向另一方通告同意谈判新合约，并且开始协商。在合约到期前 30 天，通知联邦仲裁与调解局没有达成协议。

↓

在合约到期时，总统任命一个总统调查委员会，对停工事件进行调查，并报告给总统。总统指示司法部部长发布劳工禁令，暂停罢工 80 天。

↓

工会和管理层必须诚意谈判 60 天，在联邦仲裁与调解局的帮助下协商。

↓

在 60 天时间结束时，若双方仍然没有达成协议，总统调查委员会将再次召集会议，准备详述雇主劳动协议条款的报告。在接下来的 15 天中，国家劳动关系委员会主持雇员无记名投票，决定受影响雇员是否接受雇主最后的提议。在第 75～80 天，国家劳动关系委员会向司法部部长报告投票结果。

↓

在 80 天劳工禁令结束时，司法部部长要求法院解除禁令，谈判双方自由决定是否继续停工。总统向国会提交详述事件调查的报告、投票结果，以及推荐解决劳动纠纷的其他措施。

资料来源：Diagram created by Dr. Roy Moore，professor，College of Business，Delta State University，Cleveland，Mississippi.

总统接到、研读报告之后，指示司法部部长通过地方法院发布 80 天劳工禁令，制止罢工。禁令一旦发布，事件调查委员会再次召集。在禁令发布 60 天后，该委员会向总统汇报雇主最后提议以及相关影响事项。在这 60 天中，联邦仲裁与调解局从中斡旋，力促双方自愿达成协议。假定没有达成协议，总统调查委员会向总统说明雇主最终的提议，总统指示国家劳动关系委员会主持雇员无记名投票（在劳工禁令最后 20 天内），以决定雇员是否接受管理层的最终提议。如果雇员仍旧拒绝雇主提议，司法部部长申请解除 80 天劳工禁令。80 天劳工禁令解除之后，工会和管理层自由决定是否发起或者继续罢工/停工。程序的最后一步是要求总统向国会递交翔实的报告以及解决纠纷的推荐建议（比如立法强制谈判双方进行仲裁）。

在《劳资关系法案》实行之初的 22 年中，国家紧急纠纷解决程序被使用了 29 次，但是自 1960 年以来，只被使用了 7 次（其中 5 次发生在 1971 年，涉及码头装卸和谷仓升降机业务）。在 1978 年，东部矿工罢工，总统卡特启用国家紧急纠纷程序，但是司法部部长没能使地方法院发布劳工禁令，因为司法部部长没能证明停工构成全国紧急状况。[90] 之后，2002 年，总统布什启用国家紧急纠纷解决程序，制止西部海岸码头工人罢工。此次罢工的症结在于：船运公司引入新技术，而工人担心自己的工作保障问题。[91] 太平洋海事协会代表西部 29 个码头的船运公司，国际港口和仓储工会代表 10 500 名港口工人，两者在 80 天禁令解除之前达成了协议。

国家紧急纠纷解决程序不经常启用主要是因为以下几方面的原因：产品市场的国际化；许多行业范围内集中性谈判合约解体；参加工会工人比率降低；雇主越来越多地在罢工期间雇用替代员工；雇主更愿意在罢工期间继续经营。[92]

一些对国家紧急纠纷解决程序持批评态度的人士指出，国家紧急纠纷解决程序以政府加入的形式破坏了谈判过程，打破了谈判双方力量的平衡。[93] 国家紧急纠纷解决程序因其严格性和可预测性而如国会所希望的那样有效。如果按照国家紧急纠纷解决程序步骤行事，谈判双方可能把劳工禁令用作谈判策略。程序中的无记名投票一般只会增加雇员反对雇主最后提议的团结，而不会达成协议。此外，由于总统调查委员会不允许提出解决方案，它们在保证公众支持和施压双方达成协议的有效性上大打折扣。

本章小结

有助于谈判双方解决谈判僵局的第三方程序既包括调解（第三方通过使劳资双方继续进行谈判、扮演中间人的角色和提供选择办法而设法帮助解决问题），也包括仲裁这一准司法程序。在仲裁中，劳资双方向仲裁员展示各自的谈判立场，而仲裁员作出一个最终的、有约束力的裁决。第三方程序还包括调解—仲裁程序（首先设法进行调解，如果调解失败然后进行仲裁）和事实调查（谈判双方向事实调查者展示它们的立场，其他的事实被收集，而且一份报告被撰写和提交，该报告包括对该僵局作出的一个解决方案建议）。

并不是所有的谈判事项都是通过集体谈判来解决的：罢工、联合抵制、纠察、停工以及其他相关的行为也经常发生。不过，劳资双方在采取任何行动之前都不得不严肃地考虑自己的立场以及自己的行为将带来的后果。

以合法的方法和目的进行的罢工是劳资关系过程的一个组成部分，同时受到法律的保护。工会和管理层都应明白拥有一项法律权利和根据具体状况是否履行是两码事。尽管研究数据显示现在的罢工活动越来越少，罢工仍旧是一个谈判双方重要的筹码，使用之前应分析利弊。遗憾的是，与通常谈判达成劳动合同相比，停工实践更能吸引媒体和公众的眼球。

绝大多数罢工及其相关行为涉及主要雇主，但是连带雇主（并不直接参与雇员与主要雇主之间的劳资关系）也常常受到影响。对产品和消费者联合抵制、纠察活动、共同地址纠察、印发传单权利等事项，存在着大量相关的复杂法律和司法判决。

对国家利益产生消极影响的罢工及其相关行为可能会被宣布为国家紧急纠纷罢工。在《铁路劳工法案》和《劳资关系法案》中存在相关程序，以帮助推动劳资双方达成解决方案。虽然这样的僵局并不经常发生，但是当它们发生时将产生显著的影响。

关键术语

调解　　　　事实调查　　　　利益仲裁

联邦仲裁与调解局	传统利益仲裁	整体最终提议仲裁
具体事项最终提议仲裁	调解—仲裁	罢工
主要雇主	关停工厂	无条件复职要求
经济罢工	不当劳动行为罢工	野猫式罢工
同情性罢工	管辖权罢工	优先召回名单
莱德劳-弗利特伍德准则	超级资历	严重不端罢工行为
连带雇主	商业联盟	罢工导致停工的工作
同情性罢工工人	共同地址纠察	穆尔干船坞准则
房门保留准则	通用电气准则	产品纠察
合并产品准则	印发传单	国家紧急纠纷罢工

讨论题

1. 调解、事实调查和利益仲裁之间的不同点和相似点是什么?
2. 调解员应该拥有什么具体的品质?这些品质为什么能够帮助推动僵局的解决?
3. 利益仲裁为什么在私营部门使用得如此稀少?
4. 讨论下列陈述:"罢工是集体谈判过程的一个内在的、本质的要素。"
5. 管理层和工会领导人在停工之前应做好怎样的准备?
6. 在停工期间,谈判双方面临什么样的风险和成本?如何降低这种风险和成本?
7. 如果你是产品纠察的零售商店连带雇主,你在决定是停止销售还是继续销售主要雇主产品时应考虑哪些因素?
8. 参与合法罢工活动的雇员应免于永久替代吗?给出理由。

案例 9.1 言论自由吗

在 2011 年超级碗开赛前的周六,美国国家橄榄球联盟球员协会寻求大学全明星赛期间播放 30 秒的广告,广告内容包括:镜头中是空空荡荡的球场和被锁上的大门,然后响起画外音"让我们上场打球""让他们上场",之后出现工会主席凯文·马瓦伊(Kevin Mawae)的声音"我们希望上场打球"。该广告还提供一个网址,观众可以通过这个网站获取球员工会和球队老板之间的劳动纠纷信息,呼吁观众在请愿书上签字。但是,由于事关劳务谈判,哥伦比亚广播公司大学运动频道拒绝播放该段广告。哥伦比亚广播公司是美国国家橄榄球联盟重要的合约方之一。

思考题

1. 美国国家橄榄球联盟球员协会应该被允许购买播放争取公众在劳动纠纷中支持其的广告时段吗?
2. 你对工会通过媒体广告争取公众支持的策略有什么看法?如果允许工会这样做,这样的策略在工会看来可能成功吗?

3. 美国国家橄榄球联盟老板应该抗议工会使用媒体广告的策略吗？球队老板应该以牙还牙准备相应的媒体广告，还是不进行回应？给出理由。

案例 9.2　在连带雇主的工作场所印发传单/悬挂横幅

工会与 3 个主要股东发生了劳动纠纷，该工会认为股东提供的工资福利低于该地区劳动标准。为了引发人们对劳动纠纷的注意，工会在连带雇主的 8 个经营场所附近拉横幅、印发传单。工会拉出的横幅靠近人行道，在连带雇主经营地点的街道对面，4 英尺高，16 或 20 英尺长，距离连带雇主经营场所入口 40 英尺～1 英里。工会并不是这些连带雇主的任何集体谈判代表。横幅用大字写着“[插入连带雇主的名字] 可耻”，两端用小字显示“劳动纠纷”。每个横幅由 2～3 个工会代表扛着，但是并不走来走去。工会代表还向走近他们、询问此事的人分发传单，横幅还写着“[插入连带雇主的名字] 可耻，亵渎美国人的生活方式”。有的还配有一幅画，画面显示一只硕鼠吞噬美国国旗。传单指责主要雇主没有满足该地区劳动标准，批评连带雇主雇用主要雇主承建工程。肩扛横幅、散发传单的工会代表没有反复诵念标语，也没有在旁边走来走去或者大声呼喊。他们没有阻挡任何人进出连带雇主的经营场所。

主要雇主以工会违反《劳资关系法案》第 8 条（b）（4）（ⅱ）（B）款为由，状告工会不当劳动行为。原告主要雇主表示，工会在连带雇主经营场所入口附近的行动是非法纠察，应该被禁止。原告还表示横幅标语具有“欺骗性”，目的是为了误导公众，使他们认为该工会与连带雇主有劳动纠纷。这类行为对连带雇主有很大的负面影响，应该被禁止。

被告工会认为，《劳资关系法案》第 8 条（b）（4）款的目的并不是为了禁止悬挂横幅这样的行为。因而，工会引述了美国最高法院德巴尔托洛公司诉佛罗里达州海湾海岸建筑工会 [485 U. S. 568（1988）]判例，该判例支持工会散发传单的权利。工会主张国家劳动关系委员会谨慎处理这起案件，保护工人言论自由。工会认为，悬挂横幅、印发传单引发公众注意的行为没有威胁性，侵扰性甚至不及纠察活动。

◆思考题

1. 该案例中的连带雇主应采取什么样的行为来减小工会悬挂横幅、印发传单的负面影响？

2. 工会悬挂横幅、印发传单的行为是否构成不当劳动行为？如果构成了，工会应该采取什么样的补救方法？

案例 9.3　罢工的后续影响

8 月 6 日，公司和工会之间的集体谈判合同到期。两天之后，工会在公司所有工厂组织罢工，这些罢工工人包括密苏里州圣路易斯 3303 号高速公路上的工人。在签署了一份为期三年的新合同之后，这次罢工于 8 月 28 日宣告终结。次日，工人开始正常上班。在罢工期间，仍旧有很多谈判集体员工跨过纠察线进入工厂工作。

9月2日，工会为各位干事发了一份材料，让他们张贴到公告牌上。其中一份张贴的材料《不参加罢工工人的定义》（“Definition of a Scab”）出自杰克·伦敦之手：

上帝创造了响尾蛇、癞蛤蟆和吸血鬼之后，手上还剩下一些丑陋的东西。他用这些东西创造了不参加罢工的工人。这位不罢工的工人是一个两条腿的动物，拥有螺旋形的灵魂、积水的大脑，以及由浆和胶组成的脊椎。他人长心脏的地方，他却长着一颗腐烂的瘤子。

当这位不参加罢工的工人走到大街上时，人们讨厌他，不理会他，天使也在天堂流泪，就连恶魔也将地狱之门关上，把他拒之门外。哪怕一勺子水的地方就能把他淹死，哪怕一根绳线就能让他上吊自杀，没有人有权利成为不罢工的工人。犹大是一个绅士……如果同一位不罢工的工人相比；因为出卖他的主人，犹大自责而上吊自杀，而不参加罢工的工人却没有此血性。以扫（以撒和利百加之子）用其长子的名分向其孪生兄弟雅各换得一碗红豆汤。犹大为30块银元而出卖了自己的耶稣基督。阿诺德为换取一个英国军官的职位而卖掉了自己的国家。现在不参加罢工的工人为了从雇主那里得到一份没有兑现的承诺，出卖了自己生来就有的权利，出卖了自己的国家、妻儿和同伴。

以扫背叛了自己，犹大背叛了耶稣，阿诺德背叛了自己的国家。不参加罢工的工人也背叛了自己、背叛了自己的耶稣，以及背叛了自己的国家，甚至背叛了自己的家庭和所在的团体。没有什么比不参加罢工的工人更可耻……

工会干事科拉·埃布尔立即张贴了这份告示，批评不参加罢工的工人。他还张贴了另外一篇名为《来自科拉的桌子》（“From Cora's Desk”）的文章，以表扬参加罢工的工人。工厂102室是电脑终端房，电脑终端房中有一个工会告示栏。公司雇员、工会首席干事安妮塔·凯恩传达了一份备忘录，要求埃布尔在那里的公告栏张贴那两篇文章。埃布尔照做了。

自从埃布尔成为工会干事之后，她就一直负责在电脑终端房张贴工会的各种材料：工会官员候选人的竞选材料、工会会议通知、工会实时通信文章等。有时，她还从这个告示栏撕下连环漫画。在9月2日之前，公司管理层没有过问过张贴的内容。在该日之前，也没有管理人员动过该公告栏上工会张贴的材料。

关于在公司同意的前提下才能张贴工会的材料这件事，公司没有任何书面的条款阐述。目前和以往的集体谈判合同均没有覆盖这方面的内容，也没有任何规定是关于工会公告栏的。

9月2日下午，公司管理人员乔·贝看见几名员工站在公告栏旁边，明显正在阅读公告栏上面的文章。贝于是上前撕下了《不参加罢工工人的定义》这篇文章，随手扔进了垃圾桶。工会干事埃布尔见文章被人撕下，于是找贝询问文章在哪儿。贝告诉埃布尔，他已经撕下了这篇文章，揉成团并扔进了垃圾桶。

埃布尔从垃圾桶中找出文章，然后拿出另外一份复印件又贴了上去。在几位员工面前，贝再次撕下，并且告诉埃布尔“不可以再贴上去了”。贝阻止埃布尔再次张贴，并且警告：如果她再次这么做，公司将采取行动。埃布尔于是打电话告诉工会首席干事米勒。米勒给贝打电话，要求贝把材料保留在公告栏上。贝告诉米勒说，那篇文章不应贴在那儿，它已经引起了公司员工极大的愤慨。

半小时后，公司管理人员琳达·特维纳通知埃布尔，告诉她另外一名管理人员拉尔夫·科想要见她。科拿着一份《不参加罢工工人的定义》的复印件对埃布尔说："我们不希望这样的东西张贴在公司的公告栏上。"在管理人员特维纳和贝都在场的情况下，科警告埃布尔，公司可以以"不服从上级指令"为由处罚她。埃布尔找了个理由，回到自己的办公室，给米勒打了个电话。

15分钟之后，特维纳告诉埃布尔："我们希望和你进行5分钟的谈话。"埃布尔回应道，她不愿意回到科的办公室。然而，她还是听从了特维纳的保证，即只约谈5分钟时间，以便接受道歉。在科的办公室，埃布尔被要求解释事件的整个经过。科因贝的处理方式向埃布尔道了歉，贝也道了歉。但是，科并没有收回对贝的支持，即支持贝从广告栏上撕下那篇文章。

9月1日，在开关控制中心大楼208室、209室旁边的休息室的工会公告栏上，工会干事米尔顿·马斯克张贴了一份《不参加罢工工人的定义》的复印件。在过去的3年中，他一直负责在这个广告栏上张贴工会材料：工会会议通知、工会工作空缺职位、工会官员名单、雇员慈善组织宣言，以及工会官员候选人的竞选材料等。有时，马斯克撕下雇员画的卡通画。在9月1日之前，没有任何管理人员告诉过他公告栏上不该贴什么内容。

直到9月1日下午4点左右，《不参加罢工工人的定义》这篇文章一直贴在那儿。之后，公司管理人员韦斯利·维要求马斯克撤下这篇文章。马斯克表示不愿意这么做。于是，维当场把这个复印件撕了下来。

第二天上午7点之前，《不参加罢工工人的定义》复印件再次出现在了该公告栏上。公司管理人员汤姆·戴维斯要求马斯克上午8点钟左右到他的办公室，并且要求马斯克撕掉那篇文章。马斯克抗议说那不是他贴上去的，而且他没有必要这样做。于是，戴维斯警告他，如果不这样做，就开除他。戴维斯还要求他交出大楼通行证和钥匙。马斯克要求打个电话。在咨询了一位地区工会干事之后，他撤下了那篇文章。然后，他告诉戴维斯，由于不是他贴上去的，要求他撤下来的做法不公平。戴维斯回应道，他不希望这样的材料再贴到上面。

工会提起针对公司的不当劳动行为诉讼，称公司威胁雇员：如果在公告栏上张贴《不参加罢工工人的定义》这篇文章，工会会员将会遭到惩罚，公司管理人员通过这种方法撤下了这篇文章。工会认为，这样的行为违反了《劳资关系法案》第8条(a)(1)款。公司否认自己违反了《劳资关系法案》，公司的理由如下：杰克·伦敦的文章极大地贬斥了不参加罢工的工人，张贴这篇文章违背了雇员纪律，因此不受《劳资关系法案》保护。

◆思考题

1. 工会如何得到在公司同意情况下使用公告栏的权利？

2. 工会为什么如此坚持在公告栏上张贴《不参加罢工工人的定义》这篇文章？

3. 既然已经承认工会作为唯一的谈判集体代表，并且已经签署了新的劳动合同，那么为什么《劳资关系法案》第8条(a)(1)款还适用于这个案例？

4. 公司管理人员撕下工会的材料，并且威胁工会会员：如果再贴上去，将会受到惩罚。工会管理人员这样的行为是否构成不当劳动行为？为什么？

案例 9.4 罢工权利

在 9 月 16 日当周，一公司的 11 名卡车司机中的 7 名见面数次，商讨他们当前工资水平较低以及医疗保险计划缺失的问题，并共同商量是否要加入工会。在与美国卡车司机工会代表会面之后，这 7 名卡车司机中的 4 名签署了工会授权卡。其中一名签署工会授权卡的员工桑托斯在 9 月 20 日周五写了一封致工厂管理层的信件，其中写道："今天所有员工希望罢工，以迫使公司接受每小时工资增加到 5.75 美元的提议。如果不能达成共识，员工将不上工。"

那天早上晚些时候，公司总裁会见了这 7 名员工，告诉他们：公司无法为他们加薪，但是已经着力在年末增添医疗福利计划。这 7 名员工在工厂外面碰面，一致认为难以接受。公司总裁表示，董事会将在明天（周六）举行会议，商量此事。在周五接下来的这段时间中，这 7 名员工仍旧没有上工。

董事会如期在周六举行，认为：那几名员工的要求将导致每年工资成本达到 10.8 万美元，难以接受员工提出的要求，于是，董事会决定招聘替代员工，取代这几名不上工的员工。在周六晚些时候，公司经理把司机职位给了 3 位求职者，让他们下周开始上班。周一，那 7 名员工到了公司，但是仍旧待在工厂入口门外。在获悉他们没有上工的消息后，公司总裁在周一早上 9:30 为上述每一名员工准备了一封信。信件提到了周五的罢工，这样写道："鉴于你们在会谈之前先行在周五罢工、提出公司无法同意的谈判条件，以及在遭拒绝之后继续罢工，公司不得不将此理解为你们的辞职，别无他法，公司今天接受你们的辞职。周一，9 月 23 日。"这封信还写道，周五的罢工已经迫使公司不得不招人填补空缺，缩减运营，以减少遭受的部分损失。

在收到这封信之后，这 7 名员工和工会举行了会谈。在周一晚些时候，其中 3 名回到工厂，并且提出复职要求。公司恢复了这 3 名员工的职位。工会代表剩下的 4 名员工，以公司违反《劳资关系法案》为由提起不当劳动行为诉讼。

◆思考题

1. 卡车司机的罢工属于经济罢工还是不当劳动行为罢工？
2. 经济罢工和不当劳动行为罢工的复职权利的区别是什么？
3. 雇主解雇没有返回去工作的员工合法吗？为什么？

案例 9.5 拒绝给予罢工员工医疗福利

本案例的雇主有两家生产工厂，一家在密歇根州，另一家在俄亥俄州。两家工厂分别与员工签订不同的劳动合同，但内容相似。8 月 10 日，俄亥俄州工厂员工的工会在当地发起罢工。但是，俄亥俄州工厂员工还在密歇根州工厂设立了纠察线。在密歇根州工厂设立纠察线的日期包括：8 月 10—11 日；8 月 23—26 日；8 月 31 日—9 月 3 日；9

月 7—9 日。

8 月 5 日，公司写了一封致全体员工的信，告知俄亥俄州工厂谈判状况，并且警告员工："若员工拒绝工作将导致其累积福利的丧失，包括医疗保险。"密歇根州工厂拒绝跨过纠察线的员工参与了同情性罢工，他们在参加罢工当日，遭公司拒绝给予医疗福利。

雇主和工会都表示：虽然密歇根州工厂员工参加了同情性罢工，但他们仍旧是公司的员工。密歇根州员工劳动合同中的不罢工条款并没有禁止其员工参加同情性罢工，因而，拒绝跨过纠察线的员工不能被公司惩罚或者开除。工会和雇主都同意：密歇根州工厂劳动合同并没有关于罢工员工医疗福利的任何阐述。

与此相关的内容只有应对解雇的条款，其内容这样表述："一旦发生非正常解雇或者退休，该员工的住院等医疗费用以及人寿保险将在 30 天时间之后被公司停止支付。"雇主认为，由于罢工员工并没有被解雇，这段叙述不适用于他们。但是，工会认为：如果非正常解雇的员工还能在 30 天内获得医疗福利，这些没有被解雇的罢工者更不能被取消医疗福利，即便他们因支持其他公司员工而罢工，他们至少应与那些解雇员工的权利等同。

对此，工会提起申诉，表示：公司停止支付密歇根州工厂同情性罢工者医疗福利的行为违反了劳动合同中医疗福利的相关条款。工会请求仲裁员强制要求公司报销其暂停支付同情性罢工者的医疗福利费用。

◈思考题

1. 仲裁员应该支持工会的申诉请求，判决公司违反劳动合同吗？如果仲裁员判决工会胜诉，公司应该如何补偿？为什么？

2. 现在的合约一旦到期，你建议雇主添加禁止参加同情性罢工的条款吗？为什么？

3. 如果雇主未来的确提议雇员放弃同情性罢工的权利，对工会和员工而言，这是**高**、**中**还是**低优先谈判事项**？为什么？

案例 9.6　产品纠察活动

本案例的工会和布朗箱包公司（Brown Bag Company，主要雇主，以下简称"布朗公司"）产生了劳动纠纷。由于驻步（Stop & Shop）购物连锁杂货店使用布朗公司的袋子，该工会于是决定到这家杂货店的门口进行产品纠察活动。虽然该杂货店可以为特意要求提供盒子的顾客提供盒子，但是绝大部分顾客都使用购物袋，提拎购买的物品。

工会精心设计了专门针对布朗公司的纠察标语，只呼吁顾客一致抵制使用布朗公司生产的购物袋。在开始纠察活动的两天中，4 300 名顾客中有 150 名特别提出使用购物盒而不是购物袋的要求。商店经理只能满足这些顾客中 2/3 的要求。一些顾客自己携带了购物工具（比如开口编织袋、购物袋或盒子）。但是，一名顾客在被告知没有购物盒之后，直接离开了商店，并没有拿着自己选的货品结算。布朗公司以工会违反《劳资关系法案》第 8 条（b）（4）款为由提起不当劳动行为诉讼。该公司竭力阻止工会在驻步购物连锁杂货店设立纠察活动。这家公司表示：由于商店基本上全部提供布朗公司生产的购物袋，顾客在购物的同时，基本上不可能再响应产品一致抵制的请求。作为证据，雇主指出：在过去两天的纠察活动中，商店只能满足总购物人数中约 2.3%的非购物袋要求，如果都要求顾客自己携带购物袋，也不太现实。

◈思考题

1. 驻步购物连锁杂货店应被归为布朗公司的**中立连带雇主**还是**商业联盟**？为什么？
2. 该案例适用于**合并产品准则**吗？工会的纠察活动是否合法？为什么？

第三部分

劳动合同管理

在劳资双方谈判达成集体劳动协议之后，便开始了日常劳动合同管理。虽然不是劳动关系中最独特的部分，也不是最戏剧化的部分，但是劳动合同管理比合同谈判涉及更多的工会和管理官员，该过程提供了方法和常用法律原则。第三部分描述了合同管理的基础知识、劳动与雇佣仲裁，以及与每个工作场所相关的雇员纪律。

第 10 章 合同管理

我们这些维修部门的员工很久没有像这样在午餐时间坐在一起了，其中一员说："我希望自己对现有的待遇有点儿话语权。"我们知道，管理人员喜欢玩升迁或者解雇的把戏。事实上，他们一年减少了我们全员 10%的工资，称之为"节俭举措"。因而，我们这些人联系了我的邻居，他是一名国际工会的代表。他先要观察员工是不是有组织工会的意愿。我们召集员工开了一个会议，但是只有 30 名员工出席了。由于公司员工总数达 150 人，我们明白还有很多的工作要做。

最终，经过六个月的沟通交流以及同国际工会代表会面，我们申请进行工会代表权投票。经过一场紧张的宣传攻势，我们赢得了工会代表权。

之后，又经过六个月，我们完成合同谈判。为期三年的劳动合同包含了所有传统事项：工资、福利、节假日、假期、医疗保险、升迁、解雇以及处罚事由等。这些内容付诸书面，每个员工都可以看到。

上个月，我们在会议上选举官员。我被选为维修部门的工会干事，任期三年。

现在，我认识到，代表我们部门的员工以及确保管理层遵守合约条款意味着很大的责任。

◆思考题

1. 我应如何设立员工的沟通网络以确保管理层遵守合约？

2. 维修部门的几名员工从没有支持过工会。事实上，他们仍旧不是工会会员。我们必须像支付工会会费的工会会员一样代表他们吗？

3. 如果一名员工找我，称管理层违反劳动合同内容，我将怎么做？

一方面，劳动合同谈判通常是劳动关系中最独特、最具戏剧性的过程。身着无袖衬衫、紧盯着时钟以避免一次可能罢工的谈判者，罢工的最后期限，以及劳动合同的经济解决方案都吸引着广大新闻媒体的关注。但是另一方面，劳动合同的日常管理却很少受到有关方面的关注及重视。然而，与合同谈判相比，合同管理牵涉的工会官员和管理层的范围更加广泛，耗费的时间也更多。合同管理包括对合同条款的执行和对合同内容的解读。在合同谈判协商阶段，工会通常是发起人，提出改变现有合约内容的要求，比如增加工资和假期、取消强制性的加班。但是，在合同管理阶段，管理层是发起人。换言之，管理层执行其管理权决策，管理公司经营。工会确保管理层遵守劳动合同条款。

在公司经营的一年中，大公司的管理层实际上做的决策成千上万，比如工资增加、职位升迁、雇员纪律、工作安排、解雇和业绩评估。小公司同样要做这样的决策。如果公司员工加入工会组织并且参加集体谈判，集体谈判合约中的内容和程序可以指导管理层做出正确决策。

在做出最终决策之前，一个负责的管理人员将经常接到调查收集信息的任务，并将所收集信息作为决策依据。事实上，大部分管理人员在调查阶段和决策过程中积累了很多处理劳动关系的经验。在升迁这一管理事项（详见第 8 章）中，管理人员收集的信息包括职位要求、资历（工作、部门和公司）、业绩评估、领导推荐和测试分数等。在涉及偷窃、打架、携带武器和威胁主管等的处罚事项（详见第 12 章）中，涉事雇员可能立即被停职，最终处罚决策等到调查之后完成。在涉及旷工、工作不合格等的处罚事项中，管理人员在处罚雇员之前也要调查。与工作表现相关的信息包括业绩记录、出勤情况、以往处罚状况（查看时间限制，确保处罚还没被取消以及处罚进展）、培训和设备维护等。

雇主在实行处罚之前应该对不当行为进行全面而公正的调查。如果调查不充分或者有偏颇，没有能够为处罚提供正当而充分证据，这样的处罚更可能被仲裁员推翻，公司还可能要补偿被处罚员工的误工工资。[1]

调查本身只是对事实信息的系统收集，这些信息被用作决策的依据。既然对其雇佣决策负责，雇主应该遵守劳动合同以及劳动法律法规，其进行的调查应该迅速、全面而且客观，从而为其雇佣决策提供坚实而有力的支持。负责管理的人员需要好几步才能完成调查。比如在调查雇员之间的口角时，调查员应该访问目击证人，收集事实信息，以描述和解释事件发生的经过。又比如，雇员摔在了湿滑的地板上，因受伤而向公司索赔，调查员应该尽可能快地赶到事故发生地，收集物证，如地板上的水、水管漏水的迹象、很差的排水道、过往水管报修记录、楼梯井状况。

在收集信息之后，管理人员再决定哪些信息非常重要。收集的事实信息如果有可能描述和解释事件发生的经过，都可被视为证据。这些证据被分为四类。第一类证据是供述证据（testimonial evidence），包括从目击证人处收集的口供。比如，如果事故有五个目击证人，负责调查此事的管理人员应该与这 5 个人谈话。目击证人回忆事件的经过，管理人员记录下来。

第二类证据是文档证据（documentary evidence），目击证人的书面陈述、录音或者视频都是文档证据。第三类证据是物证（physical evidence），比如摔倒引致破坏的椅子、口角引发打斗致染血的衣服或者偷盗使用的工具。第四类证据是示意证据（demonstrative evidence），比如事故发生场所的示意图或者雇员嘴唇伤口的照片。

如前所述，调查应包含三个重要特征：速度、全面和客观性。因为证据如果不尽快收集，就有可能失去或者被损坏，所以速度非常重要。如果时间长了，目击证人也可能忘记一些信息，甚至编造事件发生的经过。如调查专家所言，在事故发生的那一刻，“时钟开始滴答作响”，每一声滴答都意味着证据正逐渐消失。由于有必要收集所有相关证据，所以全面也非常重要。如果事故有五个目击证人，调查人员应该访问所有这些人，而不只是其中一些。即使前三个目击证人可能说的一样，另外两个也可能详述的不尽相同。前三个证人可能站在相同的位置，也可能因为某种原因说的一致。客观性意味着：调查员在调查事故时，尽量不要掺杂个人感情。如果调查员有偏见或者偏颇，调查的结果就可能有缺失。如果调查人员同情违反公司规章制度的雇员，该调查员可能不愿询问比较难以回答的重要问题，也就可能得不到真相。从事工作场所调查的一位专家已经建立了实施调查的规则[2]（见下文“劳动关系实践”）。

◇劳动关系实践

工作场所事故调查规则

（1）肩负调查任务的调查员不应该与案件的结果有利益关系。

（2）调查员应该首先访谈第一位上报案件的人。

（3）在保全现场之后，调查员在访问其他目击证人之前应该查看案件现场。

（4）调查员应该到现场收集物证，并且为评估和辨别证据之人准备示意证据。

（5）调查员应该访谈目击证人，在查看现场之后立即记下来（随着时间的推移，证据会慢慢随着记忆消减而被损害，或者受到利益相关者的影响）。

（6）只有在收集了其他证据之后，调查员才应该收集和查看被调查员工的文档证据。

（7）调查员向上司、同事和医务人员等人做背景调查，他们可能提供事件经过的相关信息。

（8）在调查接近完成时，调查员应该再次访谈，提出第一次访谈中没有想到的问题，收集更多的信息，以帮助解决证据之间的矛盾之处。

（9）调查员最后写成一篇报告，包括调查结果总结、调查详细活动、结论，并附带证据。

资料来源：Antone Aboud，“Conducting a Fair Investigation,” *The Dispute Resolution Journal*，60（3）（November 2004-January 2005），pp. 16－20.

在管理人员作出决策之后，工会将监察这些决策，确保其符合劳动合同条款。如果雇员或者工会认为管理人员的决策违反了劳动合同条款，该员工或工会可以代表个人或者团体提起申诉。然后，工会进行调查。

一、申诉：定义、来源以及意义

本章介绍雇员申诉的定义，探究雇员申诉的缘由和重要意义。接下来的内容有关申诉程序：一般的步骤、申诉各方的关系，以及合同管理相关的实际和理论问题。劳动纠纷替代解决方案（alternative dispute resolution）是指在中立第三方的帮助下解决劳动纠纷的过程，也是这一章的讨论内容。本章最后介绍工会公正代表的义务。

申诉（grievance）是劳动合同管理的核心，具体定义为：雇员（或雇主）对对方违反劳动合同的行为启动申诉程序以寻求解决办法。因此，如果雇员关注的内容与劳动合同规定无关或者没有提交给申诉程序，就不能被称为申诉。申诉通常在第一步或者第二步中由雇员或者工会提出（见图表 10.1），这对工会官员及管理方官员有几个要求。

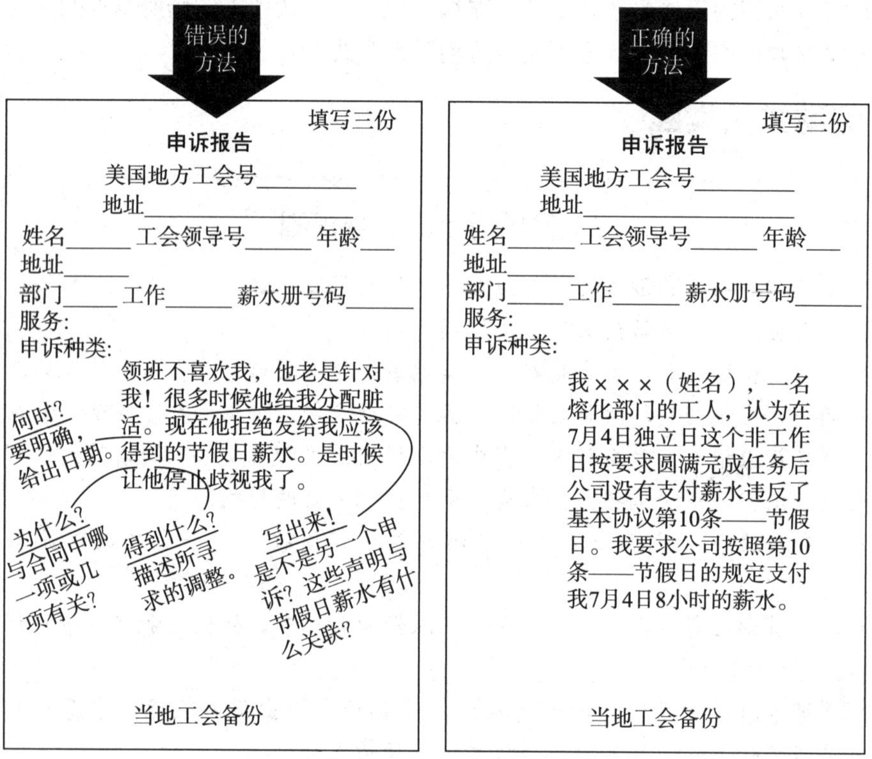

图表 10.1　正确及错误的申诉形式

资料来源：United Steelworkers of America，The Grievance Man's Handbook.

（1）工会及管理方双方代表都需要保存日常问题解决办法的书面记录。这个书面记录可以指导未来的行动，在决定类似申诉时可以节省劳资双方的时间。

（2）书面申诉往往能够减少雇员在口头表达关注事项时流露出来的强烈感情。关于情感问题的口头冲突可能产生言过其实的谴责，而这种谴责可能伤害各方的关系且导致无法挽回的严重后果。因此，有必要为达到理性的讨论而提供申诉的途径。

（3）书面声明可以让管理方及工会双方代表聚焦于雇员最初的申诉。如后面将更深入讨论的那样，申诉可以通过几个步骤来继续；除去提出申诉的雇员外，可以让更多的雇员参与进来。工会官员也可以把雇员最初的主张扩展到一个更广泛的问题。例如，公司单方面提高提供给自动贩卖机的块状糖价格，由此引发的申诉可能在后来的行动中被放大，抗议公司在其他工作条件方面任意且反复无常的行动。

(4) 在雇员懂得签署书面抗议的情况下，书面申诉对管理方也同样有利。一份研究报告发现，如果雇员按照个人偏好对管理方提出不利申诉，那么主管人员对雇员以后的业绩评价将作出负面反应。[3]

(5) 既然大多数劳动合同都允许工会官员代表雇员提出申诉，那么要求书面申诉可能会减少管理方必须执行的合同总数量。

定义申诉有两种角度：治疗上的（therapeutic）和法律上的。治疗上的角度非常广泛，取决于雇员是否声称申诉。例如，雇员 A 抗议雇员 B 的"不道德行为"。这个抗议可能只是口头抱怨，并没有进入申诉程序。相反，雇员也可能坚持认为这违反了劳动合同条款（法律上的角度）。管理人员找到申诉的缘由，并解决这个申诉。在工会化的公司中更常见的是法律上的申诉，申诉某件事违反了劳动合同中哪一条款。管理人员更喜欢法律申诉，因为这把仲裁员的决策限定在劳动合同涉及的事项上，从而保护了他们对劳动合同没有涉及的事项的管理控制权。

一般而言，集体谈判合约涉及多个事项，分属"工资、工作时间、其他事项以及就业条件"。因而，这些条款便是申诉的依据和起源。图表 10.2 列举了常见的申诉事项。

图表 10.2　　申诉事项

管理问题
- 资历的应用
- 升迁或调任
- 解雇/召回
- 工作安排
- 培训
- 岗位变化和工作内容变化
- 卫生安全
- 残疾
- 歧视

经济问题
- 工资率
- 工资增加
- 工作岗位分类
- 工资激励
- 临时加班工资
- 加班任务
- 轮班差异
- 绩效工资
- 一次性支付
- 福利惯例

雇员纪律
- 合理规则
- 公正而全面的调查
- 平等待遇/歧视
- 驳回正当程序权利
- 减轻处罚的情节

过度处罚
规章制度的交流
虐待行为
不服从上级指令
伪造公司记录
工作时间打架
工作场合暴力/威胁
性骚扰
旷工/迟到
吸毒/酗酒

雇员申诉的原因

一些研究致力于提出申诉的雇员同不这么做的雇员之间的区别。一份研究发现提出申诉的雇员更年轻；在工会中更积极；对他们的工作、主管人员以及工会的满意程度较低。[4] 在一项为期十年的针对四家公司的研究中，研究人员发现：申诉申请人比非申诉申请人的业绩评估略高，但是在出勤率和升迁概率方面则高得多。然而，在申诉发生之后，在这四家公司中，申诉申请人的升迁概率与非申请人相比差很多，在其中三家公司中离职率大很多，在其中两家公司中业绩评估差很多，出勤率都没有很大变化。

研究也显示，申诉在程序的哪一个步骤中解决对申诉人影响很大。申诉在第一步就得到解决的申诉人与在后面几步解决的申诉人相比，升迁概率、业绩评估和出勤率更好。此外，申诉成功的申请人与申诉失败的申请人（公司赢得申诉）相比，业绩评估也低得多。因而，申诉越提前解决，对申诉人越有利，特别是在申诉人赢得申诉的情况下。

对申诉申请人的分析实际上也反映出一线监管人员的工作表现。在研究持续的十年时间中，相比于没有被申诉的监管人员，被申诉的监管人员离职率更高（大部分情况都是非自愿离职），业绩评估和升迁概率更低。[5]

对申诉的研究有很大的意义。许多研究试图探索申诉与组织特征、经营结果有何关联。[6]

我们给出下面的例子以便更好地理解雇员提起申诉的原因。一位一线监督人员执行拥有下列规定的劳动合同，该合同是关于管理权以及一个节假日的工作安排：

第Ⅲ条：管理权

第1款：公司有权聘用、解雇以及领导公司的劳动力，并有权安排转岗及升迁，只要没有同劳动合同所制定的规定相冲突。

第Ⅸ条：节假日安排

第1款：当节假日所需工作人员少于正常工作需要时，适用下列程序：

(a) 想要从事本职工作的高级雇员将会被给予工作机会。

(b) 节假日被分配到工作的雇员将会得到不低于8小时工作时间的报酬，而且小时工资为合同工资的1.5倍。

(c) 如果一位雇员在节假日从事非本职工作，其主管高级雇员也将会得到不低于 8 小时工作时间的报酬，而且小时工资为合同工资的 1.5 倍。

第Ⅻ条：单件工作协商

第 1 款：主管人员只有在紧急情况下才能实行单件工作协商。

根据这些规定，我们思考下面这个事件。需要一位起重机操作员在 7 月 4 日独立日工作。这一班组的高级雇员开始他的轮班；然而，当他工作半小时后，起重机坏了并且无法再进行操作。管理方认为维修部门有能力在两小时内修复起重机。于是所有工作人员都干一些无关紧要的清除工作，比如清理工作场所周围的碎片；不过，这也同劳动合同中另外一个班组——清洁工有关。

一线监督人员至少有四种选择。第一个选择是他可以把该雇员送回家，尽管劳动合同中的第Ⅸ条第 1 款 (b) 项规定管理方需要按照他平时小时工资的 1.5 倍支付他 8 小时的工资。很明显，第一个选择通常对管理方没有什么吸引力。

第二个选择是让雇员继续上班但是不干任何事情直到起重机修好。因为管理方已经必须支付该雇员整个轮班时间的工资，所以让该雇员一直待着直到起重机修好不需要花费另外的工资。尤其是，如果高层管理者以及其他以小时计算工资的雇员看到这个雇员没有干任何工作就得到报酬，一线管理者不太可能采取这个选择。

第三个选择就是让起重机操作员干一些无关紧要的内务整理工作，直到起重机修好。这一选择看起来好像对管理方最为有利。然而这一选择很有可能引起来自清洁工班组主管雇员的申诉，要求支付 8 小时节假日工作时间的报酬，该报酬是平时工资的 1.5 倍。会出现这样的情况是因为第Ⅸ条第 1 款 (c) 项很明显被违反了。

主管人员的第四个选择就是修复起重机以尽可能减少失去的时间。因为劳动合同允许主管人员在紧急情况下实行单件工作协商，主管人员必须准备让工会相信现在紧急情况已经发生。

该雇员可以因下列一个或几个原因而提出申诉。

抗议违约

当劳动及管理方官员就某一个劳动合同进行谈判时，他们关心的是合同的主要问题。谈判者不怎么关心劳动合同中每一个单词的准确意思，尤其是当合同语言以前很少产生问题或者根本没有产生问题时。类似地，这些官员没有能力预期到未来所有可能出现的特殊情况，而这些情况有可能摧毁劳动合同中所谈判的条款或者导致添加新的谈判条款。因此，劳资双方的谈判者经常掩盖那些“不重要”的规定，遗留许多潜在的解释性问题，使实践操作者必须忍受日常工作中的不便并且执行已制定的劳动合同。

一方面，在起重机操作员的例子中，地方工会领导可以主张起重机操作员从事了“非本职工作”——明显违反了第Ⅸ条第 1 款 (c) 项。另一方面，管理方可以主张必要的节假日工作是起重机操作员工作范围之内的事情，并且指出一位雇员仅简单地清洁或者整理一下车间就支付他相当于 12 小时工作时间的报酬是完全不切实际的。管理方的另外一个主张是认为无关紧要的内务整理工作是每个雇员都应该干的；因而，该起重机操作员当天并没有从事其本职工作以外的工作。这样，第Ⅲ条“管理权”能够在这一情况下成立。甚至更进一步，管理方可以宣布紧急情况已经出现。

引起对某个问题的注意

某些申诉不能违反劳动合同；实际上，它们强调管理方在劳动合同管辖范围之外有管理的职责。绝大多数关于所谓的安全风险的申诉都属于这个范畴，因为很少有劳动合同详细说明管理方在这个领域的确切职责。雇员可能认识到并不存在违约行为，但是仍然提出申诉以向管理方传达对安全问题的关注。在我们的例子当中，关于节假日安排的申诉可能已经记录在案，不是关于这一班组高级雇员得到的报酬，而是为工会官员提供证据来证明该公司机器设备维修人员数量不足。

工会经常引起人们对某一问题的关注，希望为未来劳动合同谈判建立基础。工会的一个常用策略是将关于一个特别问题的几个申诉记录在案，以便在未来的劳动合同谈判中支持和证明工会提出的要求。例如，坚持工作存在“保护”哲学思想的工会不希望主管人员从事他们工会会员的工作，因为主管人员的这些行为可能减少工会会员的加班机会，或者导致工会会员被解雇。在工作日之中，主管人员可以从事一些极其微小的事情，但是这些事情可以被划分为单件工作协商。无论什么时候主管人员干这类工作，不管这些体力活多么细小或者无关紧要（比方说，换一个灯泡），雇员都会提出申诉。准备好几份申诉后，工会在正式合同谈判当中就可以表达它的关注：（1）主管人员从事单件工作协商已经是一个很普遍的问题；（2）一条限制主管人员从事单件工作协商的合同规定能够消除相关申诉，为该公司节省许多时间及资金。

使申诉人及工会感觉到自己的重要性

在没有工会的阶段，管理政策以及管理行动的权威不成问题，无人挑战。然而，申诉程序允许并且鼓励雇员抗议管理方官员犯下的所谓错误。一些雇员通过面对面斥责组织的主管人员并要求他们解释他们的行为来显著提高他们在组织内的地位。这些记录在案的申诉的目的是抗议主管人员的人格以及行为，通常都不利于喜欢炫耀管理者权威的主管人员。

类似地，一些工会官员希望通过参与申诉过程强调他们的重要性。属于这种类型的工会官员利用申诉和合同管理问题晋升到工会的高层政策办公室。一份研究报告发现，在最近的工会选举当中鼓励申诉和竞争的正向关系：“当现任工会领导人同其竞争对手相互竞争、寻求工会会员的支持时，他们可以利用申诉程序来获得、加强工会会员对他们的支持。”[7] 在这种情况下，申诉提供了表现机会，供工会干事向其他管理人员以及工会官员展现其个人的语言沟通能力和聪明才智。其他工会官员可能希望通过申诉程序来加强以及巩固工会，使之成为名副其实的公共机构。这样，工会（不是工会官员）的重要性就得到了加强——工会保护其会员免于管理方任意且反复无常的行动。

在某些情况下，雇员坚定地认为他们的主管人员在工作任务分配以及工资提高等方面虐待他们。这些雇员想得到一个解释自身感受、发泄心中挫折感的机会。他们想对管理人员表达自己的观点。如果他们不能被倾听，感觉被虐待的信念会逐步增强。

想不劳而获

一些管理人员认为有些雇员提出申诉以期望得到他们想要的报酬，这种报酬同他们陈述和描写申诉的技巧相关，而不是同他们的工作努力程度相关。在我们的起重机操作员的例子中，清洁工在要求获得报酬的努力被否定时可能不会提出申诉。实际上，他可能在以前就已经设想好假期计划，因此在管理人员提出最初的出价时拒绝工作。然而，假设清洁工班组的工资是每小时12美元，清洁工可能认为8小时工作的1.5倍报酬（144美元）值得提出一份申诉。这份报酬对不需要改变假期计划就能够得到的雇员个人来说，将会显得尤其诱人。

为了这个原因而提出申诉的雇员在加班管理方面能够发现许多机会。一条平常的劳动合同规定要求管理方对想要加班的合格雇员平等分配加班机会。另外，在合同中管理方如果出现管理失误，即使工作由另外的雇员完成，也需要向本来应该获得加班机会的雇员支付加班工资。例如，假定下面的名单代表电工班组签署日常加班明细表的雇员姓名，以及完成雇员正常工作轮转以后有加班任务而自愿完成的加班工作时间。

雇员姓名	自1月1日以来加班工作时间以及/或者拒绝加班的时间
A. 琼斯	89小时
T. 格兰特	76小时
B. 西姆斯	43小时

雇员姓名右边的数字表示该雇员完成的加班工作小时数，也包括该雇员拒绝的加班任务时间——如果琼斯拒绝完成一个8小时的加班任务，而该任务最终由格兰特完成，那么琼斯与格兰特都将加上8小时。如果某一天某个加班任务需要电工，主管人员检查加班人员名单，发现西姆斯的加班时间最少，那么主管人员将会首先把加班机会提供给西姆斯，让他决定接受还是拒绝这个加班任务。

然而，可以合理地假定西姆斯期望在自己不加班的情况下获得加班报酬。因此，在他工作轮班结束、主管人员决定加班任务时，西姆斯通过尽量避免或者躲着主管人员来达到他的目的。在出现紧急加班任务时，主管人员不得不把加班任务分配给名单上除西姆斯外加班时间最少的雇员格兰特。第二天，西姆斯可以就“管理失误”提出一份申诉，并且在没有付出相应工作努力的情况下得到和格兰特加班工资一样多的报酬。无须多言，因这个理由而提出申诉将会引起管理方的极大愤怒，尤其是一些雇员参加所谓的竞赛，比试谁能够获得更多的申诉“利益”，或者不工作即可得到更多报酬。

雇员提出申诉也有其他理由。申诉的动机就像每个雇员的性格以及生活经历一样多变、复杂。例如，一次同雇员家庭成员、朋友或者工作搭档的争吵可能会导致雇员提出申诉。其他动机，如乏味的雇员/工作竞赛或者水平普遍低下的管理团队，都可能通过管理活动比较容易地调整过来。揭示申诉背后的动机对管理活动是有很大帮助的。然而，必须强调的是，即使管理方认为雇员申诉的动机不合理或者不正确，也必须对申诉进行适当的处理。

雇员申诉的意义

不论是工会企业还是非工会企业，未妥善解决的雇员申诉都能够产生重大影响。在某些情况下，不妥善解决雇员申诉会增加工会组建运动的成功率。非工会企业的管理人员可能采取某种类型的申诉程序以使歧视案件数量最小化，提高雇员在组织决策制定过程中的参与程度，最小化或者消除雇员加入工会的愿望。即使这样，绝大多数非工会申诉程序都不能够保证雇员拥有代表资格或者使自己的申诉由中立的第三方决定。非工会化企业的绝大部分申诉程序都存在这种现象。[8]（在无工会背景下的其他形式的劳动解决方法将在本章稍后的部分阐述。）

在工会化企业，雇员通常关注的内容非常独特，但是这些内容既没有在集体谈判当中得到承认，也没有明确包含在劳动合同之中。因此，工会官员会通过申诉程序的方式，证明他们全心全意地代表着工会会员独特的工作利益，反对管理方明显武断的管理行为。不通过行之有效的申诉程序来表达其对工会会员利益的保护，工会就会承担诉讼的风险（将会在这一章的第五节“工会的公平代表职责”讨论）或者使工会会员对工会领导产生不满。这样会导致工会会员投票改选新的工会领导，或者引起工会会员对工会的不信任。

雇员申诉以及申诉程序可以给企业带来两个好处，即冲突制度化以及公开的向上沟通。在没有申诉程序的组织中，企图解决申诉问题的雇员可能参与到多种多样的工作行动当中，如怠工、野猫式罢工、消极工作，用这些方式来解决他们的问题，或者辞掉工作。实际上，一份对纽约州立公立学校55岁以下教师的研究发现，劳动合同中具备强硬的申诉程序[9]的雇员，其辞职的可能性小于劳动合同中只有软弱的申诉程序的雇员。所有这些问题的出现对管理方来说代价是非常高昂的，尤其是在把招聘与培训新雇员以代替辞职雇员的成本问题考虑进来的时候。[10]

无论如何，申诉程序能够使冲突制度化。它认识到雇员、管理方以及工会之间不可避免地存在着不一致和矛盾，申诉程序能够为解决矛盾提供稳定而有秩序的途径。申诉以及相关的程序能够为**雇员声音**（employee voice）提供一个主要的与上级沟通的平台，使雇员有机会参与、投入到管理方的政策制定过程当中，讨论甚至控诉带有敌意的管理行为。

有些观点认为申诉可能具有更多的意义，因为其他的雇员声音机制逐渐被管理方侵蚀。面对持续增加的国内外竞争，这些机制对公司闭厂以及大规模裁员已经没有什么用武之地了。因为成本太高、时间太长，许多雇员在一般情况下不愿意应对管理方带有敌意的管理行为。[11]

一项研究发现，有近一半的雇员认为申诉程序能够保护他们免受管理方的高压政策，但是他们却没有对申诉程序本身给予肯定评价。他们认为申诉没有得到及时解决；如果他们提出申诉，可能会受到管理方的打击、报复；申诉程序产生的结果是不公平或者不公正的；申诉程序并不是赢得胜利的最佳办法；一旦管理方作出决定，是不会公开改变的。令人惊讶的是，即使在雇员明显应该向管理方提出申诉时，选择不提出申诉的雇员比率也达到了57.3%。[12]

申诉过程的准备

在申诉的整个过程中，提请方一般是工会，必须让管理层相信：他们已经违反了劳动合同中的一个或多个条款。如果管理层持不同意见，其必须说服工会：他们没有违反合同中的任何条款。比如，合同规定加班任务应优先分配给可以找到的最有资历的员工。如果管理人员把加班任务交给了一个资历较浅的员工，工会就可以提起申诉。管理方有可能辩驳说找不到那个最有资历的员工。如果认为工会更有可能在申诉中获胜，管理方将可能与工会达成妥协。又如，合约规定临时加班任务优先分配给最有资历的员工。当临时加班任务出现时，管理人员首先给最有资历的员工打电话，但联系不上，只能留言，之后再打电话给另一名资历稍浅的员工，该员工执行临时加班任务并获得了两倍工资。当最有资历的员工正常上班时，他发现资历较浅的员工首先接手了临时加班任务，因而提起申诉，声称：他当时在家，并没有接到电话或者留言。管理人员在检查电话通话记录之后发现他打错了电话。在发现这个问题之后，管理方提出，愿意支付临时加班的工资给申诉申请人。

在申诉处理过程中，即使最后不会提交仲裁，但是每一方都应为仲裁做准备。在仲裁之前申诉程序的每一个步骤中，工会和管理方都有机会达成一致。申诉程序分为数个步骤，在该过程中频繁举行会议，一旦诉诸仲裁，还要为仲裁做准备。[13] 图表 10.3 是为申诉会议和仲裁听证会做准备的指南与说明。

图表 10.3　　在申诉过程中为会议（和仲裁听证会）做准备

第一步：收集证据

由于证据主要是目击证人的证言，调查员应该找到申诉双方涉事个人，访问所有提供申诉相关证言的人。一般而言，集体谈判合约包含一个条款，鼓励双方合作，建立事实和论点，以方便尽可能快地达成一致，解决申诉问题。如果对方没有自愿地提供相关文档或者其他形式的物证，写一封信，解释为什么这些信息材料与申诉相关，并要求对方邮寄到指定地址。如果对方拒绝这个请求，到最后仲裁时，仲裁员将作出不利于对方的推论。

第二步：筛选、核查事实

从采集的证言和收集的证据中，你应该筛选出能够真正构成证据的事实。由于证人之间的言语内容可能重叠，应该用以下方法整理并核对证言：（1）为每一个筛选出的事实建立一个封页；（2）把证人的证言分割成一个个事实，并附上证人姓名；（3）把证言相关部分贴到事实封页上。

第三步：评估事实的可信性、准确性、可靠性和一致性

在增加事实论据的同时，添加你对证言可信性、准确性和可靠性的观察与推定。然后，比对每一个证人证言的一致性。

第四步：形成论点

从信息材料中获取的事实论据已经在客观上被证明了。形成论点要做的就是：依赖这些事实证明是不是违反了合约中的某一个条款。这些论点也是为什么那些事实影响申诉结果的原因。比如，一个事实：一名员工在公司拥有令人满意的 25 年的工作经历。论点：鉴于该员工长期优秀的工作表现，管理人员应该降低处罚力度。为每个论点设立一个封页，以事实支持这些论点。

第五步和第六步：做到连贯性、一致性和可行性

按逻辑组织论点。然后确保这些论点的连贯性、一致性和可行性。比如，如果工会在抛出该员工在自卫的论点的同时，还认为该员工受到挑衅，这就不一致了。

第七步：准备证人盘问草稿

在申诉会议开始之后，准备好向证人询问的问题。这些问题有两个目的：（1）建立事实依据，明确询问一些已经知道答案的问题。如果证人回答得含糊不清，你需要重述这个问题；如果答案与先前的不一样，你应该提醒证人。比如：“琼斯先生，上次我问同样的问题时，难道你没有告诉我吗?”（2）通过呈现原来的陈述，质疑证人言语的可信性，证明证人不诚实，详细地询问一些可能是伪证的证言。证人很难不加准备地撒谎，这些证人记得的是先前谎话的细节，而不是真正发生的事实。

第八步：准备应诉

不可靠、不可信的证据不应考虑，这是基本的准则。准备应诉，说明道听途说不能证明事实的真实性。比如，道听途说的言语是一个人从另一个人那里听来的，而那个人不在现场，也就无从盘问，交叉盘问是正当程序权利的重要组成部分。

资料来源：Mark I. Lurie, “The 8 Essential Steps in Grievance Processing,” *Dispute Resolution Journal*, 54 (November 1999), pp. 81 - 86.

在准备申诉的过程中，工会可能需要向公司索要信息材料，以帮助做好申诉准备。根据《劳资关系法案》的规定，如果工会要求提供的材料对其申诉“相关且有用”，雇主有义务为工会提供其正当要求的信息材料。如果公司拒绝提供这些材料，工会可能提起不当劳动行为诉讼，通过国家劳动关系委员会的程序获得“相关且有用”的信息材料（见第 3 章和第 6 章）。工会可能要求的信息材料见图表 10.4。

图表 10.4　　工会可能索要的信息

● 事故记录 ● 出勤记录 ● 谈判纪要 ● 公司备忘录 ● 合约 ● 通信信件 ● 处罚记录 ● 设备说明 ● 工作评价 ● 安全卫生研究报告 ● 检查记录 ● 保险 ● 访谈记录 ● 工作任务记录 ● 岗位内容描述 ● 视频	● 安全数据材料 ● 证人姓名 ●“备案记录” ● 信息细节 ● 支付记录 ● 业绩复查 ● 个人档案 ● 照片 ● 报告和研究 ● 薪资记录 ● 安全保护记录 ● 资深员工名单 ● 主管记录 ● 工时定额研究 ● 培训手册

资料来源：http://www.ranknfile-ue.org/stwd_nlr.html.

二、申诉程序的步骤

在现存的所有劳动合同中，大约 97%的合同详细说明了解决雇员申诉的程序。但是，解决申诉的程序就像劳动合同本身一样多变。一些申诉程序只由 1 个步骤组成，而有些申诉程序包含的步骤达 9 个之多。虽然没有哪个申诉程序能够适用于所有的劳资关系（在被调查的申诉程序当中，21%有 2 个步骤，51%有 3 个步骤），我们还是通过图表 10.5 描述和讨论一个由 4 个步骤组成的申诉程序。在存在申诉程序的劳动合同中，含有 4 个步骤的申诉大约占 19%。

申诉程序的第一步

典型申诉程序的第一步由两个阶段组成。首先，雇员（单独或者偕同工会干事）与自己的一线监督人员讨论提出的申诉。实际上，雇员可以在没有工会认可的情况下提出一份申诉。如果没有达成一致，那么申诉人或者由工会干事代表申诉人提出一份书面申诉，然后主管人员以书面形式答复雇员的申诉。大约 69%的申诉程序规定了提出申诉的时间限制；大约 63%的申诉程序规定了管理方作出答复的时间限制。如果管理方或

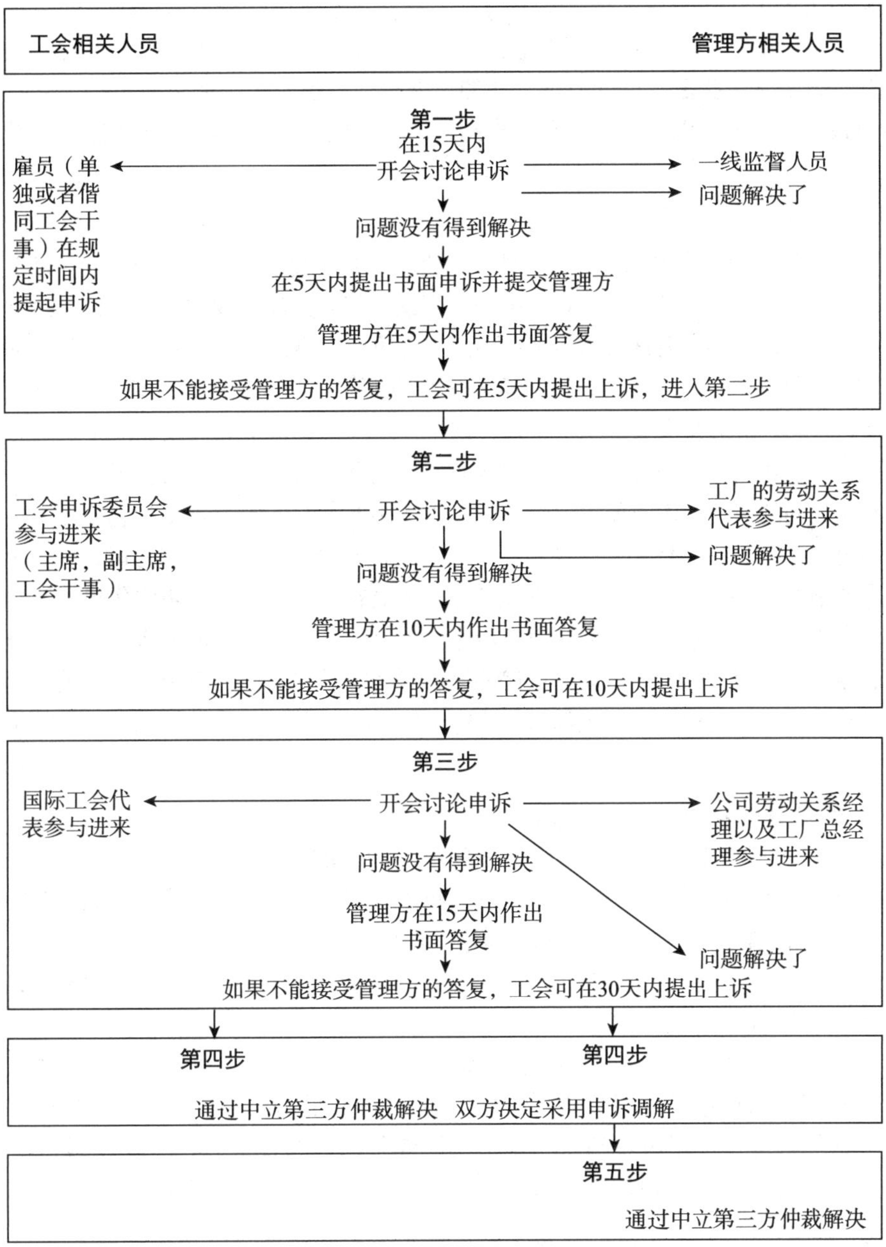

图表 10.5　典型申诉程序示例

者工会没有遵循时间限制，那么申诉可能被对方质疑，认为它不符合劳动合同所规定的要求。[14] 如果工会不满足时间的要求，工会就无法提出申诉。如果管理方没有及时回应，工会通常接着进入下一个步骤。

雇员与一线监督人员讨论的目的是尽可能快地以非正式方式解决申诉问题。工会不希望延缓任何赔偿，尤其是在工会会员的欠薪以及复职方面。管理方也不希望拖欠遭到解雇或者暂时停职的雇员的薪水，让该雇员一直失业到申诉问题最后被解决，从而招致任何持续的责任。

在某些案件中，口头讨论是形式上的——这一步骤开始时雇员就提供书面申诉，认为任何形式的讨论都不能改变自己的决定。同样，主管人员也可以作出应对申诉的决定，并且绝不打算改变这一决定。如同申诉程序的下面两个步骤一样，如果雇员接受管理方对书面申诉的答复，那么可以认为申诉已经得到解决，后面的步骤已经没有必要进行了。

申诉程序的第二步

除了第一步申诉讨论中相关的人员外，工会申诉委员会成员以及管理方的劳动关系代表都参与进来，讨论主管人员对申诉程序第一个步骤的答复。谈判双方对整个谈判过程的管理程序了如指掌；他们的主要任务是根据程序的规定决定申诉是否应该在这个阶段得到解决。

例如，雇员 A 提出一个申诉，抗议管理方单方面规定减少她在工作场所的洗漱时间的行为。然而，工会申诉委员会可能认为：(1) 这个合同没有关于洗漱时间的规定；(2) 其他部门的雇员在他们轮班结束前都没有得到洗漱时间。因此，工会申诉委员会可能鼓励申诉人接受减少洗漱时间的决定，而不要冒风险在申诉程序接下来的步骤完全失去主动权。

举另外一个事件作为例子，一位从事非标准本职工作的雇员，要求公司为他的工作时间支付更多的报酬——劳动关系代表可能调整主管人员在申诉程序第一步中作出的答复，以避免使申诉进入申诉程序第三步，因为第三步作出的决定可能会对其他工作部门中具有类似工作经验的雇员产生很大影响。劳动关系代表提供劳动申诉程序第二步中管理方的书面申诉答复。基于此答复的任何程序、规定都只能适用于特定的工作部门，而不适用于整个组织。

申诉程序的第三步

申诉程序第三步中的讨论包括申诉程序第二步中的全部人员，同时包括劳动关系经理同其他管理官员（例如一位总领班、主管负责人或者总经理助理）、工会申诉委员会成员以及工会的国际工会代表（见第 4 章）。这些人员参加讨论是因为这个级别的申诉答复能够影响全公司范围的操作，所以管理方同工会代表双方都希望在作出决定之前获得尽可能多的投入。

在第三步的会面过程中，工会阐述申诉及其背后的逻辑。管理方在大多数情况下只是倾听，并不试图在这样的讨论会上解决申诉。在时间限制截止之前，管理方内部讨论之后才会给予答复。由于决策适用于整个工厂或公司，意义重大，所以在第三步的管理方答复通常由劳动关系经理执笔。这一步对工会官员有以下几方面的好处：

- 它给此步骤新参加会议的工会干事提供了免费的培训——许多劳动合同要求企业为申诉会议支付报酬。
- 它加深了申诉人的感受，使之感觉到许多工会官员在背后支持、保护自己的利益。

如果申诉人仅希望向各种级别的管理官员表达自身关注的问题，这个步骤还具有治疗的功能。也许申诉程序第三步最重要的功能是另外的工会官员以及管理方官员的加入。这些官员自身与申诉的最后结果无关，因而能够相对客观地评价申诉的优点及价值。

申诉程序的第四步：纠纷解决替代方法

在申诉程序的第四步中，中立第三方既可以提供一个最终的仲裁决定，也可以通过调解的方式帮助谈判双方自己解决问题［**仲裁**（arbitration）将在第 11 章更详细地讨论］。

申诉调解

申诉调解（grievance mediation）是申诉程序（仲裁之前）中一个正式的步骤，其目的是在不使用仲裁的情况下解决申诉问题。相对于仲裁而言，申诉调解在解决申诉方面有几个优点。

经由申诉调解，谈判双方通常能够自愿达成协议，并且比仲裁更能令双方满意。调解员一般敦促双方在当初的立场上都作出妥协。比如，工会一开始时主张雇主在恢复被解雇员工的职位时补偿所有误工工资，后来在**调解**（mediation）会议上作出妥协，主张不必支付补偿工资。补偿工资增加成本。雇主可能把补偿工资作为优先考虑事项，由于在解雇之前，该员工工作表现出色，所以把恢复职位作为次要考虑事项。双方对解决方案作出妥协，最终双方都接受解决方案。

与仲裁相比，调解速度更快，成本更低，也更随意。此外，从长期看，调解对申诉双方都有好处。调解从开始到结束平均花费时间为 43.5 天，而仲裁平均花费时间为 473 天。仲裁每天只能通过听证会处理一个申诉案件，而调解一天可以处理数个案件。调解不需要会议记录、会后备忘录和书面裁决。每个案件给调解员的花费平均为 672 美元，而给仲裁员的花费是这个数字的近五倍。调解不需要律师参加，双方都有机会方便地讲述自己的见解，锻炼沟通技巧，理解另一方的立场。

理解对方立场可能对将来申诉的解决更有利。事实上，调解的后续影响还可能包括劳资关系改善、理解彼此立场和关切，以及创建更好地解决问题的友好合作环境。[15]

图表 10.6 详述了仲裁听证会和申诉调解会议之间的差异，这两种途径都是通过中立第三方解决申诉问题的方法。

图表 10.6　　仲裁 vs. 调解

申诉仲裁：

仲裁听证会定于申诉申请 8 个月之后举行。听证会参与各方一般是申诉人、仲裁员、记录员、工会团队（律师、员工代表、地方工会官员和工会找来的证人），以及公司团队（律师、人力资源经理、涉事一线监管人员和公司找来的证人）。在听证会期间，证人起誓，接受盘问，文档作为证据被提交给仲裁员。双方律师频频表示反对，仲裁员通常表示反对无效。听证会通常持续 4～6 小时，记录员花费 2 星期时间准备文稿，双方律师花费 30 天时间准备并提交听证会简报，仲裁员通常在 30 天内准备好书面裁决。

申诉调解：

调解会议通常定于申诉申请大约 3 个月之后举行。参与会议的人员包括调解员、工会代表和公司代表（既没有律师，也不需要记录员）。每一方各自对申诉进行阐述，列举事实，总结观点，支持自己的立场。双方进入不同房间，调解员分别进入各自房间，分析各自立场的优势和劣势。在 3 小时内，双方达成一致意见。午饭之后，接着处理另一个申诉，进来另一起案件的代表。调解员不会写下任何裁决。如果仍旧不能达成一致，调解员会提醒双方仲裁可能面临的结果。然后，双方再次商讨如何解决申诉纠纷。

资料来源：Peter Feuille，“Grievance Mediation，” in *Employment Dispute Resolution and Worker Rights in the Changing Workplace*，Adrienne E. Eaton and Jeffrey H. Keene（eds.）（Champaign，IL：IRRA，1999），pp. 187－188. Reprinted by permission.

调解员解决申诉的不同方法

调解员使用不同的方法排除分歧。调解员的方法可以分为三类，但是这三类并不是互相排斥的，比如调解员可以在调解过程中从一种方法转换到另一种方法。根据不同的情况，调解员选择有针对性的方法，更能成功地解决申诉纠纷。

第一种方法是改变/协作调解（transformation or collaborative mediation）。以这种方法，调解员使双方发现各自不同以及共有的资源，理解对方的立场。这种方法一般在调解开始时使用，作为一个好的开头，如果有必要，转用另一种方法。第二种方法是评估调解（evaluative mediation）。调解员不是试图直接提出解决方案，而是让双方人士聚焦其立场的优势和劣势。调解员通常需要和双方单独交谈，以全部理解其立场。然后，调解员和双方代表一道坐下来，谈论和倾听，共同商量出解决方案。

第三种方法是**指导性或者结果导向型调解**（directive or results-oriented mediation）。这种调解的目的是：使双方接受调解员认为合理且可接受的解决方案。调解员首先和双方共同坐下来，双方直接同调解员交流。调解时基本的规则是：不能进行言语攻击，不能打断另一人的讲话。在调解过程中允许私下召开会议，缓解紧张气氛，也可以同调解员私下交流。此外，调解员为了使双方理解彼此的立场而分开与他们讨论。[16]

申诉调解成功的案例有很多，而只有4%的集体谈判合约中包含要求调解的条款。[17] 为什么调解没有被更加广泛地使用呢？其中第一个原因是只有一小部分申诉案件最终交由仲裁（一般不到20%，经常是2%）。此外，大部分提交仲裁的申诉没有走到仲裁那一步，就已经先行解决了。因而，并没有必要把调解包含在申诉解决惯例之中。第二个原因是：由于调解并不能一定保证解决申诉纠纷，所以调解从根本上将很脆弱，参与各方可能最终还要进行仲裁。事实上，调解成功与否取决于双方对仲裁的态度，如果都不愿意交由仲裁，调解成功的概率就高。第三个原因是管理方一般不愿意调解。管理方一般是给予好处的一方，如果希望避免申诉和仲裁，管理方就要给工会“好处”。在大多数情况下，工会是提起申诉的一方，希望管理层能够改变决策。比如，工会可能因为雇员被解雇、没有获得升迁或者其绩效工资没有增加等原因提起申诉。管理方的任何妥协均意味着不得不改变当初的决策。第四个原因是仲裁支持者和仲裁员的个人私利。申诉如果全由调解解决，当然危害到仲裁员等仲裁利益相关方的生计。仲裁的成本包含给予仲裁员的花费，如果申诉通过调解而不是通过仲裁解决，仲裁员就没有了收入。[18]

成功的申诉调解取决于两个重要因素。第一个要素是调解员的能力。经验丰富的调解员能够辨别出双方立场的优势和劣势。调解员通常与各方分别会谈。如果双方没有达成一致，调解员可以建议性地提出可能出现的仲裁结果，换言之，让双方先“瞄一眼”仲裁可能的结果。这本身会给双方很大的压力，处于弱势的一方可能为了避免更大的成本选择妥协。

第二个要素是双方调解的驱动力。如果双方有很大的驱动力通过调解解决申诉，调解当然更可能成功。因而，“与仲裁相比，把调解视为解决申诉积极态度的化身，而不是视为能够解决申诉的一个途径”[19]。

调解员的成功也促使雇主在遇到其他雇佣情况时采用纠纷解决替代方法（alternative dispute resolution)。当然，大量雇员向均等就业机会委员会（Equal Employment Opportunity Commission）等政府部门提起诉讼，也促使许多雇主采用纠纷解决替代方法。根据1991年《民权法案》《美国残疾人法案》《就业年龄歧视法案》等，均等就业机会委员会对就业歧视诉讼享有司法管辖权。2010年，向均等就业机会委员会提起的诉讼高达99 922起。此外，每年向联邦、州和地方政府机构提起的工作纠纷诉讼成千上万。于是纠纷解决替代方法得以引入，把大量向法院和政府机构提起的纠纷诉讼转移到内部纠纷解决程序。美国最高法院也支持这样的做法，其承认劳动纠纷仲裁合同条款的合法性[20]（将在第11章进一步讨论）。

根据均等就业机会委员会的报告，2010年出现12 755起调解，其中9 362起通过调解最终解决（73.3%），大约节省1.42亿美元成本，超过90%的案件得到了雇主和涉事雇员的赞同。

针对调解过程中各参与方的研究显示，参与者基本都对调解过程和调解员表示满意。绝大多数参与者认为，调解是公正的，他们完全有机会表达自己的立场。此外，他们还表示，如果再出现劳动纠纷申诉，他们仍然愿意通过调解来解决。[21]

比如，《美国残疾人法案》也鼓励相关纠纷通过纠纷解决替代方法来解决。调解员可能帮助解决双方冲突，妥善安置残疾员工。妥善安置包括以下一项或者多项内容：购买设备、调整设备、改变结构、调整工作环境、提供服务、安排灵活的工作环境、重新安排工作任务或者调到其他空缺岗位。

谈到重新安置，如果造成不可克服的困难，或者造成残疾员工本人或者其他员工生命和健康危害，该残疾员工可以不服从安排。此外，调解员还要帮助排除雇主财务状况、对正常经营的干扰、牵涉风险的持续时间、对雇员的潜在危害和危害发生的概率等方面的意见分歧。

美国邮政局在**改变调解**（transformation mediation）方面有超过10年的成功经验，拥有世界上最大的就业调解项目，被称为“解决劳动纠纷—迅速达成平等解决方案”(Resolving Employment Disputes Reach Equitable Solutions Swiftly)。[22]

申诉解决的管理复杂性

所有申诉程序，尽管步骤、时间期限和参与方有所不同，但是对高级管理层和工会而言都是可以考虑的推进纠纷解决的途径。这些程序也可能产生一些复杂的管理问题(见下面的“劳动关系实践”专栏)，并且不灵活。然而，这些程序都是管理层和工会官员社会关系互动的平台。

◇劳动关系实践

合同管理难题

申诉程序通常涉及多个程序步骤，相关的参与人员，以及关于提出、答复申诉和上诉的时间限制。工会以及管理方官员，有些时候还包括仲裁员，通常不得不在申诉程序中解决许多棘手的管理难题；这些难题在下面的提问中得到反映：

1. 如果某雇员同时是调查申诉的工会官员，那么管理方能否终止该雇员的调查并且命令他回到工作岗位？

2. 如果雇主需要花费时间与精力来加工、处理工会要求获得的与申诉有关的信息资料，那么雇主是否有权向工会收费？

3. 秘密提出申诉会议的雇员是否可以被解雇？

4. 外部工会代表为了调查申诉，是否有权视察该工厂？

5. 如果申诉由自身不受该申诉影响的人员提出，那么该申诉是否“合法”？如果由一群雇员提出呢？由工会官员针对初始申诉人的缺陷而提出呢？由只是提出口头陈述但没有提供书面报告的人员提出呢？

6. 如果工会作出的答复超过了时间限制，那么申诉步骤之间明确的时间限制是否意味着该申诉不能再继续？如果超过了时间限制，雇主还必须同意申诉吗？

7. 申诉提出以后，初始时间限制应该从事件发生的那一天开始，还是从申诉人认识到问题、提出申诉的日期开始？

8. 管理方是否应该为工会官员花费在调查及处理申诉上的所有上班工作时间支付报酬？

9. 管理方申诉调整的有效日期（例如，为加班管理失误支付报酬）能否优先于提出申诉的日期？

10. 是否即使在劳动合同没有特别涉及这种行为的情况下，雇主也能够提出针对工会的申诉？

所有这些提问的答案都可采用“它依赖于……”句式。在一个特定的工厂，具体的“是”或者“不是”的答复依赖于工会同管理方官员正式的（劳动合同语言以及/或者备忘录或者劳动合同理解）和非正式的（过去的实践惯例）安排与布置。

其他纠纷解决替代方法

尽管仲裁和调解是最常见的纠纷解决替代方法，但是涉事双方还可以根据具体需要选择其他合适的纠纷解决替代方法。其他纠纷解决替代方法更可能在非工会公司中出现，包括：(1) **开门政策**（open door policy）；(2) **申诉专员**（ombudsperson）；(3) **同业互查体系**（peer review systems）；(4) 初期中立评估。

开门政策鼓励员工直接向顶级上司反映问题，如果不满意解决结果，雇员可以向更高层级的管理人员反映问题。开门政策已经在许多公司中存在一段时期了，特别是在大型公司中更为常见。开门政策最大的缺陷是：由于害怕上级报复，员工不愿意使用这种方法。

非工会调解（nonunion mediation）是指引入中立人员从中调解，帮助双方达成一致解决方案。非工会调解近些年应用非常广泛，通常与其他解决方法共同使用。这种方法缺点较少，有时可以促使涉事双方达成双方都能接受的解决方案。

申诉专员是雇主任命的本公司员工，与涉事员工协调。该方法是否有用取决于申诉专员的独立程度。申诉专员由于是雇主的员工，并且由雇主任命，很难做到独立，也难以帮助员工解决其提出的问题。

同业互查体系是指雇主任命普通员工和管理人员组成委员会，其中大部分是普通员工，一小部分是管理人员。委员会通常由人力资源经理带领，协调有关事项。受到侵害的员工向委员会提起申诉。通常，委员会对申诉的裁决具有最终法律约束力。如果只是向管理方提供意见，同业互查委员会被《国家劳动关系法案》视为劳动组织，但是其持续存在则违反了《国家劳动关系法案》(详见第 5 章)。如果被视为劳动组织，国家劳动关系委员会会命令公司抛弃同业互查委员会，建立其他符合法律规定的组织。

雇佣仲裁（employment arbitration）是雇主单方面设立的解决雇员申诉和投诉的纠纷解决方法（将在第 11 章详述）。

同业互查和雇佣仲裁经常被用作工会和法院的替代方法，这两种方法产生的结果都具有最终法律约束力，但是，最终结果很可能对员工不利。同业互查委员会的委员由雇主挑选、培训和操控，因而这种委员会的独立性广受质疑。事实上，如果同业互查委员会一开始时令雇主不满，雇主就会解散这个委员会。雇佣仲裁机制中的仲裁员由雇主选择，并接受雇主的费用，因而仲裁员的客观性和独立性经常受到质疑。[23]

初期中立评估（early neutral evaluation）是指雇主和雇员共同选择第三方，举行非正式听证会，双方在听证会上列举证据，交流立场。听证会的目的是缩小分歧，帮助双方更好地理解其立场的优势和劣势。初期中立评估员给出不具有法律约束力的建议性意见。初期中立评估对案件处理时间和处理费用都没有太大的影响，双方对初期中立评估的看法也没有明显的偏向性。此外，在初期中立评估过程中，涉事双方可能并不表示出“真实立场”，因为他们心中认为无论怎样最终还是要提起诉讼。[24]

三、申诉解决方案：关系及弹性

各种各样的行为、策略以及关系来自最频繁卷入劳动关系事务的工会及管理方参与者：工会干事以及一线监督人员。[25]

法定关系

法定关系（codified relationships）强调的是工会干事以及一线监督人员的权利与待遇。这些权利与待遇是通过劳动合同以及各种类型的工会及管理方公开出版物建立起来的。这些公开出版物催促工会干事以及一线监督人员在申诉解决过程中视对方为“组织对等物”，并且认识到在他们这个级别解决申诉对双方都有利，而不是让更高级别、可能缺乏兴趣的官员卷进来。[26]

领班同工会干事可能对标准化的指导思想及哲学体系有所了解，但是通常在互动过程中不把它们考虑在内。例如，美国劳工联合会—产业工会联合会的工厂工会干事手册强烈要求工会干事在申诉程序第一步中代表申诉人与一线监督人员直接交涉。

尽管领班只拥有有限的权利，遵循申诉程序的步骤也是很重要的。进入更高级别的交涉可能产生令人不快的影响。底层管理人员会对此心怀怨恨，并且在下次处理问题时更加棘手，或者企业因底层管理人员没有遵循正确的步骤而寻求其他办法以摆脱申诉问题的困扰。[27]

然而，许多一线监督人员认为在申诉程序中他们通常被工会干事完全忽视了。实际上，工会干事也可以以工会的名义绕开提出申诉的雇员。这种工会干事拥有的“绕行能力”，没有赋予管理方。[28]

许多一线监督人员并不贯彻另一个法定关系方面：在申诉程序中视工会干事为“组织对等物”。对平时习惯向工会干事发出日常工作命令的一线监督人员来说，在申诉会议上转变观念并且视工会干事为对等实体通常是很困难的。一部分一线监督人员能够接受这种情况，而有一部分却存在问题：

> 这个名叫沃克（工会干事）的家伙没有认识到这群人正在拿他开玩笑。这群人整天就是无事生非。他带来的所有材料都过时了。以前我们已经就这个问题同另外一个工会代表反复讨论、检查过了。那个代表厌倦了这份工作并且已经辞职。因此那帮人决定选举沃克，因为没有其他人想得到这份工作。沃克这个家伙对这个部门根本一点都不了解。他来这儿只有三个月。他还只是一个小孩，根本不知道这里面发生了什么。我不想在此问题上一而再、再而三地纠缠……他没有资格谈论发生在我这个部门的任何事情，并且我不希望和他浪费时间。他带来所有这些材料，天真地以为这样就可以成为风云人物。[29]

法定关系同时建议一线监督人员拥有在申诉程序第一步解决申诉的权利，以便给雇员一个迅速快捷的答复。在申诉程序第一步就解决申诉还有助于防止在全公司范围内形成供其他雇员参考的先例，而按照申诉程序，这种先例将会在第三步建立。即使这样，有些管理人员仍旧倾向于能够得知雇员申诉的信息，因而通常建议一线监督人员在讨论任何行动之前都应该把情况传达给劳动关系代表。实际上，一份关于 800 名一线监督人员的研究报告显示，大约 27%的主管人员认为更高级别的管理人员严格限制了他们以非正式方式或者在申诉程序第一步解决申诉的权利。[30]

四、权力关系

在领班同工会干事追求不同的利益或目标的情况下，相矛盾的**权力关系**（power relationship）就得到发展。这种情况最近已刻画出钢铁产业的车间劳动关系：

> 地方工会已经变得高度政治化；任何工会领导如果同企业和平达成协议，就会被迅速、公然地抨击为“专门卖光家产的艺术家”。工会官员同主管人员处理日常冲突事项，如纪律问题、工作安排以及工人申诉。反反复复地，每一方好像都不得不向对方证明自己拥有足够的能力来伤害对方。[31]

当工会干事以及一线监督人员都被自己的上级领导鼓励，要求更加关注部门中发生的问题时，权力关系就象征性地开始了。上级领导鼓励一线监督人员在问题变成申诉之前就发现它们，而工会干事也受到鼓励，尽量在雇员与领班进行商讨之前能够同这位潜在的申诉者探讨、沟通。对雇员注意力的争夺可能变得尤其激烈。如一份研究报告所显示的那样，工会干事与一线监督人员在同雇员沟通方面打成平手，平分秋色。[32]

另外一种类型的权力关系来源于工会干事比领班更加了解劳动合同。许多工会干事是长期工会雇员，已经参与过大量申诉会议。主管人员可能是刚毕业的大学生，没有处理产业关系的经验。另外，工会干事可以全神贯注于劳动合同中的某一特定规定以及它们在工厂里的应用。相反地，领班的主要职责是安排生产计划，满足部门提出的数量及质量标准，参与缩减成本计划，如此等等。这样就减少了领班处理申诉以及仔细分析劳动合同的时间。

胁迫是工会干事及主管人员都可以在实践中应用的另一种权力关系战略。在某些情况下，工会干事假定当主管人员收到大量申诉时会变得比较脆弱——主管人员将会更加关注高级管理官员对下属明显缺乏解决劳动关系问题的能力作出的反应。即使这些申诉可能并不正确，一些管理官员也可能会坚持以下看法：

> 经常成为申诉目标的主管人员给我们带来了许多危险信号。我们期望主管人员能够处理绝大多数雇员关系问题。如果主管人员不能胜任，我们就应该质疑这些主管人员是否未来应该继续跟我们共事。我也知道这些申诉有些时候带着很大偏见，甚至是无理取闹，但是整体上而言，能够避免正式申诉的主管人员，看起来比那些让我们一直浪费时间出席申诉听证会的主管人员要称职许多。[33]

因此，工会干事可以威胁领班将会有更多针对他的申诉（不管是真的还是假的），从而说服领班承认目前正在讨论的申诉，或者使领班改变处理劳动关系的全部方法。这种胁迫的方法由一位工会官员解释如下：

> 最近我们同某位领班多次争吵，关系很僵……他命令工人绝对听从他的命令……不能早退，从上班一直干到下班，禁止坐下休息，禁止嬉戏玩闹，以及诸如此类的规定。我告诉那里的委员：“你也做同样的事情。每次他干任何的活，就算是从地上捡起一个盒子，你也提出一份申诉……”你知道的第一件事情就是申诉开始急剧上升——最后终于有了厚厚一叠。
>
> 事情变得如此糟糕……这个领班从原来那个部门调走了。他调来我们部门，这是他最后的机会了。如果在我们这个部门还干不好，他就得走人。因此我去同这个家伙谈话，告诉他：“你也知道，这是你最后的机会。你同我们合作，我们就同你合作。如果你不合作，我们不会让你好过。你就不得不走人。”就这样，事情解决得非常漂亮。[34]

通常来说，胁迫策略并不是单方面的；聪明的领班能够在不引起不当劳动行为控诉的情况下让工会干事的工作生涯变得非常辛苦。例如，许多工作班组有非常广泛的工作任务，其中一些工作任务比另外的任务要显得更加有吸引力。领班可以把没有吸引力的工作任务分配给工会干事，而只要在其工作职责范围内，工会干事就没有拒绝的余地。领班还可以破坏该工会干事在工会里的正式地位，采取的方式通常有：（1）限制工会干事用来调查申诉的时间及自由程度；（2）当工会干事提交申诉时，拒绝在申诉程序第一步解决任何申诉。只要工会干事经验不够，这些策略通常都能够取得成功。尽管这些行为取得了一定“成功”，但是一种由权力及胁迫策略支配的申诉关系破坏了合同管理的最初目的：理性地制定决策。

情感关系

情感关系（empathetic relationships）发生在理性的劳资双方之间，他们彼此都认识到对方的处境，能够以谅解、欣赏的思维方式指导行动。下面这个例子来自一位工会干事的评述：

> 没有双方的相互合作，产业关系就没有办法存在。如果同主管人员相处融洽而不是关系僵化，你能够在更多场合赢得胜利。你必须不停地交换以及做交易……有些时候我必须拼命地解释一些我同他们达成的交易；有些时候，如果我看到以后有机会能够得到更好的回报，现在我就宁愿自己吃点亏。有些申诉人从来没有想到的事情是当时许多老板自己也处在危险当中。如果在他们处于困境时你能够给予他们一点方便，看在上帝的份上——你和他们成为朋友了——那么有些时候当你陷入困境时，他们就会支持你。有时，当我持有一个软弱无力的申诉时，我会把它拿给主管负责人，让他知道我不会那么认真去处理这种无聊的雇员申诉。[35]

当一线监督人员以及工会干事认识到他们在各自的组织内都只占据边缘职位时，情感关系会得到加强。例如，一份研究报告显示，一线监督人员同高级管理人员之间有着很明显的身份差别。这种现象可以归因于几个因素，包括与中高级管理人员接触不够，其他管理人员对一线监督人员最初作出的决定重新进行考虑等。[36]

工会干事在合同管理中同样经历这种情况。一方面，委托人期望他们的工会干事积极推进每一个申诉，因为他们认为工会应该对他们的需求更加关注。因此，即使他认为领班是正确的，工会干事也很难接受领班在申诉程序第一步中对申诉的拒绝。另一方面，在申诉程序接下来的步骤才参与申诉案件的高级工会官员可能倾向于认为该工会干事毫无胆量或者对劳动合同一无所知。

雇员申诉的灵活思考

如前所述的多种多样的人员关系能够揭示个人目标、战略，以及个人性格如何推动合同程序在实践运用中变得更加灵活、通融。现实世界的做法及实践否定了理论性原则，即从每一个申诉的价值本身出发。申诉人希望得到一个同政治利益、策略毫无关联的答复，但是工会在决定提出、继续哪些申诉时，必须考虑申诉带来的政治影响以及工会的整体战略。并不是所有的申诉都是清晰无误的；事实上，许多申诉都与合同双方对劳动合同不同甚至是截然相反的理解有关。在这种情况下，管理方有两个选择——作出有利于雇员的申诉答复或者向仲裁方提出上诉。第二种选择办法对管理方来说通常并无吸引力。尤其是当管理方认识到劳动合同中并无相关事项规定可以用来指导企业决定（如同在起重机操作员节假日工作安排的例子中那样）或者企业没有充分的经验做法来支持企业决定时，第二种选择办法就更不可取了。劳动管理存在许多灰色地带，可以公开、任意地进行解释。当谈判双方请求仲裁中立方解决申诉纠纷时，这种不确定性将会变得更加复杂。同样，仲裁员作出的决定可能驳倒管理方的行为，进一步削弱管理方对未来事项的判断力。仲裁员的裁决对双方都有法律约束力，只能通过谈判来改变。例如，合同不能解决如何安排加班。工会也仅把仲裁当作最后的使用手段，因为仲裁能够耗光工会的全部财政能力。

在这种情况下，可能出现变通形式，即在申诉程序中出现额外的、非正式的**第三步半**（third-and-one-half step）。第三步半可能没有在劳动合同中得到明确说明，但是经常发生在管理方在第三步中“最后”的决定之后、中立第三方举行申诉听证会之前。在第三步半的讨论会议上，管理方与工会代表一起讨论申诉并且达成交易，分派几个最初计划提交仲裁的申诉。例如，雇员针对一位非常不受欢迎的一线监督人员，就管理方实行单件工作协商的问题提出一个申诉，要求给予一位工会会员 2 小时的加班工资作为补偿。谈判双方可能就这一申诉达成交易，答应提高 5 位声称处在更高级别班组的雇员某一天的工资水平。通常，包含在一揽子谈判计划中的申诉能够得到“毫无偏见”的解决，这意味着这些解决方案以后并不能成为双方解决未来相关问题的先例。这些解决方案将不会约束双方未来的任何思考。然而，这些申诉的解决方案保存了管理方对这些问题的判断力以及工会提出未来相关申诉的权利。工会必须谨慎，因为替换掉那些明显值得称赞的申诉可能违反了工会公平代表的职责（稍后将讨论）。

这种行为的反对者提出，为了获得一个有利的解决方案，有效的雇员申诉在双方的讨价还价中失去了其本来的意义。如果一线监督人员认为自己的一切努力在未来的大规模申诉解决方案中将会被推翻，那么谈判双方在第三步半中的申诉交易就会打击一线监督人员努力解决申诉的积极性。例如，下面的评论出自一位领班，他把一位上班经常迟到的雇员打发回家了。该雇员向领班的上级提出一个申诉，最后该雇员被领班的上级派遣回到原来的工作。

> 我前往奥布赖恩（O'Brien）的办公室（主管负责人的办公室），质问他为什么驳回我的决定。他给了我一句“不得不这么做”。说什么“毕竟这只是小事情”，还说他“能够在未来的某个时候从工会方面捞一票大的”。他还说：“我们不得不来回做交易，有时我们让步；有时他们让步。这就是为什么我们一直没有大麻烦的原因！”他告诉我，他可能某些时候不得不再次调整我的一些决定，如果他这么做，希望我对此不要有什么抱怨或者难过，因为他并不是特意针对、冒犯我。该死的无稽之谈！如果在我每次作出决定时奥布赖恩都想使我显得像个傻瓜，看在上帝的份上，他为什么要作出这样的决定。要知道，两个人才能够玩游戏。他能够给予那些家伙（工人）的每一样该死的东西，我也能够给予。这样，当那些家伙提出一样奥布赖恩无法给予的东西时，我就告诉他们直接去找他。[37]

在申诉程序中管理方使用第三步半的后果，就是工会受到鼓励，可能会提出更多的申诉。它们相信，根据 50 个捏造的申诉所达成的交易能够比只包含 5 个有效申诉的交易收获更多。甚至“毫无偏见”的解决方案也会导致更多同类型的申诉，因为这些问题并不被认为是由工会及管理方官员共同解决的。

有人主张解决方案应该是减少仲裁，认为这个过程仅代表雇员同管理方官员之间另一种类型的正当、合作的努力结果，以便有效地处理日常行政管理问题。这些人士还主张，工会及管理方的自身利益要求双方考虑第三步半中的申诉交易会议，探讨是否有运用的可能性。反对者则反驳说第三步半妨碍了工会的**公平代表职责**（fair representation obligation）。在下一节我们将讨论公平代表职责。

五、工会的公平代表职责

到目前为止，我们已经从工会、管理方以及雇员参与者三个角度讨论了申诉程序。同大多数劳动关系行为一样，申诉解决方案同样会被第四方，即政府强烈影响。如第 5 章所指出的那样，工会在恰当的谈判单元中有权成为所有雇员的唯一谈判代理人。这一权利存在相应的法定职责，即在合同谈判及合同管理过程中必须公平代表谈判单元中的所有雇员，工会会员以及非工会会员。在本节我们将集中讨论工会职责的范围，尤其是当谈判单元中的一些雇员认为工会的处理方式并不令人满意时。[38]

公平代表问题非常难以解决。一方面，如果工会希望有效地代表会员的利益，就必须牺牲一些工会会员的个人自由。然而，会员个人的反对权也必须加以保护。另外，必须保护所有提出申诉的雇员，防止他们受到玩忽职守或者腐败的官员的伤害。《国家劳动关系法案》使公平代表问题变得更加复杂，因为它不包含任何明确的、督促工会必须公平代表谈判单元中的所有雇员的规定。因而，政府部门之间经常就公平代表问题发生管辖争执。更确切地说，政府部门指的是国家劳动关系委员会以及法院。

许多年以来，国家劳动关系委员会一直声称由它独自拥有决定公平代表问题的权限，因为相关的劳动实践来自它的法定权限。然而，最高法院对国家劳动关系委员会进行了反驳，并且指出地方法院对公平代表问题同样拥有权限，因为公平代表职责是联邦劳动关系政策的基本组成部分；同时在此类案件中，地方法院的权限优先于国家劳动关系委员会的法定权限。[39] 后来最高法院的一个判决指出，如果雇员声称存在违背公平代表职责的行为，存在货币损失，那么该雇员拥有到法院起诉的权利。[40]

相关的法院判决强调了下面这个问题：如果雇员的利益或主张可能潜在地破坏工会目标及政策，那么工会还必须继续代表雇员到什么程度？当我们考虑许多决定在帮助一些成员的同时损害了另外一些雇员的利益，这个问题的重要性就会被放大。在合同框架下存在着许多竞争性权利，包括的项目如职位提升、调动以及解雇。如果出现一个职位空缺，那么只有一位雇员能够得到提升。没有得到提升的那些雇员可能认为自己应该提出申诉。

工会关于资历的行为（如为离开又归来的雇员合并资历花名册以及计算资历等级）可能会伤害到谈判单元中的一些成员，但同时对另外一些成员有利。例如，2001 年 9 月 11 日，纽约世界贸易中心遭受恐怖袭击之后，美国航空公司由于生意惨淡不得不大量裁员。工会同意修改裁员计划，允许航空公司在北卡罗来纳州夏洛特保留低资历雇员，裁掉小的要停业的飞机场的高资历雇员。有 15 年工龄的雇员起诉航空公司和工会。法院裁定，裁员引起的痛苦，不是由航空公司和工会的恶意行为造成的，而是由恐怖袭击造成的。法院认为航空公司和工会历经重重困难、反复尝试，采用了合理的措施。[41]

毫不奇怪的是，最高法院处理的与公平代表职责有关的两个案件都对资历问题表示了关注。[42] 最高法院作出的判决指出，虽然谈判单元雇员没有将申诉提交仲裁的绝对权，但是如果工会考虑所有会员的利益，以及采取的最终立场具有诚意，没有敌意或武断的歧视，就表示工会在集体谈判与申诉程序中满足了它的公平代表职责。

这些相当广泛的指导原则同样被应用于最高法院的一个里程碑式的判决——瓦卡诉

赛普斯（*Vaca v. Sipes*）案的判决。这个案件考虑了工会在申诉程序中的公平代表职责。谈判单元的一位雇员声称工会“武断地、任性地，同时在没有正当或合理的理由的情况下”拒绝把他的申诉提交仲裁。这位雇员是一个长期高血压病人，经过病假休息以后返回工作岗位。公司的医生诊断该雇员不适合重新上岗。而该雇员的私人医师则指出他可以胜任该工作；因此，该雇员要求工会想办法通过申诉程序让他复职。然而申诉开始以后，工会为了在提交仲裁之前加强申诉的可信度，让该雇员去看中立的第三位医生。第三位医生不支持该雇员的立场，因而工会拒绝把该雇员的申诉提交仲裁。

最高法院判定工会在这个案件中的行为具有诚意，既没有武断也没有歧视。同时最高法院指出（在这个案件和另一个案件中）[43]：

- 如果雇员认为工会违背了它的公平代表职责，那么雇员必须承担举证的责任。
- 公平代表并不要求工会把每一个申诉提交仲裁，因为这样将使工会及管理方产生无法承担的成本，而且将破坏申诉程序中前面步骤的效力。
- 法院应该仅调查工会的公平代表职责，而不是每个案件的价值。

如果违反了公平代表义务（从事任意武断、歧视和/或不诚意的行为），工会付出的代价可能极为昂贵。在一个案件中，工会可能不仅要支付律师费用和诉讼费用，还要赔偿申诉人的误工费用。[44] 在另一个案件中，哥伦比亚地区上诉法院支持国家劳动关系委员会的裁决：雇员有权继续申诉，工会支付雇员的律师费用。[45]

最高法院最近的一个决定指出，任何对工会行为的司法调查都必须“高度恭敬”，当工会官员履行自己的工作职责时，赋予工会官员“广阔的自由范围”。破坏公平代表职责的理由必须是如此的不符合“理性范围”以至它必须是完全“失去理性的”或者“武断的”。此外，不能仅因事后发现工会的决定是糟糕的方案而断定工会的决定是非理性的。[46]

现在，公平代表职责给工会以及雇主造成了两个棘手的问题。第一个问题是：哪种特定类型的行为构成了对公平代表职责的违反？如前面所指出的那样，最高法院仅给出了广泛的指导原则（“武断”“不诚意行为”“不诚实”等）。有些时候这些指导原则能够非常容易被应用；例如，工会拒绝处理任何黑人、妇女或者非工会雇员提出的申诉就明显地违反了这些原则。[47] 而有些案件则变得更加复杂。工会虽然不需要把每一个申诉都提交仲裁，但是有义务考虑每个申诉的价值并且有效地使用申诉程序。在有些案件中，法院判定工会“马马虎虎的行为”（仅装装样子而已）使工会对公平代表职责的破坏负有一定的责任。相关行为包括：

- 在仲裁听证会上不提供充分的辩护。
- 延迟申诉处理，直到过了申诉程序的有效期。
- 没有通知申诉人工会已经接受了与申诉人提出的要求不一致的赔偿。
- 没有让会员得知能够影响会员资历权利的仲裁决定。[48]

然而，一些法院提出疏忽或者“正直的错误”不单独构成对公平代表职责的违反，因为工会会员通常有选择权，可以投票选择新工会官员甚至新工会以便更好地代表他们的利益。

为了降低工会会员针对工会的公平代表诉讼，工会把公平代表事项纳入工会干事的培训课程。虽然培训课程的具体内容不尽相同，但都把公平代表义务内容的培训重点放在“七大黄金法则”上，如图表 10.7 所示。

图表 10.7　　工会公平代表义务的“七大黄金法则”

1. 按照事情的是非曲直，考虑每个诉讼。
2. 迅速而严厉地调查每一个申诉。
3. 不要忘了时间期限。
4. 保存记录。
5. 告知申诉人。
6. 对任何行为都要有正当理由。
7. 如果申诉缺乏依据，就不要管它。

资料来源：http://www.umass.edu/usa/dutyfairrep.htm.

第二个问题涉及雇主同工会的责任。如果工会没有公平代表谈判单元中一位被解雇的雇员的利益，那么应该如何追究雇主同工会的责任？现在，雇员可以控告工会及雇主违约，如违反《劳资关系法案》第 301 条的公平代表职责。

举个例子来说，假定一位雇员遭到解雇，因此接下来他控告工会破坏了公平代表职责并使自己受到了公司不公正的解雇。根据最高法院在鲍恩诉美国邮政局案件中作出的决定，雇主同工会都负有一定的责任。鲍恩是邮政局的一位雇员，因同另外一位雇员发生口角而被解雇。鲍恩在地方法院控告工会及雇主。他在法院出示的证据显示，负责此申诉的工会官员在申诉程序的每一个步骤都履行了自己的职责，但是工会的国家办公室在没有明显理由的情况下拒绝把该申诉提交仲裁。法院裁决邮政局错误地解雇了鲍恩，并且工会违背了它的公平代表职责。

最高法院最终裁决雇主与工会共同导致了这次错误的解雇。雇主终止了最初的错误决定并且恢复了鲍恩的工作，还给鲍恩补偿了一部分诉讼期间损失的工作报酬。然而，最高法院也同意工会需要补偿鲍恩一部分损失的工作报酬，因为鲍恩不会脱离工会单独进行诉讼——如果工会将鲍恩的申诉提交仲裁，那么鲍恩现在应该已经复职。因此，雇主负责支付鲍恩应得的工作报酬，时间从解雇日期开始到复职的大概日期。这一大概日期是理论推定的，比鲍恩实际复职的日期早，因为如果工会公平代表申诉人的利益，把申诉提交仲裁，那么仲裁可以判定鲍恩更早恢复工作。工会负责支付鲍恩可能复职日期以后的损失（见图表 10.8 判定工会及企业的责任分担比例）。

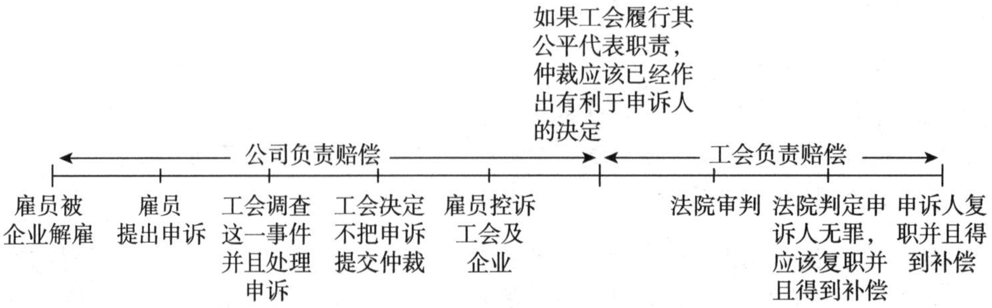

图表 10.8　雇主和工会责任比例的确定

当双方的过失导致雇员损失时，在缺乏分摊比例的情况下，遵守申诉程序的动机将受到削弱。实际上，将责任完全归到雇主头上会对雇主严格遵从仲裁条款的意愿产生很大影响。[49]

鲍恩的案件对劳资关系产生了具有争议性的影响。管理方认为他们不应该为工会的失误支付一定数量的赔偿，尤其是因为法律严格禁止管理方干涉工会的内部事务。然而，这种观点很容易被驳倒：如果企业没有错误地解雇该雇员，工会根本就不会违反法律。法院的这个决定可能会鼓励工会把许多模糊、似是而非的申诉提交仲裁，以避免可能的对公平代表职责的违反以及相关的经济责任。换句话说，把案件提交仲裁所花费的费用可能低于在法院辩护破坏劳动合同罪的费用。

本章小结

通过赋予劳动合同谈判形式动态的含义，雇员申诉以及申诉管理拓展了集体谈判的形式及内容。广义的申诉被定义为：当雇员觉察到违反劳动合同的现象时，他按法定程序提出书面申请以寻求解决方案的有关劳动事项。

雇员提出申诉的理由多种多样，如抗议违约，引起对某个问题的注意，想不劳而获，或者使申诉人及工会感觉到自己的重要性。不管申诉提出者的动机如何，管理方必须通过劳动合同中明确规定的申诉程序处理所有的申诉。

虽然没有任何一个申诉程序适用于所有的劳资关系，但是一个典型的申诉程序中最重要的两个方面是：工会同管理方高级官员的参与，以及由中立第三方作出的有约束力的仲裁（特别是在私营部门）。申诉程序通常给组织带来两个主要优点：冲突制度化以及公开的向上沟通方式。然而，申诉程序在实际运行过程中往往包含各种不同的行为方式，包括申诉程序参与者之间的社会关系（法定关系、权力关系、情感关系）。他们根据适当的合同规定解决申诉问题。申诉参与者不同的性格以及动机暗示，有必要在申诉解决过程中建立一种灵活、有弹性的处理方式，而不是仅局限于考虑每一个申诉本身的价值。

申诉调解是一种纠纷解决替代方法，在本章我们将其与另一种纠纷解决替代方法申诉仲裁相比较进行了讨论。本章还讨论了申诉调解在成本、非正式性、技能发展等方面的优势。尽管优势众多，但是申诉调解仍然使用得比仲裁少。接下来的内容又解释了调解使用较少的原因以及调解的几种方法。均等就业机会委员会经常使用调解来解决申诉纠纷。其他纠纷解决替代方法包括：开门政策；申诉专员；同业互查体系；初期中立评估。

在申诉程序中，工会有公正代表谈判集体员工的法律义务。虽然没有必要把每一个申诉都交由仲裁，但是工会必须以公正和诚意的态度对待每一个申诉。如果工会违反了其公平代表的法律义务，工会和雇主则要承担严重的经济和法律后果。

关键术语

申诉	雇员声音	仲裁
申诉调解	调解	指导性或者结果导向型调解
改变调解	开门政策	申诉专员
同业互查体系	初期中立评估	法定关系
权力关系	情感关系	第三步半
公平代表职责		

讨论题

1. 简单划分雇员申诉同雇员抱怨之间的区别。讨论给申诉下定义时存在的问题，指出广义的雇员申诉既是有必要的，又使人迷惑的原因。

2. 讨论两个可能提出申诉的理由，并且举出与本书中给出的例子不同的例子。

3. 既然只有一个步骤或者两个步骤的申诉程序能够节省时间与金钱，那么为什么在不知道雇员对错的情况下一个典型申诉程序还需要如此多的步骤？在你的回答中，讨论申诉程序的每一步骤带来的不同职能、机会和问题。

4. 为什么工会及管理方官员很难根据每一个申诉的价值解决所有的申诉？

5. 简要讨论关于工会公平代表职责的司法指导原则。讨论公平代表职责背后的原因，并且举出一些恰当的例子。

案例 10.1 这些申诉可以仲裁吗

◈背景

曼彻斯特 T&E（Manchester T&E）公司是一家生产气缸的企业。国际工人工会代表该公司佐治亚州蓝岭地区工厂的谈判集体。

2007 年 12 月 18 日，26－97 号和 27－97 号申诉被提交仲裁。首席干事拉尔夫·古德（Ralph Goode）代表基思·普尔（Keith Poor）在 26－97 号申诉中写道：

申诉原因：

> 工会认为，公司于 2007 年 12 月 16 日违反劳动合同第Ⅶ款，不排除违反其他条款。
>
> 为了解决这次申诉，公司应该让基思·普尔恢复原来的工作，并支付误工工资（包括正常和加班工资）。

2007 年 12 月 22 日，公司人事经理萨姆·斯莫尔伍德（Sam Smallwood）拒绝了申诉要求。

26－97 号申诉被推进至第三步。斯莫尔伍德于 2008 年 1 月 13 日再次拒绝了申诉要求。

古德还代表鲍勃·博伊斯（Bob Boyce）提起 27－97 号申诉。他写道：

申诉原因：

> 工会认为，公司于 2007 年 12 月 16 日违反劳动合同第Ⅶ款，不排除违反其他条款。
>
> 为了解决这次申诉，公司应该让鲍勃·博伊斯恢复原来的工作，并支付误工工资（包括正常和加班工资）。

2007 年 12 月 22 日，斯莫尔伍德同样拒绝了申诉要求。

27－97 号申诉被推进至第三步，斯莫尔伍德于 2008 年 1 月 13 日再次拒绝了该申诉要求。

2008 年 1 月 21 日，古德这样写道：

> 工会希望将 22－97 号、23－97 号、24－97 号和 25－97 号申诉推进至第三步会议，而将 26－97 号和 27－97 号申诉提交仲裁。

2008 年 3 月 25 日，工会代表乔治·梅森向斯莫尔伍德写了一封信：

> 公司对以上申诉的答复没有令工会满意，根据现有合同第Ⅴ条第 5 款，工会将提交仲裁。

问题：26－97 号和 27－97 号申诉可以仲裁吗？

合同的相关条款：第Ⅴ条，申诉程序和仲裁

> 第 2 条：时间期限。如果没有在预定时间内提起上诉，申诉将按照公司答复进行解决，不会进行仲裁等进一步行为。如果公司没有对申诉提出异议，则按照工会提出的要求解决。
>
> 提出、答复、上诉的时间期限对双方而言具有法律约束力，除非其他合约排除这种情况。
>
> 第 5 条：仲裁。如果人力资源经理在第三步的答复没有令工会满意，工会可以选择提交仲裁。第三步没有解决的申诉必须通过书面通知公司人力资源经理或公司代表之后才能进行仲裁。书面通知必须以挂号信的形式寄出，要求收件回复，并且邮戳日期在公司答复之后的 10 个正常工作日内。
>
> 双方有权呈现证据，书面或口头上进行辩论。仲裁员最终写出书面裁决，但不能违背合同条款。这些书面裁决对公司、工会和员工都具有法律约束力。

◆公司立场

公司认为，根据合同条款，工会如果不满意公司的答复，可以进行仲裁。但前提条件是，工会一定要及时和准确地表明其提请仲裁的意图。换言之，工会要遵守合同明文规定的第Ⅴ条第 5 款：“书面通知必须以挂号信的形式寄出，要求收件回复，并且邮戳日期在公司答复之后的10个正常工作日内。”该条款明确无误地指出，仲裁意图的告知应满足三个条件。第一，告知必须以书面形式。第二，告知以挂号信寄出。第三，邮戳日期在公司答复之后的10个正常工作日内。另外，时间期限对双方而言具有法律约束力，除非其他合约排除这种情况。

公司称，尽管工会没有准确及时地告知仲裁意图，工会正在寻求说服仲裁员公司应同意将26-97号和27-97号申诉提交仲裁。乔治·梅森以挂号信的形式书面通知了公司，挂号信要求回复，但是邮戳日期明确超过了10个工作日的限制。

虽然工会没有及时告知仲裁意图，但是其首席干事拉尔夫·古德已经以书面形式要求延长时间限制。这样的要求没有合法合同的支持，毫无作用。

工会既没有及时告知申诉仲裁的意图，其延长时限的请求也没有获得公司的同意。因而，上述两个申诉已经无法仲裁。合同第Ⅴ条第2款写道：如果没有在预定时间内提起上诉，申诉将按照公司答复进行解决，不会进行仲裁等进一步行为。据此，上述两个申诉将按照公司的答复进行解决。

无论是明确地还是隐晦地，公司都没有同意延长时间限制。由于工会的仲裁时间限制出现问题，公司立刻提出这个问题，并拒绝仲裁。公司坚持按照合同的规定进行处理，即使对公司造成损害，公司以前也绝没有不遵守合同条款。很明显，公司绝不会放弃要求对方遵守合同的权利。公司将按照合同要求，对仲裁进行拒绝，尊重合同的契约精神。

公司审查了事情的经过。2007年12月16日，公司开除了两名员工基思·普尔和鲍勃·博伊斯，此前，这两名员工在工厂里打架斗殴。2007年12月18日，工会及时为这两名员工提出申诉，这两个申诉编号是26-97号和27-97号。2007年12月22日，申诉程序进入第二步，斯莫尔伍德拒绝了这两起申诉的要求。2008年1月13日，申诉进入第三步，公司再次拒绝了申诉要求。

2008年1月21日，古德向斯莫尔伍德提交了一张书面便条，写道：“工会希望将22-97号、23-97号、24-97号和25-97号申诉推进至第三步会议，而将26-97号和27-97号申诉提交仲裁。”据此，工会要求公司处理22-97号、23-97号、24-97号和25-97号申诉，而不是将26-97号和27-97号申诉提交仲裁。斯莫尔伍德理解其中的意图，于是只处理了22-97号、23-97号、24-97号和25-97号申诉。但是，公司并不认为这样一个便条是对将26-97号和27-97号申诉提交仲裁的正式通知，因为没有按照合同规定进行。斯莫尔伍德表示，公司期望工会接下来按照合同规定给出一个正式通知。

工会代表乔治·梅森最终的确按照合同规定向公司写了一封信，以挂号信的形式寄出，要求收件回复。但是，邮戳日期是2008年3月25日，合同规定邮戳日期在公司答复之后的10个正常工作日内，这明显已经远远超过了这个时间限制。2008年1月13日，申诉进入第三步，公司的答复是拒绝申诉要求，而工会正式提交仲裁的时间是2008年3月26日，这已经超了两个月。由于没有在时间限制内收到工会的仲裁申请，公司立刻以书信形式回复梅森，拒绝工会的仲裁申请。

公司表示，公司一直以来严格遵守申诉程序中时间限制条款的规定。证据显示，公司一直按照合同规定的时间对申诉进行操作，严格执行了合同的规定。

公司称，公司一直遵守合同关于时间期限的规定，除了上述两起申诉外，工会也一直以来在合同规定的有限期内提交仲裁要求。对工会在时间期限内提交的仲裁要求，公司诚意遵守合同规定，同工会一起进入仲裁程序。工会理解并习惯按照合同规定行事。如果工会按照合同规定的时间期限提交仲裁，公司无疑将进入仲裁程序。

公司表示，合同规定，仲裁员不能自行改动合同内容。因而，仲裁员也应该按照合同的规定行使职权。合同中明文规定：仲裁员最终写出书面裁决，但不能违背合同条款。这是合同双方的意志表现，支配着合同纠纷的解决，而不是仲裁员的喜好。

在此案例中，合同明确规定了仲裁请求的程序要求。证据明显显示，工会没有按照合同要求对 26－97 号和 27－97 号申诉提出仲裁请求。按照合同规定，由于工会没有按照合同提起仲裁，这两起申诉将按照公司的答复进行解决。尽管这样，工会仍旧要求仲裁员将申诉进行仲裁，这明显违背了合同的内容。

公司结论：

根据以上事实，这两起申诉不能进行仲裁，工会的仲裁请求应被拒绝。

◈工会立场

工会表示，大约在 2007 年 12 月 11 日，公司解雇了谈判集体中的两名员工，工会代表这两名员工进行申诉。这两起申诉按照程序处理，2008 年 1 月 13 日，公司的答复是拒绝申诉要求。之后，公司以仲裁请求没有在时间限制内提出为由认为，这两起申诉已经不能提交仲裁了。

工会提交了工会首席干事古德的证言和证据。古德已经在这个公司工作了 17 年，并且为工会担任地方工会首席干事 6 年。人事经理斯莫尔伍德是他的对手。古德指出，工会和公司都偶尔会因为一些缘由推迟时间限制。其中一份文件显示，古德曾向斯莫尔伍德提出过推迟这两起申诉的时间限制的建议。

工会称，公司并没有拒绝推迟时间限制的请求。古德回忆称，双方以前从来没有拒绝过推迟时间限制的请求。在仲裁时间期限这个问题上，以前有过 7 次推迟，最长的甚至达到 11 个月。由于双方在协商合同阶段，工会才提出推迟时间限制的要求。有时，问题可能在谈判中就解决了，而不用正式提议。但是，工会和公司在这个阶段并没有解决这两起申诉，工会才正式要求仲裁。

工会认为，按照第Ⅴ条第 2 款的规定，双方共同协商一致，便可以延长时间限制。在过去的 6 年中，双方一直都同意彼此要求延长时间限制的请求。古德表示，他于 2008 年 1 月 21 日提出时间期限推迟，公司并没有反对。在合同协商阶段，双方没有解决这两起诉讼，于是，工会当然可以提请仲裁。

工会结论：

综上所述，工会要求对 26－97 号和 27－97 号申诉进行仲裁，并且要求公司对此补偿损失。

◈思考题

1. 评论工会关于双方同意时间延迟的论点。
2. 仲裁员应该受两名员工被解雇的原因所影响吗？

3. 公司最佳的论点和证据是什么？

4. 工会最佳的论点和证据是什么？

5. 如果你是一名仲裁员，你将如何裁决？这两起申诉可以被仲裁吗？

案例 10.2　工会必须处理非工会员工的申诉吗

8 月 15 日，员工比利·格林、玛丽·斯瓦罗斯、贝蒂·琼斯和伊迪·巴尼特在公司的停车场一起吃午餐。她们谈论的焦点围绕巴尼特悬而未决的申诉。巴尼特没有加入工会，最近被公司解雇了。同样未加入工会的格林问道，巴尼特是不是说过格林没被解雇是因为她和上司有性关系。当巴尼特表示她确实说过这样的话时，格林便答道：巴尼特的丈夫和工会会员斯瓦罗斯有过性行为。这时，斯瓦罗斯上去扇了格林一巴掌。格林提出，她们到外面解决此事。

斯瓦罗斯又扇了格林一巴掌，转身离开。格林极为恼怒，追赶上去，从背后踢了斯瓦罗斯一脚。两人扭打在一起大约四分钟。

之后，人事经理乔·罗加尔斯基分别打电话给斯瓦罗斯和格林，讨论此事。罗加尔斯基收集证据，与目击人交流，他们对谁先动手说法不一。由于无法确定是谁挑起了事端，罗加尔斯基开除了这两名员工。他提出，如果她们不满，可以提起申诉。这一天傍晚，格林和斯瓦罗斯在打卡机那里碰到。格林指责斯瓦罗斯说谎，并且说："迟早我要把你揍得屁滚尿流。"第二天，格林打电话到工厂，人力资源经理的秘书接到了电话，格林表示将会提起申诉。她之后在公司餐厅与工会申诉委员会成员杰克·诺兰和乔·考德威尔会面，进行了交流。诺兰让她去找工会秘书苏·科格迪尔。在同格林的会面中，科格迪尔表示："我们将着手处理此事，去餐厅，等着我。"

在同一天的早些时候，斯瓦罗斯已经和工会申诉委员会成员在餐厅见面，并讲出了事情的经过。格林后来也向相同的工会人员讲述了自己的经过。格林认为，她已经见到了工会的人，已经表明正式提起申诉的要求。之后，她便离开了工厂。

一星期之后，斯瓦罗斯恢复了工作，格林的朋友向格林告知了此事。格林于是去工厂，找工会咨询其申诉，却被告知她没有提出过申诉。她之后找到科格迪尔，质问为什么她没有提出申诉。科格迪尔回答道："那并不是我们的义务。"之后，格林又找到罗加尔斯基，罗加尔斯基表示：他没有收到格林的书面申诉，不能恢复她的工作。格林提到：她之前告诉过他，她将会提起申诉。罗加尔斯基回答：即使她提起申诉，也没什么用了，他已经和科格迪尔商量过，决定重新雇用斯瓦罗斯。格林认为，这侵犯了她的正当权益。于是，她以工会不公平代表为由向国家劳动关系委员会提起不当劳动行为申诉。

◆思考题

1. 按照《劳资关系法案》，非工会雇员的正当权益有哪些？

2. 工会公平代表的义务是什么意思？

3. 工会在何种情况下才履行了公平代表的义务？

4. 此案例中的工会是否履行了公平代表的义务？为什么？

课堂活动

10.1 仲裁场景

2004 年 3 月 4 日，星期四，43 岁的胡安·卡洛斯（Juan Carlos）请了病假在家养病。他走出房门，喂了喂马，看到一辆皮卡车在朝他开来。皮卡车越开越近，他注意到，司机是他前妻的前男友比利·鲍勃·琼斯（Billy Bob Jones）。

比利·鲍勃把车在胡安面前停下，两个人发生了口角，这时胡安掏出一把手枪，射伤了比利·鲍勃。比利·鲍勃被送往医院，住院之后出院。2004 年 3 月 5 日，当地地区法院发布逮捕胡安的逮捕令。当天，胡安被逮捕，交了保证金之后出狱。

3 月 8 日，星期一，胡安向其所工作的社会服务组织报告，他已经在这个机构工作了 8 年。他要求见一下其上司艾丽斯·史密斯（Alice Smith）和部门主管拉里·泰特（Larry Tate）。胡安告诉他们：他与开车到他家的比利·鲍勃起了争执，比利·鲍勃威胁要杀了他，用左手拽着他的胳膊，当时卡车的引擎还没有关掉；比利·鲍勃向右拉拽，并且手伸向卡车座椅；他出于自卫，开枪射伤了比利·鲍勃，后来就被警察带走了。在向他的上司解释之后，他回到办公桌旁继续工作，询问来办公室申请公共救助的公民。第二天，胡安的同事苏西·库埃（Suzie Cue）告诉泰特，她在报纸上看到胡安拿枪射伤了比利·鲍勃并且被逮捕。苏西告诉泰特她"很害怕和胡安在一个办公室工作"。泰特认识到了事件的严重性，并且开始调查此事，首先翻看了集体谈判协议。相关内容这样写道：

> 管理层可以以正当理由处罚员工。
>
> 如果以正当理由断定员工犯罪被捕，该机构可以无限期暂停该员工的工作。

2004 年 3 月 10 日，泰特决定，提议无限期将胡安停职。胡安正在行政休假（administrative leave）。泰特在征得部门主管同意之后，向胡安写了一封名为"无限期停职的决定"的信。在收到信之后，胡安开始被无限期停职。2004 年 3 月 11 日，胡安提起申诉，同时向均等就业机会委员会提起年龄和种族歧视的指控。

管理层的准备和决策取决于调查的结果。如果你是调查员，你将找寻什么样的信息？采取什么样的行为获取这些信息？

第11章 劳动与雇佣仲裁

在大学接受高等教育的过程中，你不仅在学习上勤奋努力，而且花费了很多金钱。你现在有着优异的学习成绩，希望找到一份能提升自己职业目标的工作。你认识到，经济依旧处于从疲软的状态中复苏的过程，因此很难找到一份理想的工作。

你是一个优秀的学生，参加过很多活动，但是你很难找到一份合适的工作。最终，你得到一份工资与福利相对合理的工作，并且有很好的事业发展潜力。录用通知会通过信件的形式发送给你，并且在附录中声明："在雇佣的条件方面，我愿意通过公司的仲裁程序解决所有的雇佣歧视索赔问题。我放弃所有向（美国）均等就业机会委员会和/或任何其他政府机构提出任何雇佣歧视指控的权利。"

思考题

1. 你会做什么？
2. 你的权利都有哪些？

这一章包括两个方面：(1) 传统的劳动申诉仲裁包含纠纷解决程序，这种纠纷解决程序从申诉程序的最后一个步骤开始。(2) 由雇主申请的劳动仲裁。传统的劳动申诉仲裁程序由雇主以及代表雇员群体卷入纠纷的工会协商制定。雇佣仲裁是由雇主申请的仲裁，用来解决法定的劳动申诉问题，包括工作歧视和企业人事政策应用方面的纠纷，如在公司手册或者政策手册的框架下拒绝雇员升迁问题。这两种仲裁程序将在本章中分别讨论，因为虽然它们具有一些共同点，但是存在着明显的差别。

第一个差别是在传统的劳动申诉仲裁程序中有工会参与。工会扮演的角色是代表谈判单元中的所有雇员，并与雇主共同协商制定一个能够最有效地反映雇主利益以及在集体谈判中反映雇员利益的劳动合同的仲裁程序。而在由雇主申请的劳动仲裁中，雇主可单方面决定相关的工作事项，并通过仲裁来解决。

第二个差别是关于仲裁员的资格及人选问题。处理传统的劳动申诉仲裁的仲裁员通常具备丰富的经验，擅长处理与劳动相关的问题，仲裁员的人选由工会和管理方共同决定。工会同管理方在作出选择之前需要研究仲裁员的背景资料、教育程度、以往经验以及诸如此类的因素。然而在由雇主宣布发起的劳动仲裁中，雇主常常单方面从商业仲裁员名单或者雇主自己拟定的名单中挑选仲裁员。实际上，一些雇主拒绝使用有处理过传统劳动申诉仲裁经验的仲裁员，因为雇主认为这些仲裁员很可能会运用传统的劳方—管理方仲裁的标准，这样的话雇主在解雇雇员的案件中必须承担举证责任。

第三个差别是关于决策制定的框架问题。在传统的集体协商规定的框架下，仲裁过程包含了合同的解释及应用问题。因此，工会同企业管理方谈判达成的协议就确立了仲裁决定的基本框架（“协议的四个角”）。而在由雇主宣布发起的劳动仲裁中，仲裁员的决定就已包括对企业人事制度或条例的理解及应用。[1]

一、劳动仲裁的发展历程

劳动仲裁于 1865 年首先出现在美国，但之后都很少使用。直到第二次世界大战期间，国家战时劳工委员会才经常使用仲裁手段来处理劳动纠纷。当时在许多情况下，雇员申诉通常是根据经济实力达成解决方案的。例如，在让企业着手解决申诉之前，希望实现某一特定申诉要求的工会通常需要动员所有的力量举行罢工，以此对抗雇主。早些年如果工会及管理方不同意仲裁作出的决定，双方都有法律权利拒绝接受该决定。

其他因素也限制了仲裁的早期发展，如有限的工会活动设施以及劳动合同中模糊不清的术语等。这些因素几乎不能提供给仲裁决定任何的原则性问题。因此，早期的仲裁程序综合了调解以及人道主义的要素，以期达到一个双方一致同意的决定，一个工会及管理方双方都能够接受的处理结果。在这种情况下，仲裁员不得不利用自身的斡旋、游说能力说服双方接受仲裁决定。

在第二次世界大战期间，仲裁的普及度得到了提高，当时的罗斯福总统颁布了第 9017 号总统令，对妨碍战时生产顺利进行的劳动争议作出了最终解决方案。该总统令的本质特点包括一个无罢工、不停业的协议，以及一个**国家战时劳动委员会**（National War Labor Board）。该委员会由四位管理方代表、四位工会代表以及四位公众代表组成——所有代表人选均由总统指定。该委员会鼓励进行集体谈判，并且在必要的时候根据仲裁协议规定的条款解决劳动争议。

第二次世界大战的爆发从几个方面刺激了仲裁角色的发展。许多工会及管理方官员认识到顺畅的战时生产是最重要、最本质的任务；同时，通过仲裁达成申诉解决方案比通过罢工更加有效，更能达到目的。国家战时劳动委员会督促劳方及管理方官员解决双方之间的争议，并且鼓励双方在劳动合同中谨慎限定仲裁员的权限。因而，国家战时劳动委员会赋予由谈判制定的约束性条款在处理案件的过程中很强的法律效力，并在仲裁条款明显未能完全包括所有争议问题时否定仲裁。更进一步地，该委员会把申诉仲裁定义为准司法性的程序，以此规定仲裁决定必须依据在听证会上出示的证据来作出。

国家战时劳动委员会在它的存在期内解决了约 20 000 个劳动争议案件，它的努力使得仲裁程序的应用更加普遍，内容更加丰富。此外，该委员会的努力给了许多仲裁员接受锻炼的机会，这些仲裁员则得以把他们从中获得的技巧运用到第二次世界大战后的仲裁程序当中。

虽然在第二次世界大战期间仲裁被更加广泛地应用，但是仲裁员的角色以及权威却远远没有得到恰当的界定。[2] 劳动争议双方仍然拒绝仲裁判决的法律效力。然而在 1957 年，最高法院在林肯制造厂判决（*Lincoln Mills* decision）中宣布：如果一方在违反劳动合同的规定后拒绝进行劳动仲裁，那么根据《劳资关系法案》第 301 条，劳动权利受到不法侵害的另一方可以合法地控诉对方。因此，包含仲裁在内的申诉程序还可以接受司法审查，尽管法院在这些行动中扮演的角色还不太清晰。

如果劳动合同没有包括纠纷的内容，那么任意一方都可以拒绝把该申诉提交仲裁。一些州立的法令要求劳动合同作出裁断，这些具有强制效力的决定可能导致法院强制执行内容千变万化的仲裁。这样一来，一些法院卷入了具体事项，如评价某一特定申诉的价值以及该申诉是否应该提交仲裁。当然，法院的行为与仲裁理念相抵触：仲裁员应该单独权衡每一个申诉的价值。当劳方及管理方代表为获得有利于本方的裁决而将仲裁员告上法庭时，混乱就产生了。

在 1960 年，最高法院通过三项决议来阐明并且强化仲裁员的角色。这三项决议通常被称为**钢铁工人三部曲**（Steelworkers' Trilogy）。这些决定可以被概述为下列内容：

- 除非有不归仲裁处理的一些特定事项，应当由仲裁员，而不是法院，来决定申诉是否为可裁决的。因而，法院不应干涉权衡每个申诉的判决。[3]
- 仲裁员比法官更加精通于解释工厂习惯法（某一特定工厂的经验及以往的惯例）。当以一种与持续的劳资关系相一致的方式来解决现存的劳动纠纷时，该工厂习惯法就是其基本的指导原则。[4]
- 仲裁员没有责任向法院解释他们对案件作出仲裁的理由。因而，仲裁员在做仲裁决定及判定补偿方法时拥有极大的自由。[5]
- 如果仲裁决定是以劳动协议为基础的，那么在改变申诉的解决办法方面，仲裁员会被授权为最具权威性的代表。

概括地说，钢铁工人三部曲极大地提高了仲裁员在解释劳动合同内容以及决定特定申诉案件价值方面的权威和地位。然而，美国最高法院已经重申，在劳资某方基于这样一种观点，即在劳动合同已经把这个特别的主题（如工资、养老金）排除在仲裁程序之外，拒绝把申诉提交仲裁的情况下，法院应该决定该申诉是否应该被提交仲裁。[6] 其他相关决定将在下一节讨论。

最高法院已经判定，进行申诉仲裁的职责不能被继任的雇主[7] 取消，同时不能因劳动合同的终止而消除。对于后一种情况，管理方代表辩论说仲裁是劳动合同的一个特征，当劳动合同终止的时候，仲裁也就不存在了；因此，当某个劳动合同不再具有效力的时候，雇员申诉也就不应该再继续下去。这样一来，管理方代表认为关于遣散费的事项就不属于仲裁事项，因为劳动合同已经终止，管理方已经决定永久停止业务运行。但是，最高法院指出，仲裁仍旧是正确的选择，因为劳动合同提供持续的权利，而且劳资双方继续对仲裁员的专业技能保持信心，并且继续相信仲裁是处理诉讼案件的一种迅速、廉价的选择办法。[8] 管理方应该尊重工会在劳动合同终止之后提出仲裁要求的职责仅在下列两种情况下成立：争执发生在劳动合同终止之前；争执与“劳动合同框架下产生或导致的某项权利”相关。[9]

由最高法院解决的另外一个事项是关于法院打算在何种程度上参与执行仲裁员的角色。更具体地说，当某一方愿意把申诉提交仲裁，而另外一方更倾向于使用罢工或者闭厂的手段解决争议时，将会发生什么事情？如同前面已经提及过的，在最初实施仲裁的年代，罢工是解决雇员申诉的一种似是而非的选择性办法。另外，钢铁工人三部曲并没有在它的结论中详细、具体地考虑这种选择性办法。

在 1969 年，当一个工会抗议管理方向一位非谈判单元成员分配工作任务时，关于判决执行能力的事项被提出来讨论。虽然劳动合同包含的规定要求对关于劳动合同条款的争执使用仲裁的处理办法，但是工会还是通过罢工的方式来表达自己的利益诉求。管理方的官员强调说，工会应该使用劳动合同中明确规定的仲裁程序，防止罢工的发生，最高法院对此表示同意。[10]

二、一个典型仲裁程序的要素

典型仲裁程序的要素包含仲裁员的挑选、前听证会行为、仲裁听证会和仲裁员的决定。

仲裁员的挑选及特征

当工会和管理层没办法解决它们之间的分歧，并且在选择仲裁员方面需要帮助时，从过程上来讲，一般先要由劳资双方向代理人提出要求获得一份可供挑选的仲裁员的名单。劳资双方会从每年大约 30 000 个仲裁员的名单中作出选择。工会和管理层主要依靠三种渠道获取仲裁员名单：一是通过联邦仲裁与调解局获取，它是一个独立的联邦机构，并且通过在华盛顿特区的仲裁服务管理处提供电脑生成的仲裁员的名单。仲裁员名单中约有 43%是由联邦仲裁与调解局产生的。它的活动仅限于提供仲裁员的名单和每个仲裁员的生平背景数据，通知劳资双方选择的仲裁员，并且跟踪进度以确保被选择的仲裁员能提供一个及时的决定。对于这些服务，联邦仲裁与调解局会针对每个独立案件，收取劳资双方各 30 美元（线上申请）或 50 美元（邮件或传真申请）作为酬劳。为了确保在联邦仲裁与调解局的花名册上保留自己的名字，每个仲裁员需要每年支付 150 美元，并且联邦仲裁与调解局会周期性地复核仲裁员的花名册，然后排除很少被选中的仲裁员。

劳资双方会通过协商、沟通的办法确定选择仲裁员的具体步骤，以及包含在劳资谈判协议中的步骤。一个通用的选择步骤的方法是剔除法。例如，在有五个备选仲裁员的名单中，首先由劳资双方中的一方剔除（通过在名字下面标记横线的方法排除）一个仲裁员（基本上是它最不喜欢的那一位），然后劳资双方中的另一方剔除另一个仲裁员（从余下的仲裁员中选择它最不喜欢的那一位），双方轮流剔除，直至剩下最后一个仲裁员；最后被保留的仲裁员会被选中（一个被劳资双方都接受的仲裁员）。在劳资双方选定仲裁员之后，结果会被告知给被选中的仲裁员。当然，如果在这个过程中最终没有一个仲裁员被选中，那么劳资双方则会要求联邦仲裁与调解局提供另一个名单或者要求联邦仲裁与调解局提供一个直接的面试。

二是通过美国仲裁协会获取，它是一个私人的、非营利性的组织，它通过区域中心提供非机选的仲裁员名单。仲裁员名单中约有38%是由美国仲裁协会产生的。在劳资双方选定仲裁员之后，美国仲裁协会会提供额外的服务，包括提供举行听证会的地点、交换听证会会后摘要，并且负责把结果转发给劳资双方。美国仲裁协会针对不同的服务收取从175美元到350美元不等的报酬；为了保留自己在名单中的位置，每个仲裁员每年向美国仲裁协会交纳450美元。同联邦仲裁与调解局一样，美国仲裁协会也会周期性地对名单进行复核，这样可以确保仲裁员是可以被劳资双方选择和接受的。如果一个仲裁员没有被选中，那么他将在可接受的仲裁员的花名册中被除名。

美国仲裁协会使用的选择步骤被称为剔除和排名步骤。在这种体制下，劳资双方不仅可以剔除可选择性最小的仲裁员，而且可以对剩下的仲裁员进行排名（将最喜欢的排第一；将次喜欢的排第二；随着喜欢程度的下降，排名依次靠后）。在剩余仲裁员中排名最靠前的会被选为最终的仲裁员。和在联邦仲裁与调解局的选择过程中一样，如果这个步骤没有产生劳资双方都满意的仲裁员，那么劳资双方可以要求获得另外一个名单或者要求美国仲裁协会提供一个直接的面试。

三是通过主要坐落在北部和西部的26个州及地方机构获得。机构名单上的仲裁员的数量范围是：270位来自纽约雇佣关系委员会，15位来自北卡罗来纳州劳工部。仲裁员名单中约有18%是由这些机构产生的。每个独立机构的需求数量每年从少于50个到大于300个，其中54%发生在纽约和新泽西州。操作协议不同的机构也有所不同。有些机构向工会提供仲裁员名单并且管理私人的和公开的部分。有些机构只管理公开的部分。半数机构以随机的方式提供仲裁员名单；半数会使用一个优化的随机方式——轮流式或者自选系统。大部分机构在它们的仲裁员花名册里区分成员是本地居民还是周边地区的居民。马萨诸塞州仲裁和调解委员会、纽约州雇佣关系委员会、华盛顿州雇佣关系委员会和威斯康星州雇佣关系委员会的工作人员会给劳资双方提供无偿的申诉和仲裁服务，并且纽约州雇佣关系委员会拥有一个公益性的仲裁员花名册，这些仲裁员作为劳动关系仲裁员通过这些无偿的活动获取宝贵的经验。在州机构的管理下，会有大量且多种的可供选择的方式。[11]

通过鼓励使用仲裁程序，最高法院主张这种本质上自治的程序最适于某一特定行业中劳资双方独特的需要。这就意味着，特定的仲裁程序从本质上来说都是由劳资双方自己决定的；同时，关于仲裁听证会，也并不存在普遍适用的规定和模式。例如，参与者（甚至是仲裁员）的数量可以改变；另外，听证会的地点可以是在工厂的会议室、宾馆的房间或者法庭。但是，一些考虑和程序对绝大多数（即使不是全部）仲裁听证会来说还是可以接受的。根据一项调查研究的结果，在申诉程序第一步中提出的申诉，有16%是最终通过仲裁听证会的方式得到解决的。[12]

首先，劳资双方必须决定解决一个申诉所必需的仲裁员数量。最常用的方法（大约占相关规定的82%）是由管理方和工会官员共同挑选出一个中立的仲裁员来单独负责对申诉作出判决，在制定、阐述书面判决时不需要其他人的帮助。在大约11%的仲裁案件中，劳动合同规定由3位仲裁员组成仲裁委员会或仲裁小组，即管理方与工会各自挑选一位仲裁员，然后由这两位仲裁员共同挑选第三位成员。虽然中立的仲裁员确实同其他两位仲裁员进行磋商，但是绝大多数仲裁判决都是由这位中立的仲裁员单独制定的，因为仲裁小组中的其他两位仲裁员可能受到自己所代表的工会或者管理方的影响。在这些仲裁案件中，仲裁员的判决都具有最终的约束力，除非在极其罕见的情况下，管理方与工会双方都同意忽视或者取消仲裁员作出的判决，或者法院推翻仲裁判决。

74%的劳动合同规定了一位**特别仲裁员**（ad hoc arbitrator），意味着该仲裁员的挑选将以具体案件为基础；工会和管理方的代表为一个特定的申诉案件选择一位仲裁员，然后在劳动合同的期限内为随后发生的其他申诉挑选另外的仲裁员。尤其是在已经建立一种集体谈判关系的情况下，管理方与工会经常就某一特定申诉选择合适的仲裁员达成一个非正式的协议。然而，如果它们不能达成一致意见，那么劳资双方通常从美国联邦仲裁与调解局或者美国仲裁协会获得一份仲裁员名单。

在美国，大约5%的劳动合同规定一位**常任仲裁员**（permanent arbitrator），使该仲裁员在劳动合同的期限内解决所有的劳动争议。另外，在5%的劳动合同中，存在一份仲裁员名单，名单中的仲裁员轮流向劳资双方提供服务。[13] 通常，使用常任仲裁员的方法应用于预期将出现数量众多的仲裁听证会的规模较大的公司或行业。可以推测，常任仲裁员能够更好地分配以及安排时间以满足工会和雇主的申诉任务，这样一来，就能够更迅速地达成申诉解决方案。这种类型的选择安排同样也能够使常任仲裁员变得更加专业、有经验，妥善处理劳资双方的劳动合同以及产业关系中复杂及独特的因素。

例如，假设一位仲裁员在自己职业生涯中正在首次听证铁路行业的一个申诉。那么该仲裁员需要花费多长时间才能够准确理解和领悟下列证词的意思？

> 下午3点钟时，莫特码头的工作场地是一个繁忙的地方。一个班组的季节性流动工人正在靠近配电器的地方干活。L. S. 3被搭建，并准备翻倍。它前端有46个架子，后端有65个空的冷藏车。这个班组的成员都是新手。迈克·马迪根，这个班组的头目，是刚刚才被晋升的。比尔·布兰查德负责内燃机，他是最近才来这里上班的。杰克·刘易斯负责掌管全部装配，他曾经因违反第G条工作条例而被另一家公司解雇。布雷迪·霍姆斯是信号旗手，他习惯于穿着一套制服在铁路干线上干活，而J.B. 韦尔斯是一个“愚蠢”的刹车手。在驼峰溜放线，工人正在清扫东面的调车机车并正在牵引装满货物的车厢，完全不顾那位发现了一个隔热箱的码头调度员的大喊大叫。两位工人在内燃机的火花塞那里，三四位工人在上煤器那里。我们的火车，B. D. 5号，正准备开出。[14]

常任仲裁员的使用能够节省时间和成本，因为劳资双方并不需要在仲裁听证会上重复地向仲裁员解释劳动合同中一些条款的内容以及意义，也不需要展示工作场所。当一位常任仲裁员对所有提交仲裁的申诉都使用同样的决策标准时，能够实现更高程度的一致性和可预见性。协调一致的判决有助于工会与管理方官员在劳动合同的日常管理中更好地发挥作用。同样，它们应该还能够使劳资双方更好地预期仲裁员对类似申诉事项的判决，那么当劳资双方对仲裁员的推理以及仲裁更加确定时，也许能够减少琐碎的申诉的数量。

由于工会和公司很少有仲裁听证会，特别仲裁员灵活的优势就体现出来了。尽管常任仲裁员经常在一段具体的时期受雇于劳资双方，但是任何一方都可以终止这个雇佣关系。同时，如果任何一方对仲裁员的决定不满意，那么劳资双方没有义务在未来的申诉中保留特别仲裁员。

因为有些特别仲裁员专攻特殊类别的申诉案件，比如工作级别或工资激励，所以在这类问题上他们比那些常任仲裁员更精通。常任仲裁员可能对当事人更熟悉，但他们的仲裁经历中也许很少碰到一个特殊的案例。因为两种类别的仲裁员都有各自相对的优缺点，管理部门和工会官员应该设计最适合自己需要的方法。

根据调查，仲裁员非常有可能是超过 50 岁、有 14 年以上仲裁经验、拥有律师资格证或者在其他专业拥有学士学位的男性。[15]（见图表 11.1：国家仲裁员学会成员分析。）仲裁员的特征是非常重要的，这至少有两个理由：首先，工会和管理方官员会选择一个具有某种特性的仲裁员，根据有关研究，这种特性包括个人名声、社会地位，以及特殊的地理位置。另外有研究发现雇主更喜欢在经济学上受过培训的仲裁员，而拥有法学学位的工会和管理方官员更喜欢同样有法学学位的仲裁员。[16]

图表 11.1　　国家仲裁员学会成员分析（600 名成员中有 462 名作出答复）

年龄（平均）	63 岁
从事仲裁工作时长	26 年
仲裁所获收入占总收入的百分比	76%
成为国家仲裁员学会成员的时长	16 年
受教育程度：硕士学位	12.6%
法学学士学位	61.4%
博士学位	22.6%
每年仲裁的案件数量	55 件
每年调解的案件数量（50.8%没有调解过案件）	5 件
在非工会雇佣仲裁中得到公认和圆满完成的案件比例	45.9%

资料来源：Michel Picher，Ronald Seeber，and David B. Lipsky，*The Arbitration Profession in Transition*（Ithaca，NY：Cornell/PERC Institute of Conflict Resolution，2000），pp. 11-28，updated from http://www.fmcs.gov (accessed January 9，2004).

其次，至少存在这样一种可能性，即一定的背景特征会影响仲裁员作出的仲裁判决。不过，还没有研究确定仲裁员的年龄、经历、教育和最后结果（比如赞成或否定申诉）之间存在某种联系。[17]

研究人员致力于判别仲裁人员做决定的基准。有些研究人员已经证明了很多类似于偏见、直觉、私人利益、价值观、信仰和态度等的影响；有些人员证明了管理权和效率、清晰的通用语、经验教训、公平、对工人的影响、谈判历史、之前的奖励、陈述书、证词、熟练度、表现记录、良好的受训记录和良好的申诉历史的缺失。最近有一项针对 133 个仲裁员的研究：这些仲裁员会先阅读一小段关于仲裁听证会的手稿的缩略版，之后研究发现仲裁员的生平背景特征比如年龄、受教育程度、经历或者作为全职仲裁员的状态等这些因素并没有对仲裁员的决定有任何明显的影响。相反，仲裁员参与一个寻找事实的高度结构化的过程，在这个过程中他们通过阅读劳资双方的带有竞争性的声明决定他们接受各种主张的程度。不管是有争议的事实还是没有争议的事实，仲裁员都会去衡量，进而通过评估呈现的事实的重要性去得出结论。[18]

虽然通常来说，申诉事件的仲裁被认为是完全客观的行为，第三方能够公正、中立地听取陈述，从雇主和工会代表中获得证据，然后仅根据事实的真相得出结论，关于可接受性的问题通常在过程中凸显出来。因为仲裁员是当事人共同选择的，所以有些人认为仲裁员的决定有时会受到某种因素的影响，即希望被选中的仲裁员有处理过类似申诉案件的经验，而这些案件是将来可能要发生的。一旦当事人中的一方认为仲裁员可能会考虑自己持续的可接受性，该方就会选择这名仲裁员，因为他们认为该仲裁员如果因作出对他们不利的裁决而感到愧疚，就会玷污整个仲裁过程。对这种可能的关注也是国家仲裁员学会在《劳资争议仲裁员职业责任准则》中插入下段声明的理由："不管是在单个案件还是在一系列案件中，仲裁员在每个案件中都必须公正，不偏不倚。仲裁员为了达到个人的可接受性而作出妥协是违反职业道德的。"[19]

仲裁决定权

如果劳资双方不能在申诉过程中最后一步的时限之前解决申诉，那么它们必须决定是否上诉仲裁。劳资双方不仅要评估各自的优势和劣势，而且要评估对方的优势和劣势。工会会考虑获胜的可能性、仲裁的成本和官司的输赢对谈判单元的影响。例如，在一个解雇案件中，工会会审阅提供的文件和合适的目击证人以决定雇主是否有可能会提供正当理由。而在一起盗窃案件中，如果一个雇员离开工作地点的时候忘记口袋里存放了小的工具，那么雇主必须证明雇员故意拿走了工具并且具有想要保留它的主观意愿。

当偷窃案中的雇员声称拿走工具是由于他工作疏忽，而不是严格意义上的偷窃，那么工会将承受确定申诉人的可信性的负担。当工会退让并表示雇主有能力证明可以平衡解雇的指控时，工会就必须评估自己是否有能力提出其他辩护，比如雇主违反程序性权利（没有发布的规则）、雇员有减轻罪行的情节（有着良好工作记录的长期员工）或者存在差别性对待状况（其他带走工具的人没有被终止工作）。

假如工会认识到雇主有几个具有可用性的目击证人，目击证人将会证明他们看见一个短期雇员在工作时间酗酒，并且雇主解雇了每一个由于违反公司关于工作时间禁止酗酒的规定而被起诉的员工，工会可能会决定不花费资源去尝试劝说仲裁员考虑罪行减轻的情节或者差别性对待。[20]

仲裁的真实目标是"尽可能迅速且经济地达到预期目标并且对劳资双方的持续性关系有尽可能小的影响……和很多仲裁（比如医疗事故和前员工的歧视索赔）不一样的是，劳资双方还会再彼此见面，在劳资双方集体谈判的背景下，劳资双方的关系是一个持续关系中的伙伴关系。在以破坏劳资双方的未来交易为代价的前提下，目前申诉的优势最多只能算是部分胜利"。[21]

前听证会行为

有时，劳资双方决定写一份前听证会摘要，在仲裁员抵达听证会之前重点说明劳资双方的事项与立场。该摘要能够提醒仲裁员，使之认识到自己在听证会上将要面对的一些事项和问题。尽管这通常来说并不是常见的随意性摘要，从篇幅上来看也大不相同，可能是只有一张纸的一封信，也可能是一份带有大量脚注的详细文件。在大多数情况下，劳资双方倾向于在听证会开始的时候等待并向仲裁员介绍需要仲裁的事项。

前听证会摘要可能对提交的这一方产生不利的影响，因为该方将受到另外一方对摘要的质疑。从另一方面来说，前听证会摘要能够使双方保持诚实：双方试图完全向各自提出的观点靠拢，并且在仲裁过程中不得不坚持这些观点。

也许绝大多数仲裁员将同意前听证会约定（劳资双方对涉及的事项以及某些可应用的申诉"事实"所作出的联合声明）的价值。这将节省仲裁听证会的时间，因为劳资双方都不认为自己有义务重复阐述对方先前已经申明的内容或者已经在原则上同意的内容。另外，通过在一起工作以决定仲裁事项与事实的过程，劳资双方还可能在没有仲裁的情况下解决争议。如果在听证会之前劳资双方不能就摘要或者约定达成一致，那么双方将必须使仲裁员了解该仲裁案件的背景。

仲裁听证会

仲裁听证会（arbitration hearing）在仲裁员和当事人都方便的日子举行，持续时间从半小时到几天不等，一般平均为一天。来自申诉方的工会和管理方官员（比如国际工会代表和劳动关系经理）会参加听证会，并就仲裁问题提出各自的观点。有时候，某一方或双方当事人会雇用代理律师。根据最近的研究，通常来说，代理律师不鼓励劳资双方在仲裁之前就达成解决方案，而是倾向于增加对前听证会摘要和后听证会摘要的使用。[22]

在听证会上，要求使用法庭程序和行为的程度也经常发生变化。仲裁过程有两个途径：(1) 旨在解决劳资双方之间的纷争的非正式准条款（法律途径）；(2) 旨在辅助解决矛盾的方案的正在进行的劳资谈判过程的一部分（解决问题的途径）。这些采取了法律途径的人认为一个更加正式和有秩序的过程会很好地改善进程。然而，拥护者往往把仲裁看成一个对抗的过程并且采用技巧去抢夺决定权，而不是考虑劳资双方判决之后彼此的相处模式。从第二个途径来看，因为仲裁允许申诉人公开对抗管理层的决定并宣泄不满，所以该途径被认为具有"宣泄的价值"。值得信任的是，如果控诉没有被处理好，那么这些控诉会变得更加严重并且雇员会变得更具负面情绪。另外，在雇主和工会二者之间的关系中，劳资谈判合同的洽谈人不能预测和强调所有未来可能会发生的对此关系有影响的因素。这样做无异于不必要地延长了协商的时间并且严重增强了劳资谈判合同的冗长程度。这样的行为会使得协商更加复杂化，甚至会破坏达成一致的可能性。法律途径和解决问题的途径二者例子的对比如图表 11.2 所示。

在典型的仲裁听证会上，第一要务就是介绍证据。这些证据通常包括一份劳资谈判合同的文件，劳资谈判合同包括劳资双方中的一方（通常是工会）宣称被违反的条款，一份申诉内容的文件和关于申诉的书面回应，以及没有体现在争论中的任何规定的事实。

图表 11.2　　法律途径和解决问题的途径的示例

法律途径

通过一种明确胜利者和失败者的方法说明议题。

寻找对仲裁员在听取没有在书面申诉中清楚地陈述的议题时的权威的限制。

在听证会的开始坚持证据的具体标准（证据优势，清晰而具有说服力的证据，或排除合理怀疑）。

通过气势上严厉并且咄咄逼人（生吞活剥）的交叉盘问，达到摧毁目击证人信用度的目的。反对任何形式的非直接证据。

当仲裁员允许呈递证据的时候，注意书面证据以及某些特殊类型的证据。

解决问题的途径

了解劳资双方互相有义务呈现所有相关事实。

引证劳资双方的习惯和/或惯例。

本着劳资双方平等合理的原则，仲裁员应解释劳资谈判合同的规定。

规定劳资双方没有争议的特定事实。

询问具有叙述性答案的问题，例如：请目击证人用自己的话讲述发生的事件的全过程。

在交叉盘问的过程中，只能询问一些不具有威胁性的问题。

向谈判对方呈现友好和端庄的举止。

资料来源：Adapted from Richard A. Posthuma and Maris Stella Swift，"Legalistic vs. Facilitative Approaches to Arbitration：Strengths and Weaknesses"，*Labor Law Journal*，52 (Fall 2001)，pp. 181－182.

之后仲裁员会向劳资双方询问，他们是否同意提出的对于事件描述的措辞。如果劳资双方不能就对事件描述的措辞达成一致，他们可能会要求在听取了在听证会上呈现的证据之后由仲裁员设计议题。议题通常以由仲裁员的判决回答的一句话的问题的形式呈现。[23] 例如，研究一个典型的解雇案件："公司是否以正当理由终止了贝蒂·布鲁克斯的合同？如果不是，公司将提供何种形式的补偿？"我们再来研究一个非处罚案件："当公司提拔了工作的资深程度最低的玛莎·巴特勒，公司是否违反了合同条款？如果违反，公司将提供何种形式的补偿？"

听证会的主要部分致力于呈现：(1) 劳资双方的每一位发言人进行的公开陈述，陈述主要关于双方计划要证明的主要问题，以及突出议题的背景。(2) 工会和管理方的目击证人提供证词，接受交叉盘问，并且引入支持工会和管理方的论点的相关证据（例如工作地点的照片、警告信和绩效评估）。(3) 工会和管理方到场。(4) 工会和管理方的代表进行口头形式的最后陈述，或者劳资双方同意提供一个后听证会摘要。在46%的案件中，为了保留一份案件相关的书面记录，劳资双方会就提出一份听证会的手稿一事达成一致。这份书面记录可能会由于为劳资双方提供了便利，在上诉过程中，或者在一起涉及雇佣歧视的申诉案件中的使用等种种原因而受到青睐。

后听证会摘要是一个关于以下内容的书面总结：(1) 案件事实。(2) 相关合同用语。(3) 支持一个立场的论据。(4) 用来反驳对方的论点。(5) 仲裁员必须作出的决定。联邦仲裁与调解局的报告显示80%的案件都提供了后听证会摘要。[24] 当仲裁案件非常具有技术性或极其复杂，或者包括一系列很难在口头陈述中解释清楚的统计数据的时候，一个书面的后听证会摘要会非常有帮助。[25] 然而，在很多案件中，如果劳资双方已经进行了充分的准备，以及在听证会的过程中很好地呈现了案件事实，后听证会摘要就是不必要的。

一个有经验的仲裁员估计大于 95%的后听证会摘要对仲裁员的决定是没有任何区别性作用的。如果劳资双方完全依赖听证会结束时的口头总结，案件结果将会别无二致。遗憾的是，在仲裁中摘要的使用逐渐增加，呈递摘要的平均时间大约要 40 天。通常需要两周的时间准备一份手稿，需要约四周的时间写一份摘要。具有扰乱性的突发事件很有可能会使摘要的完成时间再拖延两周以上。那么当仲裁员终于坐下开始研究裁决的时候，他们对听证会的回忆会变得失去时效性。在听证会结束八周之后，再次回顾证词和证据意味着判决需要更长的时间，这同时增加了仲裁员的工作时间，仲裁员佣金的增加会被附加到其他成本中，比如手稿本身和为了准备摘要而进行的外界咨询费用的成本中。这样，摘要的提交削弱了仲裁和传统起诉相比的两大优势：速度和经济。[26]

关于仲裁过程的摘要并不能完全展现劳资双方在准备和处理仲裁案件的过程中付出的努力。稍后的“劳动关系实践”专栏提供了几种准备仲裁听证会的技巧。

仲裁听证会一旦开始，精神压力、专业技巧和心理紧张就随之出现，而且不能被消除。举个例子来说，假设你是一名劳动关系经理，负责证明一位工人因为在公司范围内吸食大麻所以应被解雇的理由。考虑如下问题：

- 当证据已被销毁，而且该雇员的证词与监督人员的观察明显相反时，你怎么证明该雇员确实吸了大麻？
- 监督人员是否有能力使仲裁员相信他（她）确实经过足够的培训，能够在昏暗的环境下识别出大麻的形状以及气味？
- 如何调和处理这类事件：虽然员工看上去受违禁药物的影响，但是在检测中呈现阴性？
- 是否可以让工作上的伙伴作为目击证人？如果申诉人重新回到工作中，出庭作证是否会对他们的关系产生影响？
- 申诉人的证词在交叉盘问下将会被巩固还是被推翻？
- 监督人员在交叉盘问下能多长时间保持镇定而不变得心烦意乱？
- 如果仲裁员对公司提供的详细证据不重视，而非常重视申诉人先前在公司长期、模范的工作记录，该怎么办？
- 在申诉程序中，工会是否会提出先前没有讨论过的意想不到的观点或证据（例如，申诉人被解雇是因为管理者的种族偏见或长期、持续的工人和管理者之间的争执）？

◇劳动关系实践

准备仲裁听证会的技巧

根据仲裁员的选择致电给相应仲裁员，研究相互可以接受的数据和听证会的日程安排。

在最初阶段，通知仲裁员法官的决定是必须具备的，或者在 30 天之内出具一份书面决定，或者有失败者支付条款。

联系仲裁对方的法律顾问，尝试就以下问题达成一致：由仲裁员决定的议题，事实的相关条款，文件的相关条款，以及目击证人名单的交换。

和仲裁对方的法律顾问研究避免仲裁的措施。

准备一份详细的、组织严密的开庭陈词。因为仲裁员刚到听证会的时候对案件一无所知，所以简单来说“你可用自己的胳膊挽住仲裁员，让他们在心理上沿着你描述案件的过程去构建内心对案件的了解”。

准备你的目击证人。可能会用到的原则有以下几条：告知真相。只回答问题。如果你不理解问题本身，可向法庭寻求解释说明。不要向律师寻求帮助。听完整问题之后再回答。尝试引用，不要自行改述。准备好应对陈词滥调的询问：“你之前是否和任何人讨论过你的证词？”

在听证会之前，准备足够的材料复印件。标好页码并装订好。准备好含有不常用的词语或表达的专业学术词典。有足够的纸笔用于沟通，而不是在法庭上交头接耳。

资料来源：Matthew M. Franckiewicz，“How to Win Your Arbitration Case before the Hearing Even Starts”，*Labor Law Journal*，60（3）（Fall 2009），pp. 115－120.

管理方和工会的官员经常是带着感情因素和不确定性来参加仲裁听证会。通常来说，他们非常擅长使仲裁员对他们各自的观点满意，并且善于通过利用对手的弱点和不确定性来攻击、消灭对手。在客观地理解和记录所有被陈述的事实的同时，仲裁员在维持听证会的秩序方面也必须运用多种技巧。

一位仲裁员记录下了下列悖论：劳资双方官员成立了仲裁听证会，但实际上是由仲裁员来掌管。劳资双方官员制定劳动合同，雇用仲裁员。因此，仲裁员不应把仲裁程序当成自己的，扮演法官的角色，骄傲自大，或者夸夸其谈。

> 让当事人他们自己去讨论，自己去解决问题。假如你只是要求另一方应对发起方的提问，并且要求发起方再增加一些内容，这样一来，你就会惊讶地发现这种方法可以在听证会上解决很多棘手的问题。在他们消除了彼此对立的观点之后，问题也就消失了。
>
> 不要试图从他们那里抢夺属于他们的程序。无论何时他们想放弃或者想把重担压在你身上，你都要还给他们。举个例子，一方或另一方当事人使用一种古老的方法，说仲裁员先生（女士），在这个问题上你想让我们提出一些证据吗？这会让你陷入陷阱。如果你回答说不，当他们输掉了诉讼时那就是你的错，因为你将决定性的证据排除在外。如果你回答说是，那么你就在暗示这个问题是重要的。告诉他们这该由他们自己负责。提醒他们，得到信息是他们对手的行为，而选出他们认为重要的所有信息则是他们的责任。[27]

三、仲裁和司法程序的比较

仲裁程序与司法程序存在着一些相似之处，但它们之间的不同点也是显著的。许多仲裁听证会不同于法庭里的诉讼，在仲裁听证会上，证人提供证词时不需要发誓，通常也不需要制定关于仲裁进程的正式文本。仲裁员可以根据某一方当事人的需要向证人发出传票。如果管理方要求仲裁员使用传票以保护提供有利于管理方立场的证词的谈判单元成员，这种情况就显得尤其有必要。这样一来，其他的雇员就会认识到该雇员不得不提供证词，因为他（她）收到了仲裁员的传票。如果仲裁员给目击证人发放了传票，且传票没有被遵循，那么仲裁员会对违反传票的目击证人作出不利的推断。

工会和公司通常会统一认为劳动管理背景下的仲裁相对于法律手段具有很多优势。具体优势在图表 11.3 中有所强调。仲裁程序和司法程序之间最显著的区别就是仲裁员在解决劳资双方争议时对**工厂习惯法**（common law of the shop）原则的依赖。和法官不一样，仲裁员是由当事人共同挑选出来解决劳动争议的。仲裁员负责解释由劳资双方当事人谈判和制定的合同条款。条款包括从属于雇主的一个鉴定组的工资，工作时长和雇佣状况，条款还用来裁决任何被证实的过去的实践，这些实践虽然没有出现在书面的劳资双方合同中，但体现在劳资双方的行为上。虽然主题相似，但是美国有超过 150 000 个劳动合同是各不相同的。另外，法官不是由劳资双方决定的，并且他们的职责是负责解释由州和联邦执法机构制定的法律，由州和联邦执法机构制定的法律在特殊法律条文上覆盖了那些个人的具体认定。

图表 11.3　　仲裁相对于诉讼的优势

1. 劳资双方可以通过这种方式节省金钱和时间，因为仲裁的法律程序以及相应的调查和上诉相对少很多。另外，劳资双方可以选择仲裁员，并且设置听证会，然而在法律程序上，想要组织听证会必须等待法庭的日程安排。劳资双方也可以要求仲裁员在 30～60 天的范围内作出最后裁决。
2. 劳资双方可以选择在劳资关系领域相对成熟且经验丰富的仲裁员，然而在法庭上，他们面对的是一个不确定是否在劳资关系领域具有经验的法官。
3. 仲裁本身是一个自制的系统，在这个系统里，劳资双方参与设计规则和步骤：如何选择仲裁员，要选择多少位仲裁员，仲裁员的权威性和相似性。
4. 劳资双方针对他们劳资谈判合同的术语互相协商并达成一致，相对应地，在法庭上，诉讼双方必须遵循由某个法律机构颁布的法律。
5. 劳动仲裁是一个工会和公司之间的私人过程，而在法庭上的诉讼是一个有公开记录的公开审理。仲裁员的决定只能在劳资双方都同意的前提下才能被公开发布。

资料来源：Adapted from Frank Elkouri and Edna Elkouri *How Arbitration Works*（5th ed.），Marlin M. Volz and Edward P. Goggin，co-editors（Washington，D. C.：Bureau of National Affairs，1985），pp. 10 - 15.

因此，仲裁员的主要责任是用一种双方当事人能够共存的方式解决劳动争议。与初级法院作出的司法判决不一样，仲裁判决通常是具有最终效力的，不需要对此进一步上诉。因而，仲裁员必须考虑到他们的仲裁判决对劳资关系的后续影响。法官不需要如此关注特定当事人，他的主要责任是在问题处理过程中坚持法律法规，坚持已制定的法庭和司法程序，坚持由其他适用案例产生的司法判决。

工厂习惯法常常使仲裁判决的范围变窄，使之限于特定的劳动合同语言、双方当事人意图、某一特定产业中劳资双方常用的以往惯例。仲裁员用这些要素向劳资双方参与者表明：仲裁员已经根据工厂的实际情况解决了他们的申诉。

通过下面的例子可以看出司法推理和工厂习惯法原则之间的差别。假定一位工人因工作时喝酒而被A公司解雇了。一项支持解雇的仲裁判决已经达成之后，一位B公司的工人也因在工作时喝酒而被解雇了。如果严格按照司法原则，那么仲裁判决将支持第二位工人因工作时喝酒而被解雇。尤其是，照章办事（stare decisis）（让A公司的判决适用于B公司的情况）的司法原则可能会忽视两家公司实际工作环境存在的不同。

然而，指导仲裁的工厂习惯法原则可能导致仲裁员在B公司的仲裁判决中作出与A公司的判决截然相反的判决。比如说，B公司的管理者也许已经宽恕了这种行为，公司的其他职员也曾被发现在工作时喝酒而并没有因此被解雇。因而，仲裁员认识到两家公司是独立的，有着内在的独特环境，所以应该有相互不同的判决。

仲裁程序中的证据与司法程序中的证据之比较

尽管最好的证据是直接证据，例如，公司记录被证人识别，或者目击证人提供了直接证词。仲裁员比法庭更开放地允许各种类型的证据出现在听证会之中，这一点很重要。举例来说，在某种情况下测谎试验（测谎仪）已被部分仲裁员使用（让测谎仪的管理者来实施交叉盘问），尽管它们在仲裁判决中的使用和重要性仍存在争议。[28] 通常，仲裁员认为这样的证据意义不大，除非通过这种方式获得的信息被支持性的信息进一步证实。证据自由承认的理论基础是当事人正在积极寻找能够解决他们独特问题的有效方法。另外，有些仲裁员坚持认为仲裁起着治疗作用，不管最后的判决如何，双方当事人有权发表他们的申诉。为了达到治疗的功能，仲裁员可以允许提出申诉的工人偏离相关的问题，或者在面对更高级别的工会和管理方官员时"实事求是地发表意见"。

有时候，在仲裁听证会上一方或双方当事人会提出新的证据。仲裁员可以接受或者拒绝这些新证据，这取决于仲裁员对下列有时相互冲突的事项的关注程度：（1）仲裁员想知道关于申诉的所有事实；（2）保护仲裁之前的申诉机制的完整性的需要；（3）关于公平的一般性概念。[29] 因为工会和管理方官员以及他们指定的仲裁小组有权接受在听证会上提出的所有证据，所以仲裁员会给另外一方当事人额外的时间来复审新证据以及对新证据作出应对。

仲裁员不怎么重视在听证会之前双方达成的妥协解决办法的内容。举例来说，管理方官员在本方的最初政局不存在漏洞的情况下，也许会在仲裁之前对他们在第三步达成的解雇决定作出妥协，在不支付欠薪的条件下使被解雇的雇员复职。工会可能会利用这一证据向仲裁员证明，管理方通过修改他们最初决定的方式承认了错误。然而，仲裁员坚持认为当事人应尽一切努力在内部解决争端而不是求助于仲裁。因此，当事人之间的妥协解决被仲裁员看作是容纳不同意见及节省潜在的仲裁成本的真正尝试，而不是承认错误。所以，妥协解决办法不是可接受的证据。

传闻（第二手的）证据也是被允许的。[30] 例如，玛丽告诉乔，她看到吉姆从公司库房偷了铁锤和钉子。然而，传闻证据通常来说被认为意义不大或没有意义，除非能够被其他证据证实。但是，传闻证据可能“因它的价值”而被接受。业务记录通常作为传闻规则的例外而被接受。由于医生紧张的日程安排，有目击证人对医生来说非常困难，所以病案记录也是传闻规则的一个例外。

仲裁员在评价某一个申诉中提出的医疗证据的重要性时也是各不相同的。当医生作证，并且遭遇交叉盘问时，由作证医生作出权衡。医生经常提供相互冲突的证词。举例来说，假设一位工人让她的医生证明她以前的背伤不会使她不能胜任目前的工作，管理方用自己的医生驳斥这一证明，现在仲裁员必须决定采用哪位医生的证明，或者说哪位医生的证明应该更被看重。图表 11.4 提供了两项关于仲裁员应用医疗证据的研究结果。仲裁员现在可能更相信专家的意见，更看重最新的医学分析，以及来自有专业知识背景的医生的分析。

图表 11.4　　关于仲裁员对相互冲突的医疗意见的考虑的调查

	1975 年的研究	1987 年的研究
使用专家代替非专业人士	不适用	77（26%）
使用拥有最细致检查的报告	90（51%）	133（45%）
	1975 年的研究	1987 年的研究
使用拥有最恰当的工作知识的报告	34（19%）	79（27%）

资料来源：Daniel F. Jennings and A. Dale Allen，Jr.，“Arbitration and Medical Evidence：A Longitudinal Analysis，” *Labor Law Journal*（June 1994），p. 352. Reprinted by permission of Daniel F. Jennings.

铁路和航空产业领域的仲裁

很多产业领域的申诉仲裁来源于劳资谈判合同，和它们不一样的是，铁路和航空产业领域的申诉仲裁的基础是《铁路劳工法案》。劳资双方之间关于一个现存的劳资谈判合同的解释和使用的分歧被认为是次要争议。主要争议在于劳资双方之间关于劳资谈判合同的协商。次要争议一般不会引发剧烈的罢工行为。

自 1934 年以来，由四个部门组成的国家铁路调整委员会处理来自具体的铁路行业的申诉。每一个部门由相同数量的管理方和工会的代表组成。在相持不下的情况下，这些代表被赋予权力任命一个中立方，中立方的人力将由美国国家调解委员会提供，资金将由政府提供。仲裁听证会不意味着重新开始，在本质上更属于上诉人。记录仅限于在申诉过程中呈现的争论和证据。

自 1966 年以来，其他仲裁委员会被授予处理权。调整的特殊委员会和公开法律委员会由承运人和工会代表组成。另外，中立的第三方委员会由劳资双方选择或由国家调解委员会任命。这些听证会仅限于上诉，并且中立方由国家调解委员会的政府资金支付。

在航空产业，劳资双方曾经使用调整系统委员会。这些委员会包括航空和工会代表以及作为中立方的仲裁员，仲裁员由劳资双方选择和发放酬劳。在系统委员会之前，听证会在本质上是重新开始处置，由作为中立方的仲裁员主持。[31]

四、仲裁判决

在仲裁听证会之后，仲裁员会提出一个决定（通常在30～60天内）。仲裁员用来制作一个劳动仲裁决定的途径和方法有很多种。其中最为典型的方法包括以下几点：

（1）涉及案件的劳资双方代表的姓名，还有提供证据的其他证人（例如，雇员以及专家证人）的姓名。

（2）问题陈述。

（3）关于该申诉的事实的陈述。

（4）劳动合同中的相关规定。

（5）劳资双方各自观点的总结。

（6）对涉及合同语言的证据与观点的分析。

（7）仲裁员作出的判决（支持申诉，否决申诉，或者劳资双方各自观点的相互妥协）。

另一个常用的途径是"故事叙述法"，在这个过程中，仲裁员跟随证据的顺序并且解释在"故事"中到底发生了什么，以及应该发生什么（仲裁员的判决）。就像一位劳动仲裁员所说的那样：

> 语言能够承载很简单的想法，但是把复杂的想法用具有说服力的文字去呈现完全是另一个成就，这需要仲裁员按照一个精确的顺序使用准确的词语，从而创造了一个独一无二的表达，这个表达不适用于其他任何情况，并且体现了英语的神奇和多样化。[32]

很少有预期的指导意见来规范仲裁判决的形式和内容。然而，仲裁员应该通过仲裁判决来证明自己对仲裁听证会中提出的所有事实和观点都有了详尽透彻的理解。虽然仲裁员应该强调双方当事人提出的每一个观点和证据，但是有些仲裁员只向将要失败的一方当事人解释、宣布他们的判决，因为不需要向获胜方解释他们获胜的原由。

仲裁员意见的必要性已经成为相当多的争论的主题。一些工会和管理方官员只是通过观察仲裁员的判决来判断谁"赢"或"输"。有些人则通过阅读判决书来获得指导未来劳资关系处理以及评估仲裁员解决问题的能力的原则和方针。

判决书还应该告诉当事人劳动争议是怎样解决以及如此解决的理由。"最理想的情况是，一份仲裁判决能够使输掉申诉的当事方相信他们的论点已经被听取、考虑了，用来解决该申诉案件的制度是公正的，而且结果也是合理的。"[33] 仲裁判决应该说明当事人的证据与观点的相对重要性，用清楚的语言表明双方当事人有资格享受的利益，以及双方必须承担的义务。因此。仲裁判决应该用工厂习惯法的内容及已确立的仲裁原则教育双方当事人（也包括其他的工会官员与管理方官员，他们经常在搜寻仲裁员已经发表的仲裁判决后挑选仲裁员）。

在一些情况下，仲裁员的分析会比判决更加重要。例如，假定管理方把通常归类于A级，也就是工作能力更高的高级技工的工作，安排给处于C级，也就是工作能力较低的学徒技工去做。工会就此控诉管理方的这种行为，并且认为管理方的这种违反合同内容的行为剥夺了A级，也就是工作能力更高的高级技工在工作上的加班机会，工会认为需要对A级，也就是工作能力更高的高级技工就此行为进行补偿。然而，仲裁员并不承认此申诉的合理性，并且强调了如下内容："不同的工作分类只是针对不同的支付目的，并没有限制管理方在不同工种间安排工作的权利。"这番言论严重地损害了工会在相关问题上的立场，尤其是在该问题没有在劳动合同中得到明确表述时。即使前面提及的判决属于特定情况，工会现在也处于申诉加班安排的困难期。在下一步的沟通和协商中，工会很有可能企图改变合同中涉及加班安排情况的内容及用语。

在其他情况下，仲裁员在判决中提出无缘无故的建议也会损害一方或双方当事人。在建议管理方和工会官员更有效、更人道地工作之间经常只有一线之隔。因此，仲裁员应该关注劳资双方的合同语言、举证以及争论焦点。

仲裁员所使用的决策标准

仲裁判决是一个慎重的过程，在这个过程中要求仲裁员平均花费2.4天去研究和了解证据内容以及准备一个书面陈述。[34] 仲裁员的判决对劳资双方都是非常重要的，因为几乎所有的劳动仲裁判决，尤其是在私营部门发布的，都具有终局性以及约束性。事实上，低于1%的仲裁判决会被上诉至法院。在这些上诉的裁决里，低于1/3是由法庭撤销处理的。这样一来，看起来就是低级法院服从美国高级法院的引导，并且低级法院应该对评价仲裁员原则的优势保持克制，只有当仲裁员的判决并不是基于集体谈判协议的"本质"时，才可以颠覆仲裁员的判决。[35]

很少有一致的、明确规定的适用于仲裁判决的标准，因为仲裁员在决策的时候不能运用刻板的或完全相同的方法。然而，有一项研究表明，近年来有些仲裁员已经在考虑不同的决策标准的重要性方面保持了良好的一致性。[36] 下列普遍公认的指导意见已经形成，并在解决申诉时被仲裁员当作解释、考虑和运用的关键因素。

举证责任、证人可信度以及交叉盘问

假定工会提出一个申诉，宣称管理方违反了劳动合同的精神或内容。在这样的案件中，工会是申诉方，承担向仲裁员证明管理方做错事情的举证责任。主要的例外出现在雇员纪律以及解雇案件。在这种情况下，管理方是申诉方，承担证明本方行为的正确性的举证责任。在管理方提供能证明雇员犯错的证据之前，被解雇雇员都被假定是无辜的。

通常来说，是通过证据（在本章前面部分已经讨论过）与可信证人的证词来完成举证责任的。证人可信度经常通过一些相当主观的行为来评估，比如温和的或者犹豫不决的言辞，低头往下看，或者对问题给出冗长而含糊其词的答案。证人提供的证词也是另外一方当事人交叉盘问的对象，盘问方试图证明证人的证词前后矛盾，或者与事实并不相符或有偏见，或者在提供证据背后有其他利己的动机。一个盘问者必须避开主要的潜在问题；也就是说，要避免加强证人的证词。就像图表11.5所证明的，这种行为说起来容易，做起来却很困难。图表11.5描述了在两个直接问题之后错误的交叉盘问。

图表 11.5　　来自一个反映了无聊的交叉盘问的仲裁听证会

（工会发言人对雇员证人的直接提问）

问：你的主管是怎样对你进行性骚扰的？

答：他对我露出屁股。

问：向仲裁员描述一下当时的具体情形。

答：当时我正在加班，据我所知我们两个是留在洗衣店里的仅有的两个人。当我正在计算存货清单的时候，厕所的门开了，他把他的短裤脱到小腿处，然后把他裸露出来的光屁股对着我。

（接下来由管理方代表对该雇员证人进行交叉盘问）

问：厕所附近的地方照明好吗？

答：不，相当昏暗。

问：那么厕所里面照明情况好吗？

答：不，厕所里几乎没有光线。

问：是否有一面镜子能使你看清楚这个男人的脸？

答：不，事情发生的时候我没有看到他的脸。他又进入厕所，而我也飞快地下班回家了。

问：（得意扬扬地）那么你怎么确定那个裸露的屁股属于你的主管？

答：因为文身。

问：已经问了这么多了，现在我要好好询问一下文身的意义是什么。

答：他总是向我们女同事夸耀他的文身，描述他的文身，并提出向我们展示他的文身。当然，我们没有人要他这么做，只是他自己描述过他的文身。（于是申诉人开始详细地描述已经被如此重复描述过的文身。）

资料来源：John J. Flagler, "A Few Modest Proposals for Improving Conduct of the Hearing," in *Arbitration 1990*：*New Perspectives on Old Issues*，*Proceedings of the Forty-third Annual Meeting*，*National Academy of Arbitrators*，Gladys W. Gruenberg（ed.）（Washington，D. C.：Bureau of National Affairs，Inc.，1991），p. 55.

像前文中已经提到的，参加者的一般特征类型（比如申诉人或者仲裁员的年龄和性别）与仲裁判决没有很强的相关关系。然而，仲裁员会被证人的可信度影响，这包括申诉参与者能够被别人察觉到的思想态度。由那些平日目空一切或卑怯的证人、劳资双方代表或申诉人所做的杂乱、不连贯的陈述，可能受到强烈否定的仲裁评价，这种消极影响不是其他仲裁决策标准所能够弥补的。[37]

明确、毫不含糊的合同语言

雇佣仲裁的基本规则之一是当合同用语是明确且毫不含糊的时，仲裁员必须按照书面文件的用语严格规范自己的表达。这个规则存在的问题是，如果劳资双方已经申请了仲裁，则表明其中一方或双方并不相信合同用语是明确且毫不含糊的。如以下“劳动关系实践”专栏所阐述的那样，讨论了对陪审团委托的报酬，集体谈判协议的谈判人员并没有预期到引发出来的具体争议，或者他们将会在谈判桌上强调这个问题。通常在合同解释中，差异性总是很有可能存在，并且有很多原因会导致劳资双方主张声明合同用语是模棱两可的。其中第一个原因是，当他们接近于达成最后的共识并且在有截止期限的压力下工作的时候，劳资双方可能会允许在集体谈判协议中加进不够具体的用语。谈判人员可能会同意模棱两可的合同用语，因为这是双方达成一致的唯一语言，他们想要挽救协议的剩余部分，并且他们不想在重要性不是很强的相关事件上产生冲突或者纠纷。第二个原因可能会发生在协商的过程中，尤其是谈判人员选择用模棱两可的语言去记录他们的理解。每一个雇主和每一个工会协商人员分别都能认识到他们自己认同的原则和相关内容，但是他们自己不能很清晰且精准、简略地用通用语言表达他们自己的理解。第三个原因是，谈判人员可能进行了很长时间的协商洽谈，可能过程持续了几周之长，并且忘记了协议内容中对立观点的不一致，尤其是那些对同一问题的强调体现出的对立观点。[38]

◇劳动关系实践

合同语言含糊不清示例

合同语言："按要求执行陪审团工作职责的员工不得已不能在指定的轮班工作，应按照正在从事的轮班领取工资。"

事实：公司营业时间：每周 7 天、每天 24 小时。

第三班倒的员工工作时间从晚上 10:30 到第二天早上 6:30。

该员工被要求在周二早上 9:00 报到履行陪审员义务。

该员工在指定时间报到，一直工作到下午 5:00。

该员工既没有在周一晚上那一轮班报到，也没有在周二晚上的那一班报到。

公司认为，其将不按照以上两个轮班支付工资，而员工就此进行申诉。

争论：

公司认为，该员工本可以既履行陪审员义务，同时完成晚上的轮班。当然，该员工错过了一班，那就应按照新班次领取工资。雇主认为，"不得已不能在指定的轮班工作"是指该员工既可以在尽陪审员义务之前又可以在之后的轮班工作。雇主认为，此合同语言意味着"不在员工的控制之中"。所以，当员工尽完陪审员义务之后，他别无选择，只能返回来工作。如果他不工作，将不会领到任何工资。

工会认为，公司的观点既不合理，也不切实际。工会认为，当集体合同的谈判人员使用"不得已不能在指定的轮班工作"这一用语时，是指雇员不能在同一天执行两个班次和陪审员义务。

资料来源：Adapted from John B. LaRocco, "Ambiguities in Labor Contracts: Where Do They Come From?" *Dispute Resolution Journal*, 59 (1) (February-April 2004), pp. 38 - 41.

对工厂习惯法原则的坚持强调了仲裁员的主要作用是解释劳动合同的规定。实际上，许多仲裁员至少部分地坚持了**誓言证据规则**（parole evidence rule）。关于誓言证据规则的经典形式主张，口头的或其他类型的证据，不能为了达到改变或者抵触劳动合同中已经存在的书面规定的目的而获得承认。举个例子，考虑一下下列劳动合同规定："关于一个升职机会的通告应该公开张贴 5 个工作日。"虽然"5 个工作日"比"5 天"清楚得多，但是如果劳动合同详细说明了"工作日"，而被质疑的星期六虽然是常规的休息日，但这一天仍然有相当数量的工人因紧急加班而被召集，争论就会发生。一方当事人也许能在仲裁员面前成功地论证说"工作日"一词是清楚的，指的是从事工作的日子，这就排除了任何把星期六当作休息日、从来没有被认为是一个工作日的证据。这条原则的理论基础是当事人已经花了好几个小时谈判标准化的就业条件；因此，对已经谈判达成的合同条款的忽视会损害稳定的劳动关系，使双方当事人认为书面的劳动合同规定很少有或没有意义。

如果劳动合同的规定是模棱两可的，问题将会仍然存在，因为这种规定通常不能为劳动关系的日常管理描述所有必要的规定或指导意见。另外，许多劳动合同词语如“合情合理的”“尽一切努力”“小修补”“维持尽可能安全的工作环境”，也许已经解决了谈判僵局，但仍给合同执行和仲裁员带来了解释的问题。

一些表面上看起来非常明确的合同规定会在劳资双方的官员中，甚至在仲裁员中产生不同意见。考虑一下下面三个例子和相关问题。[39]

> **例 1.**“公司应提供所要求的安全服装。”公司需要支付安全服装的费用吗？或者只需要使职员能够买到安全服装？
>
> **例 2.**“为得到节日津贴，工人必须在节日的前后两天按日程表工作。”当一位工人在节日前一天因为疾病只工作了 3 小时就回家休息了，节日后一天完整工作了 8 小时，这时该怎么办呢？
>
> **例 3.**“管理方将尽可能平等地分配加班。”如果管理人员往雇员家里打电话要求雇员加班，而雇员家里的电话占线或者无人接听，那么该管理人员是否应该一直打电话，直到联系上该雇员？如果管理人员打了电话，在高级雇员的电话留言机上留了个消息，然后把加班机会给了另外一位高级雇员，在这种情况下公司履行了它的职责吗？

仲裁员更倾向于最开始时使用劳动合同的相关规定来处理模糊的问题，或者把劳动合同中模糊的条款与规定逐字逐句地译出，使其与合同中其他的内容协调一致。因此，劳动合同应被视为一个整体，而不是分离的部分，任何会使合同的另一规定无效的解释都应该避免。当模糊不清的情况仍旧存在时，仲裁员必须从劳动合同的外部相关资源寻求合适的指导办法。

当事人意图

另一个有效的指导原则，即**当事人意图**（intent of the parties），指的是当进行劳动合同谈判或从事引起了一个特别申诉的行为时，工会和管理方官员脑海中出现的想法。劳资双方的目的可能会通过在谈判桌上记录的手稿或笔记被证明。当事人意图可能通过劳资双方中的一方带来的书面申请而被证实，申请中有协商中涉及的解释。例如，一个有日历的、关于超时工作是如何通过月计划被公平化的演示会被证明对仲裁员来说是有说服力的。目的是完全主观的，然而，仲裁员根据目的的可视化行为解释来决定一个理性的人会从行为中得出什么结论。比如，考虑之前提到的节日津贴的情况。去演示这个过程，节日津贴只专门发放给满 8 小时工作时长/天的员工，并且是节前和节后的每天。管理方可能提供给仲裁员关于各种不同的提议和反提议的记录，这些提议和反提议的记录是在劳动协议协商的过程中形成的，用来证明他们想要合同语言表达什么样的意思。仲裁员会被这些有目的性的证据严重地影响，因为他们不愿意奖励一些好处，尤其是那些不可能在谈判桌上获得的好处。

当一个管理人员认定一位工人偷了公司财产的时候，在申诉中考虑行为意图的例子就会出现。管理人员会对工人作出如下申明：

你我都知道你行窃被当场抓住。因此，你有两种选择。你可以提出申诉，那在仲裁中会被否决，你被解雇的记录会使你在其他地方很难再找到一份工作。或者，你可以在这份辞呈上签字，悄悄地离开，我们不会把你偷窃这种事情告诉其他公司的。

工人匆忙地在纸上签了字，离开了公司办公室。然而，第二天，她又回来了，告诉管理方说她要工作，因为她并没有真正辞职。假如公司拒绝职员的要求，她就提出申诉，仲裁员将不得不确定申诉人和管理方的意图。显示工人想要辞职的明显行为是清理抽屉、向同事告别、向管理方索要该星期的薪水。工人通常只有在经过清楚的思考和考虑之后才会决定辞职。因为在本案中没有发现上述行为，仲裁员试图确定在该事件中管理方的意图。也许，管理者只是想尽力帮助工人摆脱困境。无论如何，管理方给了工人选择离开的机会，以避免接下来的解雇仲裁或者仲裁推翻公司解雇决定的风险。后者的意图被仲裁员看作是推定解雇（constructive discharge）。

在这一原则下，仲裁员把雇佣的结束看作是受劳动合同中工人惩戒条款支配的。这些条款通常要求在解雇工人的时候有工会代表和书面的解释。因为没有遵循这些程序，许多仲裁员会给申诉人恢复工作，并且使之获得全部欠薪。

以往惯例

当合同语言不够清晰或者存在缺漏时，劳资双方都会努力提供一个可辨认的以往惯例。**以往惯例**（past practice）原则指的是一种具体、相同的行为，在过去的数年当中获得双方当事人持续的承认和接受。[40] 这种决策标准向仲裁员证明了双方当事人以何种方式执行劳动合同，以及管理方和工会如何利用该标准。管理方通常更关心以往惯例，因为它通过对雇员下达各种不同的指导意见来管理劳动合同。因为既定的合同规定对管理自由实行限制，管理方试图通过在劳动合同中包含一个“拉链”条款来避免在管理决策的制定方面出现更多缩减，类似于下例：

第 28 条：其他协议

第 2 项：当事人于此终止所有先前的协议；除了双方当事人在此协议中详细规定的内容，在此以前公司和工会代表讨论的（包括所有过去的协议、惯例和仲裁判决）有关薪水比率、工作时间和工作环境的协议将全部终止。*

* 关于以往惯例的这一条款摘自 Walter E. Baer，*Practice and Precedent in Labor Relations*（Lexington，MA：Lexington Books，1972），p. 8。

这一条款不能保证管理方不通过用类似的方法反复处理问题来增添合同的限制范围。管理方单方面、持续地在感恩节向工人提供火鸡的行为可能会成为劳动合同中有约束力的、隐藏的条款。另外，如果想要在接下来的几年终止赠予，管理方可能不得不谈判一条与此相反的劳动合同条款（即使目前的劳动合同未提到感恩节火鸡的问题）。

除了解释协议中模糊不清的语言或解决没有包括在劳动合同中的问题外，以往惯例甚至还能够改变明确的、使人信服的合同条款。在一家公司，要求工人在结束一天的工作后进行清扫工作已经是好几年的习惯做法了，10 分钟以内的工作是无偿的，11～15 分钟内的工作则按照工资标准支付报酬，超过 15 分钟的部分给予超过原工资标准 0.5 倍的加班工资。有清楚的合同语言详细规定了每天超过 8 小时的部分按 1.5 倍工资结算。工会提出申诉，要求用确定清楚的合同语言强制性规定超过8小时的日常工作必须给予加班工资。然而，仲裁员强调，以往惯例在本案中比劳动合同中的明确条款更重要。

> 当然，书面合同是证明当事人双方意图、意愿以及行为的最强有力的证据类型。仲裁员对它毫不含糊的语言是不会忽视的。但是，如同在这儿，双方当事人已经清楚、明白地证明了他们自己是怎样理解和看待合同内容的意义与力量的，并且了解这种意义在哪里与正式合同的规定有所不同，因此，仲裁员不应该，实际上，不能对这种证明置之不理。[41]

以往惯例虽然很有影响力，但并不是所有的仲裁员理解的意思都相同。举个例子，用一种始终如一的方式来决定在一种行为成为有约束力的以往惯例之前需要持续多长时间或者维持多高的出现频率是非常困难的。有时，事件的性质会使以往惯例的标准变得更加复杂。设想一下这样的情形：管理方想要单方面改变工人在工作时间吸烟的“明显的”以往惯例。有些仲裁员指出管理方不能单方面改变以往惯例，特别是在没有提出明确的证据表明吸烟对效率或生产率产生了不利影响时。然而，有些仲裁员却忽视以往惯例并且允许管理方制定一条禁止吸烟的规定，因为近期的研究表明，吸烟对工人健康有害。[42]

先前的劳动仲裁判决

当在仲裁案件中能够支持任何一方当事人的立场时，先前的仲裁判决也同样可以作为指导原则。相似地，仲裁员也可能会引用一些先前的仲裁判决来驳斥当事人的论点或者说明仲裁意见。仲裁员比较看重的是在同一领域内发布的先前仲裁判决，尤其是当案件情形以及合同条款相似的时候。当然，鲜有以往惯例判决符合这些要求，因为双方当事人非常不情愿第二次仲裁同样的问题。然而，在支持单方立场时，以往惯例还是非常有用的。

仲裁员更加不太可能受到其他领域的不同的劳动合同判决的影响，因为作为仲裁员他们要辨别普通法的独特之处以及特定业务的自主权。事实上，仲裁员可能会消极地看待在目前的仲裁听证会上引进的先前仲裁判决。

> 仅根据事件的是非曲直而不愿意提出申诉，将会被看成软弱无力的信号，同样地，先前的仲裁判决的引用会被认为意味着仲裁员对审判缺乏信心或者一种仲裁员被不相关的想法所支配的信念。努力说服仲裁员遵循一些以往判例的尝试至少将会被认为是不好的规矩。[43]

在仲裁案件中，许许多多的因素影响着当事人的成功，包括举证责任、问题的类型以及法定代表权。证据表明，管理方在关于合同解释的案件中更胜一筹，而工会在雇员纪律案件中占得上风。雇主在雇员纪律以及解雇案件中负有举证责任，而工会则在关于合同的解释与运用的案件中负有举证责任。显而易见，负有举证责任的当事人在大多数仲裁判决中占不到优势。另外，有证据表明，法定代表权影响着仲裁员作出的判决结果。进一步地，研究发现某些工会往往比其他工会更优秀。这些工会包括女装工人联合会、批发和零售工人工会、美国州县和市政工人联合会、操作工程师工会。可能的解释原因包括：工会需要公平地代表谈判单元所有成员，工会在决定将哪些申诉提交仲裁的过程中所体现的民主本质，可能会导致工会将一些胜算机会很少的申诉案件提交仲裁。[44]

作为仲裁过程和判决的指导，下面的“劳动关系实践”展现了劳动仲裁中的几个原则。

◇劳动关系实践

劳动仲裁的原则

1. 仲裁员实际掌握的情况，和劳资双方掌握的情况比起来，没有后者多。提议可能使用术语，仲裁员必须在一个日常的基础上询问劳资双方使用的术语。当仲裁员回到他们的办公室后，就不能问问题了。

2. 仲裁员不能寻求新的证据。如果劳资双方不想引入特定的证据，一定有它们自己的特殊原因，仲裁员不能发起一个新的争议或者刺探新的证据。

3. 通过使用选择仲裁员的剔除法，被选中的仲裁员通常不是劳资双方的第一选择，然而，被选中的仲裁员一定是同时满足双方需求的。

4. 在判决之后，只有一方（赢的一方）才相信仲裁员是能干的；另一方则会好奇在这个世界上，仲裁员究竟是通过什么评估方式位列美国仲裁协会、联邦仲裁与调解局、国家调解委员会的花名册的。

5. 当对披露产生怀疑，仲裁员必须结束和劳资双方中的一位或多位成员的联系，这个联系会影响他的客观性或者造成一种给他造成影响的表象。

6. 做有信誉的决定通常是仲裁员的工作中最具挑战性的部分。所有的仲裁员都了解信用决定的原则，但是作出具有信誉度的决定依旧是仲裁员工作中最具挑战性的部分。

7. 仲裁员应该总是非常仔细地对待他们书面写下的判决。他们不可以蔑视或者嘲笑申诉人或者其他目击证人。其他公司领导层和工会会员可以接触到书面决定。仲裁员不可以写类似于“目击证人口齿不清”或者他是“厚颜无耻的骗子”的内容。仲裁员应该把注意力集中在哪个目击证人有更好的信誉度上。

8. 仲裁员应该尊重申诉人和申诉过程。仲裁过程中的提议可能每次有成百上千条。这可能是申诉人第一次参加仲裁听证会并且可能也是他的最后一次。如果这是一个关于解雇的听证会，这一天就是申诉人生命中最重要的日子之一。

9. 仲裁员不能造成伤害。仲裁员是被邀请的客人，他们是仲裁听证会的审判官。集体谈判是劳资双方的程序。仲裁是劳资双方的程序进行中重要的一部分。在仲裁员提出决定后，劳资双方依旧必须忍受彼此。

10. 仲裁员不能忘记仲裁的治疗价值。在法庭上，申诉人是当天的主角。有时候申诉人可能只是简单地想说出他自己的心里话。申诉人应该被允许稍微偏离主题。

11. 仲裁员不是咨询人员。不能说类似“建议劳资双方去……”这样的话。仲裁员是被雇用来做决定的。仲裁判决必须和合同用语保持本质上的高度一致。

12. 仲裁员应该将每一个判决都看成是他自己的第一个也是最后一个判决，说成第一个是因为仲裁员会努力工作以确保判决是正确的，说成最后一个是因为仲裁员是独立的，仲裁员不用担心再次接受选择。

13. 和35年前比起来，现在的仲裁程序更加复杂。现在仲裁员可能需要询问劳资双方关于听证会之前的步骤：（1）败诉方承担费用；（2）没有工会代表的申诉人；（3）有自己律师的申诉人。还有很多关于工作和非工作的新技术：电子邮件，脸谱，推特，短信，等等。也有长达两三天的听证会，更多的手稿和摘要，以及更长、更细致的合同（有些劳资双方甚至有关于合同语言的解释性手册和关于它们的解释的意思不一致的意见）。还有很多听证会是关于非法药物的滥用以及各种药物测试的。

资料来源：Based on a presentation by William H. Holley，Jr. at the FMCS Mid-West Symposium in Chicago，November 19，2010.

五、目前影响仲裁的因素

如今，出现了一些影响劳动仲裁的法律和程序问题。

司法权限

如前所述，钢铁工人三部曲和其他的司法判决阐明并提高了仲裁员在解决工人申诉问题时的地位与作用。然而，仲裁判决有时会涉及各种各样的政府机构及法院，这些政府机构或者法院可能会尤其关注某个申诉的某些特定方面。举个例子来说，在一个案件中，一名 55 岁的美国黑人工会干事由于不服从管理而被雇主解雇。因此该工会干事提出了申诉并且根据劳动合同的相关条款进行了仲裁。然而，该雇员声称解雇的原因是种族歧视以及/或者年龄歧视或者对工会干事产生对抗性的歧视。可以想象，这起解雇申诉会受到太多人的关注——仲裁员，以及均等就业机会委员会及国家劳动关系委员会的官员。问题涉及申诉可能导致的关于不同权限的争论。

劳动仲裁和均等就业机会委员会

1964 年《民权法案》（1972 年由《平等就业机会法案》修正）的通过、此后的司法判决，以及 1991 年《民权法案》的通过强调了管理方本意良好的意图不足以消除关于种族歧视的控诉。实际上，在执行公法这一方面，均等就业机会委员会认为雇主必须积极地想方设法执行雇佣程序，以消除过去的种族歧视所产生的现存影响以及所有可能的残余影响。均等就业机会委员会仔细详尽地研究了关于就业、晋升以及纪律的程序，以保护工人免受雇主武断、歧视的行为。在工会化的工厂，仲裁员也经常假定存在一位相关的决策者，尤其是在关于抗议公司处罚雇员的申诉中。这种情形至少面对着两个问题：

（1）在解决少数民族雇员提出的申诉时，管理方、工会以及雇员应该求助于仲裁员还是均等就业机会委员会呢？或者是同时求助于两者呢？

（2）根据 1964 年《民权法案》第 7 条，法院以及均等就业机会委员会怎样看待仲裁员作出的判决？

第一个问题由美国最高法院在 1974 年的亚历山大诉加德纳-丹佛公司判决（*Alexander v. Gardner-Denver Company* decision）中作出了回答。法院认为仲裁员的专长是解释劳动合同，而不是解释联邦关于国民权利的法律。另外，

> 仲裁中事实调查程序通常来说不同于司法案件中的调查程序。仲裁程序的记录不如司法程序那么完整；证据的作用也不相同；在民事诉讼中常用的权利以及程序，例如调查、强制程序、交叉盘问，以及发誓后所做的证词，在仲裁程序中经常

受到严格的限制或是根本就不存在。[45]

因此，少数民族雇员通常被鼓励同时进行仲裁程序以及适当的司法程序。

有些人预测说，亚历山大诉加德纳-丹佛公司判决将会引起大混乱，因为在仲裁中失败的关于歧视的申诉都会被有关的政府机构或法院改判。然而，研究结果并不支持这一预测。有一项研究发现，由均等就业机会委员会或相关机构作出判决的一个申诉只有1/6的概率被改判。同样地，法院推翻由仲裁员判决的关于歧视的申诉的概率也是微小的，有一项研究提供的数据是6.8%，另外一项研究提供的数据是10%。[46] 显而易见，法院相信仲裁员在他们的判决中已充分地考虑了关于歧视的相关法律。

在1998年发生的赖特判决（*Wright* decision）中，西索·赖特的右脚踝和后背受伤，造成了终身残疾，并且最终勉强接受了25万美元的赔偿。这件事过去了3年以后，通过工会雇佣组织的邀请，他得以继续回去工作，与此同时他获得了医生的许可。赖特在4个不同的公司工作了9天，没有一个公司抱怨他的工作表现。然而，当雇主了解到赖特身患终身残疾之后，通知工会它们不再接受赖特作为雇员，因为基于集体谈判协议，一个被医生诊断患有终身残疾的人是不能胜任码头工作的。工会认为，雇主错误地使用了集体谈判协议，同时表明如果赖特可以胜任自己的工作，《美国残疾人法案》赋予了赖特重回工作的权利。工会声称这些公司对赖特的解除雇佣的相关事件违背了集体谈判协议。当赖特联系工会的时候，工会建议他在《美国残疾人法案》下申请民事诉讼，赖特之后提起了申诉。

就像它们辩护的内容一样，公司声称依据集体谈判协议赖特没有用完自己的指控权。第四巡回上诉法院得出结论，集体谈判协议中一般意义上的仲裁条款的用语通常足够宽泛以包含一个依《美国残疾人法案》提出的合法指控。[47] 然而，美国最高法院不认可并且进一步裁决，合同语言没有"包含清晰且没有误导性的员工放弃就雇佣歧视案件通过联邦法庭提出指控"之类的说明。[48] 因此，赖特被允许在《美国残疾人法案》下向法院提出民事诉讼。

最高法院的吉尔默判决（*Gilmer* decision）（将在本章的后面部分讨论）赋予仲裁员权利，使仲裁员能够代替均等就业机会委员会及法院来解决在集体谈判合同框架下提出的关于歧视的申诉。不过，这种情况尚未发生。均等就业机会委员会鼓励使用纠纷解决替代方法，包括仲裁，来解决关于歧视的申诉的同时，并没有放弃对该类事项的介入。另外，国会在通过1991年的《民权法案》时，再次强调了亚历山大诉加德纳-丹佛公司判决的合理性。[49]

在此之后，2009年最高法院的裁决是五票对四票（*14 Penn Plaza LLC v. Pyett*），这个结果提供了一个对当下劳动和雇佣仲裁形势的正面分析，与此同时，规范了集体谈判协议中的相关条款，其中，尤其是"清晰且没有误导性"这一条要求工会会员如果想在联邦法庭上提出仲裁诉讼，需要在联邦反歧视法律被强制实施且代表工会会员寻求法律申诉权利的放弃权的前提下进行。在亚历山大诉加德纳-丹佛公司判决以流行学说的身份存在了35年之后，最高法院从本质上改变了这个流行了35年的学说。[50]

如今，工会、公司和劳动仲裁员可能会发现他们自己卷入了仲裁员工的法律权益（详见图表11.6最高法院支持法律权益的仲裁的节选）。

工会和管理层的仲裁很久以来都被认为是一个实施由集体谈判协议创造的强制性合同权利的有效办法。尽管集体谈判协议经常包含一个一般意义上的非歧视条款，例如

“雇主不能歧视任何雇员或者雇员群体”，劳动仲裁员通常避免强调法律条款并且将自己局限于使用集体谈判协议中的用语。

工会、雇主和谈判单元雇员可能更想利用仲裁在争端解决方面所具有的非正式、快速和专业的优势。以下是对雇员的一些好处。第一，工会可能会为雇员提供一位辩护人，且没有任何额外的费用（这个优势是通过会员的会费支付得以实现的）。这样，低工资的且涉案金额较少的员工将会有机会走上法庭（律师通常不会接受一个案件，除非有充足的钱可以平衡他自己的付出）。第二，失去走上法庭的权利意味着回避雇员只有12%的胜诉率的法庭。*

尽管会有很多额外的花销、训练以及时间等成本，这些成本都由工会承担和支付，仲裁对工会来说还是有相当多的好处以及优势的。首先，工会可以整合这些仲裁条款，使之成为一个最初的管理工具。司法案件中对歧视的保护和免费代理是非常有吸引力的条件，这些可以由工会来实现。其次，存在一个支持司法仲裁的政策可能会导致雇主和工会组织的对立性减弱。对雇主来说，和司法程序比起来，仲裁更加便宜，雇主不会受制于结果不可预测的陪审团，并且仲裁程序是不公开的（且没有负面影响）。

尽管工会和雇主不愿在它们的集体谈判协议中包含提供仲裁司法权力的仲裁条款，至少一个工会，服务业雇员国际工会，已经开始在合同中包含这些仲裁条款。只有时间可以检验其他工会和公司是否会紧随其后效法行之。[51]

图表 11.6　　　　最高法院支持法律权益的仲裁的节选

最高法院的法官克拉伦斯·托马斯写道：

我们认为，一个清晰无误地要求工会会员去仲裁就业年龄歧视案件的集体谈判协议，像联邦法律一样，应该被强制执行。

法官托马斯解释道：

要求将雇佣歧视付诸仲裁诉讼的决定和劳资双方的其他很多涉及申诉机制的决定没有什么区别。

在任何合同协商过程中，一个工会可能同意在集体谈判协议中包含一个仲裁条款，以此反过来要求雇主作出相应的让步。

法律并没有提到由个体雇员签署的仲裁协议的地位和由工会代表同意的仲裁协议的地位有明显的差别。法庭只要求在集体谈判协议中“清晰具体地阐明”反歧视诉求应通过仲裁解决。

我们现在认识到，除了它们稀少的财富占有，亚历山大诉加德纳-丹佛公司的案件包含了宽泛的权威的断言，这些断言对在一个司法反歧视案件中的无罪证明来说，仲裁的使用是非常严苛的。那些猜疑，然而，停留在一个对这个法庭从那之后放弃了的仲裁有误解的观点上。

法庭已经“认识到仲裁法院是能够掌握事实和法律复杂性的，对反垄断的诉讼来说，尽管缺少法律的指令和监督”，并且没有理由在一开始时就假设仲裁员不会遵循法律。一个仲裁员对事实和法律的复杂问题的解决能力，随着在《就业年龄歧视法案》下提出的对歧视控诉的平等执行力的提升而提升。至少，对仲裁的本质的反对不会削弱仲裁作为解决歧视问题的一种途径的可信度。

资料来源：Excerpts from 14 Penn Plaza v. Pyett (2009), St. Ct., 1451 - 1461 (2009).

劳动仲裁和国家劳动关系委员会

也许最常见的对仲裁判决的补充来自国家劳动关系委员会，因为申诉人已经因劳动合同的有关条款（其效力与法律相似）而被公司解雇了，比如在工作时间忙于工会活动

* 原文意思如此，疑有误。

或在工会官员的职位上行为过于放肆。《国家劳动关系法案》第10条（a）款规定国家劳动关系委员会“被授权……防止任何人从事任何影响公司运行的不当劳动行为（在第8条中列举）。这种权利决不受任何其他判决或者由协议、法律制定的或将要制定的阻碍因素的影响”。

虽然拥有该权利，但是国家劳动关系委员会并没有忽视适用于不当劳动行为事项的仲裁判决。实际上，在作出仲裁判决以前，国家劳动关系委员会经常隐瞒它的司法决定和调查。1955年，国家劳动关系委员会在斯皮尔伯格制造公司（*Spielberg Manufacturing Company*）案中形成了对仲裁政策的迟延策略。在该案件中，国家劳动关系委员会承认了一个仲裁判决，该判决否定了一位因存在不当罢工行为而被公司解雇的雇员的复职要求。由该案而产生的延迟策略指导意见强调，仲裁程序必须固定而且公正，必须拥有足够的通知以及代表权，仲裁员必须强调申诉人控诉的不当劳动行为，而且当事人各方必须一致同意接受、遵守仲裁判决。[52] 然而，如果仲裁判决模糊不清，或者如果国家劳动关系委员会获得了在仲裁程序中没有出现的相关证据，那么该委员会将推翻仲裁判决。

国家劳动关系委员会对仲裁政策的延迟策略在科利尔（*Collyer*）案中得到了加强。在该案件中，国家劳动关系委员会的行政法官发现该公司在单方面作出工资及工作条件的改变时产生了不当劳动行为。[53] 该公司坚持认为该事项应该通过现存的仲裁程序得到解决，而不是由国家劳动关系委员会处理。委员会最终同意了该公司的观点。委员会保留了调查该事项的价值的权利，同时强调了下列观点：

（1）相关的争议能够通过仲裁员的特殊技能以及专业经验得到更好的解决。

（2）《国家劳动关系法案》的目标、产业关系的和平与稳定，能够通过对劳动合同中确定的仲裁程序的坚持与尊重而顺利地得到实现。

在科利尔案中，雇员有义务在国家劳动关系委员会回顾雇员不当劳动行为案例的价值之前使用仲裁程序。[54]

后来，国家劳动关系委员会在奥林公司（*Olin Corporation*）判决以及联合科技公司（*United Technologies*）判决中确定了新的指导原则，使委员会更有可能对仲裁判决使用延迟策略。在奥林公司案中，不需要在仲裁听证会上考虑不当劳动行为事项。国家劳动关系委员会会延迟仲裁员的判决，如果“合同和不当劳动行为完全相似，或者不当劳动行为仲裁普遍发生”。[55]

在延迟策略的框架下，工会或者公司就存在滥用这种策略的潜在可能性。仲裁员基于双方在仲裁听证会上自愿地选择提供的证据作出仲裁判决。双方当事人的任何一方可以故意隐瞒证据，否认仲裁员对该案件作出了完整的记录，从而达到破坏国家劳动关系委员会对仲裁判决的延迟策略的目的。这样一种不完整的记录将使劳资双方中的一方有机会“在苹果上咬上第二口”，而仲裁员将受到很大的压力，需要根据与在一次国家劳动关系委员会判决中形成的记录相类似的记录来产生一个仲裁判决。[56]

一项研究发现，当劳资双方中的至少一方已经向国家劳动关系委员会提交一次不当劳动行为申诉时，只有大约一半的仲裁员在他们的仲裁判决中引用了相关的外部法律。该研究还发现，这些仲裁员当中的绝大多数只是粗略或大概地考虑了相关的外部法律。这份研究督促说，仲裁员和劳资双方至少应该认识到他们能够向申诉人提供唯一的一次机会，使申诉人能够就某个法定事项提出诉讼；因此，应该对“是否在仲裁论坛上对法定事项进行投票、辩论、讨论和调查，或者是否将拒绝讨论这样的法定事项视为不利于仲裁过程”作出一种明确的选择。[57]

总的来说，美国最高法院已经承认了仲裁员解释劳动合同规定的能力，甚至已经鼓励当事人双方在把申诉提交到国家劳动关系委员会之前使用仲裁程序。

劳动仲裁、法院以及公共政策：米斯科判决

当工会或者管理方要求联邦法院考虑仲裁事项时，尤其是当仲裁员处理的事项涉及公共政策时，联邦法院就有可能会参与处理该事项。在米斯科（*Misco*）判决中，美国最高法院鼓励了这种参与。米斯科公司以在公司范围内吸食大麻为由解雇了一位操作“圆刀复卷机”（切卷纸的设备）的雇员。在该公司的停车场内，该雇员在自己的汽车里被逮捕，而且警察随后进行的搜查也发现了车内存在大麻的残留物。

仲裁员最后对该雇员作出复职的判决，因为证据并没有证明该申诉人在公司范围内吸食大麻，甚至携带大麻。仲裁员注意到申诉人是坐在汽车的后座。仲裁员也拒绝考虑使用警察的报告作为证据，并且规定该案件必须限制在这样一个范围，即公司在作出解雇决定时了解到什么信息。管理方把仲裁判决提交到法院，声称仲裁员作出的复职判决将违反公共政策——在毒品的影响下操作极其危险的机器设备。

在米斯科案件中，法院重申了在早先的一个判决（*W.R.Grace*）中确立的一条原则。该原则强调“法院不能执行与公共政策规定相反的集体谈判合同”。然而，法院也解释说公共政策必须是“清晰无误的”，是“定义清楚而且被绝大多数人所接受的”，并且“获得法律与司法程序的确认，而不是来自对假定的公共利益的一般考虑”。最高法院最终支持了仲裁判决，因为这些先决条件中没有一项得到了初级法院的审查或确认，而且在该案件中也不太可能存在这些先决条件。[58]

因此，米斯科案件再次确认了钢铁工人三部曲赋予仲裁员广泛的决策权。它还可能减少这种情况的发生，即法院根据公共政策的名义“轻视”仲裁判决。然而，公共政策的概念虽然受到了米斯科案件的限制，但是仍然存在。雇主不需要尊重一个将会违反法律的仲裁判决（例如，恢复一位没有驾驶执照的公共汽车驾驶员的工作）。[59]

性骚扰代表了一个非常有争议的公共政策事项，仲裁员以及司法官员对此有各种各样的观点与解释。法院对这种情况的解释可能与仲裁员非常不一样。例如，一个联邦地区法院推翻了一个仲裁判决，因为该仲裁判决要求将一位被控对一位女性顾客进行性骚扰的雇员复职。法官发现仲裁员的判决中包含了一些“令人讨厌的意见”，明显存在着有利于雇员的偏见、对女顾客控诉人无所顾忌。例如，仲裁员解释说该雇员已经结婚而且有孩子，而该女性顾客却重达 225 磅，“毫无魅力可言、让人厌恶”，所以很有可能是这位女顾客捏造事实以获得母亲的注意与关爱。法官命令由另外一位仲裁员重新对该申诉进行听证。[60]

然而，另外一个联邦地区法院却拒绝推翻一个关于复职的仲裁判决。在该仲裁判决中，仲裁员要求将一位在电话交谈过程中放下电话，然后从背后靠近一名女同事并且抚摸该同事胸部的雇员复职。该雇员在完成抚摸动作后，重新拿起电话说：“是的！它们确实是真材实料！”该联邦地区法院评论说，“我们并不宽恕（该雇员的）行为，但是这种行为处于集体谈判合同以及公共政策的范围之内，从而仲裁员可以作出复职的判决。”[61]

相似的司法推理在关于加利福尼亚州一家经纪人公司的一个交易室秘书的案件中得到使用。该秘书的老板承认自己把她称呼为一条“破渔船”以及一个“婊子”，并且至少放了一个避孕套在该秘书的办公桌上。该秘书提出了一个关于性骚扰的申诉，然后被告知她的申诉会被提交给一个受委派的仲裁小组。该仲裁小组否决了她的申诉，同意辩护人提出的“这只是在每个交易室都非常普遍的方式”的观点。[62]

评价劳动仲裁的效力

虽然各级法院已经认同了劳动仲裁的有效性，但是仲裁的参与者（工会，管理方，甚至还包括一些仲裁员）也产生了一些批评性的意见（见随后的“劳动关系实践”专栏以获得一些相关的评论）。

仲裁员很少能够明白他们为什么没有被选择来仲裁以后出现的申诉。他们很少能够获得关于劳资双方为什么持续地选择某些仲裁员而不是另外一些仲裁员的信息。图表11.7通过搜集一些劳资关系参与者对仲裁员提出的批评意见，试图对这个问题进行粗浅的解析。这些批评意见主要集中在两个方面：仲裁员的能力与职业道德，以及仲裁过程中的潜在程序问题。

仲裁员的能力与职业道德

一些批评意见认为仲裁员在制定仲裁判决时可能会作出妥协，以避免导致劳方、资方或者劳资双方产生不高兴的情绪，甚至可能是为了达到在未来的申诉仲裁中被选中的目的。下面就是可能被仲裁员使用以取悦劳资双方的仲裁判决的例子：使被解雇的雇员复职，但是公司不需要支付任何数目的欠薪。[63]

◇劳动关系实践

在我成为一名仲裁员之前他们从来没告诉过我的一些事情

- 当劳资双方代表都拥有如此繁忙、紧密的工作安排时，确定仲裁听证会日期的困难程度。
- 阅读已经作出判决的案件时的轻松程度与自己书写仲裁判决时打草稿的困难程度。
- 了解所允许使用的证据的需要、在听证会上维持或反驳目标的原因，以及迅速作出决策的要求。
- 飞往或驶往某些听证地点时身体的困乏程度。
- 当所有的机场看起来都一样，从而使你不确定自己到底在哪里时，旅行及宾馆的单调、乏味程度。
- 气势汹汹、全副武装进入听证会以后，双方当事人在试图证明“谁是正确的”时所体现的专业程度与责任感。
- 如果双方当事人能够准备得更充分一些，并且试图在仲裁之前解决双方分歧就能够节省时间、金钱以及精力。
- 取消费在保证双方当事人诉诸仲裁中的作用（如果没有取消成本，当事人的某一方可以在后面的某个日期放弃仲裁，从而滥用仲裁程序)。

- 一方当事人为了恰好在仲裁听证会之前获得一个妥协的解决方案而坚持使用的方法。如果不存在可能的解决方案，而且本方的立场不坚定，该方将会放弃申诉。
- 仲裁费用对当事三方的重要性——费用不能太低，因为劳资双方会认为你不够优秀；但是费用也不能太高，因为这样你像是在拒人于千里之外。

资料来源：来自一位经验丰富甚至有点厌倦仲裁事业的匿名仲裁员。

图表 11.7　　工会与管理方对仲裁员提出的一些批评的摘要

1. 不能够尊重当事各方（例如，带有令人讨厌的个人特征；倾向于应用自己对“公正”或者“正义”的感受，而不是应用当事人双方的意图；通常滥用自己的权利）。
2. 不能够正确地控制仲裁听证会（例如，不能够容忍反对意见；太拘泥于法律或者对相关法律注意不够；不能制止无缘无故的敌意交流、闲聊、冗余的证词）。
3. 仲裁判决不是太啰唆，就是太简单；模糊不清；花费的时间太长；强调妥协；明显缺乏推理技能或写作技能；在劳动合同内容方面不能够向当事双方提供指导。
4. 与管理方或者工会方有过多的交往或交情，或者在作为中立第三方时对劳动关系的掌握程度不够，或者对需要处理的工作及产业类型了解不够。
5. 没有根据双方争论的问题作出判决（例如，不考虑先例；过于学术性；对仲裁听证会重视不够；评价在仲裁听证会上没有提供的证据；在仲裁判决公布之前与无关的人士讨论案件；不能够强调所有的事项或事实）。
6. 过于昂贵（例如，通常来说不能够在一个合理的时间范围内结束仲裁，从而增加潜在的欠薪数目；取消费的政策是不合理的）。

资料来源：Adapted from Thomas L. Watkins，“Assessing Arbitrator Competence：A Preliminary Regional Survey.” *Arbitration Journal*，47 (June 1992)，p. 43.

在某些情况下，劳资双方代表认为自己支持了仲裁员（财务支持或其他形式的支持）从而觉得仲裁员“欠我们一个人情”。一位仲裁员在被选中以代替一位著名的仲裁员时向劳资官员表达了自己的惊讶之情，同时知道了前一任仲裁员被解雇的理由：

> 我将告诉你我们为什么解雇那个家伙。在这里的最后一个案子大约是在下午4点钟结束的。那个家伙非常着急，因为他还要搭乘飞机去纽约，而这时时间已经很晚了。我向他保证肯定不会出现任何问题。我把他的行李放进我的汽车，不顾公路上任何的速度限制规定，闯入逆行道，甚至还为他闯了红灯。经历了如此惊心动魄的行驶，冒了如此大的风险，我刚好赶在最后的时刻把他送上了飞机。我把我的汽车停在了一个禁止停车的区域。我甚至还把他的行李提到了安检门前。你知道，我为他做了这么多，而那个家伙居然作出了对我不利的仲裁判决！[64]

然而，其他一些劳资关系参与者或者仲裁专业的学生坚持认为，仲裁员亏欠劳资双方的人情是争议解决方案的一个必要的考虑因素。他们认为仲裁员应该对劳资双方负责，从而制定一个最佳的仲裁判决。仲裁员的职业道德问题已经受到下列四个组织的直接管理和监督：国家仲裁员学会、联邦仲裁与调解局、美国仲裁协会以及国家调解委员会。这四个组织制定了下列一些指导原则：

- 作为仲裁员，如果认为自己不具备足够的技术或技能以处理目前的问题，应该放弃对该问题的仲裁。通常而言，包括在该范畴内的问题是激励制度、工作评估计划，以及养老金与社会保险计划。
- 没有劳资双方的一致同意，仲裁员不能将仲裁判决公布于众。
- 在指定某位仲裁员之前，劳资双方应该了解该仲裁员对仲裁听证会、案件研究时间、旅途时间、延期或取消仲裁、办公室管理费用以及其他任何需要付费的工作的收费情况。
- 如果劳资双方的某一方要求仲裁员参观工作场所，仲裁员应该答应该要求。
- 如果某一方没有向另外一方提供后听证会摘要，仲裁员就不应该将该摘要纳入考虑范围。
- 如果仲裁员认识某一方当事人或者与该组织存在私人关系，那么该仲裁员必须在听证会之前对任何可能的利益冲突作出说明。

对仲裁员的其他批评集中于仲裁判决的质量问题。如果仲裁员的书面意见与判决在申诉的本质或范围方面不能够反映劳资某方或双方的最初期望与理解，他们就会感到不满意。但是，一些仲裁判决反映的司法问题等于或者超过了劳资双方在听证会上表达出来的程度。仲裁判决存在的这种潜在的"过度律师化"问题可能是因为这样一些原因：在地方、州或者联邦级别存在着大量的与申诉相关的立法；劳资双方，可能也包括仲裁员[65]，倾向于通过在听证会上以及在仲裁判决中考虑相关的法律，从而使以后出现司法介入的可能性降至最低。

如果劳资双方的代表随意处理申诉，那么他们以此作出的仲裁判决不会令人满意。因为仲裁判决是根据申诉作出的，模糊不清的申诉及证据就可能导致一个相对不清的仲裁判决。有时候，劳资双方向仲裁员提交一份在仲裁之前就能够通过简单手段得到解决的无意义的申诉。这种申诉通常是出于政治上的考虑——即使知道本方的观点将会被仲裁员反驳，工会或者管理方也把这些申诉提交仲裁，以表示本方对工会干事或一线监督人员的强力支持。在这种情况下，仲裁就成为一种推诿责任的工具；犯错误的工会干事或者一线监督人员从表面上看是获得了本方代表的支持，但实际上是通过仲裁程序以及仲裁判决，获得了一次了解真相的机会。

一个必然的关注点是否受到关注与仲裁判决的最终效力有关。虽然美国最高法院鼓励指定单个仲裁员对劳动争议进行处理，但是这种行为的反对者暗示说仲裁员拥有的权利超过了法官，因为法官作出的判决可以通过司法上诉被推翻，而仲裁员的裁决却不会被推翻。遗憾的是，如果仲裁判决被纳入上诉程序的范围之内，那么将导致许多问题。这种上诉程序将耗费劳资双方大量的时间与金钱，因而成本极高。如果仲裁判决在上诉程序中被第二仲裁员作出修改，那么大家将分不清到底谁是对的。另外，"仲裁员如同终审法官"的情况可能会给仲裁员施加压力，使之作出高质量的仲裁判决。

程序问题

仲裁程序面临的两个问题是时间耽搁及成本。美国联邦仲裁与调解局的调查报告发现，从提出申诉之日起到下达仲裁判决之日止，每个申诉平均需要的时间长度是315天。[66]

仲裁程序中的时间耽搁是劳资双方非常关注的问题，尤其是在解雇案件中。雇员被解雇之后可能会一直失业，从而面对一个不确定的未来。雇主可能不得不填补这个空缺的工作岗位，而且要面对将来向被解雇的雇员支付欠薪的可能性。因为一条被普遍接受的原则是解雇决定应该基于作出解雇决定当时所了解的事实，以后发生的事情不能改变该案件的事实，所以，解雇的时间长度不应该影响仲裁判决。然而，对仲裁员在解雇案件中的仲裁判决进行研究后发现，雇主的解雇决定与仲裁判决之间的时间间隔越长，申诉人复职的可能性就越低。[67]

虽然时间耽搁对雇员、仲裁程序以及劳资关系不利，但是已经发现了造成这种时间耽搁的一系列原因：

- 缺乏能够被劳资双方接受的仲裁员，而且劳资双方不愿意承担采用一位不熟悉或经验不足的仲裁员的风险。
- 仲裁之前的行为，例如申诉程序中的几个步骤以及为繁忙的劳资官员与仲裁员协调、确定听证会的日期都需要花费大量的时间。
- 听证会之后也需要花费一些时间，包括等待听证会的抄本以及劳资双方可能提交的后听证会材料（例如后听证会摘要）的时间，仲裁员评估证据和双方观点的时间以及准备书写判决的时间。

虽然解雇案件在程序的每个阶段（除去挑选仲裁员的阶段）都比非解雇案件处理得更加迅速，但是劳资双方都有权强调导致时间耽搁的理由，而且可以使案件推进得更加迅速，因为这样的行为能够使劳资双方都从中受益。[68]

对仲裁员的另外一个批评是仲裁员对解雇案件仲裁判决的折中态度，也就是说，他们将申诉人复职，但是不要求公司向申诉人支付欠薪。折中处理的判决在纪律案件与解雇案件中很常见，这是因为当仲裁员发现基于案件事实的矫正措施过于严厉时，他们通常会运用自己的权力来对这一矫正措施进行修改、调整。仲裁员可以总结说雇员对不当行为也需要承担一些责任，但是不足以达到被解雇的严重程度。仅通过谈判达成合同规定的方式，要求仲裁员要么支持管理方的立场，要么支持工会的立场（雇员复职，并且获得全部欠薪），劳资双方就可以避免仲裁员对矫正措施进行处理。对电信产业的这种合同规定进行研究的一份报告显示，与传统劳动合同规定框架下仲裁员有权修改矫正措施相比，在这种合同规定的框架下申诉人更有可能在获得全部欠薪的情况下复职。因此，如果仲裁员没有权力更改罚款数目，那么必须使仲裁员相信对解雇的矫正措施是适当的。[69]

时间的耽搁仅是与仲裁相关的数个成本之中的一个。美国联邦仲裁与调解局报道说，仲裁员每日的平均津贴是962美元，考虑到仲裁员的平均听证时间（1.10天），平均旅途时间（0.57天），以及案例研究时间（2.40天），另外再加上仲裁员的平均费用（420.75美元），因此每个提交仲裁的申诉案件需要承担的平均费用大约是4 469.96美元。[70] 虽然绝大多数劳动合同都制定了这样一个规定，即由工会以及管理方共同承担仲裁费用，但是每一方都可能产生额外的费用，例如：本方聘请律师的费用，而这些费用通常会超过付给仲裁员的费用；培养、培训参与申诉程序的专业人员所需支付的工资；如果想要得到听证会的记录，还需支付速记抄本的费用。

这些年来，仲裁费用已经增加很多。考虑到通货膨胀的因素，费用增加也是可以理解的。然而，在许多情况下，当工会以及管理方官员坚持仲裁员应该参考那些不必要的材料时，如抄本、历史仲裁判决、多余的人证物证，以及前听证会与后听证会的摘要记录，劳资双方就给自己带来了附加的费用。劳资双方还可以强调一些昂贵的装饰品，如为追求仲裁场所的中立而租用豪华的宾馆套房。实际上，宾馆套房的有无以及档次并不能在本质上影响案件判决的质量。

加速仲裁程序

在仲裁听证会之前、期间或者之后，一些工会及管理方官员通过加速仲裁程序的办法，达到削减费用的目的。前听证会的建议包括：(1) 在合同期限内指派一个仲裁员专门小组，而不是在每次需要仲裁时从新仲裁员名单中挑选合适的仲裁员；(2) 在某一特定时期内指派一名常任仲裁员（例如，一年或者某个劳动合同的有效期限内）。通过用录音磁带代替抄本，听证会也可以得到加速。后听证会的加速包括：(1) 设定仲裁判决的最后期限；(2) 减少或者消除供仲裁员研究的引证材料的数量；(3) 设定判决陈述的最大长度，或者预先确定支付给仲裁判决的最高费用。[71]

还存在其他一些可以简化仲裁程序的可能办法。例如，一些申诉仅是由对劳动合同的理解不同造成的。不像关于纪律的案件，这些申诉不涉及雇员申诉人，因此不需要承担相关的成本，而且不需要从政治角度考虑问题。也许这些申诉可以通过书面讨论得到解决，而无召开听证会或者支付其他相关费用的必要。[72] 一些劳资双方考虑通过视频方式进行仲裁，这样，劳资双方和仲裁员不必一定聚集在同一个地方。

加快仲裁裁决时间的办法或者试验性仲裁办法的使用能够说明与仲裁相关的两个基本问题：

(1) 这个过程，虽然不是完美的，但是似乎能够给解决申诉的方法带来极大的好处，例如解决突然罢工行为。

(2) 工会及管理方官员设定了仲裁程序，并且负责管理这一程序以便与劳资双方共同的需要相一致。他们必须检查这一程序以及自身与此相关的行动与态度，以保证一个相对低廉、有效、客观的解决争议的手段。

雇佣仲裁

最近，雇主已经开始了**雇佣仲裁**（employment arbitration），并且在下列一些情况下使用：

- 工会化或者非工会化企业中的就业歧视（代替法院诉讼）。
- 非工会化企业中的关于公司人事制度的雇员申诉（代替管理方单方面作出决定）。

在雇佣仲裁员听说的各种类型的案件中，65%包括对雇佣合同的违背，56%违背法律规定，59%违反了公司的政策原则。[73]

据报告称，62%的大型公司曾经至少使用过一次雇佣仲裁。签署雇佣仲裁合同的员工的数量已经增长到多于600万人。[74]

参见随后的“劳动关系实践”专栏以简要了解雇佣仲裁与劳动合同规定的仲裁方法有何不同。

使用仲裁方法解决关于就业歧视案件的做法在最高法院的吉尔默诉州际约翰逊航空集团（*Gilmer v. Interstate Johnson Lane Corp*，500 U. S. 20，1991）案件中得到了肯定。一位来自证券行业的代表签署了一个就业申请表（表格 U-4，在证券行业非常普遍），部分同意在雇主准则的框架下，裁决任何提交仲裁的劳动争议或者雇员与雇主的分歧。在 62 岁被解雇之后，吉尔默向均等就业机会委员会提交了一个年龄歧视的控诉，之后出现在联邦法庭上。最高法院支持吉尔默的雇主，表示仲裁，而不是法院，是双方都达成的共识且是恰当的争议解决办法，此办法并不违反《就业年龄歧视法案》的合法历史。[75] 随后，最高法院的裁决看上去是把仲裁看成一个在证券产业以及其他产业中的其他雇佣歧视申诉的合适的解决办法。[76]

表面上，吉尔默诉州际约翰逊航空集团判决与之前的亚历山大诉加德纳-丹佛公司判决不一致。然而，吉尔默判决不涉及劳资关系，雇员（吉尔默）签署了 U-4 协议（证券行业注册或调动的统一申请书）。

在 2001 年的环城百货公司诉亚当斯（*Circuit City Stores v. Adams*）案中，美国最高法院再次确认了它的地位，声称这是一个严格的联邦政策，它支持仲裁并且规定《联邦仲裁法案》适用于所有雇佣合同，除了那些适用于在运输行业工作的员工的条款。法院声称仲裁是受人信赖且可行的办法，尤其是对解决雇佣矛盾，包括那些联邦歧视案件。在这个案件中，亚当斯曾经签署了一个雇佣申请表格，表格中说："处理任何和所有之前与我的申请、雇佣的候选资格……相关的，以及由此引起的没有提及的声明，争端或者矛盾……"（详见图表 11.8）之后，在 2002 年，法院清晰地确认了均等就业机会委员会在一些案件中的角色，在这些案件中，雇员被要求在被雇佣的条件下，签署对所有雇佣歧视申诉提交仲裁的协议。最高法院规定均等就业机会委员会没有受仲裁协议所约束，因为它不是协议中涉及的成员之一。因此，均等就业机会委员会可以以工人代表的身份出现在法庭上，即使雇员之前被要求签署了一个将所有雇佣歧视申诉提交仲裁的协议。[77]

图表 11.8　　强制性雇佣仲裁下的雇佣申请表

我同意将涉及 XYZ 公司的任何与我的申请、雇佣的候选资格、雇佣和/或解雇相关的未解决诉求、争端或纠纷完全交由中立仲裁员裁决，仲裁是终局性且有约束力的。仅限于示例的方式，申诉包括在联邦、州以及地方法令或者普通法下的申诉，如《就业年龄歧视法案》、1964 年《民权法案》的第 7 条及其 1991 年修正案、《美国残疾人法案》、合同法以及侵权法。

资料来源：*Circuit City Stores*, *Inc. v. Adams*, 532 U. S. 105（2001）.

在 2002 年，美国最高法院审理了均等就业机会委员会诉华夫饼屋案（*EEOC v. Waffle House*, *Inc.*，534 U. S. 754），认为一个雇员的仲裁协议并没有阻止均等就业机会委员会以雇员代表的身份起诉雇主，以便强制执行《平等就业机会法案》。均等就业机会委员会可能企图恢复公平救济，此救济可能包括支付欠薪，恢复原职，以及/或者补偿货币损失。[78]

一项研究显示，自从美国最高法院审理判决了环城百货公司案件之后，低级法院强制执行了大部分有争议的仲裁协议。然而，低级法院仍旧愿意拒绝强制执行法院认为对雇员不公平的仲裁协议。[79]

◇劳动关系实践

雇佣仲裁与劳动合同规定的仲裁方法有何不同

1. 仲裁制度是在什么条件下被设计出来的？如果建立仲裁制度是为了避免工会的出现，那么许多可以接受的、高素质的仲裁员将会拒绝提供服务。如果雇主设计的制度是通过独立、中立的第三方达到给雇员提供解决申诉的机制的目的，合格的仲裁员将会愿意提供服务。在集体谈判合同的框架下，工会与企业举行谈判并且已经设计了最适合彼此目的的仲裁程序。换句话说，双方设计一个解决矛盾的自治制度。在雇佣仲裁中，雇主单方面设计了仲裁程序。

2. 雇佣仲裁制度框架下将包含哪些主题，并且雇员是否将会被要求放弃他们拥有的法定权利，例如提出基于种族、性别、年龄、国籍、残疾或者其他因素的就业歧视？如果雇员被要求放弃他们拥有的法定权利，以作为他们被雇用的条件，那么仲裁判决可能不支持法院的判决。在集体谈判合同框架下，仲裁包括对劳动合同的解读以及对双方已经协商或谈判好的规定的正确应用。关于延期提交仲裁，不同的联邦机构有不同的政策。

3. 如何挑选仲裁员？他们的任期有多长？如果仲裁员仅由雇主来挑选并且按着雇主的意愿提供服务，那么这样一种判断就可能油然而生，即仲裁员是忠于雇主的，如果作出对雇主不利的仲裁决定，仲裁员将会遭到解雇。在集体谈判合同中，工会同管理方通过一个预先谈判并且协商好的程序来挑选并任命仲裁员。为了避免产生问题以及误解，挑选仲裁员的工作可以通过独立的机构来完成，如美国仲裁协会、联邦仲裁与调解局。

4. 如果有，那么在该过程中雇员的应有权利是什么？雇佣仲裁制度不包含对应有权利的保证；然而，在集体谈判合同的框架下，仲裁员认识到，这些重要的雇员权利包括：

- 通过工会代表进行劝告的权利。
- 和提出申诉的雇员面对面沟通的权利。
- 获得相关信息以准备仲裁听证会的权利。
- 获得听证会通知的权利。
- 获得针对雇员的书面控告的一份复印件的权利。

5. 谁支付仲裁员的费用？在雇佣仲裁程序框架下，通常是由雇主支付仲裁员的费用。由此产生的问题就是仲裁员可能偏向于向其支付费用的那一方。在大多数集体谈判合同中，工会与企业共同决定支付仲裁员费用的方法。通常，工会与企业双方共同分担这笔费用；然而，在某些情况下，工会与企业进行谈判，由失败方支付费用。为了避免仲裁员偏向于向其支付费用的一方，有个机构设计了一个制度，即每位雇员每月支付一笔费用，以支持仲裁制度；这样一来，仲裁费用就由雇主以及雇员交纳的费用共同承担。

6. 仲裁判决的最终效力如何？在雇佣仲裁框架下，仲裁员作出的判决是否具有最终效力取决于雇主的意愿。不存在禁止雇主采取如此行为的法律依据，除非得到完全的证明，否则推翻仲裁作出的判决将是恶劣的政策。在集体谈判合同框架下，仲裁作出的判决几乎对所有的案件都有最终效力，除非在某些特定案件中，仲裁作出的判决与公共政策的规定不一致，或者仲裁员不符合资格要求，或者仲裁员与仲裁双方中的某一方具有私人关系。

7. 提交申诉的雇员如何得到保护？在雇佣仲裁制度框架下，只要雇主允许该制度存在，对雇员的保护就会同时存在。在集体谈判合同框架下，提交申诉的雇员处于申诉以及仲裁程序的保护之下，只要该合同存在，这一保护就同样存在。

8. 在雇佣仲裁制度框架下什么问题需要仲裁？在雇佣仲裁制度框架下，雇主单独决定哪些问题可以提出申诉以及提交仲裁。在集体谈判合同框架下，由工会同企业共同决定，通常包括解读及应用集体谈判合同的规定时双方产生的矛盾。

9. 仲裁员在批准赔偿方面有哪些权力？在雇佣仲裁制度框架下，雇主单独决定仲裁员的权力范围。然而，当涉及法定事项时，如性别歧视、性骚扰，仲裁员的权力可以包括判定支付给律师的费用，惩罚性的以及补偿性的赔偿金，向雇员支付工资损失（即欠薪）时需要支付的利息等——换句话说，即通常由法院陪审团决定的事项。在集体谈判合同框架下，对欠薪、复职以及“全部”赔偿数额作出判决是仲裁员普遍拥有的权力。如果劳资双方已经就支付利息取得一致意见，就应该支付利息。而在联邦部门，仲裁员有权决定支付给律师的费用以及欠薪的利息。

仲裁困境

均等就业机会委员会全体一致地同意了一项政策，即把强制性仲裁制度作为就业的一个条件，这种做法同美国的民法体系不一致。然而，均等就业机会委员会公开声明，在劳资双方发生争议之后，在双方自愿的条件下可以灵活采取能够以公正而且可信的方式解决就业歧视问题的纠纷解决替代方法，包括仲裁与调解。换句话说，均等就业机会委员会的立场是：原告拥有法定权利来自愿选择解决问题的途径，即通过法律方式还是通过仲裁解决问题。[80]

当存在一个工会，并且集体谈判合同与法律规定存在交叠时，问题就产生了，即工会同雇主双方以及中立的仲裁员应该做些什么。通过分析一些法院案件，可以得出下列结论：

（1）当合同语言与《劳资关系法案》的规定相一致时（见第 3 章），法定事项与合同事项都应该得到强调，仲裁员必须书写判决，以确定法定的规定得到强调，并且仲裁判决一定不能与法令的规定相抵触。

（2）当集体谈判合同没有强调任何法令时，仲裁员应该基于该案件以及合同语言的价值决定如何处理该案件，而不是基于法律来处理该案件。

（3）当集体谈判合同包含的原则存在于法令当中，但是没有对该法令的任何解释时（例如，不应当存在针对雇员的歧视），这些同法令相一致的原则可以出现在仲裁员的判决当中。

（4）当法令明确地包含在集体谈判合同之中（例如，该合同必须遵守《美国残疾人法案》的规定）并且建议仲裁员应用这些法令时，仲裁员应该考虑将自己作出的决定同法令保持一致。[81]

一些研究显示，只有一份工作和很少积蓄的典型的一般职工通常认为获得一个能够接受一个雇佣歧视案件并且呈递法庭审理的律师是非常困难的。所需的必要的时间和精力让一个可能只在风险代理协议的前提下受理案件的有经验的律师认为接手案件不值。律师经常更愿意代表具有专业性或者管理型的雇员，这些雇员看上去很有可能会付很高的薪酬。这样造成的结果就是，20 起案件中只有一起歧视案件把律师作为法律顾问。

这些研究还解释了更加让人目瞪口呆的结果，在这些事件中，在工作上遭受歧视而作为原告的雇员事实上是可以出现在法庭上的。这些雇员在法庭上也并不害怕和担心，就像那些将案件提交仲裁的雇员一样。事实上，提交仲裁的申诉人拥有 55%～63%的胜诉概率，同时少于 20%的申诉人在法庭上胜诉。尽管申诉人可能会从法庭的陪审团当中获得更大的补偿（和仲裁当中的补偿比起来），但对大部分涉案金额不大的雇员来说，仲裁可能是最优的选择。就像一个法律专家总结的那样：

> 仲裁会大大缩短他们重回工作岗位的时间，效率更高，花钱更少，且没有法庭上遭受的那些心理痛苦。
>
> 在工会为雇员代言的案件当中，工会并不认为它们应该和雇主保持一致，尤其是在解决歧视申诉的案件中。因为工会有政治特征，工会官员必须代表选举人，而很多申诉人还没有认识到或并不满意：除了这些数据，他们可能更害怕仲裁（和法庭比起来），工会没有相应的动作表示对代表在仲裁中有雇佣歧视指控的谈判单元的雇员感兴趣。更倾向于使用仲裁的雇主会极力向心存疑虑的雇员和工会代表推销仲裁的好处。雇主必须使雇员和工会代表相信，他们力主仲裁，不是因为他们更可能会赢，而是无论输赢，较之法院诉讼，仲裁成本更低，时间更短，破坏性更小。[82]

对强制性雇佣仲裁的批评。强制性雇佣仲裁的支持人士认为，与法院诉讼相比，强制性雇佣仲裁成本较低，相对轻松。除此之外，强制性雇佣仲裁的最终结果比法院诉讼更加可预测，而法院诉讼的判决可能与一般预料大相径庭。由于强制性雇佣仲裁是一个私下的过程，听证和仲裁裁决一般不会对外公布，因此雇主更喜欢仲裁。

研究人员已经发现，虽然大家一般认为，法律诉讼对惩罚雇主的不法行为最公平，但事实并不是这样，对雇员来讲法律诉讼并不是一个有益的方式。在雇佣歧视申诉中，原告律师只受理 5%的案件，只将受理案件的 3%送上法庭，这其中低级法院判决原告（即雇员）胜诉的 44%在联邦法院被推翻。换言之，强制性雇佣仲裁虽然对雇主有利，但是为雇员提供了一个更加可预料的申诉解决的替代方式。[83]

对于强制性雇佣仲裁，最具争议的一项是：虽然还没有产生纠纷，雇佣合同中就已经强制要求雇员和雇主以仲裁解决。换言之，求职者只有同意这一内容，才能被录取；而雇员只有同意这一内容，才能继续被雇用。这就没有了谈判的余地，求职者和雇员必须同意强制性雇佣仲裁，只能“要干就同意，不同意就走人”。[84]

国家仲裁员学会前会长沃尔特·格尔圣菲尔德（Walter Gershenfeld）指出了雇佣仲裁的几个缺点：（1）许多雇佣仲裁员都是其他案件的辩护律师，很难判断他们是否能真正保持中立，而仲裁员中立对仲裁公正、不偏不倚至关重要。在传统的劳动纠纷仲裁过程中，仲裁员必须保持中立。(2) 针对处罚和解雇纠纷，在雇佣仲裁中，雇员承担着举证的重负，而在传统的劳动纠纷仲裁中，雇主承担举证责任，换言之，雇主必须拿出证据证明雇员确实违反了公司规定。(3) 在传统的劳动纠纷仲裁中，申诉人基本上不会再进行上诉，除非能够证明仲裁结果违背了劳动合同、法律条文或者公共政策。雇佣仲裁的申诉人在进行仲裁的同时或者之后都可以向政府机构、仲裁机构或者法院提出申诉，这意味着申诉人必须“一口接一口没完没了地吃”。[85]

强制性雇佣仲裁程序已经引致大量批评。图表 11.9 显示了法院认为这些程序不公平的一些原因。2010 年，美国参议员拉斯·范戈尔德 (Russ Feingold) 引入《仲裁公平法案》(Arbitration Fairness Act，AFA)，这将使提前签署的争议仲裁协议无效或者无法执行（集体谈判合同除外）。国家仲裁员学会理事会随后采取《仲裁公平法案》内容的立场，该法案包含了劳动仲裁协议下的正当程序的保护。理事会的立场是，在任何法律效力下雇员要求仲裁的雇佣仲裁协定，只有证明了法律的目的是“充足的”才可以实施。

图表 11.9　　仲裁法定歧视指控中的程序公平指导原则

各方知情地并自愿地同意提交仲裁。

仲裁协议包含特定条款，有关于签署协议代表了同意仲裁所有法定就业歧视（包括为起说明目的的就业歧视法规的代表性列表）的充分通知。

前听证会咨询强调问题构想、提供证据、证人名单、显示证据，以及证据规则的应用。

法定诉讼程序包括员工有权自主选择代表，充分地显示与员工要求相关的所有信息，仲裁员应一方的特定请求传唤相关信息，以及一个合理及时的听证会。

公正的和胜任的仲裁员具有诚实与正直的个人品质，并且披露任何先前的可能代表一个潜在冲突的联系。

联合选择仲裁员允许每一方有足够多的关于潜在仲裁员的组织协会、传记资料、发布的案件判决、最近判决的副本等的信息，以避免在仲裁过程中“重复参与者”的优势。

书面意见和判决，包括要解决的问题，事实调查，法律结论，当事人提供的材料，以及其他信息，如由当事人引用的法院和行政机构的有关判决，用以证明仲裁员作出的判决、寻求的补救措施和决定的补救措施是合情合理的。

发布经胜诉方同意的判决是一种对未来类似的歧视行为的威慑。

仲裁费用的支付由双方分担，以确保公正，并且费用的发生依据员工的支付能力和充分展示案情的需要而变化。

资料来源：Roger Wolters and William H. Holley，Jr.，“Arbitration of Statutory Employment Discrimination Claims in a Nonunion Environment：A Guide to Procedural Fairness，” *Employee Responsibilities and Rights Journal*，12 (3) (2000)，pp. 174 - 175. With kind permission from Springer Science and Business Media.

在这种背景下充足性要求：

- 员工能够自主选择代表。
- 前听证会显示证据的权利。
- 听证会的时间和地点的合理安排。

充足性还要求仲裁员：

- 从中立者的组织中选择，除非有其他的提前的协议。

- 披露任何与雇主的联系或任何利益冲突。
- 有权决定任何等级声明的存在。
- 有权在适用的法律规定下授予任何救济。
- 提供一份书面判决，该判决陈列了事实，解决了任何重大事实争议，得出了和适用法庭同样标准时一样的法律结论。

法院对仲裁缺陷的观察。甚至连美国最高法院都已经认识到了强制性雇佣仲裁过程中存在的缺陷：

- 仲裁员缺乏分析复杂法令的专门技术。
- 法定诉讼程序在显示证据、审查证据、制定赔偿措施、编辑听证会的官方记录等方面存在局限性。
- 仲裁判决背后缺乏对推理过程的有效说明。

由于批评、法院判决、仲裁的法定诉讼程序，以及由纠纷解决替代方法特别小组（Task Force on Alternative Dispute Resolution）设计的调解声明（代表最具影响力的就业法律和仲裁组织）[86]，几个有关程序公平的指导原则出现了（见图表 11.9）。

一个巡回法院法官已经着手解决了一个在强制性雇佣仲裁程序下有争议的问题：仲裁费用的支付。首席法官哈里·爱德华兹（Harry T. Edwards），一个杰出的学者和前劳动仲裁员在他的一个判决里解决了这个问题。法官爱德华兹写道，司法系统是由政府通过公民支付的税收来支撑的。当事人不付钱给庭审他们的法官，但私人仲裁员不免费工作。法官爱德华兹要求用人单位支付仲裁员的费用，这样做基于这样一个事实：员工因为雇佣被迫放弃了追求他们的法定要求的权利。因此，法官爱德华兹认为，联邦法令的受益者（原告）就不会被要求在公正的法庭上付钱给法官，所以不应被要求付钱给仲裁员来决定他的要求的价值。[87]

重复参与者。在工会缺位的情况下，雇佣仲裁过程通常不利于雇员，尤其是那些没有代理律师的雇员。当雇主是仲裁过程的重复参与者时，那么相对于一生当中最多一两次卷入仲裁程序当中的雇员来说，雇主就存在着明显的优势。首先，如果雇主挑选仲裁员并且给仲裁员支付工作报酬，仲裁员就会感觉到压力，作出有利于雇主的判决，以便在以后的仲裁案件中被选中。因此，在实践中，雇主和仲裁员都是“重复参与者”。其次，在挑选仲裁员时，即使雇员和雇主双方都参与到挑选过程当中，没有代理律师的雇员由于掌握的信息很少而不能挑选出最合适的仲裁员。即使雇员拥有代理律师，该代理律师也可能没有途径掌握关于仲裁员的有用信息。与此对比的是，几乎所有的国际工会以及美国劳工联合会—产业工会联合会都拥有研究人员，而这些研究人员掌握着关于仲裁员的准确信息。这些信息对挑选仲裁员非常有用。最后，作为“重复参与者”的雇主拥有一定的战略优势，因为他们具备一种制度性的存储。雇主可以保存历史仲裁案件以及仲裁员的记录；没有代理律师的雇员没有可与之相比的资料来源。因为工会通过集体谈判合同与雇主保持着持久的联系，所以工会也获得了一种制度性的存储，并且在仲裁过程中也成为一位“重复参与者”。[88]

强制性雇佣仲裁的支持者报告了两份学术研究，以回应代表权不充分和重复参与者这两种批判。对 35 个州的 200 项仲裁决定的研究表明，雇佣仲裁的费用低廉，甚至低收入雇员也付得起，并且仲裁规则在半数的案例中有利于雇员。这项研究反驳了一项对321名原告律师的早期研究，表明原告将不被认定为遭受了雇佣歧视，除非出现了60 000美元或更多的可证明的损失。对一个低收入雇员来说，60 000美元的损失标准可能很难达到。研究者发现32%的低收入雇员没有为仲裁支付任何费用，29%只支付了律师费（200个案例，平均每个案例的花费为6 776美元），13%支付了立案费和听证费的一部分以及仲裁费（平均每例2 292美元），并且26%支付了所有的律师费用和所有的立案费、听证费和仲裁费。一个原告律师如果以35%（平均）的胜诉费和实付费用接了一个案子，其实可能什么都拿不到。因此，一般的结论是并不排斥低收入雇员。

在对导致“重复仲裁效应”的“重复参与者效应”的回应中，强制性雇佣仲裁的支持者认为重复参与者效应理论是基于重复参与者（雇主）在多种仲裁案例中选择相同仲裁员的假设上的，并且与仲裁员形成一定关系，会导致仲裁员偏向重复参与者（雇主）。该研究不支持该理论。在200个研究案例中，只有2例涉及同一仲裁员和雇主的二次会面。在雇员一方，由于更多的原告律师接受雇佣仲裁任务，以及随着雇佣仲裁案例的增加，申诉人的律师可能成为重复参与者。[89]

未来公共政策暗示

雇佣仲裁员、劳动仲裁员和解雇案例中的陪审员所做决定的对比。在对225个雇佣仲裁员、200个劳动仲裁员和112个来自州地方法院的陪审员的研究中，仲裁员和前任陪审员被要求参与一个相对开放的决策模拟，该模拟包括32个不同的案例场景，其中一个雇员对解雇提出质疑。图表11.10展示了雇佣仲裁员、劳动仲裁员和陪审员之间的明显的区别。雇佣仲裁员一般有管理背景，通常仅被雇主选择，很少为雇员所用。雇员有举证责任，这意味着雇员必须证明公司制定的公司规则和政策被违反。此外，雇佣仲裁员不太可能考虑长期为公司服务、良好的工作记录等以缓和压力。因为雇主付钱给仲裁员，且由雇主选择，一些雇佣仲裁的批评者认为雇佣仲裁员有利于雇主。

图表11.10　　雇佣仲裁、劳动仲裁和解雇案例中的陪审员制度之间的区别

	雇佣仲裁	劳动仲裁	陪审员制度
举证责任	雇员	雇主	雇员
可接受性	雇主选择	工会和雇主	无
专业背景	有管理背景	中立	公共服务
考虑减轻处罚	不考虑	考虑	考虑
判决	雇员不太可能得到一个不错的判决	当由工会代表时，雇员更可能得到一个不错的结果	和雇佣仲裁比起来，更可能得到一个不错的结果
谁付钱给仲裁员	通常是雇主	通常是工会和雇主分担	纳税人，仅有少量对陪审员时间和花费的补偿

资料来源：Brian S. Klass, Douglas Mahony, and Hoyt N. Wheeler, “Decision－making about Workplace Disputes: A Policy Capturing Study of Employment Arbitrators, Labor Arbitrators and Jurors,” *Industrial Relations*, 45 (12) (2006), pp. 68－95.

对比之下，劳动仲裁中的举证责任属于雇主，因为法律规定，在被证明有罪前，该人无罪。由于劳动仲裁员由双方选择和支付，其有着良好的中立性。此外，劳动仲裁员可能会发现雇员的罪过，但长时间的良好工作记录可以减轻处罚。由于举证责任在雇主身上，劳动仲裁员会考虑减轻处罚，雇员很可能可以获得不错的仲裁结果。

陪审员制度介于两者之间。在陪审员制度中，雇员有义务证明雇主违反了雇主的规则或条款。但是，一些陪审员会考虑减轻处罚，因此，雇员更可能获得比雇佣仲裁更好的结果。由于陪审员的工作是一项公共服务，陪审员不考虑报酬，仅收取少量费用用于对其时间和花费的补偿。[90]

本章小结

在1865年到第二次世界大战期间，很少使用仲裁程序；然而，在第二次世界大战期间，美国战时劳动委员会鼓励通过仲裁程序解决争议。虽然第二次世界大战以后对仲裁的依赖继续加强，但是执行仲裁员的判决仍旧是一个很大的问题。仲裁双方的任何一方都可以拒绝遵守仲裁员的判决，而从法院得到的结果是完全不能确定的。这一问题首先在林肯制造厂判决中得到解决。林肯制造厂判决给仲裁判决的执行提供了一个司法途径，而钢铁工人三部曲确立了解决产业申诉时仲裁程序高于法院判决的规定。后来的最高法院判决指出劳动合同的终止并不能够排斥仲裁的可能性，并且当某一方拒绝根据劳动合同确立的申诉程序进行仲裁的时候，司法诉讼可以得到允许。

在仲裁听证会之前，必须依一定的原则挑选仲裁员。依据特定的情况，每一种挑选仲裁员的方法都有独特的优点。同样地，前听证会、后听证会的简短摘要也都有自己独特的优点。仲裁听证会的其他因素包括申诉事项，出示供陈述和交叉盘问的证据，以及出示单方和双方的理由列表。

听证会的情景很有戏剧性；工会与管理方官员展示各自的技能，试图使仲裁员相信他们的立场是正确的。仲裁听证会与法院审判有很多的相似之处，但是在几个方面有所不同。也许最大的不同点是仲裁员对工厂习惯法的依赖。

仲裁员高度重视劳动合同中的相关规定、仲裁双方的意图以及以往惯例，并且在形成仲裁判决的时候在一定程度上参考以前的仲裁判决。因为仲裁程序与法院使用的司法程序在有些方面有所不同，所以，仲裁员对合同规定的解释与联邦政策的司法解释也可能会不同，这样就会产生关于管辖权的争议。例如，由仲裁员判决的一个解雇案件可以随后被纳入均等就业机会委员会或国家劳动关系委员会的考虑范围之内。

针对仲裁的一些批评集中在仲裁员的能力和职业道德，以及仲裁过程中潜在的程序问题上。一些特定的仲裁问题，例如费用、时间耽搁以及过多的形式主义，可以归结为工会和管理方的偏好问题，而不是任何仲裁程序的问题。通过使用加速仲裁程序、新的仲裁员以及申诉调解，管理方和工会官员可以减少这些问题中的一部分。

本章对雇佣仲裁进行了讨论，而它主要用于非工会代表的职工。随着美国最高法院的有利裁决，越来越多的雇主已经为新员工以及目前的员工实施了强制性雇佣仲裁。作为就业的条件，这种类型的仲裁要求员工签署一个要求将来所有的就业纠纷必须付诸仲裁解决的协议。我们介绍了强制性雇佣仲裁的支持者和反对者的观点，也提出了试图纠正这些不足之处如指导程序公平的意见。对强制性雇佣仲裁未来预期的问题也进行了讨论，并提供了雇佣仲裁员、劳动仲裁员和陪审员判决的对比。

关键术语

国家战时劳动委员会
常任仲裁员
誓言证据规则
雇佣仲裁
钢铁工人三部曲
仲裁听证会
当事人意图
特别仲裁员
工厂习惯法
以往惯例

讨论题

1. 第二次世界大战以及美国国家战时劳动委员会是如何明显地拓宽仲裁的使用范围的?

2. “与前些年相比，钢铁工人三部曲大大提高了仲裁员的权威，然而它没有赋予仲裁员对某些特定事项的最终决定权限。”从这些司法判决的具体特征出发，彻底讨论这一观点；从政府机构的角度出发，考虑目前仲裁员面对的有关权限的事项。

3. 讨论仲裁听证会与司法听证会的相同点和不同点，重点考察工厂习惯法、证据的承认，以及仲裁员和法官各自的角色。

4. 当用一句话就能够指出谁对谁错的时候，为什么仲裁判决通常显得很冗长? 你对这个问题的讨论应当包括仲裁的目的，以及内容广泛的仲裁判决的优点和缺点。

5. 讨论仲裁员制定决策的两个标准，提供这些标准在实践中如何运用的具体范例(不是书本上已经提及过的)。

6. 写出三个能够让典型的仲裁程序更加有效的具体方法，并且说明它们为什么能够有效。同时指出你提出的方法的优点及缺点。

7. 讨论下列观点：“拒绝在仲裁之前使用申诉调解的做法说明了许多工会及管理方官员的顽固。”

8. 复习图表 11.10，你更愿意处于一个劳动仲裁还是雇佣仲裁的环境中? 为什么?

9. 你认为工会应该将劳动仲裁的优势作为工会招募新成员的宣传策略吗? 请给出理由。

案例 11.1　退出合同的权利

◆背景

仲裁源于以下问题：公司单方面违反合约，减少清洁工数量。在对铸造厂清洁工工作进行评估后，公司在工作评估会议上通知工会减少职位数量。这种行为直接违反了合约，并且不符合公司和工会在子合约上的约定。调整要基于所有的雇员进行。

威廉·伊克德（William Ikerd）是公司人力资源总监，代表公司承诺：

公司重新评估了铸造厂清洁工工作，并将等级由 L-1 调整至 1。我们为此每小时要多付 0.8 美元，有效时间始于 2006 年 6 月 26 日。

在 1989 年，公司调整了等级 L-1 的清洁工比例，通过划分 10 个等级（而不是 8 个等级）来扩大支付规模。我们符合等级 1 清洁工工作的雇员工资范围的底线。自 1989 年 9 月 18 日以来，我们同意将未来的清洁工划分为 L-1 级，并同意对该等级清洁工每小时少付 0.8 美元。

17 年来，等级 L-1 的清洁工的工资率是足够高的。但是在今年 6 月份，工会要求对所有等级 L-1 的清洁工进行再评估。

2006 年 6 月 21 日早上，正如所评估的那样，我已声明，我们公司清洁工的工资是劳动市场上最高的。我们进行了一次工资调查。我们没有评估那天的工作。我们一直等到罗伊能出席的那天。我表达了对工资率升高的担忧。将等级 L-1 清洁工升至等级 1 意味着对 7 名雇员每小时多付 0.8 美元。2 名清洁工继续被划为等级 1。17 年后，工会成功移除了等级 L-1，这一等级是 1989 年确定的支付最低工资的等级。公司无权再雇用任何等级 L-1 的铸造厂清洁工。一个新被雇用的清洁工工资每小时由 10.5 美元上涨到 13.98 美元，每小时增加 0.4 美元直到 2006 年 9 月 18 日。

在这次评估会议后，吉姆和我讨论清洁服务的新增成本。我们决定考虑退出清洁服务合同。

我联系了工会主席，他告诉我等待一下，由他来和清洁工谈判。他和清洁工谈完后，告诉我清洁工想要钱。我们的采购部和清洁服务商有合约。在 2006 年 7 月 10 日，一名高级清洁工告诉我他们要保留等级 L-1 并且不接受工资的增加。我告诉他车间主任在休假，但是我让采购经理递给这个高级清洁工一张纸，要求其他的清洁工签字承诺仍保留在等级 L-1 上。在 2006 年 7 月 12 日，采购经理收回了这张纸。除了一个人，所有的清洁工均已签字。在 2006 年 7 月 18 日，当工会主席休假归来后，他要求我遵守评估。公司打印了工资单授权书，并支付清洁工从 2006 年 6 月 26 日至工资单日每小时 0.8 美元的款项。

在 2006 年 8 月 11 日，我们和清洁服务商签约，由该服务商为车间提供清洁服务。

我在 2006 年 8 月 14 日通知工会主席，我们将退出清洁服务的合约。在 2006 年 8 月 15 日，拉里和我讨论了这件事，我解释了发生的每一件事。在 2006 年 8 月 22 日，兰迪和我会见工会正副主席并讨论了这件事。

自 1994 年 1 月起，公司签订了前厅、自助餐厅和洗手间的清洁服务。

公司将会节省大量资金。雇员将可以有更多的时间投入处理订单、保持有效运作和运送优质产品等。

合同第 4.1.2 节记载了以下信息：为了节约成本及将更多时间和精力放在车间运营上，公司可与外部承包商或分包商合作生产、服务、维护或分配，因此公司决定将清洁服务自 2006 年 9 月 2 日起外包出去。

这些申诉已被提交。伊克德先生提供了公司的四步回应。除了公司此前的回复，他写道：

维修工人过去在室外工作。我们已经取消这种工作许多年了。公司已经退出了自 1994 年 1 月起的前厅、自助餐厅和洗手间的清洁工作合同。

公司将会节省大量资金。雇员将可以有更多的时间投入处理订单、保持有效运作和运送优质产品等。

公司已经遵守了铸造厂清洁工作的评估上的改变，并从等级 L-1 升至等级 1。我们自生效之日起，已经支付了额外的每小时 0.8 美元工资。

所有能从事该工作的清洁工，均在更高的工资水平下返回工作。

工会和公司认识到，这项业务的成功至关重要。将清洁工工资增至 13.89 美元（生效于 2006 年 6 月 26 日）以及提升至 14.38 美元（生效于 2006 年 9 月 18 日），将会不利于公司。

该申诉被驳回。

拉里是国际工会的代表，提出了如下申诉：

在第 2.1.1 节，公司将工会视作关于支付比率、工资、工作时间和本协议涵盖的其他雇佣事项的唯一和独家谈判代表。

对公司来说，减少合约的清洁工数量是一种违约行为。在 2004 年，公司和当地工会进行了协商。在协商期间，提出了分包问题。公司称有必要取消一些维护工作，因为我们没有时间或人力完成所有要做的工作。罗伯特，当时是车间经理，在协议中声明，公司将不会减少任何工作岗位。那是一项很有力的声明，因此当地工会决定信任公司。不到 2 年后，公司违反合同进行了减员。

如果工会可以证明工作存在足够的改变，公司将同意重新评估工作。当工会进入公司评估时，公司没有说明工作的变化不足以进行再评估。在这次评估后，公司告知工会要裁员。工会认为，正如第 29 条所述，评估结果对工会和公司都有约束力。如果公司可以仅因不喜欢评级而减员，那么公司明显违反了合同。公司怎能期望工会因害怕报复而评估其他的工作？如果公司不服这个结果，下一步就应该是废除这项工作。

工会已经提供了一项解决方案，即去掉一些引起再评估的职能并重新进行评估。公司拒绝这么做。

正如工会在协商期间所做的，公司有权提出建议。如果公司希望从评估过程中排除等级 L-1，它应该预先作出提议。在合约期间排除等级 L-1 ，就像从后门偷偷溜进来而没被发现。对公司来说，因工作评估而减少工作岗位明显违背了合同规定。

因此，公司使我不得不诉诸仲裁。

问题

当公司退出清洁合同时，有没有违约？如果是，如何补救？

◈协议相关条款

第 2 条：识别

2.1.1 公司将工会视作关于支付比率、工资、工作时间和本协议涵盖的雇佣事项的唯一和独家谈判代表。

2.1.2 本协议中的“雇员”包括：所有被雇主雇用的生产型和技能型员工，即所有车间雇员，但不包括“法案”中定义的所有办公室雇员、机要人员、专业人员、技术人员、检查员、管理人员、保卫人员和监管者。

第 4 条：管理功能

4.1.2 不失一般性，并服从本协议中的其他条款，在此“管理权”包括：管理车间的权利；指导生产的权利，包括雇用、提升和调动任何雇员……介绍新的、改进的或不同的生产、维护、服务，或者分配方法或分配机构；与外部承包商或分包商合作生产、服务、维护或分配；必要监管数量的确定；终止、合并和出售业务或其中的任一部分的权利。

第 6 条：申诉和仲裁

6.4.3 仲裁效力被限定如下：

（1）不能添加、删除、更改协议中的任何条款。

（2）在公司被协议授予自由裁量权后，不得以其自由裁量权替换公司的自由裁量权，除非当涉及“正当理由”解雇而工会在寻求减轻处罚。

第 19 条：新部门

19.1.1 每当公司建立一个新的部门或工作，由此而产生的新工作应当由公司评估。这些说明和评估应当呈献给工会，并和工会代表进行讨论。根据这些讨论，这些说明和评估将被实施。如果工会认为存在任何对工作的不正确评估，评估委员会将召集讨论评估过程中的任何错误。这一分歧将由评估委员会通过达成共有协议或再评估解决。如果在支付中有变化，将在委员会进行评估后的第一周的第一天生效。

19.1.2 新产生的工作要满足第 19 条关于职位投标的要求。

第 25 条：工资

25.3.1 工作说明。工作说明主要针对车间中现存的工作，新产生的工作说明针对新产生的工作和本质上发生了改变的工作。工作说明仅可被用于辅助正确的工作评估的目的，对公司按照需要在分配员工任务、职责方面的权限没有影响。

第 29 条：工作评估委员会

29.1.1 以公平一致的程序评估车间工作来增进车间内的效率和和谐是工会与公司共同的愿望。评估委员会将由 3 个来自工会和 3 个来自公司的投票代表组成。

29.1.2 当当前工会会员需要变动时，工会将递交给公司一个包括两个雇员的名单，供其选择其中一个作为工会委员会的成员。同一部门不能产生两个代表。目标是双方合理解决评估冲突。

29.1.3 任何新工作评估的代表均应由委员会按照工作评估原则进行培训。全职工作评估代表的工资由公司支付。

29.1.4 评估委员会关于工作评估的决定对公司和工会双方均有约束力，因为当地的分支对工作和工作职责有着更清楚的了解。

29.1.5 当一项工作评估会议被纳入日程，工会将选择一名该工作岗位的雇员向委员会进行工作职责的陈述。

各方的立场

工会

工会陈述其在2006年6月参与公司对铸造厂的清洁工作进行的再评估。该部门雇用了7名等级L-1的劳动者。工会曾提供给公司当前工作职责的组成以及近年来增加的职责清单。这一流程是车间中任一工作评估的必要流程。公司从未告知工会铸造厂的清洁工作不应被评估。在2006年6月21日，公司和工会评估委员会召集并评估了铸造厂的清洁工作。当天，公司和工会曾尝试评估该工作；但委员会成员罗伊的缺席拖延了评估工作，直到所有人到齐。在会议期间，公司通知工会其不愿意进行清洁工作评估，因为它所进行的一项工资调查表明，它向铸造厂清洁工支付的是该地区内最高的工资。

第二天，评估委员会评估了该项工作。此工作评估方法有11个不同难度的分类，每个难度有一定的分值。对每一个分类，6名投票成员讨论了每个分类与待评估工作的关系。讨论后，每个成员赋予了每个分类最优的分值。加总平均后即为每个分类的分值。

当时在如何赋分方面没有异议。当时一名公司代表说"这些工作都过时了"。公司当时本可以做一些合理的辩解，与委员会讨论仍把工作保留在等级L-1上。吉姆证明，在其他的评估中，如果公司认为分值不符合该工作，公司可以要求委员会重新讨论，来确认是否有必要调整。在本案中，公司官员本可以要求降低分值，或增加先前工作的分值。但是公司没有请求降低分值，因此公司的行为证明评估是公平的。

在公司宣布减员后，工会要求公司参照第19条第19.1.1节来决定是否再次进行评估。公司没有尝试。相反，公司退出了清洁合同。

工会声明曾多次努力在谈判单元保留清洁工作。公司的回应说太迟了，因为公司已经和外部清洁服务商签署了合同。后来证明并不存在这一事实。公司曾和清洁服务商有口头协议，但没有合同。再者，该服务的协议是以月为基础进行的。

公司声明从评估单元去除该工作的唯一原因是成本。如果成本是唯一原因，工会则问：为什么公司直到再评估之后才开始减员？公司声明它这样做是因为可以通过更少的成本获得服务。工会宣称清洁服务商的清洁工和评估单位的清洁工职责并不一样。只有几个职责相同。其中包括灭火器的每周检查工作，垃圾压缩机的操作，叉车通道的镜面清洁，装配工段的清洁。清洁服务商的雇员并没有完全进行这些工作。这种工作减少了雇员的核心职责，对公司来说意味着利润更少和产量更少。如果公司外包了所有由谈判单元清洁工进行的工作合约，工会会问：公司声明的以更少成本做更多工作的解释如何行得通呢?

工会认为，公司用此合同作为阻止工资增加的挡板。工会认为，在合同协商期间，如果公司没有阻止清洁工作的再评估，这将不是工会的错误。

工会宣称：

> 一些人可能认为，这只是清洁工作，并不是技术性很强的工作。在美国，好工作是不会轻易获得的。工会一直知道，清洁工作可能在协议期限内被取消，但是工会要求的是清洁工获得一个合理的工资水平。谁会是下一个遭遇这种情况的部门，

运输部门、维护部门还是模具部门？这些特定部门的工资水平和清洁工不同，然而，以上提到的部门和清洁工作都是当前劳动协议内容的一部分。如果公司想要退出合约，就必须在谈判桌上谈判。至少给工会保留工作的机会。

工会宣称公司不愿意遵守第 19 条和第 29 条。公司引导工会进行评估是在为工作减员提供资料方面的准备。公司在没有抱怨的情况下允许评估的进行，并全程没有异议。然后公司擅自组织裁员，并宣称裁员属于管理权。工会要问：为什么公司说太晚了？它与清洁服务商并未签订合同。工会认为做正确的事从来都不会晚。在协议的第 2 条中，工会保留在合同中作为所有工作的唯一和独家谈判代表的权利，而不仅是那些公司选择让工会代表的工作。

工会总结说：

工会已经表明该公司违反当前劳动协议。因此，工会将恭敬地请求仲裁员维持申诉和命令公司将铸造厂清洁工的工作返回到谈判单元，使所有因取消铸造厂清洁工工作而受到影响的员工恢复工作。

公司

公司表示，包含在当前的劳资谈判合同中的“非常广泛的管理权条款”在 1977 年 1 月 29 日的公司和工会的第一个协议中被逐字提出。公司和工会代表都承认，在过去的 30 年里工会在很多合同谈判场合提出过改变或限制这种广泛的条款，但并没有改变。在 2004 年的合同谈判中，公司就这一点对工会多年的提议的回应是这一条款对公司的神圣程度和重要性就像资历对工会的神圣程度和重要性一样。

公司表示自 1980 年以来为了使工作适合工资等级表，对工作进行了评估。当时，该公司有 8 个职位分类。工作岗位按照公司的工作评估方法进行评估。评估是由公司代表执行的。工厂的最低等级的工作是清洁工，最高等级工作是维护或模具钳工。清洁工的工作是 1 级；维护和模具钳工是 8 级；工厂的其他工作通过除以清洁工的工作等级和模具钳工的工作等级之间的得失分差来分类从而实现均匀的分配。

在 1989 年，公司在该地区进行了各类工作的工资调查，发现为清洁工支付的工资远高于平均水平。同时，公司发现其为高度熟练工人支付的工资低于该地区的平均值。在 1989 年为了纠正这种情况，工会和公司都同意设立 10 个工作等级。清洁工作由等级 1 改到等级 L-1，高度熟练的工作被提升到等级 9。各方同意工厂的清洁工在改革时将是工资范围的底线，并将视作 1 级工作继续支付工资。

多年来管理权条款是公司决定外包由谈判单元员工从前执行的某些工作的基础。1994 年，公司转包了前厅的清洁工作。工会对这一决定提出申诉，但是在仲裁之前撤销了申诉。

人力资源总监伊克德先生表示，多年来，公司外包了草坪和绿化工作，一些加工工作，特定的维护和安装工作。所有这些决定都没受到工会的质询。所有人都同意管理权条款从未被废除或限制，无论涉及外包还是其他方面。公司的每个外包决定要么没有受到工会质询，要么质询尚未成功。

在 2000 年，双方成立了联合工作评估委员会，其中包括工会和公司的代表。今天这个委员会仍在运行。然而，该委员会受它可能会考虑的工作所限制。当工厂增加了新的就业机会时（第 19 条）和当现有的工作“发生重大变化”时（第 25 条），它才开展评估工作。

多年来许多工作已经被评估。一些工作的等级下降了，而其他的上升了。直到这种情况：在评估改变了它的等级之后没有工作被外包。

2006 年夏天，公司表示，工会要求重新评估铸造厂清洁工的工作。公司的最初反应是评估是不合适的，因为没有发生合同里要求的新的职责和工作的本质改变。然而，工会坚持重新评估并在 2006 年 6 月 21 日和 22 日进行了重新评估。

伊克德先生通知评估委员会，公司不希望上调铸造厂清洁工的工资，认为不合乎情理。伊克德先生表示，如果这种情况发生，公司可能会采取其他措施。当评估完成后，没有出乎意料，清洁工的工作等级被重新分类，从 L-1 级调到 1 级，并且工资增加了。

公司认为这一评估结果导致了清洁工工资与主流劳动力市场清洁工平均工资水平的严重偏离。公司还认为工会利用评估体系绕过其建立了 L-1 分类的先前的协议。在给了工会几个撤回要求的机会后，公司执行了评估委员会的决定，但是，此后不久，便外包了铸造厂清洁工的工作。

伊克德先生提供了在做这个决定时的成本信息。这个信息显示，由于这一变革，公司每年节约了超过 370 000 美元的成本。

公司声称，没有工厂的清洁工因这个决定而遭受经济上的困难。有 2 个人因与这个决定无关的原因辞职。其他 5 个人都仍然以更高的小时薪资率被雇用。没有人失去任何工资。

公司表示，这个决定存在的问题是公司在外包铸造厂清洁工工作时是否违反了劳资谈判合同。合同中明确说明了允许公司采取哪些行动。工会试图规避自己所签署的协议，这直接导致了它现在抱怨的行动。

公司声明：

> 劳资谈判合同中的管理权规定明确指出，公司有权安排“与外部承包商或分包商合作生产、服务、维护或分配”。这一规定存在于每一个公司和工会之间的劳资谈判合同中，虽经工会数次试图通过谈判修改但仍存在。由工会提供的谈判记录说明管理权条款对公司来说是“神圣的”。伊克德先生作证说，公司将采取罢工来反对取消这一条款。在条款上采取如此强势的用语没有任何意义，除非公司打算利用它，至少偶尔。只有在这一领域，公司可能没有违反合同。

公司争论，工会似乎声称，公司的行为是“不公平的”，是为了报复工会合法使用工作评估过程。工会似乎声称因为这些行为将来它将不愿使用评估过程，但这些立场都是没有道理的。首先，工会使用的这些职位的工作评价过程很难被定性为“诚信”。1989 年，为了拓宽公司的范围新增了两个新工作分类。根据协议，为了保护那些目前在清洁工作岗位工作的人，清洁工被放置在一个较低的 L-1 分类。当时，每个人都知道这么做是因为清洁工的工资率不符合劳动力市场的规范。

公司认为，工会似乎争论说公司应该讨价还价，在作出合同外包的决定以后改变决定。这个争论来得太晚了。在评估过程中，伊克德先生坦率地告诉工会，公司认为评估不当，如果工会坚持，公司会考虑其他的选择，包括外包。由于未受到阻碍，工会继续评估进程，这不可避免地导致清洁工的工作被升级到级别 1。之后，公司推迟实施决定以给工会一个重新考虑的机会。尽管有机会，尽管事实上除了一个清洁工外其他清洁工都签署了一份表示他们不希望等级被提升的表格，事实上是完全满足于现状，工会仍然坚持改变。尽管有这些警告信号，工会从未考虑过或作出任何形式的妥协。当工作被外包后，工会则开始大声抱怨公司拒绝谈判、讨价还价或妥协。事实上，公司的决定是由工会的行为造成的。

公司表示，它选择外包这项工作是因为外包能带来巨大的成本节约。当然，这几乎总是决定外包的原因，显然节约成本是一开始时在劳动协议中包含管理权的原因。伊克德先生直到工会推动评估才进行成本比较。如果工会没有不当地提出这个问题，事情仍有可能如 2006 年的春天一样。然而，一旦工会打开了潘多拉的盒子重新评估了清洁工的工作，公司考虑其选项，就会发现惊喜：节约的成本是非常巨大的。这主要说明的是清洁工的工资率从市场的角度来看明显过高。比较显示，公司每年通过外包可节省 370 000 美元成本。这些节约的成本为公司的决策提供了充足的理由，根据劳动协议在任何情况下这是留给它的唯一的自由裁量权。

公司指出，没有人因这一行动受到伤害；之前的清洁工仍在工作，并且实质上挣了更多的钱。有些人可能喜欢原来的工作岗位。究其主要原因，可能是因为他们原来的工作非常简单，所以就不会介意工资较低的问题。在任何情况下，没有任何一个工会会员在经济问题上受到伤害，因此这也就很难展示报复的动机。

◆思考题

1. 哪一方应负举证责任？为什么？

2. 就公司而言，这种情况可以归结为诚信问题或合同解释问题吗？请解释你的答案。

3. 为公司开发一些通用准则来保留解除与谈判单元合同的权利。

4. 当一个公司外包之前由谈判单元雇员从事的工作时，该公司是否违反了劳资协议的识别条款？

5. 如果你是仲裁员，你将如何裁定？为什么？

案例 11.2 公司不支付节假日工资给员工是否违反了协议的有关规定

◆背景

在 2005 年 9 月，由于 2005 年 10 月 31 日劳资协议到期，所以双方对此进行了进一步的协商。工会提出将阵亡将士纪念日和马丁·路德·金纪念日定为非工作假期。公司反对前者的观点，建议把华盛顿诞辰换成阵亡将士纪念日。2005 年 10 月 25 日，双方同意按合约方式订立一个临时协议，其中：

双方当事人均同意：

(1) 现有的劳资协议有效期至 2005 年 10 月 30 日晚 12 点整。

（2）双方一致在诚信的基础上进行谈判，达成新协议。

（3）在现有协议持续不间断并不受威胁干扰的情况下，双方希望尽可能为谈判单元的选民提供一切机会来给出谈判建议。

（4）除非是在双方已作出各种努力来制定新协议但仍未成功的情况下，否则双方不希望在当前协议已期满之时还未达成任何新协议。

因此，双方同意：

（1）除非有新协议取代当前协议，或双方均同意以书面方式当面终止协议，否则直至2005年11月15日晚12点整，当前协议在此期间仍充分发挥其应有的效力。

（2）在2005年11月15日之后，任何一方可以以向另一方发出书面通知的形式终止当前协议的延期，但该协议通知必须至少要提前7天以上发出。

（3）在2005年10月30日至当前协议延期日之间，双方同意在此期间的工资条款或福利变化。

2005年11月10日，准备了谈判建议状态以及一些相关报告。关于假期问题，工会的建议是："将阵亡将士纪念日和马丁·路德·金纪念日定为非工作假期"。公司的建议是："把华盛顿诞辰换成阵亡将士纪念日"。

2006年1月20日，公司发布了其最终提案。第6条，假期，第12段中包括：

> 第6条——假期
> 第12段
> 把华盛顿诞辰换成阵亡将士纪念日作为带薪假期。

2006年2月14日，人力资源经理吉姆·福尔汉姆发布了以下通知：

> 一旦生效，公司就会将华盛顿诞辰假期调换成阵亡将士纪念日假期，按照与工会订立的合同的相关规定，向员工支付假日薪资。
>
> 这就意味着从今年开始（实际上是从下周开始），华盛顿诞辰将不再作为公司的带薪假期。而阵亡将士纪念日，2006年5月29日星期一那天，则可作为公司承认的假期，公司将向员工支付该假期的假日薪资。

2006年2月15日，马蒂·斯托克斯先生作为公司的代理人向工会的职工代表吉姆·麦克布赖德先生发了一封邮件，其中说道：

> 假期
> 阵亡将士纪念日将取代当前的华盛顿诞辰成为一个带薪假期。

2006年2月23日，斯托克斯先生向麦克布赖德先生发了第二封邮件，其中说道：

> 这封邮件的目的是确认我们所讨论的内容：
>
> （1）假设到这个周末为止能够得到批准，就需要对符合条件的员工每人支付150美元的补发工资，最迟不晚于2006年3月10日。
>
> （2）如果将补发工资和普通工资放在一起发放，那么补发的150美元应以单独的支票或单独的、定期支票的方式进行支付，这样可以避免额外的税收。
>
> （3）"出勤工资"最迟不晚于2006年3月10日发放。这些金额将放在一张标有额外数额的定期支票上，或以单独的支票进行发放，发放额应为100%（而不是

80%，无扣除），但一些正常的扣除也将被包括在内。

（4）关于最终薪资的相关条款和条件在2006年2月14日的备忘录中有明确阐释。

2006年2月24日，斯托克斯先生向麦克布赖德先生发了一封电子邮件，其中包含了劳资协议的最终提案。其中规定：

假期

阵亡将士纪念日将取代当前的华盛顿诞辰成为一个带薪假期。

公司在华盛顿诞辰当天将不再向员工支付薪资，在2006年3月6日，吉姆·麦克布赖德就表达了他的申诉。

申诉声明：

公司在华盛顿诞辰当天安排谈判单元员工工作，但却未向他们支付正常的假日工资。

条款的有关章节涉嫌违反合同的有关规定，但不限于：

第6条——假期，扩展协议第12段和第14段。

预期解决办法：

谈判单元的全体员工在假期工作4小时应被支付8小时的工资，而未在假期工作的员工则按正常方式支付薪资。

公司人力资源经理——吉姆·福尔汉姆对此进行了回复，他写道：

申诉处理：

华盛顿诞辰薪资的支付办法是按照已批准协议的有关规定执行的。

申诉被提请仲裁。

◈问题

员工在2006年华盛顿诞辰当天是否有权享有假日工资？如果享有，该如何进行纠正呢？

协议的有关规定

第6条，12b款：假期

公认假期——人们普遍承认的假期有元旦、阵亡将士纪念日、独立日、劳动节、感恩节、圣诞节、马丁·路德·金纪念日以及员工生日，除圣诞节和感恩节外，公司保留在以上假期进行工作安排的权利。（当上述假期恰好为周六，那么可以在周五提前庆祝。如果假期恰好为周日，那么可以延后一天在周一庆祝。）

第22条：协议的有效日期

资证明，双方已签署该协议，并于2005年11月1日生效执行。

◈双方立场

工会

工会表示，在最近的合同谈判期间，公司提出了取消华盛顿诞辰的带薪假期，以阵亡将士纪念日取而代之。工会建议将这两天都定为带薪假期。在先前协议截止日期2005年10月31日之前，双方未能订立任何新协议。2005年10月25日，双方签订了一份临时协议，延长了先前的协议，并规定如果一方想要终止协议，需提前7天发出书面通知。临时协议阐明双方同意在2005年10月31日至当前协议延长日期间遵守任何工资或福利变化的有关条款。

2006年1月，公司提出可将阵亡将士纪念日作为带薪假期，但不接受华盛顿诞辰为带薪假期这一说法。2006年1月15日，工会会员投票并拒绝了这一提案。问题之一就是员工会失去华盛顿诞辰这一天的带薪假期。在经过多方谈判之后，工会决定在2006年2月19日对公司的最终提案进行新一轮投票。因为按公司的日程安排，投票当天为工作日，所以工会批准将日期改为2006年2月26日即周日。在那一天，工会会员会决定是否批准该提案。

2006年2月14日，公司发布了一则通知，其中说到公司与工会已就调换带薪假期一事达成协议。通知指出，“从今年开始（实际上是从下周开始），华盛顿诞辰将不再作为公司的带薪假期”。当通知一发布，工会代表吉姆·麦克布赖德就知会了人力资源经理吉姆·福尔汉姆，告诉他应取消该通知，因为工会并未批准该协议。出于这一原因，福尔汉姆取消了该则通知。

公司并未将华盛顿诞辰视为带薪假期。因此员工于2006年3月6日提出申诉。此后，公司将阵亡将士纪念日定为了带薪假期。

工会表示，在先前协议期满之后，公司签署的关于工资与福利问题的临时协议将会被追溯到先前协议的截止日期，假期问题也会被相应地替换。阵亡将士纪念日当天员工有权索要假期薪资，但华盛顿诞辰当天则被取消假日薪资。然而，这样做是不合理的，事实也并非如此，所以应该被拒绝。

工会认为，公司的立场强调了临时协议的错误条款。双方协议的第一个列举问题是先前协议在期满之后仍然有效。协议为终止延期提供了三种方法：（1）以新协议进行替换；（2）以书面方式终止协议；（3）由一方在7天之前发出书面通知，以此来终止协议。2006年2月22日华盛顿诞辰当天，以上情况都没有发生。先前协议仍然有效，而先前协议中将华盛顿诞辰作为带薪假期这一说法也没有引起任何争议。员工在当天仍有权享受带薪假期。显然，追溯条款无法抹去先前已经发生的事实。因此，关于临时协议唯一合理的解读就是追溯效力条款不适用于该事件。工会声称在阐释模棱两可的合同语言之时，要努力避免较为荒唐的结果。

工会表示，如果公司员工在2006年阵亡将士纪念日当天享受带薪假期，而又要求在华盛顿诞辰当天也享受同样待遇，毫无疑问公司会认为，这是非常不合理的做法，并一定会对此提出质疑。虽然此观点效力并不高，很好处理，但其所包含的真实含义应该以较为清晰、明确的合同语言来阐释。在这种情况下，公司甚至不认为之前的协议（已延期至2006年2月22日并已产生效力）没有明确清晰地阐明华盛顿诞辰当天为带薪假期。该协议在2006年2月22日仍然有效，并可以被贯彻执行。

工会总结说：

> 基于上述理由，工会认为应保留申诉权利。作为补救办法，仲裁员应判决补偿欠付工资以及利息。

公司

公司表示，工会要求向符合条件的员工支付 2006 年华盛顿诞辰带薪休假的工资，但问题的关键在于是否申诉。如果同意申诉，那么符合华盛顿诞辰带薪休假条件的员工会根据先前协议的有关规定得到补偿，该协议的有效期至 2005 年 10 月 30 日。

公司表示从未被要求过添加新的假期福利；它们只是将假期进行了调换。在过去的 15 年里，当前与以往的所有劳资协议都只提供 8 个带薪假期，先前的劳资协定，有效期至 2005 年 10 月 30 日，就提供了 8 个带薪假期。但是包含了华盛顿诞辰。而今这个节日已被重新定义为劳资协议中的阵亡将士纪念日。贯穿整个最后谈判，公司都从未直接表露或间接暗示会将每年的带薪假日增加到 8 天以上。从 2005 年 10 月 18 日起，当公司把华盛顿诞辰换成阵亡将士纪念日时，所有文件和协议均未提出带薪假日的增加，这仅属于假日调换。毋庸置疑，2006 年 2 月 26 日，协议获得了批准，这与公司长期存在且毫不动摇的传统——每年 8 个带薪假日——完全符合。

公司认为双方默认同意 2005 年 10 月 30 日的新薪酬福利合约中的条款和条件。2005 年 10 月 25 日，双方同意在新协议达成前仍旧继续适用到期的劳资协议。这一决定并不奇怪，尤其是在这种更为长期的关系之中。这种行为会让双方受益，会让劳动关系更加稳定，并减少协商中带来的争议。在这一延期中，有关薪酬和福利的追溯性条约也是非常常见的。这种做法让条款变得更加稳定，并避免了雇主为了获取经济利益而挖空心思。

争议中的谈判主要包含了三项重要的“薪酬和福利”问题，它们均是在新协议颁布的第一年开始实行的：

- 每小时 0.4 美元的薪酬增长和一些薪酬分类调整。
- 每周 8 美元的员工健康保险。
- 规定节假日调整。

任何在劳资协议过期之前的薪酬和津贴相关的追溯性条款都在 2005 年 10 月 25 日签署的续约协议中有详细记载。这一协议向双方保证，如果没有达成新的劳资协议或某一方在 7 天前以书面的形式终止了合同的延续期，则有关工资变化的协商，无论在什么样的延展期中进行，将在 2005 年 10 月 30 日生效。按规定，并未出现协议作废的情况，且被批准的劳资协议自动生效。

公司称双方均默认实行所有新的非假日工资条款，并无争议。新劳资协议于 2006 年 2 月 26 日获得批准。从前一份协议的过期日期算起，已是第 17 个带薪周。如果每周工作时间为 40 小时，按照 0.4 美元每小时的增加来计算，那么每一个员工都会增加 272（$=17\times0.4\times40$）美元。每个员工都应补发约 150 美元的工资。对于劳资协议新的每周 8 美元的保险，则可以进一步推算出 136（$=8\times17$）美元，同时允许可能的额外加班和其他的工资变更。按新的劳资协议来看，员工的工资大致可取整估算为 150 美元来处理所有的追溯性支付和福利变化。同样地，劳资协议中所有的其他工资项目都会在 2005 年 10 月 30 日默认生效。

公司声称，劳资协议的批准会议原本定于 2006 年 2 月 19 日召开，该日期早于华盛顿诞辰节，而会议举行日期的延后并不会造成预料之外的不满。批准日期原定为 2006 年 2 月 19 日，但出于某些考虑被延后一周。投票时间由 2006 年 2 月 19 日延后到 2006 年 2 月 26 日，并不会对该提案带来实质性的变化。

实际的投票时间的确是在2006年2月22日的假日之后，但是在之前公司均对该假日支付了工资。尽管未提到真正的支付日期，仲裁员应该通过司法确认来判断，大公司并不会在同一工作周工作完毕时即向员工支付加班工资；通常都会有一两周的延迟，正如本案一样。因为公司需要花时间来统计加班的时间并准备资金进行结算。在没有批准或溯及力时，这一时间延迟便允许公司支付华盛顿诞辰的工资。

公司解释，由于预期2006年2月19日的投票会获得通过，并为了避免可能的混乱，福尔汉姆先生在2006年2月14日贴出了一张公告。这一公告告知所有员工，新的劳资协议将不会把华盛顿诞辰算作带薪假日，但阵亡将士纪念日会被视作带薪假日。这一通知在张贴一天之后便被取下。该通知的准确性毋庸置疑，只是劳资协议当时还未被批准。因为投票日期定于2006年2月19日，批准的时间也就被相应地假设为当日。在之后的投票中，出现了一个干预性的节日，即先前协议下的华盛顿诞辰这一节日。工会同意现在的劳资协议的追溯日期为从2006年2月26日（即投票表决那天）回溯到2005年10月30日。而劳资协议的义务实际上不包括支付2006年2月22日的假期薪资。

在全部情况下，满足工会的要求将导致不公平的严重后果。增加一个带薪假期将花费公司近10万美元。即使对一个大工厂来说，这也远远超出了象征性支付额度。结果，承担一个没有明确意图和授权的义务，对公司来说既不合理又不公平。公司坚持，进一步说，如果工会确实认为福尔汉姆先生发布的消息是不准确的，那么工会应在支付其他所有追溯性报酬之前阐明其立场。在这种情况下，公司声称在双方签署的《关于续约的或有协议》中未明确此责任，此或有协议适用于新协议的工资和待遇规定，可追溯到2005年10月30日。这否定了为2006年华盛顿诞辰提供带薪休假的这一义务。

公司强调，工会试图通过以下两种方式达成诉求：

- 允许追补巨额的其他工资待遇。
- 另外支付第9个假期薪资。

这样的结果就像“鱼与熊掌不可兼得”。

如在埃尔库里和埃尔库里（Elkouri and Elkouri，BNA，Washington，D.C.）第六版的《仲裁是如何运作的》（*How Arbitration Works*）中所提到的：

> 对合同进行的存在歧义的解释会导致严重、荒谬或者毫无意义的结果，而相反，可信的解释将产生公正合理的结果，第二种解释将被采用。（470～471页）

公司强烈认为，当正确解读和废除2006年华盛顿诞辰的假期时，《关于续约的或有协议》中条款的意思十分明确。公平地运用正常合同解释规则不允许通过这种诉求寻求双重报酬。

就以上阐述的原因而言，公司得出的结论是应当否决该诉求。

◆思考题

1. 在此案例中哪一方负有举证责任？

2. 对工会的论据进行评估：华盛顿诞辰这一假日设立于本协议生效之前，因此员工有权享受带薪休假。

3. 对公司的论据进行评估：有效日期可追溯，双方对此已达成一致。

4. 假期薪资应当包括在工资和福利当中吗?
5. 充当仲裁员。你将如何裁定? 给出你的理由。

案例 11.3 员工该因工伤而受到惩罚吗

◈背景

本次仲裁事件来源于 2009 年 1 月 15 日的文件，诉求如下:

2008 年 4 月 25 日，因情况超出我的控制，我(鲍勃·博伊斯)在一次工作事故中受伤。因管理层对安全问题的疏忽导致工作环境存在安全隐患。管理层未向员工说明不良设备信息。因此，在造成工伤时这些风险仍然存在。只有此时管理层才会作出回应，纠正问题。

因为医生的建议，我被迫停止工作。我申请 26 周的医疗保险并申请对我的假期工资进行调整。以往其他人都得到了补偿。

在一封日期为 2009 年 3 月 20 日的信中，公司是如此回应的:

该信件旨在处理这一事件：鲍勃·博伊斯要求公司赔偿他受伤期间的 26 周员工医药保险以及调整假期工资。在申诉中，该员工认为受伤是他自己不可控制的因素，因此要求获得对所有损失的赔偿。

对该情况而言，公司并未要求无论由于何种原因而暂时停工的员工在停工期间继续缴纳个人的医疗保险。在该员工回到工作岗位之后，该员工则需要补交这段时间的保险费。在第二年，假日薪酬是基于符合条件的假日(即年假)之前，为期 52 周的总体薪酬来计算的。无论申诉人因何种因素而缺席工作，他的总工资自然会降低。

公司只在过去针对该政策的医疗保险方面列出了少量的例外情况：两种员工因受伤或意外而不能回到工作岗位的情况。这两种情况都是情有可原的，和上述情况并不一样。申诉人认为，他对自己遇到的意外并没有责任，因此自己的情况应该属于政策中的例外。我认为争辩谁究竟应该对意外负责是毫无用处的，还不如着眼于特殊的请求。类似地，工伤赔偿项目也是一个“没有责任”的系统，因公司有责任支付所有的请求，无论责任究竟在谁。因此，我并不倾向于将现在的情况归于例外。

申诉人还说，因为意外并非他的责任，所以他就应该获得所有损失的赔偿，否则就可以将赔偿认作是来年的假期工资。这在未来为管理者带来了一种全新的情况。

当我回顾了现在的劳动协议之后，我并没有找到这样的规定：公司有义务赔偿申诉者的所有请求。因此，上述情况中的行为超出了合同规定，而且并不能成为类似情况的先例。

根据上面引用的论证，我必须拒绝该申诉。

◆问题

双方的集体谈判协议是否规定雇主在员工带薪休假的期间，有义务支付员工的医疗保险，而且应该在此期间调整员工的假日工资？

如果是这样，那么有何解决方案？

协议中的相关规定

第 15 条：假日

雇主在下列情况下有义务支付假日工资：

(1) 合格性，由于工伤耽误的时间可用于计算合格休假日期前 52 个工作周中的 1 040 小时。

(2) 连续工作。

用于计算休假资格：

a) 由于疾病或意外直接导致的时间损失不应在 12 个月中被算作连续工作的休息时间。

b) 不超过三个月的缺席时间不能够被算作连续工作的休息时间。但是，这段时间的缺席开始往后一个月不能够被用于计算连续工作的假期，而且员工的年假会根据具体情况进行调整。

c) 在第 7 条 3 (e) 款中提到的工龄暂停，应被看作是连续工作的完全结束，以往的工作记录不能够叠加在二次雇佣的记录中。

(3) 假期工资。

a) 员工应该在被连续雇用第 25 周年时享有 6 周的假日，条件是在合格休假日期一年前他们至少完成了 1 040 小时的工作。在这种情况下，假期工资应该等于员工当前合格休假日期之前一年总工资的 12%，或等于他当前小时工资乘以 240，取两者中数额较大者。

b) 排除工资单，具有享受一周假期资格的员工如果没有使用自己的假期，则可以按照平时 3.5 倍的比例拿到工资。

c) 假期津贴不会早于假期前一个星期发放。

(4) 假期。

a) 在假期中，

一周指连续 7 天；

两周指连续 14 天；

三周指连续 21 天；

四周指连续 28 天；

五周指连续 35 天；

六周指连续 42 天。

b) 自员工被雇佣当日起，或本条第 2 节所规定的变动后的日期，每年该日都适用于员工休假条例。员工应在自批准之日后的 12 个月内休假。假期不可累计或转移。

c) 公司会为每一位员工规划假期，并对假期计划进行综合管理。对于一周假期，员工可每次只休一天。若可行，且员工在每年 3 月 1 日前提出申请，公司会根据工厂资历对员工个人所倾向的假期规划给予考虑。

d）公司有权决定对工厂实行一两周的关停，并要求符合休假条件的员工进行休假。若出现以上情况，公司会尽力及早向员工发出通知。

第 19 条：健康与安全

在员工工作期间，公司将继续认真维护员工在健康、卫生以及安全方面的权益。公司与工会一致赞同合作以达成此目标。工会将鼓励相关人员遵守健康、安全与卫生相关的规章制度。

在本协议有效期间，公司将继续维护集体保险项目与退休项目的有效性。

◆各方立场

工会

工会声明，博伊斯在美国新闻用纸公司工作的 27 年中一直是模范员工。2008 年 4 月 25 日，自动门故障导致博伊斯在工作中受伤。关于自动门的问题员工已多次向管理层进行了汇报。博伊斯的持续伤痛致使其 6 个月无法工作，由于《工伤赔偿制度》，其工资收入遭受了损失，而其损失的工资反过来也对其下一年度假期津贴的核算造成了不利影响。

工会陈述：

> 出于上述原因，工会要求继续申诉，并要求对申诉人博伊斯先生补偿其全部损失。

公司

公司维修部门及部门主管曾数次试图修复自动门的故障，但仍未修复成功。

公司曾与员工沟通并警示过员工要远离自动门，保持警惕。公司最终通过电气改造修复了该自动门存在的问题。

申诉人在申诉程序的步骤 2 与步骤 3 中将惯例做法作为他提出投诉的基础。但工会未能给出博伊斯所提要求，即在他缺席工作期间的社保费用赔偿，或假期津贴调整中存在惯例做法的证据。

乔伊斯・兰博女士证实她每次都为员工申请了返工的医疗保险费用赔偿，且她从未对博伊斯所提出异议的休假规定作出调整。兰博女士证实博伊斯的案例是按照与过往类似案例一样的方式与考虑处理的。博伊斯所提到的两名员工在扣除缺勤工资后从未返工上班。此外，正如申诉步骤 2 中申诉人所声明的，兰博女士证实她从未做过休假方面的调整。该政策管理的一致性从未基于该事故中谁为责任方而作出过变动。

公司认为在本案例中，工会是在试图从仲裁中找出协商过程中未得到公认的条款。工会未能证明劳动协议中包含要求公司赔偿博伊斯的条款。因此，仲裁员不应在仲裁中给予工会在谈判中未能获得的任何东西。在保险费用要求被引入后，公司曾进行过多次协商，但工会从未提及过该请求。工会实际上是在要求仲裁员在劳动协议中加入一项新增的附加福利，该行为既无视了协商过程，也超过了法律要求的范围。

公司请求仲裁员在此事中支持公司的立场。

◈思考题

1. 以往惯例的利用扮演着怎样的角色？
2. 工会是否创立了一项以往惯例？
3. 合同文本是否支持工会的立场？
4. 仲裁员将会如何判定？为什么？

第 12 章

雇员纪律

如果你是一个刚刚上任的工厂监督员。你所监督的车间工人会利用午餐和休息时间打牌，他们用火柴代替钱作为赌注，待下班之后再将火柴兑付成钱，而你没有任何证据。同时，办公室职员每周都会赌球，他们会对全美橄榄球超级碗大赛和世界职业棒球大赛下注，每注 5 美元，所有钱归获胜者所有。

事实上，禁止赌博的规定在工厂各处均有公示。作为一个监督员，你也明确了解雇员纪律的原则务必是合理、公开以及一致的。

◆思考题

1. 工厂工人和办公室职员适用相同的雇员纪律吗？
2. 你会不会杀一儆百、杜绝赌博？
3. 你能取得雇员违反纪律的证据吗？
4. 还有其他的选择吗？你会怎么做呢？为什么？

我们将用整个章节讲述雇员纪律。雇员纪律是一个非常重要的劳资关系事项，其理由如下：

- 它是仲裁案件中最常发生申诉的部分，大约占到已处理案件的 40%。
- 它常被仲裁员作为裁决的依据。仲裁员通常依赖已经建立的原则来作出仲裁判决。[1]
- 它与本书读者的利益联系最为紧密，他们可能在工会化或非工会化的组织中从事管理工人的工作，导致工会、雇员、法院以及如均等就业机会委员会之类的政府机构的抗议和质疑。

在这一章中，我们通过讨论雇员纪律在不同时期的显著变化以及不同组成因素，对雇员纪律进行详细研究，以便让读者能够把第 11 章中的原则应用于在本章我们讨论的这个事项。

一、行业纪律的显著变化

雇员纪律表现了组织条件和管理行为。组织条件能够引导雇员形成一个有纪律的工作团队，该团队在很大程度上能够自我管理，并且愿意接受管理方的领导和行为标准。管理行为，也可以说是管理方行为，主要用来管理已经违反组织纪律的雇员。[2] 这个尺度在不同时期发生了很大变化。

雇主纪律政策的历史回顾

在 18 世纪和 19 世纪，雇主在管理工作人员时实行"非控制性领导"（unrestricted discretion）。

1884 年，一位田纳西州的法官曾作出如下论断：

> 无须违法行为认定，雇主可以根据正当理由、无理由，甚至道德上错误的理由执行自己自由终止雇佣关系的权力。[3]

这位法官的判决，为普通法和下一段所涉及的"自由雇佣原则"奠定了基础。

在这一时期，雇员纪律有时候是很严厉、很残酷的。口头上对雇主傲慢或者无礼的雇员，会受到公开的羞辱（例如，在市镇广场上被公开鞭打）或者舌头被火红的铁块烫伤。

到 20 世纪 30 年代，基于实践的和法律的原因，当时管理方管理雇员的所有纪律都受到质疑和挑战。弗雷德里克·泰勒的科学管理理论强调，当雇员被以任意的或者反复无常的方式解雇时，会发生利润损失。根据泰勒的观点，管理方有义务决定他们所期望的雇员的工作行为，并使之改正以达到期望，而不是解雇那些背离管理方标准的雇员。

1935 年的《瓦格纳法案》从法律上塑造了管理方的纪律政策。这一法案的一个基本特征就是禁止因雇员加入工会或者参加工会的活动而对雇员实行歧视性的纪律。部分出于执行该法案的目的，建立了一个独立的政府机构，即国家劳动关系委员会。雇员可以向该机构提出一些对管理方的控诉，管理方经常不得不为自己作出的行为进行辩护。这时，管理方通常使用的一种补偿方法就是支付欠薪和复职。这是历史上管理方第一次对雇员纪律负有法律上的责任。这种状况鼓励了改正型纪律原则、政策的进一步发展。[4] 国家劳动关系委员会规定了纪律和申诉是集体谈判的强制事项，该规定间接地影响了组织纪律程序。由于国家劳动关系委员会作出的此规定，目前存在的几乎所有集体谈判合同中都有雇员纪律的规定以及申诉程序的规定，使发生纪律纠纷时提交仲裁成为可能。关于雇员纪律的管理政策受到劳动仲裁案件的增长和发展的极大影响。目前，关于雇员纪律，仲裁员具有下列三方面的广泛权力：

（1）决定什么是处罚的"正当理由"；

（2）建立"证据和证物的标准"；

（3）评估、修改或者取消管理方制定或批准的处罚。

长期以来，仲裁员坚持认为管理者有权指挥员工使经营更有效率。事实上，无效的经营会给雇主和雇员造成损失，因为更高的成本和随之而来的利润缩减会导致雇员失业。雇员纪律可以通过完成以下交互目标提高经营效率：

- 树立行为标杆。例如，管理者可以对某一旷工工人实施停职 3 日的惩罚，以此警醒其他雇员。
- 明确传达纪律。正如以上例子所示，管理者明确传递了“不允许旷工”的纪律。
- 提高生产效率。辞退无法达到生产标准的雇员。
- 树立管理者威信。在一定程度上，适当的惩罚是很有必要的，如果管理者纵容犯错，会极大削弱雇主的威信。
- 纠正雇员行为。管理者要向雇员明确示意他们对雇员的期望，以及如果不按要求纠正行为的后果。当然，这里的前提是雇员对自己的不当行为抱有改正和提高的动力。

雇员纪律能够实现所有这些目标，但是必须让仲裁员确信管理人员的处罚是基于“纠正”，而“纠正”也是雇员纪律的唯一合法目的。因为**解雇**（discharge）是一种终结，而不是一种纠正行为，所以，只有当所有其他试图改正的手段都失败之后，或者雇员违规的性质如此恶劣（如偷盗、袭击监管人员）以至其他形式的处理手段都不能纠正时，解雇的行为才是正确的。[5]

非工会雇员的自由雇佣原则和错误解雇考虑事项

2010 年，工会会员的数量达到 1 470 万，占劳工总人数的 11.9%，工会同时代表非会员 150 万人。换句话说，时至今日，美国劳工中仍然有 86%以上是不受工会保护的，在仲裁程序中不具备集体谈判权。大部分不受工会保护的雇员都是自由雇佣原则雇员，可以被随意解雇。[6] 然而，自由雇佣原则也有例外规定。

在针对自由雇佣原则的公共政策例外规定下，如果解雇与明确、合理的公共政策相违背，那么这种解雇通常是**错误解雇**（wrongfully discharged）。比如，一个管理者不能因雇员提出工伤赔偿要求或者拒绝违法的工作指示而解雇他。（43 个州已经制定了一个或多个公共政策例外规定来保护自由雇佣原则雇员，每个州对公共政策例外规定的数量和种类有着不同的认定。）

无论书面合同中是否提及雇佣关系，当雇员和雇主签订隐含合同时，自由雇佣原则的隐含合同例外规定就开始生效。比如，雇主在雇员发生不良行为或者将其解雇之前，需要以口头或书面的方式向其明确工作职责和程序。这些说明可以构成一个雇佣合同。（42 个州已经对自由雇佣原则雇员实施了隐含合同例外规定。）

自由雇佣原则中的诚意和公平对待的隐含契约例外规定是指雇主的人事决策必须遵循“正当理由”原则，以避免不讲诚信或出于恶意的决策。（20 个州已经对自由雇佣原则雇员实施了诚意和公平对待的隐含契约例外规定。[7] ）图表 12.1 列举了对自由雇佣原则雇员实施例外规定的州。

美国兰德公司（RAND Corp.）的一份调查报告发现，雇主过高地估计了错误解雇案件的潜在成本，并且雇主在试图避免这些案件时导致间接成本增长了100倍。当雇主不解雇工作表现极差的雇员，而是建立复杂的、成本更高的招聘程序和决策程序，或者支付遣散费用以阻止错误解雇申诉时，这些间接成本就产生了。[8]

1987年，蒙大拿州成为第一个，也是目前唯一通过立法（《不当解雇保护法案》）保护不定期合同雇员免受不当解雇的地区。这项法案规定，一个错误的解雇决定是指：(a) 解雇是出于对雇员反抗违反公共政策行为或者报告违反公共政策行为的报复；(b) 雇员已经完成了试用期，且没有适当理由；(c) 雇主拒绝对其自己的人事政策进行解释和说明。根据蒙大拿州的这项法案，如果一个被解雇的雇员提出有效仲裁申请并且被雇主所接受，那么仲裁员的仲裁结果将具有约束力，雇员无权再提起诉讼。如果雇员在仲裁中获胜，那么仲裁员将宣布一个合适的解决方法，雇主必须支付仲裁费用和其他与仲裁相关的成本。由于蒙大拿州只有不到100万名劳工，所以这项法案在美国没能被广泛推广使用。[9]

据国家仲裁员学会前主席乔治·尼古拉所说，在美国，每年有超过100万名被解雇雇员没有对解雇决定进行上诉的权利。尼古拉呼吁制定国家不当解雇保护法，对为雇主（雇用15个或更多雇员）工作超过一年时间的雇员提供不当解雇保护。尼古拉认为一年时间足够雇主来评估雇员的工作表现并决定公司的人事需求。对于超过一年的雇佣关系，雇员理应受到保护，反对雇主的不当解雇。[10]

图表12.1　　对自由雇佣原则作出例外规定的州名单

州	公共政策的例外	隐含合同的例外	关于诚意和公平对待的隐含契约
总数	43	42	20
亚拉巴马州	无	有	有
阿拉斯加州	有	有	有
亚利桑那州	有	有	有
阿肯色州	有	有	有
加利福尼亚州	有	有	有
科罗拉多州	有	有	无
康涅狄格州	有	有	有
特拉华州	无	无	有
哥伦比亚特区	有	有	无
佛罗里达州	无	无	无
佐治亚州	无	无	无
夏威夷州	有	有	无
爱达荷州	有	有	有
伊利诺伊州	有	有	有
印第安纳州	有	无	有

续前表

州	公共政策的例外	隐含合同的例外	关于诚意和公平对待的隐含契约
艾奥瓦州	有	有	无
堪萨斯州	有	有	无
肯塔基州	有	有	无
路易斯安那州	无	无	有
缅因州	无	有	无
马里兰州	无	有	无
马萨诸塞州	有	有	有
密西西比州	有	有	有
密苏里州	有	无	无
蒙大拿州	有	有	无
内布拉斯加州	有	有	无
内华达州	有	有	有
新罕布什尔州	有	有	有
新泽西州	有	有	有
新墨西哥州	有	有	无
纽约州	无	有	无
北卡罗来纳州	有	无	无
北达科他州	有	有	无
俄亥俄州	有	有	无
俄克拉何马州	有	有	有
俄勒冈州	有	有	无
宾夕法尼亚州	有	有	有
罗得岛州	无	无	无
南卡罗来纳州	有	有	有
南达科他州	有	有	无
田纳西州	有	无	无
得克萨斯州	有	有	无
犹他州	有	有	无
佛蒙特州	有	有	有
弗吉尼亚州	有	有	无
华盛顿州	有	有	无
西弗吉尼亚州	有	有	无

续前表

州	公共政策的例外	隐含合同的例外	关于诚意和公平对待的隐含契约
威斯康星州	有	有	无
怀俄明州	有	有	有

资料来源：Charles J. Muhl，"The Employment-at-will Doctrine：Three Major Exceptions，" *Monthly Labor Review*，124（January 2001），pp. 3－11；David J. Walsh and Joshua L. Schwarz，"State Common Law Wrongful Discharge Doctrines：Updates，Refinement，and Rationales，" 33 *American Business Law Journal*（Summer 1996），pp. 645－690；David Autor，"Outsourcing at Will：Unjust Dismissal Doctrine and the Growth of Temporary Help Employment，" *Journal of Labor Economics*，21（1）（2003），pp. 1－42. "Employment at-Will Exceptions by State：April 2008，" National Conference of State Legislatures，http://www. ncsl. org；Kenneth G. Dau-Schmidt and Timothy A. Haley，"Governance of the Workplace：The Contemporary Regime of Individual Contract，" *Comparative Labor Law and Policy Journal*（Winter 2007），p. 313. Nadjia Limani，Note，"Righting Wrongful Discharge：A Recommendation for the New York Judiciary to Adopt a Public Policy Exception to the Employment-At-Will Doctrine，" *Cardoza Public Law Policy and Ethics Journal*（Fall 2006）.

目前雇员纪律的重要性

设计纪律制度是为了防止有问题的行为发生，以及在发现问题时能够快速把问题改正过来。一线管理者通常是涉及纪律处分的第一人。一线管理者通常对雇员不当行为的事实进行初始调查。另外，通常是一线管理者介绍、执行公司的纪律规定，并且有权力采取纪律处分。因为必须保护雇员的权利不受侵犯，雇主可以监督一线管理者对雇员作出的纪律决定，并且要求一线管理者在根据纪律采取惩罚行为前应当征求更高级别管理者的同意。这样一来，雇主有可能制定一些规定以限制各级管理人员的权力，在不影响管理人员追求纪律规则效果的情况下保护雇员的权利不受侵犯。[11]

管理人员、工会官员和工会化企业的雇员都受到纪律处分以及仲裁员对纪律处分的关注的极大影响（见"劳动关系实践"专栏中的生产流水线上的纪律实施的可能性）。仲裁员可以（1）支持管理人员作出的解雇决定，或者（2）恢复雇员的工作岗位，并且支付一部分或者全部的欠薪，补偿雇员被迫失去工作所遭受的资历损失。

◇劳动关系实践

生产流水线上的纪律实施的可能性

下面的摘录来自 *Rivethead*（New York：Warner Books，1992），由本·汉帕（Ben Hamper）撰写，内容是他在一条汽车生产流水线上的工作经验。这些情况生动形象地反映了真实世界的雇员行为。管理人员千方百计地试图通过纪律处分来纠正雇员行为。工会可以宣称管理人员对每一个雇员行为的反应都是不正确的，并且提出可能被仲裁员及时解决的申诉。前 5 个考虑事项涉及雇员汉帕在生产流水线上所知道的信息；其余的事项是由汉帕和他的同事一起犯下的。

- 罗伊在工作时抓住了一只小老鼠，并且为这个啮齿动物建造了一个窝。他一直照料着这只小老鼠，直到有一天午餐休息时间，他宣称这只小老鼠降低了他的工作绩效。因此他抓着小老鼠的尾巴，用一把焊枪“在手臂伸得到的地方把他的小伙伴烧成了灰烬”。

- 赖特宁没有工作任务，但是每个工作日他都倚靠着男雇员盥洗室最里边一个小便池的墙壁，呼呼大睡。
- 杰克很憎恨公司，认为公司管理人员千方百计想把他弄走。一天晚上，他宣称公司有意抢劫他的钱财，因为他把现金塞进自动贩卖机购买香烟，但是自动贩卖机一点动静都没有。他拿着一个大锤（在大锤上面他贴了一个“商业促进委员会”的标签）把那个自动贩卖机砸成了一堆碎片。
- 富兰克林是个以痛打其他雇员为乐的家伙。他抓住一个拒绝给他一副额外安全手套的雇员，“用门插销使劲敲打该雇员的头部”。该雇员的头部缝了12针，而富兰克林受到了停止工作30天的处罚。
- 路易在工厂里叫卖半品脱的加拿大俱乐部酒（Canadian Club）和黑天鹅绒酒（Black Velvet），并且亲自把这些酒送到工厂里购买者的工作地点去。

汉帕先生也承认自己有时在喝酒，而不是老老实实地工作。他喝酒的规律包括“第一个休息时间喝40盎司，午饭时间再喝40盎司，然后……在工作轮班的最后时间喝1品脱或者2品脱威士忌”。

他还和另外一个雇员在工作时相互交易，即一个人把两个人的活都干完，而让另外一个人躲在一个隐蔽的地方睡觉。这种做法基本上能够让每个雇员在一个工作轮班当中休息大约4小时。

在一项覆盖了23年中的2 055个雇员纪律和解雇案例的研究中，50%的案件中贯彻了管理者的惩罚要求，29%的案件中仲裁员降低了雇主的处罚（比如，复职但是并不补偿工资），21%的案件判决结果完全背离雇主的诉求（比如，复职并且补偿全部工资）。在所有提请仲裁的解雇诉讼中，令人不满意的表现、旷工和不服从命令，各自占比10%以上，总共占比45%以上。[12]

如果雇主的诉求被仲裁员推翻，那么当当事雇员复职回到工作场所时，仲裁员的判决将会被其他雇员和工会广泛传播。当事雇员复职并且得到工资补偿就意味着管理者的财务损失，检察权也会相应削弱。毕竟，很少会有管理者能够在一个被他处罚过的雇员拿着大把赔偿金复职之后，还继续满怀信心和主动地进行纪律处分。[13]

在一项针对85名雇主、超过2 000个案例的研究中，63%（767件）的案件判决结果与雇主的诉求相一致。在767名被解雇、后又被判决可以复职的雇员中，几乎全部选择了复职，只有1%选择了一次性赔偿。在复职一年以后，只有10%被再次解雇，4%选择了辞职；其余绝大部分人（86%）仍旧留在工作岗位上，并且他们中的一多半获得了更加良好的纪律记录。有趣的是，在受到仲裁员支持的1 303个解雇案件中，只有12个（小于1%）被解雇雇员申请了针对工会的公平代表义务。也就是说，被解雇雇员对工会在仲裁听证中的代表行为多是满意的。

对于这85名雇主，发生了1 113个撤销仲裁案例（5天或者更多）。仲裁员支持其中72%的撤销。雇主反映说这些雇员的纪律记录在仲裁之后保持原样或者变得比原来更好了。只有25%的雇主认为仲裁对工作场所关系造成了负面影响。一般来说，这种负面影响多指“士气低迷”。一些更加具体的表现包括：合作伙伴之间变得易怒，公司氛围变得令人厌烦，复职的雇员对公司充满仇恨，对纪律处分的颠覆削弱了管理者的权威。[14]

同样地，无法保证复职的雇员在重新返回工作岗位后能够表现良好。有两份研究报告发现，51%～62%的复职雇员在工作当中的表现“低于平均”，其中大部分在后来的工作中产生纪律问题。[15] 另外，一小部分被解雇的雇员（通常被仲裁员认为是一个有影响力的可使错误减轻的因素）在复职以后的工作表现同以前区别不大。[16]

通过仲裁推翻管理人员的决定还可以导致不同级别的管理人员之间产生摩擦和分歧。如同在第1章所提及的那样，参与劳动关系处理的管理人员并没有形成一个统一的团体。一线管理者最有可能参与雇员的纪律事项：通常是由他或者她对雇员进行培训；形成该部门处理问题的惯例，这种惯例可能影响仲裁员的判决；见证、报告，以及在某些情况下，参与处理违反纪律的行为。一线管理者还直接对雇员进行纪律管理。

其他管理人员，如劳动关系代表，检查这些一线管理者的行为以确保其与公司政策相一致，并且在发现不一致的情况下改正一线管理者的决定，以避免产生对公司不利的仲裁。改正一线管理者的决定可能导致矛盾和摩擦产生，如一位一线管理者在下列评论中所指出的那样：

> 我遇到了一个惹麻烦的人。他是一个彻彻底底的懒汉。他不适合任何的工作岗位。我使出了浑身解数，但是他实在是太懒惰了，而且是一个大嗓门。他离开他的机器超过1小时，最后我在盥洗室逮住了他。我告诉他他已经完蛋了，让他上楼去，领取他的支票……你们知不知道那些大学来的小男孩都干了些什么？小男孩给他提供了一套瞎掰的理由，并且第二天他就坐在我隔壁部门的一个长椅上。他对我说：“你是个非常英明的家伙，但是对我来说你根本什么也不是。以后每一次我看见你，我都将称呼你为‘一无是处先生’”。[17]

管理方在仲裁听证会上所失去的一些东西看起来为工会所得。如果不是所有，绝大部分工会会员也都相信，工会会积极应对由雇员日常工作条件所引起的问题。这些问题在正式劳动合同已经谈判好的情况下仍旧存在。对工会来说，为工会会员提供服务的最重要的事情就是“挽救”雇员的工作。几乎每一份工会报纸每一期都至少有一篇文章，描述（配有工会代表和手拿欠薪支票的申诉人的照片）工会如何为遭受管理方不公正对待的雇员进行辩护。某工会报纸的一篇有代表性的文章用粗体标题宣布，“为因打开啤酒罐而被解雇的工人赢得5 895美元欠薪”。[18]

也许纪律处分对受影响的雇员具有最重要的意义。许多工会都把解雇看成一种经济上的宣判死刑，因为它剥夺了雇员目前赚钱以维持生存的手段，同时（保留在工作中被解雇的记录）使该雇员将来很难在其他地方找到工作。对那些不喜欢被告知他们已经犯下错误的雇员来说，任何形式的纪律处分都代表着一种困窘，在许多情况下，被纪律处分的雇员不得不向他们的朋友和家人解释自己为什么在没有得到报酬的情况下被免职。

二、雇员纪律的正当理由原则的要素

正如在其他管理决策中，雇员纪律是基于重要的要素的。

基于正当理由的雇员纪律和雇员纪律的合法目的

为了保证工人的工作效率，管理者必须坚持工作场所纪律。为了达到这个目标，管理者针对雇员行为制定了一些工作准则，这其中也包括了解雇等一些对错误行为的纪律处罚。然而，工会坚持认为纪律体系必须在原则上和应用上保持公平。管理者和工会达成一致，管理者需要以一定的制式语言方式就所实施的雇佣纪律进行解释，以明确在特定错误和情境（雇员的工龄和纪律记录）下，管理者所进行的处罚是正当合理的。在这种制式语言的使用中，如果劳资双方对处罚数量无法达成一致意见，那么工会或者雇员可以提出申诉。如果仍然没有被解决，这个问题将被上诉到一个第三方（中立）的仲裁员那里，他需要对纪律处分的合理性、雇主对雇员的行为要求标准、雇主以何种方式在多大程度上对雇员的生活进行规定等事项作出判决。[19]

多年以来，仲裁员同公司管理者和工会一起致力于准确定义“正当理由”，以减少正当理由决策带来的不确定性。雇员处罚的七要素被定义出来（见图表 12.2）。遗憾的是，人们在具体案件中总是呆板机械地使用这些制式要素。创建它的仲裁员拒绝严格应用制式要素。事实上，即使雇主不能全部满足七要素，也只有少数仲裁员会驳回雇主提出的纪律处分，因为不是每个案件都包含所有要素。仲裁员会进行两个测试：(1) 回顾纪律处分所依据的事实以及雇主认定这个事实的过程；(2) 对处罚的程度进行评估。[20]

另外，政府机构，例如均等就业机会委员会和国家劳动关系委员会，指出雇员纪律必须是有**正当理由**（just cause）的。

仲裁员哈里·普拉特（Harry Platt）可能已经最好地表达了它的含义：

> 许多合同规定都要求有“充分的理由”作为解雇的前提条件。通常仲裁员的作用就是解释这样的合同规定，不光要决定雇员是否犯下错误行为……同时要通过确定解雇的理由是正当、公平的来保障遭到解雇的雇员的利益。对具有公平思想的理性人来说，合理合法的解雇必须基于正当、公平的理由。实事求是地说，不存在什么标准可以帮助仲裁员对这样一个问题找到决定性的答案，因此，仲裁员能够做到的最好程度也许是判断一位理性人（该人熟悉该行业的习惯和传统，了解该团体内的公正和公平对待的标准）在类似情况下可能作出的选择和决定，然后在此基础上决定遭受解雇的雇员的行为是否可防御，以及管理人员作出的纪律处分是否公正。[21]

集体谈判协议一般不包括针对特殊冒犯的特殊处罚的结构条款。这样的安排限制了如今复杂工作环境的灵活性。雇员可能犯下不服从命令、斗殴、偷窃等多种形式的错误。围绕不当行为的大众可能抱有挑衅、玩闹等多种心态。另外，每个犯错的雇员都对其错误行径有自己的解释。工会倾向于抵制如图表 12.3 所示的制式规定，因为它们认为这些规则都过于苛刻并且呆板。一方面，工会认为在工作场所必须考虑公平和平等。另一方面，在任何情况下，管理者都倾向于对处罚保持自由裁量权。由于管理者目标在议价中通常会被驳斥，管理者在管理条款之下制定单方面的行为标准，并且对每一类错误行为和与之相对应的处罚进行定义。[22]

图表 12.2　　“正当理由”决策的处罚要素

如果雇主对以下一项或多项问题的答案是“否”，那么这个雇主的决策将被严重削弱。

1. 警示。雇主是否向雇员提前知会或警示了纪律处分可能的后果？

2. 合理的规则或命令。雇主所制定的规则以及发布的命令是否：（a）有序、有效并且安全；（b）表明雇主对雇员抱有合理预期？

3. 调查。雇主在执行纪律处分之前是否就“雇员是否真的违背或没有遵守规定”进行调查？

4. 公平调查。雇主的调查行为是否公平客观？

5. 证据。在调查中，决策者是否提供了明确的证据证明雇员确如所控犯错？

6. 平等对待。雇主在全体雇员当中是否平等无差别地实施了这些规定？

7. 处罚。在具体案例中，雇主所实施的处罚程度是否与雇员的确凿过错程度相符？

如果雇主对以上所有问题的答案都是“是”，那么在决定最终处罚程度时还需考虑以下两个额外问题：

1. 是否存在违反雇员司法程序权利的情况，比如没有明确告知诉讼事项，不允许雇员面对其起诉者，或者缺乏法律顾问？

2. 是否存在一些缓和的情况，比如雇员工龄较长且纪律记录良好，或者部分过错源于管理者，将处罚降低至诸如复职但不补偿工资的程度？

资料来源：Adapted from *Enterprise Wire Co. and Enterprise Independent Union*，46 LA 359，1996 (Carroll R. Daugherty). See also Adolph M. Koven and Susan L. Smith，*Just Cause*：*The Seven Tests*，revised by Donald F. Farwell (Washington，D. C.：Bureau of National Affairs，1992)；Jack Dunsford，“Arbitral Discretion：The Tests for Just Cause，” *Proceedings of the 42nd Annual Meeting of the National Academy of Arbitrators* (Washington，D. C.：Bureau of National Affairs)，1989. See also Adolph M. Koven and Susan Smith，*Just Cause*：*The Seven Test* (3rd ed.) by Kenneth May (Washington，D. C.：Bureau of National Affairs，Inc.，2006).

雇员违纪案件中的证据：证据的本质和证人的可信度

在雇员违纪和遭解雇的案件中，一个重要的需要考虑的问题是管理方承担着举证的责任，要证明雇员违反了一项或多项雇员纪律。在有客观的计量工具（例如，缺勤记录和相关的出勤记录）的情况下，证据比较容易得到承认。而在没有客观计量工具（例如，不顺从、违背管理人员的命令）的情况下，证据就不容易得到承认。[23]

主观标准也可以应用于雇员违反纪律的案件。例如，仲裁员认为“打盹”（眼睛闭上，头越来越低，突然惊醒，然后再次摇摇欲坠）和“工作时间睡觉”之间存在着显著的不同，因为前一种状况，如果雇员成功克服，“能够完全恢复到清醒状态。”[24]

仲裁员使用三种级别的证据。（最经常使用的）第一级是**优势证据**（preponderance of evidence），该类证词和证据必须能够充分驳倒相反的假设和证词。这一级的证据在与诸如加班、晋升等雇佣纪律无关的合同语言翻译和应用纠纷中被广泛使用。第二级是**明显的、令人信服的证据**（clear and convincing evidence），该类证据表明声称的事情真相是非常可能的。这一级的证据多用于非犯罪性的雇员纪律争议中，如过分缺勤、工作表现恶劣。第三级是确定无疑的证据，代表更高级别的证据，有些仲裁员在刑事案件中使用这类证据。例如，在公司范围内贩卖毒品、盗窃，这种行为能够对申诉人造成极大影响，更加不利于申诉人以后寻找工作。有些仲裁员认为这个级别的证据的可信度格外高，因此不应该在仲裁案件中使用，因为在国家劳动关系委员会和失业保险案件中并没有要求在盗窃案件中使用**确定无疑的证据**（beyond a reasonable doubt）。[25]

在最近的很多年里，邮件和互联网的使用（或误传）导致了大量的员工处分。邮件和互联网的误传可以被分为以下三类：(1) 被雇主忽视或者允许的少数私人使用；(2) 未经许可或不当的使用；(3) 严重的不当使用，足以导致解雇。滥用的处罚需要管理者事先制定关于邮件和互联网使用的公司标准，并对其进行持续传播和强化。一封邮件信息究竟应不应该受到处罚取决于散布范围的大小、对雇主造成的影响，以及当时雇员的主观意愿。与误收邮件相比，雇员误发邮件或者上网浏览不良信息（比如色情网站）的后果会严重得多。[26]

当管理方使用审查技术寻找证据时，另外一个问题就产生了。很少有仲裁员否认雇主有权强加一条规定作为就业的条件之一，要求在雇员进入工厂、离开工厂时检查雇员的衣服和包裹。但是，当公司管理人员在雇员允许或者不允许的情况下检查雇员上锁的橱柜，或者在某些案件中，检查雇员的住所时，问题就产生了。没有经过雇员的同意，但是如果是在公司范围内得到的证据，会得到许多仲裁员［以及最高法院在丹尼斯·奥康纳诉曼戈·奥尔特加（*Dennis O'Conner v. Magno Ortega*，480 U. S. 709，1987）的案件中］的承认，即使该财产（例如一个有锁的柜子或者工具箱）目前处于该雇员的控制之下，从中得到的证据也可以得到承认。另外，就算管理方通过强制闯入雇员的私人住宅获得了证据，大多数仲裁员也不会接受这类证据，即使该住宅位于公司生产经营场所内。

仲裁员通常不得不在雇员纪律案件中评定证人的证词。如果证人既没有做假证的动机（例如，对申诉人持私人偏见），也没有身体缺陷（例如，听力有问题），那么证人将被视为“可信的”。[27] 但是一位仲裁员记录道：

> 很明显，不可能通过观察就能够判断一位证人宣誓之后是否撒谎。你不能通过观察、倾听该证人就作出正确判断。芝加哥的一位审判官曾经编制过一份测试表，以判断证人是否在撒谎：他是否出汗；是否舔嘴唇；是否在座位上坐立不安；是否不停转移目光？以我作为一个仲裁员的经验，我可以告诉你不停转移目光的人通常讲的是事实，而大多数看上去很老实的人会牵着你的鼻子走，把你任意摆布。[28]

记录在案的可信证据对支持公司惩罚或解雇雇员的决定是很有必要的。

雇员纪律的工作条例的规范效果

管理人员制定雇员纪律以及管理工作条例的权利通常得到认可，被认为是工厂有效运行的基础。然而，管理人员对工作条例的管理也体现了一些基本的责任和义务。如果不遵循这些责任和义务，可能影响到管理人员执行纪律时的努力程度。

出现的第一个问题是，如果管理方没有用于管理雇员所违反事项的工作条例，那么将会出现什么结果？这样的事件不太罕见，因为雇主不大可能预计到雇员不当行为的多样性。举个例子，仲裁员赞成解雇有下列行为的雇员。

- 在相当长一个时期内观察到火灾蔓延并且烧毁公司的一部分，但是没有通知公司。[29]
- 在大清早给管理人员打电话，在电话里使劲打嗝。[30]
- 即使厕所就在附近，也要在公司送货卡车的车厢里小便。
- 在机场内“裸奔”。[31]

无须多说，管理方先前建立的工作条例不可能涉及这些行为。仲裁员还支持管理人员因雇员违反广为人知的未成文法而处罚雇员的权利。举个例子，未成文法禁止盗窃或者殴打管理人员。

在大多数关于雇员违纪的情形中，尤其是在那些在某种程度上整个行业都非常普遍的案件（表现不佳、旷工、不服从等）之中，如果没有成文的工作条例，管理方在仲裁员眼中就处于弱势地位。另外，成文的工作条例必须是合理的、清晰的，并且声明违反该条例的后果。合理的工作条例和公司业务的有序、有效和安全运行有关，还和雇主合理地期望雇员达到的工作表现有关。如果工作条例和公司运行无关或者与雇员上下班的合法私人权利相冲突，那么工会将质疑该条例的合理性。

评价工作条例是否具有合理性可能是一项很复杂的事情。例如，有些仲裁员把单方面禁止抽烟的工作条例视为“合理的”，尤其是当管理方出示证据表明不抽烟的雇员会受到抽烟雇员的影响，不得不面对抽烟雇员吐出的烟雾时。但是，其他一些仲裁员却把禁止抽烟的工作条例视为不合理的，尤其是当公司以前肯定无疑地允许雇员抽烟时。[32]工厂工作条例的合理性可以根据行业和工厂的不同而改变。单方面禁止雇员从事第二职业（在另外一位雇主那里从事另外一份工作）的工作条例在能源行业被视为合理的，因为该行业经常需要雇员在工作轮班结束之后进行紧急加班工作。其他不需要考虑紧急加班的行业在确立该工作条例的时候就很难证明它的合理性。[33] 工作条例的合理性也可以根据同一工厂不同的工作岗位而改变。例如，雇主可以合理要求一位在自助餐厅工作的长发雇员在工作时戴上一个头套（从卫生的角度考虑）；如果某雇员是在运输部门工作，那么雇主对他作出上述要求就是不合理的。

关于合理规则的并发症有可能在员工因脱产行为受处罚时发生。乍一看，这种侵害和工作是不相关的，然而，如果管理层证明它不利于雇主，那么处罚是合适的（例如，损害雇主的声誉和在社会上的地位，或对其他员工的工作表现造成负面影响，而这是由在一个枪杀了别人的人旁边工作造成的恐惧引起的）。换句话说，管理者必须在非在岗行为与员工的工作绩效、雇主的业务和/或其他员工的绩效之间建立联系。[34]

在雇员纪律中，工作条例的透明度也是一个很重要的事项，因为如果雇员不知道公司的期望是什么，他们将不能够充分地表现或者改正自己的行为。如果管理人员因雇员违反一条模糊或者令人费解的工作条例（例如，解雇“在公司里赌博”或“伪造求职申请书”的雇员）而处罚雇员，那么管理方将造成一个问题。乍一看，这些工作条例似乎是清晰而且确定无疑的；但是当一线管理人员执行这些条例的时候，它们的模糊性就显现出来了。“赌博”可以导致一个管理问题，尤其是当管理人员可以毫无顾忌地和公司临时工打赌世界职业棒球大赛输赢，而雇员因在公司里参与一场扑克牌游戏而受到纪律处罚的时候。此外，雇员在午餐休息时间玩扑克牌赢火柴或数字记分卡片算不算赌博呢？虽然管理人员认为（也许是正确的）那些火柴或卡片最终会被转换为现金。

在模糊的工作条例的另外一个例子中，求职申请书上忽略一些信息是否构成"伪造"行为？一些仲裁员认为构成了伪造，尤其是当忽略的信息是数字而且与工作相关的时候。其他一些仲裁员认为"伪造"涉及明确的应答，如果管理人员不能够为申请书上的空白栏找出正确的理由和解释，那么管理人员解雇雇员的决定不应该被接受。[35] 如果这些"伪造"在雇员被雇用几年之后才发现，但是这几年间，该雇员工作高效负责，情况就会更加复杂。

工作条例的存在使管理人员有隐含（如果不是明确的）的义务告知雇员工作条例的内容和违反工作条例的后果。有时，因违反工作条例而受到处罚的雇员辩解说其不知道该工作条例的存在。这时，管理人员就需要证明雇员所说的是错误的，而这通常是一个非常困难的任务。有些仲裁员甚至提出，由雇员签署一张卡片以表明该雇员已经了解工作条例的做法也不是充分的证据，因为该卡片是雇员在匆匆忙忙之中签署的，而且这张有雇员签名的卡片也不能证明管理人员已经向雇员详细解释了工作条例以及给雇员留出了提问的时间。许多时候，管理人员通过条例或者警告向雇员指出，如果该雇员继续犯错将会"导致解雇"。然而，仲裁员把这种做法视为作出较轻处罚的先兆，如书面警告或停职。

最后，管理人员必须持续一致地执行工作条例，对相似情况下违反工作条例的雇员作出同样的处罚。如果工会证明雇主前后做法不一致，或者在处理雇员错误时执行工作条例的标准同以前不一致，或者对作出错误行为的雇员作出的处罚不相同，那么管理人员作出的处罚决定就有可能被仲裁员部分推翻或者全部推翻。[36] 如果管理人员不把不同的情况考虑进去，同样也会产生问题。在某个案件中，通过指出公司不但现在解雇有恶劣行为的雇员，而且以前也解雇有恶劣行为的雇员，管理人员强调了禁止恶劣行为的工作条例的持续一致性。但是仲裁员推翻了管理人员的决定，指出在这个案件中触犯工作条例的雇员的错误程度没有以前那个案件中那么严重。在以前那个案件中，一位雇员把剃须刀的刀片放进一个油炸圈饼。[37]

在评价工作条例的一致性程度时，仲裁员把重点放在以前的惯例上，即以前相似情况下管理人员处理、处罚雇员的传统方法。一些企业试图通过在劳动合同中包括一份**价格表**（price list）的方法来保持工作条例的一致性；该价格表为单次或多次触犯工作条例制定了详细的规定以及提供了统一的处罚（见图表 12.3）。制定这种形式的规定有几个优点：(1) 清楚地告知雇员详细的规定内容和触犯规定的后果；(2) 标准化的处罚暗示管理人员的纪律处分已经达到了持续一致；(3) 如果得到工会同意，该价格表将具有更大的合法性，而不是由管理方强加的单方面工作条例。但是，一些人认为该价格表意味着呆板地强迫雇员接受纪律，而这同纠正的理念是相冲突的，因为它没有仔细考虑每个案件的特殊情形。举个例子来说，管理人员发现两位雇员在打架——其中一位是刚来不久的雇员，另外一位是长期具有良好工作记录的老雇员。根据价格表的方法，管理人员应该把两个工人都解雇；但是仲裁员可能让那位拥有良好工作表现的老雇员复职，因为该位雇员为了保持在该公司的资历通常会采取正确的应对方式。

图表 12.3　　　　　　　　　　**一份雇员纪律价格表**

触犯纪律的类型	第一次触犯	第二次触犯	第三次触犯
1. 迟到（一小时以内）	口头警告	停职 1 天	停职 3 天
2. 无故缺勤	口头警告	停职 14 天	解雇
3. 上班时间睡觉	口头警告	停职 14 天	解雇
4. 在公司参与赌博活动	口头警告	停职 5 天	解雇
5. 上班时间醉酒	解雇		
6. 使用或携带违禁药品	解雇		
7. 兜售或散播违禁药品	解雇		
8. 偷窃公司财产	解雇		
9. 失礼的行为	口头警告	停职 14 天	解雇
10. 违反安全规则	口头警告	停职 14 天	解雇
11. 为私利篡改公司文件	解雇		
12. 未及时报告事故	口头警告	停职 14 天	解雇

资料来源：摘自各种公司规则及集体谈判合同。

渐进式雇员纪律

渐进式雇员纪律（progressive discipline）指的是针对雇员反复触犯同一条例而作出的一次比一次严厉的处罚。它至少在两个方面和纠正原则有关：(1) 让雇员深刻了解反复触犯工作条例的严重性；(2) 给雇员提供额外的机会，让该雇员在管理人员使用最终的处罚，即解雇该雇员之前能够改正自己的行为。在解雇一位反复触犯同一条例（例如没有穿戴安全设备，极差的出勤率，或者较低的工作绩效）的雇员之前，管理人员必须提出口头警告、书面警告以及至少一次工作停职。

口头警告（oral warning）（训诫）代表管理人员以非正式的方式，让雇员改正和提高自己的工作能力与工作绩效。这个要求的非正式性体现了纠正的目的；但是，如果口头警告可以被当作仲裁听证会的证据，对雇员来说就可能有失公平。这种纪律处分有可能引起雇员提出以下反对理由：(1) 雇员可能认为管理人员作出的口头警告只是指导性的，并不知道口头警告的纪律性方面或者后果；(2) 私下作出的口头警告可以导致相矛盾的证词——雇员声称管理人员从来没有对自己作出过口头警告。因此，管理者需要对口头警告进行书面记录。但是，因为口头警告相对来说还是程度比较轻的，所以工会很少反对这种形式的惩罚。

书面警告（written warning）是更严重一些的方式，因为它总结了以前要求雇员改正行为方式的口头警告，并且将其记入被警告的雇员的工作记录中，比口头警告更加正式。通过警告雇员以后触犯工作条例将会产生的后果，书面警告把重点放在公司可能采取的惩罚行为上。

如果书面警告对纠正雇员错误行为并不奏效，管理者就要采取下一步行动了。**停职**（suspension）是管理人员作出的让雇员停止工作一段时间，并且在该时期不支付雇员工资的处理方式，其目的是让雇员深刻了解自己触犯工作条例的严重性。虽然口头警告和书面警告也有可能达到这个目的，但是它们没有涉及雇员工资的损失。停职的作用是提供一个示范，让雇员知道遭到解雇以后将产生的经济后果，同时让雇员知道如果以后遵守公司的纪律，改正自身的错误行为，公司仍旧愿意把其留在公司工作。刚开始时，管理人员作出一个比较温和的停职处理（1～3 天），并且在雇员再次触犯工作条例时作出超过 10 天的停职处理。在这种情况下，仲裁员就不愿意反对管理人员作出的停职处理，除非能够证明其他雇员在类似情况下触犯同一工作条例得到的处罚要比该雇员轻。

一些公司会要求雇员休一天带薪假，以反思自己在工作中的处境，并决定是否要以一个高效的状态回归到工作中去。

解雇和停职或者警告不一样，它不是一种纠正措施，因为它意味着该雇员从该公司永远地离开了。如同前面已经提及的，出于被解雇而受到的严重影响，仲裁员会对雇员给予极大的关注和重视，把解雇视为最后的处理方式和手段，只有当其他所有纠正措施都遭到失败、雇员已经对公司毫无用处以后，才能使用解雇这种手段。工会将解雇视为“死刑”，因为这将对雇员及其日后的职业发展造成永恒的负面影响。

许多劳动协议包含限制的法规。一些工会已经能够谈判得到一些条款，如一段时间后抹去先前的处分（例如，如果在 2 年内没有其他事件发生，之前的纪律处分会被删除）。例如，我们很难辨别出那些曾因无法向管理部门提出请假而被两次停职的员工，而这个员工在犯了类似的过错之前已经工作了很长一段时间（比方说，3～5 年）。管理部门通常没有义务回到第一步骤，即口头警告；然而，解雇不是必要的，员工的无罪期表明纠正措施确实有一定的作用，应在辞退员工前再次尝试。

最后机会协议

当员工被威胁辞退时，工会和雇主可以在形成的**最后机会协议**（last chance agreement）上决定一个临时措施。因为一个最后机会协议，员工有一次机会来改善他的表现和行为以便保住他的工作。雇主能够保留拥有成为高产员工潜力的员工。当员工已经由于出勤率低、表现不好或者违反药物或饮酒的规则被威胁辞退时，最后机会协议是最常见的。该协议通常规定了员工必须遵守的改进行为的标准。在协议期内，如一年内通过随机药检或无未经批准的任何缺勤。如果员工不符合所规定要求的任何一个，该协议通常会被强制性终止，当然，员工保留上诉的权利。在大多数的最后机会协议中，仲裁只具有有限的权限，如确定该雇主是否能证明雇员违反了协议要求中的任何一个（参见图表 12.4）。[38]

在申诉人在最后机会协议下工作时被辞退的情况下，整个工会胜利的概率下降了约 50%，而产生非一致判决的概率下降了约 40%。与此相反，雇主的胜算率从 50%左右提高到近 3/4。[39]

图表 12.4　　最后机会协议

1. 我理解并自愿接受我在公司的继续供职基于并受制于以下条款：

2. 我同意加入职工援助项目和/或由职工援助项目证明或推荐的获得认可的康复项目。

3. 作为我继续供职的条件之一，我将遵守康复项目中所有的要求以达到理想的结果，其中包括但不限于参加所有必须出席的会议。

4. 我同意在职工援助项目如此要求时让我的配偶及成年子女参与我的康复项目。

5. 我理解我当下的表现受到紧密的监视直到我返回工作岗位，我将这种监视作为我康复过程中有助益的部分，并允许对我名下所有的财产进行检查。

6. 我了解当我回到工作岗位时，我必须服从所有成文的工作表现的要求标准，并在出现符合要求标准情形的错误时，服从公司的惩戒程序。如果符合公司工作表现的要求标准，且解雇被判定为对过失的合适惩罚，我明确地认识到并同意公司不必满足其和工会达成的劳资谈判合同中适用于其他公司职工谈判组织的“正当理由”标准（如果对我适用）。

7. 我同意在合同期间进行公司于任何时间要求的酒精/药物测试。

8. 如果我必须出席的康复会议与我加班的时间表冲突，我同意放弃加班的权利。同样地，如果我的职工援助项目顾问决定，我的工作时间必须受到限制，以达到完成我康复任务的目的，我也愿意放弃我所有的加班，并且服从职工援助项目顾问为达这一目的的任何要求。

9. 从我返回工作岗位之日起，在我完成至少 24 个月的工作之前，我将服从康复协议中的条款，不制造任何协议（药物、酒精和工作表现）中的过失和事件。

10. 我同意这是我在受公司雇用期间的最后一次治疗和康复的机会。我也同意在今后的任何测试或抽样测验中，一经发现酒精、药物问题，或阳性药物（等于或高于 0.02 克/210 升，则酒精测试为阳性），公司将立即终止我的工作，即使发生在这一协议终结之后。我也理解阳性酒精和药物测试的构成。

11. 我授权职工援助机构、滥用药物康复中心以及其他所有卫生保健或保险机构向我的雇主提供一切有关我的康复进程的信息，以及其他可能与我的康复有关的记录。我不会对因这些机构和公司所提供的信息而产生的雇佣行为提出指控。

12. 我理解并同意我的复职和继续供职于公司视我满足以上要求而定。如果我没有履行其中任一条款，我将放弃属于我的抗辩权利和资源，并立即终止我在公司的供职。如果出现以劳资协议条款（如果适用）为依据的申诉并进入司法仲裁程序，仲裁员仅有权对是否违反该协议进行判断。如果有违反该协议的行为，则解雇条件成立。我已认识到并同意，一旦我违反该劳资协议当中的条款，我将无权申请最终判决。

职工签名：
日期：
公司代表签名：
日期：
工会代表签名：
日期：

有一份研究报告对一家工厂进行的调查持续了超过 15 年，该报告显示最后机会协议在大多数案件中都是有效的。绝大多数签署最后机会协议的雇员重新回到工作岗位以后至少在短期内能够有效地遵守工作条例。因为代替被解雇的雇员可能需要花费很高的成本，并且不能保证新招聘的雇员的工作能力高于被解雇的雇员，所以对雇员、雇主以及工会来说，实施最后机会协议的战略似乎是公平、公正的。[40]

纪律处罚和减轻处罚的情况

如果对一个雇员的纪律处分被上诉到仲裁员处，那么这个仲裁员必须决定雇主在已知证据下对雇员进行这样的处罚决策是否合理。

在作出判决的时候，仲裁员使用几条仲裁原则来考虑管理人员的解雇决定（见随后的“劳动关系实践”专栏关于典型案件的示例）是否正确。这些仲裁原则是这些年来基于实践逐渐建立起来的。仲裁员通常考虑**减轻处罚的情况**（mitigating circumstances），基于下列三个假设中的一个，可以减轻管理人员作出的处罚（例如，把解雇改为停职）：

(1) 某个问题的产生也包含管理人员的因素，因此其必须承担雇员不当行为的一部分责任。

(2) 该案件的情况是如此特殊以至应该怀疑这种情况以后会不会再次发生。尤其是，如果管理人员使用纠正措施代替解雇决定，发生的可能性更小。

(3) 个人因素（例如婚姻上的因素、经济上的因素或者滥用药物的问题）导致一位精神压抑或者麻烦缠身的雇员触犯雇员纪律（例如旷工、不良的工作表现或者不听从管理人员的命令）。因此，一旦个人问题确定并得到解决，该雇员将不会继续触犯公司规定。

(4) 工作记录，尤其是长期工人和表现优秀工人的工作记录。

关于减轻处罚的情况的第一个仲裁假设，我们可以假设这样一个案例，即管理人员给某位雇员提供了有问题的工具和生产设备，后来却因该雇员生产效率低下而处罚他。关于减轻处罚的情况，我们可以发现更常见的例子，比如说管理人员激怒雇员，使该雇员在身体上或者语言上与管理人员发生冲突。在一份有代表性的解雇申诉中，仲裁员让一位因殴打管理人员而被解雇的雇员复职。在该案件中，被殴打的管理人员向其他雇员询问该雇员的妻子是否忠诚于该雇员的问题。[41]

管理人员不管是公开地还是私下地纵容在公司发生的雇员触犯工作条例的行为，其也要对雇员的错误行为负一定责任。与此相关的案例包括管理人员发现雇员正在参与对公司不利的行为，却不试图阻止这种情况发生，到后来因雇员的这些行为而对雇员实施纪律处罚，或者管理人员鼓励雇员以提高生产效率的名义触犯质量标准。

当不平常的事情出现的时候，相应的另外一些减轻处罚的情况也会出现。比如，当一个职员没能完成一个生产轮班的时候，他就会被反复地警告，还会因没能向经理汇报缺勤而暂停工作。在最后一次暂停职务时，这些积怨会告诉给被暂停职务者，如若再次违背，结果就是被解雇。暂停职务一个月后，职员要是再次没向经理报告缺勤，在随后上班报告的时候也就是被解雇的时候。职员抱怨他的妻子，因为他妻子突然严重的疾病使得他很担心，外加病房里没有电话，导致他没能提前向经理汇报缺勤。这里，管理人员遵从渐进式雇员纪律原则；然而，如果仲裁员认为情况特殊，管理人员没有理由认为未来还会发生，解雇就可能被忽略。

仲裁员通常考虑减轻作为工会官员的公司雇员受到的处罚。和其他雇员相比，作为工会官员的雇员通常拥有特别的权利和权限，尤其是当他们处理工会事情的时候。许多仲裁员把工会干事和公司领班在工会事情的讨论上视为组织上平等的力量。因此，如果在这些申诉会议上发生言语冲突，仲裁员通常会给工会干事留下回旋余地，而具有同样行为的其他雇员可能会因不服从管理人员而被解雇。

工会官员可能也负有与权利相对等的更大的责任。例如，如果工会官员没能阻止雇员的野猫式罢工行为，仲裁员和国家劳动关系委员会主张对工会官员实施比实际参与罢工事件的雇员更加严厉的纪律处罚。这些不同标准的处罚暗示工会干事应该更加了解禁止野猫式罢工的合同规定，因此应该承担保证公司生产在劳动合同期限内不被打断的责任。

也许在关于解雇的案件中最常用的减轻处罚的情况是雇员的工作记录。仲裁员可能考虑让一位因触犯工作条例（例如，工作条例禁止雇员不服从公司管理人员的命令）而被解雇的雇员复职，如果该雇员在公司里保持长时间的良好工作记录。在这种情况下，仲裁员认识到该雇员很有可能恢复到原来的工作习惯，因此极有可能判决该雇员在没有欠薪的条件下复职，而原来的解雇决定将代表一次停职处理。一份研究报告显示，解雇资历浅（在公司内工作的时间少于 2 年）的雇员比解雇具有 11 年以上工作资历的雇员更有可能得到仲裁员的支持。[42]

从第三个仲裁假设中可以发现最复杂和最有争议的减轻处罚的情况。许多管理人员认为仲裁员在处罚雇员的案件中过度使用解释合同内容的仲裁权力，并承担了神父、健康医生和心理医生的角色。仲裁员指出虽然在合同中没有要求，但是管理人员有教育雇员的责任。一位仲裁员承认他和他的一些同行在没有什么医学或科学依据的情况下，都强调应该谨慎对待麻烦缠身的雇员、滥用酒精的雇员：

> 很奇怪，已公布的关于滥用酒精的仲裁判决很少区分正常饮酒、超量饮酒和酒精中毒之间的不同——在心理健康领域中，这些区分是很重要的。另外，虽然数以百计的仲裁判决都接受一种普遍看法，即酒精中毒是一种饮酒“缺乏控制”的“疾病”，但是我相信当仲裁员作出判决（包括我自己的判决）强调酒精中毒时，并不真正理解酒精中毒作为一种“疾病”的含义。即使在有关仲裁的著作当中，关于酒精中毒也很少取得一致看法，它到底是一种医学的疾病、一种社会失调现象或者什么复杂的综合现象，还是它具有自然而然的发展过程和单一的致病原因？[43]

◇劳动关系实践

雇员的不当行为案例以及在雇员纪律案件中应考虑减轻处罚的因素

辱骂行为（一种不服从管理人员命令的行为）在下列情况下成立：雇员亵渎管理人员，给管理人员取绰号或者和管理人员发生语言冲突。雇员的辩护理由包括：(1) 没有恶意或者愤怒的情绪；(2) 是由管理人员激起的；(3) 所使用的言语是经常在该部门使用的“行话”。[a]

攻击管理人员包括滥用语言的或者肢体的方式贬低管理人员，破坏管理人员的权威，引起恐惧或者导致受伤。取消雇主制定的处罚决定的理由包括：错误的严重程度；管理人员的挑衅；雇员的状况，例如精神状态；雇员的工作记录和资历；缺乏可信的证据证明发生了不当行为；违背合同的或者法定诉讼程序的要求。[b]

与酒精相关的处罚在下列情况下成立：雇员在工作时间喝酒，在单位持有酒，或者醉意浓浓地做工作报告。问题可能涉及是否存在雇员正醉酒的“合理怀疑”，雇员拒绝进行酒精检测，雇员没通过酒精检测，雇员在工作时间喝酒或在单位持有酒，或者下班后喝酒，然后醉意浓浓地做工作报告。另一种考虑可能是最后机会协议，该协议包括雇员为了继续在单位工作必须遵守的条件，如临时药物检测、酒精检测，参与康复

项目。[c]

药物检测问题包括：药物检测程序是否就位；药物检测是否随机或者来自合理的理由（如闻大麻烟及其附属品，或者古怪的行为）；要求药物检测是否有明确且合法的依据；药物检测程序是否公正、一致、准确，并且符合雇员私人权利；在最后机会协议下，随机检测引起了药物检测；是否在返回去工作或者在随机药物检测之前，在职责检测期间进行药物检测；没有通过检测是否算第一次冒犯；雇主是否支持由运输部、美国联邦航空管理局或者联邦铁路管理局设计的安全敏感性工作。

伪造求职[d] 申请书行为在如下情况下成立：求职者在求职申请书上填写不正确的信息，以便获得工作。仲裁员考虑一个分为4部分的测验：求职者是否是有意的？是否对作出雇佣的决定很重要？是否对雇主很重要？当发现伪造时，雇主的处理方式是否正确，并且是善意的？出现下列情形可减轻处罚：雇员没有理解提出的问题或者作出了一个诚实的错误；雇员给出的答案和雇员完成工作的能力之间缺乏联系（关联）；雇员在很长的时间内工作很出色；当伪造行为被发现后，雇主的处理方式并不正确。[e]

在工作时间内斗殴行为在如下情况下成立：在工作时间内一位雇员在身体上攻击另一位雇员。制定禁止在公司内斗殴的规定被认为是雇主的正当利益，因为雇主有责任给雇员提供安全的工作环境。改变处罚的理由包括下列几条：雇员斗殴是由另外一位雇员挑衅激起的；雇员是另外一位雇员暴力行为的受害者；根据斗殴的性质，制定的处罚过于严厉；管理人员在某种程度上对这次斗殴事件负有一定责任；该雇员拥有长时间的良好工作记录，以前没有受到过处罚。[f]

当一个人因坐牢而不能汇报工作的时候出现了监禁这个词。在评估训导的数量时要考虑的因素有：合同中包含了没能履行职务这个术语，即是否职员被授予一些可以缺勤的规定，可以缺勤多久及具体原因；是否职员要通知管理者他将继续因忙碌而缺勤，以期之后能再次工作（如果缺勤而且没有和管理者说明，这会被认为是旷工），是否有一个完善的出勤控制方案或最后机会协议。减轻的因素包括：职员良好的工作业绩，职员就职时间长度，被训导的违规行为性质，对公司经营的影响力。[g]

不服从就是职员对遵守管理者直接命令的拒绝，职员总是当时遵守，随后表现得很苦恼。这里有一些限定性条件：职员的行为必须是心照不宣的、心甘情愿的、深思熟虑的；为了能让职员明白意思和目的，所给出的指令必须是明确的、清晰的；指令必须是与工作相关且合理的；指令必须是有关部门的领导人给出的；职员必须明白不遵守管理者直接命令的后果。但职员没有义务去遵循威胁其健康、安全或让其参与非法、不道德行动的指令。[h]

拒绝加班在如下情况下成立：在雇员按照工作计划表应该加班，或者因技术要求、紧急情况、短期劳动要求或操作的关联性而要求雇员加班的时候，雇员却拒绝工作。处罚决定可以因为下列因素减轻或取消：没有强调拒绝加班的后果；没有给出清晰的加班顺序；未能及时通知；没有执行渐进式纪律原则；以前没有相关的工作条例；雇员因为合理的理由拒绝加班。[i]

破坏是指一个有动机或机会实行破坏的员工对公司的设备、机械及财产进行有意的破坏行为。破坏是一种犯罪行为，举证责任经常是超过证据的优势的。这些案例也许包括一些直接证据（目击者的说辞）或间接的但不能确认的证据。间接但不能确认的证据是，监管者看到职员一手拿着水管，一手拿着刀子。监管者随后观察到水管被割破了，但并没有看到是职员割破的。但是这个间接却不能确认的证据导致监管者得出这个结论——职员割破了水管。[j]

在工作中，一些职员会使其他职员的工作环境变得很不利，其中就有性骚扰行为。仲裁员评估这些所谓的不端行为是严峻的还是普遍的，以及惩罚遵循正当理由处罚因素的程度[k]（见图表 12.2）。

罢工的不当行为在如下情况下成立：向不同意罢工的雇员直接使用暴力，或者罢工工人损害不罢工工人的财产。能够更改处罚决定的因素包括下列几条：雇员行为本质上并不恶劣或者不怀有恶意；雇员只参与单一的暴力事件；对雇主—雇员关系没有造成伤害；有人挑衅雇员，使该雇员在被激怒的情况下作出不当行为；出现了特殊的或者歧视性的处理方式；雇员拥有长时间的良好工作记录或者长时间的工作资历。[l]

当一个员工工作迟到，在工作开始的时候没有准备好，或者在预定的工作开始时间内没有进入工作状态，就会出现延迟状态。决定处罚程度时所考虑的因素为对迟到行为的界定，即迟到了多少次，超时了多少，在一些情况下，要考虑处罚的合理度。[m]

资料来源：[a] Stanley J. Schwartz, "Insubordination: A Cardinal Sin in the Workplace," *Labor Law Journal*, 48 (December 1993), pp. 756 - 770.

[b] Margaret A. Lucero and Robert E. Allen, "Aggression against Supervisors," *Dispute Resolution Journal*, 53 (February 1998), pp. 57 - 63.

[c] Donald J. Petersen, "Arbitration of Alcohol Cases," *Journal of Collective Negotiations in the Public Sector*, 29 (3) (2000), pp. 175 - 193.

[d] Carrie G. Donald and John Ralston, "Company Labor Awards in Drug-testing Cases Involving Public and Private Sector Employers," *Dispute Resolution Journal*, 64 (1) (2009), pp. 72 - 80.

[e] Donald J. Petersen, "Trends in Arbitrating Falsification of Employment Application Forms," *Arbitration Journal* , 47 (September 1992), pp. 36 - 37.

[f] Margaret A. Lucero and Robert E. Allen, "Fighting on the Job: Analysis of Recent Arbitration Decisions," *Dispute Resolution Journal*, 5 (August 1998), pp. 51 - 57.

[g] William J. Walsh, "Is Incarceration a Good Enough Excuse for Missing Work? A Survey of Arbitration Decisions," *Journal of Collective Negotiations in the Public Sector*, 32 (2) (2008), pp. 117 - 131.

[h] Norman Brand (ed.), *Discipline and Discharge in Arbitration* (Washington, D. C.: Bureau of National Affairs, 1998), pp. 156 - 161.

[i] Donald J. Petersen, "Arbitration of Employee Refusal to Work Overtime," *Dispute Resolution Journal*, 52 (January 1997), pp. 21 - 27.

[j] Donald J. Petersen and Harvey R. Boler, "The Arbitration of Sabotage Cases," *Employee Relations Law Journal*, 30 (Winter 2004), pp. 52 - 64.

[k] Mollie H. Bowers, W. Sue Reddick, and E. Patrick McDermott, "Just Cause in the Arbitration of Sexual Harassment Cases," *Dispute Resolution Journal*, 55 (November 2000/January 2001), pp. 40 - 85.

[l] Donald J. Petersen, "Arbitrating Cases of Employee Misconduct in Work Stoppages." *Dispute Resolution Journal* , 5 (February 1998), pp. 44 - 52.

[m] Donald J. Petersen, "The Arbitration of Tardiness Cases," *Journal of Collective Negotiations in the Public Sector*, 29 (2000), pp. 167 - 174.

在15%的违纪案件中，仲裁员因雇主没有提供适当的程序标准而推翻雇主的纪律处分。雇主犯下的程序性错误包括：没有遵循渐进式纪律原则；没有坚持合同中规定的要求；对雇员代表权的否认；公布处罚决定之前延迟太长时间；没有给出雇员不当行为的正式处理决定。[44]

解雇决定和公共政策之间可能出现的冲突

违纪案件仲裁中的一条普遍规则是申诉双方都把仲裁判决作为最终的解决办法。如果雇主证明了解雇决定具有正当理由，那么仲裁员将支持雇主的解雇决定。如果雇主不能证明解雇决定具有正当理由，那么被解雇的雇员可能会带着全部的欠薪重新返回工作岗位。在涉及性骚扰案件的正当理由时，仲裁判决的最终效力就变得更加复杂了。当公司对所谓的性骚扰事件进行处理，并且申诉人提出申诉之后，仲裁员可能使用正当理由这种传统方法。这样，仲裁员可以就该申诉举行一个必要的申诉听证会，并且假定申诉人是无辜的。另外，仲裁员可能考虑该行为的严重性、雇员的工作记录和纪律记录、工作的时间长短、复职的可能性、对该案件的正确调查以及减轻处罚的情况等。然而，如果仲裁判决违反了一个重要的公共政策，那么法院可以推翻仲裁判决。因此，如果法院发现某雇员在工作中涉及非法的性骚扰行为，就可以推翻仲裁员作出的仲裁判决。[45]

法定诉讼程序和温加滕判决

法定诉讼程序（due process）包括实质方面和程序方面。实质的法定诉讼程序关注工作条例的目的或者基本原理，以确保管理人员没有任意地处罚或者解雇雇员。实质的法定诉讼程序可以在前面已经讨论过的雇员纪律的目的和组成元素中反映出来。

劳动合同内容中法定诉讼程序方面包括：

- 程序存在规范，可以被了解、预料到，不是随意的。
- 适用于所有员工。
- 包括工会代表权、呈现证据和辩驳权利、对处罚的知情权，以及相关信息的知情权。
- 事实调查过程和听证的公正。
- 免于报复。
- 实际可行的隐私权和保密权。[46]

写在劳动合同中的法定诉讼程序要求的内容还包括：

- 纪律程序将遵循确定的时间限制，该时间限制在劳动合同中得到了详细说明。例如，如果3年都没有处罚，那么之前的处罚记录将被清除。
- 当管理人员作出处罚决定后，给予雇员一个申辩的机会（为自己辩护），员工有权利让工会代表自己的利益。
- 应该向雇员书面通报该雇员所触犯的具体工作条例。

法定诉讼程序的另一个因素，即书面通知，给管理带来了一些问题，也是劳动关系代表参与处罚进程的主要原因。比如，一个员工和他的监管者陷入激烈的争论且拒绝某个分配的任务，对监管者说些污言秽语，监管者是有权对这些污蔑他的职员进行监管的。一旦这个指控变为书面文字，管理人员就有必要使仲裁员相信这个处罚是有训导条例作为依据的。但是如果在这个案子中污言秽语被认为是当地的平常话，那么仲裁员也不容易办理。在这个例子中，管理人员以职员严重的违规行为——不服从（拒绝遵循上级的指令）——为由作出处罚决定的做法将更明智。由于一旦管理人员将违规行为写成书面材料并转递给申诉人，管理人员将很少有机会去改动它，所以在指控被转化成书面材料之前，通常会有一位产业关系部门的人员在场提供咨询或者指导。

另一个法定诉讼程序的相关因素是双风险——对雇员作出比初次决定更加严苛的处罚。反对双风险的理由是管理人员所作出的任何决定看起来都像是最后的，因此，在查明所有的相关因素、决定违规的严重程度之后再做决定是很重要的。如果在第一个案例中管理人员清楚地告知了申诉者他所采取的行为已处于违规边缘、将引致高管进一步的调查，那么管理人员就可以避免双风险问题。在通常情况下，后续调查的结果将是仲裁员无力反驳的解雇。法定诉讼程序的最后一个要素是对雇员档案的保密，比起不记入档案，仲裁员认为这种做法对违规雇员更不利。

一个仲裁员指出有三种可选择的情况，仲裁员可以采取程序性或者法定诉讼程序的不规则进程。

（1）除非严格地服从程序性的要求，否则所有的行为都是无效的。（2）要求中有意义的仅限于雇员因没能服从而遭受的偏见。（3）这些要求是很重要的，任何不服从都是要受到处罚的，但所采取的措施不必被认为无效。[47]

仲裁员倾向于第三种选择，原因是管理方应该承受错误的后果，但并不是要管理方对一个严重违规的人免责。

法定诉讼程序也包括美国劳资关系委员会决议和最高法院温加滕判决提出的工会代表权。下文将详述温加滕判决，因为它阐述了第1章所提到的劳资关系模型（见图表1.2），也因为它阐述了第四个参与者，政府，对劳资关系的影响。

温加滕判决是关于一位雇员的纪律处罚。该雇员被认为仅触犯了一条工作条例，即只对拿出商店的食物的一部分付了费。在和管理人员的会谈中，该雇员一再要求工会代表出席以代表自己的利益，但是管理人员拒绝了该要求。后来管理人员发现该雇员对事件的描述是基于事实的，但是在该雇员带有情绪的陈述中，她承认在一段时期内从商店拿走过免费午餐（总价值160美元左右），而且一位管理人员和其他许多雇员有时候也从商店拿走免费午餐。最后她没有因拿走免费午餐而受到处罚；但是，她向工会代表讲述了该事件，并且提出了一份关于不当劳动行为的申诉。国家劳动关系委员会认为，管理人员拒绝雇员工会代表权的行为确实触犯了申诉中提出的不当劳动行为，违反了《国家劳动关系法案》（第3章讨论过）第8条（a）（1）款。当雇员认为管理人员的调查有可能导致对雇员的处罚时，管理人员必须按照雇员的要求为其提供工会代表权。但是，雇主没有法定权利要求和出席会议的工会代表进行谈判。

国家劳动关系委员会的温加滕判决被上诉到法院，并且最终得到了最高法院的支持。该判决的基本原理部分是基于工会官员在公司的违纪事件调查中的潜在作用：

> 当雇主调查某些行为是否应该受到纪律处罚时，单独面对雇主调查的单个雇员可能会由于过于害怕或者不善于表达而不能准确叙述被调查的事件，或者由于不了解相关规定而不能提出减轻处罚的因素。熟悉相关法律、规定的工会代表可以通过提出有利的因素而给雇主提供帮助，并且通过出席会议调查事实真相为雇主节省时

间。当然，(工会代表的）出席不需要把会议变成一场针锋相对的斗争。[48]

关于雇员的工会代表权，先前的仲裁判决为最高法院的司法判决奠定了基础。布伦南法官阐释说："即使在劳动合同中没有明确地提供这种权利，'具有牢固基础的仲裁权力'也能够决定雇员拥有工会代表权，让工会代表出席公司关于纪律调查的会议，因为雇员有理由相信该会议可能导致对自己不利的纪律处分。"[49]

最高法院规定：如果雇员有理由相信关于纪律调查的会议可能导致对自己不利的纪律处分，那么雇员拥有合法的权利来要求工会代表出席会议。最高法院和国家劳动关系委员会采用了几条原则，如图表 12.5 所示。

图表 12.5　　温加滕权利的应用

1. 雇员的工会代表权源于《劳资关系法案》第 7 条，该条款允许雇员参与互助和保护的集体行动。

2. 只有雇员要求代表权，温加滕权利才能实现；雇主没有义务就工会代表权提醒雇员。

3. 在要求工会代表出席之前，雇员必须有理由相信随后可能有对自己不利的纪律处分。

4. 如果雇员拒绝接受调查，雇主要求由工会代表雇员出席的请求也被驳回，那么雇主可以在没有该雇员参与的情况下继续调查。

5. 在调查期间，雇主没有义务与雇员的工会代表谈判。

6. 如果雇员要求工会代表出席，雇主拒绝了雇员要求工会代表出席的请求并继续调查，该调查将被视作非法的，并且通过调查所获得的任何信息，甚至如承认偷窃这样的不端行为，在随后的程序（如仲裁）中都是无效的。不用困惑，这样的原则不证明雇员没有错，只是雇主必须用其他证据证明雇员有错。例如，另一位雇员可能愿意作为证人证明该雇员作出了偷盗行为。

7. 如果管理方已经决定作出处罚，调查的目标是和雇员沟通处罚决定，那么不适用温加滕权利。

资料来源：Neal Orkin and Miriam Heise, "Weingarten through the Looking Glass," *Labor Law Journal*, 48 (March 1997), pp. 157 - 159. #1994, 1997, &2000, CCH Incorporated. All Rights Reserved. Reprinted with permission from Labor Law Journal.

温加滕判决同样驳斥了公司的另外一个主张，即只有在公司已经作出处罚决定之后工会代表权才是必要的。最高法院认为这种处理方式可能会削弱工会代表权的价值，并且使雇员在以后的申诉程序中为自己辩护变得更加困难。国家劳动关系委员会的案例指出，如果雇主只违反了温加滕权利，那么源于正当理由被解雇的雇员不能被复职。这意味着，如果公司有证据（证据来自外部资源而不是非法会议）证明雇员违反了公司条例，那么解雇成立。

工会与员工关于温加滕权利的交流

工会不断试图告知员工他们有温加滕权利。这些权利不仅对员工个人很重要，这些个人需要由有经验的工会代表代表，而且行使这些权利是发挥工会代表会员作用的一个重要组成部分。例如，一个工会提供了钱包大小的卡片，让员工携带它们（见图表 12.6)。美国卡车司机工会已经在其网页上推出了意识测验，这些测验主要是关于温加滕权利，用以更好地指导员工（见图表 12.7)。

国家劳动关系委员会有很悠久的历史，它可以扩展或解除无代表员工的权利，即关于在雇员有理由认为可能会受到纪律处分的调查会议上，要求由同事陪同出席的权利。

2000年7月10日，国家劳动关系委员会决定：温加滕权利应扩展到在不属于工会的工作场所工作的员工，在雇员有理由认为可能会受到纪律处分的调查会议上，向他们提供代表员工。[50] 然后，在2004年，国家劳动关系委员会（大部分委员由总统乔治·W.布什任命）再次以失败告终，回到了1985年时的状况。这意味着，根据美国最高法院的温加滕判决，目前无代表员工不享有有代表员工的同等权利，有代表员工的权利由工会保证。[51] 图表12.8显示了自1982年以来，国家劳动关系委员会是如何改变无代表员工温加滕权利的立场的。奥巴马总统执政时任命了大多数委员，国家劳动关系委员会的政策可能会再次发生变化。

在温加滕权利被扩展到不属于工会的员工的岁月里，几个有趣的问题已经被提出来。第一，对于国家劳动关系委员会自1975年最高法院温加滕判决以来所发展起来的规则是否适用于非工会的情形产生了质疑。例如，当一名管理人员召集会议的唯一目的是传达一个预先确定的纪律处分时，工会员工并不享有工会代表权。

图表12.6　　温加滕卡片：没有它时，请不要离开家

"如果这个讨论可以以任何方式，使我被处分或被解雇，或影响到我个人的工作条件，我将要求我的UE干事或工会官员出席会议。如果没有代表，我选择不回答任何问题。"

（这是我的权利——温加滕权利。）

资料来源：http://www.ranknfile-ue.org/stwd_wei.html.

图表12.7　　温加滕权利测试：互动练习

检查你的温加滕意识，选择你认为正确的答案。

1. 工会干事看到一个员工在主管的办公室接受采访。他是否应该要求参加？

A. 是

B. 否

2. 拉里被问到有关在工作场所盗窃的信息，并被要求提供有关他的同事罗杰——涉嫌盗窃的信息。拉里是否应该找工会代表？

A. 是

B. 否

3. 管理方要求员工递交尿检。温加滕权利是否适用？

A. 是

B. 否

C. 是或否

4. 管理方是否可以强制员工放弃一个温加滕要求？

A. 是

B. 否

5. 员工被喊进他上司的办公室，但工会干事正在休假，员工是否可以坚持把采访推迟到工会干事返回？

A. 是

B. 否

6. 我是一个工会干事。如果我的上司要和我讨论与我的工作有关的问题，我可以带上我的首席工会干事吗？

A. 是

B. 否

7. 在一个调查采访中，员工可以索要律师吗？

A. 是

B. 否

8. 工厂经理给在家里的员工打电话，询问丢失的工具，员工是否必须回答？

A. 是

B. 否

9. 经理否认员工的温加滕权利，但继续询问问题。员工是否可以直接离开？

A. 是

B. 否

C. 在某些情况下可以

10. 在测谎检测期间，温加滕规则可否被违背？

A. 是

B. 否

11. 当工会干事不在场时，管理方是否可以命令员工打开他或她的更衣室？

A. 是

B. 否

12. 如果管理方要求员工签署接受警告协议，管理方是否必须经工会代表同意？

A. 是

B. 否

看你能得多少分，进入 http://edu. teamster. org/quizzes/weingartenquiz. htm。

资料来源：http://edu. teamster. org/quizzes/weingartenquiz. htm. Reprinted by permission.

第二，由谁担任证人的问题。虽然这个扩展非工会员工的温加滕权利决定，是指由一个同事作为证人，但可能会出现一个问题：员工能否让他或她的律师作为证人？可否与其他主管打电话？如果员工想带一个同事，而该同事正在针对同一不法行为接受调查怎么办？如果员工需要一个同事，但该同事并不能前来，例如已经被裁或正在度假，或已被暂停职务并接受更彻底的调查，又该怎么办？

图表 12.8　　对于员工温加滕权利，国家劳动关系委员会策略的演进

1975 年，美国最高法院裁定，当员工认为调查采访可能使自己受到纪律处分时，工会员工有要求工会代表出席的权利。参阅 *NLRB v J. Weingarten, Inc.*，420 U. S. 251。

1982 年，该委员会认为，无代表员工享有温加滕权利。（因为《国家劳动关系法案》第 7 条给予员工参与互助活动和保护协定的权利。）参阅 *Materials Research Corp.*，262 NLRB 1010。

1985 年，该委员会推翻了前面自己作出的决定，认为无代表员工没有温加滕权利，因为这些权利源于工会权利和温加滕权利，只有当有独家谈判代表（工会）时才能扩展到无代表员工。参阅 *Sears Roebuck & Co.*，274 NLRB 230。

1985 年，温加滕权利并不适用于非工会情形。参阅 *E. I. DuPont De Neumours & Co.*，289 NLRB 627（DuPont Ⅲ）。

2000—2001 年，该委员会再次推翻了前面自己作出的决定，认为无代表员工享有温加滕权利。当员工相信调查采访可能会使自己受到纪律处分时，雇员享有带一个同事出席调查的权利。参阅 *Epilepsy Foundation of Northeast Ohio v. NLRB*，331 NLRB 92。后由以下案件推翻：U. S. Circuit Court of Appeals，No. 00-1332（November 2，2001）2001 U. S. App. LEXIS 23722 (D. C. Cir. 2001)。

2004 年，这是国家劳动关系委员会第四次改变其立场。参阅 *IBM Corp.*，341 NLRB 148（2004 年 6 月 9 日），该委员会裁定，按照美国最高法院的决定给予非工会工人温加滕权利，但没有延伸到无代表员工。

资料来源：Michael J. Soltis and Alexandra M. Gross，"Weingarten Redux：An Employer's Manual，" *Labor Law Journal*，51（Winter 2000），pp. 179－180；James F. Morgan，James M. Owens，and Glenn M. Gomes，"Union Rules Intrude upon the Nonunion Domain：Workplace Investigations and the NLRB，" *Employee Responsibilities and Rights Journal*，14（March 2002），p. 36；"Weingarten Rights，Labor Law and Due Process，" Center for Labor Relations and Research，Pearl City，Hawaii，University of Hawaii，West Oahu，http：// www. homepages. uhwo. hawaii. edu/clear/wein. html，pp. 1－2.

第三，证人在非工会中的作用问题。在工会设置中，工会代表可要求澄清问题，并与员工协商。如果存在情绪对立，工会代表将努力平息情绪。在工会设置中，工会代表需具备申诉程序的知识，以往的各种做法的经验，能够向公司清晰地说出"工厂习惯法"。毫无疑问，同事不会有这样的知识和专长。事实上，同事可能不愿意充当证人，因为他可能害怕雇主报复，而同事则得不到保护，因为没有工会或集体谈判协议提供保障。

第四，当员工维护自己的温加滕权利，并请同事作为证人时，关于雇主的行为问题。雇主的其中一个选择，是简单地授予请求；这可能是适当的，当有同事在场时，可能对调查有利。第二个选择是停止采访，不采访涉嫌员工，但继续调查。如果雇主拒绝了雇员要求同事出席的要求，并继续采访，该采访将被视为非法采访，在采访中了解到的信息不可以用来支持违纪行为，用人单位可以通过其他渠道发现真相，惩罚员工，而不能通过采访。此外，如果员工被认为很是随意散漫，则员工可能以"任何理由或没有理由"而受到纪律处分，并且员工可能将无法获得申诉程序或其他形式的保护。[52]

对雇主来说，第五个难题是同事代表的工资。在工会情形中，集体劳动协议通常涉及是否对工会官员花在工会代表活动上的时间进行支付以及以什么比率支付。在非工会情形中，因为没有集体谈判协议，雇主可能会试图将调查放在下班以后，从而可以避免这个问题。那么雇主可以争辩说，同事代表不享有任何报酬权，因为雇主没有要求同事参加调查，该同事代表出现在调查现场，是由于被调查员工的请求。[53]

本章小结

从许多方面来看，雇员纪律代表了在劳动合同管理中最重要的日常事项的管理。对工会和管理方来说，雇员纪律的管理是和公司管理及生产相关的一个关键因素；一线管理人员和受纪律处罚的雇员甚至受到了更直接、更私人的影响。

虽然 20 世纪初心理学的发展和效率运动要求管理人员小心谨慎地处理雇员纪律政策，但是直到 20 世纪 30 年代，管理人员还拥有单方面处罚或解雇雇员的权力。一些管理人员认识到雇员代表着公司的一项投资，武断的处罚行为可能给公司带来不必要的损失。这些人认识到他们有责任为雇员提供清晰的工作条例和正确的培训，以尽量减少纪律问题的数量，努力提高雇员的生产效率。国家劳动关系委员会的成立进一步限制了雇主的雇员纪律政策，当雇员因参与工会活动而被解雇时，可以拿着全部欠薪重新复职。

工会化企业的雇员处分必须具有正当理由。正当理由的概念包含几个方面的内容。管理人员承担举证责任，以证明某位雇员确实触犯了雇员纪律。虽然雇员纪律能够实现组织的几个目标，但是管理人员可能不得不证明采取处分行为是为了纠正雇员的不当行为。纠正措施意味着工作条例的内容必须清楚无误，而且雇员必须了解工作条例的内容以及触犯工作条例的后果。工作条例还必须具有合理性——必须和工作相关——而且，必须对在类似情况下触犯工作条例的所有雇员一视同仁，保持工作条例的一致性。

雇员纪律对纠正目的的强调也意味着应该对反复触犯同一工作条例的雇员实行渐进式或更严厉的处罚。渐进式雇员纪律能够让雇员深刻地了解反复犯错的严重性，同时向雇员提供额外的机会让雇员在工作中改正自己的错误行为。除非犯规极可耻，如偷窃公司财物，通常来说，管理人员在雇员第一次触犯工作条例时必须向雇员提出一次口头警告，以后雇员再次触犯类似工作条例时提出一次书面警告，再然后是停职处理。解雇雇员是最后的处理手段，只有当其他所有纠正措施都遭到失败后才能够使用，或者当雇员的行为是如此恶劣以至其他任何形式的纠正措施都不适用于处理该行为时，才可以直接使用解雇的处理方式。

管理人员还必须证明对雇员的处罚适合于该雇员犯下的错误，并且在作出处罚决定之前已经考虑了所有可能减轻处罚的因素。管理人员还必须在纪律性程序中向雇员提供法定诉讼程序；也就是说，必须确定在处理过程中支持、使用正确的合同条款。雇员通常都拥有工会代表权以及有权通过书面被告知自己的不当行为。

美国最高法院裁定，在调查采访中如果员工有理由认为调查可能导致自己受到纪律处分，员工拥有合法权利——温加滕权利——要求有工会代表出席。由于这一判决，国家劳动关系委员会通过案件判决向当事人提供了指导。过去很多年国家劳动关系委员会的政策已经改变了，导致在使用中出现了几个问题。工会试图通知其成员如何使用温加滕权利。

关键术语

解雇	错误解雇	正当理由
优势证据	明显的、令人信服的证据	确定无疑的证据
价格表	渐进式雇员纪律	口头警告
书面警告	停职	最后机会协议
减轻处罚的情况	法定诉讼程序	

讨论题

1. 对工会和管理人员来说，雇员纪律为什么是最重要的事项？描述雇员纪律的重要性在不同时期如何发生变化。

2. 一份工会的报纸宣传工会是如何挽救了一位雇员的工作。该雇员属于技工的级别，因拒绝服从管理人员突然单方面作出的要求技工必须从事安全警卫工作的规定而被解雇。给定以上情况，讨论该处分行为的一些可能理由，并且指出仲裁员为什么可能会不支持管理人员，并且认为管理人员的处分行为不是基于正当的目的。（你可以在你的答案中随意作出假设。）

3. 具体解释管理人员在管理下列某个工作条例时可能遇到的困难，以及如何才能与本章中讲述过的纪律原则相一致。该工作条例是："醉意浓浓地上班的雇员都将被解雇。"

4. 指出劳动合同中的雇员纪律价格表（见图表 12.3）的相对优缺点。指出这个只有一句话的合同规定的相对优缺点："管理人员有权出于正当理由处罚或者解雇雇员。"

5. 虽然仲裁听证会上使用的证据不是司法审查的对象，但是这些证据仍然有很大的复杂性。当仲裁听证会涉及一位因工作时间抽大麻而被解雇的雇员时，讨论可能与该听证会相关的需要考虑的事项。

6. 假设你负责为管理雇员纪律的一线管理人员制订一个训练计划。根据一线管理人员在纪律程序中的潜在工作角色，陈述、讨论你将在该计划中强调的三个主要原则。

案例 12.1 无限期停职是否存在正当理由

◈背景

2006 年 3 月 30 日，戴维·盖茨（David Gates）由于被指控犯有阴谋非法传播二类毒品以及非法持有六类大麻两项罪行被逮捕。

2006 年 3 月 31 日，工厂经理杰米·科尔伯特（Jamie Colbert）先生在给盖茨先生的信中写道：

> 谨以本信通知您，由于您被指控犯有阴谋非法传播二类毒品和非法持有六类大麻——两项行为在田纳西州皆为重罪——而被逮捕，因此除非另行通知，从今日起您已被停职。
>
> 您之后的雇佣状态取决于以上两项指控的处置结果。

2006 年 4 月 3 日，345 地方工会的副主席埃迪·艾伯特（Eddie Albert）先生提出以下申诉：

> 步骤 1：申诉声明。
>
> 盖茨先生于 2006 年 3 月 31 日被停职。工会要求恢复盖茨先生的职位，并赔偿其所有损失的工资与福利。

该申诉被驳回，工会提起上诉。在 2006 年 6 月 6 日，员工关系部的经理加里·福克斯（Gary Folkes）在信中表达了来自公司方面的回应：

> 公司有义务为所有员工提供安全的工作环境。从公司的立场出发认为申诉人对自身以及其他同事的安全具有重大影响，因此，除非法庭解除对其的罪行指控，不

应允许其返回工作岗位。驳回该申诉。

2006年6月19日，345地方工会的主席乔·布莱克沃特（Joe Blackwater）先生在回复福克斯先生的信中写道：

> 工会拒绝公司的答复，将申请仲裁。

◈问题

公司对申诉人的无限期停职是否违反了协议条款？如果是，需如何赔偿？

◈协议相关条款

第二章：管理权限

工会认同公司具有如下专属权利：对公司业务，包括对所有员工进行安排的权利；对所有工厂运营进行规划、安排以及控制的权利；对由于缺勤或出于其他正当理由对员工实行解雇的权利；建立、更改或者引进新的或改善过的生产方法或设施的权利；对员工进行聘用、升职、停职、降职、惩戒以及解雇的权利，除非本协议中有条款出于正当理由对此进行明确的限制。

由管理层施行的所有权利通常是且长期属于公司的专属特权，除非本协议中有条款对此进行明确的限制。

第十六章：行为准则

为了维护工厂的纪律，公司应有权制定准则，且在准则发布之后实施合理的工厂准则，不存在与本协议条款不符的情况。

惩戒措施的目的不在于惩罚，而在于防止违规人员之违规行为的再次发生。

如果公司发布一条准则，而工会认为该准则存在不合理之处，则需走申诉程序。

以下工厂准则的合理性已经得到各方的一致认同，且应按照以下惩戒措施概要执行。

注意：在劳动协议条款中公司没有放弃制定准则的权利。

C类：本类型覆盖了针对以下所列违规行为的惩戒措施：

初犯——解雇……

（10）犯有重罪

◈各方立场

公司

公司在声明中称，工会认为合同要求公司负有将盖茨留在工厂的义务。然而，公司认为合同中并未提到这点。犯有重罪的员工将会按照C类第10条的规定被终止雇佣关系。盖茨并未被公司终止雇佣关系，只是被停职。该合同为默示合同。因此，合同中的管理条款有效。管理条款内容为：

> 工会认同公司具有如下专属权利：对公司业务，包括对所有员工进行安排的权利；对所有工厂运营进行规划、安排以及控制的权利；对由于缺勤或出于其他正当理由对员工实行解雇的权利；建立、更改或者引进新的或改善过的生产方法或设施

的权利；对员工进行聘用、升职、停职、降职、惩戒以及解雇的权利，除非本协议中有条款出于正当理由对此进行明确的限制。

因此，只要停职行为属于“正当理由”的范畴，其申诉即可被驳回，而停职行为亦可成立。相关质询构成了各方关系与仲裁法律总体权利中的“正当理由”。

公司在声明中称，双方间的仲裁历史由来已久。许多对正当理由作出解释的案例都进行了仲裁。最近在对戴维·德鲁特（David DeRoot）解除雇佣关系的申诉中，对双方在本案例中的正当理由一词进行了最佳的诠释。在针对正当理由的分析中，仲裁员引用了斯托克汉姆管道配件公司［*Stockham Pipe Fittings Co.*，1 LA 160（1945）］案例中仲裁员麦科伊（McCoy）的观点，其观点对处罚情形下的正当理由进行了解释：

> 在证明存在歧视、不公正、随意或专制行为——存在裁量权滥用之行为——的情形下，仲裁员才可驳回管理层实施处罚措施的请求。

仲裁员确认了其在确认正当理由内容时的责任：

> 诚然，因为管理层一直坚称其具备正当理由，那么仲裁员必须对其证据进行客观的核查并确保管理层没有出现随意或专制的行为。

至于证据的必要性标准，公司称其并未对盖茨本人作出其是否有罪或无罪的判定。公司并未被赋予对被告人进行有罪或无罪判定的责任。仲裁中的问题也不是在讨论被告人是否犯罪，也不是在讨论申诉人是否被捕或被指控。盖茨被捕并被指控犯有罪行。仲裁中存在的问题是公司是否应该对被告人实行停职处理，直至其刑事指控结果出台为止。

公司称影响决定的唯一问题在于公司是否具有对其员工停职的正当理由。该员工不存在品行不端的指控，而是被指控犯有罪行，涉及极大数量毒品的严重罪行。其他员工曾报告盖茨在工厂中向他人兜售过毒品，但却没人愿意在仲裁听证会上作证。盖茨因持有约60磅大麻而被捕，而这类抓捕并非都是偶然。因此，对于盖茨的停职公司具有许多强有力的理由。

事实看起来自然是因为盖茨是一名贩毒者。防止其工厂出现毒品是公司的合法权益。公司显然对其工厂内可能的毒品使用与交易存在担忧。防止其工厂中存在一名受到指控的贩毒嫌疑人明显不属于随意或专制行为的范畴，而事实是盖茨明显存在贩毒行为，因此出于对其他员工安全的顾虑对该员工实行停职处理是合情合理的。受毒品影响的员工可能会导致其自身受伤，更重要的是，可能会导致工厂中其他员工受伤。

如果一名参与生产、驾驶叉车或操作重型机械的员工受到毒品的影响，可能会导致受伤甚至死亡的出现。在审判结果出台前，让该名被指控的嫌疑人员远离工厂设施显然不属于随意或专制的行为范畴。公司并未因该员工被指控而终止与其的雇佣关系，只是对其实行了停职。停职行为显然属于合理的处罚措施。

公司在声明中称，工会指出在1981年左右，一名名叫杰基·约翰逊的员工在受到指控后仍留在了工厂工作。尽管该无关事件已过去25年，但约翰逊在最后机会协议中被允许继续留在工厂工作的证据确凿无疑。公司并未对他实行雇佣关系终止或停职，而是允许他继续留在工厂。工会当时也是协议参与方，而该案例的非先例效应已明确地写在了相关文件的封面。约翰逊事件不可被认为是先例，而工会搬出此事引起仲裁员的注意并试图将其用作先例的行为十分可疑。工会主席布莱克沃特曾证实还有其他人员在等待判决期间被允许继续留在工厂（即未被停职）。然而，布莱克沃特却无法给出任意一名没有签订最后机会协议而仍被允许继续留在工厂的员工姓名。

在公司看来，工会认为既然公司让约翰逊签订了最后机会协议，那么，其理所当然也应当让盖茨签订最后机会协议。工会对最后机会这一概念出现如此明显的误解实在令人咋舌。1981 年，为了保住约翰逊的工作，工会没有就公司的解雇权说理。该公司放弃了终止对约翰逊的雇佣合同的权利，而工会认同了。现在，25 年以后，工会要求仲裁员进行裁决，公司不仅在 1981 年放弃了其终止约翰逊合同的权利，同时丧失了其对重罪的惩罚权利（比如，它有义务在未来向任何被指控犯有重罪的员工提供最后机会协议）。这种说法显然是荒谬的。

对约翰逊来说，最后机会协议对谈判的主体方是一个修正机会，并且对一个特定的员工（约翰逊）来说是一个应用。最后机会协议作为先例没有产生任何效果，并且没有改变双方之间的关系（除了受影响的员工），并且无法作为先例被考虑在仲裁内容里。最后机会协议是双方关系的一个书面修改；它修改了特定的员工或者最后机会协议中的员工的劳资协议。允许最后机会协议作为一个先例将终止最后机会协议的使用，从而丧失了通过使用最后机会协议要达到的有益目的。

公司表示，警方搜集到的证据显示乔·斯通（Joe Stone），盖茨家乡的一个朋友，打电话给盖茨并叫他去他女朋友特雷莎·克莱姆（Teresa Clem）家拿一个包裹。盖茨告诉警察，斯通把包裹快递到克莱姆家是因为斯通没有固定地址，斯通是个“流浪汉”。盖茨告诉警察很多年前在肯塔基州他就和斯通成了朋友。盖茨说当他从他女朋友家拿包裹的时候他并不知道里面有什么。盖茨作证说，几年前他就把斯通介绍给他的女朋友了。公司问道：“为什么斯通将包裹寄送到了相距 2 个半小时车程的盖茨的女友家？如果他希望盖茨把包裹给他，那么他为什么没有把包裹直接寄送到盖茨家呢？”这个故事显然是虚假的。

公司总结说：

> 公司对盖茨停职是因为盖茨以重罪被起诉。而且这不是一般的重罪，他被指控犯有与毒品有关的重罪。
>
> 该公司收到了大量的投诉，都是关于在工厂里使用和销售毒品的。盖茨的案例情景无疑表明他确实犯了罪，但那不是由公司确定的，公司也不具有对他有罪或无罪作出决定的权利。公司唯一关心的是将被指控有贩毒嫌疑的人拒于工厂大门之外。公司并不考虑员工持有少量大麻为个人使用的情形。盖茨的指控涉及约 60 磅大麻。这一庞大数量使得问题很明显：盖茨显然是一个毒贩，并企图销售大量的大麻。不负责任的公司才会允许别人如被告在其工厂工作，直到犯罪问题得出结论，正如不负责任的公司才会允许被指控犯有谋杀或强奸罪行的人在其工厂工作，等待判决的结果。从报纸可知，查获的大麻的黑市价格达到了 90 000 美元。出于安全和防止在其工厂的非法活动的原因，公司有合法的商业理由对盖茨作出停职决定，直到法院对指控作出判决。基于所有上述原因，该申诉必须被驳回。

工会

工会认为，盖茨已经被处分了很长一段时间（仲裁听证会已经过去了 9 个月），并且盖茨在被宣判有罪之前都应被推定为无罪。工会声称，根据 C 类第 10 条的规定，要求“犯有重罪”。盖茨没有被定罪。盖茨只是被逮捕和起诉，但没有被定罪。事实上，盖茨有一个良好的工作记录。工厂经理科尔伯特先生作证说，盖茨没有工作表现问题。

工会表示，公司曾经允许其他被指控犯有重罪的员工继续工作。工会提出，约翰逊虽然被指控犯有重罪，但是被允许继续在公司工作。此外，345 地方工会主席布莱克沃特先生发现了其他情况类似的员工——马文·霍尔登、鲍勃·库珀和特洛伊·洛德——他们虽然都被指控犯有重罪，但都被允许继续工作。

工会称，盖茨的非法药物检测呈阴性。他的个人储物柜和车辆已经被搜查，并没有发现违禁药品。

工会说，科尔伯特先生对盖茨作出了长期停职的决定。科尔伯特先生说，如果指控被取消，或者盖茨被判定为无罪，公司会同意盖茨复职，公司将弥补他的任何损失。

工会认为盖茨虽然去女友家拿了包裹，但盖茨并没有打开包裹而是把它放到了他车子的后座上。盖茨告诉警察包裹不是他的，而且他不知道包裹里是毒品。工会称盖茨和警方合作，全力逮捕斯通。工会宣称斯通是盖茨在肯塔基州的老朋友，然而斯通只是一个住在肯塔基州却有一个西弗吉尼亚州地址的流浪汉。

工会总结说盖茨并没有违反 C 类第 10 条，因此这种无限期停职是没有正当理由的，盖茨必须被复职，并且不对任何损失负责。

这个案子最终进入了仲裁程序，仲裁员裁定在本案中公司对盖茨的无限期停职是适当的行为。

12 个月后，盖茨和他的律师会见了地方检察官，盖茨同意了一个为期 2 年的缓刑，但拒不承认认罪协议上的非法拥有违禁药品行为。如果不出意外，2 年后他的档案上的这一记录会被清空。

盖茨声称他将同意这份由他和地方检察官共同签署的认罪协议。经过几分钟的讨论后，公司决定将盖茨的停职变为解雇，并且派一名保安护送他带着他的财产离开公司。

思考题

1. 哪一方有举证责任？为什么？
2. 关于员工不当班行为的规定是什么？
3. 应该如何看待认罪协议和 2 年缓刑？
4. 如果你是仲裁员，你认为盖茨应该被恢复职位吗？请解释。

案例 12.2 逮捕归案能成为决策性离职时的协议终止的充分理由吗

◆背景

这个问题的仲裁以如下信件作为起源：2008 年 4 月 16 日操作组组长 S. D. 贾尔斯（S. D. Giles）先生写信给罗布·罗库斯（Rob Rokus）先生道：

> 根据协定书第 30 段的规定，这封信是为了确认你由于违反了有关药品酒精政策，已从宇宙能源公司（GPC）离职。

在另一封写于 2008 年 5 月 12 日的信中，贾尔斯先生向工厂工会干事布奇·菲尔萨姆（Butch Fearsome）写道：

> 关于你要求我参与罗布·罗库斯的“第一步申诉大会”的申请，由于我与该案有利害关系，我特此声明放弃参加第一次听证会。

而在 2010 年 8 月 4 日，工厂经理吉姆·傅尔翰（Jim Fulgham）先生对 100 地方分会的业务经理霍巴特写道：

> 工会正为罗库斯因违反药品酒精政策而被解雇一事提出申诉。我们主张撤销指控，并要求公司补偿罗库斯先生的资历、欠薪和利息。
>
> 当 2008 年 4 月 16 日罗库斯先生被控告违反药品酒精政策时，他正处于决策性离职期间，他于 2008 年 4 月 5 日下午 11 点 45 分由于醉驾被捕。我们积极的纪律政策声明：“当职员处于决策性离职时毫无进步或者在他们的人事档案里这类离职仍然有效时违反了另一个规定，他们会被解雇。”这个政策还进一步声明：“如果职员严重违反了公司规定，包括但不限于盗窃和违反药品酒精政策，他们可能会被解雇……”
>
> 我们的药品酒精政策对于公司内部或外部的非法药品的规定相当清晰。它规定：“禁止职员从事生产、销售、传播、分配、持有或使用非法药品（或其他任何有关非法药品的设备），不论是在公司范围内还是在公司外部。”
>
> 在申诉期间，罗库斯先生声称法院在 8 次尝试组建陪审团失败之后，决定撤销指控。
>
> 我们关于决策性离职期间的违法或者涉及在公司内外的非法药品指控的政策十分明确。
>
> 我支持管理层的决策，解雇罗库斯先生，驳回申诉。

2010 年 8 月 11 日，霍巴特先生写信给劳动关系部经理林代尔先生，说道：

> 由于我们无法解决罗库斯先生的申诉，工会要求按照协定书将此问题提交给仲裁机构裁决。

◈问题

宇宙能源公司是否有合理充分的理由因罗库斯违反公司的药品酒精政策而解雇处于决策性离职期间的罗库斯？如果没有，那么该如何解决这个问题呢？

◈协定书的相关规定

第 3 条：管理

对基于充分合理的理由对于员工的雇用、处罚和解雇权，以及公司财产的全权管理权，公司管理层合法保留最终解释权。

第 8 条：资历、升职、降职、开除

如果有充分合理的理由，管理层拥有对员工的停职、解雇或是降职权。员工将因为 7 个日历日内的任何一天的任何不当行为被惩罚，而管理层若未能在 7 个日历日内向员工提供书面通知，这将导致行为的可撤销性。这种通知必须通过如下两种方法之一传递给员工：

a. 亲自递交。

b. 有效邮件。将它邮寄到员工最后一次填写的地址，参见第 46 段。

◈宇宙能源公司指导方针 1.1.2 的相关规定：GPC 积极的纪律政策

政策：当员工没有对针对日常表现的非正式解决方案作出回应时，或者当某个违反行为严重到需要相关辩解时，管理层就可运用这个积极的纪律政策解决员工违反规定的行为。

…………

2. 纪律等级

…………

C. 第三等级：决策性离职

决策性离职是积极的纪律政策中纪律等级的第三等级和最终等级决策。如果员工没有依据该书面提醒履行承诺，或者一个违规行为严重到违反这种级别的纪律就会被执行该决策。

决策性离职包括员工和顶头上司之间的讨论，其中上司利用公司的指导方针明确问题的严重性以及所有不当行为的要求。员工将必须作出抉择：（1）解决问题并对其职位作出保证；（2）辞职。

如果员工想要保留这份工作（例如他们选择了对其职位作出保证），就会接到具体的通知：一旦再犯，就很可能会被开除，尤其是当决策性离职在他们的档案中仍然有效时。然而如果他们明显不愿意就此作出一个保证，他们就会被开除。

…………

3. 解雇

当员工在决策性离职期间进步不明显或者当决策性离职在他们的档案中依然有效时，在违反了另一个规定之后，他们会被开除。

…………

员工也可能在任何时候因为违反公司规定被开除，即便他们没有收到一个口头提醒、一份决策性离职书面提醒。这些不当行为包括但不限于盗窃、违反药品酒精政策和斗殴。

…………

◈宇宙能源公司指导方针 1.1.4：药品酒精政策

政策：实现或者维持无毒无酒精的工作环境是管理层的政策。

…………

1. 综述

管理层之所以要推翻之前的安全承诺，是为了赋予合适的人合适的职责……严厉禁止使用损害健康的药物、酒精或者处方。同时禁止使用任何干涉药物酒精测试结果的物质……员工必须认识到使用某种处方药（例如麻醉药、兴奋剂、含巴比妥酸盐和苯二氮䓬类镇静剂或其他影响到适勤的药物）可能会限制他们安全尽职的行为。当处于安全敏感度高的职位的员工处于这些药物影响下时不能工作，只有在药效过去后才能继续工作……

…………

2. 测试项目

…………

D. 不当班行为

因持有毒品被逮捕或者涉案的员工，一经发现，立即执行测试。然而，在这些情况下，管理层也有可能通过别的方式来确认这一事实，而不是通过测试来执行纪律处分。

◈各方立场

公司

公司声称罗库斯因醉驾被逮捕的行为违反了公司的药品酒精政策而被解雇。根据公司积极的纪律政策，尽管这一行为发生在决策性离职期间，但申诉人违反了对这一职位的承诺。当事人知道，任何对公司政策的侵犯，包括药品酒精政策，都会导致他被开除。

公司声称当事人在柳木蜂（Willowbee）工厂工作之前在盖茨（Gates）工厂工作。在盖茨工厂工作时，当事人曾因为病假后伪造工作表格被给予决策性离职。根据决策性离职政策，不管他最后是选择对其职位作出保证还是辞职，在这期间都相当于得到了一个带薪假期。而从这个带薪假期返回工作岗位之后，他就会选择对其职位作出保证作为继续工作的条件。他对其职位作出保证的决定有如下两个重大影响：（1）决策性离职的有效期为 18 个月；（2）在决策性离职的有效期内，任何不妥当的附加行为都会导致他被解雇。更具体地说，当事人承认他了解在决策性离职的有效期内，任何违反药品酒精政策的行为都会导致他被解雇。

收到决策性离职决定三天之后的 2008 年 1 月 27 日，当事人作为辅助设备操作员被送到柳木蜂工厂工作。柳木蜂工厂操作组的组长贾尔斯了解当事人的决策性离职事由，并叮嘱他不可再犯同样的错误。

当事人被送到柳木蜂工厂工作三个月之后，贾尔斯先生收到了一份新闻报道复印件，上面说当事人在试图拒绝出示驾照和安全带检查后，于 2008 年 4 月 5 日因为醉驾被捕且因此被起诉。当事人在接近检查点时一个急转弯后被拦下来，靠边停车并关闭了汽车前灯。据逮捕他的警察说，当事人表现得十分焦虑，并拒绝做酒精测试。该报道还指出，车内当事人的同伴同样被逮捕并被控告持有可卡因。

贾尔斯先生回顾了一遍此文章并联系了安全组组长，让他去向治安办公室确认当事人被捕的细节。安全组组长向贾尔斯先生递交了一份当事人被捕报道的复印件，上面显示当事人于 2008 年 4 月 5 日因为醉驾被逮捕。基于安全组对此新闻报道的调查以及当事人被捕报道的复印件，贾尔斯先生下了报道属实，当事人已经因为醉驾被捕的定论。

贾尔斯先生和工厂经理及劳工关系部讨论了他的发现，然后会见了当事人。当事人告诉他自己的被捕与药品完全没有关系，他将会从治安办公室得到表明被捕与药品完全没有关系的信息，然而当事人并不能证明自己的被捕与药品完全没有关系。贾尔斯先生已经得到了治安办公室的确认：当事人因为醉驾被捕，还附有一份被捕报道的复印件。

在考虑了这份报道了当事人因为醉驾被捕细节的文章、治安办公室的逮捕报道和当事人的解释不足之后，贾尔斯先生认为当事人已经侵犯了公司有关不当班行为的药品酒精政策。在这个政策之下，管理层决定将对“已经发现的涉案员工”作出处罚。贾尔斯先生相信这个政策在一定程度上给予了他以药物测试以外的方式确认员工是否涉药的权威，在这种情况下，贾尔斯先生所信赖的“别的方式”就是来自治安办公室的逮捕报道。在这一点上，贾尔斯先生并不相信药物测试更合适或更有用，因为当事人早在一周前就已经被逮捕了，他的身体里已经不存在任何当他被捕时存在的药物。

由于当时罗库斯正由于违反了公司的药品酒精政策而处于决策性离职期，贾尔斯先生认为罗库斯没有履行他之前对自己的职位和宇宙能源公司所作出的承诺。在决策性离职和积极的纪律政策下，合适的处罚就是开除。因此 2008 年 4 月 16 日，公司以在决策性离职期间违反药品酒精政策为由开除了当事人。

在当事人被开除后的诉讼期间，罗库斯会见了贾尔斯先生、劳工关系部的奥加、当时的柳木蜂工厂经理傅尔翰、工会代表查克以及工会干事菲尔萨姆。在这场会面中，申诉人告诉贾尔斯先生他的案子被无罪驳回了。贾尔斯先生问他是否在解雇后被捕，他回答：“不。”而实际上贾尔斯先生已经知道了他是因为试图通过另一个检查点的另一起醉驾被捕。贾尔斯先生因此断定当事人在会议上撒了谎。

公司声称由于当事人的解雇仍在审议中，管理层有举证责任，他们必须证明这个解雇有充分正当的理由。如果管理层尽了责，仲裁员就会在相关惩罚上维持原判。

公司还争辩道证据已经证明了对当事人的解雇有充分正当的理由，当事人前往柳木蜂工厂时正处于决策性离职期间是无可辩驳的。在花了一些时间考虑他的决策性离职之后，他知道他会被允许重返岗位只是因为做了复职保证，并且他同意遵守所有公司规定，也知道如若再犯就会被开除。然而仅在受到决策性离职处罚并且做了复职保证之后三个月多一点点，他就因为醉驾而被逮捕，从而违反了公司的药品酒精政策。

公司认为当事人并没有就 2008 年 4 月 5 日因为醉驾被捕一事进行辩驳，他爽快地承认了他拒绝接受警察安检，也承认了他在拒绝接受血液检查之后因为醉驾被捕。现在他认识到接受血液检查能证明他没有服用药物（如果他所说属实），但他还是不愿意与警方合作。简单点说，就是在被处以决策性离职以及做了复职保证之后，他已经知道了公司对药品酒精政策是如何严肃正经，但他选择了冒着失业危险，拒不接受血液测试，违反药品酒精政策，只是因为他没有觉得“有合作的必要性”。

公司认为工会想要将问题复杂化，让事情变得更令人困惑。他们主张当事人只是在错误的时间和错误的地点、在没有服用药物的情况下被逮捕，并且最终所有的指控都会被“清除”。然而在这种情况下，这些争辩在这些问题上都站不住脚，因为没有事实根据。第一，当贾尔斯先生第一次见到当事人时给了他解释机会，但他只说了他的被捕与药物无关——显然是假的。贾尔斯先生有逮捕报道复印件，它清楚地显示了当事人因为醉驾被捕。另外，当事人现在也承认他因为醉驾被捕。第二，贾尔斯先生给了当事人机会来证明他的被捕与药物无关（例如通过提出由他自己提供的来自治安办公室的证据），但他没有那么做。因此贾尔斯先生相信来自治安办公室的文档证据推翻了当事人毫无根据的争论。

第三，在第二次有关解雇的申诉大会上，贾尔斯先生见到当事人的时候再次给了当事人证明他清白的机会。贾尔斯问当事人是否解雇后被逮捕，然而当事人在会上撒了谎，他说他没有被捕。而实际上贾尔斯先生已经知道了他已经因为另一起醉驾被捕，并希望他能诚实对待这件事，但到现在，他还不肯坦率承认。当事人仅认为解雇后发生的醉驾不关公司的事，很显然，因此他认为不必对贾尔斯先生坦诚相待。

第四，直到当事人被解雇 3 年多以后，贾尔斯先生才知道当事人的指控都被撤销了。工会为此辩解过，由于当事人的指控都被撤销了，所以他在某种程度上是无辜的；但是没有可以证明他清白的证据。不提起公诉的决定并不意味着当事人没有涉药。另外，所有工会提供的作为当事人无罪证据的理由，都是毫无证据的道听途说——都是当事人的律师据推测告诉他们的。当事人也从未解释为何他拒绝在一开始时接受血液检查。他并不像工会所说的那样“在错误的时间出现在错误的地点”，而是自食其果。

公司认为当事人在决策性离职期间还冒如此大的风险，简直就是事与愿违。当事人知道自己在决策性离职期间、知道任何有关非法药品的控诉都会违反公司规定，却拒不接受警察提供的血液检查，而他本可以通过这个检查来证明自己的清白。同样他还决定不出示本来说要出示的证明他没有涉药的证据。另外，当贾尔斯先生询问任何有关逮捕的问题时，他都撒谎，告诉贾尔斯先生没什么，导致贾尔斯先生再次怀疑他的可信度。根据已有证据，当事人明显在有效的决策性离职期间违反了公司有关药品酒精的规定，宇宙能源公司有充分合理的理由将他开除。

公司总结说：

> 正如所有之前提到的原因，宇宙能源公司因当事人在有效的决策性离职期间违反药品酒精政策而解雇当事人的做法没有违反协定书条例，因此目前当事人（的要求）应该被完全驳回。

工会

工会认为在罗库斯被解雇时，他已经为公司工作了 14 年。2008 年 4 月 5 日，罗库斯正在享受他的假期，于是他去了他父亲家并且在那儿喝了一些啤酒，然后他开始驾车回家。开出大概 4 英里之后，在路上他遇到了一个老熟人埃利森——他正沿着马路溜达。罗库斯认识埃利森，他俩经常一起玩球，是同一家体育馆的会员。埃利森要求搭便车去街道尽头的商店，罗库斯同意了，埃利森就钻进了车里。

从这里开出大约400码之后，前方有警察设置了路障。由于罗库斯喝了酒，他急忙赶在通过检查点之前刹车，将车停在了路边。两个警察见状过来询问，当他们要求搜车时，罗库斯爽快地同意了，车里除了罗库斯啥都没有。然后警察拿来一个酒精测量仪，它显示的是+0.05，远低于国家标准0.08这个有害值。然后罗库斯被要求做一个现场清醒测验，警察盘问完埃利森之后罗库斯就被告知可以离开，但在有关埃利森的检查中，警察发现他有吸食可卡因的嫌疑，于是埃利森被捕了。由于埃利森被捕，同行的罗库斯也自然地被捕了。在被捕之后，罗库斯拒绝接受血液检查，因为当时他非常不满自己所受的待遇。

被捕后罗库斯雇用了一个律师，准备与强加于身的指控抗争到底，因此他的案子进入了审判议程，被传讯了三次。第三次之后就没有被传讯了，于是他的律师提出撤销指控的要求，因为罗库斯长时间被捕却仍然没有被传讯。鉴于法官不想开这样的先例，就驳回了他的要求，然而那时法官已经在公开法庭上告诉公诉人，在他看来，“陪审团是不会（对罗库斯）定罪的”，公诉人“要么继续审讯要么撤销指控”。法官还告诉公诉人他认为“他在浪费法庭的时间”。

此后不久罗库斯就接到公诉人的电话说指控被撤销了，埃利森的指控也被撤销了。罗库斯从他的律师处得知埃利森的指控被撤销是因为埃利森口袋里的物质的非法药物检测结果为阴性。

2008年4月16日，就在罗库斯被捕后不久，他就被解雇了，而给出的原因是“他违反了有关药物酒精政策”。在那个时候，他需要遵守的是决策性离职级别的纪律，所以他并不担心。

工会认为，目前还没有合理和足够的理由去解雇申诉人。在一个员工只是因“正当”或“合理的理由”而被处罚的仲裁过程中，应当由雇主来证明处罚是基于正当理由。在基于“正当”或“充分合理的”理由进行任何纪律处分之前，仲裁员必须确定这些引发了用人单位纪律处分的事情是否确实实际上存在。如果是这样，仲裁员必须从本质、性质以及严重性等方面确定纪律处罚的合理性。这个对反复的以及武断的纪律处分的公认的保护，是保护员工不会在不公平的情况下被处罚的工业法定诉讼程序的广泛概念的一部分。

工会声称，公司应该提供排除合理怀疑后的证明标准。从本质上讲，罗库斯被指控犯了与毒品有关的罪状。工会敦促公司提供适合犯罪行为指控的证明标准。工会认为，许多仲裁员接受的观点是，为了维护解雇这样的裁决，也就是对由于所谓的不端行为、涉及的行为是犯罪或道德攻击，如毒品犯罪的指控而造成的解雇，公司必须用在排除合理怀疑以外的证据证明申诉人的罪过。因为社会罪过伴随着等同于犯罪行为的冒犯行为，工会强烈要求仲裁员要求公司承担起排除合理怀疑的举证责任。

工会主张，不论依据哪种标准，公司都没有合理的证明以及足够的理由去解雇申诉人。在岗位以外的错误行为方面，在罗库斯的解雇期间有效的药品酒精政策证明了：

> 因持有毒品被逮捕或者涉案的员工，一经发现，立即执行测试。然而，在这些情况下，管理层也有可能通过别的方式来确认这一事实，而不是通过测试来执行纪

律处分。

工会认为宇宙能源公司毋庸置疑地说上面的政策证明了，员工只因与毒品有关的犯罪遭到“逮捕”就是违反了毒品政策，而且罗库斯被逮捕就是驳回申诉的非常充分的证据。然而，基于“正当理由”的标准，这种对政策的简单解读是不正确的。如果政策被解读为仅是“逮捕”，而没有认罪，那么它就不是一个有效的政策，因为这样就会违反“充分合理的理由”的规定，而这个规定是劳动合同中的主导原则。在这种情况下，工会主张，在特殊情况确实缺失的条件下，比如失去报告工作能力这种情况，因为一个随后又被撤销的而且没有被上诉的逮捕而失业，是不合理的。

工会指出，从字面上解读一个公司的政策，罗库斯的被捕不会涉及这个政策，因为政策里面是指“持有毒品”，而罗库斯的逮捕是因为酒后驾车。显然，至少，这个基于与毒品有关的不当行为的解雇必须依据申诉人的定罪或证明所谓的不端行为事实上存在。在目前情况下，举证责任的标准是否排除了合理怀疑或任何其他标准，公司也没有证明。

在这个案件的无可争议的事实下，工会认为，没有证据表明，罗库斯通过任何方式参与了毒品或者受到了药物的影响。不过他确实受到了酒精的影响，尽管是在那种根据国家法律确定的醉酒状态的一半的水平。显然逮捕他的人仅仅因为坐在他车里的人拥有当时被认为是非法毒品的药物而认为罗库斯也受到了药物的影响。甚至这个长官的不恰当的逻辑跳跃只是基于错误的信息，因为在那个时候，埃利森没有持有任何药物。根据罗库斯的律师提供的信息，对埃利森持有非法药物的指控最终被撤销了，因为测试显示疑似物质事实上并不是毒品。工会指出，由他的律师提供的关于罗库斯的证词虽然都是传闻，但我们要求它应该被给予重视，因为那是在法庭上律师代表罗库斯的证词，具有一个很高的可信度。

工会认为，就算这一证词被认为没有可信度，依然没有一丝证据表明罗库斯在被捕的时候有任何参与非法毒品使用的迹象。罗库斯无可争议的证据是，他从距离警方路障只有 400 码的地方接上埃利森，几乎没有足够的时间允许他摄取药物。除了没有同时驾车 400 码而又吸毒的时间，不用说，也没有合理依据去证明在接近可见的警察检查站时还会吸毒这个结论。因此，就算不考虑仲裁员用的是什么举证手法，在任何标准下，公司也没有证据支持罗库斯有任何参与非法毒品活动的结论。

工会表示，公司可能会争辩说，长官认为罗库斯是在吸食毒品，因为他当时就出现在那里，这些证据应该由仲裁员考虑。这样的一个论点没有事实依据或理由。无可争议的是，除非长官有理由相信罗库斯的乘客随身携带了毒品，否则长官准备让罗库斯离开。因此，很清楚和明显的是，罗库斯在现场的出现并没有被考虑成他在这之前吸食了毒品。此外，正如罗库斯作证时所说的，他的面部照片并没有显示出他是在吸食毒品。事实上，在面部照片上缺乏这种证据显然是检察官在决定放弃对罗库斯的指控时应该考虑的。

工会认为，公司无疑会争论说，在其积极纪律政策下，处于决策性离职期间的员工必须“对其职位作出保证”。因此，如果他从事的任何行为违反了任何一个等级的纪律，就可能面临被解雇。在已经确立的仲裁原则下，不考虑公司的积极纪律政策或其药物酒精政策，罗库斯的申诉也一定会持续，除非有适当的标准证据证明，他的行为足以构成合理的解雇理由。当该说的以及该做的都已经完成的时候，这个案件中唯一能证明的就是，在放假的时候，罗库斯在酒后驾驶了他的汽车，并且饮酒量远远低于被认定为醉酒驾驶的饮酒量。在休假期间，他试图避开一个警察检查站，并因此被误认为吸食了毒品。这显然不能，甚至远远没有接近形成能够将他解雇的合理充分的理由，不管他受到何种工作纪律的制约，特别是对于一个有 14 年工龄的员工来说。

关于罗库斯的工龄，仲裁员已经明确知道了，在确定导致员工被解雇的合理原因时应该考虑一个长期员工的服务。在关于“原因”的问题上，这种考虑的重要性在于，长期为公司服务，尤其是那种毫无瑕疵的服务，在仲裁他是否应该被解雇的过程中，是一个支持员工的重要因素。

工会声称，公司可能会争辩说，对罗库斯的指控被撤销的原因是，法院无法选择陪审团去听审他的案件。罗库斯证实事实显然不是这样的，而且之所以公司会得出这个结论，是因为当罗库斯回答管理部门问他去过法院多少次的时候，误解了他的回答。罗库斯回应说：“去过法院几次，都是为了组建陪审团，但都没有做成。”正如他所解释的，他并没有认识到他们会将撤销指控的原因理解成未能成功组建陪审团，而不是他所说的他的案子根本就未达到需要组建陪审团的程度。

工会认为，该公司没有充分合理的理由来解雇罗库斯并且应当对罗库斯采取适当的补救措施，比如恢复他的工作，支付欠薪及利息，恢复其他福利。

◆思考题

1. 如果情况是公司和工会没有就药物酒精政策谈判过，这重不重要？
2. 对于指控的失败（撤销指控）应当给予多大程度的重视？
3. 仲裁员应该考虑任何在被解雇后的证据或陈述吗？
4. 罗库斯有 14 年工龄的事实对仲裁员来说重要吗？
5. 逮捕和定罪的区别是什么？
6. 应该使用哪个级别的证明？为什么？
7. 基于证据和协议，仲裁员应该如何裁定？为什么？

第四部分

不同劳动关系体系下的劳动关系进程

第四部分提供了将前几章讨论的关于劳动关系进程的内容应用到各种劳动关系状况的机会。讨论了集体谈判在各层次政府公共部门的普及情况，并对国外劳动关系体系进行了比较分析。

第 13 章 公共部门的劳动关系

你应该已经读到过关于公共部门经济危机的一些内容了。几乎每个国家以及大多数的大城市，其预期财政收入都有大幅下降。因为国家法律和城市法令要求预算平衡，所以减少政府服务是必要的，而这意味着减少就业人数。设想你是一位小学教师，并且你从未参加过工会，而你认识到，在你所在的州，法律允许成立工会组织。直到最近几个月，其他一些教师才开始对成立工会感兴趣，而且他们试图说服你加入他们，一同为成立一个代表教师利益的工会而努力。而你知道，不能对工资、养老金和医保讨价还价，因为它们是由州法律规定的。

思考题

1. 工会可以为这些教师做什么？
2. 你为什么会对加入工会感兴趣？

一、公共部门劳动关系的重要性

从要求公共部门雇员游说自己的立法代表以制定有利于他们的就业条款时开始，公共部门领域的劳动关系就开始发展起来，现在已经发展到真正的集体谈判时期。公共部门劳动关系发展前期阶段的特点是，工会的快速发展、管理方在应对集体谈判时的无能为力，以及对雇员罢工的害怕；目前已经发展到这么一个阶段，其特点是，较慢的工会发展速度。[1] 随着许多州的立法机构以及美国国会对减少政府成本产生很大的兴趣，管理战略（例如缩小公共部门服务的规模，以及使公共部门提供的服务私营化）已经使许多公共部门的雇员越来越关心他们的工作安全和福利待遇。[2] 因此，工会领袖对公共部门雇员所关心的领域表现出越来越多的关注（见随后的“劳动关系实践”专栏）。

多年以来，公共部门已成为美国集体谈判环境中越来越重要的一个组成部分。工会中，公共部门的雇员比私营部门的雇员要多。在2010年，只有6.9%（700万）的私营部门雇员是工会会员，7.7%（780万）的私营部门雇员的利益由工会代表。与此形成对照的是，36.2%（760万）的公共部门雇员是工会会员，40.0%（840万）的公共部门雇员的利益由工会代表。

在公共部门内部，地方政府雇员的工会入会率最高，为42.3%。这一人群包括工会化十分严重的一些职业，如教师、警察和消防员。州政府雇员的工会入会率为31.1%，联邦政府雇员的工会入会率为26.8%。[3]

从地理角度看，不同地区的公共部门的工会入会率也有很大不同。东北部、北部和西部的公共部门工会入会率比南部和中西部的要高。比如，纽约州、罗得岛州、夏威夷州和新泽西州的公共部门工会入会率均超过60%，相比之下，密西西比州、北卡罗来纳州和南卡罗来纳州的公共部门工会入会率还不到10%。[4]

图表13.1列出了一系列代表公共部门雇员利益的国家级工会名单。到目前为止，国家教育联合会是最大的工会，它代表了几乎330万名公共部门雇员（主要是教师）的利益。第二大的工会是美国州县和市政工人联合会，它拥有150万名会员。

近年来，一些主要代表私营部门雇员利益的国家级工会（如全美汽车工人联合会和国际机械师协会）也开始多样化其组织形式，以吸引公共部门的雇员。服务业雇员国际工会现在代表着来自美国、加拿大和波多黎各的不止60万名雇员的利益。[5]

图表13.1　　一些代表公共部门雇员的工会

工会名称	代表公共部门雇员的数量
美国政府雇员联合会	265 154
美国州县和市政工人联合会	1 501 138
美国教师联合会	889 567
美国邮政工人工会	246 895
警察力量兄弟会	325 000
国际消防员联合会	296 186
国家空中交通控制员联合会	15 387
国家邮递员联合会	285 592
国家教育联合会	3 286 949
国家联邦雇员联合会	6 819
国家乡村邮递员联合会	109 863
国家财政雇员工会	86 654

资料来源：C. D. Gifford (ed.), *Directory of U.S. Labor Organizations: 1997* (Washington, D.C.: The Bureau of National Affairs, 1997), pp. 47 - 78; updated from the *Forms LM - 2 Reports by U.S. Labor Unions*, http://www.dol.gov/esa; Marick F. Masters, Robert R. Albright, and Ray Gibney, "The State of Public-Sector Unionism: Challenges and Opportunities," *Employee Responsibilities and Rights Journal*, Published online, May 29, 2010.

在第 4 章关于私营部门工会保障事项的讨论之中提及的所谓“搭便车者”，也是影响联邦雇员的工会会员资格的一个重要因素。[6] 在 1978 年的《文职人员改革法案》(Civil Service Reform Act）以及《邮政重组法案》的框架下，工会保障条款（例如限期加入工会保障条款）是被禁止使用的。总体来说，740 万名公共部门雇员为工会会员，并向工会交纳会费。但是几乎有 80 万人不是工会会员，也不向工会交纳会费。然而，这些不交会费的雇员的利益在集体谈判、申诉和仲裁过程中必须被维护。[7] 因为这些所谓的搭便车者可以不付出任何代价而获益，所以不存在加入工会并交纳会费的激励。

美国政府雇员联合会是最大的代表联邦政府雇员的工会。虽然其成员仅有 265 154 名，但是法律要求美国政府雇员联合会代表几乎 60 万名联邦政府雇员的利益，并负责协商超过 300 个集体谈判议案。换句话说，62%的被美国政府雇员联合会代表的联邦政府雇员没有交纳会费；因此，38%的被美国政府雇员联合会代表的工会会员交纳的会费，被用来支付工会提供的服务（谈判、申诉和仲裁等）（参见第 4 章关于工会保障事项的讨论）。结果，联邦政府成为国家最大的“开放式”(open shop) 雇主。[8]

公共部门的劳动立法

强有力的公共部门谈判法律的出现可能受到下列一些因素的影响：普通公众对集体谈判的态度，私营部门雇主对工会的反对程度，以及每个州的立法者“自由主义”的程度。[9] 良好的立法保护雇员谈判的权利，限制不公平的劳动行为，而且制定僵局程序以解决利益类型和权利类型的劳动争议。这种立法具有非常重要的意义，能够鼓励该州内公共部门谈判的发展。[10]

如图表 13.2 所示，22 个州通过了允许集体谈判的法律，其覆盖警察、消防员、州政府雇员、教师和市政府雇员。12 个州（亚拉巴马州、亚利桑那州、阿肯色州、科罗拉多州、路易斯安那州、马里兰州、密西西比州、密苏里州、北卡罗来纳州、南卡罗来

图表 13.2　允许公共部门雇员参与集体谈判的法律覆盖了大多数公共部门雇员的州名单

阿拉斯加州	缅因州	纽约州
加利福尼亚州	马里兰州	俄勒冈州
康涅狄格州	马萨诸塞州	罗得岛州
特拉华州	蒙大拿州	南达科他州
佛罗里达州	明尼苏达州	佛蒙特州
夏威夷州	内布拉斯加州	华盛顿州
伊利诺伊州	新罕布什尔州	
艾奥瓦州	新泽西州	

资料来源：Bureau of National Affairs, “Public-Sector Bargaining: State Comparison Chart,” in *Collective Bargaining Negotiating and Contracts*, May 18, 2000, pp. 8: 2901 - 2952; updated by “State Labor Laws,” *BNA Labor Relations Reporter*, Washington, D. C., 2007; Marick F. Masters, Robert R. Albright, and Ray Gibney, “The State of Public Sector Unionism: Challenges and Opportunities,” *Employee Responsibilities and Rights Journal*, Published online, May 29, 2010.

纳州、弗吉尼亚州和西弗吉尼亚州）没有立法允许上述公共部门雇员参与集体谈判。其他州均通过立法允许以下雇员群体中的一个或多个参与集体谈判：警察、消防员、州政府雇员、教师和市政府雇员。32 个州赋予了警察和消防员参与集体谈判的权利，35 个州赋予了教师参与集体谈判的权利，26 个州赋予了市政府雇员参与集体谈判的权利，23 个州赋予了州政府雇员参与集体谈判的权利。[11]

41 个州立法允许公立学校的雇员集体与教育委员会谈判，并且超过 80%的美国教师受到集体谈判协议的保护。[12] 北卡罗来纳州和弗吉尼亚州立法禁止公共部门雇员参与集体谈判。近年来，印第安纳州、肯塔基州和密苏里州的州长撤销了关于赋予这些州的公共部门雇员参与集体谈判权利的行政命令。亚利桑那州和科罗拉多州的州长则发布行政命令赋予这两个州的公共部门雇员享有集体谈判权利的机会。[13] 虽然这些协议的内容有所不同，但是典型的协议会包括图表 13.3 中所列的条款。州谈判法律所规定的谈判议题的范围包括工资、时间和其他雇佣条款或条件，这与《国家劳动关系法案》所规定的私营部门的谈判议题的范围相似。然而，大多数州对集体谈判议题的范围都有法律限制，比如为保证管理权所做的限制。劳动立法的另一个重要因素是对不公平的劳动实践的立法。虽然这种类型的立法在州与州之间有所不同，但是大多数州都有定义公共部门雇员不公平劳动实践的法律，这种法律与私营部门《劳资关系法案》所禁止的就业歧视有相似之处（例如不诚信交易、协调或保护行动中的威胁或者报复行为）。

图表 13.3　　教师和教育委员会之间集体谈判协议的条款

管理权条款被设计用来澄清和保护雇主权利、限制仲裁员权力。这样的条款包括：监管所有操作的权利；决定员工规模的权利；引进新方法、项目或程序的权利；以正当理由雇用和解雇雇员的权利；保持有序、高效运作的权利。
申诉程序是有一系列步骤的，它用于解决关于违反集体谈判协议相关条款的起诉。
包括在协议有效期内保证工作不间断的关于禁止罢工和停工的条款。一些协议有关于以下事项的规定，对违反关于禁止罢工的条款而参加停工斗争的雇员的处罚，以及对怂恿雇员进行停工斗争的工会的处罚。
拉链条款（即不能重开谈判条款）规定，在合同中达成的协议即为双方对此事件的全部协议，不在合同规定内的任何内容都不算作协议内容。
保全标准涉及学校区域内现在和过去的惯例，比如教学时间、缓解期、请假制度、对常规教学时间之外工作的额外补助。
裁员条款规定了临时解雇标准。通常在一些需要资历的领域，资历被用来作为临时解雇和重新聘用雇员的标准。一些协议中还规定了工作替换权（bumping rights）。
薪酬条款包含关于工资增长的规定，如全面加薪、梯度加薪、基于消费者物价指数的生活成本、绩效奖励。福利包括保险（人寿、健康、牙齿）、补贴、病假、事假、丧假、节假日休假等。
其他条款包括申诉仲裁、教师评估、班级规模和校历等。

资料来源：Fred C. Lunenburg，"Collective Bargaining in the Public Schools：Issues，Tactics，and New Strategies，" *Journal of Collective Negotiations in the Public Sector*，29（4）（2000），p. 259.

有 13 个州通过制定法律或者司法判决，允许公共部门雇员中的一些特定群体享有罢工权。[14] 这些州是阿肯色州、加利福尼亚州、科罗拉多州、夏威夷州、爱达荷州、伊利诺伊州、路易斯安那州、明尼苏达州、俄亥俄州、新泽西州、俄勒冈州、宾夕法尼亚州以及佛蒙特州。例如在加利福尼亚州，最高法院规定除了警察和消防员之外，只要其他公共部门雇员举行罢工时不给公众的健康或安全带来实质的或者迫在眉睫的威胁，这些雇员群体举行的罢工就不是非法的。[15] 大多数州都禁止公共部门的雇员举行罢工，并且对非法的罢工行为制定了各种各样的潜在制裁措施。制裁方式多种多样，包括法律命令、雇员解雇、法院审判、罚款，以及工会会员资格的丧失等。近年来，在公共部门把雇员罢工作为一种谈判策略的行为已经逐渐减少了，这一趋势和私营部门非常相似。在承认公共部门雇员享有合法罢工权的州，工会化的公共部门雇员也比禁止公共部门雇员罢工的州稍微更有可能参与罢工行为。教育领域的罢工在 5 个州更有可能发生（加利福尼亚州、伊利诺伊州、密歇根州、俄亥俄州和宾夕法尼亚州）。[16]

在允许某些特定的公共部门雇员群体举行罢工的州，一些雇员群体（例如警察、消防员、医院工作人员）通常被禁止在任何情况下举行罢工活动。这些公共部门雇员提供的服务通常被视为对公众的健康和安全是至关重要的。警察、消防员以及教师在公共部门雇员群体中最有可能获得代替罢工行为的纠纷解决替代方法，例如调解、事实调查或者利益仲裁（本章后面的内容将讨论该事项）。

大多数联邦政府雇员的谈判权由《文职人员改革法案》第 7 条规定。联邦政府雇员中的一个群体，美国邮政服务公司的雇员，是唯一既身为公共部门雇员，又被私营部门的《劳资关系法案》所保护的群体，这是由 1970 年的《邮政重组法案》具体规定的。[17] 不像其他被《劳资关系法案》所保护的雇员，邮政部门的雇员没有罢工的权利，但是他们可以通过终局且有约束力的利益仲裁的方式解决谈判纠纷。

公共部门工会集体谈判权目前面临的挑战

随着财政赤字的增大，养老金和医疗成本的提高，一些州政府和地方政府开始抱怨，它们的退休人员医疗福利支出每年增长 20%。皮尤州务中心（Pew Center on the States）估计，为弥补退休人员医疗支出，存在 5 550 亿美元无资金准备的负债。新泽西州的该负债规模最大，为 689 亿美元；加利福尼亚州的该负债规模排第二位，为 625 亿美元。在 14 个州中，州政府 100%支付公共部门退休人员的医疗福利支出。总体来说，州政府和地方政府雇员支付个人医疗计划的 11%，而私营部门雇员要为此支付 20%。州政府和地方政府雇员支付家庭医疗计划的 27%，而私营部门雇员要为此支付 30%。[18]

养老金负担（pension obligations）的缩水规模估计高达 10 000 亿美元。从目前来看，其缩水的原因是 2007—2009 年的股票市场下跌。实际上，如果养老金基金在 2007—2009 年获得的收益等于其投资于 30 年期国债获得的利息收益，养老金资金规模就会超过 8 500 亿美元。另外 800 亿美元的养老金之所以缩水，是因为州政府没能缴足养老金基金。[19] 由于在很多州中，共和党在立法机构中占有大多数席位，所以，在州立法机构中，关于减少或消除公共部门雇员集体谈判权的活动有很多。

在加利福尼亚州、密歇根州、新泽西州、威斯康星州和纽约州，政治领导人需要工会给予让步（工资冻结、福利削减，以及更严厉的工作细则）。许多政治领导人和金融专家认为市政与州财政的基础是临时配备的（“jury rigged”）（工会支持政治领导人，而其反过来用更高的养老金福利以及更有保障的工作奖励公共部门雇员）。在 2000 年，由于存在预算盈余，工会领导人成功地说服了新泽西州的立法机构将消防员和警察的退休年龄降低 5 岁。在接下来的一年中该州依然保持预算盈余，于是立法者将退休人员的退休收入提高了 9%。

在最近几年中，随着整个美国财政预算的下降，政治领导人没能筹集到充足的养老金基金。比如，新泽西州的治理者决定不再支付 31 亿美元的州政府雇员养老金计划，而现在这一养老金计划有 539 亿美元无资金准备的负债。在加利福尼亚州，养老金支出对花费在公园、公立学校和州立大学上的支出有挤出作用。在伊利诺伊州，不断上涨的养老金支出几乎使州政府面临破产的威胁。虽然公共部门的雇员对他们自己的养老金计划也所有贡献，但是许多政治领导人还是得出了这样的结论，即州政府需要摆脱州养老金计划，并应开始着手提供像 401（k）这样的形式的养老金计划。[20]

威斯康星州是第一个赋予公共部门雇员集体谈判权的州，其州长斯科特·沃克（Scott Walker），一位共和党人，在任期间，关于公共部门劳动关系的法律作出了巨大调整（立法机构也被共和党控制）。威斯康星州面临 1.37 亿美元的财政赤字，2011 年州长沃克提议，并由威斯康星州立法机构通过了以下决议：

- 将大多数州政府和地方政府雇员（不包括消防员和州立警察）的集体谈判内容限制为仅包括工资（不能对医疗支出、假期和其他福利进行协商）。
- 政府雇员要为其养老金支付 5.8%。
- 政府雇员至少要为其医疗保险支付 12.6%（目前大多数仅支付 6%）。
- 州一级将停止从雇员的工资中扣除工会会费。
- 身为公共部门雇员的工会会员有权不交工会会费。
- 每一个公共部门工会每年将举行一次不记名投票活动，以决定是否大多数雇员依然认为工会有必要存在。（有趣的是，在 2010 年，威斯康星州州长沃克只得到了登记选民中 25.8%的投票。）
- 每年都对新的集体谈判协议进行协商。
- 涨薪仅限于随消费者物价指数而调整的情况，除非公众举行公投，赞成更高的涨幅。

有超过 10 万名公共部门雇员示威抗议沃克的提案，进而导致威斯康星州民主党议员离开州政府两星期，以避免对该立法案进行投票（因为不够法定人数）。[21]

俄亥俄州和印第安纳州的州长效仿州长沃克，尝试严厉限制或禁止公共部门雇员进行集体谈判，与此同时，加利福尼亚州、纽约州和密歇根州的州长，试图通过公众压力和裁员的威胁说服公共部门工会作出进一步的让步，以降低州政府的财政预算赤字。[22]

立法机构消除或减弱政府部门雇员集体谈判权利的立场，取决于立法机构站在哪一边。印第安纳州的州长米奇·丹尼尔斯（Mitch Daniels）以行政命令的形式取消了雇员的谈判权，其做法引发了一系列关于取消集体谈判权的争论。

- 2009 年和 2010 年没有涨薪。
- 对资历的偏好减弱了。

- 支持政府活动和/或外包给私人公司的活动的自由度更大了。
- 雇员支付的医保金额更大了，每年高达 3 400～5 200 美元。
- 在绩效工资制度下，一些雇员的工资完全没有上涨，而表现出众的员工，其涨薪幅度达到 10%。

那些反对取消集体谈判权的人提出：

- 一些有 20～30 年工作经验的雇员被解聘了，只因为政府管理者想要裁掉那些薪资高的雇员，以减少预算。
- 随着资历更老、更有经验的雇员被裁掉，培训成本提高了，工作时间也延长了。
- 裁员决定可能不是出于绩效或效率方面的考虑作出的，而是出于管理层任意的决断。
- 高薪的教师成为裁员的目标，而且班级规模扩大了。
- 雇员士气低落。
- 能够产生绝佳想法，以改进服务的劳动者—管理层协调机制不复存在了。
- 自 2008 年开始，工会会员减少了 90%。
- 面对为自己被解雇而进行申诉的雇员，政府指定的上诉委员会，不太可能比中立的仲裁员更遵守规则。
- 大多数城市、乡村和学区没有公务员规则。
- 雇员很关心一个问题，即如果他们的雇主不喜欢他们，那么他们还会被公平地对待吗？[23]

2011 年，关于以下事项的立法提案在爱达荷州和印第安纳州被提出来，即：(1) 限制（针对教师薪酬的）集体谈判权；(2) 将工会从关于教育政策设计的审议过程中排除。在田纳西州，关于禁止教师工会参与集体谈判的法律被引进了。就在一年前，田纳西州的教师工会作出了让步，为该州赢得由联邦政府提供的 5 亿美元“力争上游”(Race to the Top) 基金铺平了道路。[24]

集体谈判权，像其他曾经在威斯康星州存在过的权利一样，只是许多州公共部门雇员的一个美梦罢了，尤其是对美国南部的公共部门雇员来说。当密西西比州的州长黑利·巴伯（Haley Barbour）让立法者减少公共部门雇员福利并让公共部门雇员支付养老金计划的 9%（以前是 7.25%）时，他的提案遇到了一点阻力。在北卡罗来纳州，州长贝弗利·珀杜（Beverly Perdue）减少了 10 000 个州政府工作岗位，并签署法律文件以全面改革医保计划，这样一来，提高保费额、自付额和共担额就不需要征得工会同意了。在弗吉尼亚州，新的州政府雇员的养老金计划，不再是传统意义上的福利计划，而是像 401 (k) 计划这样形式的了。这与私营部门建立的养老金计划相似，这种改变没有遇到任何有组织的反对。[25]

在亚拉巴马州，在由州长鲍勃·赖利（Bob Riley）（在其离任前一个月）召集的立法机构会议上，州立法机构中的共和党多数派 100 多年来第一次投票禁止地方政府、乡村政府和州政府批准工会会费从雇员工资中扣除（一位联邦法官推翻了这项法律）。

二、联邦公共部门劳动关系立法

联邦公共部门的劳动关系是由1978年通过的《文职人员改革法案》管理的。虽然《文职人员改革法案》保留了以前行政命令的许多规定，但是下面的讨论将集中关注第7条"联邦服务机构的劳资关系"的规定。另外还需要记住的一项重要内容就是：《文职人员改革法案》适用于联邦雇员工作条例和政策的框架；联邦雇员工作条例和政策一直影响着考绩制度原则、行政事务功能、工作行为评估、员工安置、绩效工资、高资历行政人员服务，以及消极的雇佣行为（例如纪律处分和解雇）。

《文职人员改革法案》建立了**联邦劳动关系局**（Federal Labor Relations Authority）。联邦劳动关系局是一个独立、中立的机构，负责管理联邦劳动关系事项以及调查不当劳动行为。联邦劳动关系局检查谈判单元的成立，监督选举，制定决定国家咨询权的标准，举行听证会并且解决关于不当劳动行为的申诉，解决对仲裁判决的异议，以及帮助联邦机构处理劳动关系事务。联邦劳动关系局受一位主席和其他两名成员的领导，在两党联立的基础上，他们的任期是5年。

根据联邦劳动关系局的组织结构，该机构设置了一个首席辩护律师（general counsel）的职位。该职位的职责就是起诉不当劳动行为以及领导现存的**联邦僵局服务小组**（Federal Service Impasse Panel）。该小组主要负责向联邦机构提供帮助，以便联邦机构解决劳资双方的谈判僵局。首席辩护律师对任何声称的不当劳动行为进行调查，根据《文职人员改革法案》提起诉讼，并且根据联邦劳动关系局的权限执行相关的权力。联邦僵局服务小组所扮演的角色是解决联邦政府之中的联邦机构和工会之间的谈判僵局。谈判僵局起源于劳资双方关于就业条款和条件的谈判。联邦僵局服务小组由1位主席和其他至少6名成员组成；这些成员由主席任命，任期5年，熟悉联邦政府的运行，并且在劳资关系领域非常精通。

联邦僵局服务小组对拥有180万名联邦雇员的71个联邦部门和机构有管辖权。该服务小组任命了1名执行主任，负责小组的日常运行。[26]

美国联邦仲裁与调解局是根据《劳资关系法案》在1947年成立的联邦机构。虽然联邦仲裁与调解局被要求帮助劳资双方解决谈判僵局，但是劳资双方中的任何一方都可以要求联邦僵局服务小组考虑双方的谈判僵局，或者要求具有约束力的仲裁。联邦僵局服务小组必须调查双方的谈判僵局，并且推荐一个解决程序或者向劳资双方提供任何必要的方法，包括事实调查和劝告。如果这些行动都没有产生作用，那么，联邦僵局服务小组可以举行一个正式的听证会，并且采取法律行动以解决劳资双方之间的争议。

◇劳动关系实践

公共部门的私营化

在过去的20年中，公共部门服务的私营化和政府服务转包给私营部门的现象备受关注。引发这种关注的原因主要在于公共部门和私营部门之间提供服务的成本差异。然而重要的是，我们必须考虑公共部门雇员工会作为利益集团和一个（阻碍私营化努力的）政治因素在私营化过程当中扮演的角色。

20世纪80年代开始于里根执政期的保守议程第一次提出减小政府规模，缩小政府活动范围。这一开创性的议程在将之前仅由政府机构提供（民营机构被排除在外）的服务私营化的呼声中得到响应。私营化包括多种形式：订立契约包出或支持性服务的外包，如卫生或维修服务；教育方面抵用券的使用；订立管理合同以经营机场、监狱等。当然，公共部门工会强烈反对私营化，并面临更多工作机会流入私营部门的威胁。另外，私营化已经引起了医院、公交和城市交通、保洁和教育等部门中工会会员的减少。[a]

关于决定是否私营化的一个重要的方面，是要考虑保护私营部门和公共部门雇员的法律的不同之处。私营部门雇员的集体谈判权主要由《劳资关系法案》保护；铁路和航空产业的州际承运人的集体谈判权由《铁路劳工法案》保护。州政府和地方政府雇员的集体谈判权由各种各样的地方条例和州法律保护；联邦政府雇员的集体谈判权由《文职人员改革法案》保护。当政府服务被承包给私人公司时，具体提供这项服务的雇员的集体谈判权由不同的条例保护。这意味着，在一个没有保护公共部门雇员集体谈判权法律的州中，私人承包商的雇员的这一权利将得到保护。同样，在一个存在保护公共部门雇员集体谈判权法律的州中，承包政府服务的私人承包商的雇员不得不寻求《劳资关系法案》或《铁路劳工法案》的保护，两者总有一个适用。

当然，当州政府或任何其他公共部门实体将政府服务外包给私营部门时，其承包商是受制于国家劳动关系委员会制定的各项规则和政策的私人雇主。在伊利诺伊州，美国州县和市政工人联合会在管理私人承包商方面尤其成功。

芝加哥乡村地区的大多数市政当局都将垃圾回收工作通过合同包给了私人搬运公司，如废物管理（Waste Management）公司。这些私人搬运公司的雇员的利益由美国卡车司机工会代表，并且他们是多雇主谈判单元的一部分。几年之前，美国卡车司机工会和多雇主协会在协商中进入僵局，并且工会罢工了。由于垃圾在芝加哥郊外堆积，市民抱怨道，应该采取措施来使这次罢工停止。在《国家劳动关系法案》的保护下，雇员有权罢工，并且《诺里斯-拉瓜迪亚法案》禁止针对罢工的禁令。而如果要作出这种禁令，就需要美国总统有以下调查发现：该罢工活动影响到整个产业或该产业的很大一部分，并危及国民健康和国家安全。如果这些乡村地区的情况持续得不到改善，那么依照伊利诺伊州的《公共劳动关系法案》(Public Labor Relations Act)，这次罢工可能会被终止。该法案规定：如果罢工给公众健康和安全带来了明显与现时的危险（不需要影响到整个产业或该产业的很大一部分），并危及国民健康和国家安全，那么可以终止该罢工。在大多数州，公共部门雇员无权在任何事件中罢工（伊利诺伊州是少数几个承认公共部门雇员有权参加罢工的州之一）。那些倡导削弱公共部门雇员集体谈判权，以使政府服务外包给私营部门更容易的人应该小心，因为他们可能“美梦成真”。[b]

私营化的另一个问题是，不同的雇主以合同的形式承担起提供公共服务的责任，该雇主对服务质量向发包机构负责，而不是向市民负责。私人雇主通过租赁和购买方式（在小型承包项目中，私营部门提供自己所有的设备和建筑，但以营业成本的形式向公共部门雇主收取相关费用）接管了公众所有的（publicly owned）建筑和设备。[c] 虽然对相同类型的公共服务（不论现在是由成立工会的公共部门的劳工提供的，还是由没有成立工会的公共部门的劳工提供的）私营化的优势应该是相似的，但是工会和城市管理者之间关系的类型是一个非常重要的因素。如果工会和城市管理者之间的关系是合作性的，那么在一个目前政府服务由工会雇员提供的城市，城市管理者将政府服务通过合同承包给私营部门的可能性要低于在一个没有建立工会组织的城市中，城市管理者将政府服务通过合同承包给私营部门的可能性。另外，当一个城市中工会和城市管理者之间的谈判关系为敌对的时，其考虑私营化的可能性要高于没有建立工会组织的城市。[d]

另一个有趣的两难问题是雇员罢工权利方面的差异。在大部分公共部门管辖范围内，罢工的权利是被废除或者限制的。如果由公共部门雇员提供的服务通过合同承包给私营部门雇员，而私营部门雇员是被《劳资关系法案》或《铁路劳工法案》保护的，那么，在这些法律的保护下，现在提供这种服务的雇员就有合法的罢工权了。[e]

近年来，越来越多的公共部门雇员工会面临这样的挑战，即证明它们可以成功地与提供相似服务的私营部门相抗衡。[f] 亚利桑那州的菲尼克斯、印第安纳州的印第安纳波利斯、北卡罗来纳州的夏洛特和宾夕法尼亚州的费城的社区就是很好的例子。在这些社区中，公共部门雇员工会证明了它们能够提供比私营部门公司成本更低、质量更高和更有效的公共部门服务的能力。[f]

[a] Terry Thomason and John F. Burton, Jr., "Unionization Trends and Labor Management Cooperation in the Public Sector," *Going Public: The Role of Labor-Management Relations in Delivering Quality Government Services*, eds. Jonathan Brock and David B. Lipsky (Champaign, Ⅲ.: Industrial Relations Research Association, 2003), pp. 94 - 100.

[b] Timothy D. Chandler and Peter Feuille, "Municipal Unions and Privatization," *Public Administration Review*, 51 (January/February 1991), pp. 15 - 22.

[c] David A. Dilts, "Privatization of the Public Sector: De Facto Standardization of Labor Law," *Journal of Collective Negotiations in the Public-sector*, 24 (1) (1995), pp. 37 - 47.

[d] Chandler and Feuille, 1994.

[e] Robert Hebdon, "Contracting Out in New York State: The Story the Lauder Report Chose Not to Tell!" *Labor Studies Journal*, 20 (Spring 1995), pp. 3 - 10.

[f] Lawrence L. Martin, "Public-Private Competition: A Public Employee Alternative to Privatization," *Review of Public Personnel Administration*, 19 (Winter 1999), pp. 59 - 70; See also Richard W. Hurd and Sharon Pinnock, "Public-Sector Unions: Will They Thrive or Struggle to Survive?" *Journal of Labor Research*, 25 (2) (2004), pp. 211 - 221.

联邦公共部门的合适的谈判单元以及工会承认

一个合适的谈判单元可以在机构、工厂、设备、功能等的基础上建立起来，获得工会完全、排外的代表权。这样能够保证在雇员当中产生一个清楚、容易辨别的利益集体，并且能够提高联邦机构的运行效率。用来决定联邦机构中不同工作的雇员分享同一个集体利益的范围的标准，和私营部门之中国家劳动关系委员会所使用的标准非常相似。这些相似点包括：通过工作分析来发现普遍的任务和技能，相似的工作条件，类似的管理、监督，工作相互依赖的程度，以及工作时的身体接触程度。不是单一因素决定决策，相反地，评估是基于多方面的证据作出的。类似地，一些特定的职位通常被排除出谈判单元，例如必须保密的雇员、高层管理人员、一线管理人员、人力资源管理人员和专业人员，除非这些职位上的雇员投票赞成加入工会。大约 60%的有资格的雇员成立了 2 000 个谈判单元，被不同的劳工组织所代表；而几乎 60%的有资格的雇员被覆盖在劳动合同的范围之内。[27] 如果某工会已经在雇员不记名投票选举中被该谈判单元的大多数雇员选为雇员利益的代表，那么该工会将获得联邦机构颁发的**排外证明**（exclusive recognition）。

联邦公共部门的谈判主题

和私营部门一样，联邦机构和得到排外证明的工会必须基于良好的意愿，在实践中，对集体谈判的强制主题（例如特定的人事政策、实践以及工作条件）以及允许集体谈判的相关法律和规章制度给予充分尊重。谈判双方可以在自愿的基础上同意就某些特定的被允许的主题进行谈判，但是《文职人员改革法案》并没有要求谈判双方就这些主题进行谈判。某一谈判方可以合法地拒绝谈判这些事项。被允许的谈判主题包括：分配给任何组织的人数、类型和职位等级，工作计划，或者任期；工作场所使用的技术；从事工作所使用的方法和手段。谈判时被禁止的主题包括工资（除了某些蓝领雇员）和下列管理权：

- 决定任务、预算、组织、雇员数量以及内部安全事务。
- 根据相关法律的规定招聘、指派、领导、解雇、保留雇员。
- 对雇员实施停职、开除的纪律处罚，降低雇员工资或者等级，或者采取其他处罚措施。
- 分配工作，转包合同，根据劳动合同和工作条例从合适的工作级别中挑选可以晋升的雇员，或者通过其他合适的途径挑选候选人。
- 在出现紧急情况时可以采取任何必要的行动以便实现组织任务。

[在 1996 年，在美国交通部划拨了部分款项的情况下，国会指派联邦航空管理局（Federal Aviation Administration，FAA）协调劳动—管理关系改革事宜，而联邦航空管理局提供了与空中交通管制员工会就薪资问题进行协商的机会。]

虽然《文职人员改革法案》限制了可谈判主题的范围，但是劳资谈判双方还是有大量的机会可以谈判许多事项，就如同图表 13.4 所阐述的那样。管理方和工会都被要求进行有诚意谈判的事实并不意味着谈判双方必须就这些事项达成一个劳动协议，而仅意味着双方存在着诚意，努力试图达成协议。

在《文职人员改革法案》的框架下，联邦僵局服务小组负责解决劳资双方的利益争议。这种利益争议在劳资谈判中将导致僵局的出现。如果调解或者事实调查不能够解决劳动争议，联邦僵局服务小组可以使用仲裁的手段实施一个最终的有约束力的决定，以解决该利益争议。在联邦僵局服务小组通过仲裁方式解决的劳动争议中，管理方的立场稍微占有优势，赢得了 58%的劳动争议。这一胜诉比例要高于在州级别和地方级别利益仲裁程序的框架下管理方胜诉的比例（见本章后面的讨论）。[28]

联邦公共部门的不当劳动行为

《文职人员改革法案》特别强调了不当劳动行为，以保护个体雇员、劳工组织以及联邦公共机构的权利。对恶意行为、职位分类以及均等就业机会的雇员申诉被覆盖在其他法律、法令或者联邦公共机构工作条例的范围之内，因此在《文职人员改革法案》的框架下这些雇员申诉不能被视为关于不当劳动行为的申诉。

图表 13.4　　联邦公共部门在主劳动合同中可能包括的事项

对工会的承认	病假
官方工作时间	健康和安全
工作纪律和咨询	合同外包
申诉程序和仲裁	儿童保育服务
代扣工会会费	回调、候补和随时待命职务
员工表现	员工津贴
绩效提升	业绩评价
培训	危害和环境补贴
均等就业机会	裁员
出差时间和差旅费	职位类别
年假	

《文职人员改革法案》禁止的不当劳动行为，同先前的《劳资关系法案》以及总统令禁止的不当劳动行为非常相似。例如，禁止的管理行为包括制止或者强迫雇员履行他们的正当权利；鼓励或者制止雇员的工会会员资格；赞助、控制或者援助某一个劳工组织；对提出雇员申诉的工会会员实施纪律处分；拒绝承认雇员指定的劳工组织或者拒绝与之进行谈判。《文职人员改革法案》禁止工会干涉、制止或者强迫雇员履行他们的正当权利；试图诱导联邦公共机构的管理方共同控制雇员；阻止或者阻碍某位雇员的工作绩效；号召或者参与工作活动（例如，怠工或者罢工）；歧视雇员或者拒绝同有关的联邦公共机构进行商谈、咨询或者谈判。根据联邦劳动关系局的相关规定，对不当劳动行为的可能的矫正措施包括公布一项停止或者终止的命令，以及/或者对造成的损失予以全部赔偿。例如，要求某位雇员重新回到公司上班，并且获得在此期间损失的全部欠薪。

如果在僵局程序和决议中拒绝合作或者没有合作，《文职人员改革法案》就会把这种行为视为不当劳动行为。如果某工会实施不当劳动行为或者鼓励罢工或怠工，那么联邦劳动关系局有权废除该工会的资格。联邦劳动关系局可以要求劳资双方重新谈判的劳动合同必须符合联邦劳动关系局制定的决策；当某个关于不当劳动行为的案件悬而未决时，联邦劳动关系局还可以要求谈判双方寻求一种暂时的约束命令，以停止可疑的非法劳动行为。

联邦公共部门的申诉程序和仲裁

《文职人员改革法案》要求在联邦公共部门之中，所有谈判达成的劳动合同都必须包括一个申诉程序。在该申诉程序中，具有约束力的仲裁是最后的一个步骤。申诉可以被广泛地定义，包括单个雇主、劳工组织或者机构提出的任何抱怨，其抱怨内容是关于联邦公共部门的雇佣行为和劳动行为、任何所谓的违规行为，以及对任何能够影响雇佣条件的法律、工作条例或规章制度的错误解释或者错误应用。某些特定的事项是被排除出申诉程序的，例如雇员任命、执业标准、工作级别、因国家安全原因或者政治活动而实施的职务免除、关于退休的事项以及人寿保险和医疗保险。但是，申诉程序覆盖的范围已经得到相应程度的扩展。实际上，在《文职人员改革法案》允许的范围之内，所有的事项都能够被劳资双方谈判达成的申诉程序所覆盖，除非劳资双方已经明确地同意把某些特定的事项排除出申诉程序的覆盖范围。因此，不像私营部门的谈判通常需要工会努力去扩展申诉主题的覆盖范围，联邦公共部门的谈判通常是管理方提出建议，要求把某些特定的项目排除出申诉主题的覆盖范围。劳资双方谈判达成的申诉程序在绝大多数情况下都被作为谈判单元雇员的独家论坛；但是，在消极就业行为（例如，因不良工作表现而受到的停职、降职或者解雇）的情况下，雇员可以选择已经谈判达成的申诉程序或者某一个相关的法律程序，但是不能两项都选择。根据雇员的申诉主张的性质，提出申诉的雇员可能获得由联邦劳动关系局、均等就业机会委员会、考绩制度保护委员会[(Merit Systems Protection Board)，一个独立的机构，其成立的目的是听证联邦雇员根据《文职人员改革法案》的规定提出的申诉]或者联邦法院召集的听证会。[29] 关于这个主题的更多内容见下面的“劳动关系实践”专栏。

◇劳动关系实践

联邦服务劳动—管理关系条例下的仲裁

条例要求 所有集体谈判协议都必须规定申诉解决程序；只有机构或工会代表才能发起仲裁；申诉程序必须公正、简单、高效。

仲裁条款中不包括的事项 被禁止的政治活动、退休、人寿保险、健康保险、国家安全事务、资格考试、执业标准、职位任命和职位分级。

申诉 申诉的范围不仅包括涉嫌违反集体谈判协议的申诉，而且包括涉嫌违反影响雇佣条件的法律、法规。

工作表现差劣和严重的不良行为 雇员可以选择向考绩制度保护委员会上诉或者进行申诉。仲裁员必须运用考绩制度保护委员会所使用的标准。

《民权法案》规定的歧视指控 雇员可以在机构的均等就业机会程序下进行申诉或投诉。雇员可以申请均等就业机会委员会对仲裁员的裁决进行复议，雇员也保有向合适的地区法庭提起民事诉讼的权利。

提出仲裁员判决例外申请 在仲裁结果被作出后的30天之内，双方均可基于以下理由提出仲裁员判决例外申请：判决结果违反法律或联邦法规；申诉事项被法律排除在外（见之前给出的例子）；仲裁员的决定不是基于“集体谈判协议的实质”作出的；仲裁员在公平聆讯过程中有偏见，或拒绝进行公平聆讯；仲裁结果与公共政策不一致。

补救措施 当仲裁员发现以下事实时，其可以根据《欠薪法案》作出支付欠薪的裁决：(1) 不合理的或未被授权的人事调动；(2) 该调动直接导致“工资、津贴和工资级差”被雇主撤回。

资料来源："Guide to Arbitration under the Federal Service Labor-Management Relations Statute," Update October 8, 2010, http://www.flra.gov.

联邦政府中的劳动—管理论坛

在 1993 年，美国总统克林顿以及副总统戈尔对联邦政府进行了一次为期 6 个月的国家工作绩效评估（National Performance Review，NPR）。这次评估产生的结果导致克林顿总统发布了第 12871 号总统令（Executive Order 12871），成立了由联邦公共机构官员和工会官员组成的国家合作委员会（National Partnership Council）。成立国家合作委员会的目的是推进改革，使联邦公共部门的雇员有能力成为管理方的完全合作伙伴，以促进劳资双方的合作，提高政府提供的服务的质量和效率。联邦政府的谈判者在法律强制规定的"好政府"标准的指导下行事，这些标准包括：追求更高的质量和生产效率，售后服务，员工授权，完成任务，效率，组织表现，以及对国防部来说，做好军事防御准备。

在一项关于 8 个联邦机构（雇用了超过 31 万个谈判单元的雇员）的 60 个劳资合作委员会的研究中，研究者发现这一合作关系：

（1）可以促进劳动者和管理层的交流。

（2）有助于劳动关系的巩固。

（3）有改善机构表现的潜在作用。

（4）需要管理委员会和与其相称的工会组织到位，以实现合作的潜在作用。[30]

（5）有助于节约成本，因为发生在工作场所的争端减少了。

（6）当努力的目标明确时，最能发挥作用。

比如，那些致力于提高顾客满意度、减少工作场所争端和提高生产效率的合作委员会都取得了相当显著的成效。[31]

布什总统在就职后一个月内，即 2001 年 2 月 17 日签署了第 13203 号总统令，其规定，立即解散国家合作委员会，废除"执行或实施第 12871 号总统令的各项命令、规则、规定、指导方针或政策"。现任人事管理局局长曾告诉联邦政府各部门主管，布什总统被他这样的信念激励着，即并不应该让每一个机构在每一种情况下都强制性地管理劳资合作关系。然而，在机构不再被强制性地与工会形成合作关系的同时，它们被强烈地激励着去建立合作性的劳资关系。

2009 年 12 月 29 日，奥巴马总统下达了第 13522 号总统令，建立劳资论坛以改善政府服务。与 1993 年克林顿总统下达的总统令（其建立了劳资合作委员会）相似，第 13522※ 号总统令命令在联邦政府服务的各个领域均建立劳资论坛，以参与工会关于提高生产率和节约成本的决策。该总统令指出：劳工的参与提供了这样一个基本渠道，通过该渠道，可以了解到基层民众关于政府提供给美国人民的服务质量的实际情况的想法和信息；合作性的论坛能够促进满意的劳动关系的形成，能够使联邦政府的效率提高并使其工作更有成效。该总统令创建了联邦劳资关系国家委员会（National Council of

※ 原文为 15322，疑有误。——译者注

Federal Labor-Management Relation)，其由人事管理局局长、行政管理和预算局副局长、7 位工会主席、9 位管理者和 1 位中立者组成。

联邦政府的机构和部门被要求提交关于举办上述委员会所要求的论坛的经审核通过的计划，并且它们被要求允许雇员和工会代表最大限度地参与其中，所有工作场所的事务都可以在该论坛中被讨论，无论其是否属于集体谈判的协商事务范畴。总统令的第 5 条保护现存的集体谈判协议、机构和部门首脑的权威，以及行政管理和预算局局长的职能。

在 2010 年年初，美国联邦劳动关系局和联邦仲裁与调解局开始提供连续两天的培训项目，同一机构的管理层和工会代表应一起参加该项目。该项培训意在找到建立和维持有效的劳资论坛的基本要素，以达到总统令（其包括连续的决策制定和便利措施）所要求的目标。[32]

在联邦政府部门近 20 年的各种各样的劳资合作努力的经验中，有几个因素被认为阻碍了这些努力实现成功。这些因素包括缺乏信任、缺乏责任感、一种“我们”和“他们”对立的心态、管理层和工会的人事调动、缺乏使命感，以及劳资关系方面的专家在顶层管理者和基层管理者之间设置了障碍。同样地，走向成功的关键因素也从这些经验中被找到了。这些因素包括顶层管理者和工会领导人的使命感、关于在各自利益的基础上解决问题的适当数量的培训、在集体谈判进程中对合作性的劳资关系的追求、对双方各自目标的合理性的识别，以及决策前集中于解决问题的可衡量的方法。[33]

《国家安全法案》

2002 年，国会通过并由布什总统签署了《国家安全法案》(Homeland Security Act，HSA)。该法案将已存在的几个机构整合为国家安全局（Department of Homeland Security，DHS)，其功能主要有四项：保证边境和运输安全；进行紧急准备和回应；实施反化学性、生物性、放射性和核武器措施；进行信息分析和基础设施保护。国家安全局共有超过 20 万名联邦政府雇员。从劳资关系的角度来看，其中超过 4 万人属于之前存在的谈判单元的成员。在这些人中，2.4 万名雇员属于移民和国籍服务部（Immigration and Naturalization Service）（隶属于司法部）；1.2 万名雇员属于海关总署（Customs Service）（隶属于财政部）；3 500 人属于海岸警卫队（Coast Guard）（隶属于运输局）；2 500 人属于动植物检疫服务部（Animal and Plant Health Service）（隶属于农业部）。让工会感到紧张的条款是总统令第 730 条，其规定：

> 除非同等级别的文件中有明确规定，否则国家安全局根据与人事管理局局长共同发布的规定，可以建立并时常调整国家安全局的部分或所有组织单位的人力资源管理系统，国家安全局的这一职能具有弹性、临时性，并且是以公共雇佣准则（业绩和适当性）为基础的。

根据《文职人员改革法案》，为了国家安全的目的，总统有权取消联邦雇员的任何团体受到的保护。根据《国家安全法案》，如果雇员和工会权利的运用对该部门保护国家安全造成严重的不利影响，以及/或者机构、分支部门或小组的任务和责任被实质性地改变了，并且大多数受到影响的是情报部门雇员、反情报部门雇员或其首要职责直接与恐怖活动调查有关的雇员，那么总统可以免除《文职人员改革法案》赋予雇员和工会的权利。[34]

2003年作为《国防权利法案》(National Defense Authorization Act）的一部分，国会赋予国防部（Department of Defense，DoD）以建立一个新的人事系统的权力。国防部创建了国家安全人事系统（National Security Personnel System，NSPS)，涵盖了70万名雇员，这一数量占联邦政府公务员总数的40%。国家安全人事系统记录了以下人事事务的变动：绩效工资、绩效评价、培训、升职、工资级别、劳动关系以及雇员的上诉。

2005年11月17日，国防部的几个工会提出上诉，以阻碍国家安全人事系统关于劳动关系、惩罚和雇员上诉的部分规定的实施。国防部同意延迟国家安全人事系统相应部分的实施。2006年2月27日，地区法院埃米特·沙利文（Emmet Sullivan）法官裁定国家安全人事系统关于劳动关系的部分条款是违法的。沙利文法官裁定，国家安全人事系统没能保证雇员集体谈判的权利，在上诉进程中没能公平地对待雇员，没能建立对于劳动关系决策的第三方独立审查制度。国防部对这一裁定提出上诉。2007年5月18日，美国哥伦比亚地区上诉法庭撤销了沙利文法官的裁决。该法庭裁定《国防权利法案》允许国防部创建一个新的劳动关系系统，并限制集体谈判权至2009年11月。法庭认为，工会不能证明新创建的国家安全劳动关系理事会缺乏独立性。该法庭总结道，国家安全人事系统关于惩罚和雇员上诉的部分“还没有成熟到能够经受司法审查”。

2005年，国家安全局建立了一个新的人力资源管理系统［不包括运输安全管理局(Transportation Security Administration，TSA)］，其涵盖了职业群体、工资级别、工资变动范围以及绩效工资。国家安全局创建了国家安全劳动关系理事会，并制定了关于劳动关系的规定，其中包括增强管理权，限制谈判对管理活动的冲击，禁止程序方面的谈判，变举证责任为单一的“优势证据”标准，仅“当处罚完全不合法时”允许仲裁员减轻处罚。为了完成国家安全局的使命，其通过发布命令或采取任何必要的措施，保有宣布任何集体谈判协议的任何部分无效的权利。[35]

2010年11月16日，联邦劳动关系局决定在运输安全员（transportation security officer，TSO）中发起投票活动，以确定是否大多数运输安全员愿意享有排他性的工会代表权，而不是集体谈判权。超过1.3万位运输安全员已经缴纳了一个或多个工会的会费，但是这些工会只能提供个人代表权，而非集体谈判代表权。2011年2月2日，在充分评估了集体谈判可能给公共交通带来的影响后，运输安全管理局局长皮斯托（Pistole）允许代表权选举进一步进行，并为有限制的、被清楚定义的谈判（在与运输安全管理局的安全使命相一致的框架内）给出了具体条款，以备运输安全员选择工会代表权。两个工会为争夺运输安全员代表权展开了竞争，它们是美国政府雇员联合会和国家财政雇员工会。2011年4月20日，4.4万位运输安全员中的85%投票选择工会代表权。2011年6月23日，投票结果揭晓，大多数人选择美国政府雇员联合会代表他们的权利。

运输安全管理局的这一框架是独一无二的，其仅允许在无关安全的雇佣事务方面展开国家层面上的谈判，这些事务包括换班、调动以及奖励。影响安全，从而被禁止的谈判事项包括安全人事和设备部署方面的安全政策与程序、工资、津贴、任何形式的福利、职业测试、工作资格以及惩罚标准。[36]

三、美国邮政总局的劳动关系

《邮政重组法案》由尼克松总统于 1970 年 8 月 12 日签署，满足了邮政工会拥有自己法定的劳资关系的愿望。在之前下达的赋予联邦雇员以谈判权的总统令的规定下，邮政部门从未完全接受集体谈判，尽管邮政部门是美国最大的独立雇主，并且其雇员参加工会的比例最大。另一个有趣的事实是，将邮政部门雇员置于私营部门的《劳资关系法案》保护之下的法律是由尼克松总统提议的，并且这一法律曾被国会用于解决邮政部门工人的非法罢工事件，这与里根总统在一起类似的非法罢工事件中使用的方法完全不同，后一事件是指 1981 年发生的空中交通管制员非法罢工，在该起罢工事件中，所有的罢工者都被解雇了。[37]

《邮政重组法案》建立了美国邮政总局（U. S. Postal Service)，它是联邦政府的行政分支中的独立实体。邮政大臣办事处之前设置于内阁中，现在独立于国会和总统。邮政大臣由有 11 名成员的州长理事会选举产生。根据《邮政重组法案》，工资、工作时间、福利和其他雇佣条件与条款是必须由集体谈判决定的强制谈判事项。申诉和仲裁程序也在谈判之列。国家劳动关系委员会监督代表权选举并检举不公平的劳动实践。虽然罢工权不能为邮政雇员所有，但是事实调查和有约束力的利益仲裁程序是可为邮政雇员所利用的，只要谈判不间断地进行的时间超过 180 天（从谈判开始之日算起)。由于《邮政重组法案》的通过，合同得以在邮政服务的提供不明显间断的情况下被协商。

双方经常依靠《邮政重组法案》的仲裁条款解决一个或多个谈判问题。1978 年、1984 年、1991 年、1995 年和 1998 年，美国邮政总局和一个或多个邮政工会将它们未解决的问题提交给了第三方中立组织。2002 年美国邮政总局和其主要的工会［美国邮政工人工会、国家邮递员联合会和邮件处理者工会（Postal Mail Handlers Union)］达成协议，延长了它们各自集体谈判协议的期限。[38]

从 2006 年到 2010 年，邮件数量下降了 20%（由于人们进行在线支付、写电子邮件而不是手写信件等)，2010 年美国邮政总局遭受了 85 亿美元的损失，2011 年第一季度，其赤字就达到 22 亿美元。基于此，美国邮政总局开始了关闭 3 700 个邮政网点的进程，而 2010 年其关闭了 491 个邮政网点。随着邮政网点的关闭，其雇员数量也会相应减少，自 1999 年算起，美国邮政总局的雇员数量减少了 33%。邮政网点的关闭，不仅会给许多居民，尤其是年纪较大的居民，带来不便，而且会直接影响那些曾经几乎具有完全的工作保障的雇员。[39]

四、私营部门谈判和公共部门谈判之间的相似之处

虽然在公共部门劳动关系和私营部门劳动关系之间可以发现许多不同点，但是两者之间也存在着一些相似之处。第一个相似之处是，公共部门谈判之中的许多参与者都是

在私营部门受过训练以及获得经验的。在公共部门从事劳动关系的人员倾向于借鉴私营部门处理劳动关系的方法和途径，同时根据实际情况增加一些必要、合适的修改和调整。对于有关的谈判单元、集体谈判的主题、劳工禁令的使用以及仲裁标准，州立和地方谈判法令通常采取国家劳动关系委员会制定的标准。一些代表相当数量的公共部门雇员的工会，例如服务业雇员国际工会、美国卡车司机工会，在私营部门劳动关系领域具有非常丰富的经验。其他工会（例如国家教育联合会，美国教师联合会，美国州县和市政工人联合会，许多文职雇员工会）通常招聘具有私营部门劳动关系经验的专业人员。[40]

第二个相似之处是雇员加入工会的原因。公共部门雇员和私营部门雇员一样，当他们对某些就业条款或者条件（包括工作、管理和监督、晋升机会）不满意的时候就组织和加入工会；对工会作为机构的立场抱有赞成的态度；相信工会化将是导致积极结果的有力工具。[41] 实际上，对于工会代表权的期望，公共部门雇员比私营部门雇员持更赞成的态度，而且公共部门雇员认为公共部门的管理者对工会化的态度没有私营部门的管理者那么有敌意。[42]

第三个相似之处是，集体谈判的解决方案经常会受到劳资双方谈判者的性格以及他们提高本方相对谈判力量（谈判力量模型在第 6 章已经得到讨论）的能力的影响。在这里简要地重申一下，谈判双方都会努力提高对方不同意本方意见的成本或者降低对方同意本方意见的成本，以获得超过对方的相对谈判力量。在公共部门劳动关系中，舆论是最重要的成本项目之一，因此工会和政府双方的官员在构建谈判策略时，经常都倾向于争取普通公众对他们立场的支持，从而向对方施加压力，要求对方作出某些让步。

但是，舆论以及政治支持在谈判过程中有可能成为一把双刃剑。代表公共部门雇员的工会可以使用至少三种常见的战略，以提高管理方不赞成工会立场时所支付的成本。[43] 首先是工会对某种有问题的行为提出“曝光”威胁，除非政府机构同意工会所期望的解决方案。这样的例子包括：威胁将秘密地把未处理的污水排入河流的行为公布于众，或者威胁公布政府官员花费在酒水账单上的纳税人支付的美元。当然，工会希望政府官员将会屈服，而不是甘愿承担内幕曝光以后由公众反应导致的选票损失的风险。如果工会威胁收回政治支持，那么管理方不同意工会立场的成本将更加直接地增加。[44] 在公共部门雇员群体中，倾向于投票的雇员所占的比例要高于其他群体。工会可以采取这种策略，即威胁从人力上和财务上都停止支持候选人或者竞选运动，向当选的政府官员施加压力，使这些官员在他们的职位上影响谈判结果。这种策略的成功依赖于工会会员的数量以及工会动员成员向某特定集团投票的能力。

工会还可以使用各种各样的工作技巧，以提高管理方不同意工会立场的成本。公共部门雇员经常忽视法律制裁，举行罢工。也许在采取这些行动时，他们采取了这样一种假设，即公共部门雇员举行的罢工虽然是非法的，但是大多数罢工最终都在没有罚款或者其他制裁的情况下得到解决。其他一些使用过的工作行动通常也是法律规定之外的，或者被工作要求所禁止的（例如，纽约的政府雇员下班之后在车辆高峰期提高通行费），还有一些是处在法律或者工作要求的边缘地带［例如，所有公共部门雇员都打电话说自己病情太严重而不能来上班——“蓝色流感”（blue flu）］。[45]

从工会的立场出发，最有前途的一种工作行动是在法律允许的范围之内给管理方施加压力，以达到解决争议的目的。怠工行为边缘地落入这个范畴之内，因为公共部门之中的大多数劳动合同赋予了管理方因雇员不良的工作绩效而处分雇员的权利。然而，怠工行为和恶意的服从［也被称为**合法的怠工方式**（work-to-rule）］之间存在着细微的区别。通过合法的怠工方式，公共机构的雇员可以严格按照字面意思来遵循该机构的工作条例。例如，一位负责核实某位市民的家庭住址的指纹技术人员，可以简单地通过打电话的方式核实该市民的家庭住址。但是一种需要花费较多时间但是更加准确的核实方法是该技术人员亲自访问该市民的住处。无须多言，亲自访问的方法将导致工作任务的积压。其他的公共部门雇员还可以使用官僚机构的工作条例实现对自己有利的结果。例如，过路收费亭的雇员可以通过检查纸币的序列号的方式来核实假币，或者邮政工人可以通过逐条、逐项的检查方式来保证信封上的邮政编码是正确的。合法的怠工方式还有战术上的优势，即减少公共服务的提供数量。更重要的是，雇员在采取这种战术的时候可以继续获得工资报酬，而且相对来说更有可能不受纪律处分。

通过发动公民投票资助谈判达成的劳动合同或者取消某些起始提议，代表公共部门雇员（利益）的工会可以降低使管理方同意工会立场所支付的成本。[46] 代表公共部门雇员的工会还可以用很少的关于政治责任的成本，奋力争取某些特定的、能够显著地提高工会经济状况的事项。雇员养老金通常落入这个范畴，因为养老金可以在不立即出现成本效应的情况下得到提高；养老金的绝大部分成本将发生在未来某些政治家的预算计划之内。

通过宣传一份代价极低的全面解决方案和支付步骤计划，管理方可以降低同意工资提议的政治成本。支付步骤计划通常向每个工作级别支付渐进式增长报酬。例如，某一特定级别的雇员可以在该级别服务 3 年之后获得 5%的报酬增长。通过提高雇员报酬的增长比例，或者减少雇员享受报酬增长之前的服务年限，管理方可以改善雇员的经济状况。但是，很难判断和报告这些变化所引起的确切成本。大多数新闻媒体提供的资料仅限制在对公共部门雇员的平均工资收入的详细报告范围内，而忽视了某个修改以后的支付步骤计划的更具体的成本效应。

另外一个相似的事项是对非工会雇员有为他们的代表权支付费用的义务的持续论战。没有加入工会的公共部门雇员被要求为工会提供的代表权服务（例如，集体谈判，申诉处理，仲裁，以及其他服务）支付费用，但是可以不为非集体谈判活动（例如政治活动、游说议员或者公共关系活动）支付费用。[47] 没有加入工会的雇员可以拒绝支付工会不合理的费用或者平均分摊费用。工会必须向非工会会员提供关于他们拒绝支付权利的书面通知，并且提供充足的关于这些费用性质的具体资料，以允许非工会会员作出理性的判断，决定是否应该质疑工会收取的某一项特定费用。

2007 年，美国最高法院对达文波特等人诉哥伦比亚特区华盛顿教育协会（*Davenport et al. v. Washington Education Association*）一案作出如下判决：《美国宪法第一修正案》禁止公共部门工会将非会员费（在机构的购买协议的规定下收取）用于与工会的集体谈判职责无关的目的（如工会的政治议程）。最高法院进一步判决，工会在将非会员所缴纳的费用用于与选举有关的目的时，必须获得非会员的肯定授权。[48]

简要地说，公共部门的集体谈判程序和私营部门的谈判程序之间存在着一些相似之处。不管是公共部门还是私营部门，谈判双方都通过提高对方不同意本方立场的成本或者降低对方同意本方立场的成本，努力提高本方的谈判力量并使之超过对方的谈判力量。另外，公共部门谈判程序和私营部门谈判程序之间也存在着一些不同点；但是，一旦这些不同点得到承认和理解，就可以更好地了解公共部门，并且使公共部门更好地适应美国劳资关系的全面框架。另外，在私营部门劳动关系领域中获得的技能和技巧能够很容易地被转化为适用于公共部门的工具。

五、私营部门谈判和公共部门谈判之间的区别

对公共部门劳动关系的理解需要对公共部门和私营部门之间的不同点与相似点进行识别。

市场经济不在公共部门中运行

公共部门和私营部门之间的一个不同点，可以在经济制度和市场经济方面得到解释。和私营部门不一样，许多公共部门（例如公共教育、福利服务、警察和消防部门）的服务是在没有费用或者几乎没有费用的条件（税收除外）下提供给普通市民的。这些公共部门提供服务的成本是由许多个体公民分担的，而不是期望每位顾客向他们使用或可能使用的公共服务付费。因此，公共部门在市场经济下并不能运行，并且不能形成对工会和管理方谈判者的约束与限制。

首先，公共部门经常出现垄断现象；公共机构还经常控制该领域提供的服务和产品。例如，警察部门和消防部门是提供特定类型的安全保护的主要机构。公共教育部门同私营部门的教育机构很少有真正的竞争；就算有一些竞争，也仅限于那些更加富裕的家庭。因此，如果替代产品变得更加昂贵，政府提供的产品和服务就不能够很容易地被替代。

其次，替代产品或替代服务的缺乏使公共部门的集体谈判和私营部门的相关活动有很大不同，并且使公共部门提供的服务更加重要。例如，普通市民通常认为卫生设施和卫生服务是理所当然的事情；然而，城市垃圾收集工人举行的罢工将被视为公共危机，因为不存在可以立即替代垃圾处理的选择性办法。替代性服务的缺乏往往还能够给管理方带来好处。实际上，一些工会领袖抗议，市政领导人经常把罢工引起的工资节余转移到其他的政府预算账户，从而把罢工转化为对他们有利的事情。

最后，公共服务机构相对模糊的方面可能使关于生产率的谈判变得很困难。在关于生产率的谈判中，清楚、准确的生产率测量尺度是必要的第一步（虽然私营部门的许多公司存在关于生产率的数据，但是不需要参与生产率谈判）。公共部门中绝大多数的谈判双方在他们的提议中并不拥有具体、明确的生产率数据，从而不能进行生产率谈判，即使谈判双方希望使用这种方法。许多公共机构提供公共服务时并不在乎顾客的使用情况。警察和公共汽车司机可以合法地主张，他们不应该因提供的服务没有得到使用而受到经济处罚；如果警察和公共汽车司机的服务是面向所有顾客的，那么警察和公共汽车司机的薪水并不与警察调查的案件数量或者司机服务的乘客数量有直接的关系。因此，公共部门相当多的工资决定程序是基于公共部门和私营部门之间相似工作的比较，而不

是基于雇员的工作绩效记录。因为在公共部门，市场并不是重要的调节因素，所以预算限制、公众态度以及行政判断力必须发挥作用，以成功地维持集体谈判关系的秩序、平等以及平衡。[49]

预算和公共部门谈判程序之间的关系

在公共部门集体谈判之中，预算通常趋向于扮演比在私营部门集体谈判中更加显著的角色。近年来，公共部门的雇主已经受到了严峻的预算约束，完全有必要把更多的注意力放在降低成本方面。为了达到纳税人的满意程度，成本削减必须来自缩减公共部门提供的公共服务，或者在提供目前水平的公共服务的情况下寻求更有成本效率的方法和途径。公共部门的雇主已经承受了来自各个方面的持续增长的压力。这些压力要求把某些公共服务私有化（例如外部采办或者转包）、扩展工作级别和多技能的工作描述、使用更多的兼职雇员或者临时雇员、使用基于工作绩效的报酬支付方式、采取灵活而有弹性的工作计划、削减管理层权力并鼓励雇员参与和赋予雇员权力、促进官僚机构的结构向分散型和流线型方向转化，以及增强劳资双方合作，使公共部门能够适应劳动关系的一些变化。[50]

大多数市级预算都需要在公开的听证会以及接下来被采用之前预先公布。虽然许多市民忽视公开的听证会，但是关键的纳税人，例如地方公司，极为关注预算的某些方面（例如，持续增加的财产税或者营业税）。在预算中，公共部门雇员的预期薪水是作为单独的项目被记录的（在私营部门是不这么做的）。因此，对与此相关的纳税人来说，他们有机会向市政官员施加压力，希望把预算以及接下来的税收保持在最低程度。

预算对公共部门谈判程序的精确的影响现在仍旧是不确定的。一些人认为，在预算补偿、项目之间的资金转移以及补偿的或者修正的预算方面，预算谈判关系存在着非常大的弹性。[51]

工会方谈判者的主要关注点是保护工会会员的福利待遇；寻找足够的资金以实现一个通过公正的谈判达成的劳动合同是管理方的责任。因此，劳资谈判双方在劳动合同的谈判之中几乎不会对预算的重要性取得一致意见；如果公共部门集体谈判合同明确说明预算在集体谈判程序中的角色，那么通过这种方式将很难达到签订劳动合同的目的。

雇员权利和义务

公共部门机构和私营部门机构之间的另外一个不同点是，公共部门中的雇员拥有一些私营部门雇员所没有的合法权利和义务。有一些法律和总统令仅适用于公共部门的雇员。公共部门雇员的政治活动、个人外貌、居住地点以及下班以后的行为表现受到比私营部门雇员更加严格的规定。例如，某些特别敏感的工作岗位上的公共部门雇员以及不当行为最能够对公共形象造成消极影响的公共部门雇员（例如警察、教师以及消防员），被要求执行高于大多数其他雇员的行为标准。[52] 因为是用普通市民缴纳的税款来支付公共部门雇员的薪水，所以公共部门雇主必须对雇员的形象非常小心。

虽然言论自由以及结社自由是宪法赋予每位公民的合法权利，但是公共部门雇员的行为还是受到了某些限制。最高法院已经确定了为什么限制公共部门雇员的这些权利的几条理由，包括维持工作场所的纪律与和谐的需要，保持机密性的需要，以及保证工作任务的正确执行不受干扰和威胁的需要。[53] 但是，公共部门的雇主不能使有效率的工作运行优先于某位雇员就公众关心的某一事情发表意见和看法的第一修正案权利（First Amendment right）。

在许多州的公共部门内部，以绩效为基础的雇佣制度，而不是集体谈判协议，取代了自由雇佣类的法律。在集体谈判制度获得其法定地位之前，公共部门实体采用以绩效为基础的雇佣制度，该制度覆盖了除最高层雇员以外的所有雇员，而最高层雇员是被指派的，他们为取悦以下这些人而服务：州长、市长、类似的行政人员或其他由选举得到其职位的人。绩效制度保护雇员在以下方面免受政治影响和腐败行为的影响：聘用、工资、工作级别、惩罚和解雇。当一个公共部门雇主采用绩效制度时，其必须为惩罚和解雇行为作出以绩效为基础的解释。此外，还存在允许受罚雇员对其受到的惩罚进行起诉的程序。虽然在绩效制度下对雇主作出惩罚或解雇决定的充分性进行复审的标准，可能不同于用于集体谈判协议的“正当理由”标准，但在许多事例中，惩罚的要素（见第12章）都非常相似，如渐进式雇员纪律。

绩效制度下的上诉程序和协商中的申诉程序有一个很大的不同，即：受惩罚的雇员可以向人事部或人事委员会提起诉讼，而相关费用由其雇主承担；在集体谈判协议的规定下，这些费用通常由双方共同承担。此外，在某些管辖范围内，雇员可以选择或向人事部提起诉讼，或在协商的申诉程序下提出申诉，但两者不能都进行。[54]

通常而言，关于某位公共部门雇员是否应该被解雇的事情，法院不会试图用法院判决代替行政部门官员作出的管理决定。更多的时候，法院试图在关于消极行为（例如解雇）的案件中为公共部门雇员的宪法权利建立一些指导原则。程序性法定程序要求：预先获得关于被提议的政府行为的通知的权利；采取这些政府行为的理由；工会和雇员对此作出答复的机会；由公正的第三方召集的听证会；自我辩护、反驳原告的权利；交叉盘问、传唤证人的权利。

在1972年的Regents董事会诉罗思案中（*Board of Regents v. Roth*），美国最高法院描述了下列一些情况，在这些情况之下，被解雇的公共部门雇员可以主张程序性法定程序的权利[55]：

- 解雇行为发生在雇员的任期之内。
- 解雇行为损害了雇员的名誉以及/或者消极地影响了该雇员未来的就业可能性。
- 解雇行为是与雇员履行受宪法保护的活动（例如言论自由或者结社自由）联系在一起的。

在1985年的克利夫兰教育委员会诉劳德米尔案中（*Cleveland Board of Education v. Loudermill*），美国最高法院认为，在解雇任期之内的公共部门雇员之前，管理方必须把对这些雇员的解雇决定告知他们，并向这些雇员提供作出答复的机会。[56] 在《美国宪法》的框架下，任期之内的公共部门雇员的程序性法定程序权利包括书面或者口头通知对他们的解雇，对雇主证据的解释，以及反驳这些证据的机会。

六、集体谈判结构和决策程序

市级政府中的谈判结构是非常分散的，而且在绝大多数情况下，集体劳动合同都是在单个雇主这一层次进行谈判的。谈判单元的覆盖范围只能够在市级别的权限之内扩展，而且市政官员不愿放弃他们的政治自治和制定决策权。市政当局的市长或者首席行政官员经常最有可能扮演首席谈判者的角色，同时带领市政府的人事主任或者一名法律代理。[57] 公共部门雇员举行的政治活动不断增多，罢工活动的规模和影响不断升级，而且有组织的公共部门雇员还经常实施各种各样的变相罢工，这些因素都增加了在谈判队伍中包括一名劳动关系专家的可能性。但是，如果劳资双方的谈判活动变得复杂，那么市政当局更有可能雇用一名劳动关系专业人员作为首席谈判者。[58]

在公共部门之中，定义合适的谈判单元比私营部门更加复杂和困难。在私营部门，立法以及有关的执行机构可以为决定一个合适的谈判单元提供相关的指导。例如，在私营部门，公司的警卫人员被要求处于一个单独的谈判单元，而且一线管理人员不可以享有谈判单元的成员资格。在公共部门，尤其是州级别和地方级别的公共部门，经历了许多合适的谈判单元之间的不同联合。根据特定的州立法律或者行政决定，公共部门的管理人员可以被禁止加入工会，或者规定他们可以和其他雇员一样参加相同的谈判单元，或者他们可以参加代表单独的谈判单元的工会。[59]

在公共部门和私营部门劳动关系的众多区别中，一个重要但经常容易被人们忽略的区别是监管者和其他管理者的工会化。在《劳资关系法案》的约束下，私营部门的监管者和管理者缺乏代表权，而公共部门的监管者和地位稍低的中层管理者在超过 12 个州（包括人口高度密集的几个州）中有权干预集体谈判。人们曾对忠诚度、一致性、公共部门监管者工会的组织使命提出过疑问，而对这些问题的排斥根植于雇主对来自监管者和具有管理职能的雇员的不可分割的忠诚的需要。然而，研究发现了监管者工会化的一些消极作用。随着最高层级的监管者遇到关于罢工和惩罚的事务，尤其是当这些监管者作为员工身处同一谈判单元时，潜在的问题好像出现了。根据新泽西州的相关研究，监管者既可以作为员工获得代表权，又可以在工作中起到管理的作用。换句话说，监管者可以身兼两职，即一方面，他们忠于机构的使命，而且作为监管者可以促进机构使命的完成，而另一方面，他们也是工会的会员。[60]

另外一个组织上的不同点是，来自公共部门机构的首席谈判者经常缺少代表公共部门机构和工会达成最终且具有约束力的劳动合同的权力。**主权原则**（sovereignty doctrine）使制定决策的权力很难被委派给特定的行政官员。许多选举产生的政府官员仍旧拒绝放弃他们的这样一种立法权力，即对他们认为能够显著影响到政府机构运行效果的事项，必须掌握最终决策的权力。这些政府官员之所以产生这种想法，是因为他们认为自己应该直接对选民负责。选举产生的政府官员并不希望被委任的谈判者拥有签订工资解决方案以及其他集体谈判合同的权力，他们认为被委任的谈判者的这种权力有可能限制自己，使自己不得不同意内心并不赞成的集体谈判合同。[61] 例如，工会化的学校教师在劳动合同的集体谈判中有可能遭遇各种各样的管理方——学校校长、学校主管、学校董事会，或者州教育委员会的官员。决定“谁代表管理方说话”的问题可以从两个方面消极地影响劳资双方的谈判过程：

（1）代表管理方走上谈判桌的谈判者可能遵循谈判过程中其他管理方官员的意见和观点。在另外一名政府官员具体负责某一特定事项或者某特定部分的基金的前提下，代表工会的工会谈判者经常需要在集体谈判中面对各种各样的政府官员。通常而言，政治竞赛促使某些政府官员干涉或者通过某一“烫手的山芋”，希望让另外一名政府官员不好受。这种情况能够导致一种比私营部门发现的典型集体谈判关系更加复杂的谈判关系出现。在某些情况下，它几乎能够完全抹杀劳资谈判双方之间的严肃的集体谈判所作出的努力。

（2）有些政府机构不愿意向劳动关系代表授予足够的权力，这样就可能导致代表公共部门机构管理方的谈判者在谈判桌上和工会谈判者进行谈判时缺乏对劳动关系的足够理解。在一些情况下，如果工会在谈判中相对经验不足的管理方代表取得优势、占得上风，纳税人就将受到影响。在其他一些时候，如果劳资谈判双方在进行合同谈判时能够对集体谈判过程持一种更加现实的理解态度，也许就可以避免一场公共部门雇员发起的罢工运动。[62]

研究表明，当主要的谈判者在组织机构中的职位越高时，谈判双方越不可能陷入僵局。这是因为，越是身居要职的谈判者，越有权力在谈判过程中做重要的决定，从而简化了流程。在聘用外部顾问作为主要谈判者时，公共部门工会更有可能对高层政府官员（工会谈判者认为其更有权力在谈判过程中作出有约束性的决定）采取迂回战术。这样的活动发生在谈判桌之外，然而令坐在谈判桌两边的双方谈判者更为难。关于谈判策略可参见第 6 章，使用双赢谈判策略的主要谈判者可以降低谈判陷入僵局的可能性，而使用分配策略的主要谈判者可以提高谈判陷入僵局的可能性。关于僵局的过程可参见第 9 章，仲裁手段的提前使用会提高谈判陷入僵局的可能性。[63]

可谈判事项和谈判战术

法律对许多传统的集体谈判主题（尤其是在联邦级别）的免除，限制了工会和管理方通过谈判程序解决一些争议的能力。在《文职人员改革法案》的框架下，大多数能够影响联邦预算的报酬事项都被排除出强制谈判主题的覆盖范围（邮政工人和空中交通管制员除外）。在许多存在绩效制度工作条例和规章制度的州，相关的主题，例如职位晋升、养老金计划以及裁员程序都不能被谈判。[64] 绩效制度或者文职人员制度为管理就业条款和条件制定了条例。后来又通过了一些州立法令，允许把集体谈判作为能够影响公共部门雇员的工作条例的决定程序。这种状况有时候会导致这样的冲突：在决定关于特定的工作条例的制定或者应用的劳动争议的结果时，到底哪个制度应该取得优势地位和优先权。在起草公共部门谈判法律时，立法者应该明确强调这个潜在的困境，以使关于到底是集体谈判还是文职人员程序取得优先权的冲突最小化。[65]

公共部门的一些谈判关系倾向于把关于谈判主题的讨论排除出正式的谈判程序，从而绕过关于谈判主题的法律限制。一份调查报告发现，公共部门劳动合同之中的一些规定实际上并不是由劳资双方谈判达成的，而其他一些决策是由劳资双方联合决定的，但是没有包括在正式的劳动合同之中。[66] 因此，在公共部门中，只能作出相对较少的关于集体谈判事项的覆盖范围的一般性概括。

公共部门集体谈判战术同样与私营部门所使用的战术有所不同。私营部门的谈判起源于一种双方关系——管理方和工会双方之间的代表在很少存在外部团体的干扰或参与的情况下就劳动合同的有关事项进行谈判。**多边谈判**（multilateral bargaining）是一个经常使用的术语（尤其是在州级别和地方级别），用来描述集体谈判过程之中的多方参与。[67] 例如，选举产生的官员（例如，市长和城市委员会成员）和行政官员（例如，警察局局长和市行政长官）可以站在公共部门雇主的角度共同分享关于某些事项的决策责任。不同的利益群体（例如，纳税人、少数民族、环境保护主义者、商业人士）认为自己可能潜在地受到公共部门劳资谈判结果的影响，因此可以积极地寻求办法，通过给公共部门雇主或者代表公共部门雇员的工会施加压力，促使他们同意可接受的谈判条款，从而影响劳资双方的谈判过程。谈判过程产生的结果能够影响对附加收入（例如，税收）的需要，以支持提高的就业条款或者提供给普通市民的公共服务的质量或数量。

给某一谈判方强加政治成本或者政治奖赏的能力在决定公共部门谈判结果时通常变得很重要；这种能力与私营部门之中强加或者最小化经济成本以影响谈判力量的能力一样重要。因此，公共部门的劳资谈判经常变成一种政治行为——知道怎么做，也知道谁可以帮助或者破坏某一政府官员的政治前途。代表公共部门雇员的工会已经展示了这样一种能力，即能够使用多边谈判以及政治压力提高工会会员的经济所得以及工作保障。[68]

代表公共部门雇员的工会经常有机会在劳资谈判之前、之中以及之后参加**直通车谈判**（end-run bargaining）。直通车谈判指的是，某一工会可以向某个立法机构或者拥有最终的决策制定权的政府官员提出一份直接的申请，而不是仅同指定的管理方谈判者在谈判桌上进行谈判。例如，市长可以向某个警察联合会作出让步，以回报该委员会在市长竞选中给予的支持。该市长把警察 5 天上班、2 天休息的固定工作日程改为 4 天上班、2 天休息（每年增加了 17 天的休息时间），保证每辆警车中有两名巡逻的警察，并且同意每个警察分局 50％的巡逻警车再加上一辆警车在晚上出现在大街上。[69] 因为代表公共部门雇员的工会经常是潜在的政治力量，选举产生的政府官员通常而言比私营部门的公司总裁或者公司的主要股东更加能够接受工会使用的这种直通车战术。实际上，在私营部门的劳资谈判过程中，工会试图绕过指定的管理方谈判者的行为可能会导致国家劳动关系委员会对其不当劳动行为进行调查：拒绝进行诚意谈判。

有时候，新闻媒体允许管理方和工会之间的谈判以新闻发布会的形式（而不是在谈判桌上向对方）提出本方的立场，从而帮助谈判双方的某一方使用直通车战术。公共部门的劳资谈判通常比私营部门类似的劳资谈判受到新闻媒体更多的关注，这是因为谈判双方通常都会向新闻媒体提供更多、更详细的信息，而且劳资谈判的最终解决方案对政府组织具有更加直接的影响。直通车战术的使用能够扰乱集体谈判程序，这可以由一位工会领袖对纽约市政府和相关工会之间的一次合同谈判的描述来证明：

> 所有的这些（谈判事项）都是应该放在谈判桌上的。应该给参加谈判的工会和管理方一次机会，让双方共同想办法解决这些非常困难、非常麻烦的事项……但是，在谈判桌上几乎什么也没有完成；相反，参加谈判的劳资双方都通过电视、广告以及热闹喧哗、生动形象的新闻发布会……

专家……知道把集体谈判带入公众视野的最佳办法。工会和管理方代表不是相互讨论、谈判，而是面向广大公众，仅大谈特谈本方的观点和原则。毫无疑问，说的都是那些错误的事情。

管理方的代表将宣扬的是公共部门雇员提出的“不负责任的高要求”，以及必须使用什么样的方式削减公共服务，否则就要提高税收……代表公共部门雇员的工会领袖现在不得不强硬地表态。罢工威胁变得几乎不可避免，因为工会领袖现在几乎已经被挤入一条死胡同。当工会领袖出现在公众面前时，他必须首先向公众表明自己的立场，安抚他们的信心。可以理解的是，公众并不是对情况的基本事实作出反应，而是对这种挑拨性质的花言巧语作出积极应对。每个人都迷失在这个过程之中，而这个过程同集体谈判根本或者几乎就没有什么关系。[70]

在决定优先事项、提供关于谈判事项的信息以及帮助普通公众形成对劳资谈判双方的态度等方面，新闻媒体扮演了一个非常重要的角色。地方新闻媒体是非常有影响力的，因为许多时候它是普通公众获得信息的首要方式和途径。因为投票者不能直接观察到工会和管理方之间的互动关系，所以他们必须依靠新闻媒体提供的资料和信息，而新闻媒体本身也是带着许多立场和偏见的。这些偏见包括个人信念、意识形态和偏见、预算与技术限制，以及一种按照新闻媒体的固定思路处理问题的倾向。

在劳资谈判的过程中，谈判双方都努力操纵新闻媒体，因为普通公众认为哪种解决方案是合理的或者必要的同谈判立场的实际价值一样，对劳资谈判的结果产生同等重要的影响。实际上，有些时候劳资谈判双方联合起来共同操纵新闻媒体，以获得对双方有利的局面。工会可以责备市政官员，声称工会会员获得的工资增长低于工会所要求的条件；而市政官员接下来可以责备工会，主张需要增加税收才能够勉强支付工会要求的工资增长。[71]

随着公共部门集体谈判频率和规模的增加，已经出现了这么一种努力，即通过制定所谓的**阳光法**（sunshine laws），向普通市民公开谈判过程，使他们能够观察和参与公共部门劳资双方的谈判过程。使用这种方法的理由是，普通市民能够通过他们的参与活动，更好地了解纳税人缴纳的税收是如何花费的，而且公开、透明能够减少普通公众对谈判过程的不信任。虽然每个州都存在某种形式的阳光法，但是只有 25 个州规定公共部门的劳动谈判必须公开地进行，12 个州规定为准备公共部门的劳动谈判而举行的战略会议必须是公开的。[72] 公共部门劳动谈判公开的方法和私营部门的方法存在着明显、广泛的差别：私营公司的业主（股东）是被排除在集体谈判会议之外的。

劳资双方的谈判者经常试图避免“在阳光下谈判”，因为在每个可能被谈判双方之间的交换所影响的选民都能够观察到这种情况时，谈判双方就谈判优先权和劳动合同条款作出必要的交换就变得更加困难了。劳资双方的谈判者可能需要花费太多的时间摆出姿势，在公众注视的目光下为关键选民争取福利。这样一来，谈判双方就谈判利益和谈判立场取得一致意见就要花费比以前更长的时间。一份研究报告对警察和消防员之间的谈判进行全国范围的跨样本考察后发现，阳光法的出现并没有对谈判结果产生什么显著的影响。[73]

申诉管理

公共部门已经广泛应用了申诉程序，把具有约束力的仲裁作为劳资双方谈判产生的、关于集体谈判合同的解释和应用的矛盾解决机制。虽然大多数申诉程序是多步骤的，但是大多数申诉都不是在第一步就得到了解决。实际上，申诉争议一般在第二步或者第三步得到解决。一些证据表明，在公共部门中，申诉程序存在的步骤越少，解决申诉的速度就越快。一旦某个申诉被提交仲裁，那么劳资双方会在正式的仲裁听证会之前作出相当大的努力以解决该申诉。在仲裁听证会上，更有可能是工会和管理方自己的代表出席，而不是依靠外部的代理律师来处理申诉。这一点和私营部门很不一样；私营部门很普遍的做法是依靠外部的代理律师。[74]

与私营部门类似，法律术语渗透进公共部门的仲裁程序。更多的法律术语意味着更多的律师、后听证会摘要、手写副本的使用，以及对命令中的规则的过度依赖。虽然申诉仲裁程序（还有调和、调解和事实调查）最初意在避免法律术语的使用，但仲裁程序好像正作为问题的一部分而非解决方案的一部分进化着。此外，劳动者和管理者最初将仲裁程序的不拘礼节这一特性视为其有效性的原因，然而其越来越严重的拘泥于形式的特点使双方使用仲裁程序作为争端解决方式的意愿下降了。[75]

在公共部门的仲裁中出现的申诉主题的类型和私营部门的主题类型没有什么大的变化，而且在这两个部门之中，关于纪律处分和解雇的案件在申诉争议之中是单个最大的范畴。[76] 如果存在着一种合作性的谈判关系，代表公共部门雇员的工会干事就可能较少提出书面申诉，因为合作性的谈判关系提供和鼓励解决雇员争议的非正式方法和手段。[77] 在联邦、州以及地方级别经常鼓励一些可供选择的争议解决方法，以保证雇员申诉得到公平且具有成本效率的解决。在处理雇员申诉时，被使用的技术包括调解，由雇员或者雇员和管理人员共同组成的同行评审委员会，以及仲裁等。[78] 据报告，调解计划通常能够使 75%～90%的劳动争议最后达成解决方案，而仲裁能够减少 20%的律师费用和解决成本。[79]

关于罢工权的争论

罢工权被许多人认为是成功实现集体谈判的一种至关重要的工具，但是在公共部门，罢工权通常是被法令所禁止的。[80] 虽然在大多数州，公共部门雇员举行的罢工是非法的，但是似乎没有什么研究证据支持这样一种观点，即禁止罢工的法令的出现显著地减少了公共部门雇员罢工行为的出现。[81]

支持立法禁止公共部门雇员举行罢工的最基本观点是，公共部门提供的公共服务对普通市民的一般福利是至关重要的。中断工作或者拒绝工作将极大地影响这些至关重要的公共服务的提供，并且导致社会秩序混乱。同产业关系领域的许多概念一样，至关重要的服务（essential service）这个词语也有各种各样不同的解释。一些人认为所有的公共服务都是至关重要的服务，然而其他一些人却主张，许多公共部门雇员的工作种类（例如办事员、技工以及图书管理员）同私营部门的工作种类一样，而私营部门的这些雇员都拥有罢工权。警察和消防员最普遍地被视为对公共安全至关重要；但是，至少有一次警察举行的罢工并没有导致该地区的犯罪率上升。一位政治人物认为，那些犯罪分子对发怒的市民的恐惧程度超过对警察的恐惧。该政治人物评论说："在没有警察保护的情况下，暴徒是没有什么权利的。但是商店业主将使用他们手中的散弹猎枪。"[82]

关于公共部门的罢工权，同样存在着其他方面的争论。一些州禁止公共部门的罢工，这是因为相对于纳税人而言，它们给予了工会太多的力量。同样地，如果其他群体依赖政府收入，但是并不拥有罢工权或者不能参与和政府官员之间的力量角逐，那么工会可以在其他群体遭受损失的基础上获得利益。[83]

一份研究报告发现，不管工会是使用罢工威胁（不管罢工的非法性），还是和它们的公共部门雇主关系密切，以政治支持换取赞助和保护，公共部门的工会都能够成功地获得谈判利益。[84] 一些人主张，公共部门的罢工权对集体谈判并不是至关重要的，因为代表公共部门雇员的工会已经是非常有影响力的利益集团了，并且能够有效地使用它们的游说活动以及政治支持技巧实现工会的集体谈判目标。

不管这些观点支持还是反对罢工权或对非法的罢工行为的法律处罚，公共部门已经出现了一些重大的罢工行为。如果发生非法的罢工行为或者管理方永久地替代了守法的罢工雇员，那么罢工的解决方案可能会被推迟，因为工会代表试图谈判一些合同条款，使雇主承认所有的罢工雇员，或者特赦被解雇的雇员，或者恢复他们原来的工作岗位。虽然通常而言，公共部门的雇主并没有就这样一个工会提议进行谈判或者承认该提议的法定义务，但是要求结束罢工的公众压力或者政治压力可能迫使公共部门的雇主自动地同意工会提出的该建议。[85]

公共部门雇员的惩罚

私营部门的雇员也可能会因不当班的不当行为而受到惩罚或被解雇，然而，公共部门的雇主对其雇员的不当班的不当行为极度敏感，尤其是公立学校的教师、消防员和警察。通常，不管是在私营部门还是在公共部门中，雇员保有安排自己私人生活而不受雇主干预的权利，仅当不当班的行为与工作有联系时，雇主才有正当理由处罚雇员。然而，公共部门雇员不当班时的行为更易受到雇主的监督是不争的事实，而当作出同样的不当班不当行为时，公共部门雇员比私营部门雇员更易受到惩罚。警察所遵循的行为标准更加严格，因为他们是曾起过誓、身着警服并且配有武器的雇员。消防员经常因不得体的不当班行为而受到惩罚。持有执业资格的教师身负教育后代的重任，他们被当作学生的道德模范。如果教师犯罪，如作出吸毒、贩毒这样的普遍的非法行为，那么他们很可能被解雇。在私营部门，雇主可以处罚雇员，但必须证明不当班的行为损害了生产力、对业务有消极影响和/或其他雇员拒绝与犯罪的雇员一起工作。此外，私营部门的雇员在集体谈判协议（其要求初犯者参加一个康复项目）的保护下可以重新被雇用。[86]

在联邦部门内部，考绩制度保护委员会制定了所谓的道格拉斯因素。道格拉斯因素被用于决定联邦雇员的纪律惩罚（参见随后的"劳动关系实践"专栏）。

◇劳动关系实践

道格拉斯因素在决定联邦政府雇员处罚中的作用

1. 所犯过错的性质和严重性，及其与该雇员工作职责、职位和责任的关系，包括所犯过错是故意的、技术性的、不经意的，还是恶意的、以获利为目的的、频繁重复发生的。

2. 雇员的工作等级和工作种类，包括监管者或受托者、和公众的接触、职位的前景。

3. 雇员过去的处罚记录。

4. 雇员过去的工作记录，包括工作时间、工作表现、处理同事关系的能力以及可靠性。

5. 所犯过错对该雇员工作表现达到满意程度的影响，以及对监管者对该雇员完成工作任务的能力的信心的影响。

6. 此次处罚与类似情况下施加到其他雇员身上的处罚的一致性。

7. 此次处罚与其他可运用的机构处罚手段的一致性。

8. 所犯过错所招致的恶名，以及对机构声誉的影响。

9. 明显存在以下事实，该雇员在犯错时已被提醒或被警告。

10. 该雇员复原的潜力。

11. 犯错时的环境状况，如不寻常的工作紧张感、个人问题、精神伤害，以及来自该事件中其他参与者的骚扰、恶意、预谋或挑衅。

12. 为阻止该雇员或其他雇员在未来作出类似行为的可选择的制裁措施的妥善性和有效性。

只有上述与每起案件有关的道格拉斯因素需要被考虑。

资料来源：*Douglas v. Veterans Administration*，M. S. P. R. 280（at 305 - 306），1981 MSPB Lexis 886（at* 38 - 39）.

公共部门中的利益争议僵局解决程序

因为立法通常禁止公共部门雇员举行罢工，或者要求公共部门雇员在举行罢工之前参与僵局解决程序，所以僵局解决程序在解决关于公共部门的就业条款和条件的利益争议方面扮演了非常重要的角色。因为存在着许多的法律，这些法律从不同的政府权限方面管理劳动关系，所以可能会出现许多不同的强制性僵局解决程序，而某些僵局解决程序受到有关机构的鼓励。通常而言，这些僵局解决程序包含第三方。第三方可以帮助劳动合同的谈判双方在不中断公共服务或者威胁公共利益的情况下达成劳动合同［见第 9 章关于**调解**（mediation）、**事实调查**（fact-finding）以及**利益仲裁**（interest arbitration）的讨论］。

公共部门的僵局解决程序是非常具有争议性的，并且已经受到了相当多的关注。僵局解决程序可以综合调解、事实调查以及常规或者最终仲裁。[87] 例如，康涅狄格州为州级别公共部门雇员准备了调解、事实调查以及仲裁；为市级别公共部门雇员准备了事实调查和仲裁；为教师准备了调解和事实调查。在 35 个州的公共部门谈判中，调解是一种法律强制要求的解决机制；事实调查在 31 个州的范围之内受到了强制要求。[88] 有 21 个州和哥伦比亚特区为消防员提供了某种形式的利益仲裁；有 20 个州为警察提供了某种形式的利益仲裁；有 8 个州为教育工作者提供了利益仲裁；有 6 个州为市政雇员提供了利益仲裁；有5个州为州级别的公共部门雇员提供了利益仲裁。[89] 总之，28个州已有为雇员提供利益仲裁的法律（见图表13.5）。[90]

图表13.5　　存在保护公共部门雇员利益仲裁权法律的州

阿拉斯加州	缅因州	新墨西哥州	田纳西州
加利福尼亚州	马萨诸塞州	纽约州	得克萨斯州
康涅狄格州	密歇根州	俄亥俄州	犹他州
特拉华州	明尼苏达州	俄克拉何马州	佛蒙特州
夏威夷州	蒙大拿州	俄勒冈州	华盛顿州
伊利诺伊州	内华达州	宾夕法尼亚州	威斯康星州
艾奥瓦州	新泽西州	罗得岛州	怀俄明州

资料来源：Committee Report of the Public Employment Disputes Settlement Committee of the National Academy of Arbitrators，May 9，2007，Joyce M. Najita，Chair.

调解

调解程序涉及中立的第三方。第三方并不拥有判决劳动争议的具有约束力的权力，他只是帮助劳资谈判双方努力达成一个自愿的劳动合同。在公共部门使用的僵局解决程序之中，调解是最小的工具，而且几乎就是谈判程序的一个附属程序。[91] “调解可能是最经常使用，但同时是研究最少的争议解决程序。这是因为调解程序相对来说是比较非正式和非成型的，能够反映调解员的个人风格、工会代表和雇主代表的偏好以及争议的强度。”[92] 对调解员的调解效果最有影响力的因素是经验，以及相关的调解训练和知识。有效的调解员需要有韧性——例如，对某一个答复从来不说“不”——调解员还需要在调解过程中扮演一个积极的角色，采取一些积极的行动，例如通过连续的建议向劳资谈判双方施加压力，促使双方达成妥协，而不是简单地在劳资谈判双方之间来回、反复地传递信息。[93]

当劳资谈判双方对自己没有自信或者存在性格冲突时，调解似乎能够更成功一些。当后面跟随着一个事实调查时，调解通常会变得不及平时有效；但是如果后面立即跟随的是仲裁，那么调解可能更加有效。[94]

事实调查和仲裁

事实调查和仲裁是单独的僵局解决程序；但是，因为事实调查和仲裁之间的许多相似之处，它们是被联合讨论和联合评估的。事实调查和仲裁都涉及中立的第三方。第三方召集一次准司法性质的听证会，以评估工会和管理方对争议之中的事项的集体谈判立场。通常被双方接受，并且扮演事实调查者或者仲裁角色的中立第三方极有可能拥有丰富的劳动关系经验（这可以由他们在国家仲裁员学会的成员资格得到证明），而且较有可能是在举证过程中得到训练的律师。[95]

事实调查者在僵局解决程序中扮演多重角色。一位事实调查者必须向劳资谈判双方解释出示的数据和资料，并且推荐僵局的解决方案。[96] 通过提供来自可靠、中立的第三方的对争议的客观评价，事实调查倾向于鼓励劳资谈判双方达成一个自愿的解决方案。但是，事实调查者的推荐对劳资谈判双方并不具有约束力。

不像调解或者事实调查，仲裁程序能够向负责解决谈判僵局的中立第三方赋予权力，使中立的第三方能够制定具有约束力的决策。仲裁员在解决谈判争议时拥有的灵活性程度依赖于劳资谈判双方采用的程序或者由相关的法律强制规定的程序。常规仲裁允许仲裁员根据出示的证据决定最合适的结果。在最终仲裁程序的框架下，仲裁员的自行决定权受到更多的限制。最终仲裁程序存在两种有代表性的变通形式。全部一揽子选择型（total package selection）最终仲裁程序要求仲裁员要么选择工会的覆盖全部争议事项的最终建议，要么选择雇主的最终建议。逐条逐项型（issue-by-issue）最终仲裁程序仍旧要求仲裁员要么选择工会的覆盖全部争议事项的最终建议，要么选择雇主的最终建议，但是该仲裁程序允许仲裁员在逐条逐项的基础上作出选择决定。在这两种情况下，最终仲裁程序都意味着仲裁员仅能选择某一方的最终建议；这里不存在双方妥协或者“折中处理双方分歧”的现象。[97]

这一理论如下：如果仲裁员选择双方之中最合理的立场，那么双方的立场会趋同。随着听证会日期的临近，理论上双方的立场会趋同，并且会找到解决方案。

事实调查和仲裁之所以能够在解决僵局方面取得成功，是因为这两种技术为劳资谈判双方解决分歧设置了最后期限，为谈判双方提供了新鲜、有见识的观点和看法以及政治优势（这是因为劳资双方的谈判者可以因中立方提出的最终解决方案而责备中立方）。有时候，政治家批评事实调查者或者仲裁员，把他们称为“外部人”或者“富裕的自由主义者”，对纳税人不承担责任——他们作出决定，然后拍拍屁股走人。由于能够被用来决定谈判结果，事实调查和仲裁因而能够向劳资谈判双方施加压力，促使谈判双方自愿地解决双方存在的分歧，因为谈判双方都害怕中立的第三方可能不理解或者不同意他们的谈判建议。

同时，事实调查和仲裁还存在一些缺点。例如，事实调查者的推荐与仲裁员的判决虽然能够导致解决方案和解决条款出现，但是可能无法解决隐藏在利益争议之下的真正劳资分歧。事实调查和仲裁可能促使劳资谈判双方在谈判中巩固各自的谈判立场，因为谈判双方相信他们可以从仲裁员那里获得更好的判决，或者从事实调查者那里获得更有利的推荐。劳资谈判双方在谈判过程中不是真诚、努力地去解决劳资双方存在的分歧，而是集中时间和精力对付仲裁员或者事实调查者，从而在谈判过程中产生一种所谓的**寒蝉效应**（chilling effect）。事实调查和仲裁不是被视为一种应该避免的风险，而是简单地变成另一种谈判战略。如果某一谈判方相信它能够从仲裁员那里获得比劳资谈判的效果更好的解决方案，就会存在这样一种动机，即提出并且保留过多的要求，期望仲裁员能够“折中处理双方分歧”，并且作出对本方有利的判决。当某一谈判方以这样一种方式进行谈判时，那么另外一方就没有什么现实的选择，只有以相似的方式应对，扩大劳资谈判双方之间的差距，从而降低谈判双方达成自愿解决方案的预期。[98]

几乎所有的公共部门法律都为仲裁员决策的制定设立了标准，其中最普遍的包括：

- 可比雇员的工资水平。
- 生活费的变化。
- 保险、养老金等福利。
- 对雇员个体特点的比较，如工作伤害，身体、精神和教育方面的资格，工作培训，以及相关的技术。

- 雇主的支付能力。
- 公众的利益和福祉。

一些法律条例要求仲裁员强调雇主的支付能力。比如，在现在的经济大环境下，政府面临财务困境，由于公共支出提高、税收提高，而雇员失业、服务减少、建筑项目推迟、需要遵守联邦法律等，人们对仲裁员的裁决的后果提出了疑问。当法律条例中没有明确的标准时，仲裁员倾向于使用可比性原则。可比性原则十分复杂，因为仲裁员需要考虑公司税收计划、人口迁移以及许多经济指数。

当辩护律师出现在仲裁员面前时，首先，其必须提供符合法律条例所规定的标准的证据。其次，他们必须简单明了以让仲裁员理解，并为最终的决定提供证据。为了获得满意的结果，辩护律师一般使用图形和表格，以让复杂的数字容易被理解和分析。

在仲裁员作出裁决后，一般其结果会受到法庭审查。事实上，许多公共部门的法律条例都要求仲裁员给出其作出裁决时所使用的具体标准。如果仲裁员做不到，那么其裁决结果可能会被法官撤销。[99]

对仲裁这个方面的研究已经产生了复杂的结果。一份报告对一些关于警察僵局的仲裁判决进行研究后表明：一些管理方官员并不愿意在仲裁之前显示自己的最终提议，因为仲裁员在他们的仲裁判决中将使用管理方的最终提议作为一个起始点。[100] 然而，一份调查报告对几份关于消防员的利益争议的仲裁判决进行分析后指出，上述分析研究的结论并不是那么中肯。这份调查报告发现，大部分仲裁员对谈判事项，例如工资和服装补贴，采取折中或者妥协的态度，但是对其他事项并不采取妥协立场，而是选择管理方的最终立场或者工会方的最终立场。[101]

关于公共部门利益仲裁的另外一个关注点是，僵局解决程序的存在将产生一种所谓的**麻醉效应**（narcotic effect）。一旦劳资谈判双方开始使用事实调查或者利益仲裁程序，双方可能在接下来的劳资谈判中更加依赖这些程序。研究报告发现，这个经常被提及的关注点并不是确定的，而且这种所谓的麻醉效应在接下来的合同谈判中将随着时间的推移而消失。[102]

事实调查和仲裁的效果

许多可变因素能够影响谈判程序以及谈判结果。

在一项关于1995—2007年纽约州97名消防员和326名警察的谈判单元的研究中，研究者得出以下结论：

- 纽约州警察和消防员仲裁系统在过去30年中运作良好。
- 曾经避免了罢工。
- 对仲裁在决定争端方面的依赖性大大降低。
- 只有一小部分谈判单元对仲裁有依赖性（没有麻醉效应）。
- 没有证据证明仲裁的运用对谈判有寒蝉效应（没有寒蝉效应）。
- 仲裁的运用没有导致工资比其他州（没有法律规定可以以仲裁方式打破谈判僵局的州）的警察和消防员协商的工资水平高。
- 第三方仲裁委员会的使用和清晰定义的决策标准的使用避免了“坏的”或“不起作用的”仲裁裁决的产生。[103]

评估事实调查的效果尤其困难。它的效果并不以事实调查者的能力为转移；事实调查者所获得的证据是由谈判双方提供的，谈判双方的目的是希望事实调查者同意本方所持的立场。该程序的成功是基于这样一个假设，即事实调查者的报告将充分考虑舆论，而且该报告能够对谈判双方施加压力，促使双方根据推荐解决双方存在的差异。然而迄今为止，仍旧没有具体的证据表明公众压力已经明显地影响了公共部门的管理方和工会官员（的意见）。伴随时间延迟和对事实调查者对各因素（如批评声音中的工资可比性）所赋权重的分歧，参与者自己的观点似乎被分割了。[104]

通常而言，谈判参与者，同样还有分析家，似乎对公共部门使用的利益仲裁程序感到满意。对利益争议的强制性仲裁确实能够减少公共部门的罢工行为。[105] 当谈判双方有合法的罢工权时，对利益争议自愿达成解决方案的比率倾向于最高（94.7%）；当谈判双方拥有逐条逐项型选择方案权时，自愿达成解决方案的比率是87%；拥有全部一揽子选择型方案时，比率是84.1%；在常规仲裁下，比率是75.7%。[106] 强制性利益仲裁还似乎对受影响的雇员的工资和福利提高有一点点正面影响。

利益仲裁的仲裁员把他们在仲裁程序中所扮演的角色视为继续维持根源于双边谈判过程中产生的劳资关系的现存本质。仲裁员相信，劳资关系中任何大的变更必须来自劳资双方，而不是仲裁员。[107] 在工资争议中，有证据显示仲裁员非常明显地受政府部门中其他具有可比性的群体的工资解决方案所影响。这样一来，全国性的工会阻止它们的地方附属工会设定的工资低于全国范围的预期劳动合同设定的工资。[108]

虽然一些管理方官员害怕仲裁，但是仲裁员并没有剥夺他们的权利和权威。实践证明，利益仲裁所达成的解决方案同劳资双方通过自愿谈判在相似的情况下达成的谈判结果并没有什么明显的不同。通常而言，普通大众已经接受了这样一种做法，即使用灵活的争议解决程序以避免公共部门发生罢工行为，并且最重要的是，仲裁已经越来越受到重视，逐渐成为公共部门的一种僵局解决程序。[109]

最终仲裁的一种变体，被称为“夜间棒球仲裁”（Night Baseball Arbitration）的仲裁方式被提出来了。在这种方式下，双方均有激励达成一致意见，并且双方均有激励提出合理的诉求。在这种方式下，双方不用像在最终仲裁中那样在仲裁听证会上提出具体的诉求，但是双方要通过一个密封的信封提出各自最终的报价。支持双方立场的证据和证人的证词被提交给仲裁员，双方可以具体地指向其对这一争端偏好的解决方案。在听证会后，仲裁员检查证据和证人的证词，作出一个不具约束力的裁决，然后打开双方的信封。仲裁员会认可那个和自己刚才的裁决相近的诉求。从而，像在最终仲裁方式下一样，最终的判决意见会来自接受仲裁双方中的一方，而不是来自仲裁员。[110]

公民投票

有时候在使用一个最终的僵局解决程序来解决公共部门的利益争议时，可以将未解决的事项提交给纳税人投票表决。例如，下面的事项可能被设置在选票上：“你是否同意纳税人每年增加Y百万美元的额外成本，向咱们的警官提供每小时X美分的工资增长？”[111]

2011年，威斯康星州通过了一项法律，其中一项条款规定，对州政府雇员的任何涨薪都要被限制在消费者物价指数之内，除非公众举行公投同意给予其更大程度的涨薪。

公民投票程序的一个优点是它避免了让一个外人（事实调查者或者仲裁员）来决定某一个谈判解决方案所需要支付的成本。如果工会的解决方案是通过一种民主的方式达成的，那么普通市民可能会产生较少的抱怨。与此类似，如果工会拒绝遵循“公众的意愿和愿望”，那么该工会的正直性将会受到质疑。然而，公民投票程序将把集体谈判变成一次关于公共关系的战役，而这种公共关系的主体（普通市民）对劳动关系的复杂性很陌生。另外，该程序在私营部门劳动关系中是不存在的，因为没有任何一家公司把劳动合同建议提交给公司股东或者客户以获得同意。

得克萨斯州的几个城市使用了公投或直接向选民提交利益争端的最终有约束力的解决方案的方法。在公共服务和奖金的诉求方面，雇员赢得了2/3的选票，但是在薪酬对等诉求方面（如将消防员的工资提高到警察的工资水平），其失掉了56.6%的选票。[112]公投的方法具有激起民众关注公共部门雇佣事务的潜在优势。[113] 然而，在使用过公投方法的城市中，对这一方法的评价却不怎么高。首先，选民几乎不了解相关法律或问题本身，他们非常容易受双方宣传活动的影响。其次，这种方法使强者更强、弱者更弱，人们不会考虑，对争端双方来说，什么才是平等和合理的。[114]

总之，公共争端解决程序之间存在许多差异和联系。但是它们的目的是相同的：避免罢工、最小化对外部人的依赖、最优化双方之间的善意谈判、保护公共利益、建立劳资任务责任制和共同解决问题的机制。

关于公共部门劳动关系的结论

- 与私营部门的雇员相比，同样教育背景、年龄和其他相关情况类似的公共部门雇员，其接受的薪酬福利待遇更差，但其工作更稳定，并且戴着在公共部门工作的光环。与职位相同的私营部门雇员相比，公共部门雇员并没有被支付过高的薪酬。
- 医疗花费的上升对私营部门和公共部门来说，都是十分棘手的问题。对公共部门来说，其退休人员的医疗花费是一个更加棘手的问题，因为许多私营部门的企业已经削减了这些福利，或将退休人员的医疗花费转嫁到了在职者和退休人员自己身上。这种花费的具体水平以及解决医疗花费的方法，需要建立在州的实际情况的基础上，并且需要为公共部门雇主和雇员工会提供一个机会，以让其进行州范围内的和/或联合的谈判，来应对州一级和市一级政府所面临的财政危机。
- 州和州之间养老基金的降幅有很大不同。养老金资金不足的主要原因是在最近的萧条状态下发生的投资损失，次要原因是政府没能对养老金的年度“正常成本”进行支付。后一个问题可以通过要求政府支付承诺的年度养老金来解决。公共部门雇主和雇员工会也需要处理养老金设计与管理风格的问题（如根据雇员最后一年或几年的表现来增加其养老金），如果合适，它们需要对其进行改革。存在以下风险：覆盖公共部门雇员的401（k）计划或其他固定缴款计划下养老金成本的节约，可能会在公众身上增加附加的、隐藏的成本。
- 公共部门集体谈判法律中包含的各种各样的争端解决程序（如调解、事实调查和仲裁)，在减少公共部门雇员罢工事件等方面效果很好。然而，在一些事件中，公共部门劳动争端得出仲裁结果所需要的时间延长到了这样一种程度，即其使雇员陷入困境，并使公共部门雇主面临附加的不确定性。所以，应考虑对仲裁决策的时间加以限制或改革仲裁程序。

● 来自公共部门和私营部门的证据与实例表明，建立在共同的利益以及共同解决问题的方法基础上的集体谈判和工作场所创新可以得出对雇员、雇主、消费者和居民来说积极的结果，尤其是在政府出现财政危机的时期。采用、维持和扩散这样的创新需要强力的支持者与倡导者，而政府恰恰适合扮演这一角色。

公共部门集体谈判所产生的结果与所预期的一样，即使得第一线的公共部门雇员享受到了更平等的工资，并且使其购买力提高了。此外，就如实例和实验证据所表明的那样，政府和工会领导人在出现严重的不利经济情况时共同协作，创造出了使公共物品升级（如改善了的教育结果和更好的社会治安）的方法。然而，在运用协商程序解决以下问题方面还有改善的空间，即财政危机、教育改革、医疗成本的上升、养老金资金不足和其他关键的社会问题。

除非政府和工会领导人共同面对挑战，并加速推进改革，从过往这方面的经验中吸取教训，树立协作创新的成功典范，否则，旷日持久的劳资冲突将削弱雇员的声音，并将使公共服务质量出现明显下降。

教育改革会在公共冲突中遭受挫折，教育环境会受到以下因素的影响：强大的压力、令人压抑的紧张感、分裂的地方社区、对合作和创新抱有的希望的受挫。由于要么面临由集体谈判可能导致的旷日持久的冲突，要么面临新的工作地点、组织上或劳资关系管理上的创新，不只是教育，州和地方的公共服务的所有领域都处在类似的十字路口。

集体谈判体现了基本的人权，而这种人权是文明社会的核心，它需要被不时地检查和权衡。而在集体谈判进程中，我们也认识到，公共部门的集体谈判法律和实践需要更新与现代化，尤其是在政府在各方面都面临挑战的时候。[115]

公共部门工会所面临的机会和挑战

虽然公共部门工会的密度在20多年的时间中一直在35%以上，但是公共部门工会必须小心那些会影响其力量和稳定性的来自外部与内部的影响。公共部门工会面临着许多困难和挑战。

● 公共服务的私营化。倡导私营化的政治候选人和赢得选举的官员经常支持节约成本；然而，在表象之下，他们其实是在打工会会员的工作的主意。工会将不得不对以上倡议提出挑战，并提高公共服务的价值。
● 额外的谈判权。在没有法律赋予公共部门雇员以加入工会或参加集体谈判权的州中，由法律、总统令或城市条例赋予其额外的谈判权。虽然在过去的几年中，国会中有关于建立最低标准以扩展所有的州和地方政府雇员的加入工会或进行集体谈判的权利的提案，但是这些提案均没有被通过。因此，工会必须继续其全面的政治努力。

- 将未被代表的专业技术人员工会化，这些人占政府雇员数的37%。组织活动将越来越依赖网络和网络技术，因为几乎所有的技术雇员在工作时都需要用到电脑。此外，工会需要对可选择的代表形式，如联合会员、少数人工会、法律援助，进行试验。
- 超越传统的宣传形式。因为公共部门雇员和管理者拥有共同的服务大众的义务，所以他们想要维护和保护所在机构的使命。这一共同的立场可以为以下这些方面创造机会：以利益为基础的谈判、劳资合作关系（在克林顿任职期间的联邦政府中非常成功）、自我管理的工作小组、劳资承诺，以及全面的合作关系。
- 寻找新的谈判方法和谈判主题。工会和管理层在谈判中必须有创新性。双方可能会针对“常青合同”（evergreen contract）进行协商，该合同没有固定到期日，所以双方均可以随时修改它们的集体谈判协议，以适应技术的变化和条件的改变。包括工作生活的质量、家庭和工作生活、电子通信等谈判主题为当代雇员的工作生活创造了（改善的）机会。
- 招募新的核心骨干。在所有级别的工会中，那些经验丰富的、在20世纪六七十年代帮助建立了其所在组织的领导者，都已经到了退休年龄。工会将不得不投入更多的精力进行符合工会价值观的领导力培训和管理技能培训。工会需要一系列更加多样化的领导人，他们可以反映出不同职业、不同种族和不同年龄的会员的需求。
- 公共部门雇员工会所面临的挑战既有经济方面的，又有政治方面的。不同层级的政府都存在大规模的赤字，因而会限制未来公共部门的雇佣量。2011年联邦赤字将达14.2万亿美元；州政府的预算赤字为2 460亿美元；2010年美国邮政总局的损失达85亿美元。2010年，25个州借助裁员来削减预算。在这些限制之下，所有的政府实体都不得不寻找为医保和养老金筹集资金的方法（当然，这是其法定义务）。公共部门雇员工会保护和增加工作岗位的能力，取决于投票数和游说努力，而这又取决于普通成员的努力和自愿捐款。
- 在联邦政府层面，非邮政部门的劳资关系在乔治·W. 布什总统任期内出现了180°大转弯。在就任后不久，布什总统即废除了克林顿总统建立的劳资合作关系。布什总统的运输安全管理局局长剥夺了其雇员的集体谈判权。布什总统废除了烟、酒、枪械、炸药管理局的雇员受《文职人员改革法案》保护的权利。奥巴马总统创建了劳资关系论坛，其要求劳动者和管理者共同协作，共同作出决策。联邦劳动关系局和运输安全管理局允许运输安全管理局的雇员选择被工会代表，以享有有限的集体谈判权。而挑战在于，管理层和劳动者是否可以让这些努力转化为成功的结果。[116]

本章小结

在过去的50年间，公共部门的雇员工会已经发展起来，目前代表了州级别和地方级别教育部门、警察部门和消防部门大部分的雇员，并且在联邦部门还代表着相当大比例的雇员。公共部门的雇主和雇员处在这样一种压力之下，即以最具有成本效率、最及时的方式向国民提供持续增加的公共服务。在过去的20年当中，私营部门劳动关系领域经常提及的概念有精简规模、削减成本、外包以及提高生产率，这些已经逐步进入公共部门劳动关系的谈判过程之中。

绝大多数州都存在一部或者多部综合法，约束州级别和地方级别公共部门的劳动关系。这种法令通常强调行政机构、工会承认程序、谈判权、僵局解决程序、不当劳动行为，以及对法令覆盖范围之内的雇员的罢工权的规定。面对严重的财政赤字和养老金、医疗保险资金的严重短缺，州政府和市政府正寻找方法履行它们的义务，包括削弱或消除公共部门雇员的谈判权。

1978年的《文职人员改革法案》管理联邦政府雇员的劳动关系。《文职人员改革法案》下的管理结构包括联邦劳动关系局、首席辩护律师和联邦僵局服务小组。在这一结构之内，各方寻求协商和管理劳动协议，这些劳动协议中包含有强制性的和可允许的谈判事项。这一法案同样适用于联邦仲裁与调解局、劳动仲裁员和为各方提供重要的争端解决方法的事实调查者。

公共部门和私营部门之间的劳动关系在下面几个方面有所不同：(1) 公共部门特殊的性质决定了公共部门提供的服务在经济条件以及需求特点方面同私营部门提供的服务不一样；(2) 预算在谈判程序中所起的作用不一样；(3) 谈判结构和决策程序不一样；(4) 可谈判的事项和谈判策略不一样；(5) 雇员的罢工权通常被法律禁止。公共部门劳动关系和私营部门劳动关系的相似点包括谈判者的性格与技能所扮演的角色，以及谈判力量模型之中的变量（例如舆论、政治支持以及各种形式的工作行为）的相互影响。

2001年以来，国会通过了一系列影响联邦部门劳资关系的法律。2001年，《航空和运输法案》创建了运输安全管理局，将机场筛查者联邦化，并给予运输安全管理局和航空管理局一样的人事弹性。1996年在运输部的部分经费的支持下，国会指派联邦航空管理局进行劳资关系改革的协商，在这一改革中，空中交通管制员工会可以进行薪酬谈判。运输安全管理局也被授权决定机场筛查者是否可以被工会化，而其最终认为机场筛查者不能被工会化。2011年，联邦劳动关系局和运输安全管理局允许运输安全管理局的雇员选择被工会代表，以享有有限的集体谈判权。

僵局解决程序通常是公共部门雇员缺乏合法罢工权的一种替代手段。僵局解决程序包括调解、事实调查、仲裁，以及这些程序的各种综合形式。在评估这些程序的效果时，例如寒蝉效应和麻醉效应之类的术语已经变得很普遍。在提高公共部门雇员的工资、福利水平方面，以及在获得更大比例的公共预算以满足公共部门雇员的利益等方面，公共部门的雇员工会确实取得了积极的效果。虽然公共部门雇员工会的会员增长率在未来的年份中极有可能趋于缓和，但是，公共部门雇员工会在决定公共部门的劳动关系政策和结果等方面将继续扮演一个非常重要的角色。

关键术语

联邦劳动关系局	联邦僵局服务小组	排外证明
合法的怠工方式	主权原则	多边谈判
直通车谈判	阳光法	调解
事实调查	利益仲裁	寒蝉效应
麻醉效应		

讨论题

1. 考虑一个你比较熟悉的公共机构。解释该公共机构在下列方面同某一私营公司是如何不一样的：

a. 提供的服务的性质。

b. 预算和集体谈判程序两者之间的关系。

c. 谈判结构和决策程序。

d. 可谈判的事项和谈判策略。

e. 罢工权。

2. 使用问题 1 当中的公共机构，同时了解某一私营公司与工会之间的一次典型谈判，然后讨论该公共机构的集体谈判和私营公司的典型谈判之间的相似点。

3. 解释为什么一些州存在，而另外一些州却不存在一部或者几部公共部门的谈判法；同时解释为什么这些谈判法只覆盖某些公共雇员，而不覆盖其他一些公共雇员。

4. 描述公共部门使用过的不同种类的僵局解决程序，并且讨论每种程序的相对效果。

5. 和传统的利益仲裁以及最终仲裁相比，“夜间棒球仲裁”的优势是什么？

6. 乔治·W. 布什政府和奥巴马政府之间在劳资关系方面的不同点是什么？

7. 在联邦部门扩展谈判主题的范围，把工资和福利之类的事项也包括进来，这种做法的优点或者缺点是什么？把你认为可能的结果全部写下来。

8. 为什么联邦政府拥有多个劳资关系模型？

9. 在《劳资关系法案》的框架下，私营部门的雇员被赋予了罢工权。公共部门的雇员是否也应该享有和私营部门雇员一样的罢工权？为什么？

10. 公共部门的雇员放弃参加合法罢工运动的权利，作为交换，他们是否应该有权把利益争议提交到最终且具有约束力的仲裁？为什么？

案例 13.1 调任而不是晋升

◈背景

在科拉尔·盖布尔斯弗吉尼亚州医疗中心，园艺组长（Gardener Leader）一职（PD♯086550，WL-5003-08，工程和建设部门，FAC）2006 年 6 月 12 日被公布出来（进行招聘），2006 年 6 月 30 日停止报名。迈克·博克斯（Mike Box）先生是佛罗里达州迈阿密美国空军司令部园艺组长，詹姆斯·米切尔（James Mitchell）先生是科拉尔·盖布尔斯弗吉尼亚州医疗中心的拖拉机操作员，他们二位被选中接受一个由三人组成的面试官小组的面试。该面试官小组认为博克斯先生的面试成绩排在第一名，向其提供了该职位，博克斯先生接受了。

2006 年 9 月 15 日，米切尔先生提出申诉，申诉内容如下：

> 我的利益因主合同中的以下条款被违背而受到了侵害：
> 第 22 条，绩效晋升
> 在案件处置方面，我寻求的解决方法包括以下内容：
> 将我的工资升到第 8 级，或者与第 8 级相当的工资水平。

在 2006 年 10 月 6 日的一封信中，帕特·穆尔（Pat Moore）先生，福利管理服务中心主任，将机构的回复进行了转达，内容如下：

> 1. 2006 年 9 月 19 日，我会见了你和你的工会代表汤姆·瑞安（Tom Ryan），以讨论你 2006 年 9 月 15 日关于“违背主合同第 22 条的规定”的申诉。举行该会议是为了听到你的申诉，并给你机会提交任何与此相关的信息。
>
> 2. 人力资源部认真审查了本次聘用行为，以及其是否符合弗吉尼亚州有关雇员政策程序、主合同的第 22 条。最后的结果是，当博克斯先生被推荐任园艺组长一职时，出现了程序性错误。博克斯先生是一位寻求更高职位的调任候选人，在这种情况下，他本应该是晋升候选人的第三位考虑对象，但是他却被排在了第一位。
>
> 3. 作为这一错误的结果，你将在下次晋升（晋升至第 8 级或者与第 8 级相当的工资水平，你有资格得到该晋升，并且你希望在本医疗中心就职）时被优先考虑。你将获得关于这些的更多细节信息（由人力资源部在另一单独的备忘录中提供）。

2006 年 10 月 10 日，米切尔先生提出申诉。他写道：

> 我对第二步中的解决方案并不满意，我会继续进行申诉的第三步。

2006 年 10 月 25 日，副院长约翰·古德曼（John Goodman）针对申诉的第三步给出了机构的回复。他写道：

> 1. 我在 2006 年 10 月 17 日和你的工会代表瑞安先生举行了会议，以讨论你关于主合同第 22 条被违背的申诉。你要求的解决方案，即将你的工资升到第 8 级，或者与第 8 级相当的工资水平，也被讨论了。

2. 在会议的开始，我赞同第 22 条规定确实被违背了。这一选拔是不合适的，即招聘公告中并没有表明，晋升候选人的考虑因素（area of consideration）被扩大，应该是晋升候选人的第三位考虑对象，却被推荐在该职位任职。

3. 我仔细考虑了会议中我们讨论过的所有可能选项。在没有相应地符合你资格的职位空缺的情况下，你不能被晋升到第 8 级的工资水平。这一次，没有该工资水平的任何职位空缺。根据第 22 条第 13 款，当雇员因程序的、规定的或项目冲突的原因而没能在晋升中被考虑时，一旦出现与上述空缺职位相当的职位空缺，该雇员就应该被优先考虑。在你的案件中，当出现联邦工资体系中第 8 级工资的空缺职位，而且你有资格获得该职位，并想在本医疗中心就职时，我支持你被优先考虑。

2006 年 10 月 31 日，人力资源部主任约翰·哈登（John Harden）女士写了这样一封信给米切尔先生：

1. 由于程序性的错误，即在招聘公告中并没有表明，晋升候选人的考虑因素被扩大的情况下，应该是第三位考虑对象的晋升候选人得到了园艺组长的职位（WL-5003-8，空缺代号 TUS-06-FAC-088）。根据第 22 条第 13 款，当雇员因程序的、规定的或项目冲突的原因而没能在晋升中被考虑时，一旦出现与上述空缺职位相当的职位空缺，该雇员就应该被优先考虑。在你的案件中，当出现联邦工资体系中第 8 级工资的空缺职位，而且你有资格获得该职位，并想在本医疗中心就职时，副院长支持你被优先考虑。

2. 以下是你行使优先考虑权的程序：

a. 你需要继续查看官方信息公告栏中或者 VISN 7 Job Bank 上的招聘信息。

b. 一旦发现你感兴趣的空缺职位，想要针对该职位行使优先考虑权，你必须书面通知负责该职位招聘工作的人力资源部门的员工。另外，你必须提交招聘广告中所要求的申请材料。

c. 如果该职位被认为是你行使优先考虑权的合适的空缺职位（比如，某个你符合所有资格要求并且其工资级别不超过第 8 级的空缺职位），那么你将比其他申请者提前获得针对该职位的推荐和评估。如果该职位被认为不适合作为你行使优先考虑权的空缺职位，那么你将仍然拥有针对该医疗中心下一个合适的、你所感兴趣的空缺职位的优先考虑权。

d. 该职位的筛选官将决定是否在评估其他申请者之前就聘用你。

e. 人力资源部将通知你招聘结果。

f. 对你何时行使优先考虑权并没有时间结构的限制。优先考虑权的行使并不妨碍你通过正常的渠道向某一职位提交申请。

3. 如果你对优先考虑权的程序有任何疑问，请联系人力资源部的专业招聘人士。

在一封 2006 年 11 月 16 日的信中，瑞安先生，美国政府雇员联合会 131 地区分会的负责人，将该申诉提交到了仲裁机构。他写道：

我们对涉及米切尔利益的第三步的解决方案不满意。特此通知你方，针对此案，我们已发起仲裁。

该申诉被提交到了仲裁机构。

◈问题

各方对以下问题进行了讨论：

退伍军人事务部和政府雇员工会之间的主合同的第 22 条（具体来说，是第 8 款 C 段和第 12 款 D 段）是否被违背了？

机构也在考虑：

在管理层没能讲清楚晋升候选人的考虑因素被扩大的情况下，优先考虑权是否为针对违反第 22 条第 8C2 款的行为的适当补救措施？

◈上述协议的相关条款

第 22 条：绩效晋升

第 7 款：非竞争性措施的适用性

D. 其他非竞争性措施：

3. 在以下两种情况下，即候选人没有被降职，并且没有因个人原因从更高的职位上被分离出来，在该职位不知晓晋升的可能性的情况下，联邦雇员同级别或向更低级别的调任或者前联邦雇员同级别或向更低级别的复职（包括从一个暂时性的委任复职）适用非竞争性措施。

第 8 款：职位空缺公告和考虑因素

B. 与来自外部谈判单元的候选人相比，雇主会优先考虑内部员工。

C. 考虑因素：

考虑因素如下。

第一，便利设施范围的注意事项：

1. 通过共同商定的协议，这些因素可以更多，也可以更少。

2. 若有证据表明，在现有范围内预期不能产生至少 3 名候选人，则该考虑范围可以拓展。职位空缺公告将具体确定拓展了的考虑范围。

3. 对于退伍军人事务部总部的职位，GS-12 及以上级别，可以增加考虑因素。

然而，在所有的情况下（上述 1、2 和 3），便利设施内（或较窄范围）的最佳候选人都应该被首先全面考虑。

第二，任何其他晋升的候选人，以及其他退伍军人事务部便利设施中被要求竞争的候选人。

第三，

1. 再分配或降职到拥有更高升职可能性的职位上。

2. 复职到更高的职位或更有晋升可能性的职位。

3. 调任到更高的职位或更有晋升可能性的职位。

D. 在本款所规定的正常考虑范围之外，退伍军人事务部的雇员被当作晋升对象或潜在晋升对象予以考虑时，适用以下条款：

该雇员可以向人力资源管理办公室提交申请，并可以附带申请表上指定的附件。申请者应该指出申请者希望被考虑的具体职位、职位的类型、职位所在地。为了保证被更全面地考虑，职位申请者应该让其申请信息中包含与申请者感兴趣的职位的评估标准相关的信息。为了可以被考虑是否适合某个特定的空缺职位，在针对该职位的招聘时间截止之前，雇员必须在人力资源管理办公室中有档案。

第 12 条：筛选

D. 管理层认识到，为了保持士气高涨，当该便利设施内的候选人和外部候选人一样有资格胜任该职位时，从该便利设施内的候选人中选择任职者是很重要的。因此，管理层会密切关注外部候选人和内部候选人胜任能力之间的关系，并会在选择时做到善意处置。

第 13 条：优先考虑权

A. 定义。本条款中所规定的优先考虑权是指针对非竞争性的筛选，给雇员以善意的考虑，而这是之前因为程序性的、规定的或项目冲突的原因，未能在筛选中对雇员进行恰当考虑的结果。在每个未被恰当考虑的事件中，雇员都会获得一次优先考虑权。

B. 程序。行使优先考虑权的程序如下：

1. 雇员会被相关管理部门书面通知其有权享有优先考虑权。这样的通知会建议雇员，如果有关于空缺职位的公告，而且雇员希望针对该空缺职位行使优先考虑权，那么该雇员需要向人力资源管理办公室提交必要的申请，书面要求针对该空缺职位行使优先考虑权。

2. 在优先考虑权的行使过程中，筛选官将判断雇员对空缺职位的选择是否适当。一个合适的空缺职位是这样一个职位，即雇员对其有兴趣，能够胜任该工作，而且该职位的工资等级与之前雇员未被适当考虑的职位的工资等级相当。

3. 在其他申请者被评估之前，要求行使优先考虑权的雇员的名字会被提交给筛选官。在评估其他申请者之前，筛选官会针对雇员的要求作出决定。

4. 雇员选择行使优先考虑权的这一事实，并不妨碍其通过正常的渠道向某一职位提交申请。

C. 工会注意事项。为了保证与该条款的一致性，工会会获得关于优先考虑权被授予和被行权（及其结果）的更新的统计数据。该统计数据会被留存，并每季度都向工会提供。工会也会被书面通知每一个人优先考虑权的完成情况。

第 16 条：工会关于竞争性行为的审查

A. 当有理由相信存在不公平现象或雇员要求这样做时，工会被允许针对所有谈判单元的职位进行晋升政策的审查。

◈双方立场

工会

工会认为，在针对园艺组长这一职位筛选候选人的过程中，管理层存在蓄意忽视和滥用美国公务员绩效系统的原则和相关主合同条款的情况。工会集中关注以下问题：

1. 在对这一职位的候选人进行筛选的过程中，管理层是否为善意的？

A. 管理层是否以使用非竞争条款为借口来解释其对博克斯先生的选择？

B. 管理层是否以“领导能力”为借口，试图合理化其对博克斯先生的选择？

当米切尔先生发现自己落选，而一个来自外部的候选人被选中了时，他将这一问题反映到了工会。米切尔先生相信，在这一晋升过程中存在不公平现象。根据第 22 条第 16 款 A 段，工会审查了其晋升政策。在审查了其晋升政策后，工会通知米切尔先生，工会也认为这其中存在不公平现象。米切尔先生认为主合同被违反了，并决定提起申诉。穆尔先生（福利管理服务中心主任）是筛选官。

工会认为在该事件中，医疗中心违反了第 22 条第 8 款 C 段和第 12 款 D 段。工会认为米切尔先生与博克斯先生一样有资格（如果不是更有资格）胜任该工作。在穆尔先生的回复中，他只承认了将处于第三位的考虑对象（外部候选人）推荐到该职位这一错误。而博克斯先生甚至没有沦为处于第三位的考虑对象（第 22 条第 8 款 C 段），因为机构雇员不是外部候选人。这是医疗中心犯的第三个错误。更不用提穆尔先生在其回复中所犯的错误了：其认为，在胜任该工作方面，米切尔先生不如博克斯先生。

工会宣布申诉进入第三步。米切尔先生不同意将其每小时的工资提高 0.61 美元的处理结果。史密斯（Smyth）女士没有在其信件中重申古德曼先生的这些话，即“不想进入仲裁阶段”和“我们只想做公平的事”。工会从她的话中读到了这样的意思，即没有理由假设“米切尔先生本应该被选中”，以及古德曼先生同意她的声明。史密斯女士和古德曼先生没有在正式流程中，而是在开会时的某一个时点进行了私下讨论，这些声明可能是由他们两人作出的。在会议期间，瑞安先生朗读了相关条款，即第 22 条第 8 款 C 段和第 12 款 D 段。米切尔先生提出，为了升到第 8 级工资，他可以承担一些额外的工作。后来他离开了会议，并认为有理由相信对方会提出一个让他满意的处理方案。在接到了第三步的结果后，我们发现，该阶段提供的解决方案（参见第二步的解决方案）与之前的一样，叫作“优先考虑权”。

工会提出，管理层一直争论说博克斯先生的任命是一项非竞争性的任命，并且声称管理层也是在他得到这个职位之后才认识到这一点的，从而使“非竞争性”的抗辩归于无效。在博克斯先生的案例中，非竞争性的任命仅发生在以下情形中，即博克斯先生被调任到相同等级或更低等级的职位上，就如第 22 条第 7 款 D. 3 段所规定的那样。关于博克斯先生之前适用的便利设施，高层之间曾有往来的邮件，这说明，至少到 8 月 22 日，管理层知道这对博克斯先生来说是一次升职。当发现博克斯先生在违反第 22 条第 7 款规定的情况下被升职时，管理层并没有提供优先考虑权，从而犯了第四个错误。

工会称，在进入仲裁阶段之前的任一时刻，管理层都没有强调领导能力是其作出决定（是否聘任某人）的最重要因素。对推荐聘任博克斯先生负责的管理层高管添加了“领导能力”这一要求。这些高管有针对性地要么忽视，要么轻描淡写地略过米切尔先生的能够表明其有领导能力的经历。史密斯夫人强调，博克斯先生在之前的岗位上“就应该被评为第 8 级”，但是，这与本程序无关。事实依然是，博克斯先生在另一个联邦机构中不是一个享有第 8 级工资的雇员。这样看起来，在对博克斯先生应任职位的看法方面，博克斯先生之前单位的人力资源专家与我们的人力资源专家是一样的。一个工作可以被冠以各种头衔，但是这并不能改变它的等级。

工会称，福利管理服务中心主任穆尔先生最近提出要帮助工会解决另一起申诉案件，但条件是工会“放弃”米切尔先生的这个案件。出于职业道德，工会没有选择“剜肉补疮”（Rob Peter to pay Paul）。这一案件纯粹是一起关于公平正义的案件，不能将其当作筹码放到谈判桌上。

工会称，福利管理服务中心主任穆尔先生被质问到关于其申请人池（applicant pool）规模的问题。穆尔先生声称，这取决于给定时间内该申请人池中的申请人的资格。换句话说，对任何申请人都不存在最低门槛的限制。工会问道："为什么对米切尔先生，唯一的机构内部候选人，是否具有在该职位任职的资格那么不确定？为什么那么有必要去从外部工会单元中寻找候选人？亲眼见证了他们中的一员被拒绝（和错过）升职（就像这里曾经发生过的许多案例一样），该医疗中心的雇员会受到什么影响？""不管有没有'优先考虑权'，对米切尔先生来说，要等到下一个与该职位类似的职位空缺，可能要花很多年。"

工会问道："要犯多少个程序性错误，理性的观察者才会相信这种现象在专业水平上是不可能人为造成的，这种程序不是蓄意就这样设计的？"工会总结道：

> 我们寻求的补救措施是，给予米切尔先生与第 8 级工资相等的薪酬，而这是米切尔先生本应该得到的薪酬（如果他被升职）。我们认识到，由于法规的限制，2 个享有第 8 级工资级别的职位是不能并存的，米切尔先生愿意在现有的职位上多承担一些额外的工作，以使享有第 8 级工资看起来合理，而这是米切尔先生本应该得到的薪酬（如果他被升职）。

机构

机构称，主合同的第 22 条第 12 款 D 段规定："管理层认识到，为了保持士气高涨，当该便利设施内的候选人和外部候选人一样有资格胜任该职位时，从该便利设施内的候选人中选择任职者是很重要的。因此，管理层会密切关注外部候选人和内部候选人胜任能力之间的关系，并会在选择时做到善意处置。"

机构称，其没有违反主合同第 22 条。管理层仔细地审查了申诉者米切尔先生和外部申请人博克斯先生的资格，并认为对于园艺组长一职，米切尔先生不具有与博克斯先生一样的、与该职位相符的资格。博克斯先生拥有与该职位最相符的资格，包括领导经历、园艺技术和园林技术，这是他过去从另一家大机构 14 年的园艺组长的生涯中获得的。博克斯先生的资格已经远远超过了园艺组长的职位所要求的资格，因为他可以非常熟练地履行以下职责：向雇员问询、准许雇员的请假要求、完成雇员的业绩评估，以及用政府信用卡采购供应品和零件。虽然这些职责已经超出了一个小组长在本单位应有的职权（这是更高层级的监管者的职责），但是博克斯先生拥有的这些经验和技能使他成为本单位更具价值的资产。

由于将博克斯先生纳入工资级别（wage grade，WG）支付计划是不寻常的，所以在他之前的岗位（美国空军司令部园艺组长）上将他纳入工资领导人（wage leader，WL）支付计划中，这种说法不是真的，而且没有根据。正如工会和其中一位证人迈克尔（Michal）先生所说的，如果博克斯先生不是一位工人组长，那么他是不可能被纳入工资领导人支付计划中的。博克斯先生所负责的工作和所担负的责任（如他在申请中所写的）被他之前的上级证实了，而且其上级清楚地表明，博克斯先生曾是一位高度负责的组长。丹尼斯·贝努瓦（Dennis Benoit），国土安全部的公务员人事办公室东南支部的人力资源专家，确认博克斯先生确实为园艺组长，并在1992年9月之后在不同级别中一直担任这一职务。机构声称，米切尔先生是一位好工人，但是却从未担任园艺组长或类似职务。虽然米切尔先生在数年之前曾在军队中担任过领导职务，并且在本机构也短暂地起过基本的领导作用，但是他远远没有博克斯先生有资格胜任该职位。

机构声称，管理层在筛选候选人的过程中是遵循“善意”原则的，并且选择了最有资格胜任该职位的候选人。主合同的第22条并没有限制管理层的以下能力，即考虑其他申请人以及拓宽考虑的范围，否则该条款就干预了管理层从合适的来源筛选候选人的权利。主合同第22条第8款C2段这样规定：“若有证据表明，在现有范围内预期不能产生至少3名候选人，则该考虑范围可以拓展。职位空缺公告将具体确定拓展了的考虑范围。”机构称有充分的证据证明其拓展考虑范围是适当的，因为当时针对该职位仅有一位候选人。

工会官员表示，关于这一问题，没有人征询他们的意见，他们更没有同意拓展考虑范围。主合同第22条第8款C2段并没有规定管理层拓展候选人的考虑范围一定要征求工会的意见或是取得其同意。如果管理层在博克斯先生申请园艺组长一职时认识到他不是一位非竞争的调任候选人，而是一位晋升候选人，那么管理层会重新发布内部绩效升职声明，以确认拓展的候选人考虑范围，并推荐博克斯先生以及在该声明下申请该职位的其他任何有资格的候选人。筛选官穆尔先生证实，他不会接受只有一位候选人的筛选，但是会要求针对该职位增加候选人人数。管理层没能在推荐博克斯先生之前重新发布内部绩效升职声明这一事实，没有对米切尔先生造成负面影响。米切尔先生接受了针对该职位的善意晋升考虑条件（bona fide promotion consideration）。机构称，管理层承认其违反了主合同第22条第8款C2段。根据主合同第22条第13款，优先考虑权是对这类程序性错误的适当补救措施，并且管理层为米切尔先生提供了优先考虑权，因此其申诉应该被驳回。

◈思考题

1. 在该案例中，谁负有举证责任？其将会用到哪个水平的证据？

2. 主合同第22条第13款将优先考虑权作为双方针对筛选过程中出现程序性错误这一问题的解决方案，优先考虑权是一个适当的补救措施吗？为什么？

3. 如果发现机构有违反合同的行为，并且仲裁员继续审理米切尔先生的申诉，那么他应该被升职吗？应该收到不被升职而应得的补偿吗？为什么？

4. 如果你是仲裁员，你将如何判决？请解释原因。

案例13.2 因不当班行为而受到解雇

2011年3月4日，查尔斯·李（Charles Lee）被美国邮政公司开除了。开除通知这样写道：

> 你对以下控告向法庭认罪，控告你违反USC第371节第18款，阴谋攻击或欺诈美利坚合众国。

你2010年8月9日签署的认罪书表明，你参与了图谋为两个位于佛罗里达州迈阿密卡姆登（Camden）大街的8416和8418街区的四居室筹集资金的事件。你缺少必要的资金进行贷款。你这一图谋的要素包括：

你雇用了Paldo公司分别以10万美元的价格购买了这两个四居室。你签署了合同同意以每个16.9万美元的价格从Paldo公司购买同一资产。作为阴谋的一部分，你将伪造的数据提供给评估者，以使这一购买行为（以高估的价格购买这些资产）合理化。依靠这些伪造的信息，放贷机构为你提供了贷款，而其提供的贷款数额大大超过了该资产的真实价值。

为了达到抵押贷款的要求，你提交了两份抵押贷款申请表。在每份申请表中，你都谎称你向Paldo公司支付了1.9万美元头款。实际上，你和房地产经纪人伯特·马斯喀特（Bert Muscat）达成了一项协议，他同意给你"打折"（1.9万美元），而这一折扣从他的佣金部分扣除。这通过互换支票的行为实现了。因此这一蓄意制造的头款支付行为是一项虚假交易。这一计划的净影响就是，你可以不出一分钱就购买该资产。到交易结束时你还收到了1万美元的回扣，从而降低了你购买资产的真实价格。你和贷款经纪人和其他参与者达成协议，不向金融机构透露关于该回扣计划的任何信息。

此外，你在贷款申请中和其他两个抵押贷款申请中都没有披露这一信息。

你于2010年9月21日对美国地区法院佛罗里达南部法庭接到的控告信息表示认罪，并且被判有罪。2010年12月3日，美国地区法院法官威廉·卡斯塔（William S. Casta）判你6个月的居家监禁，缓刑2年，并向放贷机构返还136 398.64美元的欺诈得利。

《行政分支机构雇员道德行为标准》第2635.101（a）款规定：

公共服务部门是公众信赖的部门。每位雇员都对美国政府和美国公民负有以下责任：忠于宪法、法律和道德准则，其高于私人利益。

《雇员和劳动关系手册》第661.53款规定：

不可接受的行为。雇员不得参与犯罪，不许作出不诚实、恶名昭著和不道德的行为，以及其他对邮政公司不利的行为。被判违反任何法律法规，都可能会在受到法律规定的处罚以外，还受到邮政公司的纪律处分。

你的不当行为（图谋欺诈美利坚合众国）与公务员的基本义务直接冲突。作为邮政部门雇员，你所在的职位需要诚实和守信的品质。

你有权在接到该解雇通知14天之内提出申诉。

2011年3月16日，举行了申诉的第一阶段会议，如下的申诉内容被记录在案：

背景：2011年3月4日，李先生接到书面通知，通知上写着，他因违反了《行政分支机构雇员道德行为标准》和《雇员和劳动关系手册》中关于不可接受的行为的规定而将被邮政公司解雇。他对以下控告向法庭认罪，控告他违反USC 371的第18款，阴谋攻击或欺诈美利坚合众国。

管理层的立场：李先生因其不可接受的不当行为而被邮政公司解雇。作为邮政公司的雇员，他有义务表现出诚实和守信的品质。当他对自己阴谋攻击或欺诈美利坚合众国的罪行认罪时，他已打破了人们对他的信任。

工会的立场：管理层在解雇李先生时没有拿出正当理由。进一步，管理层雇用了另一位雇员斯科特·霍尔（Scotty Hall），他是一个已经认罪的重罪犯，而他并没有被开除。

该申诉被驳回了，但针对该案件又提起了上诉。申诉程序的第二步由工会干事戴维·图维（David Toover）完成：

对法律的违反：包括但不限于对以下法律的违反，National（Art. &Sect.）16.1条、16.6条、16.7条、19条。

其他根据：ELM 661.53，之前的仲裁案例。

日期、时间和地点：2月5日，9点，GMF佛罗里达州，迈阿密。

事件经过：2010年3月4日申诉人接到解雇通知。解雇的原因如下：你对以下控告向法庭认罪，控告你违反USC 371的第18款，阴谋攻击或欺诈美利坚合众国。申诉人和工会认为邮政公司开除申诉人没有正当理由。

要求的补救措施：申诉人立即返回其岗位，并得到应有的尊重。

分销运营经理古奇（R. H. Gooche）先生提供了管理层对第二步的回答。他写道：

2011年3月16日，举行了第二步的会议以讨论申诉内容。

工会立场及工会诉求：

1. 邮政公司开除申诉人不具有正当理由。

2. 申诉人并没有认识到自己在犯罪。

3. 申诉人被误导了，他相信了其他人，从而不自觉地参与了一场错误的行动。

4. 邮政公司没有任何证据证明申诉人的工作和其犯罪活动有关。

5. 在调查问话中，管理层声称，犯下重罪就需要被解雇。但是并没有条款规定邮政公司基于雇员犯下重罪这一事实就可以简单地、自动地开除雇员。

6. 邮政公司暗示，犯罪就自动意味着该雇员不再忠诚、不再值得被信任，并且辜负了邮政公司和公众对他的信任。

管理层对以上工会的诉求都一一作出了回应：

1. 申诉人被邮政公司开除是因为其不可接受的行为。作为邮政公司的雇员，他有义务表现出诚实和值得被信任的品质。当他对欺诈美利坚合众国的控诉表示认罪时，他打破了这种信任。

2. 申诉人是自愿认罪的。案件编码为93-234-CR-T-15（A）的认罪协议第6页，第5段，犯罪的第二个要素：被告自愿成为阴谋的一名参与者。第9页第13段写明：申诉人会认罪是因为其事实上的确从事了法庭所控诉的行为。

3. 申诉人是阴谋通过美国邮政欺诈金融机构的犯罪活动的一分子。（在这一犯罪活动中）所有资产的价格都被高估了，结果导致当事人从持有抵押品的原抵押公司拿到了回扣。申诉人参与这一错误的行动的时间长达3年，有理由相信申诉人对阴谋足够了解，并且知道他所做的是违法的。

4. 申诉人和其他共谋的两人企图通过美国邮政欺诈美国金融机构。

5. 申诉人设计了通过美国邮政欺诈美国金融机构的骗局。他这样做违背了其作为邮政公司雇员的义务（诚实和值得被信任）。但他不是自动被开除的。我们进行了针对申诉人行为的调查。申诉人的上级威廉·史密斯（William Smith）对其进行了调查问话，结果认定其行为是不当班的不正当行为。申诉人在 2011 年 3 月 4 日被邮政公司开除。公司所有的行动都是在进行了彻底的调查之后作出的，申诉人并不是自动被开除的。

6. 申诉人被判有罪，并可能被判处监禁。申诉人对阴谋欺诈美利坚合众国的指控认罪。对所有事实的彻底的调查已经进行了，这一事件中的事实使人怀疑申诉人的忠诚以及其是否值得信任。申诉人阴谋使用美国邮政欺诈金融机构，辜负了邮政公司对他的信任。

基于以上事实，邮政公司开除申诉人是有正当理由的。

申诉被驳回了。

工会干事小约翰·汉德（John E. Hand，Jr.）先生进行了申诉程序的第三步。他写道：

> 工会认为管理层违反了劳动协议：其毫无正当理由地开除了申诉人。申诉人因邮件欺诈而被邮政公司开除，但是现有证据表明申诉人并没有被控告邮件欺诈。邮件欺诈从未被提及，直到出现了一封来自邮政公司的信件。
>
> 管理层的决定仅依赖于邮政公司调查员的调查，而非该案例中的指控。
>
> 李先生被从邮政公司开除，仅是基于邮件诈骗，以及由于其被指控邮件诈骗所以不再值得信任，也不能再为邮政公司工作。
>
> 由于李先生是因邮件诈骗而被开除的，所以这一解雇行为在程序上是错误的，李先生应该回到他的职位，并且公司应赔偿其相应的欠付工资。
>
> 我们要求让李先生回到他的职位，并且享有所有的福利，包括假期、退休金、欠付工资（包括夜间和周日工作补贴），以及其他从李先生的档案中移除的福利。

劳动关系专家查尔斯·伊舍（Charles Ishell）先生提供了管理层关于第三步的决定：

> 在考虑了所有可获得的证据（被记录的以及工会提供的）后，我们决定驳回申诉。
>
> 申诉人被开除，是因为其犯了阴谋欺诈美利坚合众国的罪。
>
> 具体来说，申诉人对法庭关于其通过提供虚假信息获得贷款机构的融资的指控已经认罪。申诉人的活动是虚假交易，并涉及提供关于头款（付头款时还涉及 1 万美元的回扣问题，虽然这一头款是虚假的）的虚假信息。
>
> 申诉人被判 6 个月的居家监禁，缓刑 2 年，并向放贷机构返还 136 398.64 美元的欺诈得利。因此存在解雇他的正当理由。

这一申诉被提交给了仲裁机构。

◈问题

查尔斯·李被解雇是合理的吗？如果不合理，补救措施会是什么？

第 16 条

《雇员和劳动关系手册》的相关条款

661.11 这一道德行为规范是用来指导和引导进入邮政公司的雇员的，也是用来提醒所有的雇员注意自己的行为、履行自己的职责的。

661.3 行为标准

雇员应避免作出任何可能产生以下后果（或有产生以下后果的嫌疑）的行动，无论本规范是否禁止：

a. 利用邮政公司的办公室获得私利；

b. 给予任何人特殊照顾；

c. （消极）影响邮政公司的效率或经营；

d. 失去完全的独立性和公正性；

e. 在官方渠道以外作出关于邮政公司的决定；

f. 在邮政公司的正直性方面，损害公众信心。

661.5 其他被禁止的行为。

661.53 不可接受的行为。雇员不得参与犯罪，不许作出不诚实、恶名昭著和不道德的行为，以及其他对邮政公司不利的行为。被判违反任何法律法规，都可能会在受到法律规定的处罚以外，还受到邮政公司的纪律处分。

各方立场

管理层

管理层声称，李先生对其"阴谋欺诈美利坚合众国"的罪行供认不讳是事实，因此邮政公司不用证明其有罪。管理层指出，李先生违反了道德行为标准，邮政公司和公众对作为邮政公司雇员的李先生失去了信任，并且他对宪法和美国法律均不忠诚。因此，他的行为违反了《雇员和劳动关系手册》的几项条款。另外，在他的罪行和他的工作之间存在明显的联系（nexus）。

管理层争辩道，应由工会来证明邮政公司对李先生进行了差别对待，因为工会举了一个关于爱德华兹（Edwards）女士（邮政公司的另一职员）的例子，来与本案例做比较，并称爱德华兹女士没有被"同样地对待"。爱德华兹女士与李先生不在同一个部门，没有参加谈判单元，没有认罪，也没有被发现有罪。在另一个用来比较的案例中，工会没能证明公司对霍尔的雇佣存在差别对待，而且该案例涉及雇佣决策，而非解雇决策。此外，霍尔先生的公民权利在其被邮政公司雇用之前已经恢复了。

和其他被判有罪的雇员一样，李先生被给予了两个选择：一是辞职，二是被解雇。李先生没有选择辞职，因此他被邮政公司解雇了。管理层争辩道，即使调查中提到李先生涉及利用邮件欺诈美国金融机构是其被解雇的一个原因，工会用这一信息支持其论点也是不合法的。

管理层解释道，其考虑到了调查内容、认罪事实以及犯罪的严重性。管理层进行了自己的调查，并给了李先生解释的机会。经过调查，管理层发现，李先生的解释毫无价值，并认为对其进行解雇是合法的。

管理层争辩道，邮政公司的雇员知道李先生犯了罪。管理层声称："……我们的雇员知道。用不着请一位‘火箭专家’来弄明白这件事。每个人都知晓这件事。”管理层提交了一份由佛罗里达劳动和雇员安全部的调解员作出的关于李先生的失业补偿的决定。管理层引用了其中一部分，如下所述：

> 当事人认为，比起其他同样参与过犯罪活动的邮政公司雇员，其受到的处罚更加严厉。为了支持这一观点，当事人提供了这一信息，即另一位邮政雇员并没有受到纪律处罚。当事人还提供了进一步的信息，即法院还没有下达对该邮政雇员的判决。由于另一案件的法律处理与本案不同，所以另一位雇员没有受到同样严重程度的惩罚并不能被视为差别对待。当事人的诉求被驳回。
>
> 在听证会上，各方同意当事人有可能被恢复工作。然而，解雇通知特别地终止了其在原职位上的职业生涯。解雇的原因是雇员作出了与工作相关的不当行为。当事人不再具有享受公司福利的权利。

邮政公司声称，邮政公司的雇员必须诚实、可靠、具有好的品格。进一步说，李先生的行动是蓄意的和经过深思熟虑的，并且是有损美国政府（美国邮政公司是其一部分）利益的。对于邮政公司雇员的行为规范被印发在了《雇员和劳动关系手册》上。

工会声称李先生是一位理想的、长期的、没有违规记录的雇员，管理层针对这一说法作出了回应。管理层对这一说法提出了疑问，因为没有证据可以证明这一点。李先生曾经是一位“好雇员”，而作出解雇他的决定是“艰难”的。然而，管理层认为“不得不作出解雇决定”。李先生的行为无异于盗窃，而且他从雇用他的同一机构盗取钱财。管理层问道：“如果他会盗窃，那么我们如何信任他？他会有很多机会进行盗窃。”

管理层反对引入、考虑和比较对爱德华兹女士的雇佣。工会在申诉阶段没有提到任何关于李先生和爱德华兹女士的案例的比较情况，因此，在差别对待并没有在之前提出的情况下，工会应被禁止在听证会上提出任何比较的案例。

管理层总结道，开除李先生是有正当理由的，他的申诉请求应被驳回。

工会

工会声称，邮政公司仅依据李先生认罪就作出解雇决定。工会称，邮政公司没能证明犯罪和李先生有效率地工作之间有任何联系。邮政公司必须证明犯罪和该公司的效率之间存在联系，以及邮政公司受到了负面的影响，但是邮政公司没能做到。邮政公司声称公众的信任被打破了，但是没有证据证明公众知道李先生的犯罪情况。实际上，也没有证据表明任何其他员工抱怨过与李先生一起工作。

工会拿出了许多仲裁决定的例子，以表明单单依靠犯罪这一条，邮政公司雇员本不用被开除。在第一个案例中，仲裁员写道：“像许多仲裁员都认识到的那样，邮政公司必须证明雇员的行为和对该雇员的雇佣之间存在联系。其必须确定，例如，是否因为邮政公司的效率、运营、资产或人事受到了负面影响，所以不当班的不当行为的发生损毁了继续对该雇员进行雇用的基础。换句话说，邮政公司必须表明其受到了损害，即证明如果继续雇用该雇员，那么公众会受到损害，或者其他雇员会受到损害。”

在第二个仲裁案例中，申诉人被控谋杀，后来被判一级过失杀人罪。申诉人用一把32口径的手枪击中了其妻子的头部。仲裁员在他的仲裁决定中写道，“申诉人的一级过失杀人罪、他的判刑，以及之后的缓刑并不涉及工作活动，也没有对邮政公司的雇员、公共关系和效率等造成负面影响，更没有对邮政公司的运营、财产和人事造成威胁。”

在第三个案例中，申诉人被控严重性侵犯和性犯罪。申诉人对性犯罪表示认罪。仲裁员引用了《文职人员改革法案》5 U. S. C. 2302(b)(10)的条款：在没有证明雇员的不当行为会影响服务的效率情况下，邮政公司不得因雇员不当班的不当行为而开除该雇员。法院认为这一联系不能是“没有证据支持的一般猜想”，或者是内部禁止这种“不道德”或“恶名昭著”的行为的规范。仲裁员写道：“法庭认为《文职人员改革法案》反映了国会对于因不当班的不当行为而解雇雇员这一行为的意图。很明显，在邮政公司合同的正当理由标准之下进行工作的仲裁员，应该认真考虑国会这样的意图。”

在第四个案例中，申诉人被控在明知是儿童淫秽报刊的情况下还通过邮件收取，违反了 18 U. S. C. 2252(a)(2)。该申诉人被控蓄意通过邮件收取儿童淫秽报刊，被判 10 年刑期，缓期 5 年，罚款 50 美元。仲裁员写道：“在这一合同下，雇员只能由于正当理由而被开除或受处分。仲裁员和法庭将这一要求和相似的条例标准理解为，禁止邮政公司因雇员不当班的不当行为（与工作无关）而开除雇员。在这一案例中，邮政公司必须证明雇员的扣留对雇员的雇佣关系产生的负面影响。这一原则经常被解释为要求证明雇员不当班的不当行为与雇员完成工作的能力之间存在联系。”

在第五个案例中，仲裁员写道：“妮科尔（Nichole）女士对以下罪名认罪与其工作没有关系：伪造申请房屋补贴基金的申请材料。她的行为没有对邮政公司造成损害(661. 53 E&LM)。没有证据表明雇主受到了雇员的负面影响。基于以上原因，这一解雇行为没有正当理由。”

在第六个案例中，仲裁员在其意见中写道，“仲裁当局要求在雇员因不当班的不当行为而被解雇前，证明雇员的不当行为与工作有联系。”参见 Elkouri and Elkouri, *How Arbitration Works*，第四版，第 656～658 页。

工会争辩道，13 年来，李先生在邮政公司是一名出色的雇员，他没有受过纪律处分，并且在其认罪之后还有效率地工作了几个月。由于邮政公司在这段时间没有受到负面影响，所以让李先生恢复其工作不会对邮政公司的运营和效率产生负面影响。管理层声称其对李先生失去了信任，但是没有提供任何证据。

工会声称，邮政公司对被控同样罪名的另一雇员没有采取任何措施，而该雇员仍然在邮政公司工作。其他参与这一骗局的雇员或被要求辞职，或被辞退。但是没有提交任何证据。

关于控告和认罪情况，工会认为管理层不正确地使用了邮政公司调查员的调查记录，在记录中欣德雷德（Hindred）先生指出，李先生阴谋“通过邮件欺诈美国金融机构”。而事实是李先生没有被指控不当使用美国邮政服务。邮政公司错误地对他进行了指控，并且这一指控构成了他被开除的原因。

工会对管理层的两个论点进行了回应：(1) 关于失业津贴的问题；(2) 关于爱德华兹女士继续被雇用的问题。首先，关于失业津贴的决定是参考“当班的不当行为”条款而作出的，并且仲裁员不必受其限制。其次，直到李先生刚刚提交均等就业机会申诉之后（听证会的前一天），工会才发现爱德华兹女士继续被雇用，虽然其参与了像李先生参与的金融骗局一样的骗局，并且被指控和李先生一样的罪名。在均等就业机会申诉过程中，申诉人和工会了解到爱德华兹女士继续留在邮政公司工作。

工会认为举证责任在邮政公司身上，并且其没能提供解雇李先生的正当理由。结果，工会要求让李先生恢复其原来的职位，恢复其工资、津贴和各项待遇，并且删除这次解雇事件的所有参考案例。

◈思考题

1. 因不当班的不当行为而解雇雇员的规则是什么？
2. 解释劳动仲裁中的联系（nexus）一词。
3. 该决定结果与平等对待有关系吗？
4. 在劳动仲裁过程中，关于雇主提交失业津贴的要求有什么规则？
5. 对李先生认罪之后的工作表现应该给予多少考量？
6. 仲裁员应该考虑工会提交的关于爱德华兹女士继续被雇用的证据吗？给出原因。
7. 对之前仲裁员的决定要给予多少考量？请解释。
8. 仲裁员将会如何裁决？为什么？

第 14 章 跨国公司和其他国家的劳动关系

为了为你毕业后的第一份工作做准备，你需要去购物，并购买一些适合穿去工作场合的衣服。几乎你现在所有的衣服都适合穿去上课，但它们看上去不专业。由于你身负一大笔学生贷款，所以你必须十分小心地进行消费，并非常尽力地讨价还价。但是价格便宜的衣服一般都产自像泰国、越南和危地马拉这样的国家。

在学习过程中，你了解到在那些国家中，工人的工资很低、工作时间很长，并且工作环境很差，你不想支持这种雇佣模式。你想通过把钱留在美国来支持美国工人和美国制造业，但是你最终会为购买衣服支付更多钱。

◈思考题

1. 你会怎么做？
2. 当你购买这些进口物品时，你实际上是在支持外国的工人和公司吗？
3. 你在支持那些国家中的低工资、长工作时间、差工作环境的雇佣模式吗？

随着经济全球化的发展，东欧和中国向着更高的政治民主和市场经济迈进，欧洲、南美和北美国家也减少了对彼此的贸易与旅游限制。对今天的学生来说，关于跨国公司内部劳动关系和其他国家的劳动关系的研究变得非常有必要了。首先，本章将简要讨论跨国公司在经济全球化趋势下的运行情况，以及工会在和跨国公司交涉时所使用的方法和面临的问题。其次，本章将关注全球化和自由贸易。最后，讨论美国主要贸易伙伴国家的劳动关系制度的主要特征。

一、跨国公司和跨国的集体谈判

不同国家之间相互依赖的程度不断增强，并且**跨国公司**（multinational corporations）的活动已成为经济生活中非常重要的方面。虽然跨国公司已有 150 多年的历史，但近年来，跨国公司的数量以及占世界总产出的比例显著提高了跨国公司的重要性和受关注程度。

美国的跨国公司规模巨大。比如，沃尔玛 2010 年的营业收入（4 082.1 亿美元）比以下每个国家的国民生产总值都要多：阿根廷、奥地利、希腊、伊朗、以色列和挪威。埃克森美孚（ExxonMobil）公司的年营业收入（2 755.6 亿美元）比以下国家的国民生产总值还多：智利、芬兰和新西兰。实际上，最大的 14 家跨国公司的总部都位于美国，其中超过一半都被严重地工会化了［它们是美国电话电报公司、雪佛龙（Chevron）公司、康菲（ConocoPhillips）公司、埃克森美孚公司、福特汽车公司、通用电气公司、麦克森（McKesson）公司和威瑞森（Verizon）公司］，四家属于银行或多元化金融机构，剩下两家是惠普（Hewlett-Packard）公司和沃尔玛公司。[1]

美国的跨国公司是美国 2010 年公司排名中最大的公司。当比较美国母公司和其外国附属公司雇佣人员的规模时可以发现，2 000 家美国母公司中的 40%雇用了超过 2 500 人。美国母公司的制造业产值占美国制造业总产值的 41%。美国母公司的总就业量为 2 390 万，外国附属公司的就业量为 1 000 万。[2] 2009 年美国公司的对外直接投资为 2 690 亿美元。累计账面价值为 35 000 亿美元。超过一半的美国对外直接投资都流向了欧洲。[3] 美国的对外直接投资流向荷兰和英国的最多（各占 13%），加拿大和百慕大紧随其后（各占 7%）。[4]

2008 年外国附属公司的价值增值达到 6 700 亿美元。规模最大的附属公司所在 7 个国家是加拿大、法国、德国、荷兰、瑞士、英国和日本。英国是美国最大的投资接受国（16%），紧随其后的是日本（13%）和德国（12%）。[5]

因为它们的规模，跨国公司对一些小的国家似乎形成了一种威胁。例如，外国公司几乎创造了爱尔兰一半的就业岗位和 2/3 的产品总量。在一些比较大的国家，跨国公司也更加注重提高它们的经济影响力。在澳大利亚，10 家最大的工业跨国公司当中，每一家公司的年销售额都大于澳大利亚政府的年度税收总额。平均而言，跨国公司在它们的母国雇用的劳动力仍占公司雇员总数的 2/3，而且 2/3 的产品也产自母国。另外，跨国公司通常比国内的竞争对手支付更丰厚的工资，能够更快地创造工作岗位。例如，在一些比较贫穷的国家（例如土耳其），外国公司支付的工资是平均工资的 124%，而且外国公司的雇员总数每年以 11.5%的速度增长；与此形成对比的是，土耳其本国的公司的雇员总数每年的增长速度只有 0.6%。[6]

国家之间的贸易以及某一特定国家的生产同汇率有着非常密切的关系。图表 14.1 反映了浮动汇率的重要性，该表反映了 1980—2009 年 28 个国家或地区的制造业工人的每小时津贴成本的指数。2009 年，比利时、德国、丹麦、挪威和瑞士的制造业工人的每小时津贴成本比美国高 32%～61%。英国的制造业工人的每小时津贴成本是美国的 92%，澳大利亚的是美国的 103%，西班牙的是美国的 83%，韩国的是美国的 42%，中国台湾的是美国的 23%，墨西哥的是美国的 16%。

图表 14.1　1980—2009 年 28 个国家或地区的制造业工人的每小时津贴成本的指数

国家或地区	参加工会的员工比例	指数（美国=100）				
		1980 年	1990 年	2005 年	2009 年	以 2009 年美元计算的津贴成本
美国	11.9	100	100	100	100	33.53
加拿大	27.1	92	107	101	88	29.60
巴西	35.4	14	17	17	25	8.32
墨西哥	20.0	30	12	11	16	5.38
澳大利亚	18.6	82	88	105	103	34.62
以色列	56.0	39	57	53	55	18.39
日本	18.2	57	87	92	91	30.36
韩国	10.3	0	28	57	42	14.20
新西兰	20.8	54	56	63	52	17.44
新加坡	14.5	15	22	32	52	17.50
中国台湾	34.9	10	27	27	23	7.76
奥地利	28.9	87	114	124	143	48.04
捷克	20.2	—	—	26	33	11.21
比利时	51.9	134	127	130	147	49.40
丹麦	67.6	111	126	150	148	49.56
芬兰	67.5	84	139	135	131	43.77
法国	7.7	91	103	104	120	40.08
德国	19.1	125	144	140	139	46.52
爱尔兰	32.3	60	79	96	116	39.02
意大利	33.4	81	119	89	104	34.97
荷兰	18.9	123	125	135	130	43.50
挪威	53.3	119	147	166	161	13.89
波兰	15.6	—	—	19	22	7.50
葡萄牙	20.4	21	24	31	36	11.95
西班牙	14.3	61	78	75	83	23.74
瑞典	68.3	127	141	121	119	39.87
瑞士	18.3	113	139	129	132	44.29
英国	27.1	76	84	109	92	30.78

注：— 号表示没有数据。

资料来源："International Labor Comparisons of Hourly Compensation Costs for Production Workers in Manufacturing," March 8，2011；U. S. Department of Labor，Bureau of International Labor Affairs，http://www. bls. gov/fls；http：//www. stats. org/.

1980 年日本的每小时津贴成本（小时工资加福利）是美国相应数值的 57%。然而，这一比例在 1990 年上升到 87%，并在 2009 年上升到 91%。德国 1980 年的每小时津贴成本比美国高 25%，1998 年比美国高 44%，而 2009 年仅比美国高 34%。

通过在某个国家制造零部件，然后在另外一个国家组装最终产品的方式，在许多不同的国家都有业务运营的跨国公司就能够创造机会，使公司绕过国家设置的保护性关税。例如，欧盟控告理光（Ricoh）公司（一个影印机生产商）在日本生产 90%的零部件，在美国完成组装工作，然后把这些产品作为美国的出口商品从美国运输到其他国家。日本的汽车生产商把工厂建立在美国，那么在这种情况下就对两个国家之间的贸易提出了挑战。[7]

美国的跨国公司倾向于把工厂建立在拥有分散型谈判结构的国家。像工会密度和罢工强度之类的劳动关系特征对它们来讲似乎并不是那么重要。建立工厂最重要的原因是该国的国力。[8]

通过把生产转移到另外一个国家的威胁手段，跨国公司有能力迫使工会作出让步，从本质上来说能够使某一特定群体的雇员同另外一群雇员相互竞争。某一汽车生产商在俄亥俄州设立了一个工厂，试图引进新的生产技术；工会反对引进新的技术，因为工会会员将因此失去工作岗位。公司为此将一部分工会领导带到该公司在墨西哥华雷斯（Juarez）建立的一个新工厂内——只需从埃尔帕索穿过边境——向这些工会领导展示了该工厂所使用的生产技术，并且说："这就是你们的选择。要不你们对我们在集体合同谈判方面提出的要求作出让步，要不我们就把你们在俄亥俄州从事的工作转移到华雷斯。如果你们认为这只是微不足道的威胁，工厂就在这里，生产程序也在这里，你们自己看着办。"[9]

跨国公司不会在其所运营的不同国家的附属公司或子公司中实施具有连续性的雇员关系政策。2011 年，沃尔玛购买了南非的零售连锁商店 Massmart 51%的股份。Massmart 在 14 个非洲国家中设有 290 家店面。南非的工会团体在声明中称沃尔玛在美国是反工会的。作为回应，沃尔玛表示，它会尊重现有的劳动合同，并会与南非的工会通力合作。[10]

据称，T-Mobile USA① 和其母公司德国通信巨头德国电信（Deutsche Telekom）有两条经营原则：（1）尊重德国工人的权利；（2）适当干预美国雇员组织和谈判的权利。[11]

一些跨国公司遵循"分而治之"（divide and rule）的原则。比如，它们告知一国的工人，之所以不能改善他们的工作条件，是因为他们的生产效率不如另外一国的工人的生产效率高。其他跨国公司遵循所在国的雇员关系原则和方法，但在另一国却实施完全相反的政策。作为回应，同属一家跨国公司但处于不同国家的雇员所属的工会，会互通消息。

工会间的国际联系并不是最近出现的。一个叫作全球工会联盟［Global Union Federation，之前被称为国际贸易秘书处（International Trade Secretariats）］的国际组织已经存在快 100 年了。在现有的 11 个自治的全球工会联盟中，工会网络国际（Union

① 2011 年，美国电话电报公司收购了 T-Mobile USA。美国电话电报公司高度重视劳动关系声誉。

Network International）是最大的一个，它拥有 1 500 万名会员，900 个工会组织，在每个大陆都有它的身影。其他全球工会联盟包括教育国际（Education International）、国际运输工人联盟（International Transport Workers Federation）、公务员国际（Public Services International）和国际冶金工人联盟（International Metal Workers Federation）。目前，这些全球工会联盟都不能让其意愿凌驾于附属工会的规则上，它们只能尝试说服这些工会按照一定的方式行事。[12]

因为下列的原因，对于美国跨国公司对就业和劳动关系的影响，美国的工会会员持一种批评的态度：

- 美国跨国公司向外国的投资减少了国内投资所需的资本资源，从而影响了本国的经济增长，并且减少了国内新增岗位的出现。
- 美国跨国公司出口美国的技术，以剥削外国低成本的劳动力，使美国国内的雇员不能够享受技术带来的正当利益和报酬。
- 美国跨国公司从它们在低工资国家设立的工厂进口商品以替代美国商品，从而破坏了美国的工资标准，使美国国内的经济状况变得萧条，并且降低了本国的就业水平和工资水平。
- 美国跨国公司把它们在低工资国家设立的工厂生产的产品卖到世界各地，替代美国国内出口的产品，从而严重影响了美国的贸易平衡。[13]

外国的跨国公司成长非常迅速，已经在美国设立了许多工厂。工会通常对这些跨国公司持一种怀疑的态度，但是这些跨国公司倾向于这样一种做法，即管理行为和就业行为同本国公司的行为相比较，相似之处要大于不同之处。劳动关系行为和决策倾向于本地化与高度分散化。美国的工会已经发现，在外国的跨国公司内组建工会和在本国的跨国公司内组建工会一样困难。另外，为了避免工会进入，外国的跨国公司在美国设立的工厂也使用本质上和美国的公司一样的策略和技巧。这些策略和技巧包括律师与管理咨询师的使用，积极的人力资源管理方法和策略，制定策略时能够咨询雇员的意见，使用国家劳动关系委员会规定的程序，使当地的政治家发表支持该公司的声明。同样地，工会也使用本质上一样的策略和技巧来组建工会，另外还使用针对外国雇主的消极宣称，同时激发美国公民的爱国主义情绪。利用这些针锋相对的策略和技巧，最终的投票结果并没有什么显著的不同——工会大约有一半的机会能够获得胜利。不管什么时候，美国工会同外国工会联系时，本质上通常都是为了信息共享。[14]

因为下列理由，工会在应对跨国公司时存在很多困难：

（1）如果罢工发生在跨国公司的母国，工会并不能阻止公司资金资源的流动。其他国家的工厂能够继续运行并且产生利润，这样就减轻了管理层在谈判过程之中承担的压力，并且能够降低工会罢工带来的成本。

（2）如果跨国公司的产品来自公司在其他国家设立的工厂。跨国公司可以利用这个条件，在谈判时要求工会降低工资、福利以及其他的就业条件［被称为**双重损失**（whipsawing）］。如果某个工厂发生罢工，跨国公司就在另外一个工厂提高产量，消除罢工产生的压力和威胁。在实践中，可以发现许多关于双重损失的具体例子。通用汽车公司通过让德国的工会相信公司为了保持竞争力必须采用提高工作时间的方式，把每个星期的工作时间从 37.5 小时提高到 40 小时。作为公司作出工资让步要求的一部分，通用汽车公司已经考虑在巴西和墨西哥的工厂提高汽车生产量。当加拿大工会拒绝作出工资让步时，通用汽车公司考虑把加拿大的生产搬回美国。

(3) 跨国公司的管理层级多而复杂，它们并不向当地的管理层赋予制定劳动关系决策的权力，这样就使谈判过程变得复杂，因为工会不知道到底是谁负责劳资谈判。[15] 经验表明，在同本国的跨国公司以及外国的跨国公司打交道时，绝大多数工会并没有遇到什么不同的对待，但是在仲裁之前的申诉解决、谈判过程之中的地方自主权，以及谈判第一个劳动合同的困难程度等方面，跨国公司之间的差异程度似乎要大于只在一个国家经营的公司。[16] 然而，因为预算和投资决策是由跨国公司的母国总部作出的，地方劳资谈判自然会受影响。

(4) 当工会在谈判过程中寻求必要的证据以加强和解决集体谈判事项时，跨国公司把获得的利润转移到不同的工厂中去，操纵内部交易的价格水平，改变营销重点，故意迷惑工会。

因为美国的工会习惯于就雇主的支付能力进行劳资谈判，而且工会有权了解公司的工资和财务信息以便进行劳资谈判，所以当跨国公司只提供法律要求的信息时，工会就会遭受挫折。跨国公司可以拒绝向工会提供诸如跨国公司在外国设立的工厂以及这些工厂的运营数据之类的资料，而且这种做法得到了国家劳动关系委员会的同意。[17]

二、工会应对跨国谈判的方法和雇主的反应

美国工会和外国工会不断寻求跨国谈判，以及在跨国公司内部使劳动条件标准化，其首要动机是减少来自低工资地区的竞争以及保护它们自身的标准，也就是说，不能让工资的高低成为竞争条件。为了抗衡跨国公司的力量，同时为了达到对工会和工会会员双方都有利的目的，工会领袖通常使用两种方法：(1) 集体谈判；(2) 制定法令。如果是通过集体谈判，工会或者试图直接同跨国公司进行谈判，或者同其他国家的工会合作，通过共享信息和相互支持对方的行动这种方式，协调彼此之间的谈判活动。

各种各样的团体，如国际劳工组织（International Labor Organization）、经济合作与发展组织（Organization of Economic Cooperation and Development），以及联合国（United Nations），都为跨国公司设立了行为准则（参见随后的“劳动关系实践”专栏）。然而，在绝大多数情况下，劳工标准依然由国家法律规定。为了保证劳工标准的有效性，劳工标准有必要被写进国家法律。事实上，国家有权在本国司法权限内判定跨国公司违反劳工标准，但是这并不影响跨国公司在其他国家的经营决策。由于没有立法，公众通常通过反对跨国公司的海外附属公司所作出的违反人权和劳动权益的行为的宣传活动来使跨国公司低头。一场成功的公众宣传活动迫使耐克公司改善了其海外附属公司劳工的工作条件。[18]

认识到高等院校每年会在印有某种图案的服装上花费 50 亿美元，学生组织、消费者组织和工会给图案的版权所有人施压，以使其提出这样的要求，即生产和销售印有其设计的图案的产品的公司，必须是遵循国际劳工组织惯例的公司。

另一个保护工人权利的机制是国际框架协议。这些国际框架协议写有全球工会联盟和跨国公司商定的最低劳工标准。这些协议通常规定劳工具有结社自由、进行集体谈判的权利、工会代表的正式程序、监督遵守协议的程序等。到 2005 年，至少存在 30 个国际框架协议。虽然大多数国际框架协议是在欧洲拟定的，但是一个著名的国际框架协议（是与金专达国际公司达成的协议，以保护拉丁美洲的香蕉经营业）是在美国拟定的。[19]

◇劳动关系实践

核心劳工标准

核心劳工标准是保护工人的基本人权的重要准则。国际社会大多通过国际劳工组织（一个可以将政府代表、雇主代表和工人代表聚集到一起的联合国机构）来对核心劳工标准的定义达成共识。《国际劳工组织关于基本准则和工人权利的声明》（1998）中写道，核心劳工标准致力于：（1）消除所有形式的强制性劳动；（2）有效废除童工的使用；（3）消除就业歧视；（4）保障结社自由和进行集体谈判的权利。

这些准则的具体定义以国际劳工组织核心劳工标准公约（8 个）的形式出现，也被称作基本人权公约。具体如下：

- **消除强制性劳动**（公约第 29 条和第 105 条）。强制性劳动是指“某人在遭受惩罚的威胁下提供的劳动，并且在此过程中，作出威胁之人并没有给遭受威胁之人自愿选择的权利”。
- **废除童工的使用**（公约第 138 条和第 182 条）。除了违反儿童基本人权外，将儿童送去工作（而不是学校）还会加剧贫困，阻碍经济增长。每一个签署国，不论其经济发展水平如何，都应同意制定和实施一系列措施，有效监督实施情况，并应用适当的惩罚措施。
- **消除就业歧视**（公约第 100 条和第 111 条）。该准则是要提高社会公平性，同时促进资源的有效配置。歧视包括“排除性的或偏好性的任何歧视”，具体包括以下方面的歧视：“民族、肤色、性别、宗教、政见、国家出身或社会出身”。
- **保障结社自由和进行集体谈判的权利**（公约第 87 条和第 98 条）。保护工人和雇主自由创建与参加组织以保护其自身利益的权利是国际劳工组织的基本准则之一。签署国必须赋予工人和雇员自由建立与参加他们所选择的组织的权利，不允许存在任何形式的事先核准。签署国进一步应同意建立相应机制以保证组织权利得以实现，并鼓励工人和雇主组织之间的协商实践活动。

资料来源：http://www.oecd.org/document.

工会，同样还有一些政府，已经认为在面对跨国公司强大的力量时，单个国家基础上的劳资集体谈判存在相当大的局限。这种观点是基于这样一种理念：跨国公司已经采取全球性战略，因此一个工会仅在一个国家内单独行动不能有效地应付跨国公司的挑战。与此相似的是，无法轻易使跨国公司对一个国家的经济和社会政策负责的事实也使一些政府感到不安。另外，还存在着这样一种持久的忧虑：如果没有其他国家的工会或者政府的支持，某个国家的工会或者政府单独行动，那么它将不得不承担跨国公司把生产和运营转移到另外一个更加友善、热情的国家的风险。[20]

欧盟（European Union）的创立使人们对跨国集体谈判的前景产生了兴趣。但是，最近出现的措施是在跨国级别上采取联合磋商的形式，而不是采取真正的集体谈判的形式。

欧洲工会的目标是达成欧洲范围内的集体谈判。尽管还有崎岖、漫长的道路要走，但是欧洲工会已经向这一目标迈出了积极的几步。首先，欧洲工会联盟（European Trade Union Confederation，ETUC）已能够在政治舞台上为工会发出有影响力的声音，并有可能成为欧洲工会在集体谈判方面的代言人。其次，分属于两个国家的工会已签订新的协议。这些协议赋予两国工会的会员互惠的会员身份，并且工会间会在以下方面进行合作，交换信息：在欧洲**工人议会**（works councils）的框架下发展紧密合作关系，对工资要求进行协调，以及提供培训。最后，集体谈判战略的跨国协调正在进行。工会达成一个共同的谈判策略，并相互交换信息。德国、荷兰、比利时和卢森堡的工会达成协议，同意让工资要求反映通货膨胀率和生产效率，并同意就削减工时进行谈判。欧洲工会联盟已经成立了谈判理事会，该理事会由来自欧洲范围内的负责集体谈判事务的官员构成，其目的是打破国家边界以达成具有连续性的集体谈判协议。[21]

在过去的几年中，由跨国公司签署的协议的数量在不断增长。这些协议是跨国公司与国际性的工会达成的，意在督促跨国公司在其全球经营过程中遵循一定的标准和原则。这些原则通常与工人权利、雇佣或其他领域的企业社会责任相关。这样的全球性的协议已经有 30 个。虽然协议的数量很少，但是这些协议所涉及的公司包含那些全球最大的、表现最好的，以及最国际化的跨国公司。比如，戴姆勒-克莱斯勒公司在全球雇用了 37 万人；大众汽车公司在全球雇用了 32 万人；法国零售商家乐福在全球雇用了 30 万人；丹麦的商业服务组织欧艾斯（ISS）在全球雇用了 25 万人。包括欧洲通用汽车公司在内的这 30 家签订了全球性协议的公司，总计雇用了约 250 万人。[22]

跨国集体谈判在欧洲的一个重要的发展，发生在欧盟的《欧洲公司条例》（European Company Statute）中。该条例规定：在一个以上欧盟成员国经营的公司，可以适用独立的法律框架，从而降低多国协调的成本。这不仅是在尝试发展一种合适的公司治理模式，而且是在尝试建立发展良好的、运行良好的产业关系，并且在这一关系中，工人对公司决策具有重要影响。[23]

大多数跨国公司通常认为跨国劳动关系是一个遥远的愿望，而且管理层不会轻易地任由其发展。管理层的反对态度部分源于工会潜在的制造全球性罢工的能力。再者，跨国谈判会引入一种多层次谈判框架，即首先是多国之间的谈判，然后是国家层面的谈判，最后是地方层面的谈判。这种多层次性会提高谈判的复杂性，并且会让跨国公司面对全球性的罢工更加脆弱，而其面对国家层面和地方层面的罢工的脆弱性却不会相应地降低。

在某些情况下，国家本身并不鼓励跨国公司的投资；国家的税收政策、建筑的限制条件、要成为当地合作伙伴的要求、对工厂和设施进行国有化或者强制没收的可能性以及政治不确定性的风险都是阻碍跨国公司进行投资的因素。发展中国家为了刺激经济增长、提高就业水平、增加国民收入并最终实现本国全面发展，努力寻求跨国公司到该国投资设厂。跨国公司也发现这些国家非常具有吸引力，因为这些国家具备一些极有利的优势，如很低的工资结构、税收优惠以及政治保障等。对那些必须在充分竞争的产品市场上经营的跨国公司来说，这样的优势极具诱惑力。然而，当工会通过跨国谈判的形式施加压力，要求获得更高的工资、福利和工作条件时——普通百姓都渴望实现的目标——它们就会变成同该国的短期国民经济目标背道而驰的力量。如果跨国公司的工厂不能够在该发展中国家建立起来，跨国公司可能给该国带来的经济增长就无法实现；跨国公司可以很好地作出决策，避开那些已经开始进行跨国谈判的高工资、高福利国家。[24]

工会在和跨国公司进行集体谈判时遇到的障碍

美国工会和外国工会在试图组织跨国谈判时面临着艰巨的任务，因为它们必须成功地调节和平衡跨国公司、跨国公司的雇员、工会领袖以及政府之间的利益冲突。实际上，工会自身也会产生一些跨国谈判的障碍；但是，工会自身产生的这些障碍并不是不可克服的。只有当这些障碍被克服以后，才能够把注意力转移到外部因素。

劳动关系法律之间的差异

不同国家之间关于劳动关系的法律制度有很大的不同。在决定工会代表权、工会权限和工会结构以及谈判主题等方面，存在着许多不同的方法。[25]

缺乏一个中央权力机构

工会缺乏一个负责跨国事务的强有力的、集权化的决策机构，而且绝大多数全国性工会的领袖不愿意让某一个跨国组织来制定能够影响他们的工会和工会会员的决策。

文化差异

在许多复杂的因素当中，有一条就是不同文化之间宗教信仰和意识形态的差异。例如，自由贸易主义工会和社会主义工会或者共产主义工会之间就存在着明显的文化差异。这种差异使得自由世界的工会和其他地方的工会之间几乎不可能制订任何联合计划。

缺乏协调一致的行动

在协调跨国谈判、联合抵制以及罢工行为等方面，工会并没有取得很大的成功。一个很好的例子为发生在固特异（Goodyear）、永耐驰（Uniroyal）、古德里奇（B. F. Goodrich）以及火石（Firestone）的橡胶工人最近一次举行的大罢工。上述公司都具有广阔的海外运营背景。对美国罢工行动的支持来自化工、能源、采矿与普通工人工会国际联合会，该国际联合会在欧洲、北美和日本都有自己的附属工会。该国际联合会橡胶分部同意了一条禁令和一个检查制度，阻止其他国家把橡胶运输到美国。在此次罢工的最后——这是美国历史上时间最长的橡胶工人罢工——化工、能源、采矿与普通工人工会国际联合会宣称自己的努力已经对谈判结果产生了显著的效果；然而，事实似乎同该国际联合会宣称的结果相矛盾。一份有关美国橡胶工人罢工行为的研究报告发现，欧洲、日本或者北美的轮胎运输到美国的时候，并没有受到任何的干涉；实际上，该研究报告发现，在罢工期间，橡胶产品的进口量增长非常迅速，并且从来没有低于罢工以前的水平。另外，在美国橡胶工人举行罢工期间，加拿大的进口量得到显著增长，或许这也从反面证明了几年之前发生的故事，即美国橡胶工人拒绝支持加拿大橡胶工人举行的一次罢工。[26]

不同国家之间对不同因素考虑顺序不同

对跨国谈判来说，另外一个障碍是不同国家之间的经济、社会、法律以及政治方面的差异。几乎没有国家愿意为了建立一个劳动关系的国际体系而牺牲自己国家的发展需要。

雇主的反对

目前来说，雇主的反对还没有其他的障碍那么明显，这主要是因为工会还没有能力解决它们面对的其他障碍。一旦工会克服了前面的那些障碍，那么毫无疑问，雇主对跨国集体谈判的意见和态度就将显现出来。另外，跨国公司可以一直按兵不动，直到前面的那些障碍被克服。

工会对跨国公司的影响

研究表明，工会对欧洲的跨国公司的投资和生产布局决策的直接影响很小。然而，近来的一项研究说明，有证据表明，新西兰和英国的私人公司的外国直接投资受到产业关系体系的影响。当以上两国的产业关系体系没有那么严密时，外国直接投资会比邻国多。跨国公司对产业关系环境比较敏感，而且倾向于对这样的地方投资，即管理层能够控制劳工分配并且雇员声音比较小的地方。[27]

迄今为止，跨国公司很少将把生产转移到其他国家这种威胁方法作为一种谈判手段或者胁迫工会的手段，因为转移生产涉及的成本实在太高。如果劳动争议使工厂的生产停止，而且生产转移在经济上具有可行性，同时实际情况也允许，那么跨国公司将毫无疑问地把生产转移到另外一个国家。但是，这种决策在相当大的程度上受到了限制，因为公司必须具备足够的生产能力，而且管理层必须在进行生产转移之前预期目前的劳动争议将持续足够长的时间，以此证明生产转移的决策是正确的。

总之，在那些有跨国公司业务运营的国家，几乎没有证据证明跨国公司对这些国家的劳动关系产生了实质性的消极影响。因为某些原因，跨国公司通常提供主流的或者更高的工资标准，并且提供具有可比性的工作条件。各个国家内工会的力量，劳动关系体系高度一体化和制度化的本质，以及国家的社会经济、政治气候明显地限制了跨国公司潜在的直接不利影响。[28]

对跨国谈判的结论和预测

对跨国集体谈判的系统性调查研究表明，目前仍然不存在任何实质形式的跨国谈判，而且跨国谈判在不远的将来也不太可能出现。跨国公司通常都反对跨国谈判，而且工会对跨国谈判并不都持同样的想法。虽然已经出现了国家工会之间相互交流信息的情况，同时出现了一些劳资双方进行磋商的现象，但是只有在美国、加拿大和欧盟这种特殊的环境中，才能够出现一些实质性的跨国谈判。

在美国、欧洲和日本，关于工会和跨国公司之间的跨国集体谈判并没有任何明显、确定的趋势。一些人认为，在不远的将来不可能出现有效的跨国集体谈判。但是，其他一些人却相信这样的跨国集体谈判是不可避免的。跨国集体谈判有可能首先在欧盟、北美或者中美发展起来，并且最初只能处理一些共同的主题，例如就业保护、投资政策以及公平劳动行为公约，然后才能逐步扩展到其他一些谈判主题。

三、全球化以及对自由贸易的关注

自由贸易的影响——全球化——带给消费者更低的价格，带给整个经济更高的效率，并降低了发展中国家的贫困程度。然而，自由贸易和全球化的净福利的分配在全球并不公平。美国一些主要行业的就业机会减少了，比如汽车、钢铁、纺织品、鞋类和消费性电子产品等行业；航空、电脑、娱乐和金融行业的就业机会增多了。

美国、欧盟和澳大利亚曾担心爱尔兰、南非、俄罗斯和印度（在印度每年有200万名大学毕业生，而且其中80%都说英语）会对其服务业产生影响，就像中国对其制造业产生的影响一样（类似地，日本曾担心中国北部，那里的人会说日语）。在不久的将来，竞争将来自马来西亚和菲律宾，在那里，每年有30万名说英语的大学毕业生。另外，比起那些更加富裕的、工资更高的国家来说，任何产品都能在中国以更低的成本被制造出来。现在，那些可以被电子化的服务被转移到印度只是时间问题。更低的交流成本使公司可以将一些后台部门（比如数据处理部门、呼叫中心、支付程序部门）移至更贫穷的国家，比如印度。在这方面，印度有三大优势，即大量的受过良好教育的年轻工人、低工资和使用英语。[29]

美国签订的其中一个自由贸易协议就是**《北美自由贸易协定》**（North American Free Trade Agreement，NAFTA），该协议是加拿大、墨西哥和美国共同签订的，移除了上述三国之间的大多数贸易和投资壁垒。许多关税被立即取消了，其他关税被分阶段取消。《北美自由贸易协定》1993年由美国国会通过，同年由总统克林顿签署，并于1994年1月1日生效。在《北美自由贸易协定》的框架下，加拿大、墨西哥和美国三国成为一个巨大的、综合的市场，在该市场中有4.5亿人口，每年交易的货物和服务的价值超过11.4万亿美元。

美国还与其他国家签订了自由贸易协定，比如澳大利亚、韩国和多米尼加共和国。这些协议与《北美自由贸易协定》类似，取消了与美国的贸易关税。此外，关于建立美洲地区贸易联盟的讨论一直在进行，该贸易联盟将覆盖34个北美、中美、南美国家，延伸了《北美自由贸易协定》的协议范围，并将覆盖8亿人口。[30]

《北美自由贸易协定》的愿景包括创造更多、更好的工作，增加收入，提高中美洲的发展中国家的经济增速。然而，这一过程必然面临环境因素的挑战，应对这些挑战必须要求有额外的资源。经济学家曾尝试确定《北美自由贸易协定》对加拿大、墨西哥和美国的经济的影响。贸易和外国投资增加了，实际上，现在，美国与加拿大和墨西哥的进出口贸易额占其进出口贸易总额的1/3（1990年这一比例是1/4）。然而，美国制造业的就业率有所下降，而墨西哥的经济有所停滞。

实际上，与美国的制造业工资相比，墨西哥的制造业工资还是很低的（见图表14.1）。墨西哥的生产效率提高了，然而，其实际工资只提高了一点点。在墨西哥的农业部门中，几个地区的农民几乎遭受了灭顶之灾，他们生产的农产品必须和美国有政府补贴的农产品相竞争，比如玉米。在墨西哥的一些社区中，一个家庭的90%的人都至少在美国或加拿大打工六个月，在那里他们四个月赚到的钱等于他们在墨西哥一年赚到的钱。墨西哥园艺产品、新鲜蔬果的生产者对美国的出口几乎翻了一倍。遗憾的是，墨西哥政府的继任者没能处理好以下问题：腐败、教育不足、繁文缛节、基础设施缺乏、信用缺失以及税基不充足问题。[31]

自20世纪90年代以来，由于大豆、葡萄、苹果和其他农产品的进口壁垒的下降，墨西哥的农业就业机会减少了60万。2010年，进口玉米的关税被取消了，从而就业机会进一步减少了。农业部门就业机会的减少促进了城市化，现在墨西哥80%的人口都是城市居民。人口向城市的迁移速度高于新工作的创造速度。《北美自由贸易协定》鼓励的投资创造了30万个工作岗位，而它们大多分布在北部的城市中。然而，由于墨西哥每年有100万人加入劳动大军，所以，其每年都有70万的就业缺口。结果，40%的劳动者——大约1 200万人——没有稳定的工作。他们中的大多数在非正式部门中工作，如街头小贩、仆人和短期工，这些工作不提供社会保险。结果墨西哥农村地区工作机会的减少，使美国不在记录中的墨西哥工人的数量增多了。

虽然墨西哥向美国的出口品的价值比1990年的10倍还多，但是墨西哥的工人的工资额是美国从事相似工作的工人的工资额的16%。工厂继续使用过时的设备以及缺乏效率的工作系统，技术革新通常发生在出口导向型企业中，而其一般被全球性的公司所控制，尤其是电子和汽车行业的企业。管理层认识到，他们必须采用新的工作安排，提高雇员的技术水平。然而，只有很少的公司（一般是外资公司）引进了促进效率提高的质量控制方法和工作体系，并会为雇员提供培训。直到这些变化都发生了，墨西哥的工人才认识到，其从自由贸易中的获益极少。[32]

沿着美国和墨西哥的国境线，（墨西哥的）马奎拉多拉斯（maquiladoras）工厂（这些工厂用进口的部件进行加工，再将产品出口）的数量，在自《北美自由贸易协定》签订的第一个7年之中增长了67%，达到了3 655家。然而自2000年开始，其中的850家已经关闭，该行业的就业量也相对其峰值130万减少了20%。像德尔福（Delphi）这样的公司也被中国的税收优惠、低工资（组装工人每小时只赚得0.57美元）、工人培训和技术所吸引。[33]

一项具有争议的研究表明，美国每年由于《北美自由贸易协定》而丧失的工作机会为11万，然而，美国每年一般平均产生200万的工作机会，并且这些新工作中的大多数的工资都处于中上等水平。加拿大非常担心其低技术水平的制造业的工作被转移到墨西哥，从而对其税基有消极影响。结果是，《北美自由贸易协定》既没有像政客许诺的那样起到积极作用，又没有像其批评者所批评的那样起到消极作用。[34]

《北美关于劳动合作的协议》

《北美自由贸易协定》中包含几个保护雇员和环境的双边协定，《北美关于劳动合作的协议》（North American Agreement on Labor Cooperation，NAALC）即为其中一个双边协定，规定美国、墨西哥和加拿大必须在全国范围的法律和机构中遵循、强制实施与改善劳动准则。其目的是通过各国政府间的深入合作以及程序的建立来处理对监督体系的起诉以及解决未决的争端（通过仲裁）。24起起诉（7起针对美国，2起针对加拿大，15 起针对墨西哥）已经被提交了。这些起诉包括干预结社自由、就业歧视，以及对职业健康和安全规定的违反。目前，《北美关于劳动合作的协议》是失败的，因为三国对其目标不能达成一致意见。加拿大和墨西哥认为《北美关于劳动合作的协议》是一种加强政府间合作的方式；美国则认为它是一种争端解决机制。结果，以上两方面都难有进展，因为三方很少进行活跃的合作，也怠于使用争端解决机制。[35]

目前，《北美关于劳动合作的协议》没有达到美国和加拿大的工会组织的期望。第一，它并没有为权益受到侵犯的工人提供补救措施。第二，对没能实施自己的劳动法律和违反《北美关于劳动合作的协议》的 11 项劳动准则（见图表 14.2）的政府进行处罚在程序上有难度。虽然仲裁提供了惩罚措施，但是程序极其烦琐，并且只有职业健康和安全、童工和最低工资问题能够被仲裁。核心劳动权利，如结社自由、集体谈判权和罢工权，都不在仲裁的范围内。目前仲裁理事会还没有被召集过。虽然《北美关于劳动合作的协议》没有达到人们的期望，但是其扮演一个重要的教育和研究的角色。工会将违反相关劳动协议的行为公之于众，并且将跨国的联盟汇聚到一起。在所提起的 24 起上诉中，4 起由于广泛的、消极的宣传或进行消极宣传的威胁而得到了比较公平的解决。一项研究的结论是：

> 劳动关系单边协议作为有效的具有强制性的劳动法律和跨国公司的折中策略，其效力越来越弱了。为了继续起到促进劳动法律实施和推动公司在劳动政策方面达成折中的作用，《北美关于劳动合作的协议》的补偿和处罚方面的规定需要被修订。[36]

图表 14.2　　《北美关于劳动合作的协议》的 11 项准则

1. 结社自由以及对组织权利的保护。
2. 进行集体谈判的权利。
3. 罢工的权利。
4. 对强制劳动的禁止。
5. 对儿童和青少年的劳动保护。
6. 最低雇佣标准，比如最低工资和加班工资。
7. 消除雇佣歧视。
8. 男女同工同酬。
9. 职业伤害和疾病的防护。
10. 对职业伤害和疾病的补偿。
11. 对移民工人的保护。

资料来源：http://www.mac.doc.gov/nafta/3006.htm（December 15，2003）.

美国劳工联合会—产业工会联合会的乔恩·希亚特（Jon Hiatt）总结道，《北美关于劳动合作的协议》的历史表明“当工人赢了，他们也是输的”。他总结说，在《北美关于劳动合作的协议》的案例中，没有工人被复职，《北美关于劳动合作的协议》不存在具体的补偿条款，也不存在金融处罚措施。他总结说，实际上，公司或政府的行为并没有因为《北美关于劳动合作的协议》的案件而改变。希亚特对此提出了几条建议：

- 《北美关于劳动合作的协议》应被作为《北美自由贸易协定》（其中并没有保护工人权利的条款）的一部分，而非一个单独的单边协议。
- 《北美关于劳动合作的协议》的 11 项关于工人权利的准则（见图表 14.2）应受制于最终的终端解决结果，并应服从可能的惩罚措施。
- 《北美关于劳动合作的协议》应该强调提高一国劳动标准的必要性（当一国劳动标准太低时），而不只是遵照一国已有的法律规定。
- 争端解决的时间应该被缩短。
- 当争端涉及某一公司违反法律的指控时，该公司应该被要求参加听证会。[37]

另一项对《北美关于劳动合作的协议》的评估发现了五个趋势。第一，大多数被指控违反《北美关于劳动合作的协议》单边协议的案件都涉及违反或没有正常执行墨西哥的劳动法律。第二，《北美关于劳动合作的协议》中的一个国家的工会和人权组织更可能在本国提起针对另一个国家的诉讼。第三，大多数起诉都涉及墨西哥工人组织工会的权利被侵犯，在墨西哥，独立的工会试图将工人组织起来。第四，提交的程序仅导致了会议、研讨会和公开报道的产生。由于没有有效的补救措施，而雇主又不愿意引起公众的注意，（所以雇主促使）一些起诉被自愿撤回。第五，争端解决程序为《北美自由贸易协定》的成员国中想要引起对强制执行程序关注的国家提供了一个平台。[38]

四、其他国家的工会

现在，国与国之间的相互依赖性不断增强，国家之间的沟通和交往也取得了明显的进步，而且跨国公司扮演的角色越来越重要。这些都使得我们必须更多地了解世界上其他国家的劳动关系制度。关于这方面的具体内容，许多著作已经对此有详细的论述，因此本章也就没有必要对那些著作已经详细论述过的国家的劳动关系制度进行太多、太具体的描述或者分析。本节将讲述不同国家独特、有趣的特征，希望这能够鼓励读者通过调查研究获得更多、更全面的知识。本节要讲述的国家包括南美洲和中美洲的发展中国家，也包括我们的近邻国家——加拿大和墨西哥，同时包括美国主要的贸易伙伴国家，例如澳大利亚、中国、日本和西欧国家。对每个国家的劳动关系制度的讨论范围取决于该制度同美国的相似性，该制度在世界劳动关系制度大家庭中的独特性，该国同美国的贸易、经济以及政治关系。

许多美国公民倾向于从他们自身的生活模式出发，来看待世界上的其他国家。而事实是，没有任何一个国家的劳动关系制度在实质上和美国一样。关于国家之间的差异的一个很简单的例子就是对在没有理由的情况下解雇雇员的就业保护程度。在美国，大约只有 20%的雇员享有这样的保护。换句话说，大部分美国雇员可以在没有正当理由的条件下被解雇，除非解雇行为违反了契约协议的规定，例如违反集体谈判合同，或者触犯法律。如同图表 14.3 所指出的，50%的加拿大雇员能够得到保护，以及 90%的澳大利亚雇员和英国雇员能够得到保护。在比利时、法国、德国、意大利和西班牙，100%

的雇员能够得到保护，不会在没有理由的情况下被解雇。正如在第 12 章所讨论的，解雇雇员存在基本原则。[39]

同典型的美国劳动关系行为相比较，加拿大有几个主要的不同点。欧洲的工会同政党之间有着更密切的关系；日本通常在公司级别上组建工会；中美洲的工会按照意识形态被划分为不同派别。与此形成对比的是，美国的劳动关系制度是建立在多数决定原则、工会的排外谈判代表权以及政治独立性基础之上的。图表 14.4 介绍了关于美国和外国劳动关系制度显著特征的总体评价；下面的讨论将简明扼要地讨论这些制度。

美国和世界上其他国家的劳动关系制度的另一个显著不同点是雇员属于工会会员的比例。图表 14.5 表明美国属于工会化程度最低的国家，工会化程度最低的国家包括法国以及西班牙等。丹麦、芬兰以及瑞典是工会化程度最高的国家，60%以上的劳动力属于工会会员。

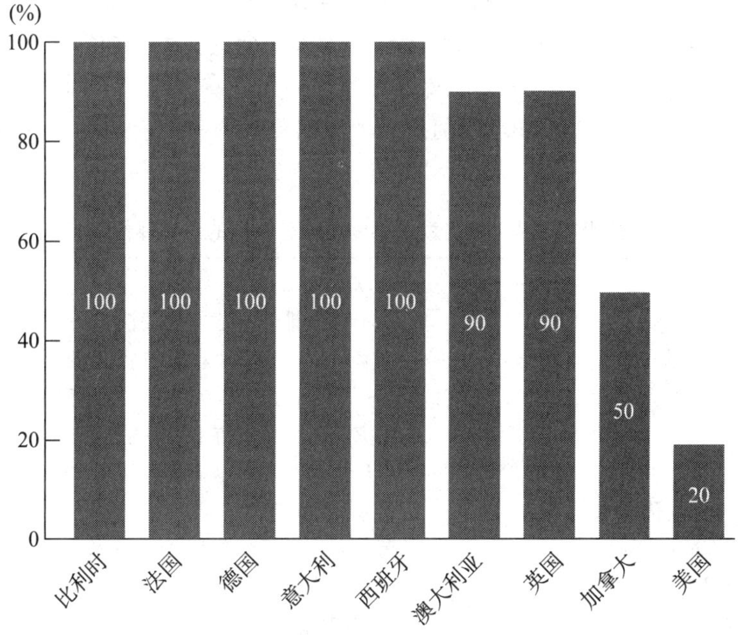

图表 14.3 获得保护、不会在没有理由的情况下被解雇的雇员占劳动力总数的百分比

资料来源：Hoyt N. Wheeler and Jaques Rojot, "General Comments," *in Workplace Justice*: *Employment Obligation in International Perspective* (Columbia, SC: University of South Carolina Press, 1992), pp. 368－369. See also Anthony Forsyth, "Protection Against Economic Dismissals: Australian Law Compared with Five Other CEOD Countries," *Journal of Industrial Relations*, 51 (2009), pp. 723－730.

加拿大

美国和加拿大的关系可能是世界上最紧密也最紧张的关系。两国间一天的货物和服务贸易额就达 15 亿美元，每天大约有 30 万的美国和加拿大居民跨越边境线。自从《北美自由贸易协定》签订之后，贸易增长了 250%。[40]

加拿大的劳动关系制度受到一些可变因素的影响：国外的影响、气候、自然资源以及两个主要的语言和文化群体。加拿大的经济由于受到寒冷的冬天、本国产业的季节性变动以及国外的影响（在绝大多数情况下是美国的影响）而存在周期性的波动。另外，加拿大广阔的国土、省内的劳动法以及资源和生产的区域性集中都导致了分散型与零碎型的集体谈判。美国公司对加拿大的渗透已经对加拿大的劳动关系产生了显著的影响，因为许多关键、重要的决策仍旧是在美国制定的。加拿大被划分为说英语的族群和说法语的族群，这一特殊国情导致了两种截然不同的劳动关系运动。另外，加拿大的管理人员绝大部分使用英语，而工人则主要使用法语，因此该国的劳资关系一直都不理想。[41]在加拿大 4 个最大的工会中，有 3 个是公共部门的工会。在 16 个最大的工会中，有 8 个工会把自己的总部设立在美国。在加拿大最大的工会之中，加拿大汽车工人工会（Canadian Autoworkers）和加拿大文书工作者工会（Canadian Paperworkers）以前附属于美国的工会。

虽然公共部门的工会仍旧代表 75%的公共部门雇员，但是私营部门工会已经开始从它们的传统领域之外吸收新会员以弥补工会会员数量的下降。现在，钢铁工人工会代表许多的宾馆雇员和餐馆雇员，而加拿大汽车工人工会也代表了加拿大东部海岸的渔业工人。另外，还发生了许多有重要意义的合并，例如加拿大零售和批发工人工会（Canadian Retail，Wholesale Union，以前是一个美国工会的分部）与加拿大汽车工人工会的合并。[42]

图表 14.4　　关于美国和外国劳动关系制度显著特征的总体评价

美国	**西欧**
排外的谈判代表权	并不存在排外的谈判代表权
多数决定原则	许多劳资谈判发生在雇主协会和工会联盟之间，然后在达成的谈判协议的框架下进行个别谈判
政治独立性	国家的法律规定许多雇员的福利项目
加拿大	雇员参与在许多国家都是强制实施的事项
受到来自美国的工会和公司的影响	**日本**
两个主要的语言和文化群体	劳资双方之间的磋商/团队工作
分散型与零碎型集体谈判	大公司实施终身雇佣
只在本省发挥作用的司法影响	公司级别的工会
南美洲和中美洲	非常重视资历的工资制度
劳动关系制度的复杂程度差异很大	人力资源部地位较高
工会和政党之间的联系很密切	**澳大利亚**
在工资和就业条款方面存在大量的劳动公约和政府规章制度	分散型谈判
绝大部分劳资谈判仅发生在工厂级别	非工会谈判
	不公平解雇法
	东欧
	几乎没有集体谈判
	没有劳动合同

在 1956 年，加拿大和美国的工会会员大约占劳动力总数的 1/3。加拿大的工会仍旧能够维持大约和以前一样的力量，然而美国工会的力量已经遭到严重削弱。工会密度（27.1%）大约是美国工会会员率的 2.5 倍。

加拿大工会的成功和美国工会的困境形成明显的差异，这种差异可以归因于几个相互关联的因素：有利的劳动法律，更具侵略性的工会组建行动，较少的雇主反对，以及有支持作用的公共政策。有利的劳动法律有助于工会组建并且取得成功。加拿大立法对雇主反对工会的限制也有助于较高的工会密度。

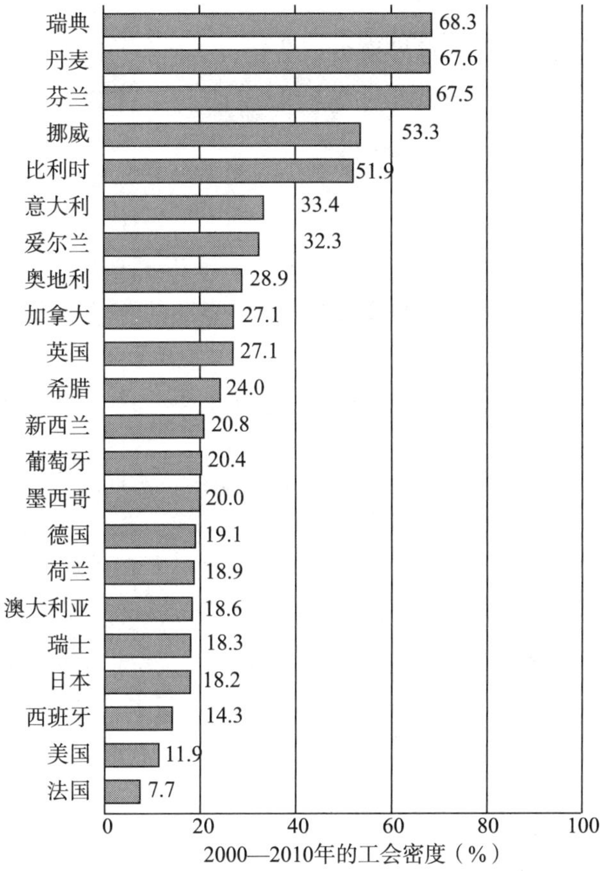

图表 14.5　全世界范围内关于工会密度的比较：2000—2010 年

资料来源："International Labor Comparisons of Hourly Compensation Costs for Production Workers in Manufacturing," 2009，U. S. Department of Labor，*Foreign Labor Trends*（Washington，D. C.：U. S. Department of Labor，Bureau of International Labor Affairs）http://www. bls. gov/fls.

加拿大各省之间的工会认证程序各不相同。在纽芬兰省、新斯科舍省和安大略省，强制性选举（"快速投票"）在提出申请的 5 个工作日内举行（在艾伯塔省则是"尽快举行"）。在马尼托巴省和不列颠哥伦比亚省，要求实行签名卡程序（不列颠哥伦比亚省自 2002 年开始实行，马尼托巴省则自 2000 年开始实行）。强制性选举让工会认证成功率降低了约 9%。在不列颠哥伦比亚省，（2002 年之前实行的）强制性选举下的私营部门的工会认证成功率比（2002 年之后实行的）签名卡程序下的私营部门的工会认证成功率低 20%，但是公共部门的工会认证成功率在强制性选举下和在签名卡程序下则没有明显变化。[43]

加拿大最高法院的两项决定反映出了加拿大对解释其宪法的自由和权利宪章中的结

社自由条款的国际标准的认可。首先，高等法院认为将农业工人排除在安大略省的《劳动关系法案》的保护范围之外是与宪法对结社自由的保护相悖的。其次，法院废除了不列颠哥伦比亚省的一项关于医保的法律，这意味着关于解雇的集体谈判协议的条款失效了。法院判定该项法律废除了集体谈判协议中关于结社自由的非善意的谈判和咨询的重要条款。[44]

其他促使加拿大提高工会密度的因素如下：

- 加拿大工会举行了招募新成员的更大规模的活动，并且比起美国，给予组织行动更大的优先性。
- 给予罢工的工人更强的劳动保护，在罢工期间使用替代工人或停工在一些省份是被严格禁止的。
- 一些加拿大的省级劳动委员会拥有更大的采取补救措施的权力，比如不需要投票就可以认证工会，以及要求进行第一次集体谈判。
- 在一些省，对第一次签订的合同可以进行仲裁。
- 在工会尝试进行演讲期间，雇主进行大规模的宣传活动会受到严格限制，比如，对雇主吸引眼球的演讲内容进行限制。
- 在加拿大没有像《工作权利法案》之类的法律，实际上，加拿大 11 个省中的 7 个省将工会代理公司保障条款（参见第 4 章）作为法定最低条款。[45]
- 谈判的范围更广，因为加拿大从未对集体谈判的强制性的和自愿性的主题区别对待，所以所有的主题（不合法的除外）都可以在集体谈判中出现。

关于仲裁，加拿大和美国的仲裁在一些方面有一些共性（仲裁程序、法院支持仲裁员的裁决、仲裁员由当事双方选择），但两者还是存在巨大的区别。

（1）在美国，仲裁被认为是关于私人合同的事情；而在加拿大，仲裁既涉及私营部门，又涉及公共部门。

（2）在美国，不属于当事方的个人也可以参加听证会，只要取得当事方的同意即可；而在加拿大，是否举行公开的听证会由仲裁员决定。

（3）在美国，仲裁员的裁决结果是不会被公开发布的，除非当事双方同意；而在加拿大，仲裁员的裁决结果按法律规定要提交给政府，以便供公众查询，并被要求在法律出版物上发表。

（4）在加拿大，仲裁在裁决与雇佣相关的法律事务（比如歧视问题）时拥有专属管辖权；而在美国，雇员就种族、性别、年龄和残疾等方面的歧视提起诉讼，一般会走行政或法院系统。

（5）在加拿大，仲裁员可以在审议意见中考虑和运用外部条例；而在美国，仲裁员通常不会考虑外部条例，除非当事双方或合同明确要求。[46]

在 1991 年，加拿大最高法院宣判了一个判决，作出同美国的贝克判决（见第 4 章）相反的决定。工会可以把工会会员缴纳的会费用于同集体谈判没有直接联系的活动中，包括政治捐献。如果加拿大最高法院的判决是与此相反的规定，那么工会的政治活动就将因缺乏资金而受到影响和阻碍，而且将因此限制它们对新民主党（New Democratic Party）的支持。[47]

美国和加拿大在劳动关系上的不同可以归结为以下几点原因：

（1）加拿大的劳动关系主要由各省政府负责，只有10％的工人处于联邦管辖之下。

（2）加拿大的公众通常更能接受政府的行政干预。

（3）美国的《权利法案》没有对结社自由进行独立的保障；而在加拿大，对团体或集体权益的保障内容被包括在了《权利和自由宪章》中。

（4）加拿大政府实行议会民主制，而在此制度下，行政职能和立法职能是掺杂在一起的。这种结构强化了政府频繁变更法律的能力。

（5）比起美国，加拿大更愿意与国际劳工标准接轨。[48]

墨西哥、中美洲和南美洲

中美洲和南美洲的集体谈判没有美国的集体谈判那么广泛，同时没有那么复杂；但是，这些地区的集体谈判合同的数量一直都在增长。在墨西哥、委内瑞拉和阿根廷，大约1/5的劳动力处于劳动合同的覆盖范围之内——这一比例大大高于美国。同时，这一数量也反映了政府对劳动合同的扩充范围超过了真正的产业谈判模式。集体谈判的发展程度可以从以下三个范畴得到说明：

（1）先进的集团：如同举例说明的墨西哥和阿根廷。

（2）一个大得多的中间集团：在这个集团中，集体谈判既包括同较大的公司之间先进的集体谈判，也包括同较小的公司之间非常简单的集体谈判，甚至没有集体谈判；中间集团包括巴西和智利等国家。

（3）众多的第三集团国家：在第三集团中，集体谈判没有得到广泛的推广，如哥斯达黎加、厄瓜多尔和尼加拉瓜等国家。

墨西哥是美国的第二大贸易伙伴国，并且经济规模在世界上排在第12位。墨西哥政府为了保持稳定付出了沉重的代价，即由于墨西哥几十年来一直由制度革命党（Institutional Revolutionary Party）一党专政，其腐败和缺乏民主的问题十分严重。然而，与许多拉丁美洲国家相比，墨西哥是稳定的模范。墨西哥的工会会员率从1984年的30％下降到了2010年的20％。但是因为墨西哥工会的多样性，有时候很难辨别一个工人是否为工会会员。在工会中还掺杂着一种被称为“公司工会”（幽灵工会）的工会，这种工会与雇主协商保护雇员的合同，向雇员收取保护费，但是会保护公司免受其他工会的有组织的宣传活动的影响。通过允许组织侵入性较弱的幽灵工会，公司就不再受合法工会的有组织的宣传活动的影响了。

大多数工会都处在各种联盟中，而这种联盟在传统上一直与制度革命党是一个阵营。其中最大的一个联盟是墨西哥工人联盟（Confederation of Mexican Workers, CTM），它声称自己拥有550万名会员。革命工人和农民联盟（Revolutionary Workers and Peasants Confederation）声称自己拥有200万～400万名会员。教师群体是工会化最严重的群体，其工会化率达到了65％，占据主导地位的教师工会是国家教育工作者工会（National Union of Education Workers），其附属于公务员工会民主联盟（Democratic Federation of Unions of Public Servants）。[49]

传统的劳动工会的中心主体长期牺牲行动的自由以换取政治影响和政治地位。然而，对工人来说，政治影响的重要性随着经济的分散化和私有化而逐渐下降。如今，工会必须更多地通过与企业进行集体谈判（而更少地通过影响政府）来为工人争得利益。面对《北美自由贸易协定》和国际竞争，工会和雇主发现，如果想要公司和工作岗位在竞争中留存下来，想要利润和工资都上涨，那么它们越来越有必要团结协作以提高生产效率、竞争力和产品质量。

墨西哥在过去 20 年中经历了巨大的变化。它从一个封闭的、进口替代型的经济体转变成了一个开放市场经济体。它加入了经济合作与发展组织，并于 1994 年加入《北美自由贸易协定》。墨西哥正在经历一场剧烈的政治变革，即从一个由制度革命党统治超过 70 年的，工人和农民部门强有力，而左派、民族主义者的力量较弱（并经常伴有反美情绪）的体系向一个多党制的、民主的、亲美国的体系转变。

在 4 000 万的经济活跃人口中，大约 39%的人由正式部门雇用。这些工作由社会保险及与其相关的、由雇主及雇员提供小部分资金的项目（医疗保险、退休金、类似个人退休账户的强制性退休储蓄计划和住房贷款基金）覆盖。正式部门的工人也会得到利润分红。另有 20%的经济活跃人口在半正规的小型企业中工作，这样的工作几乎不被社会保险所覆盖。剩余的 40%的经济活跃人口大部分无业，或在非正式部门中进行个体经营。

墨西哥拥有大量的进步性的劳动法律，但是其实施却存在诸多缺陷。其宪法和法律为劳动者与工会组织提供了广泛的权利和保护。墨西哥认可 78 项国际劳动组织惯例，其中 68 项目前是被强制执行的。对工会组织的法律保护也会无意间保护和便利化工会中的欺诈行为、私下订立保护合同的行为，以及不民主的实践。这些实践比较广泛，但是并不普遍。墨西哥工人联盟承认有必要对腐败行为进行处理，并且已同意推动有利于消除保护性合同的改变。否则，这样的合同会在正常的商务活动中出现，并且一半以上的劳动合同都会包含私下订立的保护条款。[50]

在过去的 10 年间，墨西哥的一个最重要的进步就是墨西哥最高法院 1999 年 5 月 11 日作出的决定，即承认不属于墨西哥工人联盟的独立工会的合法性。该决定允许 20 个或以上的雇员组成他们自己的工会组织。为了获得法律的保护，也为了能够进行集体谈判，工会被要求在劳动和社会福利秘书处（Secretary of Labor and Social Welfare）进行登记。然而，政府可以拒绝对其中一些新的工会进行登记，这一拒绝权成了政府防止激进的独立工会组织代表工人利益的武器。此外，墨西哥的劳动法律规定有例外条款，即允许雇佣限制［本质上是只雇用特定工会会员保障条款（参见第 4 章），其要求潜在雇员先成为工会会员，然后再对其进行雇用］。[51]

《墨西哥宪法》和《联邦劳动法》保证工人拥有罢工的权利；但是，要求提供一份 6～10 天的通知，然后是政府的调解。如果罢工被判定为不存在的或者是非法的，雇员必须继续工作，在 24 小时之内返回工作岗位，否则将面临解雇的后果。如果罢工被认定为合法的，那么在罢工结束以前，公司必须完全关闭，管理人员不能够进入公司，而且不能招聘罢工替代者。在这些法令的管理当中，工会谴责政府机构提高法律要求，经常判定工会发起的罢工是不存在的或者是非法的，从而阻止可能带来损失的罢工行为。

在墨西哥法律的框架下，在集体谈判合同中允许只雇用特定工会会员保障条款，作为排外条款。排外条款允许工会领袖否决公司新招聘的员工以及迫使公司解雇工会开除的任何一位员工。根据墨西哥的法律，几项强制性的福利项目和保护措施是必须提供的。白天的工作轮班时间是 8 小时，晚上是 7 小时，混合轮班时间是 7.5 小时。每个星期的工作时间是 48 小时，而且必须有一个完整的休息日。加班时间需要付给工人双倍的工资，而且加班时间超过 9 小时以后需要支付三倍的工资。加班是自愿的，因此经常遭到工人的拒绝。每年的 12 月份，必须向雇员支付至少相当于两个星期工资的圣诞节奖金。保证墨西哥的工人每年获得 7 个节假日，而且在这些节假日加班将获得双倍的工资。在公司服务一年以后，雇员有权获得 6 天的带薪休假时间，而且随着在公司服务年限的增长，带薪休假的时间也会增加。雇员有权获得一份相当于周薪 25%的休假奖金。另外，如果公司在没有“正当理由”的情况下解雇雇员，那么该雇员有权获得遣散费；然而，公司在解雇员工时通常都会支付遣散费，因为这无论如何都胜过向劳动委员会证明“正当理由”。[52]

协调和仲裁（Conciliation and Arbitration，JCA）委员会帮助工人和雇主解决劳动争端。如果一个雇主侵犯了一个雇员的权利，那么该雇员可以向地方的或联邦的协调和仲裁委员会提起申诉。同样地，如果雇主没能履行集体谈判协议，那么工会可以向地方的协调和仲裁委员会提起申诉。[53]

根据墨西哥的宪法，工人有权分享公司创造的利润。工人将按照一定的百分比分享公司的利润，百分比的数值由国家工人利润分享委员会（National Committee for Workers' Profit-sharing in Enterprises，NCWPE）确定。根据要求，该国家委员会在确定分享百分比时，应该考虑墨西哥经济的整体情况、产业发展情况、资本方获得合理利益的权利，以及资本再投资的必要性。工人分享的利润当中，50%是根据雇员该年度工作日的多少而平等分配的。剩下的 50%根据符合条件的雇员该年度收入的一定比例进行分配。[54]

墨西哥市场向《北美自由贸易协定》和国际贸易的开放，比索的大幅度贬值，大量工厂的倒闭，以及公司为了变得更有竞争力而进行的规模削减，给墨西哥整个国家造成了一个巨大的经济挑战。前几年的自由集体谈判已经自动地被限制，取而代之的是由政府、雇主以及主要的工会谈判达成的一些年度国家协定，年度国家协定的目的主要是控制通货膨胀。为了开创更大的灵活性和更协调的劳资合作以提高公司生产率、产品质量和雇员薪酬，雇主、工会和政府已经作出相当大的努力。[55]

自从《北美自由贸易协定》签订之后，在墨西哥、美国和加拿大工会之间就出现了数不清的联盟与交换活动。美国劳工联合会—产业工会联合会同意交换工会领导人和工会律师的探访权。全美汽车工人联合会和加拿大汽车工人工会（Canadian Auto Workers）在墨西哥进行了安全与健康培训。美国钢铁工人联合会向墨西哥工会提供了金融资助以帮助它们进行组织工作。美国和墨西哥之间还存在工人与工人的交换，以消除两国工人间的成见，这种交换通过以下方式实现：为双方工人提供跨越国境、参观工厂、参加工会会议、进行组织激励工作、担任纠察的机会。比如，去过美国密尔沃基的墨西哥的工会组织人员与墨西哥工人见面，向他们讲述自己的经历，以告知他们美国的电气工人联合会（United Electrical Workers）是一个民主的工会，而不像墨西哥的一些工会（幽灵工会）那样。[56]

从 20 世纪 80 年代晚期开始，大多数中美洲和南美洲国家对其关于劳动关系的规定进行了改革。1988 年，在军事独裁进行了 20 年后，巴西政府恢复了集体劳动权利，并扩展了公共部门雇员的工会权利。四个国家——智利、萨尔瓦多、尼加拉瓜和巴拿马——减少了组织工会所要求的工人人数。一般该地区组织一个工会需要 20 个人。一些国家放宽了其关于罢工的规定。目前，多米尼加、尼加拉瓜和秘鲁的要求很简单，一个工作中心内的多数人就可以发起一次罢工。阿根廷和秘鲁赋予工会获取雇主的财务信息的法定权利，以为集体谈判提供便利。危地马拉简化了工会形成的程序，并提高了雇主违反劳动法律的罚款。

虽然通过了使工会得以组织的相关法律，但是工会会员的数量下降了。同样地，对发起罢工的要求降低了，但是中美洲和南美洲发生的罢工次数减少了。在一些国家，罢工几乎不会发生。比如，哥斯达黎加在过去 50 年中仅发生了 2 次罢工。另一个问题是缺乏充分的执行，并且没能为执行机构提供充足的资金。比如，在玻利维亚，拥有 100 万人口的城市拉巴斯，仅设有 18 位工作监察员。2003 年，巴西提交到劳动法庭的申诉有 300 万起，并且一些案件要花 5～10 年的时间才能解决。[57]

中美洲承担了很多制造业工作的外包业务，主要是来自美国的业务。理论上，制造业工人可以通过更高的工资和更好的工作环境取得更大的经济利益，而经济增长会加强工会的组织力量。相反，跨国公司通过外包或分包部分生产流程给处于发展中地区的独立的竞争对手来重组其运营流程，从而迫使小公司为了有限数量的合同而竞争，压低成本价格，并保持非工会化。[58]

中美洲和南美洲的工会与雇主之间的协商主要停留在工厂层面。只有阿根廷、委内瑞拉和墨西哥存在广泛的、行业层面的谈判。这种安排的主要原因是，各国的立法通常仅要求雇主在工厂层面进行谈判。

在世界上一些更加工业化的国家，人们通常把劳资关系理解为雇主和雇员两者之间非常广泛的关系。但是，中美洲国家的人们倾向于从数量众多的劳动公约和政府规章制度等方面定义劳动关系。

在中美洲，各国之间的劳动关系存在明显的差别，但是这些国家都具有一个共同的特征：工会和政党之间的密切联系。例如，在墨西哥，许多工会成为执政党非常重要的一部分，因此也被该执政党分配了一些选举候选人名额。这样一来，工会就在一定程度上保证了能够在该党制订计划时发表自己的意见和观点，同时能够保证对该党的领导委员会产生一定的影响。一些工会在为工会会员获取相对较高的工资方面非常有效。例如，墨西哥的电气工人获得的工资相当于城市工薪阶层的 2～3 倍。[59] 同样地，工会也受到了很多批评，因为它们仅为自己的会员获取利益，而忽视了广大的普通老百姓的利益，尤其是极其贫穷的农民的利益。

无论是在不同国家之间还是在某个国家内部，劳动合同的内容都是不同的。在阿根廷，劳动合同包括的规定有：比较具体地阐述就业条件，建立一个高度发达的工厂干事制度以管理雇员申诉和保证雇主遵守劳动合同。在智利，劳动合同更简单和一般化，但是它们都包含某些特定的最低标准（这些内容是必需的），同时包括一个申诉机制以执行劳动合同的规定。在巴西，工会从 1945 年开始就一直努力争取，希望在决定雇佣规则和雇佣条件等方面为工会会员获得更大的发言权。现在，它们通过劳动立法实现的利益要多于通过参与集体谈判获得的利益。

在中美洲国家，政党同工会之间保持密切的联系，以获得工会的支持、选票和影响力。同样地，工会也依赖于政治家，希望通过法律保护自己的工会会员，使自己的工会得到法律的认可，以及规范它们同雇主之间的关系。另一方面，政党呼吁工会会员赞成、支持它们的政策；在某些情况下，政党还努力适应工会会员，向工会会员提供有利的条件，希望他们保持满意的态度，继续支持现存的经济、政治制度。[60]

美国与哥斯达黎加、萨尔瓦多、危地马拉、洪都拉斯、尼加拉瓜和多米尼加签订了一项自由贸易协定，即《多米尼加国—中美洲自由贸易协定》（Dominican Republic-Central America Free Trade Agreement，DR-CAFTA）。美国80%的来自中美洲和多米尼加的消费性商品及工业品都将立即免除关税，其他商品的关税将在10年分阶段被免除。美国从中受益的出口品为信息技术、农产品、建筑设备、纸张、药品、医疗和科学设备。美国出口的汽车及其零部件的关税将在5年内分阶段被免除。《多米尼加共和国—中美洲自由贸易协定》强调对工人权利的保护，即通过引进第三方的策略来保证国内法的有效实施，通过开展合作项目来改善劳动法律及其实施情况，并提高中美洲和多米尼加监督劳动法律实施的能力。[61]

古 巴

虽然古巴不是美国主要的贸易伙伴国家，但它是加勒比海最大的海岛国家，正处于社会、经济和政治变革的边缘期。为了阻止外国投资，因为苏联解体（古巴经济补贴的主要来源），古巴签署了《赫尔姆斯-伯顿法》（Helms-Burton Law）。随着这一法令的签署，古巴一直在为自己的生存而挣扎，而且该国的未来发展方向仍旧不完全明朗。如同东欧的前苏联国家一样，古巴寻求变革的一个选择方案就是朝着经济私有化和政治民主的方向前进。如果这种情况发生，那么政府、工商界和劳动力之间关系的发展将需要接受检查。

在1959年革命之前，古巴拥有的工会会员数目超过中美洲除墨西哥、巴西和阿根廷之外的其他任何一个国家。在20世纪60年代，工会被先进工人运动（Advanced Workers' Movement，AWM）所取代。先进工人运动的参与人数占古巴劳动力总数的10%～15%。工会的作用被限制和缩减，工会并不能深入地参与保护工人权利的运动，并且几乎不能够参与和就业有关的事项。当劳动组织进入“睡眠”状态时，古巴试图转变成一种“有计划的”市场经济。随着20世纪70年代农业（改革）的失败，古巴开始重新发挥工会的作用，实施的方法包括鼓励工人参与决策过程，保护工人的权利，以及向管理人员告知生产过程中目前和将来（可能遇到）的问题等。

古巴的行业工会是古巴社会体系的一部分，并且有助于这个社会体系。这儿的工会并不是一个独立的劳工组织。事实上，当地的法律禁止组织独立工会，禁止工人成立工会、集体谈判抑或罢工等权利。现在，5名古巴人因组织独立工会而被判刑入狱。

2011年，古巴最高领导人劳尔·卡斯特罗（2008年取代菲德尔·卡斯特罗成为古巴元首）宣布在公共部门裁员百万的计划，数量相当于古巴劳动力的20%。许多人士将此视为古巴经济转型的表现，古巴经济将更加市场化。可以预见，在未来5年，古巴成千上万的劳动力将从公共部门向私营部门转移。古巴政府的裁员计划并没有招致古巴工人联合会（Cuban Workers Federation）（古巴政府掌控的工会，也是政府唯一承认的工会）的抗议和指责。相反，古巴工人联合会将协助政府完成裁员计划，此次大规模裁员不免将引发公众的忧虑和危机感。古巴工人联合会主席萨尔瓦多·瓦尔德斯·梅萨（Salvador Valdes Mesa）由古巴共产党任命，而不是像美国的工会一样由工人选举产生。被裁的人员每10年工龄可以获得一个月的工资补偿。[62]

东欧的前苏联国家已经朝着更加民主和多元的经济体方向发展，因此古巴也应该及时作出变革。未来的选择应该是不同形式的工会参与计划，例如劳动委员会和雇员集合体，并且更加依赖公司级别的集体谈判。工会已经成为代表工人权利的最主要工具。工会代表一个比工会会员更广泛的集体；它们代表已经退休、靠领取养老金生活的老人、失业者以及其他类型的群体。东欧国家的工会已经在三方机制（政府、工会和雇主）的框架里成为彼此的政治合作伙伴。这些方法是否适合古巴的过渡，可以公开进行辩论。可以确定的是，经济全球化一直在持续；问题是，古巴是否愿意参与全球化这一进程。

西　欧

除去西班牙和法国，西欧其他国家的工会化程度明显高于美国。在西欧最大的一些国家中，工会化程度也不一样，从法国的不足10%到丹麦、芬兰和瑞典的60%以上。工会已经能够使用全体会员的力量在国家级别积聚政治影响力。另外，工会也已经能够把它们的努力同政府当中规模较大、基础雄厚的劳动党协调一致，以实现自己的目标。

如同美国一样，西欧的工会会员数量也一直在下降。国家级别和产业级别的集体谈判已经没有以前那么频繁，而且雇主在工作条例和工资福利方面正逐步赢得工会更多的让步。也如美国一样，工会正努力在成长型产业当中发展新的工会会员，例如娱乐业和金融业。在这些行业，技术的变化也已经使雇员担心自己的工作安全。[63] 在雇员更多地参与公司运营和决策方面，工会已经取得了相当大的成绩——许多时候是通过立法强制，有些时候是通过管理方对雇员野猫式罢工和雇员不满的反应。另外，这些国家的舆论强烈支持这种观点：雇员参与能够提高生产率，巩固劳资双方的协调关系，鼓励雇员的个人发展。

西欧国家的劳动关系制度可以在下列几个方面和美国的制度进行比较。[64]

(1) 在美国，工会是由相关谈判单元的大部分成员选举决定的，而且被授予排外的谈判代表权；然而在西欧国家，排外的谈判代表权并不是一个普遍的概念。

(2) 在美国，排外的谈判代表权意味着对所有的雇员谈判拥有垄断权，而且要求雇主仅与获得合法授权的某个特定工会进行谈判；在西欧，雇主通常同几个不同的工会以及由雇员选举产生的委员会进行谈判。

(3) 在西欧，劳资谈判经常发生在雇主协会的代表与来自工会联合会的代表之间；在美国，这种谈判方式仅被少数几个行业（主要是建筑行业）所采用。

(4) 在北美，劳资互动关系的重点在基层；然而在欧洲，在国家级别进行集体谈判对工会来说是更为重要的事情。[65]

(5) 在西欧，由法律确定的雇员福利数量更多；因此，工会已经发现，通过政治舞台能够更迅速地获得利益，所以工会也使自己与政党建立更密切的关系。

(6) 西欧国家对雇员培训持一种更肯定、支持的立场。例如，德国公司在雇员培训方面的花费是美国公司的2倍。如果按照每个学徒的平均费用来计算，德国几乎是美国的17倍。在德国，中学每个毕业班大约65%的学生能够获得学徒培训。与此相反的是，美国57%的高中毕业生继续接受高等教育，而且这些学生大部分在大学毕业之前辍学。

德国和美国在支持雇员培训方面存在如此大差异的其中一个主要原因就是工会和雇主协会所扮演的角色不同。德国的公司以雇主协会的方式联合在一起，共同和工会就雇员工资及其他人事政策（例如培训）进行谈判。因为德国的工会力量更强大，所以集体劳动合同要求公司对雇员培训进行投资，而且集体谈判还提供费用收集的机制。这种方法同美国建筑行业中的高质量学徒计划很相似。在这些学徒计划中，培训费用可以得到同业工会和雇主协会签订的劳动合同的资助。[66]

欧 盟

到1992年为止，西欧的12个国家联合在一起，成立了欧盟（见图表14.6）。欧盟包括的12个西欧国家是：比利时、丹麦、德国、希腊、法国、爱尔兰、意大利、卢森堡、荷兰、葡萄牙、西班牙以及英国。1995年，奥地利、芬兰和瑞典加入了欧盟。2007年，欧盟拥有27个成员国，人口达到15亿，经济规模达到16万亿美元，成为世界上经济规模最大的地区（见图表14.6）。

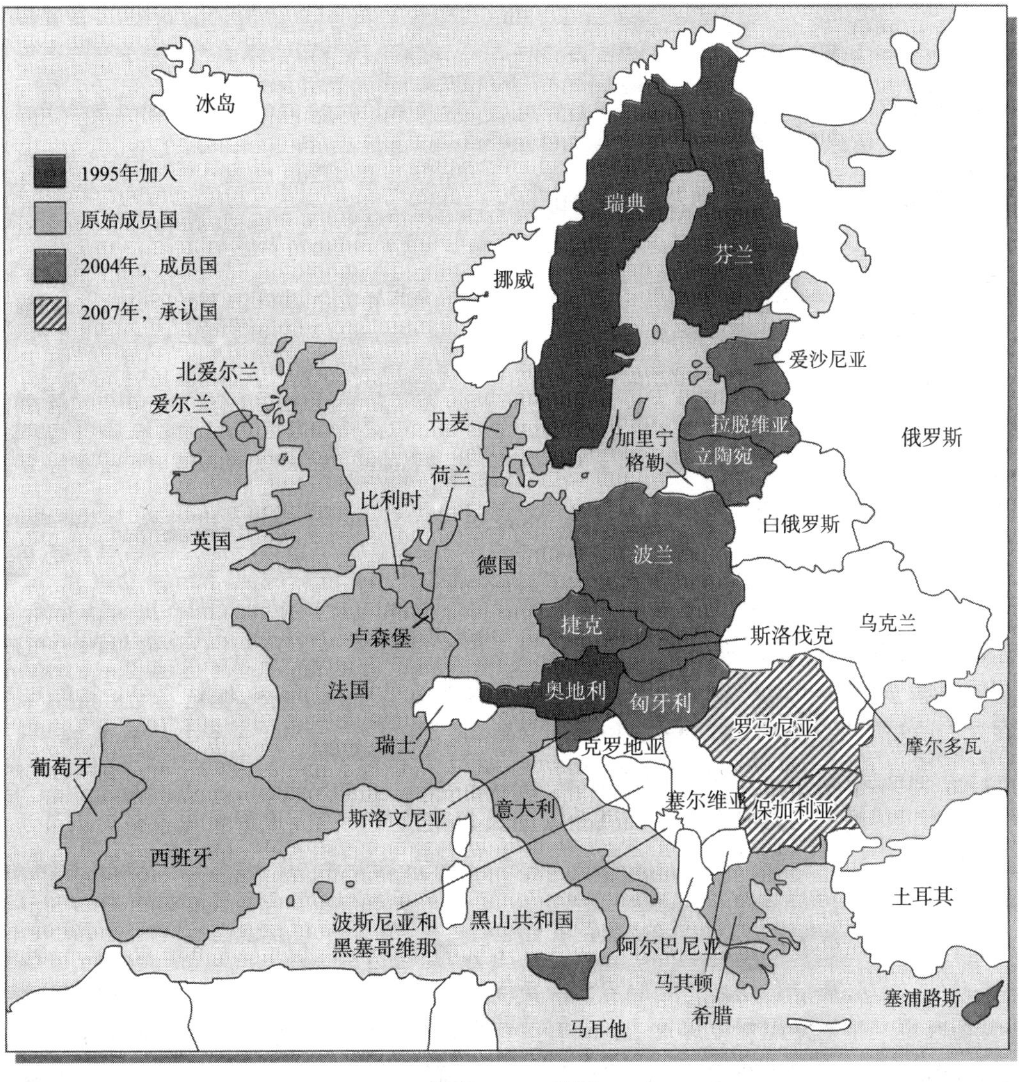

图表14.6 欧盟

欧盟的目标是逐渐消除成员国之间的贸易壁垒，以及对跨国境的商品、资金和劳动力流动的限制。[67] 欧盟委员会将探讨如何解决就业和社会问题（与就业有关的问题的草案见图表 14.7)。

图表 14.7　　　　　　　　《基本社会权利宪章》中关于就业的部分

禁止奴役和强制劳动。

对个人资料的保护。

结社自由，包括组织工会。

自由选择职业的权利，以及自由选择工作或不工作的权利。

就业平等，包括禁止在以下方面产生就业歧视：性别、民族、肤色、种族或社会地位、国籍、形象、语言、宗教、残障、年龄以及性取向。

信息和咨询。

进行集体谈判的权利。

获得安排就业服务的权利。

不公平的解雇。

良好的工作的条件，包括健康、安全和有尊严。

儿童劳动和对儿童的保护。

家庭和职业生活，包括保护雇员不因怀孕而被解雇，保护雇员休产假的权利以及因生孩子或收养孩子而休育婴假（parental leave）的权利。

在以下情况下得到社会保障和扶助的权利：怀孕、生病、工伤事故、生活无法自理、年龄大和失业。

资料来源：*European Union*：2003（Washington，D.C.：U.S. Printing Office，2003），pp. 17 - 19.

《基本社会权利宪章》（Charter of Fundamental Social Rights，也被称为《社会宪章》，Social Charter）得到了英国之外的其他所有欧盟国家的同意。该宪章为整个欧盟范围之内的工作条件制定了一些特定的标准，这样一来，一些国家仅因本国的工资条件和工作条件低于其他国家而不能够吸引投资。该宪章规定了包括结社自由权在内的基本权利原则，并且鼓励集体谈判、假期培训、男女雇员平等对待、职业卫生与安全、儿童保护、获得信息的权利、咨询权，以及雇员参与。[68]

《基本社会权利宪章》的批评者认为，欧盟已经使西欧退回到一个双重规则的状态，这种状态将提高劳动力成本，阻碍就业的增长，并且非常消极地影响比较贫穷的雇员。这些批评者主张，实施《基本社会权利宪章》强制规定的福利项目最终将导致的结果是更高的成本和外部竞争力的逐步丧失。[69]

许多公司已经在考虑欧盟的影响。暂时来说，它们认为这将提高不同国家之间雇员的流动性，使公司能够从海外招聘更多、更优秀的雇员，可以更积极、主动地检查和监督其他国家的工资及福利发展水平，并且可以增加语言培训；另外，公司对语言技能也将更加重视，并愿意为此支付更多的报酬。这种情况将给谈判桌上的工会提供非常多的参与机会。

欧洲劳资联合委员会（European Works Council，EWC）指令在 1995 年被采用，以保护在欧盟的多个国家运营的跨国公司的工人和其代表的进行咨询与获取信息的合法权利。任何在欧洲经济区（European Economic Area，EEA，包括欧盟各国及挪威、冰岛、列支敦士登）雇佣人数超过 1 000 的跨国公司，或者任何至少在欧盟的两个国家中雇佣人数超过 150 人的跨国公司，都必须在雇员提出相应要求时向其提供咨询和信息服务。据估计，被这一指令覆盖的跨国公司的数量为 860～1 500 家。1996 年，据估计，有接近 500 家跨国公司签订了自愿性的合同。虽然这些协议确实是跨国性的，但是其在工人代表、工会、经济表现和劳动市场方面的作用还不是很明显。[70]

欧洲劳资联合委员会会议至少每年举行一次，以讨论公司的变化、其商业环境、雇佣问题以及未来的计划。资深管理人员会向期待得到回应的雇员代表提供相应信息，并且咨询代替了共同决策（其在多个国家都对雇员产生了影响）。在大多数情况下，欧洲劳资联合委员会会允许雇员代表在主会议之前和之后举行他们自己的会议，并且有些欧洲劳资联合委员会发展出了一种新的、对年度事件进行交流的方式。虽然欧洲劳资联合委员会的活动是与工会的活动相分离的，并且欧洲工会并没有积极地参与其中，但是欧洲劳资联合委员会为宣传跨国界的行业关系政策以及完善欧盟内部行业关系的新的管理标准提供了一种机制。[71]

2002 年欧元作为欧盟现在的通用货币取代了国家货币，并且统一的票据和硬币也在欧盟国家内被使用。统一的欧盟货币（目前 27 个成员国中有 13 个已经采用）将推动统一的欧洲经济的形成（统一的欧洲市场形成的必然结果）。统一的欧洲货币有助于促进欧洲商品市场和服务市场更加完整且更加有效率。从而欧洲的公司也需要变得相互协调和更加有效率，以互相竞争并与外来公司竞争，而随着欧洲内部贸易壁垒的消失，很多外来竞争者被吸引至欧盟。一股商业合并热潮已经在银行业、零售业和制造业领域开始。兼并和收购使成本得到削减，但引起了大量的失业。工会和政府将不得不集中精力解决随之而来的问题。[72]

美国式的大多数原则，以及排他性的谈判代表制度在西欧不存在。对谈判的强势反对态度是不常见的，因而许多国家没有这方面的相关立法。然而，在一些国家中关于保护结社自由的条例或宪法条款就被看成保护集体谈判权利的法律。[73]

英　国

像其他国家工会的会员率一样，英国的工会会员人数自 1980 年达到 1 300 万人（占劳动力人口的 56%）的高峰之后不断下降。20 世纪 80 年代和 90 年代的会员人数下降可归因于产业调整，尤其是制造业的调整以及政府的政策，尤其是玛格丽特·撒切尔（Margaret Thatcher）首相任期内颁布的政策。近年来，由于 1999 年《雇佣关系法案》（Employment Relations Act，ERA）的颁布，以及对工会（尤其是专业性的工会，如教师、护士和医生的工会）认可度的提高，工会会员数有所回升。

英国公共部门的工会会员率（约 70%）比私营部门的工会会员率（约 20%）要高。英国劳工联合会（Trade Union Congress，TUC）仍然是最大的工会组织。劳工联合会拥有 11 个各自人数超过 10 万人的工会。另外 2 个不属于劳工联合会的工会人数也超过了 10 万人，它们是英国医疗工会（British Medical Association，医生的工会）和皇家护士联盟（Royal College of Nurses，护士工会）。[74]

在英国，工会在雇员人数多于 20 人的公司中会获得法律认可，如果（1）工会在无记名选举中得到大多数人的支持，并且至少有40%的有资格的选举者参加了选举；或者（2）谈判单元中50%外加一人都是工会会员。[75]

在英国引进新的工会认可法律后，美国的一家帮助雇主避免工会化的公司告知英国的雇主，其有65年的帮助雇主避免工会化的经验。实际上，一家美国的公司宣称自己在加拿大、墨西哥、南美洲、英国、比利时、法国和德国取得了成功。劳动合同由大量的多工会、多雇主参与的协商会议协定。英国有几乎600个工会，几乎是美国的3倍，而且英国一家制造业的公司通常要和7家工会进行协商，其中一个最重要的协商是与工程雇主联盟（Engineering Employers' Federation）的协商，它代表5 000家公司的利益，而造船和工程工会联盟（Confederation of Shipbuilding and Engineering Unions）代表34个工会及200万以上的雇员。这一总协议为进行关于工厂的谈判提供指导原则和设立底线。劳动协议在工厂层面被协商、被管理，但是，它们不是由法律强制实行的，并且申诉不受私人仲裁的控制。

工会干事是志愿者，在提供服务时不能获得报酬。和美国的情形不一样，英国工会的管理阶层不能够开除工会干事。工会干事经常能够在工厂积累很高的权威和影响，而且他们对地方工会事务的控制力超过任何全国性工会的官员。在英国的劳动关系制度当中，由来自不同工会的工会干事组成的干事委员会以及代表不同部门成员的工作委员会扮演着非常重要的角色。

工厂级别的劳动合同经常是由全国性工会的代表、干事委员会**以及工作**　委员会谈判达成的。这些劳动合同通常没有固定的形式和内容，而且通常包括承诺书、几分钟的短会以及口头谅解。虽然不存在谈判的义务，但是工会还是获得了广泛的权力，牢牢地控制了工作岗位，同时对全体工会会员采取严格的纪律。如果工会发现任何雇员持反对立场，它们就会拒绝同这些雇员合作。

或有收益分配计划如火如荼地发展起来，例如利润分享、雇员持股计划以及绩效工资。在这一去管制规定的纪元，每两年就会出现新的行业关系立法，并且这些变化影响着这些领域。行业关系的责任被设定在公司层面，任何集体谈判协议都可以覆盖一家独立的公司。[76]

《雇佣关系法案》鼓励自愿性地解决争端。《雇佣关系法案》保护各个工人免受不公平的解雇，并且为提高工会认可度提供相应的保护。在中央仲裁委员会（Central Arbitration Committee，CAC）赋予工会认可权后，雇主必须就工资、工作时间和假期同工会谈判，同时可以就其感兴趣的其他事项进行谈判。这一法案引入了新的对因罢工而遭受解雇的工人的保护，并设立了雇佣上诉法庭（Employment Appeal Tribunal）程序，以处理雇员被不公平地解雇的问题。自其通过以来，各方均对中央仲裁委员会处理案件的程序表达了满意。[77]

德　国

德国劳资关系模式有两大支柱：（1）集中化的行业层面的集体谈判；（2）工厂层面的劳资共同经营委员会或工人议会。[78] 中心的工资协议是用来将工资排除在竞争之外的，而工人议会是用来补充主协议并在工作场所代表工人利益的。德国的工会和雇主联盟之间的集体谈判是行业与地区层面的。大众汽车公司是个例外，其与工会就自己的集体谈判协议进行协商，协商的内容是工资和雇佣条件（工作类别、工作时间和工作条件）。其罢工和停工发生的次数是全球最少的。

工作场所的工人议会主要关注生产力问题、个人申诉问题，并负责执行集体谈判协议。工人议会可以就集体谈判协议中没有包含的内容与地方管理者进行协商，以达成工厂协议。工人议会积极地促使工资上涨到集体谈判协议所规定的水平，并且议定关于提供特别补贴和补助的条款。这些类型的条款在德国是被允许的。

工人议会的作用是由1952年颁布的《劳资联合委员会组成法》(Works Constitution Act)(2001年修订)规定的。在这一法律下，工人议会可以以任何形式建立，但必须至少拥有5个固定雇员，并由一些工人或代表工人利益的工会提交请愿书。虽然具有强制性，但是工人议会并不是自动被设立的。实际上。在德国私营部门的企业中，只有10%设立了工人议会。然而，其设立的个数随着工厂规模的扩大而提高，并且其代表的工人数量远远超过了其设立的个数。工人议会的成员由四年一次的工人无记名选举产生，并且其代表全部工人，而不是仅代表工会的会员。工人议会通常独立于工会，而实际上，两者的联系十分紧密，因为5个工人议会成员中有3个是工会会员。通常，工人议会成员在工作地点帮助招募工会会员，并被认为是“工会安全的支柱”。

法律规定，工人议会就以下事项有知情权和咨询权：人力计划、工作流程的变化、工作环境和工作内容。对劳资共同经营或共同管理权等社会事项有一系列规定，这些事项包括：工作时间、薪酬原则、假期、健康和安全。工人议会还有对雇佣和解雇的“同意权”。

工人议会积极地为实现家庭友好(family-friendly)的工作实践贡献力量，如工作场所的儿童看护、弹性工作时间以及尽家庭义务的假期，当集体谈判协议中有相关规定，或者在工人议会中有女性代表时，这方面的工作会特别有成效。[79]

由于德国的行业关系中存在双重系统，所以工会多年来一直保持着稳定的会员水平。然而，在柏林墙倒塌、德国统一之后，工会会员水平出现了巨大变化。1991—2007年，工会会员人数从1 180万人下降到了640万人。在民主德国，这种下降更加剧烈，其初始的会员率几乎达到了100%。目前，工会试图在招募会员方面获得工人议会的帮助。从而，工会得以依靠工人议会来招募新成员，尤其是在大公司。[80]

德国最主要的工会联盟是德国工会联盟(German Federation of Trade Unions)，它包括8个大型工会，代表工会会员总数的80%。工会在行业和地区层面上进行谈判，制造业工会处于领导人的位置，为其他工会提供工资水平标准的参照。例如，德国金属工业工会(IG Metal)为德国金属行业工人工会，代表240万个金属行业工人的利益，并且在国家层面的谈判中是具有主导地位的工资趋势设置者。有趣的是，民主德国的制造业（当时仍在向竞争性的市场经济调整）被允许签订“刚性合同”(hardship agreements)，这种合同使企业可以在一段时间之内不参照行业工资水平设定工资。想签订这种合同的公司必须证明自己已经濒临破产，并且必须通过公开其账簿（以示监督）来证明其有复苏的策略。[81]

中欧和东欧——苏联体系的国家

工会代表所有这些地区的工人，但是，许多国家的工会的主要作用曾经是施加政治压力。例如，波兰团结工会（solidarity in Poland）是东欧最初的独立工会，拥有 250 万名工会会员，并且在苏联的解体过程中扮演了主要的角色。捷克斯洛伐克的工会领导了革命，然后投票否决了旧的领导阶层，并且使工会运动民主化；但是，这些工会想要根据种族界线把捷克斯洛伐克分裂为捷克和斯洛伐克。在苏联，工会运动已经处于一种迅速变迁的状态；然而，矿工在所有的发展阶段维持了他们的相对力量。[82]

一些苏联体系的国家正在欣赏吸引新的产业方面取得的成功。因为中欧市场较低的工资水平和较低的制造成本，一些主要来自西欧国家的公司正在中欧进行投资。向市场经济转变的速度已经缓慢下来，而且迄今为止，向市场经济的转变并没有取得极大成功。许多工厂没有资金更新工厂设备，使工厂升级，也没有资金从其他工厂购买产品，或者给工人支付工资。虽然这些年以来已经允许实行结构调整和提高运营效率，但是这些措施仍旧面临巨大的难题，失业率居高不下。[83]

劳动关系制度从西欧国家向中欧和东欧国家的转移已经在缓慢地进行。虽然中欧和东欧代表了约 5%的德国外商投资，但是捷克（第 10 名）和波兰（第 5 名）是十大最吸引德国外商投资的国家之一。德国已经是匈牙利和捷克的外商直接投资的最大国（与美国和法国竞争投资）。但是，没有证据表明，德国公司正向东欧国家出口“德国模式”的劳动关系。相反，德国公司采用了东道国的制度和环境，并且沿用了在东道国被广泛接受的那些劳动关系实践，如强调假期培训、长期雇佣承诺、合意的工作组织。[84]

联邦德国的文化、传统和信仰逐渐渗透到了民主德国。工作委员会被引进到了匈牙利，德国的劳动法律被引进到了斯洛文尼亚。集体谈判的性质差异很大，有的仅有咨询的功能，而有的则具有解决冲突的功能。工资方面的集体谈判协议似乎在工会化的部门非常普遍；但是，雇主拒绝协商任何其他的问题。匈牙利和捷克的雇佣管制最少，工作环境变化最小，但是工会对雇佣合同和工作时间的控制却很弱。

集体谈判在各国和各公司差异很大。集体谈判的这些差异部分是由法律的差异、国家继承下来的传统的差异以及经济改革方面的进步的差异决定的。在一些东欧国家中，如罗马尼亚，存在一种谈判的去集中化的趋势，从而趋于在公司层面订立雇佣条款和条件，并且该层面的公司管理层和工会领导人被赋予了更大的权力。对工会来说，将罢工作为一种权力的来源是一种新的现象。[85]

在俄罗斯，市场经济还处于初期阶段，立法者采用了一种能使数百万工人觉得安心的劳动原则，这些工人所处的文化和实体环境都因苏联的解体而陷入混乱。新的劳动原则使俄罗斯在劳动关系的法律和制度改革方面迈出了新的一步。这一原则没有与过去进行清晰的划分，但是其在多个方面都反映出对苏联体系的背离。在苏联体系下，达成集体谈判协议的目的在于书面规定管理者和工人双方在执行生产计划、引进新的设备、提高劳动生产率、提高产品质量标准、降低生产成本、强化劳动和生产的规范、对监管人员进行培训方面的共同义务。

在新的原则下，在保障工人的安全和健康、工资达到最低工资标准等的条件下，双方均获得了更大的弹性。新的原则覆盖了雇佣合同、解雇的原则与流程、争端解决程序。双方可决定集体谈判的层面，即其可以选择在企业、地区、行业或联盟层面上进行谈判。参加集体谈判的双方更多地选择了企业层面的谈判。谈判的程序、日程以及集体谈判协议的有效期均由双方决定。在新的原则下，工会有权罢工，但罢工只能在完成一系列冗长的调解程序之后进行，并且要事先告知。此外，公共服务行业的罢工和可能危及国家利益的行业的罢工是被禁止的。在罢工期间，非罢工者的工作自由必须得到保证。[86]

日　本

日本的劳动关系体系有五个明显的特点：劳资咨询和团队合作、大型公司的终身雇佣制、以资历为基础的工资体系、企业或公司工会、具有较高地位的人力资源部门。

集体谈判发生在企业层面，并且伞状组织可以协调谈判。在大多数工会化的企业中，存在严密的、有工会代表参与的共同咨询机制。共同咨询机制被认为是一种信息共享机制，但是大多数劳动问题也会在劳动会议中被讨论。由于参加咨询会议和协商会议的是同样一群人（高管和工会领导人），所以集体谈判和咨询的界线就变得模糊了。[87]日本的管理层和雇员之间的交流比其他国家的管理层和雇员之间的交流要多很多。日本90%的公司都有某种劳资咨询机制。信息传递的范围非常广。比如，公司会向雇员报告其财务情况、其面临的问题、其预期和计划，以及即将出现的技术发明。雇佣的所有方面（培训规则、雇员纪律、工作条件和雇员福利）都可以由雇员检查。日本的共同咨询制度所包含的主题，有一些被美国管理者视为管理机密。[88]研究结果已经表明，当日本公司提高公司和工会之间的信息分享程度时，劳资谈判所需要的时间就会更短，而谈判也会变得更轻松、容易，工会倾向于要求和接受较低的工资增长[89]，而且利润率和生产率得到了提高。[90]

在日本，团队合作和意见一致是一个文化传统。日本的雇员对这种方法感觉很舒服，而且劳资双方强调共同承担责任和预期目标，以及共同分享获得的回报。劳资双方的沟通途径贯穿工作始终，例如公司会议、公司时事通讯和公告栏、工会以及劳资委员会。[91]

终生雇佣（lifetime employment）是日本20世纪50年代以来的一条标准。20世纪50年代，雇主同意了这条标准，以平息劳动力的动荡局面。终生雇佣的标准已经适用于大雇主（拥有500名或以上雇员）的所有正式雇员，这些雇员的数量大约是非农业劳动力总数的1/3。这些“正式雇员”是在完成高中或者大学学业以后被公司聘用的，而且这些雇员存在这样的期望，即他们将一直被公司聘用，直至60岁的强制性退休年龄。法律的或者书面的合同是不存在的；但是，雇员出现的不可接受的行为可能导致暗示性的自愿辞职或者“隐藏的解雇”。这种终生雇佣所产生的后果是雇主热衷于对这些长期雇员进行投资培训，雇员积极响应雇主实施的雇员培训计划，而且雇员愿意接受技术创新和技术进步，因为他们知道他们将不会受到下岗事项的消极影响。[92]

当日本公司在美国设立工厂的时候，它们极有可能不采取终生雇佣的理念和政策。虽然超过一半的日本工厂拥有明确的“不裁员”政策，但是它们在美国设立的工厂之中只有5%拥有一项与此类似的政策。日本的工厂使用临时雇员作为缓冲器，以提高工厂核心劳动力的就业安全，然而美国的公司使用裁员的手段以适应公司对劳动力的需求。例如，当工厂的设备需要重装以满足新客户的具体要求时，汽车零部件工厂通常让雇员下岗一个月的时间。在日本，公司通过忍受一段时间的不充分就业来达到避免裁员的目的。实际上，一些日本公司在暂时的困难时期让它们的雇员去从事社区服务。[93]

集体谈判通常涉及工资级别，尤其是在春季涨薪潮（Spring Wage Round，过去是重要的全国性活动）中。工会密度的下降和经济的停滞引起了年度“春斗”（Shunto，日本工会在春季展开的争取提高工资的活动）活动重要性的下降。针对工资的谈判转变到了企业层面。

由于21世纪初发生的衰退，日本对寻求正式职业生涯的雇员的招聘更加严格了。同时，对从事非正式工作（兼职、临时性工作、固定轮班制工作）的工人的雇佣数量提高了，外包也增加了。[94]

能够获得长期工作的工人（通常是在大型公司中），其工资通常比只具有不稳定工作的工人的工资高。[95]

日本的**工资制度**（wage system）具有几个显著特征：

（1）工资是按月支付的，即使该雇员已经脱离工作岗位（有正当理由）。

（2）正式的流水线生产工人和一般职员之间的工资差异很小，这些雇员都是同一工会的成员。

（3）基于工作（例如，效率产出）的收入与基于雇员资格的收入（例如，房屋补贴、交通补贴以及类似的项目）之间存在差别。

（4）雇员的工资收入是永久性的，工资收入将持续该雇员的整个职业生涯，包括一个最低的年度增长率以及雇员退休时获得的一笔报酬。[96]

在日本，雇员的年龄和在企业的服务年限同工资水平的紧密程度要高于其他工业化国家。例如，在日本，年龄在40～50岁的雇员的工资水平要比年龄在21～24岁的雇员的工资高67%，然而在美国，年龄较大的雇员的平均工资仅比年轻雇员的工资高23%。与其他国家相比，日本管理者和雇员之间收入的较小差距使雇员更加团结。涨薪和职位晋升主要取决于雇员的年龄与其在公司中的服务年限。以资历为基础的工资制度保证了在公司内部、在雇员整个职业生涯中工作的稳定性，与终身雇佣的概念非常相近。除了工资外，雇员还享有其他能使其放松和享乐的福利，如体育竞赛、雇员远足活动。雇员可以使用为各种爱好（如体育、读书和桌游）设立的便利设施。公司为单身雇员特别提供宿舍以及各种医疗福利。小公司的雇员（占劳动力总数的60%）所享有的福利没有大公司的雇员所享有的福利多。[97]

首席执行官的薪酬通常与雇员的薪酬相联系。日本大公司的首席执行官的薪酬通常是雇员平均年薪的11倍。美国首席执行官的平均工资比雇员平均工资的200倍还要多。[98]

企业工会化（enterprise unionism）意味着至少三方面的实践：（1）一家公司的雇员组织他们自己的工会，其包括除管理者和临时雇员外所有的雇员。（2）对雇员的职业种类和工作类型不进行区分。（3）集体谈判在企业层面进行，从而导致了日本的分散型谈判结构。所以，在日本，企业工会具有双重功能：一是作为工会，通过谈判为工人争取更高的工资和更好的工作条件；二是作为工人的代表机构，参与和协调管理。[99] 因而，与西方国家相比，日本的雇员对公司的认同感更强。

企业工会在国家级别上是相互关联的，并且在纺织、电力、造船、汽车、钢铁、器械以及化学产业存在全国性的工会。企业工会之间举行会议讨论产业政策；但是，它们并不讨论诸如工资、工作条件以及其他就业政策之类的主题。这些主题在企业工会的内部讨论。在国家级别上，通常以更加概括的方式来讨论产业问题，而且诸如经济增长、就业预测、退休年龄以及更好的沟通之类的主题被重视和强调。[100]

之前的研究指出，在日本企业层面的谈判中，工会缺乏议价能力。然而，在经济萧条时期，针对恶劣的工作环境，工会具有很强的议价能力。研究表明，日本的工会促进了平均工资的提升，但却压制了工资在工人之间的分配。

大多数处于同一行业的企业的工会都会加入工会联盟，在日本，存在 100 多个这样的工会联盟。这些工会联盟隶属于国家中心，其中最大的工会联盟是 Rengo（日本行业工会联盟，英文名为 Japan Trade Union Confederation），它拥有 660 万名会员。行业联盟的主要作用是协调会员企业工会的活动，这些活动通常以提高工资、改善工作条件、解决整个行业面临的问题为目标。[101]

在协调事务方面，日本的人力资源部门比美国的人力资源部门拥有更高的地位。人力资源部门负责整个公司管理者的轮换，以及发掘适合更高职位的人才。管理者将人力资源部门的职位看作有利的职位，因为该职位可以与其他部门的管理者建立联系，并且是通往最高的公司职位的跳板。人力资源部门通过向董事会（由内部管理者组成）推荐人才直接参与公司治理。在董事会上，人力资源的主管告知其他部门的主管雇员所关心的问题，并在战略决策方面充当长期雇员的支持者。最近四五十年，美国最具影响力的部门是财务部门，而不是人力资源部门。[102]

与美国（见第 5 章）相比，在日本设立工会相对容易。《日本工会法》既没有要求工会得到大多数人的认证，又没有承认排他的谈判权利。《日本工会法》规定，当一群工人想要建立一个所谓的“符合条例要求的工会”，并接受该法律的保护时，需要填写劳动委员会的相关申请表格。然后该委员会根据之前设定的规则进行“资格检查”。当这群工人被认定有资格组成工会时，根据法律规定，雇主就要与其进行集体谈判，即使该工会只代表很少一部分人。在实践中，在向劳动委员会提交表格之前，工会组织者通常会拜访雇主，并征得其同意。征得雇主同意是非常重要的，因为许多雇员不想加入与雇主敌对的工会。不像在美国，在这里很少会有雇主参与反对或抑制工会的活动。[103]

1975 年，日本的工会率是 12.6%，工会会员占劳动力总数的 34%。2007 年，工会会员约有 1 000 万人，大约占劳动力总数的 18.1%。在不同的行业和部门，工会会员率差异较大：在公务员中是 44%，在公用事业部门中是 59%，在零售和批发贸易行业中是 11%（雇员人数少于 99 个人，工会会员率为 1%；雇员人数在 1 000 人以上，工会会员率是 47.5%）。工会会员率出现这种变化的主要原因是工人转向服务部门就业，以及兼职工作者、季节性工作者、临时性工作者、固定期限工作者、女性工作者增多。[104]

分析最后得出，日本雇主和工会最终将要面临可能引起传统劳动关系破裂的关键问题。这些问题包括提前退休、终身雇佣、高失业率、自动涨薪和升职机制的取消、节省劳动力的设备的引进、工会对工作保障性（而非高工资）的强调、雇员对公司忠诚度的下降、日本相对于发展中国家和地区（如巴西、中国、韩国、新加坡和中国台湾）竞争力的下降。[105]

韩　国[106]

2007 年，美国和韩国签署了《韩国—美国自由贸易协定》（Republic of Korea-

United States Free Trade Agreement，KORUS FTA)，该协议使两国的商品关税消除了95%。这一条约在2010年被再次商议，以让美国的汽车可以更大程度地进入韩国市场。这一被再次商议的条约是由全美汽车工人联合会支持的，但是没有被正式批准。[107]

韩国是世界第十大经济体，是美国的第七大商品贸易伙伴，双方的商品贸易量超过800亿美元。《韩国—美国自由贸易协定》也包含维护工人权利的条款，并且提供与国际认可的标准一致的环境保护条款。[108]

韩国拥有一个三方参与的劳动关系体系，在这一体系中，劳工部作为政府机构制定劳动关系政策，并负责实施劳动关系法律，具体包括童工、强制劳动、雇佣平等、工资、工作时间、安全和健康方面。政府继续因其结社自由以及组织权利方面的政策而饱受诟病，因为政府拒绝注册新的公共部门的工会，并且对参与罢工的工会人员进行逮捕和定罪。

另外两方是工会联盟和雇主组织，通过为政府顾问委员会提供建议和指导而在劳动关系方面代表它们各自选民的利益。韩国雇主联盟（Korean Employers' Federation，KEF）作为一个伞状组织，代表13个地区雇主协会、30个工会和4 000家企业。韩国雇主联盟声称其以行业和谐及国家经济发展作为首要目标，并且向政府和立法部门争取会员的权益。此外，韩国雇主联盟在劳动法律和行业关系事务方面为其成员提供建议。

韩国的6 150个工会（拥有160万名会员）可以按照公司、职业、地区、行业进行组织。韩国的大多数工会都是以企业为单位组织的，并存在44个行业联合会和2个国家性的联合会：韩国工会联合会（Federation of Korean Trade Unions，FKTU）和韩国工会联盟（Korea Confederation of Trade Unions，KCTU)。韩国工会联合会是韩国最大的劳工组织，并且代表3 408个工会中的约100万名工人。韩国工会联盟现在代表16个行业联合会中的大约60万名工人。

韩国拥有数不清的劳动法律。韩国的宪法保证结社自由、集体谈判的权利，以及集体行动的权利。但是政府机构、国有企业和国防工业公司禁止罢工。罢工必须有大多数的工会会员通过直接、无记名投票同意，并且工会必须事先将计划好的罢工活动向政府有关部门报备。

劳动关系由五部独立的法律管理。其中最主要的是《工会和劳动关系调整法案》(Trade Union and Labor Relations Adjustment Act，TULRAA)，其保护工人不会因组织和加入工会、参加工会活动而被解雇。工人受到任何这样不公平的处置，都可以通过向劳动关系委员会（Labor Relations Commission，LRC）投诉或起诉该雇主而得到满意的答复。因作出这种不当劳动行为而获罪的雇主，会被要求恢复雇员的职位并对其进行合理赔偿。

韩国的劳动法律（《工会和劳动关系调整法案》)并没有列出集体谈判的事项，但是法院的判例将谈判事项分为三类：(1) 强制性的；(2) 允许的；(3) 不合法的。强制性的谈判事项包括工作环境、工资、工作时间、假期、病假、安全和健康。如果没有正当理由，管理层不得拒绝对这些内容进行谈判。如若管理层没有正当理由而拒绝对这些内容进行谈判，那么雇主会被认为实施了不当劳动行为。如果谈判陷入僵局，那么工会可以要求劳动关系委员会进行调解。如果调解不成功，那么工会可以罢工。允许的谈判事项包括工会活动、工会会费的提前扣除、全职的工会官员。对于这些谈判事项，工会可以提要求，雇主也可以拒绝。对这些事项的拒绝不构成不当劳动行为。如果在允许的事项上谈判陷入僵局，那么工会不可以要求劳动关系委员会进行调解，不可以罢工。不合法的谈判事项包括对合法的退休金的取消、对工会的补贴、触犯到管理权的基本方面的谈判事项。禁止集体谈判协议包含这种不合法的谈判事项。[109]

个人的和集体的劳动争端由劳动关系委员会进行裁决、调解和仲裁，劳动关系委员会在地区和国家层面运转。通常集体谈判发生在企业层面，但是工会可以让其所属的工会联盟代表自己进行谈判。集体谈判通常包括工资、工作时间、工人福利和其他雇佣条件。集体谈判协议在两年内有效，但是如果在协议到期时还没有签订新的协议（即使双方已经在就新的协议进行谈判了），那么现存协议的有效期将延长三个月。谈判的内容可以扩展到在工作时间组织工会活动和关于全职工会官员的问题方面。在谈判结束后 15 天内，集体谈判协议必须呈送给政府相关部门。如果协议的任何条款被认定为不合法，那么双方要就不合法的条款进行修订。[110]

解雇雇员的相关事项由《劳动标准法案》（Labor Standards Act，LSA）规定，该法案对合理的解雇设定了基本的要求。合理的原因是指这样的原因，即使得该雇员无法继续维持雇佣关系的原因。具体原因包括不听从指令、擅自休假、早退、表现差、肢体的或者言语的暴力、工作之外的犯罪、违反公司的安全规章等。雇主在解雇该雇员时必须提前 30 天告知，并书面（电子邮件和短信不是合理的通知方式）通知其被解雇的原因。[111]

澳大利亚

直到 1996 年，澳大利亚的劳动关系体系还以行业范围内或公司范围内的“奖励”（awards）为特征，这些奖励经过公司、工会（有时候还有政府官员）协商，并被提交给澳大利亚行业关系委员会（Australia Industrial Relations Commission，AIRC），等待其批准或对争议进行解决。这种奖励为特定工种的工人设立最低工资、工作环境等，大致相当于美国的集体谈判协议。比如，如果工会要求提高某个工种的某个工人的工资，比如一位金属机械师的工资，那么整个澳大利亚同一工种的机械师的工资都可以提高。20 世纪 70 年代，当工会为保护工人实际工资的价值而作出抗争时，这种机制导致了严重的工资推动型通货膨胀。20 世纪 80 年代，政府对提高工资的请求以及公司提高产品价格的行为作出了严格规定。[112]

当保守自由党—国家党联盟（Conservative Liberal-National Party Coalition）在 1996 年开始执掌政权时，新任总理约翰·爱华德（John Howard）明确指出，减小工会的力量将是他的目标之一。联盟迅速通过了 1996 年《工作关系法案》（Workplace Relations Act，WRA），该法案扭转了一个世纪以来法律和实践都将对劳动者的集体管理当作正常现象的局面。《工作关系法案》引进了一种叫作《澳大利亚工作协议》（Australian Workplace Agreement，AWA）的个人合同，以通过将个人协议和集体协议放在同等重要的位置来加强可选择性。当时缺乏对工会进行认可以及善意谈判的机制，结果，由于没有保护工人免受政治高压和诱导的条例，雇主对雇员施压或强迫其签订《澳大利亚工作协议》。工会的权利，包括进入工作场所的权利，被剥夺了。虽然一开始时法律规定了罢工的权利，但是实际的效果是，工会进行行业行动的环境被限制了。雇主第一次有了让雇员停工的权利，包括“《澳大利亚工作协议》停工”，它被用于诱导雇员签订个人协议。

澳大利亚在20世纪90年代至2005年之间在谈判结构和范围方面经历了巨大的变化。20世纪90年代，80%的工人的工资和工作环境都是由奖励决定的。到2005年，只有20%的工人使用奖励机制，使用集体谈判协议的企业的比例上升到了38%。1995—2004年企业层面的谈判协议的增长大多是在非工会集体谈判协议方面。[113]

在1995—2004年这段时间里，工会会员率从20世纪90年代的40%急剧下降到了18%。工会密度的下降和行业关系的改革极大地扭转了工会/非工会工资差异的模式，尤其是在工会密度更高的行业中，如采矿业、公用事业、通信业、运输业和制造业。这些行业的工会拥有为其会员提高工资的权力，但是在另外一些行业中，工会对非会员的工资的影响较小，如服务、贸易、住宿、公共管理和教育行业。[114]

2005年，1996年《工作关系法案》在2005年《工作选择法案》（Work Choice Act）下被修订。工作选择改革对澳大利亚的行业关系体系进行了最为基础性的改革。虽然政府强调新的法律是为增加雇主和雇员的选择而设计的，但是这一改革的最主要的受益者是雇主。雇主可以签订广泛的行业协议。除了《澳大利亚工作协议》之外，雇主可以选择就工会的或非工会的集体谈判协议进行协商，还可以选择签订“绿地协议”（Greenfield agreements）。“绿地协议”是指这样的协议，即其允许雇主单边决定雇佣条款和条件，这些雇佣条款和条件对未来12个月内的新工作地点的工人来说是锁定的。雇主可以简单地选择不与雇员进行谈判，而只按照法律行事，即提供满足新的《公平工资和条件标准》（Fair Pay and Conditions Standard）设定的最低标准的工作条件。进一步，由奖励体系覆盖的雇员的工资水平不会上涨，除非其下降到由新的澳大利亚公平工资委员会（Australian Fair Pay Commission）设立的最低工资水平以下。留在奖励体系中的雇员，随着时间的流逝，会变得依赖于由《公平工资和条件标准》设立的最低工资水平标准，除非其能够与雇主签订集体谈判协议或个人合同，或者接受其雇主可能邀请其签订的《澳大利亚工作协议》。

工作选择改革极大地改变了澳大利亚行业关系委员会的角色，其具有强制性的仲裁权力被取消了。现在争议双方不能够求助于澳大利亚行业关系委员会来解决其争议了，替代的办法是，双方被要求就其自身的争议解决程序达成一致意见。政府的工作关系部部长也可以在充分考虑各种因素的基础上宣布谈判时期的终止时间，因而使得行业行动，如罢工，成为非法行为。在工作选择改革之下，被解雇的雇员为不公平的解雇而采取行动的权利是受到严格限制的。拥有的雇员数量少于100人的公司的雇员没有采取行动的权利。规模大的公司受到保护，因而能够避免遭受因不公平地解雇雇员而被起诉的风险，这些公司至少可以说雇员“完全出于操作失误的原因”而被解雇。[115]

在2007年的联邦选举中，工会举行了声势浩大的活动来反对工作选择改革，部分原因在于大量的证据表明，工作选择改革确实侵害了澳大利亚人民的权利并破坏了相应标准，还给工作家庭带来了困难。随着劳工党党员凯文·拉德（Kevin Rudd）[2010年，朱莉安·吉拉德（Julian Gillard），拉德劳动关系部部长，取而代之]当选为总理，澳大利亚通过了两项法律：（1）2008年《工作关系修正案》；（2）《公平法案》（Forward with Fairness Act，FWFA）。第一项法律禁止签订任何新的《澳大利亚工作协议》

（这是一种雇主和雇员签订的个人合同）。这些《澳大利亚工作协议》被雇主大量用于非工会化的地区。法律允许现存的《澳大利亚工作协议》继续有效，并为已经使用《澳大利亚工作协议》的雇主提供了一种临时的选择。

《公平法案》也建立了国家雇佣标准，其包括一周工作时间最长为 38 小时、对弹性工作安排的要求、育婴假、个人护理假、社区服务、长时间服务、公共假期、解雇通知、遣散费、公平工作信息公告。《公平法案》创建了新的国家管理机构澳大利亚公平工作委员会（Fair Work Australia，FWA），其具有之前的澳大利亚行业关系委员会的职能。澳大利亚公平工作委员会的作用在于解决行业争端、设定最低工资，以及管理**奖励体系**（awards system）。

澳大利亚公平工作委员会继续进行奖励体系的现代化工作。奖励体系现代化进程包括提交相关书面材料、对草拟的奖励进行回应、游说政府。最终的奖励将考虑到会员面临的商业环境（其成本会提升），或者某一职业或行业的雇员的特殊需要（其可能处于弱势）。澳大利亚公平工作委员会会考虑善意的谈判要求，比如要求列席和参加会议、及时披露相关信息、回应和仔细考虑谈判提议、承认其他谈判团体。

对有 15 个以上员工的企业的雇员来说，针对不公平条约而为其提供的保护长达 6 个月；对规模更小的企业（员工数量少于 15 个）的雇员来说，针对不公平条约而为其提供的保护长达 12 个月。此外，还有范围广泛的保护雇员免受苛刻的和歧视性的条约的侵害的规定。[116]

本章小结

跨国公司和跨国集体谈判正在成为劳动关系领域中越来越重要的主题。虽然跨国公司在销售额、资本投资以及经济影响力等方面持续增长，但是它们也引起了许多不同国家的工会的注意，这些工会将各自的精力、技能和力量联合起来，以努力同跨国公司在平等的地位上进行劳资谈判。迄今为止，因为法律、政治、社会、经济以及组织方面的障碍，工会几乎没有取得什么成功。然而很明显，如果这些障碍能够被消除，跨国集体谈判能够对世界经济产生巨大的影响。时间将告诉我们工会是否能够在将来克服这些障碍。

随着各国之间相互依赖性的不断增强，学习劳动关系的学生必须了解全世界范围内不同国家的劳动关系制度。本章重点描述了美国主要贸易伙伴国家的工会的主要特征。加拿大的工会已经对美国在北美地区的经济统治地位以及这种经济统治地位对加拿大国内事务的影响表示了极大的关注。加拿大的劳动关系制度的特征是两个主要的语言和文化群体，以及高度分散化的、由省级法律管理的集体谈判行为。在《北美自由贸易协定》中，墨西哥是美国和加拿大的贸易伙伴。墨西哥制定了大量的劳动法令，但是在这些法令的管理和执行方面遇到了很多问题，存在很多缺陷和不足。我们讨论了《北美自由贸易协定》对就业和工会的影响。

古巴是加勒比海最大的海岛国家，该国的劳动关系制度处于卡斯特罗统治的影响之下，但是正在出现变革的迹象。在中美洲和南美洲，各国之间的劳动关系制度变化很大，互不相同；但是这些地区的国家存在一个普遍的共同点：工会和政党之间存在密切的联系。

西欧大多数国家的工会化程度要明显高于美国，而且许多国家广泛实行劳资共同经营制度以及雇员参与政策。2007 年，欧洲的 27 个国家，拥有 4.9 亿消费者的市场连接到了一起，组成了欧盟，其监管更加放松，成员间的贸易和运输壁垒将减少。欧盟的形成增强了认识各国劳动关系体系的必要性，并可能会让这些国家的联系更紧密。过去，很多东欧国家的劳动力流动都是由苏联控制的。东欧国家现在都在试图向市场经济转轨。

日本劳动关系制度的独特特征包括劳资磋商、团队合作、大型公司的终身雇佣政策、独特的基于资历的工资制度、企业工会以及具有较高地位的人力资源部门。然而，国际汇率波动以及国内经济萧条将迅速地改变日本劳动关系制度中这些特别的劳资关系。

韩国的劳动关系制度发展非常迅速，从 1987 年的禁止罢工的劳动关系制度发展成为更加成功的集体谈判。虽然韩国的发展速度迅速，但是韩国仍旧存在许多问题，例如歧视女性以及雇用童工。

澳大利亚的劳动关系制度由高度集权制度（工会有很大权力）演变为亲雇主、更分散化的制度。2007 年选举之后，又改回去了。

关键术语

跨国公司	双重损失	工人议会
《北美自由贸易协定》	工资制度	企业工会化
奖励体系		

讨论题

1. 虽然美国和加拿大共同分享一条国界线，但是影响加拿大劳动关系制度的一系列可变因素却并没有怎么对美国的劳动关系制度造成影响。列举并且解释这些可变因素。

2. 解释为什么中美洲的许多国家的工会发展得比美国的工会缓慢？

3. 西欧国家似乎非常独特，如此广泛地实行各种形式的雇员参与。这些雇员参与制度发展得如此充分、完全的原因是什么？为什么这一现象发生在西欧而不是在世界上其他地区？

4. 日本劳动关系制度的 5 个显著特征是什么？为什么这些特征没有在美国被采用？

5. 虽然跨国公司似乎在规模和影响力方面持续扩大，但是在工会和跨国公司能够有效地进行跨国集体谈判之前，必须具备什么条件和情形？

6. 你想要把加拿大劳动关系制度的哪些特征移植到美国？为什么？

7. 评估澳大利亚劳动关系制度的转变。

8. 请你估计古巴发展自由、独立的工会所需的必要条件。这些必要条件对一个自由社会是否极其重要?

9. 评价沃尔玛在中国的策略和在美国的策略：在中国，沃尔玛承认了其62家店的工会组织；在美国，沃尔玛反对任何形式的工会组织。

课堂活动

14.1 移动的工厂

你是北卡罗来纳州的一家小型工厂的主人，该工厂制造销往全球的T恤衫。你观察到，在过去的三年中，你工厂的销量大约每年下降10%。你认为销量下降的原因在于你的国际竞争对手压低了你的产品价格，虽然你的市场是在美国，并且你的竞争对手将产品从其他国家运往美国需要支付运费。

你已经读过一些关于汇率和美元走弱的文章，并且相信，你已经想到了一个解决你所面临的问题的独一无二的办法。你对你的50名雇员进行了问卷调查，并发现他们中的大多数都单身且喜欢旅行。因而，你决定买一艘船，并把机器和办公设备都搬到船上。由于你支付雇员的工资和商品的销售都取决于你的船停靠在哪里，因此，你对于选择在哪个国家经营有相当大的弹性。当汇率变化时，你就将船开到对你来说汇率有利的国家。例如，2002年，100美元可以兑换约90欧元；2011年，100美元只能兑换70欧元。这意味着，美国的制造商在2011年比在2002年（此时美元更强势）更具有国际竞争力。

你必须决定将船停靠在哪里，以利用当地的汇率优势和工资率优势。

◈思考题

1. 评估图表14.1中的汇率和工资数据，决定你应该将船停靠在哪里进行生产。

2. 回顾1980年、1990年、2005年和2009年的工资率指数，并确定2011年的策略和决定是否与之前的年份相同。

附录 A 集体谈判练习

一、学习目标

1. 了解集体谈判前的准备工作、实际的谈判工作，以及对谈判结果的评估。

2. 发展出一种对于在合同谈判过程中出现的、源于人际或团队协作的问题的评估机制。

3. 熟悉与集体谈判相关的事项，了解制定使双方都满意的合同规定的难度。

4. 掌握关于集体谈判的谈判理论的应用。

二、集体谈判练习的有关规定

1. 集体谈判的参与者除了与本方的团队成员讨论有关问题外，不允许与其他任何人讨论。

2. 教师或者每队的主要谈判者将给各自的每个组员分配一个角色。组员必须听从其各自队长的命令。另一种方法是，如果教师允许，那么可以由两队各自选出它们的主要谈判者，并给每个组员分配具体的角色。

3. 必须在本练习提供的公司与工会的框架内考虑集体谈判。鼓励参与者发挥创造性，但是建议参与者采用一种现实、重视团队的方法。

4. 用于设定各队初始的谈判立场，以及为之后的提议提供论据支持的数据、资料和信息（财务及其他），必须建立在整个场景所包含的信息的基础之上，以及教师分别为每队设置的谈判场景的基础之上。谈判场景的具体细节包括经济和行业情况，以及对公司活动的估计，然而在实际情况中，一个特定的雇主和其工会的关系如何，从表面情况就能看出来。这一模拟场景意在表现出工会和管理团队之间的一次正面遭遇。

5. 每一方可以根据本方的需要和意愿在班级讨论之外召开讨论会。

三、对谈判参与者的建议与指示

1. 每一位参与者都将会被分配到管理方或者工会方；同时，将会给每个人分配一个职位。一旦职位被分配好，两队就要为随后的谈判会议设定基本准则。两队要共同完成《基本准则表格》。两队的主要谈判者要分别在该表格上签字，并向教师提供一份复印件。

2. 对基本准则的违反，将是提起不当劳动行为诉讼的基础。两队将以不当劳动行为的形式提起诉讼。教师将扮演法官的角色，以判定所上诉案件中的是非曲直，并享有在模拟练习中降低一方信用级别的自由裁量权，如果该方所上诉案件被发现具有法律依据。

3. 两队的主要谈判者应各自召集会议，以开始为各自的初始谈判提议做准备，并预测对方的谈判立场和提议。每队都应确定自己的整体谈判策略以及具体的目标。谈判的主要事项可以包括以下内容：

a. 工会保障、会费直接从工资中扣除、限期加入工会保障条款。

b. 工资、工作等级和工资溢价。

c. 管理权。

d. 工作时间。

e. 晋升和解雇政策（资历制度的应用）。

f. 降低工作强度。

g. 申诉和仲裁程序。

h. 养老金计划。

i. 补充的失业福利。

j. 年假、节假、病假和其他非工作时间的问题。

k. 教师布置和/或允许的其他事项。

4. 每队都必须填写《初始谈判要求表格》，并在其呈现在对方面前之前，向教师提交一份复印件。

5. 在第一次联合谈判会议上，两队将交换写有其诉求的纸稿。每队都必须准备回应对方提出的关于澄清其具体要求条件的要求。工会会将其提议展示出来，并会解释每一项提议的必要性。然后，管理层会将其提议展示出来，并会解释每一项提议的合理性。

6. 两队在交换初始要求提议之后，将举行会议以协商新的协议。会议召开的时间可以由教师给定，也可以由双方共同商定。教师会具体规定谈判的持续时间。

7. 每队都将保有关于谈判进程的书面记录。在预备会议中，每队都应考虑到已过期的协议中的条款，以回顾对方的提议，并为及时作出回应做好准备。如果教师要求，那么这些书面记录将被提交给教师，以在谈判结束后做评估之用。

8. 在谈判结束时，两队要共同准备一个关于新协议年度预算的展示。如果教师要求，那么两队要向教师提交一份两队已签字的、书面的集体谈判协议。

9. 教师可以为参与者提供额外的指导和训练。

四、集体谈判准备期间需要的资料的来源

- 政府出版物：美国劳工部劳工统计局的《地区工资调查》《就业与收入》《劳工统计手册》《劳动评论月刊》《主要集体谈判合同的特征》。
- 美国商务部：《美国产业前景展望》（每年出版一次）。
- 美国国家事务出版公司和商业清算集团。美国国家事务出版公司的《集体谈判协商和合同》尤其有帮助。
- 商业出版物：《商业周刊》与《华尔街日报》。
- 劳动关系专业杂志：《劳动争议解决杂志》《雇员关系法律杂志》《产业劳动关系评论》《产业关系》《伯克利就业和劳动法杂志》《公共部门集体谈判杂志》《劳动法杂志》《劳动评论月刊》。
- 学报：劳资关系协会、劳动法发展组织、国家仲裁员学会以及纽约大学劳工联盟。
- 公司和工会之间的集体谈判合同（从不同的途径可以获得）。

附录 B 集体谈判协商场景：哈珀容器公司与美国化学和塑料工人联盟

一、场景背景

虽然和竞争者相比，哈珀容器公司（Harper Container Company，HCC）的规模较小，但是该公司被公认为是特殊塑料容器市场中的技术领先者。哈珀容器公司唯一的一家制造工厂位于一个中等城市，该城市经历了长时间的重工业衰落和人口下降，因而该地区的许多公司都将生产部门迁往了成本更低的地点（国内或国外）。哈珀容器公司在衰退中存活了下来，但是却面临越来越激烈的竞争，因为外国公司的产品开始抢占其市场份额。随着两家大型服务业公司迁回该市，最近该地的经济条件有所改善，该地的失业率大幅下降，并且该地的公司被迫为争夺可用的工人而展开竞争。因为其对雇员福利的关注，哈珀容器公司被认为是一个优秀的雇主。许多雇员一直在哈珀容器公司工作，从未离开，并且他们希望将来仍在此工作，直到他们退休。

美国化学和塑料工人联盟的 14 地方分会代表哈珀容器公司的 200 名员工。哈珀容器公司有 15 名非工会办公室雇员。工会为了提高工资和改善福利（自三年前签订雇佣合同以来，经济情况变好了）而向哈珀容器公司施加的压力，使现在哈珀容器公司与美国化学和塑料工人联盟之间良好的关系变得紧张了起来。

之前的集体谈判协议在两个月前到期了。双方一致同意日常事务暂时继续在之前的合同框架下运行，公司和工会都想尽快达成新的协议。

二、谈判双方都可获得的大致的行业和经济信息

在过去的三年中，特殊塑料行业的平均行业工资每年上涨4%，而同期，在现在已经过期的合同的规定下，哈珀容器公司的工资每年仅上涨了2%（根据董事会提供的信息）。在以后的三年中，平均行业工资增长率预计为每年5%。消费者物价指数在未来三年中预计增长2.5%～4%（三年平均增长率为3%）。

每小时的轮班补贴有差异，即傍晚的轮班有15美分补贴，夜间轮班有25美分补贴。有50起非货币申诉没有解决。哈珀容器公司的平均雇员流动率为每年5%。

三、开始谈判模拟

你们的老师将为管理层和工会的谈判团队分别提供额外的谈判条款信息与活动表格，以帮助两队形成各自的初始谈判要求。分别提供给两队的信息是保密的，你不应该与对方队的成员分享该信息。

经济科学译丛						
序号	书名	作者	Author	单价	出版年份	ISBN
1	劳动关系(第10版)	小威廉·H. 霍利等	William H. Holley,Jr.	83.00	2020	978-7-300-25582-8
2	微观经济学(第九版)	罗伯特·S. 平狄克	Robert S. Pindyck	93.00	2020	978-7-300-26640-4
3	宏观经济学(第十版)	N. 格里高利·曼昆	N. Gregory Mankiw	79.00	2020	978-7-300-27631-1
4	宏观经济学(第九版)	安德鲁·B. 亚伯等	Andrew B. Abel	95.00	2020	978-7-300-27382-2
5	商务经济学(第二版)	克里斯·马尔赫恩等	Chris Mulhearn	56.00	2019	978-7-300-24491-4
6	管理经济学:基于战略的视角(第二版)	蒂莫西·费希尔等	Timothy Fisher	58.00	2019	978-7-300-23886-9
7	投入产出分析:基础与扩展(第二版)	罗纳德·E. 米勒等	Ronald E. Miller	98.00	2019	978-7-300-26845-3
8	宏观经济学:政策与实践(第二版)	弗雷德里克·S. 米什金	Frederic S. Mishkin	89.00	2019	978-7-300-26809-5
9	国际商务:亚洲视角	查尔斯·W.L. 希尔等	Charles W. L. Hill	108.00	2019	978-7-300-26791-3
10	统计学:在经济和管理中的应用(第10版)	杰拉德·凯勒	Gerald Keller	158.00	2019	978-7-300-26771-5
11	经济学精要(第五版)	R. 格伦·哈伯德等	R. Glenn Hubbard	99.00	2019	978-7-300-26561-2
12	环境经济学(第七版)	埃班·古德斯坦等	Eban Goodstein	78.00	2019	978-7-300-23867-8
13	管理者微观经济学	戴维·M. 克雷普斯	David M. Kreps	88.00	2019	978-7-300-22914-0
14	税收与企业经营战略:筹划方法(第五版)	迈伦·S. 斯科尔斯等	Myron S. Scholes	78.00	2018	978-7-300-25999-4
15	美国经济史(第12版)	加里·M. 沃尔顿等	Gary M. Walton	98.00	2018	978-7-300-26473-8
16	组织经济学:经济学分析方法在组织管理上的应用(第五版)	塞特斯·杜玛等	Sytse Douma	62.00	2018	978-7-300-25545-3
17	经济理论的回顾(第五版)	马克·布劳格	Mark Blaug	88.00	2018	978-7-300-26252-9
18	实地实验:设计、分析与解释	艾伦·伯格等	Alan S. Gerber	69.80	2018	978-7-300-26319-9
19	金融学(第二版)	兹维·博迪等	Zvi Bodie	75.00	2018	978-7-300-26134-8
20	空间数据分析:模型、方法与技术	曼弗雷德·M. 费希尔等	Manfred M. Fischer	36.00	2018	978-7-300-25304-6
21	《宏观经济学》(第十二版)学习指导书	鲁迪格·多恩布什等	Rudiger Dornbusch	38.00	2018	978-7-300-26063-1
22	宏观经济学(第四版)	保罗·克鲁格曼等	Paul Krugman	68.00	2018	978-7-300-26068-6
23	计量经济学导论:现代观点(第六版)	杰弗里·M. 伍德里奇	Jeffrey M. Wooldridge	109.00	2018	978-7-300-25914-7
24	经济思想史:伦敦经济学院讲演录	莱昂内尔·罗宾斯	Lionel Robbins	59.80	2018	978-7-300-25258-2
25	空间计量经济学入门——在R中的应用	朱塞佩·阿尔比亚	Giuseppe Arbia	45.00	2018	978-7-300-25458-6
26	克鲁格曼经济学原理(第四版)	保罗·克鲁格曼等	Paul Krugman	88.00	2018	978-7-300-25639-9
27	发展经济学(第七版)	德怀特·H. 波金斯等	Dwight H. Perkins	98.00	2018	978-7-300-25506-4
28	线性与非线性规划(第四版)	戴维·G. 卢恩伯格等	David G. Luenberger	79.80	2018	978-7-300-25391-6
29	产业组织理论	让·梯若尔	Jean Tirole	110.00	2018	978-7-300-25170-7
30	经济学精要(第六版)	巴德,帕金	Bade,Parkin	89.00	2018	978-7-300-24749-6
31	空间计量经济学——空间数据的分位数回归	丹尼尔·P. 麦克米伦	Daniel P. McMillen	30.00	2018	978-7-300-23949-1
32	高级宏观经济学基础(第二版)	本·J. 海德拉	Ben J. Heijdra	88.00	2018	978-7-300-25147-9
33	税收经济学(第二版)	伯纳德·萨拉尼耶	Bernard Salanié	42.00	2018	978-7-300-23866-1
34	国际贸易(第三版)	罗伯特·C. 芬斯特拉	Robert C. Feenstra	73.00	2017	978-7-300-25327-5
35	国际宏观经济学(第三版)	罗伯特·C. 芬斯特拉	Robert C. Feenstra	79.00	2017	978-7-300-25326-8
36	公司治理(第五版)	罗伯特·A.G. 蒙克斯	Robert A. G. Monks	69.80	2017	978-7-300-24972-8
37	国际经济学(第15版)	罗伯特·J. 凯伯	Robert J. Carbaugh	78.00	2017	978-7-300-24844-8
38	经济理论和方法史(第五版)	小罗伯特·B. 埃克伦德等	Robert B. Ekelund. Jr.	88.00	2017	978-7-300-22497-8
39	经济地理学	威廉·P. 安德森	William P. Anderson	59.80	2017	978-7-300-24544-7
40	博弈与信息:博弈论概论(第四版)	艾里克·拉斯穆森	Eric Rasmusen	79.80	2017	978-7-300-24546-1
41	MBA宏观经济学	莫里斯·A. 戴维斯	Morris A. Davis	38.00	2017	978-7-300-24268-2
42	经济学基础(第十六版)	弗兰克·V. 马斯切纳	Frank V. Mastrianna	42.00	2017	978-7-300-22607-1
43	高级微观经济学:选择与竞争性市场	戴维·M. 克雷普斯	David M. Kreps	79.80	2017	978-7-300-23674-2
44	博弈论与机制设计	Y. 内拉哈里	Y. Narahari	69.80	2017	978-7-300-24209-5
45	宏观经济学精要:理解新闻中的经济学(第三版)	彼得·肯尼迪	Peter Kennedy	45.00	2017	978-7-300-21617-1
46	宏观经济学(第十二版)	鲁迪格·多恩布什等	Rudiger Dornbusch	69.00	2017	978-7-300-23772-5
47	国际金融与开放宏观经济学:理论、历史与政策	亨德里克·范登伯格	Hendrik Van den Berg	68.00	2016	978-7-300-23380-2
48	经济学(微观部分)	达龙·阿西莫格鲁等	Daron Acemoglu	59.00	2016	978-7-300-21786-4
49	经济学(宏观部分)	达龙·阿西莫格鲁等	Daron Acemoglu	45.00	2016	978-7-300-21886-1
50	发展经济学	热若尔·罗兰	Gérard Roland	79.00	2016	978-7-300-23379-6
51	中级微观经济学——直觉思维与数理方法(上下册)	托马斯·J·内契巴	Thomas J. Nechyba	128.00	2016	978-7-300-22363-6
52	环境与自然资源经济学(第十版)	汤姆·蒂坦伯格等	Tom Tietenberg	72.00	2016	978-7-300-22900-3
53	劳动经济学基础(第二版)	托马斯·海克拉克等	Thomas Hyclak	65.00	2016	978-7-300-23146-4
54	货币金融学(第十一版)	弗雷德里克·S·米什金	Frederic S. Mishkin	85.00	2016	978-7-300-23001-6
55	动态优化——经济学和管理学中的变分法和最优控制(第二版)	莫顿·I·凯曼等	Morton I. Kamien	48.00	2016	978-7-300-23167-9

经济科学译丛						
序号	书名	作者	Author	单价	出版年份	ISBN
56	用Excel学习中级微观经济学	温贝托·巴雷托	Humberto Barreto	65.00	2016	978-7-300-21628-7
57	国际经济学:理论与政策(第十版)	保罗·R·克鲁格曼等	Paul R. Krugman	89.00	2016	978-7-300-22710-8
58	国际金融(第十版)	保罗·R·克鲁格曼等	Paul R. Krugman	55.00	2016	978-7-300-22089-5
59	国际贸易(第十版)	保罗·R·克鲁格曼等	Paul R. Krugman	42.00	2016	978-7-300-22088-8
60	经济学精要(第3版)	斯坦利·L·布鲁伊等	Stanley L. Brue	58.00	2016	978-7-300-22301-8
61	经济分析史(第七版)	英格里德·H·里马	Ingrid H. Rima	72.00	2016	978-7-300-22294-3
62	投资学精要(第九版)	兹维·博迪等	Zvi Bodie	108.00	2016	978-7-300-22236-3
63	环境经济学(第二版)	查尔斯·D·科尔斯塔德	Charles D. Kolstad	68.00	2016	978-7-300-22255-4
64	MWG《微观经济理论》习题解答	原千晶等	Chiaki Hara	75.00	2016	978-7-300-22306-3
65	现代战略分析(第七版)	罗伯特·M·格兰特	Robert M. Grant	68.00	2016	978-7-300-17123-4
66	横截面与面板数据的计量经济分析(第二版)	杰弗里·M·伍德里奇	Jeffrey M. Wooldridge	128.00	2016	978-7-300-21938-7
67	宏观经济学(第十二版)	罗伯特·J·戈登	Robert J. Gordon	75.00	2016	978-7-300-21978-3
68	动态最优化基础	蒋中一	Alpha C. Chiang	42.00	2015	978-7-300-22068-0
69	城市经济学	布伦丹·奥弗莱厄蒂	Brendan O'Flaherty	69.80	2015	978-7-300-22067-3
70	管理经济学:理论、应用与案例(第八版)	布鲁斯·艾伦等	Bruce Allen	79.80	2015	978-7-300-21991-2
71	经济政策:理论与实践	阿格尼丝·贝纳西-奎里等	Agnès Bénassy-Quéré	79.80	2015	978-7-300-21921-9
72	微观经济分析(第三版)	哈尔·R·范里安	Hal R. Varian	68.00	2015	978-7-300-21536-5
73	财政学(第十版)	哈维·S·罗森等	Harvey S. Rosen	68.00	2015	978-7-300-21754-3
74	经济数学(第三版)	迈克尔·霍伊等	Michael Hoy	88.00	2015	978-7-300-21674-4
75	发展经济学(第九版)	A.P.瑟尔沃	A. P. Thirlwall	69.80	2015	978-7-300-21193-0
76	宏观经济学(第五版)	斯蒂芬·D·威廉森	Stephen D. Williamson	69.00	2015	978-7-300-21169-5
77	资源经济学(第三版)	约翰·C·伯格斯特罗姆等	John C. Bergstrom	58.00	2015	978-7-300-20742-1
78	应用中级宏观经济学	凯文·D·胡佛	Kevin D. Hoover	78.00	2015	978-7-300-21000-1
79	现代时间序列分析导论(第二版)	约根·沃特斯等	Jürgen Wolters	39.80	2015	978-7-300-20625-7
80	空间计量经济学——从横截面数据到空间面板	J·保罗·埃尔霍斯特	J. Paul Elhorst	32.00	2015	978-7-300-21024-7
81	国际经济学原理	肯尼思·A·赖纳特	Kenneth A. Reinert	58.00	2015	978-7-300-20830-5
82	经济写作(第二版)	迪尔德丽·N·麦克洛斯基	Deirdre N. McCloskey	39.80	2015	978-7-300-20914-2
83	计量经济学方法与应用(第五版)	巴蒂·H·巴尔塔基	Badi H. Baltagi	58.00	2015	978-7-300-20584-7
84	战略经济学(第五版)	戴维·贝赞可等	David Besanko	78.00	2015	978-7-300-20679-0
85	博弈论导论	史蒂文·泰迪里斯	Steven Tadelis	58.00	2015	978-7-300-19993-1
86	社会问题经济学(第二十版)	安塞尔·M·夏普等	Ansel M. Sharp	49.00	2015	978-7-300-20279-2
87	博弈论:矛盾冲突分析	罗杰·B·迈尔森	Roger B. Myerson	58.00	2015	978-7-300-20212-9
88	时间序列分析	詹姆斯·D·汉密尔顿	James D. Hamilton	118.00	2015	978-7-300-20213-6
89	经济问题与政策(第五版)	杰奎琳·默里·布鲁克斯	Jacqueline Murray Brux	58.00	2014	978-7-300-17799-1
90	微观经济理论	安德鲁·马斯-克莱尔等	Andreu Mas-Collel	148.00	2014	978-7-300-19986-3
91	产业组织:理论与实践(第四版)	唐·E·瓦尔德曼等	Don E. Waldman	75.00	2014	978-7-300-19722-7
92	公司金融理论	让·梯若尔	Jean Tirole	128.00	2014	978-7-300-20178-8
93	公共部门经济学	理查德·W·特里西	Richard W. Tresch	49.00	2014	978-7-300-18442-5
94	计量经济学原理(第六版)	彼得·肯尼迪	Peter Kennedy	69.80	2014	978-7-300-19342-7
95	统计学:在经济中的应用	玛格丽特·刘易斯	Margaret Lewis	45.00	2014	978-7-300-19082-2
96	产业组织:现代理论与实践(第四版)	林恩·佩波尔等	Lynne Pepall	88.00	2014	978-7-300-19166-9
97	计量经济学导论(第三版)	詹姆斯·H·斯托克等	James H. Stock	69.00	2014	978-7-300-18467-8
98	发展经济学导论(第四版)	秋山裕	秋山裕	39.80	2014	978-7-300-19127-0
99	中级微观经济学(第六版)	杰弗里·M·佩罗夫	Jeffrey M. Perloff	89.00	2014	978-7-300-18441-8
100	平狄克《微观经济学》(第八版)学习指导	乔纳森·汉密尔顿等	Jonathan Hamilton	32.00	2014	978-7-300-18970-3
101	微观银行经济学(第二版)	哈维尔·弗雷克斯等	Xavier Freixas	48.00	2014	978-7-300-18940-6
102	施米托夫论出口贸易——国际贸易法律与实务(第11版)	克利夫·M·施米托夫等	Clive M. Schmitthoff	168.00	2014	978-7-300-18425-8
103	微观经济学思维	玛莎·L·奥尔尼	Martha L. Olney	29.80	2013	978-7-300-17280-4
104	宏观经济学思维	玛莎·L·奥尔尼	Martha L. Olney	39.80	2013	978-7-300-17279-8
105	计量经济学原理与实践	达摩达尔·N·古扎拉蒂	Damodar N. Gujarati	49.80	2013	978-7-300-18169-1
106	现代战略分析案例集	罗伯特·M·格兰特	Robert M. Grant	48.00	2013	978-7-300-16038-2
107	高级国际贸易:理论与实证	罗伯特·C·芬斯特拉	Robert C. Feenstra	59.00	2013	978-7-300-17157-9
108	经济学简史——处理沉闷科学的巧妙方法(第二版)	E·雷·坎特伯里	E. Ray Canterbery	58.00	2013	978-7-300-17571-3
109	微观经济学原理(第五版)	巴德、帕金	Bade, Parkin	65.00	2013	978-7-300-16930-9

经济科学译丛

序号	书名	作者	Author	单价	出版年份	ISBN
110	宏观经济学原理(第五版)	巴德、帕金	Bade, Parkin	63.00	2013	978-7-300-16929-3
111	环境经济学	彼得·伯克等	Peter Berck	55.00	2013	978-7-300-16538-7
112	高级微观经济理论	杰弗里·杰里	Geoffrey A. Jehle	69.00	2012	978-7-300-16613-1
113	高级宏观经济学导论:增长与经济周期(第二版)	彼得·伯奇·索伦森等	Peter Birch Sørensen	95.00	2012	978-7-300-15871-6
114	微观经济学(第二版)	保罗·克鲁格曼	Paul Krugman	69.80	2012	978-7-300-14835-9
115	克鲁格曼《微观经济学(第二版)》学习手册	伊丽莎白·索耶·凯利	Elizabeth Sawyer Kelly	58.00	2013	978-7-300-17002-2
116	克鲁格曼《宏观经济学(第二版)》学习手册	伊丽莎白·索耶·凯利	Elizabeth Sawyer Kelly	36.00	2013	978-7-300-17024-4
117	微观经济学(第十一版)	埃德温·曼斯费尔德	Edwin Mansfield	88.00	2012	978-7-300-15050-5
118	卫生经济学(第六版)	舍曼·富兰德等	Sherman Folland	79.00	2011	978-7-300-14645-4
119	现代劳动经济学:理论与公共政策(第十版)	罗纳德·G·伊兰伯格等	Ronald G. Ehrenberg	69.00	2011	978-7-300-14482-5
120	宏观经济学:理论与政策(第九版)	理查德·T·弗罗恩	Richard T. Froyen	55.00	2011	978-7-300-14108-4
121	经济学原理(第四版)	威廉·博伊斯等	William Boyes	59.00	2011	978-7-300-13518-2
122	计量经济学基础(第五版)(上下册)	达摩达尔·N·古扎拉蒂	Damodar N. Gujarati	99.00	2011	978-7-300-13693-6
123	《计量经济学基础》(第五版)学生习题解答手册	达摩达尔·N·古扎拉蒂等	Damodar N. Gujarati	23.00	2012	978-7-300-15080-8
124	计量经济分析(第六版)(上下册)	威廉·H·格林	William H. Greene	128.00	2011	978-7-300-12779-8

金融学译丛

序号	书名	作者	Author	单价	出版年份	ISBN
1	金融衍生工具与风险管理(第十版)	唐·M. 钱斯	Don M. Chance	98.00	2020	978-7-300-27651-9
2	投资学导论(第十二版)	赫伯特·B. 梅奥	Herbert B. Mayo	89.00	2020	978-7-300-27653-3
3	金融几何学	阿尔文·库鲁克	Alvin Kuruc	58.00	2020	978-7-300-14104-6
4	银行风险管理(第四版)	若埃尔·贝西	Joël Bessis	56.00	2019	978-7-300-26496-7
5	金融学原理(第八版)	阿瑟·J. 基翁等	Arthur J. Keown	79.00	2018	978-7-300-25638-2
6	财务管理基础(第七版)	劳伦斯·J. 吉特曼等	Lawrence J. Gitman	89.00	2018	978-7-300-25339-8
7	利率互换及其他衍生品	霍华德·科伯	Howard Corb	69.00	2018	978-7-300-25294-0
8	固定收益证券手册(第八版)	弗兰克·J. 法博齐	Frank J. Fabozzi	228.00	2017	978-7-300-24227-9
9	金融市场与金融机构(第8版)	弗雷德里克·S. 米什金等	Frederic S. Mishkin	86.00	2017	978-7-300-24731-1
10	兼并、收购和公司重组(第六版)	帕特里克·A. 高根	Patrick A. Gaughan	89.00	2017	978-7-300-24231-6
11	债券市场:分析与策略(第九版)	弗兰克·J·法博齐	Frank J. Fabozzi	98.00	2016	978-7-300-23495-3
12	财务报表分析(第四版)	马丁·弗里德森	Martin Fridson	46.00	2016	978-7-300-23037-5
13	国际金融学	约瑟夫·P·丹尼尔斯等	Joseph P. Daniels	65.00	2016	978-7-300-23037-1
14	国际金融	阿德里安·巴克利	Adrian Buckley	88.00	2016	978-7-300-22668-2
15	个人理财(第六版)	阿瑟·J·基翁	Arthur J. Keown	85.00	2016	978-7-300-22711-5
16	投资学基础(第三版)	戈登·J·亚历山大等	Gordon J. Alexander	79.00	2015	978-7-300-20274-7
17	金融风险管理(第二版)	彼德·F·克里斯托弗森	Peter F. Christoffersen	46.00	2015	978-7-300-21210-4
18	风险管理与保险管理(第十二版)	乔治·E·瑞达等	George E. Rejda	95.00	2015	978-7-300-21486-3
19	个人理财(第五版)	杰夫·马杜拉	Jeff Madura	69.00	2015	978-7-300-20583-0
20	企业价值评估	罗伯特·A·G·蒙克斯等	Robert A. G. Monks	58.00	2015	978-7-300-20582-3
21	基于Excel的金融学原理(第二版)	西蒙·本尼卡	Simon Benninga	79.00	2014	978-7-300-18899-7
22	金融工程学原理(第二版)	萨利赫·N·内夫特奇	Salih N. Neftci	88.00	2014	978-7-300-19348-9
23	投资学导论(第十版)	赫伯特·B·梅奥	Herbert B. Mayo	69.00	2014	978-7-300-18971-0
24	国际金融市场导论(第六版)	斯蒂芬·瓦尔德斯等	Stephen Valdez	59.80	2014	978-7-300-18896-6
25	金融数学:金融工程引论(第二版)	马雷克·凯宾斯基等	Marek Capinski	42.00	2014	978-7-300-17650-5
26	财务管理(第二版)	雷蒙德·布鲁克斯	Raymond Brooks	69.00	2014	978-7-300-19085-3
27	期货与期权市场导论(第七版)	约翰·C·赫尔	John C. Hull	69.00	2014	978-7-300-18994-2
28	国际金融:理论与实务	皮特·塞尔居	Piet Sercu	88.00	2014	978-7-300-18413-5
29	货币、银行和金融体系	R·格伦·哈伯德等	R. Glenn Hubbard	75.00	2013	978-7-300-17856-1
30	并购创造价值(第二版)	萨德·苏达斯纳	Sudi Sudarsanam	89.00	2013	978-7-300-17473-0
31	个人理财——理财技能培养方法(第三版)	杰克·R·卡普尔等	Jack R. Kapoor	66.00	2013	978-7-300-16687-2
32	国际财务管理	吉尔特·贝克特	Geert Bekaert	95.00	2012	978-7-300-16031-3
33	应用公司财务(第三版)	阿斯沃思·达摩达兰	Aswath Damodaran	88.00	2012	978-7-300-16034-4
34	资本市场:机构与工具(第四版)	弗兰克·J·法博齐	Frank J. Fabozzi	85.00	2011	978-7-300-13828-2
35	衍生品市场(第二版)	罗伯特·L·麦克唐纳	Robert L. McDonald	98.00	2011	978-7-300-13130-6

The Labor Relations Process，10e
William H. Holley，Jr.；Kenneth M. Jennings；Roger S. Wolters

Cengage Learning Asia Pte. Ltd.
151 Lorong Chuan，#02－08 New Tech Park，Singapore 556741

北京市版权局著作权合同登记号　图字：01－2014－2525

图书在版编目（CIP）数据

劳动关系：第 10 版/（美）霍利等著；程延园，侯锦慎译．--北京：中国人民大学出版社，2020.4

（经济科学译丛）

书名原文：The Labor Relations Process（Tenth Edition）

ISBN 978-7-300-25582-8

Ⅰ.①劳… Ⅱ.①霍… ②程… ③侯… Ⅲ.①劳动关系-教材 Ⅳ.①F246

中国版本图书馆 CIP 数据核字（2018）第 037486 号

"十三五"国家重点出版物出版规划项目

经济科学译丛

劳动关系（第 10 版）

小威廉·H. 霍利

肯尼思·M. 詹宁斯 著

罗杰·S. 沃尔特斯

程延园 侯锦慎 译

Laodong Guanxi

出版发行	中国人民大学出版社		
社　　址	北京中关村大街 31 号	**邮政编码**	100080
电　　话	010－62511242（总编室）		010－62511770（质管部）
	010－82501766（邮购部）		010－62514148（门市部）
	010－62515195（发行公司）		010－62515275（盗版举报）
网　　址	http://www.crup.com.cn		
经　　销	新华书店		
印　　刷	北京昌联印刷有限公司		
规　　格	185mm×260mm 16 开本	**版　　次**	2020 年 4 月第 1 版
印　　张	36.5 插页 2	**印　　次**	2020 年 4 月第 1 次印刷
字　　数	844 000	**定　　价**	83.00 元

CENGAGE Learning

教师服务登记表

Lecturer's Details（教师信息）			
Name: (姓名)		Title: (职务)	
Department: (系科)		School/University: (学院/大学)	
Official E-mail: (学校邮箱)		Lecturer's Address/ Post Code: (教师通信地址/邮编)	
Tel: (电话)			
Mobile: (手机)			
研究领域			
主讲课程： □专 □本 □研 □MBA 人数： 学期：□春 □秋 现用教材名： 作者及出版社：		主讲课程： □专 □本 □研 □MBA 人数： 学期：□春 □秋 现用教材名： 作者及出版社：	
已出版著作：		已出版译作：	
意见和建议：			

Please fax or post the complete form to（请将此表格传真至）：

CENGAGE LEARNING BEIJING
ATTN : Higher Education Division
TEL: (86) 10-82862096/ 95 / 97
FAX : (86) 10 82862089
ADD: 北京市海淀区科学院南路 2 号
融科资讯中心 C 座南楼 12 层 1201 室 100190

Note: Thomson Learning has changed its name to CENGAGE Learning